데이터경제와 디지털금융

주요 법률과 이슈

김보현, 곽환희, 공일규, 이종민 공저

法 文 社

감사의 말씀

2020년은 많은 이들에게 오래도록 기억되는 한 해가 될 것이다.

물론 전 세계를 봉쇄로 몰아넣었던 Covid19 바이러스가 가장 큰 이유겠지만, 대한민국에서 플랫폼사업을 해왔던 이들이라면 데이터 3법의 개정과 전자금융업법의 개정 논의 역시 2020년의 임팩트 있는 사건 순위에서 빼놓을 수 없을 것이다.

데이터와 결제를 중심으로 한 산업의 통합을 감안하면, 2021년부터는 어떠한 사업을 수행하게 되더라도 본서에 소개된 법률들의 영향을 받지 않는 사업이 없게 될 정도이다.

이에 저자들은 향후 플랫폼 산업을 수행함에 있어서 반드시 짚고 넘어가야 할 관련 법률들을 정리하고 그 함의를 살펴보고자 본서를 준비하게 되었다.

급변하는 산업의 변동에 호응하려는 다양한 입법 사항을 최대한 반영하고자 하였으나, 책을 내는 이 시점에 이미 조금은 뒤처지고 있는 듯한 기분이 드는 것은 어쩔 수 없겠다.

이후의 변동사항에 대해서는 직접 발로 뛰며 경험하고 이해한 내용을 수시로 공유할 수 있는 경로를 찾아보고자 한다.

1년 넘는 시간 동안 휴일과 휴가를 모두 책 쓰기에만 잡혀있었던 저를 독려하며 지켜봐주었던 아내와 초롱초롱한 눈빛으로 에너지를 충전해주었던 수연이에게 감사를 전한다.

– 김보현

약 1년에 걸친 집필 기간 동안 전자금융거래법 등 관련 법체계를 살펴보며, 행정기관, 민간기업 등 사회의 각 구성원이 한편으로는 사회의 발전을 쫓아가며 또 한편으로는 그 발전을 선도하기 위하여 얼마나 많은 노력을 경주하고 있는지를 새삼 느끼게 되었다.

저자들의 노력에도 불구하고 아직 부족함이 많은 본서를 통해 데이터경제와 디지털금융 관련 법규를 쉽게 접하고 이해할 수 있는 계기가 되기를 희망하며, 독자

분들의 Feedback과 지속적인 연구를 발판으로 본서의 부족함을 보충해 나아갈 계획이다.

본서를 집필하면서 아쉬웠던 점은 법 제정 및 개정의 초기 시기라 실무상 부딪힐 수 있는 문제점들에 대한 사례 수집이 쉽지 않아 다소 추상적인 서술에 그쳤다는 것인데, 이러한 부분에 대한 자료 수집 및 분석을 통하여 본서를 충실하게 만들고자 하는 바람이 있고, 관련하여 독자 분들께 많은 도움을 청하고자 한다.

끝으로, 본서 집필을 마칠 수 있게 격려와 도움을 주신 공동저자들께 존경의 마음을 표하며, 외국에서 응원을 해준 가족에게 감사의 인사를 드린다.

– 이종민

데이터 3법이 개정되었다는 언론보도를 보고 생긴 호기심과 급변하는 사회의 흐름을 놓치면 안 되겠다는 막연한 생각에 자의반 타의반으로 공부를 시작한 것이 데이터 분야뿐만 아니라 디지털 금융 분야까지 아우르는 방대한 책을 쓰는 데에 이르게 되었다.

방대한 양의 법조문들을 체계적으로 정리하고, 여기에 그동안 변호사로서 고객들에게 자문을 하면서 쌓아온 지식들을 접목시키고자 하였다.

데이터나 금융에 관한 법률들은 법조문을 읽어도 그것만으로 그 내용을 정확히 파악해내기가 어려운 경우가 많은데, 관련 실무를 하는 분들이 이 책을 통해 법체계를 이해하고 실무상 실제 필요한 법률 지식을 습득하는데 조금이나마 도움이 되었으면 하는 마음이다.

관련 분야에 대한 공부를 지속하여 실무상 정말 필요한 내용들을 풍부하게 보충해 나가도록 할 생각이다.

이 책을 쓸 수 있도록 제안을 해준 이종민 변호사님, 집필 전반을 총 지휘하시며 부족한 나를 이끌고 독려해주신 김보현 실장님, 그리고 궂은일을 도맡아 주었던 곽환희 변호사님에게 감사의 말을 전하고 싶다.

그리고 힘든 시기를 겪으면서도 내가 책쓰기를 마칠 수 있도록 배려해준 아내와 아빠가 책을 쓴다는 말을 듣고서 존경스러운 눈빛으로 쳐다보며 힘을 주었던 두 아이들에게 이 책의 출간이 자그마한 보답이 되었으면 한다.

– 공일규

태어나서 지금까지 살아오면서 참 많은 것이 변했다. 피씨통신 시대에서 인터넷 시대로, 손편지에서 삐삐로, 삐삐는 다시 휴대폰을 넘어 스마트폰으로 진화하면서 세상은 가까워지고, 데이터는 넘쳐나기 시작했다. 그리고 이제 수치화되고 정제된 데이터를 거래하기까지 하는 세상에 우리는 살고 있다. 금융의 디지털화 역시 마찬가지이다. 단순히 은행을 가지 않고서도 은행업무를 할 수 있는 시대를 지나 오픈뱅킹을 통해 하나의 어플리케이션으로 모든 은행의 계좌조회, 결제, 송금 등을 할 수 있게 되었고, 코로나 19 시대를 겪으면서 카카오톡 송금하기, 선물하기 등은 이제 낯설지 않은 우리의 일상이 되었다. 그리고 그 기저에는 이를 규율하고 관리·감독하는 법이 존재한다. 이 책은 우리 생활과 너무나도 밀접하게 관련되어 있는 데이터와 금융, 그리고 법에 관한 이야기이다. 이 책이 데이터경제와 디지털 금융에 관심이 있는 사람들에게 소소한 길잡이가 되었으면 하는 바람이다.

작년 초부터 시작하여 매주 주말마다 책 집필을 위하여 아침잠을 아껴가면서 집필을 해준 공저자분들에게 진심으로 감사의 말씀을 전한다. 또한 내 인생의 동반자이자 사랑하는 아내 수진이, 내 인생 가장 큰 선물인 우리 딸 반야, 그리고 양가 부모님에게도 이 자리를 빌려 감사의 말씀을 전하고 싶다.

– 곽환희

차 례

서론 플랫폼 경제와 빅데이터 및 핀테크 1

1. 본서의 서술 방향 ····· 3
2. 플랫폼 경제 ····· 5
   가. 플랫폼 경제의 전개 5
   나. 국경을 넘어선 플랫폼의 확대 7
   다. Online과 Offline의 결합(O2O) 9
   라. 플랫폼 경제의 사회적 편익 9
   마. 플랫폼 사업자의 이익독점 10
3. 빅데이터의 출현, 그리고 핀테크 ····· 12
   가. 빅데이터의 축적과 AI의 처리능력 12
   나. 데이터의 독자적 상품성 13
   다. 서비스의 관문으로서의 결제와 핀테크 13

1부 데이터경제와 디지털금융 관련 규제 개괄 15

1. EU의 선도적 규정 ····· 17
   가. 일반개인정보 보호법(General Data Protection Regulation, 이하 'GDPR') 17
   나. 개정 지불 서비스 지침(The revised Payment Services Directive (EU Directive 2015/2366), 이하 "PSD2") 20
2. 대한민국의 데이터경제 및 디지털금융 관련 법률 ····· 23
   가. 데이터 3법의 개정 23
   나. 디지털금융 관련 법률의 제개정 24

2부 데이터경제 관련 법률 및 주요 이슈 27

1장 데이터 3법의 이해 29

1. 신용정보의 이용 및 보호에 관한 법률 29
   가. 법 제정 배경 및 규정 체계 29
   나. 주요한 개정 사항 29
   다. 신용정보업의 구분 및 허가 기준 32
   라. 신용정보회사 등의 행위 규칙 등 40
   마. 신용정보처리 과정에서의 정보주체의 보호 44
2. 개인정보 보호법 57
   가. 법 제정 배경 및 규정 체계 57
   나. 주요한 개정 사항 57
   다. 개인정보 보호의 총칙 59
   라. 개인정보 보호정책의 수립 등 62
   마. 개인정보의 처리 63
3. 정보통신망 이용촉진 및 정보보호에 관한 법률 68
   가. 개정의 요지 및 취지 68
   나. 정보통신서비스의 제공자의 주민등록번호 사용 제한 68
   다. 본인확인기관의 지정 등 68

2장 데이터경제 관련 주요 이슈 70

1. 데이터 3법상 “정보”의 구분과 정의 70
   가. 서 설 70
   나. 개인정보 보호법 70
   다. 신용정보 보호법 72
2. 각 정보의 처리방법 및 활용상의 제한 83
   가. ‘처리’의 개념 83
   나. 개인정보 보호법에서의 처리 방법 83
   다. 신용정보법에서의 처리 방법 90
3. 개인신용정보 등의 활용에 관한 동의의 원칙 및 동의등급 101
   가. 동의의 원칙 101
   나. 동의의 등급 103
4. My Data(본인신용정보관리업) 105
   가. ‘My Data’의 개념 및 도입 취지 105
   나. ‘My Data’ 관련 내용의 개정 신용정보법 반영 105
   다. 본인신용정보관리업 106
   라. 개인신용정보 자기결정권 113

마. 개인신용정보의 전송요구권 116
바. 자동화평가 결과에 대한 설명요구 및 이의제기권 122

5. 스몰 라이선스 ······ 125
가. 신용정보산업 규제 체계 정비 125
나. 전문개인신용평가업 125
다. 개인사업자신용평가업 130

6. 데이터 제공 방법 표준화(API) ······ 136
가. 서 설 136
나. 표준API란? 136
다. 스크린 스크레이핑(Screen Scraping)의 금지 137
라. 데이터 표준 API 139
마. 표준API로서의 오픈뱅킹 140

7. 데이터 거래소의 역할 ······ 141
가. 서 설 141
나. 데이터 거래소의 의의와 현황 141
다. 데이터 거래소의 법적 근거 142
라. 데이터 거래과정 143
마. 데이터 거래소 기능 144
바. 데이터 공급에 의한 부수입 창출 및 향후 전망 145

8. 보건의료 데이터의 결합 및 활용 제한 ······ 146
가. 서 설 146
나. 관련 법 규정 146
다. 가명정보의 의료법 적용 배제 147
라. 가명정보를 이용한 인간대상 연구의 경우 기관위원회 심의 면제 148
마. 「보건의료 데이터 활용 가이드라인」 148
바. 향후 전망 150

3부 디지털금융 관련 법률 및 주요 이슈 153

1장 디지털금융 관련 법률의 이해 155

1. 전자금융거래법 ······ 155
가. 전자금융거래법의 제·개정 155
나. 전자금융업의 구분 156
다. 전자지급거래 및 전자지급수단 164
라. 전자금융업의 허가 및 등록 168
마. 접근매체의 관리 책임 172
바. 전자금융보조업자 179

사. 전자금융거래법상 가맹점 181
아. 금융회사등의 책임 및 안전성 확보 의무 184
자. 전자금융업무의 감독 189

2. 여신전문금융업법 192
가. 개 요 192
나. 여신전문금융업법상의 업종별 주요 용어의 정의 194
다. 여신전문금융업의 허가 또는 등록 202
라. 신용카드업에 대한 개별적 규제 조항 208
마. 여신전문금융회사 전반에 대한 공통적 규제 조항 241
바. 감독 등 253

3. 온라인투자연계금융업법 259
가. 온라인투자연계금융업법의 제정 259
나. P2P대출 가이드라인 260
다. 온라인투자연계금융업법 상의 주요 용어 정의 265
라. 다른 법률과의 관계 267
마. 온라인투자연계금융업의 등록 268
바. 영업행위 규칙 275
사. 온라인투자연계금융업 287
아. 감독 및 처분 297
자. 주요 벌칙 내용 300

4. 특정 금융거래정보의 보고 및 이용 등에 관한 법률 302
가. 개 요 302
나. '정의' 규정 302
다. 금융기관등의 보고 308
라. 금융정보분석원의 수사기관 등에 대한 정보 제공 315
마. 기타 규정 318

5. 지역사랑상품권 이용 활성화에 관한 법률 321
가. 제정 배경 321
나. 발행 및 재발급 322
다. 가맹점과 판매대행점 324
라. 지역사랑 상품권의 사용시 유의사항 327
마. 활성화 지원 328
바. 고유식별정보의 처리 328
사. 위반행위의 조사 및 과태료 329
아. 지방자치단체의 조례 330

2장 디지털금융 관련 주요 이슈 331

1. 전자지급결제대행업(PG, Payment Gateway) 331
가. PG의 등장 배경 331

나. 사업 현황 332
다. 사업 영위의 근거 332
라. 향후 전망 334

2. 선불전자지급수단 336
가. 현 황 336
나. 정 의 336
다. 기타 제한 사항 339
라. 직불전자지급수단과의 구별 341
마. 간편송금서비스의 활용 341
바. 주요사업자 342
사. 소액 후불결제업무 허용 개정 예정 344

3. 전자금융거래법 인가 제도의 개편: 종합지급결제사업자와 지급지시전달업 (My Payment) 도입 345
가. 현행 전자금융거래법상 인가 제도의 문제점 345
나. 인가단위 개편 및 최소자본금 규제 합리화 345
다. 지급지시전달업(My Payment, PISP) 349
라. 종합지급결제사업자 350

4. 오픈뱅킹과 전자지급거래청산업의 제도화 353
가. 오픈뱅킹이란? 353
나. 오픈뱅킹 현황 353
다. 금융결제원의 오픈뱅킹공동업무 이용약관의 주요 내용 356
라. 법제화 방향 359

5. 빅테크 플랫폼 사업자에 대한 관리 체계 364
가. 배경 및 규제의 필요성 364
나. 온라인 플랫폼 중개거래의 공정화에 관한 법률 제정(안) 주요 내용 365
다. 전자금융거래법 개정(안) 중 금융플랫폼 관련 규정 372

6. 실명확인 · 인증서비스 개선 375
가. 서 설 375
나. 공인인증서 376
다. FIDO(Fast IDentity Online) 380

7. 암호화폐의 가능성과 규제 383
가. 암호화폐의 개념 383
나. 특정금융정보법에 의한 가상자산 규제 386
다. 가상자산에 대한 과세 396
라. 기대와 우려 399

4부 부록: 각 법의 주요 용어 개념 정의 401

1. 신용정보의 이용 및 보호에 관한 법률 403
2. 개인정보 보호법 410
3. 정보통신망 이용촉진 및 정보보호에 관한 법률 414
4. 전자금융거래법 415
5. 여신전문금융업법 420
6. 온라인투자연계금융업법 422
7. 특정 금융거래정보의 보고 및 이용 등에 관한 법률 424
8. 지역사랑상품권 이용 활성화에 관한 법률 427

참고문헌 428

서론

플랫폼 경제와 빅데이터 및 핀테크

1. 본서의 서술 방향
2. 플랫폼 경제
3. 빅데이터의 출현, 그리고 핀테크

플랫폼 경제와 빅데이터 및 핀테크

1. 본서의 서술 방향

본서는 최근 주목받고 있는 융합적 사업모델인 데이터경제 및 디지털금융과 관련하여, 대한민국의 주요한 법률들 및 산업적 이슈를 검토해보고 그 법제도적 시사점을 살펴보기 위하여 기획되었다.

그러나 각각의 법률들이 실제 산업에 어떻게 적용되어 어떠한 효과를 내고 있는지를 이해하기 위해서는, 그 법률규정들이 제·개정된 배경과 지향하는 바를 이해하는 것이 우선되어야 할 것이다.

따라서 본서는 다음과 같은 순서에 따라 서술하였다.

서론에서 데이터경제와 디지털금융을 수행하는 가장 핵심적인 주체로서 부상하고 있는 플랫폼사업자에 대하여 개략적으로 살펴보겠다. 이는 2020년의 데이터3법(신용정보법, 개인정보 보호법, 정보통신망법) 개정과 전자금융거래법 개정이 모두 플랫폼 산업의 성장과 밀접한 관련을 갖고 있기 때문이다.

본론에서는 데이터경제와 디지털금융과 관련된 대한민국의 법률들에 대하여 살펴볼 것이다.[1)]

1부에서는 데이터경제 및 디지털금융에 대한 규제 제도의 세계적인 변화 방

1) 법명과 관련하여 이하 다음 약칭을 따르도록 한다.
공중 등 협박목적 및 대량살상무기확산을 위한 자금조달행위의 금지에 관한 법률을 '테러자금금지법', 금융회사의 지배구조에 관한 법률을 '금융사지배구조법', 생명윤리 및 안전에 관한 법률을 '생명윤리법', 신용정보의 이용 및 보호에 관한 법률을 '신용정보법', 온라인투자연계금융업 및 이용자 보호에 관한 법률을 '온라인투자연계금융업법', 자본시장과 금융투자업에 관한 법률을 '자본시장법', 전자상거래 등에서의 소비자보호에 관한 법률을 '전자상거래법', 정보통신망 이용촉진 및 정보보호에 등에 관한 법률을 '정보통신망법', 지역사랑상품권 이용 활성화에 관한 법률을 '지역사랑상품권법', 특정 금융거래정보의 보고 및 이용 등에 관한 법률을 '특정금융정보법'이라고 한다.

향을 살펴보고, 그러한 배경하에서 대한민국의 관련 규제체계가 어떻게 변화하고 있는지를 살펴볼 것이다.

2부에서는 속칭 데이터3법(신용정보법, 개인정보 보호법, 정보통신망법)에 대하여, 2부 1장에서는 각 법률의 주요한 규정사항을 정리하고, 2부 2장에서는 해당 법률과 관련하여 최근 부각되고 있는 이슈 8가지에 대하여 따로 페이지를 할애하여 살펴보았다.

3부에서는 디지털금융 관련 법률(전자금융거래법, 여신전문금융업법, 온라인투자연계금융업법, 특정금융정보법, 지역사랑상품권법)에 대하여, 3부 1장에서는 각 법률의 내용을 정리하고, 3부 2장에서는 주요한 이슈 7가지를 정리하였다.

4부는 부록으로 꾸몄는데, 본서에서 언급된 다양한 용어들에 대하여 각 법률을 기준으로 색인으로 모아 정리하였다.

2. 플랫폼 경제

가. 플랫폼 경제의 전개

플랫폼(Platform)이란 자신이 탑승할 기차를 기다리는 공간이다. 이를 사업영역에 적용하여 고객들이 직접 특정 서비스(기차)를 떠올리게 하는 대신, 모든 서비스를 찾을 수 있는 공간으로서 플랫폼을 방문하도록 함으로써, 특정 서비스 영역을 넘어 산업 전반적으로 지배력을 강화하고 고수익을 창출하는 사업방식을 플랫폼 비즈니스라 한다.

플랫폼 사업자의 사업 발전 단계는 대략 다음과 같이 정리할 수 있다.

1) 1단계: 메인서비스 집중 단계

플랫폼 서비스 시작 초기에는 이용자를 모집하는 것을 우선과제로 하여, 수익창출보다는 플랫폼에 대한 신뢰도를 높이는 데 집중한다.

포털서비스를 예로 들자면, 초기에는 자신의 메인 서비스인 검색을 통하여 상품/서비스에 대한 객관적 정보를 제공한다. 이 단계에서의 최우선과제는 더 신속하게 더욱 정확한 검색정보를 제공하여 신뢰도를 높이고, 검색시장에서의 경쟁우위를 확보하는 것이다. 따라서 이용자의 만족도 향상 및 신뢰도 제고를 위하여, 핵심서비스를 무료로 제공하며 수익창출을 양보하기도 한다.

1단계에서 플랫폼 사업자의 주요한 경쟁상대는 자신의 메인서비스 영역에 존재하고, 수익을 내는 방식 역시 메인서비스의 영역 안에서 광고수익 창출 정도이다. 아직은 이용자의 집합으로부터 발생하는 부가수익 창출까지 적극적으로 고려하지는 않으므로, 자신이 제공하는 메인서비스(㉮ 검색)의 결과물이 되는 상품・서비스에 대해서는 객관적인 정보 제공 이외의 개입을 하지는 않는다.

2) 2단계: 플랫폼 서비스 확장 단계

2단계에서 이미 플랫폼 사업자는 자신의 메인서비스에서 경쟁자 대비 우위를 확고히 하였으며, 충성도 높은 이용자 집단을 확보하고 있는 상태이다. 이때부터는 자신의 메인서비스 이외에, 집합시킨 이용자를 상대로 타사의 상품・서비스의 판매를 중개함으로써 부가수익을 창출한다.

이제는 상품·서비스의 판매에 개입하게 되나, 여전히 상품·서비스 자체는 기존의 공급자가 개발하여 제공하고, 플랫폼 사업자는 마치 백화점이 매장을 입점시키듯이 상품·서비스를 판매할 수 있는 온라인 공간을 제공하고, 고객들을 상대로 소개하는 데 머물 뿐이다.

2단계에서의 경쟁자는 더 이상 동종서비스를 제공하는 사업자로 국한되지 아니하며, 이종산업으로 서비스 영역이 확대됨에 따라서 해당 이종사업의 전통적 유통사업자들과 충돌하게 된다.

메신저 서비스를 제공하던 플랫폼사업자가 모빌리티 사업으로 진출하며, 대리기사와 택시호출 등을 중개하던 기존 사업자들이 급격하게 시장점유율을 상실하게 된 경우를 예로 들 수 있겠다.

3) 3단계: 전방위적 지배독점 단계

3단계에서 플랫폼사업자는 메인서비스 뿐 아니라 부가서비스 영역에서도 이미 확고한 지위를 확보하였으며, 전통적인 오프라인 유통시장을 잠식하여 대부분의 영역에서 경쟁자 대비 우위를 확보한 상태에 이르러 있다. 이제 플랫폼사업자는 유통채널로서의 독점력을 기반으로, 스스로 상품·서비스를 개발하여 자신의 고객들에게 최우선적으로 공급하기 시작한다.

기성품 생산자는 이제 상품·서비스의 완성공급자의 역할마저 빼앗기고 플랫폼 사업자를 위하여 상품을 개발하는 OEM[2)]생산자의 지위로 격하된다. 결국 아무리 뛰어난 상품 및 서비스를 보유한 기업이라도, 그 상품을 소비자에게 소개·판매할 수 있는 접촉면으로서의 플랫폼에 종속될 수밖에 없으므로, 수익은 플랫폼사업자에게 집중되고, 이 단계에서는 소비자도 생산자도 플랫폼 사업자의 강력한 시장지배력에서 자유롭지 못하게 된다.

책을 팔던 온라인쇼핑몰에서, 모든 상품을 판매하는 쇼핑몰지위를 확보한 후, 이제는 직접 콘텐츠 및 상품 판매까지 진행하고, 자신이 제작한 상품을 최우선순위로 노출시켜 판매하는 아마존이 현재 3단계에 이르러 있다고 볼 수 있겠다.

이에 따라 플랫폼은 단순한 마케팅채널에 머물지 아니하며, 가격경쟁력을 강화하고 이를 바탕으로 기존의 전통사업자들을 배제하면서, 최근의 온라인화 추

---

2) 'Original Equipment Manufacturing': '주문자위탁생산' 또는 '주문자상표부착생산'이라 한다. 유통망을 구축하고 있는 주문업체에서 생산성을 가진 제조업체에 자사에서 요구하는 상품을 제조하도록 위탁하여 완성된 상품을 주문자의 브랜드로 판매하는 방식을 취한다(박문각, "시사상식사전").

세와 함께 전통 산업의 영역을 심각하게 침범하며 빅 블러(Big Blur)[3]라는 말까지 만들어내고 있는 상황이다.

현재 한국에서의 플랫폼기업들의 발전단계는 2단계에서 3단계로 넘어가는 시점에 있다고 할 것이다. 아직까지는 중개서비스에 대한 독점력을 과시하지는 않으나, 자신의 플랫폼에 입주할 각각의 서비스의 퀄리티를 엄격히 심사하는 것은 물론, 각각의 서비스 간의 시너지까지 고려하며, 자신의 메인서비스와 통합 제공하는 형태로 간접적인 지배력을 확대하고 있다.

플랫폼사업자의 시장독과점 및 전통적사업자의 역차별 등의 이슈가 불거지고 있어, 플랫폼사업자의 공격적인 시장파괴적 진출은 조심스러워지고 있으나, 기술의 발달과 소비자의 편의성 증대라는 강력한 대의명분 하에서 한국 역시 플랫폼 사업자의 시장장악은 가시화되고 있다.

나. 국경을 넘어선 플랫폼의 확대

플랫폼은 국가 단위에 머무르지 않고, 글로벌 단위에서 경쟁 및 연합이 병행되며, 주요 사업자 간의 네트워크 통합으로 이어진다.

공유플랫폼으로서 가장 주목받고 있는 모빌리티 시장을 예로 들 수 있겠다.

차량공유사업자로서 미국・유럽시장을 장악하고 있는 우버(Uber)는 전세계적으로 사업을 확대하고자 시도하였다. 초기에는 각국 시장에 직접 진출하는 방식을 타진하였는데, 중국에서는 현지 사업자인 디디추싱(滴滴出行, Didi Chuxing)과 치열하게 경쟁을 벌여왔다. 그러나 중국시장 1위를 두고 출혈경쟁을 벌이던 두 사업자는 2016년 8월 합병을 선언하였고, 합병 후 디디추싱은 중국 모빌리티 플랫폼 시장의 90%를 장악하였다.

동남아시아 시장 역시 비슷하게 전개되었는데, 현지의 1위 사업자이던 그랩(Grab) 이 경쟁 중이던 우버동남아시아를 2018년 3월 인수하여 절대적 시장지위를 확보하였다.

---

3) 블러(Blur)는 사전적으로 흐릿해진다는 의미로, 빅블러는 빠른 변화로 인해 기존에 존재하던 것들의 경계가 모호하게 되는 현상을 말한다. 특히 사물인터넷(IoT), 핀테크, 인공지능(AI), 드론 등 4차 산업혁명의 혁신적인 기술이 등장하면서 빅블러 현상이 대두되었다. 예컨대 ▷금융회사 대신 핀테크를 이용해 해외 송금을 하는 것 ▷온라인 지급결제 서비스가 온라인 가맹점을 내는 것 ▷온라인으로 신청해 오프라인으로 서비스를 받는 우버(Uber)나 에어비앤비(Airbnb) 등이 이에 해당된다. (박문각, 시사상식사전)

이에 따라 전 세계적인 단위에서 우버(미국·유럽)－디디추싱(중국)－그랩(동남아시아)의 모빌리티 플랫폼 연합체가 탄생하였는데, 이들은 향후 글로벌 로밍 서비스를 통하여, 전 세계 어디서나 하나의 앱으로 교통수단 이용이 가능하도록 구현할 예정에 있다(예 미국 공항에 내린 중국인이 자신의 디디추싱 앱으로 우버 차량을 불러 타고 갈 수 있는 것이다.).

최근 "배달의 민족"과 "딜리버리히어로(요기요＋배달통)"의 합병도 이 연장선상에서 볼 수 있다. 대한민국 시장으로만 제한하면 전국 배달중개시장의 90% 이상을 하나의 연합체(배달의민족－요기요－배달통)가 확보하게 되는 상황이다.

하지만 전 세계적인 배달업계의 합병 열풍 속에서, 배달의 민족이 단지 한국시장 1위 사업자라는 이유만으로 규모의 경제를 통한 경쟁력을 확보했느냐에 대해서는 의문의 여지가 있다. 실제로 배달의민족 연합체가 장악한 듯했던 배달중개시장은, 쿠팡이츠의 공격적인 시장 진입, 네이버·카카오의 모바일오더를 통한 시장 타진 등 급격한 변동의 모습을 보이고 있다.

이러한 모습은 이미 세계 시장에서도 확인되는 바, 현재 글로벌 배달중개시장에서는 M&A가 활발하게 일어나고 있다.

2020년 1월에는 유럽 1위 "테이크어웨이"와 2위 "저스트잇"이 합병하여 "저스트잇테이크어웨이"를 만들었는데, 5월에는 다시 미국시장 3위 사업자인 "그럽허브"까지 합병하며 규모를 키웠다. 이에 미국시장 2위 사업자인 "우버이츠"가 미국 4위 "포스트메이츠"를 합병하여 대항하는 등 생존전략으로서의 시장지배력 확대가 글로벌 단위에서 나타나고 있다.

플랫폼 사업의 초기시장에서 이용자를 집합시키는 것은, 단지 매출을 키우는 효과에 머무르지 않고, 더 나아가 서비스 품질에서의 본질적인 비교우위를 확보함과 동시에 네트워크효과의 강화로 이어지게 된다.

즉, 플랫폼 시장에서는 많은 이용자가 있을수록 더 많은 공급자가 유입되고, 더 많은 공급자 속에서 이용자는 더 양질의 서비스 공급자를 선택할 수 있게 됨으로써, 규모의 증가가 그대로 서비스의 품질경쟁력에서 차이로 연결되게 된다. 결국 시장점유율을 올려서 더 많은 이용자와 공급자를 유인하는 것은, 치열한 초기시장 장악 경쟁에 있어서 생존전략으로서 불가피하게 보이기까지 하는 것이다.

다. Online과 Offline의 결합(O2O[4])

산업 간의 경계, 국가 간의 경계를 넘어선 플랫폼 사업자는 온라인과 오프라인 경계까지도 자연스럽게 넘나들 수 있다. 스마트폰의 확대로 인하여 언제 어디서든 온라인 쇼핑이 가능해졌는데, 오프라인에서는 경험을 하고 구매는 온라인으로 최저가검색을 한 이후 실시간으로 진행할 수 있게 된 것이다.

O2O경제의 활성화에 따라 온라인서비스와 오프라인 매장이 더 이상 구별하기 어려울 정도로 강력히 결합되고 있고, D2C[5] 유통의 확산에 따라 중개인의 개입이 줄어들고 수요에 맞춰 직접 생산을 관리하는 데에까지 연결되고 있다. 이러한 경향에 따라 오프라인 매장을 보유한 전통사업자들이 오히려 대중과의 온라인접점을 확보한 플랫폼사업자들에게 마케팅 및 고객 유치를 의존하게 되며 종속화되는 경향이 나타나고 있다.

한편 온라인사업자 역시 오프라인 매장의 가치를 재발견하고 있다. 오프라인 매장은 고객에게 실체하는 경험을 제공함으로써 접촉의 깊이를 더할 수 있고, 이를 통해 다량의 정보를 전 방위적으로 실시간 획득할 수 있게 할 뿐만 아니라, 물류센터로의 활용도까지 추가됨에 따라 강력한 물리적인 해자로 작동하는 것이다.

이에 따라 Online과 Offline은 상호의존성을 강화하며 상호 결합하여 실질적인 O2O경제로 진화하고 있다.

라. 플랫폼 경제의 사회적 편익

플랫폼이 확대됨에 따른 사회적 편익은 각 주체별로 다른 모양으로 나타나고 있다.

소비자 입장에서는, 다양한 서비스를 비교검색하여 저렴한 수수료로 이용할 수 있고, AI에 의한 빅데이터 분석으로 자신에게 특화된 서비스를 개별적으로 제공받게 되는 장점이 있다.

---

4) 'Online to Offline'의 약어로, 이용자가 스마트폰 등의 온라인으로 상품이나 서비스를 주문하면 오프라인으로 이를 제공하는 서비스이다. (두산백과)

5) 'Direct to Consumer': 제조업체가 가격 경쟁력을 높이기 위해 유통 단계를 제거하고 온라인몰 등에서 소비자에게 직접 제품을 판매하는 방식이다. (박문각, "시사상식사전")

창업자 입장에서는 경쟁력 있는 서비스만 생산할 수 있다면, 오프라인 매장의 확보 및 대규모 홍보 프로모션이 없이도 플랫폼을 통하여 손쉽게 소비자들과 직접 접촉할 수 있게 된다. 따라서 더 적은 창업비용으로 사업에 도전해볼 수 있게 되고, 이렇게 낮아진 시장 진입 장벽은 기존 산업에서의 지속적인 혁신을 유발하게 된다.

플랫폼의 통합으로 인하여 중간유통단계가 생략되고 경제가 효율화되는 만큼, 치열한 경쟁 속에서 오히려 각 단위기업의 마진은 저하되고 고용은 최소화되게 된다. 이에 따라 플랫폼에 의한 산업재편 초기에는 기존의 전통산업이 유발하던 고용계수가 저하되어, 생산－고용－소비의 선순환구조가 파괴되고, 저비용－저물가로 인한 저성장을 유발하는 것으로 보이기도 한다.

반면 혁신으로부터 새로이 창출되는 산업영역이 오히려 더 건강한 고용을 창출하여 새로운 성장의 동력이 되어줄 것이라는 기대 또한 존재한다.

마. 플랫폼 사업자의 이익독점

플랫폼이 전통적 시장에 대한 신규 도전자들의 진입을 지원하여 기존의 시장질서를 흔들게 되면, 전통적 산업강자의 지배력은 약화되고 창업의 경로를 제공하는 플랫폼에의 종속은 심화된다.

배달중개사업의 예를 들자면, 다음과 같다.

배달중개사업자들이 등장한 초기에는, 오프라인 식당들의 가장 큰 고민인 모객－마케팅의 역할을 수행해주면서, 동시에 업무프로세스를 개선하고 효율화하여 줌으로써(전단지 영업 직원 및 배달직원 직접 고용 불필요, 매장 관리 직원 축소 등), 오프라인 식당들의 수익확대에 기여하였다.

그러나 배달중개플랫폼이 소비자들을 독점하게 되면서, 배달이 닿는 곳이라면 어디서든 경쟁자가 등장할 수 있게 되었기에, 오프라인 식당들은 더욱 혹독한 경쟁환경에 내몰리게 되었다.

영업 대상 지역이 확대되어 심화된 경쟁환경에서, 결국 소비자를 모객하기 위해서는 더 비싼 광고비를 자발적으로 부담할 수밖에 없게 되었고, 배달중개수수료와 광고비부담은 오프라인 식당들의 수익성을 오히려 악화시키게 되었다.

그럼에도 이미 배달중개서비스는 필수적이 되었고, 그 시장을 과점하고 있는 사업자들은 일방적으로 중개수수료 인상이 가능해졌다. 이에 따라 밸류체인 내에서의 이익은 플랫폼사업자에게 집중되며, 전통적 개별 사업자의 수익은 저하한다.

또한 플랫폼사업자들은 이미 확보한 회원 및 가맹점의 양방향 네트워크 효과에 바탕하여, 신생사업자에게는 플랫폼구축을 위한 대규모의 투자를 강제함으로써 신규경쟁자의 진입을 배제하고 해자를 구축할 수 있다.

기존 전통적 사업영역을 파괴하고 혁신하였으나, 오히려 전체 산업 영역에서의 플랫폼 사업자에 대한 집중은 심화되는 것이다.

3. 빅데이터의 출현, 그리고 핀테크

가. 빅데이터의 축적과 AI의 처리능력

글로벌 단위로 O2O플랫폼이 확산됨에 따라, 플랫폼 사업자가 취득하는 정보의 양이 급증한다. 기존의 정보라는 것이 정보주체가 인지하는 범위 내에서 자발적 의사에 의하여 산출 및 제공되는 것(예 서울역에서 부산행 KTX표를 샀다.)이었다면, 이제는 정보주체가 포괄적 동의만 해준다면, 보유하고 있는 웨어러블 기기가 위치정보, 신체상태의 변화, 연동된 주변기기의 네트워크 상태 등까지도 실시간으로 산출하여 제공할 수 있게 된다(예 서울역에서 핸드폰으로 코레일톡앱을 통해 부산행 KTX표를 몇% 할인을 받아 사고, 탑승하여 몇 시간 동안 이동하는 가운데, 어떠한 앱을 사용하여 어떠한 콘텐츠를 소비하였는데, 어떠한 내용을 집중력 있게 소비하였으며, 어느 부분에서는 졸음을 느꼈고, 그러한 과정에서 접속한 네트워크의 품질이 어떠하였는지…). O2O와 실시간으로 대량의 정보를 교환할 수 있는 통신인프라로서의 5G와 결합하게 되면서, 가정에 있는 모든 사물들과 자율주행 자동차가 끊임없이 정보를 생산하는 스마트기기로 변화하고, 여기서 획득되는 방대한 양의 정보는 플랫폼의 중앙서버에 실시간으로 축적된다.

이제 데이터는 더 이상 사람이 수기로 검증하고 분석할 수 있는 수준을 넘어선다. 온/오프라인의 다양한 경로로부터 획득되는 데이터를 분석하고, 의미 있는 결과물로 산출하기 위해서는 자동으로 학습하고 더 깊은 이해를 추구할 수 있는 AI(인공지능)[6]의 출현이 필연적이다. 전 세계 IOT[7] 네트워크상에서 대량 축적되는 데이터를, AI가 실시간으로 해석하여 트렌드를 읽어내면, 이를 상품 설계·제작에 반영하여 라스트마일 배송[8]을 통해 공급함으로써 D2C유통으로 진화한다.

---

6) 'Artificial Intelligence': 인공지능, 인간의 학습능력과 추론능력, 지각능력, 자연언어의 이해능력 등을 컴퓨터 프로그램으로 실현한 기술(두산백과).

7) 'Internet Of Things': 각종 사물들에 통신 기능을 내장해 인터넷에 연결되도록 해 사람과 사물, 사물과 사물 간의 인터넷 기반 상호 소통을 이루는 것이다. 이를 통해 가전제품, 전자기기는 물론 헬스케어, 원격검침, 스마트홈, 스마트카 등 다양한 분야에서 사물을 네트워크로 연결해 정보를 공유할 수 있다. 사물인터넷(IoT)이라는 개념은 1999년 MIT대학에서 내놓은 것으로 기기가 스스로 알아서 일을 처리해 준다는 의미로 M2M(machine to machine)이라고도 부른다. 한편, 만물인터넷(IoE: internet of everything)은 IoT보다 더 발전된 개념으로, IT 기기뿐만 아니라 가전, 자동차, 집 등 모든 사물이 인터넷으로 연결되며 연결기기가 늘어날수록 그 효과가 더 커진다(박문각, 시사상식사전).

8) 'Last mile delivery': 유통업체의 택배 상품이 목적지에 전달되기까지의 모든 과정과 요소를 뜻하는

이러한 강력한 통합과 실시간 대응의 상황에서는, 공고한 지위를 확보한 플랫폼이라 할지라도 변덕스러운 고객의 수요를 읽어내고 이에 신속하게 대응하지 못하면, 급격히 그 영향력을 상실하고 새로운 도전자에게 그 지위를 빼앗길 수 있기에 항상 긴장해야 한다.

따라서 플랫폼 사업자들은 자신이 구축한 지배적 지위를 강화하기 위하여 더욱 더 소비자의 생활에 대한 직접적인 접촉면을 확대하고자 시도하고 있으며, 바로 여기서 데이터와 결제가 등장한다.

나. 데이터의 독자적 상품성

실시간으로 획득되는 다양한 데이터를 기반으로, 플랫폼사업자는 시대의 트렌드를 가장 먼저 인지하고, 상품설계에 실시간 반영하여 소비자의 수요에 최적화된 상품을 제공함으로써, 경쟁자 대비 소비자 만족도 우위를 유지할 수 있게 된다. 그리고 그 데이터는 축적될수록 점점 더 강력해지고, 다른 종류의 데이터와 결합될수록 더욱 유용해진다.

한편 이렇게 축적된 데이터는 데이터 수집자 그 스스로에게도 유용하지만, 그 수집자조차도 미처 인지하지 못한 데이터의 가치를 알아보고, 부가가치를 창출하여 신규서비스를 창출할 수 있는 제3의 사업자에게는 그 데이터 자체가 가장 탐나는 상품으로 인지될 수도 있다. 이에 따라 데이터 수집자는 이제 자신의 데이터를 자신이 분석하여 활용하는 것을 넘어, 제3자에게 판매하는 것만으로도 상당한 수익을 창출할 수 있는 기회가 제공된다.

다. 서비스의 관문으로서의 결제와 핀테크

결제는 모든 서비스와 상품의 공급에 있어서, 반드시 고객과 만나게 되는 최종접점이다. 과거에 결제란 그냥 의례적으로 지나쳐가야 하는 과정일 뿐이었지만, 최근의 결제는 그 자체로 즉각적으로 마케팅채널이 되기도 하고, 더 나아가 다양한 소비자들을 자연스럽게 회원으로 유치함으로써 플랫폼으로 도약할 수 있

말로, 유통업체들이 서비스 차별화를 위해 속도보다 배송 품질에 주안점을 두면서 확장된 배송 개념이다. '라스트 마일(last mile)'은 원래 사형수가 집행장까지 걸어가는 거리를 가리키는 말인데, 유통업에 있어서의 라스트 마일은 고객과의 마지막 접점을 의미한다. 여기에 배달, 전달을 뜻하는 딜리버리(delivery)를 합성하여 만든 신조어가 라스트 마일 딜리버리이다(박문각, 시사상식사전).

는 가능성도 확보한다.

이에 따라 플랫폼 사업자가 데이터, 핀테크 사업으로 확장하기도 하고, 핀테크 사업자가 플랫폼 사업자로 도약을 시도하기도 한다. 이처럼 데이터와 핀테크라는 연결고리를 기반으로 산업 간 구분은 희석되고, 플랫폼을 통해 강력히 결합하고 있다.

1부

데이터경제와 디지털금융 관련 규제 개괄

1. EU의 선도적 규정
2. 대한민국의 데이터경제 및 디지털금융 관련 법률

1부

데이터경제와 디지털금융 관련 규제 개괄

1. EU의 선도적 규정

데이터는 4차 산업혁명의 흐름 속에서 혁신성장의 토대가 될 뿐만 아니라, 누구나 기회를 갖고 자유로이 경쟁할 수 있는 공정한 시장경제를 구축하는 데에 이바지할 수 있고, 데이터산업 성장을 통해 시장과 산업의 다양한 정보 수요에 대응함과 동시에 양질의 일자리 창출을 기대할 수 있다.

플랫폼의 확대에 의한 데이터경제로의 이행이 촉진됨에 따라서, 각국에서는 관련 제도의 정비를 서두르고 있다.

금융업이 특히 발달한 유럽연합(이하 "EU")이 앞장서고 있는데, 데이터경제에 있어서는 일반개인정보 보호법(GDPR)의 제정을 통하여 EU회원국 내의 개인정보 보호를 통일성 있게 규율하고, 디지털금융에 있어서는 지불서비스지침(PSD2)의 개정을 통하여 결제관련 규제와 관련한 가이드라인을 제시하고 있다. GDPR과 PSD2에 의하여 일관성 있는 규제환경을 마련함으로써, EU는 데이터경제와 디지털 금융에 있어서 단일 시장으로서 경쟁력을 강화할 수 있을 것으로 예상된다.

이후 대한민국을 포함한 각국에서 데이터경제와 디지털 금융 관련 제도의 정비가 진행되고 있는 바, 가장 선도적으로 제정된 GDPR, PSD2의 주요한 내용을 살펴보겠다.

가. 일반개인정보 보호법(General Data Protection Regulation, 이하 'GDPR')

EU는 GDPR을 2016년 5월 제정하여, 유예기간이 종료된 2018년 5월 25일부터 적용하고 있다.

이는 기존의 EU 개인정보보호 지침인 “Data Protection Directive 95/46/EC”를 대체한 것으로서, 모든 EU회원국에서 통일적인 법적 구속력을 갖고 직접적으로 적용된다(*Directive는 각 회원국에 대한 입법 지침의 역할을 할 뿐이므로, 지침을 반영한 각국의 개별 입법이 필요하고, 그 입법 내용이 각각 다른 경우 사업자들이 자신이 사업하는 모든 국가의 개별 입법을 준수해야 하는 부담이 있었다.).

GDPR은 본인 정보에 대한 개인의 권리(‘개인정보 이동권’, ‘처리 제한권’, ‘프로파일링 거부권’, ‘개인정보 삭제권’ 등)를 확대·강화하고, 기업의 책임성(‘개인정보 처리 활동의 기록’, ‘DPO의 지정’, ‘개인정보영향평가’ 등)을 명시적으로 규정하였다.

그 주요내용은 다음과 같다.

1) GDPR의 적용 범위 확립

물적범위로서 자동화된 수단에 의한 개인정보의 처리에 적용된다(GDPR 제2조).

지리적 범위로서 EU역내에 사업장을 가지고 있고, 해당사업장이 개인정보의 처리를 포함한다면 적용된다(GDPR 제3조).

2) 개인정보의 정의

‘개인정보주체’와 관련한 일체의 정보를 개인정보로 규정하였다.

직접 또는 간접적으로, 특히 이름, 식별번호, 위치정보, 온라인 식별자를 참조하거나 해당인의 신체적, 심리적, 유전적, 정신적, 경제적, 문화적 또는 사회적 정체성에 특이한 하나 이상의 요인을 참조함으로써 식별될 수 있는 자를 “식별 가능한 자연인”으로 규정하여, 직접적이고 명시적으로 식별되지 않는 경우에도 개인정보의 보호범위에 포함시킬 수 있도록 적용범위를 확대하였다(GDPR 제4조 제1항).

가명처리를 “추가적인 정보의 사용 없이는 더 이상 특정 개인정보주체에게 연계될 수 없는 방식으로 개인정보를 처리하는 것”으로 명문화함으로써, 가명정보의 개념을 도입하여 정보의 활용범위를 넓게 하였다(GDPR 제4조 제5항).

특별한 유형의 개인정보는 처리를 금지하였다. 인종 또는 민족, 정치적 견해, 종교적 또는 철학적 신념, 노동조합의 가입여부를 나타내는 개인정보, 유전자 정보, 자연인을 고유하게 식별할 목적의 생체정보, 건강정보, 성생활 또는 성적 취향에 관한 정보가 이에 해당한다(GDPR 제9조 제1항).

3) 개인정보 기본 처리 원칙의 확립

적법성 · 공정성 · 투명성의 원칙, 목적에 따른 제한의 원칙, 개인정보 처리의 최소화, 정확성의 원칙, 보유 기간 제한의 원칙, 무결성과 기밀성의 원칙, 책임성의 원칙이 적용된다(GDPR 제5조).

4) 정보주체의 권리 확대

열람권, 정정권, 삭제권, 처리 제한권, 개인정보 이동권, 처리 반대권, 프로파일링 등 자동화된 의사결정의 대상이 되지 않을 권리 등(GDPR 제30조~제37조)이 규정되어 정보주체의 권리를 확대 · 강화하였다.

5) 기업의 책임 강화

개인정보처리자(Controller) 또는 수탁처리자(Processor)에게 다음의 사항을 준수할 것을 요구하고 있다(GDPR 제15조~제22조).

① 시스템의 설계 및 기본설정 단계부터 개인정보보호를 전제로 할 것 (Data protection by design and by default)(GDPR 제25조)
② 개인정보 처리활동의 기록
③ 감독기관 협력 의무
④ 개인정보 처리 보안 기준 적용
⑤ 개인정보 침해통지 및 종합적 기록의 유지
⑥ 정기적인 개인정보 영향평가 수행
⑦ 개인정보보호책임자 DPO(Data Protection Officer) 지정 의무화

6) 위반시 제재 조항

GDPR에 규정된 의무사항을 준수하지 않을 경우에 대한 손해배상, 과징금, 벌칙 등 제재 규정을 명시하고, 모든 회원국이 통일된 기준으로 부과할 것을 정하였다.

특히 과징금의 규모를 크게 상향하여, 심각한(일반적) 위반일 경우 최대 직전 회계연도 전 세계 매출 4%(2%) 또는 2천만(1천만) 유로 중 높은 금액을 부과할 수 있도록 하였다(GDPR 제83조).

나. 개정 지불 서비스 지침(The revised Payment Services Directive(EU Directive 2015/2366), 이하 "PSD2")

PSD2는 유럽의 결제산업에 있어서의 혁신과 경쟁의 지원, 결제 거래의 보안과 소비자 데이터의 보호 향상을 위해, 2007년 채택된 PSD를 대체하여 개정한 것으로써, 2015년 8월에 개정되어 2018년 1월 13일부터 시행되었다.

다만 PSD2 내용 중 규제기술표준(Regulatory technical standards)은 지급서비스제공자에게 강화된 인증절차의 도입과 통신의 보안수준을 요구하는 내용을 담고 있으며, 별도로 2018년 3월에 공표되어 2019년 9월부터 시행되었다. 그 내용 중 강력한 고객 인증(Strong Customer Authentication)의 적용 의무는 다시 2020년 12월까지 유예되었다.

PSD2는 지급지시서비스 제공업자(Payment Initiation Service Provider, 이하 "PISP"), 계좌정보서비스 제공업자(Account Information Service Provider, 이하 "AISP") 등의 라이선스를 도입함으로써 금융산업의 혁신 및 경쟁을 활성화하고, 고객 인증 요건을 강화해 전자상거래의 안정성을 개선하며, 무단 결제에 대한 소비자의 책임을 줄여 소비자 보호를 강화하는 등으로 지급결제산업에서 디지털 혁신을 초래하는 내용이 담겼다.

특히 은행의 고객 계좌 데이터를 공유할 것을 강제한 것은, GDPR이 도입한 개인정보 이동권을 금융 산업에 적용시킨 것이라고 할 수 있다. 금융업은 제공되는 서비스의 대부분이 데이터로 제공됨에 따라서, 축적된 데이터량이 방대하고, 금융정보라는 특성상 데이터의 가치도 높으며, 잘 정비된 데이터 시스템에 의하여 관리되고 있으므로 가공도 용이하다는 특성을 갖고 있다. 따라서 빅데이터 기반의 디지털 혁신이 가장 먼저 일어나기에 적합한 특징을 갖고 있기에 특별한 지침을 정하여 규율하게 된 것이다.

그 주요내용은 다음과 같다.

1) 규제 범위의 확대

PSD2는 PSD보다 지리적 적용 범위와 대상 통화를 확대하여, 거래당사자 중 한 쪽이라도 EU내 소재하면, 유로화 및 비유로화 거래 모두에 적용되도록 규정했다(PSD2 제2조).

또한 대상이 되는 결제서비스의 범위를 확대하여, 현금 입출금, 신용카드 결제, 지급수단의 발행, 송금 뿐 아니라 PISP와 AISP를 신설하여 포함시켰다(PSD2 제2조 제1항, 부록 1.).

2) PISP와 AISP의 도입

PSD2는 지급지시대행서비스 제공업자[Payment Initiation Service Provider, PISP; PSD2 제4조 제16호, 제19호]와 계좌정보서비스 제공업자[Account Information Service Provider, AISP; PSD2 제4조 제15호, 제18호]를 도입하였다.

PISP란 고객의 은행계좌에 있는 자금을 고객이 지정한 수취인에게 지급지시하는 사업자인데, 고객은 자신이 보유한 예금계좌에 따라서 개별금융기관을 접속하지 아니하고도 PISP를 통하여 다양한 지급처에 자유롭게 송금을 수행할 수 있으므로 예금결좌를 기반으로 간편한 결제서비스를 이용할 수 있게 된다.

AISP는 고객의 은행의 계좌정보(예금주, 계좌번호), 최근 거래내역, 잔액 정보 등의 금융정보를 통합하여 제공하는 사업자이다. 이러한 사업자의 등장으로 고객은 각각의 개별은행을 접촉하지 않고, AISP를 통하여 통합적으로 자신의 금융정보를 관리하고 그 데이터를 분석하여 더 유용한 사업자에게 손쉽게 제공하는 등으로 활용도를 높일 수 있게 된다.

3) 결제기관의 계좌접근권 허용

EU 내 모든 대형 금융사에게 API(Application Programming Interface) 형태로 고객 금융정보를 결제기관[1]에게 제공할 것을 의무화함으로써, 금융업에 있어서의 데이터경제의 활성화를 촉진하였으며, 특히 PISP, AISP가 독자적으로 사업화할 수 있는 기반을 마련하였다(PSD2 제36조).

4) 소비자 보호

거래에 관한 정보공개 의무를 강화하여, 고객과 서비스계약을 체결할 때 약관 등을 통해 지급서비스와 관련된 요건(지급지시에 필요한 정보요구사항, 최대 소요시간, 수수료 등 과금체계, 참조환율 등)을 인지시켜야 하고, 실제 서비스 제공시에는 거래액, 수수료, 지급인·수취인에 대한 정보를 추가로 제공할 것을 강제했다

---

1) PSD2 제4조 제4호 및 부록 1. 현금 입출금, 신용카드 결제, 지급수단의 발행, 송금, 지급지시대행서비스, 계좌정보서비스 등의 제공자

(PSD2 제45조).

분실, 도난 등의 미승인 거래에 대한 소비자의 책임한도를 50유로로 하향(PSD에서는 150유로 한도)하였으며, 다만 소비자에게 고의 또는 중과실이 있는 경우에는 예외를 인정하였다(PSD2 제74조).

5) 인증절차 강화

원격 거래(예 온라인 결제)에 있어서의 실수나 사기 위험을 최소화하여 사용자를 보호하기 위하여 엄격한 고객확인 절차를 준수하도록 요구한다.

엄격한 고객확인 절차는 2요소 인증을 뜻하는데, 지식기반(패스워드, PIN), 소유기반(카드, 기기생성 인증번호 등), 속성기반(지문, 음성인식 등) 중 두 가지 이상의 중복 확인을 통할 것을 요구하고 있다(PSD2 제97조).

2. 대한민국의 데이터경제 및 디지털금융 관련 법률

가. 데이터 3법의 개정

EU를 비롯한 해외에서는 데이터경제와 디지털금융에 대한 법률의 공백이 문제였다면, 대한민국은 오히려 스마트 기기 기반의 모바일 경제가 활성화되지 않았던 시절에 규정했던 데이터·전자금융 관련 법률들이 기술적 혁신을 수용하지 못하여 장애가 된다는 문제가 있었다.

빈발했던 개인정보 대량 유출사고를 거치면서 당시의 기술적 한계를 제도적으로 보완하기 위하여, 정보 관련 법률들은 정보의 활용보다는 보안과 보호에 중점을 두어 과도한 제한규정을 두고 있었다. 너무나 엄격한 규정 탓에 데이터 활용 수준은 매우 낮으면서도, 법률상의 규제가 형식적으로 운용됨으로써 정보보호 주체에 대한 실질적 보호 수준도 낮은 편이었다.

먼저 개인정보 관련 특별법으로서의 지위를 갖는 개인정보 보호법은 데이터의 활용보다는 보호에 중점을 두고, 개인정보의 사용을 엄격히 제한하고 있었다. 여기에 정보통신망법이 다시 온라인상에서의 정보활용에 대한 내용을 겹겹이 제한하고 있었다. 사실상 데이터를 기반한 사업화는 신용정보법에 의해서만 가능했는데, 신용정보의 활용을 기본적으로 금지하되 특별한 인허가 사업자에게만 허락하는 Positive 방식을 취하고 있는데다, 그 인허가 요건이 지나치게 높은 수준이어서 소수업체에 의한 과점상황이 되고 있었다. 이러한 3개법의 중복된 제한규정으로 인하여 대한민국의 데이터산업은 신규사업자의 진출 및 기술적 혁신이 거의 불가능한 상황이었다.

이에 따라 2018년부터 상기 3개의 법률(개인정보 보호법, 신용정보법, 정보통신망법)을 데이터 3법이라 칭하면서, 이의 통합적 개정이 본격 추진되었으며, 2020년 2월 마침내 데이터 3법이 통과되어 본격적인 데이터경제의 활성화가 가능하게 되었다.

이번 데이터 3법의 개정은 데이터 경제로의 전환이라는 전 세계적 환경변화를 적극적으로 수용하면서 적극적인 데이터 활용으로 소비자 중심의 금융혁신과 금융의 포용성 확대 등의 계기를 마련하고, 국민들의 금융분야 정보보호에 대한 신뢰성을 제고하는 것을 목적으로 하였다.

이에 따라 개정 신용정보법은 스몰라이센스를 도입하고, 정보활용의 기준을 제시함으로써 데이터 사업화의 경로를 확보해주었으며, 개인정보 보호법과 정보통신망법은 관련 규제 내용을 최소화하여 규제의 통일성·일관성을 보장하였다.

이에 본서에서는 제2장에서 데이터경제와 관련된 모법에 해당하는 3법을 다루고, 이어서 최근 데이터경제와 관련하여 이슈가 되고 있는 사안들에 대한 법적인 이슈를 검토하였다.

나. 디지털금융 관련 법률의 제개정

금융분야는 업권별로 체계적으로 관리되는 정형화된 데이터가 대량으로 축적되어 있어, 그 데이터의 활용가치가 매우 높다. 데이터개방의 최우선 순위가 될 금융사업에 있어서는 신규로 시장에 진입할 스타트업뿐 아니라, 기존에 금융업을 영위하던 전통적 금융사들(은행, 증권사, 신용카드사 등)까지도 직접적으로 관련 법률의 영향을 받게 되면서 금융산업 전반에 있어서 혁명적인 서비스 개선과 대규모의 시장재편이 있을 것으로까지 예상되고 있다.

이에 데이터 3법 개정을 통해 My Data(본인신용정보관리업)를 비롯한 데이터 산업 육성을 위한 법적 기반을 마련한 정부는, 이제 MyPayment(지급지시서비스업)를 비롯한 디지털금융 산업의 발전을 촉진하기 위하여 전자금융거래법 개정을 추진하고 있다. 이번 전자금융거래법 개정을 통하여, 지급지시서비스업, 종합지급결제업, 오픈뱅킹 등을 법제화하여 수용하고, 이에 대한 감독지침을 구체화할 예정이다.

전자금융거래법이 대한민국에서 전자상거래를 관리하는 모법에 해당하나, 그 외에도 다음의 법률들 역시 디지털금융 관련 규제를 이해하는데 필수적이다.

"여신전문금융업법"은 대한민국에서 가장 보편적인 전자적 결제수단으로 자리잡은 신용카드에 대하여 정하고 있다. "온라인투자연계금융업법"은 최근 활성화되고 있는 P2P 금융에 대한 통제를 위하여 2020년 8월부터 시행되었다. "특정금융정보법"은 최근 강화되고 있는 자금세탁방지에 관한 내용을 담고 있는데, 비트코인 등의 가상자산과 관련된 사업 역시 본법의 적용을 받는다. "지역사랑상품권의 이용 활성화에 관한 법률"은 지방자치단체들이 지역경제 활성화와 소비촉진을 위하여 발행하고 있는 지역사랑상품권의 그 근거법률로서 제정되었다.

상기 법률들이 대한민국에서의 디지털금융업 수행에 복합적으로 영향을 미치고 있는 바, 향후 플랫폼 경제에서 데이터 및 핀테크 산업에 대해 고민하고 있는 이라면, 이들 법률에 대한 폭넓은 이해를 가질 것이 요구된다. 따라서 본서에서는 제3장에서 각 법률들의 내용을 소개하고, 관련 이슈를 별도로 다루었다.

2부

데이터경제 관련 법률 및 주요 이슈

1장 데이터 3법의 이해
2장 데이터경제 관련 주요 이슈

1장

데이터 3법의 이해

1. 신용정보의 이용 및 보호에 관한 법률

가. 법 제정 배경 및 규정 체계

신용정보법은 신용정보 관련 산업을 건전하게 육성하고 신용정보의 효율적 이용과 체계적 관리를 도모하며 신용정보의 오용·남용으로부터 사생활의 비밀 등을 적절히 보호함으로써 건전한 신용질서를 확립하고 국민경제의 발전에 이바지함을 목적으로 한다(신용정보법 제1조).

신용정보법 규정들 중 핵심은 신용정보 관련 산업의 허가 기준 및 행위규칙 등에 관한 규정과 신용정보처리 과정에서 신용정보주체의 권리 보호를 위한 규정이라고 할 것인바, 아래에서 그 개괄적인 내용에 대해 서술하도록 하겠다.

한편, 2020. 2. 4.자로 이른바 '데이터 3법 개정'이 이루어져 신용정보법도 대폭 개정되었는바, 먼저 그 주요 내용에 관해 살펴보도록 하겠다.

나. 주요한 개정 사항

데이터 경제로의 전환이라는 전 세계적 환경변화를 적극적으로 수용하면서 적극적인 데이터 활용으로 소비자 중심의 금융혁신과 금융의 포용성 확대 등의 계기를 마련하고 국민들의 금융분야 정보보호에 대한 신뢰성을 제고하기 위하여 신용정보법을 비롯하여 개인정보 보호법, 정보통신망법, 이른바 '데이터 3법'에 대한 종합적인 개정이 이루어지게 된 것이다.[1)]

그 주요 내용을 〈표 2-1〉과 같이 정리하였다.

---

1) 국회 개정 법률안 제안서 참조.

〈표 2-1〉 데이터 3법의 주요 내용

금융분야 빅데이터 분석·이용의 법적 근거 명확화	'가명정보' 이용 활성화 및 그 부작용 방지 등에 대한 책임 강화	통계작성·연구·공익적 기록보존 등을 위해 신용정보주체의 동의 없이 '가명정보'[2]이용·제공 가능[3]
		신용정보회사 등에 대해 가명처리에 사용한 추가정보를 일정한 방법으로 분리하여 보관할 의무를 부과하는 등 빅데이터 분석·이용에 따라 발생할 수 있는 부작용을 방지하기 위한 안전장치 마련[4]
		영리 또는 부정한 목적으로 특정 개인을 알아볼 수 있게 가명정보를 처리한 경우에 과징금과 벌칙을 부과할 수 있도록 함으로써 빅데이터 활용에 따른 부작용을 방지하기 위한 책임성 확보장치 마련[5]
	개인신용정보의 익명처리 적정성 평가 근거 마련 및 그 평가의 효과 명확화	'익명처리'의 정의[6]에 대한 규정을 신설
		익명처리된 정보에 대해 금융위원회가 지정하는 데이터전문기관이 적정성 평가하고, 그 평가를 거친 정보는 익명화된 정보로 추정[7]
	정보집합물 결합 및 이동에 관한 규정 마련	신용정보회사 등이 보유하는 정보집합물[8]을 제3자가 보유하는 다른 정보집합물과 결합할 경우에는 데이터전문기관을 통해서만 하도록 함
		데이터전문기관이 결합된 정보집합물을 해당 신용정보회사 등에게 전달하는 경우에는 가명처리 또는 익명처리가 된 상태로 전달되도록 함
신용정보관련 산업의 규제체계 선진화	신용조회업의 정의 세분화	개인신용평가업, 개인사업자신용평가업, 기업신용조회업으로 구분
		기업신용조회업의 업무 내용을 기업정보조회업무, 기업신용등급제공업무, 기술신용평가업무로 구분
	일부 신용조회업 분야에 대한 진입규제 완화	'전문개인신용평가업'[9]이나 '기업신용조회업'에 대해서는 허가요건으로서 최소 자본금을 5억원 또는 20억원으로 완화
	개인사업자 신용평가업 도입	개인사업자의 신용을 판단하는데 필요한 정보를 수집하고 개인사업자의 신용상태를 일정한 방법으로 평가하여 그 결과를 제3자에게 제공하는 행위를 영업으로 하는 개인사업자신용평가업을 도입
		개인신용평가회사, 기업신용조회회사 외에 신용카드업자가 겸영업무로 수행할 수 있도록 함
	신용정보회사 등의 업무범위 확대	겸영업무의 범위를 포지티브 방식에서 네거티브 방식으로 변경하고, 허가를 받은 업무에 부수하는 업무를 수행할 수 있음을 명확히 하는 등 신용정보회사등의 업무 체계를 정비

2) 구체적인 개념에 대해서는 2부 2장 제1항에서 상술한다.
3) 신용정보법 제2조 제15호, 제16호, 제32조 제6항 제9호의2, 제9호의4
4) 신용정보법 제40조의2 제1항, 제2항, 제6항 내지 제8항
5) 신용정보법 제42조의2 제1항 제1호의4, 제50조 제2항 제7호의2
6) 구체적인 개념에 대해서는 2부 2장 제1항에서 상술한다.
7) 신용정보법 제2조 제17호, 제26조의4, 제40조의2 제3항 내지 제5항
8) "정보를 체계적으로 관리하거나 처리할 목적으로 일정한 규칙에 따라 구성되거나 배열된 둘 이상의 정보들"을 말한다(신용정보법 제2조 제15호 나목 참조).
9) 대통령령으로 정하는 금융거래에 관한 개인신용정보 및 신용정보법 제25조 제2항 제1호에 따른 종합신용정보집중기관이 집중관리·활용하는 개인신용정보를 제외한 정보만 처리하는 개인신용평가업(신용정보법 제5조 제1항 단서 참조).

		데이터 분석 및 컨설팅 업무 등의 수행을 허용하여 양질의 데이터 및 분석·관리 노하우를 지닌 신용정보회사 등이 빅데이터 초기시장을 선도하는 주도적 역할을 수행하도록 함
	신용정보회사 등의 지배주주 변경 승인 제도 정비 및 임원 자격 요건 강화	신용정보회사 등에 적용되는 지배주주 변경승인 제도를 현행 「금융사지배구조법」에 따른 대주주 변경승인 제도에 준하여 정비
		신용정보회사 등의 임원에 대해서도 「금융사지배구조법」에 준하여 그 자격요건을 강화
		국민의 경제·금융생활에 큰 영향을 미치는 일정한 개인신용평가회사 및 개인사업자신용평가회사에 대해서는 현행 「금융사지배구조법」에 준하는 최대주주의 자격심사 등에 관한 제도를 도입
	신용정보회사의 행위규칙 등 신설	개인신용평가회사, 개인사업자신용평가회사, 일정한 기업신용조회회사가 신용정보주체의 신용상태를 평가할 때 정확성·공정성·투명성 등의 원칙에 따라 업무를 수행하도록 함
		성별·출신지역·국적 등으로 합리적 이유 없이 차별하는 행위를 금지
'My Data' 개념 도입을 통한 개인신용정보 주체의 권리 강화	'본인신용정보관리업'의 도입	개인인 신용정보주체의 신용관리를 지원하기 위하여 본인의 신용정보를 일정한 방식으로 통합하여 그 본인에게 제공하는 행위를 영업으로 하는 '본인신용정보관리업'을 도입
	금융분야에 새로운 개인정보 자기결정권의 도입	개인인 신용정보주체가 금융회사, 정부·공공기관 등에 대하여 본인에 관한 개인신용정보를 본인이나 본인신용정보관리회사, 다른 금융회사 등에게 전송하여 줄 것을 요구할 수 있는 개인신용정보의 전송요구권을 도입
		개인인 신용정보주체가 금융회사 등에게 자동화평가 실시 여부 및 자동화평가의 결과 및 주요기준, 기초자료 등의 설명을 요구할 수 있도록 규정하는 등 신용정보주체에게 자동화평가에 대한 적극적인 대응권을 보장
정보활용 동의 제도의 내실화 등 정보주체 보호 강화	정보활용 동의 제도의 내실화	금융회사 등이 개인인 신용정보주체로부터 정보활용 동의를 받는 경우에는 쉬운 용어나 단순하고 시청각적인 전달 수단 등을 활용하도록 하는 등 신용정보주체가 정보활용 동의 내용을 충분히 알고 동의할 수 있는 여건을 마련하도록 함
		금융위원회로 하여금 금융회사 등의 정보활용 동의사항에 대하여 사생활의 비밀과 자유를 침해할 위험, 신용정보주체가 받게 되는 이익이나 혜택 등을 고려하여 정보활용 동의등급을 부여하도록 하는 등 신용정보주체가 자신의 정보활용 동의에 따르는 효과를 손쉽게 알 수 있도록 함
	개인신용정보 활용·관리 실태에 대한 상시평가 제도 도입	금융회사 등의 신용정보관리·보호인으로 하여금 처리하고 있는 개인신용정보의 관리 및 보호실태를 정기적으로 점검하도록 하고 그 점검결과를 금융위원회에 제출하도록 함
		금융위원회는 이를 확인하여 그 결과를 점수 또는 등급으로 표시하고 금융감독원이 금융회사 등의 신용정보 보호 업무에 대하여 검사를 할 때 그 점수나 등급을 활용할 수 있도록 함

다. 신용정보업의 구분 및 허가 기준

1) '신용정보업'의 구분

신용정보법의 규제대상인 영업은 '신용정보업', '본인신용정보관리업' 및 '채권추심업'이고, 그 구체적인 구분은 〈표 2-2〉와 같다.

〈표 2-2〉 신용정보업의 구분

업종		해당 업에 대해 허가를 받은 자	비고
신용정보업	개인신용평가업	개인신용평가회사	제2조 제4호 및 제5호
	개인사업자신용평가업	개인사업자신용평가회사	
	기업신용조회업	기업신용조회회사	
	신용조사업	신용조사회사	
본인신용정보관리업		본인신용정보관리회사	제2조 제9호의2 및 제9호의3
채권추심업		채권추심회사	제2조 제10호 및 제10호의2

2) '신용정보업'의 업종별 정의

가) 개인신용평가업

'개인신용평가업'이라 함은 "개인의 신용을 판단하는 데 필요한 정보를 수집하고 개인의 신용상태를 평가하여 그 결과(개인신용평점을 포함한다)를 제3자에게 제공하는 행위를 영업으로 하는 것"이다(신용정보법 제2조 제8호).

나) 전문개인신용평가업(비금융CB)

한편, 개정 신용정보법은 개인신용평가업 중 "대통령령으로 정하는 금융거래에 관한 개인신용정보◆ 및 제25조 제1항 제1호에 따른 종합신용정보집중기관이 집중관리·활용하는 개인신용정보를 **제외한 정보만 처리하는 개인신용평가업**"을 '전문개인신용평가업'이라고 별도로 규정하여(신용정보법 제5조 제1항 단서) 허가요건 등에 차이를 두고 있다.

◆ 관련조문

신용정보법 시행령

제5조 (신용정보업 등의 허가를 받을 수 있는 자)

① 법 제5조 제1항 각 호 외의 부분 단서에서 "대통령령으로 정하는 금융거래에 관한 개인신용정보"란 다음 각 호의 정보를 말한다. 다만, 같은 항 각 호 외의 부분 단서에 따른 전문개인신용평가업

> (이하 "전문개인신용평가업"이라 한다)이 처리하는 정보에서 다음 각 호의 정보를 제외하는 것이 신용정보주체의 이익을 침해하는 정보로서 전문개인신용평가업의 취지를 훼손하지 않는 범위에서 금융위원회가 정하여 고시하는 정보는 제외한다. 〈신설 2020. 8. 4.〉
> 1. 신용정보주체의 거래내용을 판단할 수 있는 정보 중 금융거래와 관련된 정보
> 2. 신용정보주체의 신용도를 판단할 수 있는 정보 중 금융거래와 관련된 정보
> 3. 그 밖에 제1호 및 제2호의 정보와 유사한 정보로서 금융위원회가 정하여 고시하는 정보

금융거래정보를 기반으로 금융기관의 대출 등에 있어서 활용할 수 있는 개인신용등급을 산출하는 것이 전통적인 CB(개인신용평가업)이었다면, 이와 달리 비금융정보(예 온라인쇼핑내역, SNS 포스팅 내용 등)를 기반으로 금융거래정보가 적은 금융소외계층[10]을 대상으로 하는 비금융CB를 허용하는 것이다.

다) 개인사업자신용평가업

'개인사업자신용평가업'이라 함은 "개인사업자의 신용을 판단하는 데 필요한 정보를 수집하고 개인사업자의 신용상태를 평가하여 그 결과를 제3자에게 제공하는 행위를 영업으로 하는 것"으로, 다만 「자본시장법」 제9조 제26항에 따른 신용평가업◆은 제외한다(신용정보법 제2조 제8호의2).

◆ 관련조문

> **자본시장법**
> **제9조 (그 밖의 용어의 정의)**
> ㉖ 이 법에서 "신용평가업"이란 다음 각 호의 어느 하나에 해당하는 것에 대한 신용상태를 평가(이하 "신용평가"라 한다)하여 그 결과에 대하여 기호, 숫자 등을 사용하여 표시한 등급(이하 "신용등급"이라 한다)을 부여하고 그 신용등급을 발행인, 인수인, 투자자, 그 밖의 이해관계자에게 제공하거나 열람하게 하는 행위를 영업으로 하는 것을 말한다. 〈신설 2013. 5. 28.〉
> 1. 금융투자상품
> 2. 기업·집합투자기구, 그 밖에 대통령령으로 정하는 자

기존의 CB는 특정 개인에 대한 평가에 집중되어 있는데, 기업신용조회업은 법인사업자를 대상으로 하는 것이었으므로, 자영업자로서의 개인사업자의 특별한 신용도 산출에 특화된 평가업의 필요성이 제기되었다.

이에 따라, 매출 정보 등을 기반으로 개인사업자에게 특화된 신용평가를 할 수 있는 업종을 신설하였다.

---

10) 'Thin Filer': 금융 거래가 거의 없어 관련 서류가 얇은 금융 고객을 뜻한다. 다시 말해 신용카드 사용 내역, 대출 실적 등이 없는 사람을 일컫는 말로 주로 사회초년생들이 해당된다(박문각, "시사상식사전").

라) 기업신용조회업

'기업신용조회업'이라 함은 다음의 각 업무를 영업으로 하는 것으로, 다만 「자본시장법」 제9조 제26항에 따른 신용평가업은 제외한다(신용정보법 제2조 제8호의3).

〈표 2-3〉 기업신용조회업의 업무 내용

각 목	업무 구분	해당 업무의 내용
가목	기업정보 조회업무	기업 및 법인인 신용정보주체의 거래내용, 신용거래능력 등을 나타내기 위하여 대통령령으로 정하는 정보[11]를 제외한 신용정보를 수집하고, 대통령령으로 정하는 방법[12]으로 통합·분석 또는 가공하여 제공하는 행위
나목	기업신용등급 제공업무	기업 및 법인인 신용정보주체의 신용상태를 평가하여 기업신용등급을 생성하고, 해당 신용정보주체 및 그 신용정보주체의 거래상대방 등 이해관계를 가지는 자에게 제공하는 행위
다목	기술신용 평가업무	기업 및 법인인 신용정보주체의 신용상태 및 기술에 관한 가치를 평가하여 기술신용정보를 생성한 다음 해당 신용정보주체 및 그 신용정보주체의 거래상대방 등 이해관계를 가지는 자에게 제공하는 행위

마) 신용조사업

'신용조사업'이라 함은 "제3자의 의뢰를 받아 신용정보를 조사하고, 그 신용정보를 그 의뢰인에게 제공하는 행위를 영업으로 하는 것"이다(신용정보법 제2조 제9호).

3) '신용정보업'의 업종별 허가 기준 등

신용정보법은 '신용정보업'의 각 업종별로 그 허가 기준을 다소간 달리 규정하고 있는바, 아래에서는 이를 비교하여 표로 정리하였다.

한편, 신용정보업 개정시에 '본인신용정보관리업'이 새로운 업종으로 도입되었고, '신용정보업'과 별도의 업으로 규정되어 있지만, 전반적인 이해를 돕기 위해 이에 대한 허가 기준도 함께 비교해보도록 하겠다.

가) 허가를 받을 수 있는 자

신용정보업의 각 업종 및 본인신용정보관리업에 대해서 '허가를 받을 수 있는 자'의 범위는 다음과 같다.

---

11) 기업신용등급 또는 기술신용정보(신용정보법 시행령 제2조 제19항)

12) 금융거래 등 상거래에 활용하도록 하기 위해 신용정보회사가 아닌 자에게 제공하는 방법(공시 등을 통해 일반 대중에 공개하는 방법 제외)(신용정보법 시행령 제2조 제20항)

〈표 2-4〉 신용정보업의 '허가를 받을 수 있는 자'의 범위

<table>
<tr>
<td rowspan="5">신용정보업</td>
<td colspan="2">개인신용평가업
(제5조 제1항)
※ 전문개인신용평가업은 제외</td>
<td>○ 대통령령으로 정하는 금융기관 등◆이 50/100 이상을 출자한 법인
○「신용보증기금법」에 따른 신용보증기금
○「기술보증기금법」에 따른 기술보증기금
○「지역신용보증재단법」에 따라 설립된 신용보증재단
○「무역보험법」에 따라 설립된 한국무역보험공사
○ 신용정보업이나 채권추심업의 전부 또는 일부를 허가받은 자가 50/100 이상을 출자한 법인(다만, 출자자가 출자를 받은 법인과 같은 종류의 업을 하는 경우는 제외)</td>
</tr>
<tr>
<td colspan="2">개인사업자신용평가업
(제5조 제2항)</td>
<td>○ 개인신용평가회사(전문개인신용평가회사는 제외)
○ 기업신용등급제공업무를 하는 기업신용조회회사
○「여신전문금융업법」에 따른 신용카드업자
○ 신용정보업이나 채권추심업의 전부 또는 일부를 허가받은 자가 50/100 이상을 출자한 법인(다만, 출자자가 출자를 받은 법인과 같은 종류의 업을 하는 경우는 제외)</td>
</tr>
<tr>
<td rowspan="3">기업신용조회업</td>
<td rowspan="2">'기업신용등급제공업무' 또는 '기술신용평가업무'를 하려고 하는 경우
(제5조 제3항 단서)</td>
<td>○ 대통령령으로 정하는 금융기관 등이 50/100 이상을 출자한 법인
○「신용보증기금법」에 따른 신용보증기금
○「기술보증기금법」에 따른 기술보증기금
○「지역신용보증재단법」에 따라 설립된 신용보증재단
○「무역보험법」에 따라 설립된 한국무역보험공사
○ 신용정보업이나 채권추심업의 전부 또는 일부를 허가받은 자가 50/100 이상을 출자한 법인(다만, 출자자가 출자를 받은 법인과 같은 종류의 업을 하는 경우는 제외)
○ 기술신용평가업무의 특성, 법인의 설립 목적 등을 고려하여 대통령령으로 정하는 법인</td>
</tr>
<tr>
<td>○ 허가 제외 대상(제5조 제4항)
– 「독점규제 및 공정거래에 관한 법률」 제14조 제1항에 따른 공시대상기업집단 및 상호출자제한기업집단에 속하는 회사가 10/00을 초과하여 출자한 법인
– 「자본시장법」 제9조 제17항 제3호의2에 따른 자(신용평가회사) 또는 외국에서 신용평가회사와 유사한 업을 경영하는 회사가 10/100을 초과하여 출자한 법인
– 위 두 가지 경우 중 하나에 해당하는 회사가 최대주주인 법인</td>
</tr>
<tr>
<td>나머지 경우
(제5조 제3항 본문)</td>
<td>○ 대통령령으로 정하는 금융기관 등이 50/100 이상을 출자한 법인
○「신용보증기금법」에 따른 신용보증기금
○「기술보증기금법」에 따른 기술보증기금
○「지역신용보증재단법」에 따라 설립된 신용보증재단
○「무역보험법」에 따라 설립된 한국무역보험공사
○ 신용정보업이나 채권추심업의 전부 또는 일부를 허가받은 자가 50/100 이상을 출자한 법인(다만, 출자자가 출자를 받은 법인과 같은 종류의 업을 하는 경우는 제외)
○「상법」에 따라 설립된 주식회사
○ 기술신용평가업무의 특성, 법인의 설립 목적 등을 고려하여 대통령령으로 정하는 법인[13]</td>
</tr>
</table>

13) 「변리사법」 제6조의3에 따라 설립된 특허법인 또는 「공인회계사법」 제24조에 따라 설립된 회계법인(신용정보법 시행령 제5조 제3항)

	신용조사업	제한 없음
본인신용정보관리업		제한 없음

◆ 관련조문

신용정보법 시행령

제5조 (신용정보업 등의 허가 대상)

① 법 제5조 제1항 제1호에서 "대통령령으로 정하는 금융기관"이란 다음 각 호의 어느 하나에 해당하는 기관을 말한다. 다만, 제9호부터 제14호까지의 경우에는 그 연합회 또는 중앙회만 말한다.

1. 「은행법」에 따라 인가를 받아 설립된 은행(같은 법 제59조에 따라 은행으로 보는 자를 포함한다)
2. 「금융지주회사법」에 따른 금융지주회사
3. 「한국산업은행법」에 따른 한국산업은행
4. 「한국수출입은행법」에 따른 한국수출입은행
5. 「농업협동조합법」 제161조의11에 따른 농협은행

5의2. 「수산업협동조합법」에 따른 수협은행

6. 「중소기업은행법」에 따른 중소기업은행
7. 「한국주택금융공사법」에 따른 한국주택금융공사
8. 「자본시장법」에 따른 금융투자업자 · 증권금융회사 · 종합금융회사 · 자금중개회사 및 명의개서대행회사
9. 「상호저축은행법」에 따른 상호저축은행과 그 중앙회
10. 「농업협동조합법」에 따른 농업협동조합과 그 중앙회
11. 「수산업협동조합법」에 따른 수산업협동조합과 그 중앙회
12. 「산림조합법」에 따른 산림조합과 그 중앙회
13. 「신용협동조합법」에 따른 신용협동조합과 그 중앙회
14. 「새마을금고법」에 따른 새마을금고와 그 연합회
15. 「보험업법」에 따른 보험회사
16. 「여신전문금융업법」에 따른 여신전문금융회사(「여신전문금융업법」 제3조 제3항 제1호에 따라 허가를 받거나 등록을 한 자를 포함한다)
17. 「기술보증기금법」에 따른 기술보증기금
18. 「신용보증기금법」에 따른 신용보증기금
19. 「지역신용보증재단법」에 따른 신용보증재단과 그 중앙회
20. 「무역보험법」에 따른 한국무역보험공사
21. 「예금자보호법」에 따른 예금보험공사 및 정리금융회사
22. 외국에서 제1호부터 제20호까지의 금융기관과 유사한 금융업을 경영하는 금융기관
23. 외국 법령에 따라 설립되어 외국에서 법 제4조 제1항 제1호부터 제3호까지의 업무 중 어느 하나에 해당하는 업무를 수행하는 자

나) 허가 요건

신용정보업의 각 업종 및 본인신용정보관리업에 대하여 **신용정보법 제6조**에 정한 '허가 요건'은 다음과 같다.

〈표 2-5〉 신용정보업의 허가 요건(신용정보법 제6조)

<table>
<tr><th colspan="3" rowspan="2">업종 구분</th><th rowspan="2">공통 요건</th><th colspan="3">개별 요건</th></tr>
<tr><th colspan="2">자본금(기본재산)</th><th>임원 결격사유[14)]</th></tr>
<tr><td rowspan="7">신용정보업</td><td colspan="2" rowspan="2">개인신용평가업</td><td rowspan="8">○ 각 영업을 하기에 충분한 인력(본인신용정보관리업은 제외)과 전산설비 등 물적 시설을 갖출 것(제1항 제1호)
○ 사업계획이 타당하고 건전할 것(제1항 제2호)
○ 대주주가 충분한 출자능력, 건전한 재무상태 및 사회적 신용을 갖출 것(제1항 제3호)
○ 각 영업을 하기에 충분한 전문성을 갖출 것(제1항 제4호)</td><td colspan="2">50억원</td><td rowspan="6">「금융사지배구조법」 제5조◆ 준용 (제22조 제1항)</td></tr>
<tr><td>전문 개인 신용 평가업</td><td>○ 전기, 수자원등 공공서비스 관련 정보처리: 20억원(제2항 제1호 단서 가목)
○ 그 외의 정보만 처리: 5억원(제2항 제1호 단서 나목)</td></tr>
<tr><td colspan="2">개인사업자 신용평가업</td><td colspan="2">50억원</td></tr>
<tr><td rowspan="3">기업신용조회업</td><td>기업정보 조회업무</td><td colspan="2">5억원</td></tr>
<tr><td>기업신용 등급제공 업무</td><td colspan="2" rowspan="2">20억원</td></tr>
<tr><td>기술신용 평가업무</td></tr>
<tr><td colspan="2">신용조사업</td><td colspan="2">30억원[15)]</td><td>「신용정보법」 제22조 제2항 각 호가 정하는 사유◆</td></tr>
<tr><td colspan="3">본인신용정보 관리업</td><td colspan="2">5억원</td><td>「금융사지배구조법」 제5조 준용 (제27조 제1항)</td></tr>
</table>

◆ 관련조문

금융사지배구조법

제5조 (임원의 자격요건)

① 다음 각 호의 어느 하나에 해당하는 사람은 금융회사의 임원이 되지 못한다.

1. 미성년자 · 피성년후견인 또는 피한정후견인
2. 파산선고를 받고 복권(復權)되지 아니한 사람
3. 금고 이상의 실형을 선고받고 그 집행이 끝나거나(집행이 끝난 것으로 보는 경우를 포함한다) 집행이 면제된 날부터 5년이 지나지 아니한 사람
4. 금고 이상의 형의 집행유예를 선고받고 그 유예기간 중에 있는 사람
5. 이 법 또는 금융관계법령에 따라 벌금 이상의 형을 선고받고 그 집행이 끝나거나(집행이 끝난 것으로 보는 경우를 포함한다) 집행이 면제된 날부터 5년이 지나지 아니한 사람
6. 다음 각 목의 어느 하나에 해당하는 조치를 받은 금융회사의 임직원 또는 임직원이었던 사람(그 조치를 받게 된 원인에 대하여 직접 또는 이에 상응하는 책임이 있는 사람으로서 대통령령으로 정하는 사람으로 한정한다)으로서 해당 조치가 있었던 날부터 5년이 지나지 아니한 사람

14) 신용정보법 제6조 제1항 제3호의2

15) 신용정보법 제6조 제2항 제2호, 시행령 제7조

가. 금융관계법령에 따른 영업의 허가·인가·등록 등의 취소
나. 「금융산업의 구조개선에 관한 법률」 제10조 제1항에 따른 적기시정조치
다. 「금융산업의 구조개선에 관한 법률」 제14조 제2항에 따른 행정처분

7. 이 법 또는 금융관계법령에 따라 임직원 제재조치(퇴임 또는 퇴직한 임직원의 경우 해당 조치에 상응하는 통보를 포함한다)를 받은 사람으로서 조치의 종류별로 5년을 초과하지 아니하는 범위에서 대통령령으로 정하는 기간이 지나지 아니한 사람
8. 해당 금융회사의 공익성 및 건전경영과 신용질서를 해칠 우려가 있는 경우로서 대통령령으로 정하는 사람

신용정보법

제22조 (신용정보회사 임원의 자격요건 등)

② 신용조사회사는 다음 각 호의 어느 하나에 해당하는 사람을 임직원으로 채용하거나 고용하여서는 아니 된다.

1. 미성년자. 다만, 금융위원회가 정하여 고시하는 업무에 채용하거나 고용하는 경우는 제외한다.
2. 피성년후견인 또는 피한정후견인
3. 파산선고를 받고 복권되지 아니한 사람
4. 금고 이상의 실형을 선고받고 그 집행이 끝나거나(집행이 끝난 것으로 보는 경우를 포함한다) 집행이 면제된 날부터 3년이 지나지 아니한 사람
5. 금고 이상의 형의 집행유예를 선고받고 그 유예기간 중에 있는 사람
6. 이 법 또는 그 밖의 법령에 따라 해임되거나 면직된 후 5년이 지나지 아니한 사람
7. 이 법 또는 그 밖의 법령에 따라 영업의 허가·인가 등이 취소된 법인이나 회사의 임직원이었던 사람(그 취소사유의 발생에 직접 또는 이에 상응하는 책임이 있는 사람으로서 대통령령으로 정하는 사람만 해당한다)으로서 그 법인 또는 회사에 대한 취소가 있은 날부터 5년이 지나지 아니한 사람
8. 재임 또는 재직 중이었더라면 이 법 또는 그 밖의 법령에 따라 해임권고(해임요구를 포함한다) 또는 면직요구의 조치를 받았을 것으로 통보된 퇴임한 임원 또는 퇴직한 직원으로서 그 통보가 있었던 날부터 5년(통보가 있었던 날부터 5년이 퇴임 또는 퇴직한 날부터 7년을 초과한 경우에는 퇴임 또는 퇴직한 날부터 7년으로 한다)이 지나지 아니한 사람

〈표 2-5〉의 '공통 요건' 중 제1항 제1호의 요건, 즉 "신용정보업, 본인신용정보관리업 또는 채권추심업을 하기에 충분한 인력(본인신용정보관리업은 제외한다)과 전산설비 등 물적 시설을 갖출 것"에 대하여, 신용정보법 시행령은 다음과 같이 업종별로 달리 하여 규정하고 있다(신용정보법 시행령 제6조 제1항 및 제2항).

〈표 2-6〉 허가의 세부요건(신용정보법 시행령 제6조)

업종			상시고용인력	물적 시설
신용정보업	㉠ 개인신용평가업(전문개인신용평가업 제외)	이 중 하나 이상의 업을 하는 경우 또는 이 중 하나 이상의 업과 ㉣ 또는 ㉤의 업을 함께 하는 경우	ㅇ다음 중 어느 하나에 해당하는 인력 10명 이상 – 공인회계사 – 기술사, 기술거래사 또는 변리사 – 3년 이상 신용정보주체에 대한 신용상태를 평가하는 업무에 종사했던 사람 – 3년 이상 기술에 관한 가치를 평가하는 업무에 종사했던 사람	신용정보의 처리를 적정하게 수행할 수 있다고 금융위원회가 정하여 고시하는 정보처리·정보통신설비
	㉡ 개인사업자신용평가업			
	㉢ 기업신용등급제			

공업무 또는 기술신용평가업무를 하는 기업신용조회업		– 3년 이상 신용정보 등의 분석에 관한 업무(정보분석 및 정보기획업무 등을 포함)에 종사했던 사람 – 3년 이상 신용정보집중기관에 근무한 경력이 있는 사람	
㉣ 전문개인신용평가업		○ 다음 중 어느 하나에 해당하는 인력 5명 이상 – 3년 이상 신용정보주체에 대한 신용상태를 평가하는 업무에 종사했던 사람 – 3년 이상 신용정보 등의 분석에 관한 업무(정보분석 및 정보기획업무 등을 포함)에 종사했던 사람 – 3년 이상 신용정보집중기관에 근무한 경력이 있는 사람	
㉤ 기업정보조회업무를 하는 기업신용조회업	㉣의 업무를 함께 하지 않는 경우	○ 다음 중 어느 하나에 해당하는 인력 10명 이상 – 공인회계사 – 3년 이상 기업정보조회업무에 종사했던 사람 – 3년 이상 신용정보 등의 분석에 관한 업무(정보분석 및 정보기획업무 등을 포함)에 종사했던 사람 – 3년 이상 신용정보집중기관에 근무한 경력이 있는 사람	
	㉣의 업무를 함께 하는 경우	○ 다음 중 어느 하나에 해당하는 인력 10명 이상 – 공인회계사 – 3년 이상 신용정보주체에 대한 신용상태를 평가하는 업무에 종사했던 사람 – 3년 이상 기업정보조회업무에 종사했던 사람 – 3년 이상 신용정보 등의 분석에 관한 업무(정보분석 및 정보기획업무 등을 포함)에 종사했던 사람 – 3년 이상 신용정보집중기관에 근무한 경력이 있는 사람	
본인신용정보관리업		없음	
신용조사업 (채권추심업을 함께 하는 경우 포함)		20명 이상의 상시고용인력	없음

〈표 2–5〉의 공통요건 중 '사업계획이 타당하고 건전할 것'(신용정보법 제6조 제1항 제2호)에 대해 신용정보법 시행령은 다음과 같이 구체화하여 규정하고 있다(신용정보법 시행령 제6조 제3항).

각 호	사업계획 요건
제1호	수입·지출 전망이 타당하고 실현 가능성이 있을 것
제2호	사업계획상의 조직구조 및 관리·운용체계가 사업계획의 추진에 적합하고 이해상충 및 불공정 행위 등으로 신용정보업, 본인신용정보관리업 또는 채권추심업을 건전하게 하는 데에 지장을 주지 않을 것

〈표 2－5〉의 공통요건 중 '대주주가 충분한 출자능력, 건전한 재무상태 및 사회적 신용을 갖출 것'(신용정보법 제6조 제1항 제3호)에 대해서는 "신용정보법 시행령 별표 1의2"에서 구체화하여 규정하고 있다(신용정보법 시행령 제6조 제4항).

다) 허가 없이 신용정보업 또는 본인신용정보관리업을 영위한 경우 등에 대한 제재

신용정보법 제4조 제1항을 위반하여 신용정보업 또는 본인신용정보관리업을 하는 경우 5년 이하의 징역 또는 5천만원 이하의 벌금에 해당하는 형사 처벌을 받을 수 있다(신용정보법 제50조 제2항 제1호).

거짓이나 그 밖의 부정한 방법으로 신용정보업 또는 본인신용정보관리업 허가를 받은 경우에도 역시 같은 내용의 형사 처벌을 받을 수 있다(신용정보법 제50조 제2항 제2호).

라. 신용정보회사 등의 행위 규칙 등

1) 개 요

신용정보법은 각 신용정보업회사의 종류별로 각각의 구체적인 행위 규칙이나 준수할 원칙 등을 규정해두고 있다.

아래에서는 각 신용정보회사의 종류별로 그러한 행위 규칙 등에 관해 살펴보되, 전문개인신용평가회사, 개인사업자신용평가회사, 본인신용정보관리회사에 대해서는 2부 2장 "4. My Data(본인신용정보관리업)"과 "5. 스몰 라이선스: 비금융 CB, 개인사업자 CB"에서 구체적으로 살펴볼 예정이므로, 여기에서는 개인신용평가회사, 기업신용조회회사 및 신용조사회사에 대한 행위 규칙 등에 대해서만 살펴보도록 하겠다.

2) 개인신용평가회사의 행위 규칙 등

가) 개인신용평가업무 수행시 고려할 사항

개인신용평가회사 및 그 임직원은 개인신용평가에 관한 업무를 수행할 때 다음 각 호의 사항을 고려하여 그 업무를 수행하여야 한다(신용정보법 제22조의3 제1항).

각 호	개인신용평가업무 수행시 고려할 사항
제1호	개인신용평가 결과가 정확하고 그 평가체계가 공정한지 여부
제2호	개인신용평가 과정이 공개적으로 투명하게 이루어지는지 여부

나) 개인신용평가회사의 개인신용평가시 준수사항

개인신용평가회사가 개인인 신용정보주체의 신용상태를 평가할 경우 그 신용정보주체에게 개인신용평가에 불이익이 발생할 수 있는 정보 외에 개인신용평가에 혜택을 줄 수 있는 정보도 함께 고려하여야 한다(신용정보법 제22조의4 제1항).

개인신용평가회사가 이를 위반하여 신용상태를 평가한 경우 3천만원 이하의 과태료가 부과된다(신용정보법 제52조 제3항 제4호의2).

다) 개인신용평가회사의 금지행위

개인신용평가회사가 개인신용평가를 할 때에는 다음 각 호의 행위를 하여서는 아니 된다(신용정보법 제22조의4 제2항).

각 호	금지행위
제1호	성별, 출신지역, 국적 등으로 합리적 이유 없이 차별하는 행위
제2호	개인신용평가 모형을 만들 때 특정한 평가항목을 합리적 이유 없이 유리하게 또는 불리하게 반영하는 행위
제3호	그 밖에 신용정보주체 보호 또는 건전한 신용질서를 저해할 우려가 있는 행위로서 대통령령으로 정하는 행위◆

◆ 관련조문

신용정보법 시행령

제8조의3 (개인신용평가회사의 행위규칙)

① 법 제22조의4 제2항 제3호에서 "대통령령으로 정하는 행위"란 다음 각 호의 행위를 말한다.

1. 정당한 이유 없이 개인신용평가회사 또는 그 계열회사의 상품이나 서비스를 구매하거나 이용하는 것을 조건으로 개인신용평점을 유리하게 산정하는 행위
2. 정당한 이유 없이 계열회사와 금융거래 등 상거래 관계를 맺거나 맺으려는 사람의 개인신용평

> 점을 다른 사람의 개인신용평점에 비해 유리하게 산정하는 등 차별적으로 취급하는 행위
> 3. 그 밖에 금융위원회가 정하여 고시하는 행위

개인신용평가회사가 이를 위반한 경우 위 개인신용평가시 준수사항을 위반한 경우와 마찬가지로 3천만원 이하의 과태료가 부과된다(신용정보법 제52조 제3항 제4호의2).

3) 기업신용조회회사의 행위 규칙 등

가) 신용상태 평가시 고려할 사항

기업신용조회회사(기업정보조회업무만 하는 경우는 제외)가 기업 및 법인의 신용상태를 평가할 경우에는 해당 기업 및 법인에게 평가에 불이익이 발생할 수 있는 정보 외에 평가에 혜택을 줄 수 있는 정보도 함께 고려하여야 한다(신용정보법 제22조의6 제1항).

기업신용조회회사가 이를 위반한 경우 3천만원 이하의 과태료가 부과된다(신용정보법 제52조 제3항 제4호의4).

나) 금지행위

기업신용조회회사(기업정보조회업무만 하는 경우는 제외)의 금지행위에 대하여 신용정보법 제22조의6 제2항은 다음과 같이 정하고 있다.

각 호	금지행위
제1호	기업신용조회회사와 일정한 비율 이상의 출자관계에 있는 등 특수한 관계에 있는 자로서 대통령령으로 정하는 자(신용정보법 시행령 제18조의5 제1항)◆와 관련된 기업신용등급 및 기술신용정보를 생성하는 행위
제2호	기업신용등급 및 기술신용정보의 생성 과정에서 기업신용조회회사 또는 그 계열회사의 상품이나 서비스를 구매하거나 이용하도록 강요하는 행위
제3호	그 밖에 신용정보주체 보호 또는 건전한 신용질서를 저해할 우려가 있는 행위로서 대통령령으로 정하는 행위(신용정보법 시행령 제18조의5 제2항)◆

◆ 관련조문

> **신용정보법 시행령**
> **제18조의5 (기업신용조회회사의 행위규칙)**
> ① 법 제22조의6 제2항 제1호에서 "대통령령으로 정하는 자"란 다음 각 호의 어느 하나에 해당하는 자를 말한다.
> 1. 해당 기업신용조회회사에 100분의 5 이상 출자한 법인
> 2. 해당 기업신용조회회사가 100분의 5 이상 출자한 법인
> 3. 해당 기업신용조회회사와 계열회사의 관계에 있는 법인

> 4. 해당 기업신용조회회사와 제1호부터 제3호까지의 관계에 있는 법인이 합하여 100분의 40 이상 출자한 법인
> 5. 그 밖에 신용평가업무와 관련하여 이해상충의 소지가 있는 자로서 금융위원회가 정하여 고시하는 자
>
> ② 법 제22조의6 제2항 제1호에서 "대통령령으로 정하는 행위"란 다음 각 호의 어느 하나에 해당하는 행위를 말한다.
> 1. 정당한 이유 없이 기업신용조회회사 또는 그 계열회사의 상품이나 서비스를 구매하거나 이용하는 것을 조건으로 기업신용평가 결과를 유리하게 산정하는 행위
> 2. 정당한 이유 없이 계열회사와 금융거래 등 상거래 관계를 맺거나 맺으려는 자의 기업신용평가 결과를 그 외의 자의 기업신용평가결과에 비하여 유리하게 산정하는 등 차별적 취급행위
> 3. 법 제22조의6 제1항 제1호 또는 2호에 따른 금지 또는 제한을 회피할 목적으로 기업신용조회회사와 특수한 관계에 있는 자에 대하여 다른 기업신용조회회사 간에 교차하여 신용평가를 하는 행위
> 4. 기업신용평가정보 또는 그에 활용된 정보 및 기업신용정보 등을 제공함에 있어 합리적 이유없이 차별적 취급을 하는 행위
> 5. 신용평가와 관련하여 신용평가의 요청인 및 그의 이해관계자에게 사회적 상규를 초과하여 재산상의 이익을 제공하거나 이들로부터 재산상의 이익을 제공받는 행위
> 6. 기업신용조회업의 수행과정에서 업무상 취득한 정보를 이용하여 부당한 이익을 얻거나 타인이 부당한 이익을 얻도록 하는 행위
> 7. 신용평가계약의 체결 또는 특정 신용평가결과가 부여될 가능성 또는 예상되는 신용등급(신용등급의 범위를 포함한다)에 대한 정보를 요청인 또는 그의 이해관계자에게 제공하는 행위
> 8. 신용평가계약의 체결을 유인하기 위하여 신용등급을 이용하는 행위
> 9. 의뢰자에 홍보자료, 유선·방문설명 등을 통해 관대한 평가결과를 암시하거나 약속하는 행위
> 10. 신용평가계약에 따른 대가로 사은품을 제공하는 행위
> 11. 은행 영업점 방문 등을 통한 기술평가자의 직접적인 영업행위
> 12. 기술평가자 대상 실적평가 등에 평가유치 실적 및 은행 방문 등의 영업요소를 포함하는 행위
> 13. 그 밖에 금융위원회가 정하여 고시하는 행위

기업신용조회회사가 이를 위반하는 경우 3천만원 이하의 과태료가 부과된다(신용정보법 제52조 제3항 제4호의7).

다) 내부 통제기준 수립 의무

기업신용조회회사(기업정보조회업무만 하는 경우는 제외)는 그 임직원이 직무를 수행할 때 지켜야 할 적절한 기준 및 절차로서, 평가조직과 영업조직의 분리에 관한 사항, 이해상충 방지에 관한 사항, 불공정행위의 금지에 관한 사항, 기업 및 법인의 특성에 적합한 기업신용등급의 생성기준 또는 기술신용평가의 기준에 관한 사항 등을 포함하는 내부통제기준을 정하여야 한다(신용정보법 제22조의6 제3항).

기업신용조회회사가 이를 위반하는 경우 3천만원 이하의 과태료가 부과된다(신용정보법 제52조 제3항 제4호의8).

라) 기업정보조회업무 수행시 이용자관리규정 제정

기업정보조회업무를 하는 기업신용조회회사는 신용정보의 이용자 관리를 위하여 대통령령으로 정하는 바에 따라 이용자관리규정을 정하여야 한다(신용정보법 제22조의6 제4항).

기업정보조회업무를 하는 기업신용조회회사가 이를 위반하는 경우 1천만원 이하의 과태료가 부과된다(신용정보법 제52조 제5항 제7호의2).

4) 신용조사회사의 행위 규칙 등

가) 금지행위

신용조사회사는 다음의 각 행위를 하여서는 아니 된다(신용정보법 제22조의7 제1항).

각 호	금지행위
제1호	의뢰인에게 허위사실을 알리는 행위
제2호	신용정보에 관한 조사 의뢰를 강요하는 행위
제3호	신용정보 조사 대상자에게 조사자료의 제공과 답변을 강요하는 행위
제4호	금융거래 등 상거래관계 외의 사생활 등을 조사하는 행위

신용조사회사의 임직원이 위 각 호에 따른 금지행위를 하는 경우 3년 이하의 징역 또는 3천만원 이하의 벌금에 해당하는 형사 처벌을 받게 되고(신용정보법 제50조 제3항 제1호의2 내지 제1호의5), 해당 신용조사회사는 양벌규정에 따라 처벌되며(신용정보법 제51조), 금융위원회는 해당 신용조사회사에 대한 신용정보업 허가를 취소할 수 있다(신용정보법 제14조 제1항 제6호 내지 6호의4).

나) 임직원의 신용조사시 증표 제시 의무

신용조사업에 종사하는 임직원이 신용정보를 조사하는 경우에는 신용조사업에 종사하고 있음을 나타내는 증표를 지니고 상대방에게 보여야 한다(신용정보법 제22조의7 제2항).

마. 신용정보처리 과정에서의 정보주체의 보호

1) 신용정보의 수집 및 처리의 원칙

신용정보회사, 본인신용정보관리회사, 채권추심회사, 신용정보집중기관 및 신용정보제공·이용자(이하 '신용정보회사등')는 신용정보를 수집하고 처리할 수 있다. 그리고 신용정보회사등이 신용정보를 수집하고 처리하는 경우 신용정보법 및 「개인정보 보호법」 제3조 제1항 및 제2항에 따라 그 목적 달성에 필요한 범위에서 합리적이고 공정한 수단을 사용하여 신용정보를 수집 및 처리하여야 한다.

2) 개인신용정보 수집에 관한 동의

신용정보회사등이 개인신용정보를 수집하는 때에는 해당 신용정보주체의 동의를 받아야 한다(신용정보법 제15조 제2항). 다만 다음의 각 경우 중 하나에 해당하는 때에는 동의를 받을 필요가 없다(신용정보법 제15조 제2항 단서, 개인정보 보호법 제15조 제1항 제2호 내지 제6호).

각 호	동의를 받을 필요가 없는 경우
제1호	법률에 특별한 규정이 있거나 법령상 의무를 준수하기 위하여 불가피한 경우(개인정보 보호법 제15조 제1항 제2호)
	공공기관이 법령 등에서 정하는 소관 업무의 수행을 위해 불가피한 경우(개인정보 보호법 제15조 제1항 제3호)
	정보주체와의 계약의 체결 및 이행을 위하여 불가피하게 필요한 경우(개인정보 보호법 제15조 제1항 제4호)
	정보주체 또는 그 법정대리인이 의사표시를 할 수 없는 상태에 있거나 주소불명 등으로 사전동의를 받을 수 없는 경우로서 명백히 정보주체 또는 제3자의 급박한 생명, 신체, 재산의 이익을 위하여 필요하다고 인정되는 경우(개인정보 보호법 제15조 제1항 제5호)
	개인신용정보처리자의 정당한 이익을 달성하기 위하여 필요한 경우로서 명백하게 정보주체의 권리보다 우선하는 경우(개인신용정보처리자의 정당한 이익과 상당한 관련이 있고 합리적인 범위를 초과하지 아니하는 경우에 한함)(개인정보 보호법 제15조 제1항 제6호)
제2호	다음의 어느 하나에 해당하는 정보를 수집하는 경우 – 법령에 따라 공개되거나 공시된 정보(가목) – 출판물이나 방송매체 또는 「공공기관의 정보공개에 관한 법률」 제2조 제3호에 따른 공공기관의 인터넷 홈페이지 등의 매체를 통하여 공시 또는 공개된 정보(나목) – 신용정보주체가 스스로 사회관계망서비스 등에 직접 또는 제3자를 통하여 공개한 정보(대통령령으로 정하는 바에 따라 해당 신용정보주체의 동의가 있었다고 객관적으로 인정되는 범위내로 한정)(다목)◆
제3호	위 각 경우에 준하는 경우로서 대통령령으로 정하는 경우[16]

◆ 관련조문

신용정보법 시행령

제12조의2 (수집 및 처리의 원칙)

① 법 제15조 제2항 제2호 다목에 따른 동의가 있었다고 객관적으로 인정되는 범위란 다음 각 호의 사정을 객관적으로 고려할 때 신용정보주체의 동의가 있었다고 객관적으로 인정되는 범위를 말한다.

16) 신용정보법 시행령에 따로 정한 바가 없음

> 1. 공개된 개인정보의 성격, 공개의 형태, 대상 범위
> 2. 제1호로부터 추단되는 신용정보주체의 공개 의도 및 목적
> 3. 신용정보회사등의 개인정보 처리의 형태
> 4. 수집 목적이 신용정보주체의 원래의 공개 목적과 상당한 관련성이 있는지 여부
> 5. 정보 제공으로 인하여 공개의 대상 범위가 원래의 것과 달라졌는지 여부
> 6. 개인정보의 성질 및 가치와 이를 활용하여야할 사회・경제적 필요성

신용정보회사등이 이를 위반하는 경우 5천만원 이하의 과태료가 부과된다(신용정보법 제52조 제2항).

3) 신용정보 처리의 위탁

신용정보회사등은 제3자에게 신용정보의 처리를 위탁할 수 있다(신용정보법 제17조 제1항 및 제2항). 이 경우 그 처리의 위탁 및 그에 수반하는 신용정보의 제공에 대해서는 별도로 정보주체의 동의를 받을 필요가 없다(신용정보법 제32조 제6항 제2호).

다만, 수탁자, 즉 신용정보의 처리를 위탁받은 자는 위탁받은 업무를 제3자에게 재위탁하여서는 아니 된다(신용정보법 제17조 제7항 본문). 다만, 신용정보의 보호 및 안전한 처리를 저해하지 아니하는 범위에서 금융위원회가 인정하는 경우에는 그러하지 아니하다(신용정보법 제17조 제7항 단서).

4) 개인신용정보의 제공・활용에 관한 동의

가) 신용정보제공・이용자의 개인신용정보 제공시 동의

신용정보제공・이용자가 개인신용정보를 타인에게 제공하려는 경우 대통령령으로 정하는 바에 따라 해당 신용정보주체로부터 다음의 어느 하나에 해당하는 방식으로 개인신용정보를 제공할 때마다 미리 개별적으로 동의를 받아야 한다(신용정보법 제32조 제1항 본문).

각 호	동의 방식
제1호	서면
제2호	「전자서명법」 제2조 제2호에 따른 전자서명(서명자의 실지명의를 확인할 수 있는 것을 말한다)이 있는 전자문서(「전자문서 및 전자거래기본법」 제2조 제1호에 따른 전자문서를 말함)
제3호	개인신용정보의 제공 내용 및 제공 목적 등을 고려하여 정보 제공 동의의 안정성과 신뢰성이 확보될 수 있는 유무선 통신으로 개인비밀번호를 입력하는 방식
제4호	유무선 통신으로 동의 내용을 해당 개인에게 알리고 동의를 얻는 방법(본인 여부 및 동의

내용, 그에 대한 해당 개인의 답변을 음성녹음하는 등 증거자료를 확보 · 유지하여야 하며, 대통령령으로 정하는 바◆에 따른 사후 고지 절차를 거침)

◆ 관련조문

신용정보법 시행령

제28조 (개인신용정보의 제공 · 활용에 대한 동의)

④ 법 제32조 제1항 제5호에서 "대통령령으로 정하는 방식"이란 정보 제공 동의의 안전성과 신뢰성이 확보될 수 있는 수단을 활용함으로써 해당 신용정보주체에게 동의 내용을 알리고 동의의 의사표시를 확인하여 동의를 받는 방식을 말한다.

다만, 기존에 동의한 목적 또는 이용 범위에서 개인신용정보의 정확성 · 최신성을 유지하기 위한 경우에는 그러하지 아니하다(신용정보법 제32조 제1항 단서).

나) 개인신용평가회사 등으로부터 개인신용정보를 제공받으려 할 때의 동의

개인신용평가회사, 개인사업자신용평가회사, 기업신용조회회사 또는 신용정보집중기관으로부터 개인신용정보를 제공받으려 하는 자는 대통령령으로 정하는 바에 따라 해당 신용정보주체로부터 개인신용정보를 제공받을 때마다 위 신용정보제공 · 이용자가 개인신용정보를 제3자에게 제공할 때와 마찬가지 방법으로 개별적으로 동의를 받아야 한다[신용정보법 제32조 제2항 전단(기존에 동의한 목적 또는 이용 범위에서 개인신용정보의 정확성 · 최신성을 유지하기 위한 경우는 제외)].

이 경우 개인신용정보를 제공받으려는 자는 개인신용정보의 조회 시 개인신용평점이 하락할 수 있는 때에는 해당 신용정보주체에게 이를 고지하여야 한다(신용정보법 제32조 제2항 후단).

개인신용평가회사, 개인사업자신용평가회사, 기업신용조회회사 또는 신용정보집중기관이 개인신용정보를 제공하는 경우에는 해당 개인신용정보를 제공받으려는 자가 위와 같은 동의를 받았는지 여부를 대통령령으로 정하는 바◆에 따라 확인하여야 한다(신용정보법 제32조 제3항).

◆ 관련조문

신용정보법 시행령

제28조 (개인신용정보의 제공 · 활용에 대한 동의)

⑦ 법 제32조 제3항에 따라 개인신용평가회사, 개인사업자신용평가회사, 기업신용조회회사 또는 신용정보집중기관은 개인신용정보를 제공받으려는 자가 해당 신용정보주체로부터 동의를 받았는지를 서면, 전자적 기록 등으로 확인하고, 확인한 사항의 진위 여부를 주기적으로 점검하여야 한다.

다) 동의사항의 구분 및 선택적 동의 거부에 따른 서비스 거부 금지

신용정보회사등은 개인신용정보의 제공 및 활용과 관련하여 동의를 받을 때에는 대통령령으로 정하는 바◆에 따라 서비스 제공을 위하여 필수적 동의사항과 그 밖의 선택적 동의사항을 구분하여 설명한 후 각각 동의를 받아야 한다(신용정보법 제32조 제4항 전단).

◆ 관련조문

신용정보법 시행령

제28조 (개인신용정보의 제공·활용에 대한 동의)

⑧ 법 제32조 제4항 전단에 따라 신용정보회사등이 필수적 동의사항과 그 밖의 선택적 동의사항을 구분하는 경우에는 다음 각 호의 사항 등을 고려하여야 한다.

1. 신용정보주체가 그 동의사항에 대하여 동의하지 아니하면 그 신용정보주체와의 금융거래 등 상거래관계를 설정·유지할 수 없는지 여부
2. 해당 신용정보주체가 그 동의사항에 대하여 동의함으로써 제공·활용되는 개인신용정보가 신용정보회사등과의 상거래관계에 따라 신용정보주체에게 제공되는 재화 또는 서비스(신용정보주체가 그 신용정보회사등에 신청한 상거래관계에서 제공하기로 한 재화 또는 서비스를 그 신용정보회사등과 별도의 계약 또는 약정 등을 체결한 제3자가 신용정보주체에게 제공하는 경우를 포함한다)와 직접적으로 관련되어 있는지 여부
3. 신용정보주체가 그 동의사항에 대하여 동의하지 아니하면 법 또는 다른 법령에 따른 의무를 이행할 수 없는지 여부

이 경우 필수적 동의사항은 서비스 제공과의 관련성을 설명하여야 하며, 선택적 동의사항은 정보제공에 동의하지 아니할 수 있다는 사실을 고지하여야 한다(신용정보법 제32조 제4항 후단).

신용정보회사등은 신용정보주체가 선택적 동의사항에 동의하지 아니한다는 이유로 신용정보주체에게 서비스 제공을 거부하여서는 아니 된다(신용정보법 제32조 제5항).

라) 개인신용정보 제공시 동의가 필요하지 않은 경우

신용정보회사등이 개인신용정보를 제공하는 경우로서 다음의 하나에 해당하는 경우에는 신용정보주체의 동의와 관련한 신용정보법 제32조 제1항 내지 제5항의 규정들이 적용되지 않는다(신용정보법 제32조 제6항).

각 호	동의를 받을 필요가 없는 경우
제1호	신용정보회사 및 채권추심회사가 다른 신용정보회사 및 채권추심회사 또는 신용정보집중기관과 서로 집중 관리·활용하기 위하여 제공하는 경우
제2호	신용정보법 제17조 제2항에 따라 신용정보의 처리를 위탁하기 위하여 제공하는 경우

제3호	영업양도 · 분할 · 합병 등의 이유로 권리 · 의무의 전부 또는 일부를 이전하면서 그와 관련된 개인신용정보를 제공하는 경우
제4호	채권추심(추심채권을 추심하는 경우로 한정), 인가 · 허가의 목적, 기업의 신용도 판단, 유가증권의 양수 등 대통령령으로 정하는 목적으로 사용하는 자에게 제공하는 경우
제5호	법원의 제출명령 또는 법관이 발부한 영장에 따라 제공하는 경우
제6호	범죄 때문에 피해자의 생명이나 신체에 심각한 위험 발생이 예상되는 등 긴급한 상황에서 제5호에 따른 법관의 영장을 발부받을 시간적 여유가 없는 경우로서 검사 또는 사법경찰관의 요구에 따라 제공하는 경우(이 경우 개인신용정보를 제공받은 검사는 지체 없이 법관에게 영장을 청구하여야 하고, 사법경찰관은 검사에게 신청하여 검사의 청구로 영장을 청구하여야 하며, 개인신용정보를 제공받은 때로부터 36시간 이내에 영장을 발부받지 못하면 지체 없이 제공받은 개인신용정보를 폐기하여야 한다)
제7호	조세에 관한 법률에 따른 질문 · 검사 또는 조사를 위하여 관할 관서의 장이 서면으로 요구하거나 조세에 관한 법률에 따라 제출의무가 있는 과세자료의 제공을 요구함에 따라 제공하는 경우
제8호	국제협약 등에 따라 외국의 금융감독기구에 금융회사가 가지고 있는 개인신용정보를 제공하는 경우
제9호	신용정보법 제2조 제1호의4 나목 및 다목의 정보◆를 개인신용평가회사, 개인사업자신용평가회사, 기업신용등급제공업무 · 기술신용평가업무를 하는 기업신용조회회사 및 신용정보집중기관에 제공하거나 그로부터 제공받는 경우
제9호의2	통계작성, 연구, 공익적 기록보존 등을 위하여 가명정보를 제공하는 경우(통계작성에는 시장조사 등 상업적 목적의 통계작성을 포함하며, 연구에는 산업적 연구를 포함)
제9호의3	신용정보법 제17조의2 정보집합물의 결합 목적으로 데이터전문기관에 개인신용정보를 제공하는 경우
제9호의4	다음의 각 요소를 고려하여 당초 수집한 목적과 상충되지 아니하는 목적으로 개인신용정보를 제공하는 경우 – 양 목적간의 관련성 – 신용정보회사등이 신용정보주체로부터 개인신용정보를 수집한 경위 – 해당 개인신용정보의 제공이 신용정보주체에게 미치는 영향 – 해당 개인신용정보에 대하여 가명처리를 하는 등 신용정보의 보안대책을 적절히 시행하였는지 여부
제10호	신용정보법 및 다른 법률에 따라 제공하는 경우
제11호	위 각 경우에 준하는 경우로서 대통령령으로 정하는 경우◆

◆ 관련조문

신용정보법

제2조 제1호의4 나목 및 다목의 정보

1의4. 제1호 다목의 "신용정보주체의 신용도를 판단할 수 있는 정보"란 다음 각 목의 정보를 말한다.

나. 금융거래 등 상거래와 관련하여 신용질서를 문란하게 하는 행위와 관련된 정보로서 다음 각각의 정보

1) 금융거래 등 상거래에서 다른 사람의 명의를 도용한 사실에 관한 정보

2) 보험사기, 전기통신금융사기를 비롯하여 사기 또는 부정한 방법으로 금융거래 등 상거래를 한 사실에 관한 정보

3) 금융거래 등 상거래의 상대방에게 위조・변조하거나 허위인 자료를 제출한 사실에 관한 정보
4) 대출금 등을 다른 목적에 유용(流用)하거나 부정한 방법으로 대출・보험계약 등을 체결한 사실에 관한 정보
5) 1)부터 4)까지의 정보와 유사한 정보로서 대통령령으로 정하는 정보

다. 가목 또는 나목에 관한 신용정보주체가 법인인 경우 실제 법인의 경영에 참여하여 법인을 사실상 지배하는 자로서 대통령령으로 정하는 자에 관한 정보

신용정보법 시행령

제28조 (개인신용정보의 제공・활용에 대한 동의)–대통령령으로 정하는 경우

⑫ 법 제32조 제6항 제11호에서 "대통령령으로 정하는 경우"란 다음 각 호의 경우를 말한다.

1. 장외파생상품 거래의 매매에 따른 위험 관리 및 투자자보호를 위하여 장외파생상품 거래와 관련된 정보를 금융위원회, 금융감독원 및 한국은행에 제공하는 경우
2. 「상법」 제719조의 책임보험계약의 제3자에 대한 정보를 보험사기 조사・방지를 위하여 신용정보집중기관 또는 개인신용평가회사에게 제공하거나 그로부터 제공받는 경우
3. 「상법」 제726조의2의자동차보험계약의 제3자의 정보를 보험사기 조사・방지를 위하여 신용정보집중기관 또는 개인신용평가회사에 제공하거나 그로부터 제공받는 경우

위 각 사유에 따라 개인신용정보를 타인에게 제공하려는 자 또는 제공받은 자는 대통령령으로 정하는 바(신용정보법 시행령 제28조 제13항 별표 2 참조)에 따라 개인신용정보의 제공 사실 및 이유 등을 사전에 해당 신용정보주체에게 알려야 한다(신용정보법 제32조 제7항 본문). 다만, 대통령령으로 정하는 불가피한 사유(신용정보법 시행령 제28조 제13항 별표 2 참조)가 있는 경우에는 인터넷 홈페이지 게재 또는 그 밖에 유사한 방법을 통하여 사후에 알리거나 공시할 수 있다(신용정보법 제32조 제7항 단서).

또한 '영업양도・분할・합병 등의 이유로 권리・의무의 전부 또는 일부를 이전하면서 그와 관련된 개인신용정보를 타인에게 제공'하는 신용정보제공・이용자로서 대통령령으로 정하는 자(신용정보법 시행령 제28조)◆는 제공하는 신용정보의 범위 등 대통령령으로 정하는 사항(신용정보법 시행령 제5조 제1항)◆에 관하여 금융위원회의 승인을 받아야 한다(신용정보법 제32조 제8항).

그리고 그러한 금융위원회의 승인을 받아 개인신용정보를 제공받은 자는 해당 개인신용정보를 금융위원회가 정하는 바에 따라 현재 거래 중인 신용정보주체의 개인신용정보와 분리하여 관리하여야 한다(신용정보법 제32조 제9항).

◆ 관련조문

신용정보법 시행령

제28조 (개인신용정보의 제공・ 활용에 대한 동의)

⑬ 법 제32조 제8항에서 "대통령령으로 정하는 자"란 제5조 제1항 제1호부터 제21호까지의 규정의

어느 하나에 해당하는 기관을 말한다.
⑭ 법 제32조 제8항에서 "제공하는 신용정보의 범위 등 대통령령으로 정하는 사항"이란 제공하는 개인신용정보의 범위, 제공받는 자의 신용정보 관리·보호 체계를 말한다.

제5조
② 법 제5조 제1항 제1호에서 "대통령령으로 정하는 금융기관"이란 다음 각 호의 어느 하나에 해당하는 기관을 말한다. 다만, 제9호부터 제14호까지의 경우에는 그 연합회 또는 중앙회만 말한다.
1. 「은행법」에 따라 인가를 받아 설립된 은행(같은 법 제59조에 따라 은행으로 보는 자를 포함한다)
2. 「금융지주회사법」에 따른 금융지주회사
3. 「한국산업은행법」에 따른 한국산업은행
4. 「한국수출입은행법」에 따른 한국수출입은행
5. 「농업협동조합법」 제161조의11에 따른 농협은행
5의2. 「수산업협동조합법」에 따른 수협은행
6. 「중소기업은행법」에 따른 중소기업은행
7. 「한국주택금융공사법」에 따른 한국주택금융공사
8. 「자본시장법」에 따른 금융투자업자·증권금융회사·종합금융회사·자금중개회사 및 명의개서대행회사
9. 「상호저축은행법」에 따른 상호저축은행과 그 중앙회
10. 「농업협동조합법」에 따른 농업협동조합과 그 중앙회
11. 「수산업협동조합법」에 따른 수산업협동조합과 그 중앙회
12. 「산림조합법」에 따른 산림조합과 그 중앙회
13. 「신용협동조합법」에 따른 신용협동조합과 그 중앙회
14. 「새마을금고법」에 따른 새마을금고와 그 연합회
15. 「보험업법」에 따른 보험회사
16. 「여신전문금융업법」에 따른 여신전문금융회사(「여신전문금융업법」제3조 제3항 제1호에 따라 허가를 받거나 등록을 한 자를 포함한다)
17. 「기술보증기금법」에 따른 기술보증기금
18. 「신용보증기금법」에 따른 신용보증기금
19. 「지역신용보증재단법」에 따른 신용보증재단과 그 중앙회
20. 「무역보험법」에 따른 한국무역보험공사
21. 「예금자보호법」에 따른 예금보험공사 및 정리금융회사

마) 개인신용정보 제공 동의 관련 규정 위반시 제재

신용정보법 제32조 제6항 제9호의2에 해당하지 아니함에도 신용정보주체의 동의를 받지 아니하고 개인신용정보를 제3자에게 제공한 경우, 금융위원회는 전체 매출액의 100분의 3 이하에 해당하는 금액을 과징금으로 부과할 수 있다(신용정보법 제42조의2 제1항 제1호의2).

신용정보주체의 동의를 받지 아니한 사정을 알면서도 영리 또는 부정한 목적으로 개인신용정보를 제공받은 경우에도 마찬가지이다(신용정보법 제42조의2 제1항 제1호의2).

또한 다음과 같은 위반행위가 있는 경우 각 구분에 따라 과태료가 부과된다.

위반행위 내용	과태료 범위
신용정보법 제32조 제4항을 위반하여 신용정보주체의 개인신용정보 제공에 관한 동의를 받음에 있어 필수적 동의사항과 선택적 동의사항을 구분하지 아니하거나 필수적 동의사항과 서비스 제공과의 관련성에 대한 설명 및 선택적 동의사항에 대해 동의하지 아니할 수 있다는 사실의 고지를 하지 아니한 경우	5천만원 이하[17]
신용정보법 제32조 제5항을 위반하여 신용정보주체가 선택적 동의사항에 동의하지 아니한다는 이유로 신용정보주체에게 서비스의 제공을 거부한 경우	
신용정보법 제32조 제8항을 위반하여 같은 조 제6항 제3호에 해당하는 개인신용정보를 타인에게 제공함에 있어 그 제공하는 신용정보의 범위 등에 관해 금융위원회의 승인을 받지 아니한 경우	3천만원 이하[18]
신용정보법 제32조 제9항을 위반하여 같은 조 제6항 제3호에 해당하는 개인신용정보를 제공받고 이를 현재 거래 중인 신용정보주체의 개인신용정보와 분리하여 관리하지 아니한 경우	
개인신용평가회사, 개인사업자신용평가회사, 기업신용조회회사 또는 신용정보집중기관이 제3자의 요청을 받고 신용정보법 제32조 제2항에 따라 개인신용정보를 제공함에 있어 해당 신용정보주체로부터 신용정보법 제32조 제1항에서 정한 방식에 따른 동의를 받았는지 여부를 확인하지 아니한 경우	1천만원 이하[19]
신용정보법 제6항 각호에 따라 신용정보주체의 동의 없이 개인신용정보를 타인에게 제공하려는 자 또는 제공받은 자가 그 개인신용정보의 제공 사실 및 이유 등을 사전에 해당 신용정보주체에게 알리지 아니한 경우	
신용정보회사등이 개인신용정보를 제공함에 있어 개인신용정보를 제공받는 자의 신원과 이용 목적을 확인하지 아니하는 경우	

5) 개인신용정보의 이용

가) 개인신용정보 이용 사유의 제한

개인신용정보는 다음 각 사유 중 하나에 해당하는 경우에만 이용하여야 한다(신용정보법 제33조 제1항).

각 호	개인신용정보 이용 사유
제1호	해당 신용정보주체가 신청한 금융거래 등 상거래관계의 설정 및 유지 여부 등을 판단하기 위한 목적으로 이용하는 경우
제2호	위의 목적 외의 다른 목적으로 이용하는 것에 대하여 신용정보주체로부터 동의를 받은 경우
제3호	개인이 직접 제공한 개인신용정보(그 개인과의 상거래에서 생긴 신용정보를 포함한다)를 제공받은 목적으로 이용하는 경우(상품과 서비스를 소개하거나 그 구매를 권유할 목적으로 이용하는 경우는 제외한다)
제4호	신용정보법 제32조 제6항 각 호의 경우◆

17) 신용정보법 제52조 제2항 제5호
18) 신용정보법 제52조 제3항 제6호
19) 신용정보법 제52조 제5항 제10호

제5호	그 밖에 제1호부터 제4호까지의 규정에 준하는 경우로서 대통령령으로 정하는 경우[20]

◆ 관련조문

신용정보법

제32조 (개인신용정보의 제공·활용에 대한 동의)

⑥ 신용정보회사등(제9호의3을 적용하는 경우에는 데이터전문기관을 포함한다)이 개인신용정보를 제공하는 경우로서 다음 각 호의 어느 하나에 해당하는 경우에는 제1항부터 제5항까지를 적용하지 아니한다.

1. 신용정보회사 및 채권추심회사가 다른 신용정보회사 및 채권추심회사 또는 신용정보집중기관과 서로 집중관리·활용하기 위하여 제공하는 경우
2. 제17조 제2항에 따라 신용정보의 처리를 위탁하기 위하여 제공하는 경우
3. 영업양도·분할·합병 등의 이유로 권리·의무의 전부 또는 일부를 이전하면서 그와 관련된 개인신용정보를 제공하는 경우
4. 채권추심(추심채권을 추심하는 경우만 해당한다), 인가·허가의 목적, 기업의 신용도 판단, 유가증권의 양수 등 대통령령으로 정하는 목적으로 사용하는 자에게 제공하는 경우
5. 법원의 제출명령 또는 법관이 발부한 영장에 따라 제공하는 경우
6. 범죄 때문에 피해자의 생명이나 신체에 심각한 위험 발생이 예상되는 등 긴급한 상황에서 제5호에 따른 법관의 영장을 발부받을 시간적 여유가 없는 경우로서 검사 또는 사법경찰관의 요구에 따라 제공하는 경우. 이 경우 개인신용정보를 제공받은 검사는 지체 없이 법관에게 영장을 청구하여야 하고, 사법경찰관은 검사에게 신청하여 검사의 청구로 영장을 청구하여야 하며, 개인신용정보를 제공받은 때부터 36시간 이내에 영장을 발부받지 못하면 지체 없이 제공받은 개인신용정보를 폐기하여야 한다.
7. 조세에 관한 법률에 따른 질문·검사 또는 조사를 위하여 관할 관서의 장이 서면으로 요구하거나 조세에 관한 법률에 따라 제출의무가 있는 과세자료의 제공을 요구함에 따라 제공하는 경우
8. 국제협약 등에 따라 외국의 금융감독기구에 금융회사가 가지고 있는 개인신용정보를 제공하는 경우
9. 제2조 제1호의4나목 및 다목의 정보를 개인신용평가회사, 개인사업자신용평가회사, 기업신용등급제공업무·기술신용평가업무를 하는 기업신용조회회사 및 신용정보집중기관에 제공하거나 그로부터 제공받는 경우

9의2. 통계작성, 연구, 공익적 기록보존 등을 위하여 가명정보를 제공하는 경우. 이 경우 통계작성에는 시장조사 등 상업적 목적의 통계작성을 포함하며, 연구에는 산업적 연구를 포함한다.

9의3. 제17조의2 제1항에 따른 정보집합물의 결합 목적으로 데이터전문기관에 개인신용정보를 제공하는 경우

9의4. 다음 각 목의 요소를 고려하여 당초 수집한 목적과 상충되지 아니하는 목적으로 개인신용정보를 제공하는 경우
  가. 양 목적 간의 관련성
  나. 신용정보회사등이 신용정보주체로부터 개인신용정보를 수집한 경위
  다. 해당 개인신용정보의 제공이 신용정보주체에게 미치는 영향
  라. 해당 개인신용정보에 대하여 가명처리를 하는 등 신용정보의 보안대책을 적절히 시행하였는지 여부

10. 이 법 및 다른 법률에 따라 제공하는 경우
11. 제1호부터 제10호까지의 규정에 준하는 경우로서 대통령령으로 정하는 경우

20) 신용정보법 시행령에 정한 바 없음

신용정보법 제32조 제6항 제9호의2 및 제33조 제1항 제4호에 해당하지 아니함에도 신용정보주체의 동의를 받지 아니하고 개인신용정보를 이용한 경우, 금융위원회는 전체 매출액의 100분의 3 이하의 금액에 해당하는 과징금을 부과할 수 있다(신용정보법 제42조의2 제1항 제1호의3).

나) 질병 · 상해 등에 관한 정보 이용에 대한 동의

'신용정보회사등'이 개인의 질병, 상해 또는 그 밖에 이와 유사한 정보를 수집 · 조사하거나 제3자에게 제공하려면 미리 신용정보법 제32조 제1항 각 호의 방식으로 해당 개인의 동의를 받아야 하며, 대통령령으로 정하는 목적◆으로만 그 정보를 이용하여야 한다(신용정보법 제33조 제2항).

'신용정보회사등'이 이를 위반하는 경우, 금융위원회는 해당 '신용정보회사등'에 대해 6개월의 범위에서 기간을 정하여 그 업무의 전부 또는 일부의 정지를 명할 수 있다(신용정보법 제14조 제2항 제5호의3).

◆ 관련조문

신용정보법 시행령

제28조의2 (개인신용정보의 이용)

법 제33조 제2항에서 "대통령령으로 정하는 목적"이란 다음 각 호의 어느 하나에 해당하는 업무를 수행하기 위해 필요한 경우 해당 각 호의 자가 개인의 질병, 상해 또는 그 밖에 이와 유사한 정보를 그 업무와 관련하여 이용하기 위한 목적을 말한다.

1. 「보험업법」 제2조 제6호에 따른 보험회사가 수행하는 같은 조 제2호에 따른 보험업 또는 같은 법 제11조의2에 따른 부수업무로서 개인의 건강 유지 · 증진 또는 질병의 사전예방 및 악화 방지 등의 목적으로 수행하는 업무
2. 「여신전문금융업법」 제2조 제2호의2에 따른 신용카드업자가 수행하는 같은 법 제46조 제1항 제7호에 따른 부수업무로서 신용카드회원으로부터 수수료를 받고 신용카드회원에게 사망 또는 질병 등 특정 사고 발생 시 신용카드회원의 채무(같은 법 제2조 제2호나목과 관련된 채무에 한정한다)를 면제하거나 그 채무의 상환을 유예하는 업무
3. 「우체국예금 · 보험에 관한 법률」에 따라 체신관서가 수행하는 보험업무
4. 공제조합등이 수행하는 공제사업
5. 본인신용정보관리회사가 수행하는 본인신용정보관리업으로서 개인인 신용정보주체에게 본인의 질병에 관한 정보를 통합하여 제공하기 위한 업무
6. 법 제25조의2에 따라 종합신용정보집중기관이 수행하는 업무
7. 제1호부터 제6호까지에서 규정한 업무 외에 금융기관이 금융소비자에게 경제적 혜택을 제공하거나 금융소비자의 피해를 방지하기 위해 수행하는 업무로서 총리령으로 정하는 업무

6) 개인식별정보의 수집 · 이용 및 제공

신용정보회사등이 개인을 식별하기 위하여 필요로 하는 정보로서 대통령령으로 정하는 정보를 수집 · 이용 및 제공하는 경우에 신용정보법 제15조(신용정보

수집 및 처리의 원칙), 제32조(개인신용정보의 제공 · 활용에 관한 동의) 및 제33조(개인신용정보의 이용)를 준용한다(신용정보법 제34조).

7) 개인신용정보 등의 활용에 관한 동의의 원칙 및 동의등급

개정 신용정보법에서는 제34조의2와 제34조의3을 신설하였는바, 기존에 그 절차는 까다로우면서도 형식적으로만 이루어지던 개인신용정보 주체의 동의를 실질화한다는 취지이다.

그 자세한 내용은 2부 2장, "3. 개인신용정보 등의 활용에 관한 동의의 원칙 및 동의 등급"에서 별도로 살펴보기로 한다.

8) 개인신용정보 제공 동의 철회권 등

가) 개인신용정보 제공 동의의 철회

개인인 신용정보주체는 신용정보법 제32조 제1항 각 호의 방식으로 동의를 받은 신용정보제공 · 이용자에게 개인신용평가회사, 개인사업자신용평가회사 또는 신용정보집중기관에 제공하여 개인의 신용도 등을 평가하기 위한 목적 외의 목적으로 행한 개인신용정보 제공 동의를 대통령령으로 정하는 바◆에 따라 철회할 수 있다(신용정보법 제37조 제1항 본문).

다만, 동의를 받은 신용정보제공 · 이용자 외의 신용정보제공 · 이용자에게 해당 개인신용정보를 제공하지 아니하면 해당 신용정보주체와 약정한 용역의 제공을 하지 못하게 되는 등 계약 이행이 어려워지거나 제33조 제1항 제1호에 따른 목적을 달성할 수 없는 경우에는 고객이 동의를 철회하려면 그 용역의 제공을 받지 아니할 의사를 명확하게 밝혀야 한다(신용정보법 제37조 제1항 단서).

나) 상품 · 용역 소개 또는 구매권유 목적 연락 중지 청구

개인인 신용정보주체는 대통령령으로 정하는 바◆에 따라 신용정보제공 · 이용자에 대하여 상품이나 용역을 소개하거나 구매를 권유할 목적으로 본인에게 연락하는 것을 중지하도록 청구할 수 있다(신용정보법 제37조 제2항).

다) 신용정보제공 · 이용자의 제공 동의 철회권 등 행사 보장 의무

신용정보제공 · 이용자는 서면, 전자문서 또는 구두에 의한 방법으로 위 개인신용정보 제공 동의 철회권 및 연락 중지 청구권의 내용, 행사방법 등을 거래상대방인 개인에게 고지하고, 거래 상대방이 개인신용정보 제공 동의 철회 또는

연락 중지의 요구를 하면 즉시 이에 따라야 한다(신용정보법 제37조 제3항 전단).

이때 구두에 의한 방법으로 이를 고지한 경우 대통령령으로 정하는 바◆에 따른 추가적인 사후 고지절차를 거쳐야 한다(신용정보법 제37조 제3항 후단).

신용정보제공·이용자는 대통령령으로 정하는 바◆에 따라, 거래 상대방의 개인신용정보 제공 동의 철회 및 연락 중지의 요구에 응할 의무를 이행하기 위한 절차를 갖추어야 한다(신용정보법 제37조 제4항).

신용정보제공·이용자는 개인인 신용정보주체가 연락 중지를 청구함에 따라 발생하는 금전적 비용을 개인인 신용정보주체가 부담하지 아니하도록 대통령령으로 정하는 바◆에 따라 필요한 조치를 하여야 한다(신용정보법 제37조 제5항).

◆ 관련조문

신용정보법 시행령

제32조(개인신용정보 제공·이용 동의 철회권 등)

① 법 제37조 제1항에 따라 개인인 신용정보주체는 동의 철회의 대상 및 내용 등을 특정하여 해당 기관의 인터넷 홈페이지, 유무선 통신, 서면, 그 밖에 금융위원회가 정하여 고시하는 방법으로 동의를 철회할 수 있다.

② 법 제37조 제2항에 따라 개인인 신용정보주체는 상품이나 용역을 소개하거나 구매를 권유할 목적으로 연락하는 신용정보제공·이용자에 대하여 연락중지 청구의 대상 및 내용을 특정하여 제1항의 방법으로 본인에게 연락하는 것을 중지할 것을 청구할 수 있다.

④ 법 제37조 제3항에 따라 신용정보제공·이용자가 거래 상대방인 개인에게 구두에 의한 방법으로 고지한 경우에는 고지한 날부터 1개월 이내에 고지 내용을 서면, 전자우편, 휴대전화 문자메시지, 인터넷 홈페이지 및 그 밖에 금융위원회가 정하는 방법으로 추가 고지하여야 한다.

⑤ 법 제37조 제4항 및 제5항에 따라 신용정보제공·이용자는 수신자 부담 전화, 수취인 부담 우편 등의 조치를 마련하여야 한다.

9) 'My Data'(개인신용정보에 대한 자기결정권) 실현을 위한 규정들

신용정보법은 신용정보와 관련한 영업형태의 하나로 '본인신용정보관리업'을 규정하고, 개인신용정보주체의 자기결정권을 보장하기 위해 개인신용정보의 전송요구권, 그리고 신용정보주체의 신용정보에 대한 교부 및 열람요구권, 정정요구권, 삭제요구권 등을 규정하고 있다.

이에 대해서는 2부 2장 "4. My Data(본인신용정보관리업)"에서 별도로 자세히 살펴보도록 한다.

2. 개인정보 보호법

가. 법 제정 배경 및 규정 체계

개인정보 보호법은 개인정보의 처리 및 보호에 관한 사항을 정함으로써 개인의 자유와 권리를 보호하고, 나아가 개인의 존엄과 가치를 구현함을 목적으로 한다(개인정보 보호법 제1조).

개인정보 보호법은 4차 산업혁명 시대에 있어서, 데이터를 핵심 자원으로 하는 인공지능(AI), 클라우드(Cloud), 사물인터넷(IoT) 등 신사업이 활성화되면서 개인정보의 안전한 활용을 위한 사회적 규범 정립의 필요성이 제기되기 시작하였고, 이에 공공부문과 민간부문을 망라하여 국제 수준에 부합하는 개인정보 처리 원칙 등을 규정하고, 개인정보 침해로 인한 국민의 피해 구제를 강화하여 국민의 사생활 비밀을 보호하며, 개인정보에 대한 권리와 이익을 보장하기 위하여 2011. 3. 29. 제정되었고, 같은 해 9. 30.부터 시행되었다.

개인정보 보호법은 제1장에서 총칙(제1조 내지 제6조), 제2장에서 개인정보 보호정책의 수립 등에 관한 사항(제7조 내지 제14조), 제3장에서 개인정보의 수집, 이용, 제공 등에 관한 사항, 개인정보의 처리 제한사항, 가명정보 처리에 관한 특례사항(제15조 내지 제22조)을 각 규율하고 있으며, 제4장에서 개인정보의 안전한 관리(제29조 내지 제34조의2), 제5장에서 정보주체의 권리 주장(제35조 내지 제39조의2), 제6장에서 정보통신서비스 제공자 등의 개인정보 처리 등 특례(제39조의3 내지 제39조의15), 제7장에서 개인정보 분쟁조정위원회(제40조 내지 제50조), 제8장에서 개인정보 단체소송(제51조 내지 제57조), 제9장에서 보칙(제58조 내지 제69조), 제10장에서 벌칙(제70조 내지 제76조)에 관한 사항을 규정하고 있다.

한편 2020. 2. 4.자로 이른바 '데이터 3법 개정'이 이루어져 개인정보 보호법도 대폭 개정되면서 신설 규정이 들어오게 되었는바[21] 먼저 그 주요 내용에 관하여 살펴보도록 하겠다.

나. 주요한 개정 사항

이번 개인정보 보호법 개정으로 인하여 개인정보 및 익명정보 개념을 명확화

21) 2020. 8. 5. 시행(법률 제16930호, 2020. 2. 4. 일부개정)

하였고, 수집목적과 합리적 범위 내에서 개인정보의 추가적 이용 및 제공이 가능하게 되었으며, 과학적 연구 등의 목적으로 개인정보를 이용하는 경우 정보주체의 동의없이도 가명정보를 처리할 수 있게 됨으로써 데이터 이용의 활성화가 이루어질 수 있는 기반을 마련하였다.

또한 민감정보에 생체 인식정보 등을 추가하면서 해당 정보의 추가적 이용 및 제공을 금지하고, 가명정보 처리시에 개인정보 처리자에게 안전조치 의무를 부여하였으며, 개인정보 열람·정정·삭제 요구권 등 정보주체의 권리를 상세하게 규정함으로써 데이터 이용이 활성화됨에 따라 함께 문제가 될 수 있는 정보주체의 자기정보 침해에 관한 불안감도 함께 해소할 수 있는 장치를 마련하였다. 각 장별로 주요 개정내용을 정리하면 다음과 같다.

〈표 2-7〉 개인정보 보호법 개정의 주요 내용

제1장 총칙	– 개인정보의 개념 명확화(개인정보 보호법 제2조) – '가명처리'라는 용어의 도입을 통해 가명정보 개념 신설 – '과학적 연구'(개인정보 보호법 제2조 제1의2호) 용어의 도입을 통해 가명정보를 이용한 데이터 활성화 방안 마련(개인정보 보호법 제2조 제8호) – 개인정보 처리 순서의 원칙을 익명–가명으로 정함(개인정보 보호법 제3조 제7항)	
제2장 개인정보 보호정책의 수립 등	– 정보통신망법과 개인정보 보호법 관련 개인정보 보호체계의 개편(개인정보 보호법 제7조 이하) – 개인정보 보호위원회 지위 및 독립성 강화, 개인정보 보호 기능 일원화 – 개인정보 보호위원회 위원의 직무상 독립성, 공정성 보장 제도 및 개인정보 보호정책협의회 설치 등 제도 신설(개인정보 보호법 시행령 제5조의2)	
제3장 개인정보의 처리	개인정보의 추가적 이용·제공 신설	– 정보주체 동의 없이 수집 목적과 합리적으로 관련된 범위 내 개인정보 추가적·이용 제공이 가능한 경우 신설(개인정보 보호법 제15조 제3항)
	민감정보 내용 추가	– 민감정보 내용으로 생체 인식정보 추가(개인정보 보호법 제23조 제1항, 같은 법 시행령 제18조 제1호) – 사진, 얼굴 영상 그 자체가 아닌 개인을 인증 또는 식별하기 위하여 기술적 수단을 통해 사진 등으로부터 특징 정보를 생성한 경우 그 특징 정보가 생체 인식정보에 해당
	가명정보 처리 특례 신설	– 개인정보처리자가 통계작성(시장조사 등 상업적 목적의 통계작성 포함), 과학적 연구(산업적 연구, 민간 투자 연구 포함), 공익적 기록 보존(민간기업, 단체 등이 일반적인 공익을 위하여 기록보존하는 경우 포함) 등을 위한 경우 정보주체의 동의가 없더라도 가명정보를 처리가능한 경우를 신설(개인정보 보호법 제28조의2 제1호)
제6장 정보통신시비스 제공자 등의 개인정보 처리 등 특례	정보통신망법 규정을 개인정보 보호법으로 흡수·통합	– 개인정보 처리위탁(개인정보 보호법 제26조) – 동의 획득방법(개인정보 보호법 제22조) – 개인정보 보호책임자의 지정(개인정보 보호법 제30조) – 개인정보의 보호조치(개인정보 보호법 제29조)

	정보통신망법 규정을 개인정보 보호법에서 신설	– 개인정보 유출 등의 통지 신고(개인정보 보호법 제39조의4) – 개인정보 유효기간제(개인정보 보호법 제39조의6) – 개인정보 이용내역 통지(개인정보 보호법 제39조의8) – 손해배상 책임보험(개인정보 보호법 제39조의9) – 국외 이전 개인정보의 보호(개인정보 보호법 제39조의12)
제9장 보칙	– 개인정보 보호법 적용이 제외되는 익명정보 개념 신설(개인정보 보호법 제58조의2) – 익명정보 생성을 위한 개인정보 처리시 정보주체의 동의가 불필요함을 명시	

이하 항을 달리하여 개인정보 보호법 내용을 개괄[22]하도록 하고, 주요 개념 정의와 주요 이슈 부분은 2부 2장의 1, 2에서 상술하도록 한다.

다. 개인정보 보호의 총칙

1) 정의 규정

중요 정의 규정에 대한 개념을 정리하면 다음과 같다.

〈표 2–8〉 개인정보의 중요 정의 규정 개념

개인정보[23]	'살아 있는' 개인에 관한 정보	– 사망자, 실종 선고 후 5년 기간 경과 등 사망으로 간주된 자의 정보는 적용되지 않음
	'개인에 관한' 정보	– 법인 또는 단체에 관한 정보는 해당하지 않음 – 공적 생활에서 형성되었거나 이미 공개된 개인정보까지도 포함[24]
	개인을 '알아볼 수 있는' 정보	– 해당 정보를 '처리하는 자' 입장에서 합리적으로 활용될 가능성이 있는 수단을 고려하여 개인을 알아볼 수 있는 경우 개인정보에 해당 – 주민등록번호는 그 자체만으로 가능하지만 생년월일의 경우 그 자체만으로 개인정보가 될 수는 없음 – 개인정보 해당여부는 구체적인 상황에 따라 달라질 수 있음[25]
	해당 정보만으로는 불가능하더라도 다른 정보와 '쉽게 결합'하여 알아볼 수 있는 정보	– 이때 '쉽게 결합' 한다는 의미는 두 개 이상의 정보를 결합하기 위해 그 결합에 필요한 다른 정보에 합법적으로 접근하여 이에 대한 지배력을 확보할 수 있는 것을 의미하며, 해킹, 절취 등 불법적인 방법으로 취득한 방법은 포함되지 않음

22) 이하 개인정보 보호법 개괄 내용은 개인정보보호위원회 2020. 10. '개인정보 보호법령 및 지침 · 고시 해설' 내용을 요약하였고, 주요 조문 내용 위주로 발췌하여 정리하도록 한다.
23) 개인정보 보호법 제2조 제1호. 보다 자세한 내용은 본서 2부 2장의 1. 데이터 3법상 "정보"의 구분과 정의 참조.
24) 대법원 2016. 3. 10. 선고 2012다105482 판결 참조.
25) 휴대전화번호 뒤 4자리의 경우 개인정보라고 본 판례도 있으나 결합 가능 정보가 없는 경우 위 정보만을 개인정보라고 보기는 어렵다(대전지방법원 논산지원 2013. 8. 9. 2013고단17 판결 참조).

<table>
<tr><td></td><td>가명정보</td><td>– 개인정보 보호법 제2조 제1호 가목 또는 나목에 따른 개인정보를 같은 조 제1호의2에 따른 가명처리를 하여 원래의 상태로 복원하기 위한 추가 정보의 사용·결합 없이는 특정 개인을 알아볼 수 없는 정보
– 개인정보의 범위에 포함되면서 개인정보 보호법 제58조의2 익명정보와 구별됨</td></tr>
<tr><td>가명처리
(개인정보 보호법 제2조 제1호의2)</td><td colspan="2">– 개인정보의 일부를 삭제하거나 일부 또는 전부를 대체하는 등의 방법으로 추가 정보가 없이는 특정 개인을 알아볼 수 없도록 처리하는 것
– 해당 정보만으로는 특정 개인을 알아볼 수 없어야 하므로 단순히 개인정보의 일부를 삭제하거나 일부 또는 전부를 대체하는 등 기술적 처리를 한 것만으로는 가명처리가 완료되었다고 볼 수 없음</td></tr>
<tr><td>처리
(개인정보 보호법 제2조 제2호)</td><td colspan="2">– 개인정보의 수집, 생성, 연계, 연동, 기록, 저장, 보유, 가공, 편집, 검색, 출력, 정정, 복구, 이용, 제공, 공개, 파기, 그 밖에 이와 유사한 행위
– 그 밖에 이와 유사한 행위로는 개인정보의 전송, 전달, 이전, 열람, 조회, 수정, 보완, 삭제, 공유, 보전, 파쇄 등이 있음
– 다른 사람이 처리하고 있는 개인정보를 단순히 전달, 전송 또는 통과만 시켜주는 행위는 처리에 해당하지 않음(우편배달사업자, 인터넷서비스제공자 등)</td></tr>
<tr><td>개인정보 파일
(개인정보 보호법 제2조 제4호)</td><td colspan="2">– 개인정보를 쉽게 검색할 수 있도록 일정한 규칙에 따라 체계적으로 배열하거나 구성한 개인정보의 집합물
– 기업에서 고객의 성명, ID 등으로 검색·활용이 가능하도록 구성된 고객정보 데이터베이스, 병원에서 환자에 대해 작성된 진료기록부 파일, 공공기관에서 관리하는 각종 행정처분 내역 파일, 촬영일시 등에 따라 체계적으로 배열하여 저정되는 블랙박스 촬영 영상정보(개인정보 보호위원회 결정 제2017－13－100호)등이 이에 해당함</td></tr>
<tr><td rowspan="4">개인정보 처리자
(개인정보 보호법 제2조 제5호)</td><td>‘업무’를 목적</td><td>– 이 때의 ‘업무’란 직업상 또는 사회생활상의 지위에 기하여 계속적으로 종사하는 사무나 사업의 일체를 의미함
– 순수한 개인적인 활동이나 가사활동, 예를들어 지인들에게 모임을 안내하기 위하여 전화번호 및 이메일 주소를 수집하는 행위, 결혼식을 알리기 위한 청첩장 배부를 위하여 전화번호 등을 수집하는 행위 등은 업무를 목적으로 한 것이 아님</td></tr>
<tr><td>개인정보파일을 운용하기 위한 것이어야 함</td><td>– 일회성 메모나 문서작성 행위까지 개인정보 처리로 볼 수 없음
– 본 법의 적용을 받는 자를 개인정보파일을 운용하는 자로 한정하여 규제의 합목적성과 실효성을 담보하고자 함</td></tr>
<tr><td>스스로 또는 다른 사람을 통하여 개인정보를 처리</td><td>– 스스로는 물론 수탁자, 대리인, 이행보조자 등을 통해서 처리하는 경우에도 개인정보처리자에 해당함
– 개인정보처리자의 지휘·감독을 받아 개인정보를 처리하는 개인정보 보호법 제28조 제1항의 개인정보취급자와 구별</td></tr>
<tr><td>공공기관, 법인, 단체, 개인 등</td><td>– 공공기관, 영리·비영리 법인, 영리·비영리 단체, 개인이 모두 포함</td></tr>
<tr><td rowspan="2">영상정보 처리기기
(개인정보 보호법 제2조 제7호)</td><td>일정한 공간에 지속적으로 설치</td><td>– 버스, 택시 등 영업용 차량 내부에 설치된 CCTV의 경우 이에 해당함
– 차량 블랙박스의 경우 차량 내부에 설치되어 있으나 차량 주행에 따라 외부를 촬영하는 기기의 경우에는 촬영대상·범위가 수시로 변동되므로 이에 해당하지 않음</td></tr>
<tr><td></td><td>– 통신비밀보호법 제3조 규정을 고려하여 ‘촬영’은 영상만을</td></tr>
</table>

	사람 또는 사물의 영상 등을 촬영	의미하고, 음성·음향을 녹음하는 것은 포함되지 않음 – 이때의 '사물'이란 입법취지를 고려할 때 이 법의 보호대상이 되는 사람과 일정한 관계가 있는 사물로 한정됨
	촬영된 정보를 유·무선망을 통하여 전송	– 폐쇄회로 텔레비전(CCTV)과 같이 촬영 화면을 폐쇄망을 통해 전송하여 모니터링 하는 경우, 네트워크카메라 등과 같이 인터넷망 등을 이용해 영상을 전송하고 열람하는 경우가 이에 해당
	대통령령이 정하는 장치	– 개인정보 보호법 시행령 제3조에서 규정하는 폐쇄회로 텔레비전과 네트워크 카메라만으로 한정
과학적 연구 (개인정보 보호법 제2조 제8호)	– 기술의 개발과 실증, 기초연구, 응용연구 및 민간 투자 연구 등 과학적 방법을 적용하는 연구를 의미 – 새로운 기술·제품·서비스 개발 등 산업적 목적을 위해서도 수행이 가능함 – 개인정보 보호법 상의 '과학적 연구'와 신용정보법 상 '연구'는 동일한 개념에 해당	

2) 개인정보 보호 원칙

개인정보 보호법 제3조에서는 개인정보 처리자가 개인정보를 처리함에 있어 지켜야 할 보호 원칙에 대하여 나열하고 있다. 개인정보 보호 원칙은 선언적 규범이어서 그 자체가 개인정보처리자를 직접적으로 구속하지는 않지만, 개인정보처리자에게는 행동의 지침을 제시해 주고, 정책담당자에게는 정책 수립 및 법 집행의 기준을 제시해 주며, 사법부에 대해서는 법 해석의 이론적 기초를 제시해 줌과 동시에 입법적 공백을 막아줄 수 있는 기능을 한다.

3) 정보주체의 권리

개인정보 보호법 제4조에서는 정보주체의 권리에 관하여 규정하였는바 각 호에 따른 권리는 개인정보 보호법 세부조항을 통하여 보다 구체화되어 있다. 이를 정리하면 다음과 같다.

〈표 2-9〉 정보주체의 권리

제1호	개인정보 처리에 관한 정보를 제공받을 권리	– 이에 따라 개인정보처리자는 개인정보 수집·이용·제공목적·범위 등의 고지, 개인정보처리방침의 수립·공개 등의 의무를 부담함[26]정보통신서비스 제공자 등은 개인정보 이용내역의 통지 의무를 부담함(개인정보 보호법 제39조의8)
제2호	동의여부, 동의 범위 등을 선택하고 결정할 권리	– 개인정보처리자의 정보주체에 대한 권리 침해를 방지하고자 정보주체의 포괄적인 동의를 금지함(개인정보 보호법 제22조)

26) 개인정보 보호법 제15조 제2항, 같은 법 제17조 제2항, 같은 법 제30조, 같은 법 제39조의3 제1항 등

제3호	개인정보의 처리유무를 확인하고 열람을 요구할 권리	– 정보주체의 접근권을 보장함(개인정보 보호법 제35조)
제4호	개인정보의 처리정지, 정정·삭제 및 파기를 요구할 권리	– 잘못된 개인정보 처리로 인한 피해를 방지하기 위하여 정보주체에 불완전하거나 부정확한 정보에 대한 처리정지·정정·삭제를 요구할 수 있는 권리 보장함(개인정보 보호법 제36조, 같은 법 제37조) – 정보통신서비스 제공자 등에 대하여 개인정보 수집·이용·제공 등에 관한 동의를 철회할 권리를 보장함(개인정보 보호법 제39조의7 제1항)

4) 다른 법률과의 관계

개인정보 보호법 제6조에서는 다른 법률과의 관계에 대해서 규정하고 있는바, 개인정보 보호법은 개인정보 보호에 관한 일반법적 성격을 가지므로 다른 법률에 특별한 규정이 있는 경우에는 그 법률의 규정이 우선하여 적용된다.

따라서 개인정보 보호법은 일반법으로서 모든 개인정보처리자와 정보주체와의 관계에 적용된다. 다만, 신용정보법에 따른 신용정보사업자와 신용정보주체와의 관계에 있어서 해당 법에 특별한 규정이 있다면 그 규정을 따른다.

예를들어 통상적으로 상거래정보는 일반법인 개인정보 보호법을 적용하고, 상거래정보를 이용해 "신용정보주체의 신용을 판단하는 경우"에만 특별법인 신용정보법을 우선 적용한다.

라. 개인정보 보호정책의 수립 등

개인정보 보호 제도의 운영에 있어서 독립적이고 전문적인 개인정보감독기구의 설치는 반드시 필요하다. 이에 개인정보 보호에 관한 사무를 독립적이고 체계적으로 수행할 수 있도록 하기 위하여 보호위원회를 두고 있다. 2020. 2. 4. 개인정보 보호법 개정으로 보호위원회가 중앙행정기관으로 격상되었고, 과거 행정안전부와 방송통신위원회가 수행하던 개인정보 보호 기능이 보호위원회로 이관됨에 따라 개인정보 보호정책·집행 기능이 일원화되었다. 그간 분산된 개인정보 규제체계로 인해 필연적으로 발생할 수밖에 없었던 사업자의 혼란 및 중복규제 부담이 해소되었고, 수범자와 정보주체를 보다 체계적으로 보호할 수 있는 기반이 마련된 것이다.

보호위원회는 행정 각부를 통할하는 국무총리 소속으로 하고(개인정보 보호법 제7조 제1항), 보호위원회가 중앙행정기관으로서 인사·예산권 및 조사·처분 등

집행권을 갖도록 하고 있다(개인정보 보호법 제7조 제2항 본문). 이를 통해 보호위원회가 개인정보를 대량으로 처리하는 정부기관이나 대기업들의 개인정보 처리활동을 전문적으로 평가하고 효과적으로 견제할 수 있도록 하였다.

보호위원회는 조직상으로는 국무총리 소속의 중앙행정기관이지만, 업무상 독립적인 감독기구로서 역할도 수행한다. 개인정보 보호법은 보호위원회의 독립성을 보장하기 위해 정보주체의 권리침해에 대한 조사·처분, 개인정보의 처리와 관련한 고충처리·권리구제 및 개인정보에 관한 분쟁의 조정, 보호위원회의 심의·의결에 대해서는 「정부조직법」 제18조(국무총리의 행정감독권)의 적용을 배제하고 있다(개인정보 보호법 제7조 제2항 단서). 이는 개인정보 보호의 핵심적 기능에 대해 보호위원회의 업무상 독립성을 보장하기 위한 법적 안전장치에 해당한다.

개인정보 보호법은 보호위원회의 구성 등에 관하여 같은 법 제7조의2 내지 5에서 보호위원회의 소관사무 및 심의·의결 사항에 대해서는 같은 법 제7조의8 내지 제7조의9에서, 회의, 운영 등 기타 세부적인 사항에 대해서는 같은 법 제7조의10 내지 제7조의14에서 각 규율하고 있다.

한편 개정 개인정보 보호법에서는 개인정보 보호정책의 효율적인 추진과 개인정보 유출사고 예방 및 효과적인 대응 등을 위한 범정부 협업체계로서 개인정보 보호 정책협의회를 둘 수 있도록 하고, 실무협의회 또는 분야별 협의회를 통해 정책협의회의 업무를 지원할 수 있도록 하고 있다(개인정보 보호법 시행령 제5조의2).

마. 개인정보의 처리

이에 관해서는 본서 2부 2장의 “2. 각 정보의 처리방법 및 활용상의 제한”에서 구체적인 내용을 다루었으니 해당 내용을 참고하길 바라고, 본 항목에서는 기타 부수적인 내용을 정리하도록 한다.

1) 개인정보의 수집, 이용, 제공 등

가) 개인정보의 수집, 이용

개인정보 ‘수집’이란 정보주체로부터 직접 이름, 주소, 전화번호 등의 정보를 제공받는 것뿐만 아니라 정보주체에 관한 모든 형태의 개인정보를 취득하는 것을 말한다(표준 개인정보 보호지침 제6조). 개인정보는 정보주체로부터 직접 수집하는 것이 원칙이나 필요한 경우에는 국가기관, 신용평가기관 등 제3자로부터 수집하거나 인터넷, 신문·잡지, 전화번호부, 인명록 등과 같은 공개된 자료원으로부터 수집할 수도 있다. 개인정보를 수집·이용할 수 있는 경우를 정리하면 다음과 같다(개인정보 보호법 제15조 제1항).

〈표 2-10〉 개인정보를 수집·이용할 수 있는 경우

정보주체의 동의를 받은 경우	– 이때의 동의는 정보주체의 명시적인 동의를 의미함 – 정보주체의 동의를 받는 경우 개인정보 보호법 제22조에서 규정한 방식에 따라 동의를 받아야 함 – 공개된 개인정보를 수집·이용·제공 등 처리를 할 때는 정보주체의 동의가 있었다고 객관적으로 인정되는 범위 내에서 정보주체의 별도의 동의는 불필요함[27] – 자동차등록번호가 자동차 외부에 기재되어 누구나 알 수 있다는 이유만으로 정보주체인 차량소유자가 자신의 자동차등록번호를 수집, 이용, 제공하는 것에 대하여 암묵적으로 동의한 것으로 보기 어려움[28]
법률에 특별한 규정이 있거나 법령상 의무를 준수하기 위해 불가피한 경우	– 법령에 특별한 규정이 있는 경우(예시) 신용정보법 제40조 제4호 보험업법 제176조 제10항 자동차 손해배상보험법 제14조 제1항 내지 제5항 병역법 제11조의2 의료법 제21조의2 제1항, 같은 법 제22조 제1항 내지 제3항 – 법령상 의무를 준수하기 위해 불가피한 경우(예시) 법령에 따라 본인 확인이 필요한 경우 정보통신망법 제44조의5 공직선거법 제82조의6 금융실명거래 및 비밀보장에 관한 법률 제3조 법령에 따라 연령확인이 필요한 경우 청소년보호법 제16조, 제26조, 제29조
공공기관이 법령 등에서 정하는 소관업무 수행을 위해 불가피한 경우	– 국민건강보험공단이 국민건강보험법 제14조에 따라 보험급여관리 등을 위하여 진료내역 등을 수집·이용하는 경우
정보주체와의 계약 체결·이행을 위해 불가피하게 필요한 경우	– '계약체결'에는 계약체결을 위한 준비단계도 포함됨 – '계약이행'에는 주된 의무의 이행뿐만이 아니라 부수의무(경품배달, 포인트 관리, A/S 등)의 이행도 포함 – 대리인이 계약 진행시 대리인의 개인정보 – 근로계약서상의 근로자의 개인정보
급박한 생명·신체·재산상 이익을 위하여 필요한 경우	– 조난, 홍수 등으로 실종되거나 고립된 사람을 구조하기 위하여 연락처, 주소, 위치정보 등 개인정보를 수집하는 경우 – 의식불명이나 중태에 빠진 환자의 수술 등 의료조치를 위하여 개인정보를 수집하는 경우
	– 사업자가 요금정산, 채권추심 등을 위하여 고객의 서비스 이용내역, 과금내역 등의 개인정보를 생성, 관리하는 경우

27) 대법원 2016. 8. 17. 선고 2014다235060 판결 참조.
28) 보호위원회 결정 제2019－09－130호.

개인정보처리자의 정당한 이익 달성을 위해 필요한 경우	- 도난방지, 시설안전 등을 위해서 출입구, 엘리베이터, 복도 등에 CCTV를 설치·운영하는 경우 - 야간에 경비원의 휴식공간으로 사용되는 관리사무소 사무실 내에 CCTV를 설치하여 상시 운영하는 경우는 이에 해당한다고 보기 어려움[29]
친목단체의 운영을 위한 경우	- 개인정보처리자가 동창회, 동호회 등 친목 도모를 위한 단체를 운영하기 위하여 개인정보를 처리하는 경우에는 개인정보 보호법 제58조 제3항 규정에 의하여 같은 법 제15조, 제30조 및 제31조 적용이 배제됨

한편 개인정보를 지나치게 수집 목적 내에서만 이용하도록 하는 경우, 오히려 정보주체의 개인정보 자기결정권 보호에는 기여하지 못하면서 사회적 비용이나 비효율만을 초래하는 결과가 발생할 수 있다. 이에 따라 개인정보 보호법 제15조 제3항은 개인정보처리자가 당초 수집 목적과 합리적으로 관련된 범위 내에서 대통령령으로 정하는 바에 따라 정보주체의 동의 없이도 개인정보를 이용할 수 있도록 함으로써 정보주체의 동의 없이도 개인정보를 이용할 수 있는 범위를 확대하였다. 이 경우에도 개인정보처리자는 같은 법 시행령 제14조의2에 따라 당초 수집 목적과 관련성이 있는지 여부, 개인정보를 수집한 정황 또는 처리 관행에 비추어 볼 때 개인정보의 추가적인 이용 또는 제공에 대한 예측 가능성이 있는지 여부, 정보주체의 이익을 부당하게 침해하는지 여부, 가명처리 또는 암호화 등 안전성 확보에 필요한 조치를 하였는지 여부를 종합적으로 고려해야 한다. 이 경우 민감정보(개인정보 보호법 제24조)나 고유식별정보(개인정보 보호법 제24조)의 경우는 추가로 이용할 수 있는 정보의 범위에서 제외된다는 점을 유의해야 한다.

개인정보 보호법 제15조 제1항을 위반하여 개인정보를 수집한 자에게는 5천만원 이하의 과태료를 부과한다(개인정보 보호법 제23조).

나) 개인정보의 수집 제한(개인정보 보호법 제16조)

제15조 제1항 각 호의 목적을 위해서 정보주체의 개인정보를 수집할 때에는 그 목적에 필요한 범위 내에서 최소한의 개인정보만을 수집하여야 한다. 개인정보를 필요 이상으로 수집·저장하고 있으면 해킹 등에 의하여 언제든지 개인정보가 유출될 위험이 있고 개인정보처리자에 의하여 남용될 우려가 있기 때문이다.

이때 최소한의 개인정보라는 입증책임은 개인정보처리자가 부담하고, 개인정

29) 2015년 개인정보 분쟁조정 사례집, 101-106면.

보처리자는 정보주체의 동의를 받아 개인정보를 수집하는 경우 그 목적에 필요한 최소한의 정보 외의 개인정보 수집(예를 들어 홍보·마케팅 등의 목적을 위한 개인정보 수집)에는 동의하지 아니할 수 있다는 사실을 구체적으로 알리고 개인정보를 수집하여야 한다.

이때 개인정보 처리자는 필요 최소한의 정보 외에 정보주체가 개인정보 수집에 동의하지 아니한다는 이유로 정보주체에게 재화 또는 서비스 제공을 거부해서는 안 된다. 다만 정보주체의 동의를 받으면서 선택정보에 대한 동의를 거부할 경우 재화 또는 서비스의 이용이 제한될 수 있다고 알리는 것은 가능하다. 이를 위반한 경우 3천만원 이하의 과태료를 부과한다(개인정보 보호법 제75조 제2항 제2호).

다) 개인정보의 제공

개인정보의 제공이란 개인정보처리자 외의 제3자[30)]에게 개인정보의 지배·관리권이 이전되는 것을 의미한다. 즉 개인정보를 저장한 매체나 수기문서를 전달하는 경우뿐만 아니라, DB 시스템에 대한 접속권한을 허용하여 열람·복사가 가능하게 하여 개인정보를 공유하는 경우 등도 '제공'에 포함된다. 한편, 민감정보 및 고유식별정보를 제3자에게 제공하는 경우에는 개인정보 보호법 제23조, 제24조 및 제24조의2를 따라야 한다.

업무위탁과 개인정보 제3자 제공 모두 개인정보가 다른 사람(제3자)에게 이전되거나 공동으로 처리하게 된다는 측면에서는 동일하다. 그러나 '업무위탁'의 경우에는 개인정보처리자의 업무를 처리할 목적으로 개인정보가 제3자(수탁자)에게 이전되지만, '제공'은 제공받는 자의 업무를 처리할 목적 및 이익을 위해서 개인정보가 이전된다는 점이 다르다. 또한 위탁의 경우에는 개인정보처리자의 관리·감독을 받지만, 제3자 제공은 개인정보가 제공된 이후에는 제3자가 자신의 책임 하에 개인정보를 처리하게 되며, 개인정보처리자의 관리·감독권이 미치지 못한다.[31)]

---

30) 같은 개인정보처리자 내의 다른 부서가 당초 수집 목적과 달리 개인정보를 이용하는 경우라면 '제공'이 아니라 '목적 외 이용'에 해당한다.

31) 개인정보 처리위탁에 있어 수탁자는 위탁자로부터 위탁사무 처리에 따른 대가를 지급받는 것 외에는 개인정보 처리에 관하여 독자적인 이익을 가지지 않고, 정보제공자의 관리·감독 아래 위탁받은 범위 내에서만 개인정보를 처리하게 되므로, 「개인정보 보호법」 제17조에 정한 '제3자'에 해당하지 않는다(대법원 2017. 4. 7 선고 2016도13263 판결).

개인정보처리자가 수집한 개인정보를 제3자에게 제공 가능한 경우를 정리하면 다음과 같다(개인정보 보호법 제17조 제1항).

〈표 2-11〉 개인정보의 제3자 제공이 가능한 경우

정보주체의 동의를 받은 경우	– 이때의 동의는 정보주체의 명시적인 동의를 의미함 – 정보주체의 동의를 받는 경우 개인정보 보호법 제22조에서 규정한 방식에 따라 동의를 받아야 함 – 제공받는 자가 여러 명이더라도 이를 모두 밝혀야 함
법률에 특별한 규정이 있거나 법령상 의무를 준수하기 위해 불가피하여 수집한 경우로서 그 수집 목적 범위내에서 개인정보를 제공하는 경우	– 법령에 특별한 규정이 있는 경우(예시) 공직선거법 제46조 보험업법 제176조 – 법령상 의무를 준수하기 위해 불가피한 경우(예시) 학원의 설립・운영 및 과외교습에 관한 법률 제6조 소득세법 제127조 및 제128조
공공기관이 법령 등에서 정하는 소관업무 수행을 위해 불가피하여 수집한 경우로서 그 수집 목적 범위내에서 개인정보를 제공하는 경우	– '법령 등에서 정하는 소관업무'란 「정부조직법」 및 각 기관별 직제・직제규칙, 개별 조직법 등에서 정하고 있는 소관 사무 이외에, 「주민등록법」, 「국세기본법」, 「의료법」, 「국민건강보험법」 등 소관 법령에 의해서 부여된 권한과 의무, 지방자치단체의 경우 조례에서 정하고 있는 업무 등을 의미한다. 지방자치단체의 경우 다양한 인허가사무, 신고수리, 복지업무, 관리・감독 등의 업무를 수행해야 하기 때문에 실무적으로 개인정보를 제3자에게 제공해야 하는 경우가 자주 발생할 수 있음
급박한 생명・신체・재산상 이익을 위하여 필요한 경우	– 동사무소나 경찰관서가 시급히 수술 등의 의료조치가 필요한 교통사고 환자의 연락처를 의료기관에 알려주는 행위

3. 정보통신망 이용촉진 및 정보보호에 관한 법률

가. 개정의 요지 및 취지

개인정보에 관한 주 법률인 개인정보 보호법과 신용정보법을 개정하는 과정에 정보통신망법을 개정하여 개인정보 보호에 관한 내용을 개인정보 보호법으로 모두 이관하여 통일적인 규율 체계를 갖추도록 하였다.

이하에서는 현행 정보통신망법상의 유일한 개인정보 관련 규정인 '본인확인업무 수행을 위한 이용자의 주민등록번호 수집·이용'에 관해서만 간략히 설명하도록 하겠다.

나. 정보통신서비스의 제공자의 주민등록번호 사용 제한

정보통신서비스 제공자는 원칙적으로 이용자의 주민등록번호를 수집·이용할 수 없고, 다만 예외적으로 방송통신위원회로부터 본인확인기관으로 지정받은 경우와 전기통신사업법 제38조 제1항에 따른 이동통신서비스 등 재판매 사업자가 본인확인기관의 본인확인업무 수행과 관련하여 이용자의 주민등록번호를 수집·이용하는 경우에는 이용자의 주민등록번호를 수집·이용할 수 있다.

그리고 정보통신서비스 제공자가 예외적으로 이용자의 주민등록번호를 수집·이용할 수 있는 경우에도 이용자의 주민등록번호를 사용하지 아니하고 본인을 확인하는 방법, 즉 '대체수단'을 제공하여야 한다(정보통신망법 제24조의2 제2항).

정보통신서비스 제공자가 위 주민등록번호 수집·이용이 가능한 예외 사유에 해당하지 아니함에도 이를 위반하여 주민등록번호를 수집·이용하거나 주민등록번호를 수집·이용함에 있어 '대체수단'을 제공하지 아니하는 경우 3천만원 이하의 과태료가 부과된다(정보통신망법 제76조 제1항).

다. 본인확인기관의 지정 등

방송통신위원회는 다음의 각 사항을 심사하여 대체수단의 개발·제공·관리 업무, 즉 본인확인 업무를 안전하고 신뢰성 있게 수행할 능력이 있다고 인정되는 자를 본인확인기관으로 지정할 수 있다(정보통신망법 제23조의3 제1항).

각 호	본인확인기관 지정시 심사할 사항
제1호	본인확인업무의 안전성 확보를 위한 물리적·기술적·관리적 조치계획
제2호	본인확인업무의 수행을 위한 기술적·재정적 능력
제3호	본인확인업무 관련 설비규모의 적정성

본인확인기관이 본인확인업무의 전부 또는 일부를 휴지하고자 하는 때에는 휴지하고자 하는 날의 30일 전까지 이를 이용자에게 통보하고 방송통신위원회에 신고하여야 하며, 휴지기간은 6개월을 초과할 수 없다(정보통신망법 제23조의3 제2항).

본인확인기관이 본인확인업무를 폐지하고자 하는 때에는 폐지하고자 하는 날의 60일 전까지 이를 이용자에게 통보하고 방송통신위원회에 신고하여야 한다(정보통신망법 제23조의3 제3항).

방송통신위원회는 본인확인기관이 다음 중 어느 하나의 사유에 해당하는 때에는 6개월 이내의 기간을 정하여 본인확인업무의 전부 또는 일부의 정지를 명하거나 지정을 취소할 수 있고, 아래 사유 중 제1호 또는 제2호에 해당하는 때에는 그 지정을 취소하여야 한다(정보통신망법 제23조의4 제1항).

각 호	업무 정지 또는 지정 취소 사유
제1호	거짓이나 그 밖의 부정한 방법으로 본인확인기관의 지정을 받은 경우
제2호	본인확인업무의 정지명령을 받은 자가 그 명령을 위반하여 업무를 정지하지 아니한 경우
제3호	지정받은 날부터 6개월 이내에 본인확인업무를 개시하지 아니하거나 6개월 이상 계속하여 본인확인업무를 휴지한 경우
제4호	제23조의3 제4항에 따른 지정기준에 적합하지 아니하게 된 경우

2장

데이터경제 관련 주요 이슈

1. 데이터 3법상 "정보"의 구분과 정의

가. 서 설

데이터 3법의 개정으로 기존 각 법에서 정의하고 있던 개념들이 구체화되었다. 정보통신망법에서 규정하고 있던 개인정보에 관한 규정들은 모두 개인정보 보호법으로 이관되어 삭제되었으므로, 개인정보의 보호에 관하여는 신용정보법에서 특별한 규정이 있는 경우를 제외하고는 개인정보 보호법이 적용된다(신용정보법 제3조의2). 이하 개정법 내용을 바탕으로 각 법률상 "정보" 관련 개념들을 정리하고 특히 신용정보법과 같은 법 시행령, 신용정보업감독규정에 산재해 있는 각종 신용정보의 개념을 보기 쉽게 표로 정리하도록 한다.

나. 개인정보 보호법

1) 개인정보

'개인정보'란 ① 살아 있는 개인에 관한 정보로서 성명, 주민등록번호 및 영상 등을 통하여 개인을 알아볼 수 있는 정보, ② 해당 정보만으로는 특정 개인을 알아볼 수 없더라도 다른 정보와 쉽게 결합하여 알아볼 수 있는 정보, ③ 위 ①항, ②항 기재 개인정보의 일부를 삭제하거나 일부 또는 전부를 대체하는 등의 방법으로 추가 정보의 사용·결합 없이는 특정 개인을 알아볼 수 없도록 처리한 정보를 의미한다(개인정보 보호법 제2조 제1호 가목 내지 나목). 특히 이번 개정 개인정보 보호법에서는 위에서 언급한 ①항 및 ②항의 개인정보 외에 ③항에서 개인정보의 개념 속에 가명정보라는 개념을 새롭게 도입하고 있는 바, 가명정보의 범위 및 활용에 관한 논의가 향후 활발히 이루어질 것으로 예상된다.

2) 민감정보

'민감정보'란 사상, 신념, 노동조합・정당의 가입・탈퇴, 정치생활 등에 관한 정보, 그 밖에 정보주체의 사생활을 현저히 침해할 우려가 있는 개인정보로서 대통령령으로 정하는 정보를 말하는데(개인정보 보호법 제23조), 개인정보 보호법 시행령 제18조에서 정의하는 민감정보는 〈표 2－12〉와 같다.

〈표 2-12〉 민감정보의 내용

법조문	구분	내용
개인정보 보호법 시행령 제18조	제1호	유전자검사 등의 결과로 얻어진 유전정보
	제2호	「형의 실효 등에 관한 법률」 제2조 제5호에 따른 범죄경력자료에 해당하는 정보
	제3호	개인의 신체적, 생리적, 행동적 특징에 관한 정보로서 특정 개인을 알아볼 목적으로 일정한 기술적 수단을 통해 생성한 정보
	제4호	인종이나 민족에 관한 정보

다만, 공공기관이 개인정보 보호법 제18조 제2항 제5호부터 제9호까지의 규정◆에 따라 위 표 각 호의 어느 하나에 해당하는 정보를 처리하는 경우의 해당 정보는 제외한다.

◆ 관련조문

개인정보 보호법

제18조 (개인정보의 목적 외 이용・제공 제한)

① 개인정보처리자는 개인정보를 제15조 제1항 및 제39조의3 제1항 및 제2항에 따른 범위를 초과하여 이용하거나 제17조 제1항 및 제3항에 따른 범위를 초과하여 제3자에게 제공하여서는 아니 된다.

② 제1항에도 불구하고 개인정보처리자는 다음 각 호의 어느 하나에 해당하는 경우에는 정보주체 또는 제3자의 이익을 부당하게 침해할 우려가 있을 때를 제외하고는 개인정보를 목적 외의 용도로 이용하거나 이를 제3자에게 제공할 수 있다. 다만, 이용자(「정보통신망법」 제2조 제1항 제4호에 해당하는 자를 말한다. 이하 같다)의 개인정보를 처리하는 정보통신서비스 제공자(「정보통신망법」 제2조 제1항 제3호에 해당하는 자를 말한다. 이하 같다)의 경우 제1호・제2호의 경우로 한정하고, 제5호부터 제9호까지의 경우는 공공기관의 경우로 한정한다.

5. 개인정보를 목적 외의 용도로 이용하거나 이를 제3자에게 제공하지 아니하면 다른 법률에서 정하는 소관 업무를 수행할 수 없는 경우로서 보호위원회의 심의・의결을 거친 경우
6. 조약, 그 밖의 국제협정의 이행을 위하여 외국정부 또는 국제기구에 제공하기 위하여 필요한 경우
7. 범죄의 수사와 공소의 제기 및 유지를 위하여 필요한 경우
8. 법원의 재판업무 수행을 위하여 필요한 경우
9. 형(刑) 및 감호, 보호처분의 집행을 위하여 필요한 경우

3) 고유식별정보

'고유식별정보'란 법령에 따라 개인을 고유하게 구별하기 위하여 부여된 식별정보를 말하며(개인정보 보호법 제24조 제1항) 개인정보 보호법 시행령 제18조에 따른 고유식별정보는 〈표 2-13〉과 같다.

〈표 2-13〉 고유식별정보의 내용

법조문	구분	내용
개인정보 보호법 시행령 제19조	제1호	「주민등록법」 제7조의2 제1항에 따른 주민등록번호
	제2호	「여권법」 제7조 제1항 제1호에 따른 여권번호
	제3호	「도로교통법」 제80조에 따른 운전면허의 면허번호
	제4호	「출입국관리법」 제31조 제5항에 따른 외국인등록번호

다만, 공공기관이 개인정보 보호법 제18조 제2항 제5호부터 제9호까지의 규정에 따라 위 표 각 호의 어느 하나에 해당하는 정보를 처리하는 경우의 해당 정보는 제외한다.

4) 소 결

즉, 개인정보 보호법은, 제2조에서는 '개인정보'와 '가명정보'에 대한 정의규정을, 법 제23조에서는 '민감정보', 제24조에서는 '고유식별정보'에 관한 각 정의규정을 두면서, 개인정보 보호 원칙과 관련하여 같은 법 제3조에서 '익명처리'에 관한 규정을 두고 있고,[1] 가명정보와 관련하여 같은 법 제28조의2 내지 7에서 제한규정을 두고 있으며, 익명정보와 관련하여 같은 법 제58조의2에서 개인정보 보호법의 적용범위 제외규정을 두고 있다.

다. 신용정보 보호법

1) 신용정보

'신용정보'란 금융거래 등 상거래에서 거래 상대방의 신용을 판단할 때 필요한

1) 개인정보 보호법에서는 개인정보의 처리 방법과 관련하여 원칙적으로 개인정보처리자는 개인정보를 익명 또는 가명으로 처리하여도 개인정보 수집목적을 달성할 수 있는 경우 익명처리가 가능한 경우에는 익명에 의하여, 익명처리로 목적을 달성할 수 없는 경우에는 가명에 의하여 처리될 수 있도록 하였다. 즉, 익명정보-가명정보-개인정보의 순으로 처리하는 것을 원칙으로 한다.

정보로서 ① 특정 신용정보주체를 식별할 수 있는 정보(신용정보법 제2조 제1호 가목, 나목부터 마목까지의 어느 하나에 해당하는 정보와 결합되는 경우만 신용정보에 해당한다.), ② 신용정보주체의 거래내용을 판단할 수 있는 정보, ③ 신용정보주체의 신용도를 판단할 수 있는 정보, ④ 신용정보주체의 신용거래능력을 판단할 수 있는 정보, ⑤ 가목부터 라목까지의 정보 외에 신용정보주체의 신용을 판단할 때 필요한 정보를 말한다(신용정보법 제2조 제1호 가목 내지 마목).

신용정보법 제2조 제1의2호부터 제1의6호에서는 같은 조 제1호에서 규정하고 있는 신용정보의 개념들을 보다 구체적으로 설명하고 있는데, 이를 정리하면 다음과 같다.

가) 특정 신용정보주체를 식별할 수 있는 정보

특정 신용정보주체를 식별할 수 있는 정보란 살아 있는 개인에 관한 정보로서 신용정보법 제2조 제1호 나목 내지 마목에 해당하는 정보와 결합된 것을 말하는데, 이를 정리하면 〈표 2－14〉와 같다.

〈표 2-14〉 신용정보주체를 식별할 수 있는 정보

법조항	구분	내용	
신용정보법 제2조 제1의2호	가목 살아 있는 개인에 관한 정보	1)	성명, 주소, 전화번호, 전자우편주소, 사회 관계망 서비스(Social Network Service) 주소, 성별, 국적, 그 밖에 이와 유사한 정보, 민법에 따른 거소[2]
		2)	법령에 따라 특정 개인을 고유하게 식별할 수 있도록 부여된 정보로서 아래 정보(개인식별번호) －「주민등록법」 제7조의2 제1항에 따른 주민등록번호, －「여권법」 제7조 제1항 제1호에 따른 여권번호, －「도로교통법」 제80조에 따른 운전면허의 면허번호, －「출입국관리법」 제31조 제5항에 따른 외국인등록번호, －「재외동포의 출입국과 법적지위에 관한 법률」 제7조 제1항에 따른 국내거소신고번호[3]
		3)	개인의 신체 일부 특징을 컴퓨터 등 정보처리장치에서 처리할 수 있도록 변환한 문자, 번호, 기호 또는 그 밖에 이와 유사한 정보로서 특정 개인을 식별할 수 있는 정보
		4)	－「정보통신망법」 제23조의3에 따른 본인확인기관이 특정 개인을 고유하게 식별할 수 있도록 부여한 정보 －신용정보법 제15조 제1항 전단에 따른 신용정보회사등이 개인식

2) 신용정보법 제2조 제1의2호 가목 1), 같은 법 시행령 제2조 제1항 제1호 내지 제3호, 신용정보업감독규정 제2조의2 제1항 제1호 내지 제2호

3) 신용정보법 제2조 제1의2호 가목 2), 같은 법 시행령 제2조 제2항 제1호 내지 제5호

			별번호를 사용하지 않고 특정 개인을 고유하게 식별하거나 동일한 신용정보주체를 구분하기 위해 부여한 정보 -「벤처투자 촉진에 관한 법률」 제2조 제10호 및 제11호에 따른 중소기업창업투자회사 및 벤처투자조합의 정보[4]
	나목 기업(사업을 경영하는 개인 및 법인과 이들의 단체를 말한다) 및 법인의 정보	1)	상호 및 명칭
		2)	본점·영업소 및 주된 사무소의 소재지
		3)	업종 및 목적
		4)	개인사업자(사업을 경영하는 개인을 말한다)·대표자의 성명 및 개인식별번호
		5)	법령에 따라 특정 기업 또는 법인을 고유하게 식별하기 위하여 부여된 번호로서 아래 정보 -법인등록번호, -「부가가치세법 시행령」 제12조 제1항 및 제2항에 따른 등록번호 및 고유번호, -관세청이 발급하는 개인통관고유번호, -신용정보법 제25조 제2항 제1호에 따른 종합신용정보집중기관이 신용정보집중관리를 하기 위하여 신용정보주체에게 부여한 신용관리번호[5]
		6)	설립연원일, 팩시밀리번호, 국제사업자 등록번호(DUNS NUMBER)[6]

나) 신용정보주체의 거래내용을 판단할 수 있는 정보

신용정보주체의 거래내용을 판단할 수 있는 정보를 정리하면 〈표 2-15〉와 같다.

〈표 2-15〉 신용정보주체의 거래내용을 판단할 수 있는 정보

법조항	구분	내용
신용정보법 제2조 제1의3호	가목	신용정보제공·이용자에게 신용위험이 따르는 거래로서 다음 각각의 거래의 종류, 기간, 금액, 금리, 한도 등에 관한 정보 -「은행법」 제2조 제7호에 따른 신용공여 -「여신전문금융업법」 제2조 제3호·제10호 및 제13호에 따른 신용카드, 시설대여 및 할부금융 거래 -「자본시장법」 제34조 제2항, 제72조, 제77조의3 제4항 및 제342조 제1항에 따른 신용공여 -「상호저축은행법」 제2조 제6호에 따른 신용공여 -「신용협동조합법」 제2조 제5호에 따른 대출등

4) 신용정보법 제2조 제1의2호 가목 4), 같은 법 시행령 제2조 제3항 제1호 내지 제3호
5) 신용정보법 제2조 제1의2호 나목 5), 같은 법 시행령 제2조 제4항 제1호 내지 제3호, 신용정보업감독규정 제2조의2 제2항 제1호 내지 제2호
6) 신용정보법 제2조 제1의2호 나목 6), 같은 법 시행령 제2조 제5항 제1호 내지 제2호, 신용정보업감독규정 제2조의2 제3항

		–「새마을금고법」 제28조 제1항 제1호나목에 따른 대출 –「대부업 등의 등록 및 금융이용자 보호에 관한 법률」 제6조에 따른 대부계약 –「보험업법」 제2조 제13호에 따른 신용공여 및 같은 법 제100조 제1항 제1호에 따른 대출등 –「온라인투자연계금융업법」 제2조 제1호에 따른 연계대출 신용정보법 제5조 제2항 각 호 및 제21조 제2항 각 호의 기관이 수행하는 거래[7]
	나목	「금융실명거래 및 비밀보장에 관한 법률」 제2조 제3호에 따른 금융거래의 종류, 기간, 금액, 금리 등에 관한 정보
	다목	「보험업법」 제2조 제1호에 따른 보험상품의 종류, 기간, 보험료 등 보험계약에 관한 정보 및 보험금의 청구 및 지급에 관한 정보
	라목	「자본시장법」 제3조에 따른 금융투자상품의 종류, 발행·매매 명세, 수수료·보수 등에 관한 정보
	마목	「상법」 제46조에 따른 상행위에 따른 상거래의 종류, 기간, 내용, 조건 등에 관한 정보
신용정보법 제2조 제1의3호	바목[8]	특별법에 따라 설립된 법인 또는 단체로서 다음 각 목의 어느 하나에 해당하는 자(이하 "공제조합등"이라 한다)와 구성원 상호 간에 체결한 공제계약의 종류·기간·공제료 등에 관한 정보 및 공제금의 청구·지급에 관한 정보 가. 공제조합 나. 공제회 다. 그 밖에 가목 및 나목의 법인 또는 단체와 유사한 법인 또는 단체로서 같은 직장·직종에 종사하거나 같은 지역에 거주하는 구성원의 상호부조, 복리증진 등을 목적으로 구성되어 공제사업을 하는 법인 또는 단체
		「우체국예금·보험에 관한 법률」에 따른 보험계약의 종류·기간·보험료 등에 관한 정보 및 보험금의 청구·지급에 관한 정보
		다음 각 목의 어느 하나에 해당하는 거래의 종류·기간·내용 등에 관한 정보 가. 「신용보증기금법」 제2조 제2호·제7호 및 제8호에 따른 신용보증, 재보증 및 유동화회사보증 나. 「기술보증기금법」 제2조 제4호부터 제6호까지 및 제9호에 따른 기술보증, 신용보증, 재보증 및 유동화회사보증 다. 「지역신용보증재단법」 제2조 제5호 및 제9호에 따른 신용보증 및 재보증 라. 「무역보험법」 제3조에 따른 무역보험, 같은 법 제3조의2에 따른 공동보험·재보험, 같은 법 제53조 제1항 제2호에 따른 수출신용보증 및 수출용 원자재 수입신용보증 마. 「주택도시기금법」 제26조 제1항 제2호 및 제4호에 따른 보증 바. 그 밖에 가목부터 마목까지의 규정에 따른 거래와 유사한 거래로서 금융위원회가 정하여 고시하는 거래[9]
		신용정보법 제2조 제1호의3◆가목1)부터 4)까지의 규정에 따른 거래와 관련된 계약의 청약 및 승낙에 관한 정보
		신용정보법 제2조 제1호의3가목1)부터 4)까지의 규정에 따른 거래로 발생한 채권이 소멸한 사실 및 그 원인에 관한 정보
		신용정보법 제2조 제1호의3 각 목, 이 조 제6항 제1호부터 제7호까지의 규정 및

7) 신용정보법 제2조 제1의3호 가목, 같은 법 시행령 제2조 제6항 제1호 내지 제7호
8) 신용정보법 제2조 제1의3호 바목, 같은 법 시행령 제2조 제7항 제1호 내지 제7호
9) 금융위원회 고시내용에 따로 정하는 바가 없음

		이 항 제3호 각 목에 따른 거래와 관련된 채무의 보증 및 담보에 관한 정보
		다음 각 목의 정보 외의 정보로서 대출, 보증, 담보제공, 당좌거래 (가계당좌거래를 포함한다), 신용카드, 할부금융, 시설대여 등 금융거래 등 상거래에 관한 정보 가. 신용정보법 제2조 제1호의3가목부터 마목까지의 정보 나. 신용정보법 시행령 제2조 제7항 제1호부터 제6호까지의 정보 신용정보법 제2조 제1호의3가목부터 마목까지, 신용정보법 시행령 제2조 제7항 제1호부터 제6호까지 및 제1호의 정보의 거래에 관한 다음 각 목의 정보 가. 소멸시효의 연장, 중단, 정지 및 중지 나. 채권의 포기[10]

◆ 관련조문

신용정보법

제2조 (정의)

1의3. 제1호나목의 "신용정보주체의 거래내용을 판단할 수 있는 정보"란 다음 각 목의 정보를 말한다.

가. 신용정보제공·이용자에게 신용위험이 따르는 거래로서 다음 각각의 거래의 종류, 기간, 금액, 금리, 한도 등에 관한 정보

1) 「은행법」 제2조 제7호에 따른 신용공여

2) 「여신전문금융업법」 제2조 제3호·제10호 및 제13호에 따른 신용카드, 시설대여 및 할부금융 거래

3) 「자본시장법」 제34조 제2항, 제72조, 제77조의3 제4항 및 제342조 제1항에 따른 신용공여

4) 1)부터 3)까지와 유사한 거래로서 대통령령으로 정하는 거래

나. 「금융실명거래 및 비밀보장에 관한 법률」 제2조 제3호에 따른 금융거래의 종류, 기간, 금액, 금리 등에 관한 정보

다. 「보험업법」 제2조 제1호에 따른 보험상품의 종류, 기간, 보험료 등 보험계약에 관한 정보 및 보험금의 청구 및 지급에 관한 정보

라. 「자본시장법」 제3조에 따른 금융투자상품의 종류, 발행·매매 명세, 수수료·보수 등에 관한 정보

마. 「상법」 제46조에 따른 상행위에 따른 상거래의 종류, 기간, 내용, 조건 등에 관한 정보

바. 가목부터 마목까지의 정보와 유사한 정보로서 대통령령으로 정하는 정보

다) 신용정보주체의 신용도를 판단할 수 있는 정보

신용정보주체의 신용도를 판단할 수 있는 정보를 정리하면 〈표 2-16〉과 같다.

〈표 2-16〉 신용정보주체의 신용도를 판단할 수 있는 정보

법조문	구분	내용
	가목	금융거래 등 상거래와 관련하여 발생한 채무의 불이행, 대위변제, 그 밖에 약정한 사항을 이행하지 아니한 사실과 관련된 정보

10) 신용정보법 제2조 제1의3호, 같은 법 시행령 제2조 제7항 제7호, 신용정보업감독규정 제2조의2 제4항

신용정보법 제2조 제1의4호	나목	금융거래 등 상거래와 관련하여 신용질서를 문란하게 하는 행위와 관련된 정보로서 다음 각각의 정보 1) 금융거래 등 상거래에서 다른 사람의 명의를 도용한 사실에 관한 정보 2) 보험사기, 전기통신금융사기를 비롯하여 사기 또는 부정한 방법으로 금융거래 등 상거래를 한 사실에 관한 정보 3) 금융거래 등 상거래의 상대방에게 위조·변조하거나 허위인 자료를 제출한 사실에 관한 정보 4) 대출금 등을 다른 목적에 유용(流用)하거나 부정한 방법으로 대출·보험계약 등을 체결한 사실에 관한 정보 5) 거짓이나 그 밖의 부정한 방법으로 「채무자 회생 및 파산에 관한 법률」에 따른 회생·간이회생·개인회생·파산·면책 및 복권과 관련된 결정 또는 이와 유사한 판결을 받은 사실에 관한 정보 부정한 목적으로 금융거래 등 상거래를 하려는 타인에게 자신의 개인식별정보를 제공한 사실에 관한 정보 다음 각 사람에 대한 정보 –「외국환거래법」 제20조를 위반하여 허위의 보고를 하거나 거짓으로 자료를 제출한 자 –「서민의 금융생활 지원에 관한 법률」 제56조에 따른 신용회복위원회(이하 "신용회복위원회"라 한다)에 허위의 자료를 제출하거나 허위의 진술을 하고 채무를 조정 받았거나 조정된 채무를 이행하는 과정에서 재산의 도피, 은닉 또는 고의의 책임재산 감소행위를 한 자 –「전자금융거래법」 제6조 제3항 각 호의 어느 하나에 해당하는 행위를 한 자. 다만, 다음 각 목의 어느 하나에 해당하는 경우는 제외한다. 가. 다른 법률에 특별한 규정이 있는 경우 나. 같은 법 제18조에 따른 선불전자지급수단이나 전자화폐의 양도 또는 담보제공을 위하여 필요한 경우(같은 법 제6조 제3항 제3호의 행위 및 이를 알선하는 행위는 제외한다) –부정한 목적으로 다른 신용정보주체의 개인식별정보(영 제2조 제2항 각 호의 번호를 말한다. 이하 같다)를 이용하여 금융거래 등 상거래를 하거나 그 상거래를 하려는 타인에게 자신의 개인식별정보를 제공한 자 –부정한 목적으로 금융거래 등 상거래와 관련하여 거래상대방에게 위조·변조되거나 허위인 신용정보를 제공한 자 –대출사기, 보험사기, 거짓이나 그 밖의 부정한 방법으로 알아낸 타인의 신용카드 정보를 이용한 거래 또는 이와 유사한 금융거래 등 상거래를 한 자 –거짓이나 그 밖의 부정한 방법으로 법원의 회생절차개시결정·간이회생절차개시결정·개인회생절차개시결정·파산선고 또는 이와 유사한 결정이나 판결을 받은 자[11]
	다목	가목 또는 나목에 관한 신용정보주체가 법인인 경우 실제 법인의 경영에 참여하여 법인을 사실상 지배하는 자로서 다음 각 사람에 관한 정보 –「국세기본법」 제39조 제2호에 따른 과점주주(이하 이 항에서 "과점주주"라 한다) 중 최다출자자인 자로서 해당 법인의 경영에 참여하여 법인을 사실상 지배하는 자 –과점주주인 동시에 해당 법인의 이사 또는 감사로서 그 법인의 채무에 연대보증을 하고, 해당 법인의 경영에 참여하여 법인을 사실상 지배하는 자 –해당 법인의 의결권 있는 발행주식총수 또는 지분총액의 100분의 30 이상을 소유하고 있는 자로서 법인의 경영에 참여하여 법인을 사실상 지배하는 자 –해당 법인의 무한책임사원으로서 법인의 경영에 참여하여 법인을 사실상 지배하는 자[12]

11) 신용정보법 제2조 제1의4호, 같은 법 시행령 제8항 제1호 내지 제3호, 신용정보업감독규정 제2조의2 제5항 제1호 내지 제7호
12) 신용정보법 제2조 제1의4호, 같은 법 시행령 제9항 제1호 내지 제4호

	라목	–어음 또는 수표를 지급하기로 한 약정을 이행하지 않은 사실에 관한 정보 –그 밖에 금융거래 등 상거래와 관련하여 신용정보주체의 신용도를 판단할 수 있는 사실에 관한 정보로서 금융위원회가 정하여 고시하는 정보[13]

라) 신용정보주체의 신용거래능력을 판단할 수 있는 정보

신용정보주체의 신용거래능력을 판단할 수 있는 정보를 정리하면 〈표 2－17〉과 같다.

〈표 2-17〉 신용정보주체의 신용거래능력을 판단할 수 있는 정보

법조문	구분	내용
신용정보법 제2조 제1의5호	가목	개인의 직업·재산·채무·소득의 총액 및 납세실적
	나목	기업 및 법인의 연혁·목적·영업실태·주식 또는 지분보유 현황 등 기업 및 법인의 개황, 대표자 및 임원에 관한 사항, 판매명세·수주실적 또는 경영상의 주요 계약 등 사업의 내용, 재무제표(연결재무제표를 작성하는 기업의 경우에는 연결재무제표를 포함한다) 등 재무에 관한 사항과 감사인(「주식회사 등의 외부감사에 관한 법률」 제2조 제7호에 따른 감사인을 말한다)의 감사의견 및 납세실적
	다목	–기업(사업을 경영하는 개인 및 법인과 이들의 단체를 말한다. 이하 같다) 및 법인의 영업 관련 정보로서 정부조달 실적 또는 수출·수입액 등에 관한 정보 –기업 및 법인의 등록 관련 정보로서 설립, 휴업·폐업, 양도·양수, 분할·합병, 주식 또는 지분 변동 등에 관한 정보 –기업 및 법인 자산의 구매명세·매출처·매입처, 재고자산의 명세·입출내역 및 재고자산·매출채권의 연령에 관한 정보[14]

마) 그 외에 신용정보주체의 신용을 판단할 때 필요한 정보

그 외에 신용정보주체의 신용을 판단할 때 필요한 정보를 정리하면 〈표 2－18〉과 같다.

〈표 2-18〉 그 외에 신용정보주체의 신용을 판단할 때 필요한 정보

법조문	구분	내용
	가목	신용정보주체가 받은 법원의 재판, 행정처분 등과 관련된 정보로서 아래 각 정보 –「민법」에 따른 성년후견·한정후견·특정후견과 관련된 심판에 관한 정보 –「민법」에 따른 실종선고와 관련된 심판에 관한 정보 –「민사집행법」에 따른 채무불이행자명부의 등재·말소 결정에 관한 정보 –「민사집행법」에 따른 경매개시결정·경락허가결정 등 경매와 관련된 결정에 관한 정보 –「근로기준법」 제43조의2 및 제43조의3에 따른 체불사업주에 관한 정보

13) 신용정보법 제2조 제1의4호, 같은 법 시행령 제10항 제1호 내지 제2호, 금융위원회가 정하는 고시 규정 없음

14) 신용정보법 제2조 제1의5호, 같은 법 시행령 제11항 제1호 내지 제3호

신용정보법 제2조 제1의6호		–법 또는 다른 법령에 따라 국가 또는 지방자치단체로부터 받은 행정처분 중에서 금융거래 등 상거래와 관련된 처분에 관한 정보 –「민법」 제22조에 따른 부재자에 관한 정보 –「실종아동등의 보호 및 지원에 관한 법률」 제9조의2 제2항에 따라 공개한 실종아동등과 관련한 정보 –「국세징수법」에 따른 공매와 관련한 정보[15]
	나목	신용정보주체의 조세, 국가채권 등과 관련된 정보로서 아래 각 정보 –국세·지방세·관세 또는 국가채권의 체납에 관한 정보 –벌금·과태료·과징금 또는 추징금 등의 체납에 관한 정보[16]
	다목	신용정보주체의 채무조정에 관한 정보로서 아래 각 정보 –「채무자 회생 및 파산에 관한 법률」에 따른 회생·간이회생 ·개인회생과 관련된 결정에 관한 정보 –「채무자 회생 및 파산에 관한 법률」에 따른 파산·면책·복권과 관련된 결정에 관한 정보 –「서민의 금융생활 지원에 관한 법률」에 따른 채무조정에 관한 정보 –「기업구조조정 촉진법」 제2조 제9호에 따른 채무조정에 관한 정보 –「한국자산관리공사 설립 등에 관한 법률」에 따른 한국자산관리 공사의 채무재조정 약정에 관한 정보 –그 밖에 제1호부터 제5호까지의 규정에 따른 정보와 유사한 정보로서 금융위원회가 정하여 고시하는 정보[17]
	라목	개인의 신용상태를 평가하기 위하여 정보를 처리함으로써 새로이 만들어지는 정보로서 기호, 숫자 등을 사용하여 점수나 등급 등으로 나타낸 정보(개인신용평점)
	마목	기업 및 법인의 신용을 판단하기 위하여 정보를 처리함으로써 새로이 만들어지는 정보로서 기호, 숫자 등을 사용하여 점수나 등급 등으로 표시한 정보(기업신용등급). 다만, 「자본시장법」 제9조 제26항에 따른 신용등급은 제외한다.
	바목	기술(「기술의 이전 및 사업화 촉진에 관한 법률」 제2조 제1호에 따른 기술을 말한다. 이하 같다)에 관한 정보
	사목	기업 및 법인의 신용을 판단하기 위하여 정보(기업 및 법인의 기술과 관련된 기술성·시장성·사업성 등을 대통령령으로 정하는 바[18]에 따라 평가한 결과를 포함한다)를 처리함으로써 새로이 만들어지는 정보로서 대통령령으로 정하는 정보(기술신용정보).[19] 다만, 「자본시장법」 제9조 제26항에 따른 신용등급은 제외한다.

---

15) 신용정보법 제2조 제1의6호 가목, 같은 법 시행령 제2조 제12항 제1호 내지 제7호, 신용정보업감독규정 제2조의2 제6항 제1호 내지 제3호

16) 신용정보법 제2조 제1의6호 나목, 같은 법 시행령 제2조 제13항 제1호 내지 제2호

17) 신용정보법 제2조 제1의6호 다목, 같은 법 시행령 제2조 제14항 제1호 내지 제6호, 금융위원회가 정하는 고시 규정 없음

18) **신용정보법 시행령 제15조(신용정보의 정확성 및 최신성 유지)**
법 제2조 제1호의6 사목 본문에 따른 기업 및 법인의 기술과 관련된 기술성·시장성·사업성 등의 평가는 업종, 규모 등 일정한 기준에 따라 기술을 분류하고 거래내용, 신용거래능력 등 기업 및 법인의 정보를 체계적으로 배열하여 평가하는 것으로 한다.

19) **신용정보법 시행령 제16조(기술적·물리적·관리적 보안대책의 수립)**
법 제2조 제1호의6 사목 본문에서 "대통령령으로 정하는 정보"란 기업 및 법인인 신용정보주체의 신용을 판단하기 위하여 기술평가(「기술보증기금법」 제28조 제1항 제6호의 기술평가를 말한다)를 하고 신용정보와 해당 기업 및 법인의 기술에 관한 정보를 활용함으로써 그 판단의 결과를 기호, 숫자 등을 사용하여 평점 또는 등급으로 표시한 정보, 그 기술의 가액 또는 평가의견 등(이하 "기술신용정보"라 한다)을 말한다.

아목	-「동산·채권 등의 담보에 관한 법률」 등에 따른 담보약정, 동산담보권, 채권담보권 및 지식재산권담보권에 관한 정보 -「부동산등기법」에 따른 등기부 및 그 부속서류에 기록되어 있는 사항에 관한 정보 -사회보험료·공공요금 또는 수수료 등에 관한 정보 -개인의 주민등록 관련 정보로서 출생·사망·이민·부재에 관한 정보 및 주민등록번호·성명의 변경 등에 관한 정보 -개인신용평가회사 및 개인사업자신용평가회사의 신용정보 제공기록 또는 신용정보주체의 신용회복 등에 관한 정보로서 금융위원회가 정하여 고시하는 정보 -신용정보주체의 신용도 판단에 이용되는 정보를 제3자에게 제공한 신용조회기록 -「공장 및 광업재단 저당법」 제2조 제2호 및 제3호에 따른 공장재단 및 광업재단에 관한 정보 -「상훈법」에 따라 서훈이 확정된 사람에 대한 정보로서 금융위원회가 정하여 고시하는 정보 -국세청의 모범납세자 정보 -성별 변경에 관한 법원의 재판 정보 -특허권, 실용신안권, 디자인권 및 상표권의 보유와 관련한 정보 -국적의 취득, 상실 및 복수 국적에 관한 정보 -자동차, 선박, 항공기 및 건설기계 등록원부에 관한 정보 -「공간정보의 구축 및 관리 등에 관한 법률」에 따른 지적공부 및 부동산종합공부에 관한 정보[20]

2) 개인신용정보

'개인신용정보'란 기업 및 법인에 관한 정보를 제외한 살아 있는 개인에 관한 신용정보로서 해당 정보의 성명, 주민등록번호 및 영상 등을 통하여 특정 개인을 알아볼 수 있는 정보, 해당 정보만으로는 특정 개인을 알아볼 수 없더라도 다른 정보와 쉽게 결합하여 특정 개인을 알아볼 수 있는 정보를 말한다.[21]

3) 개인식별정보

'개인식별정보'란 신용정보회사등이 개인을 식별하기 위하여 필요로 하는 정보를 말하는데 신용정보법 제2조 제1호의2 가목의 특정신용정보주체를 식별할 수 있는 정보와 동일한 개념이다.[22]

4) 가명정보

'가명처리'란 추가정보를 사용하지 아니하고는 특정 개인인 신용정보주체를 알아볼 수 없도록 개인신용정보를 처리하는 것을 말하는데, 가명처리한 결과가 어떤 신용정보주체와 다른 신용정보주체가 구별되는 경우, 하나의 정보집합물[23]에

20) 신용정보법 제2조 제1의6호 아목, 같은 법 시행령 제2조 제17항 제1호 내지 제9호, 신용정보업감독규정 제2조의2 제8항 제1호 내지 제6호
21) 신용정보법 제2조 제2호 가목 내지 나목
22) 신용정보법 제34조, 같은 법 시행령 제29조, 신용정보법 제2조 제1호의2 가목

서나 서로 다른 둘 이상의 정보집합물 간에서 어떤 신용정보주체에 관한 둘 이상의 정보가 연계되거나 연동되는 경우에 해당함으로써 신용정보법 제40조의2 제1항 및 제2항◆에 따라 그 추가정보를 분리하여 보관하는 등 특정 개인인 신용정보주체를 알아볼 수 없도록 개인신용정보를 처리한 경우를 포함한다.[24] 이렇게 가명 처리된 개인신용정보를 '가명정보'라고 한다.

◆ 관련조문

신용정보법

제40조의2 (가명처리 · 익명처리에 관한 행위규칙)

① 신용정보회사등은 가명처리에 사용한 추가정보를 대통령령으로 정하는 방법으로 분리하여 보관하거나 삭제하여야 한다.

② 신용정보회사등은 가명처리한 개인신용정보에 대하여 제3자의 불법적인 접근, 입력된 정보의 변경 · 훼손 및 파괴, 그 밖의 위험으로부터 가명정보를 보호하기 위하여 내부관리계획을 수립하고 접속기록을 보관하는 등 대통령령으로 정하는 바에 따라 기술적 · 물리적 · 관리적 보안대책을 수립 · 시행하여야 한다.

③ 신용정보회사등은 개인신용정보에 대한 익명처리가 적정하게 이루어졌는지 여부에 대하여 금융위원회에 그 심사를 요청할 수 있다.

④ 금융위원회가 제3항의 요청에 따라 심사하여 적정하게 익명처리가 이루어졌다고 인정한 경우 더 이상 해당 개인인 신용정보주체를 알아볼 수 없는 정보로 추정한다.

⑤ 금융위원회는 제3항의 심사 및 제4항의 인정 업무에 대해서는 대통령령으로 정하는 바에 따라 제26조의4에 따른 데이터전문기관에 위탁할 수 있다.

⑥ 신용정보회사등은 영리 또는 부정한 목적으로 특정 개인을 알아볼 수 있게 가명정보를 처리하여서는 아니 된다.

⑦ 신용정보회사등은 가명정보를 이용하는 과정에서 특정 개인을 알아볼 수 있게 된 경우 즉시 그 가명정보를 회수하여 처리를 중지하고, 특정 개인을 알아볼 수 있게 된 정보는 즉시 삭제하여야 한다.

⑧ 신용정보회사등은 개인신용정보를 가명처리나 익명처리를 한 경우 다음 각 호의 구분에 따라 조치 기록을 3년간 보존하여야 한다.

1. 개인신용정보를 가명처리한 경우
   가. 가명처리한 날짜
   나. 가명처리한 정보의 항목
   다. 가명처리한 사유와 근거
2. 개인신용정보를 익명처리한 경우
   가. 익명처리한 날짜
   나. 익명처리한 정보의 항목
   다. 익명처리한 사유와 근거

5) 익명정보

'익명정보'란 더 이상 특정 개인인 신용정보주체를 알아볼 수 없도록 처리된

---

23) 신용정보법 제2조 제15호. 정보를 체계적으로 관리하거나 처리할 목적으로 일정한 규칙에 따라 구성되거나 배열된 둘 이상의 정보들을 말한다.

24) 신용정보법 제2조 제15호 가목 내지 다목, 동조 제16호

개인신용정보를 말한다(신용정보법 제2조 제17호).

6) 소 결

신용정보법에서는 제2조에서 '신용정보', '개인신용정보'에 관한 정의 규정을, 같은 법 제34조에서 '개인식별정보'에 관한 정의 규정을 각 두면서 개인신용정보와 관련 '가명처리', '가명정보', '익명처리'에 대해서 정의규정을 두고 있다. 신용정보법 상의 신용정보에 등에 관한 정의 규정이 신용정보법과 같은 법 시행령, 신용정보업감독규정에 산재해 있으므로 위에서 정리한 각 표를 바탕으로 정보범위에 관한 부분을 꼼꼼히 확인할 필요가 있다.

2. 각 정보의 처리방법 및 활용상의 제한

가. '처리'의 개념

신용정보법과 개인정보 보호법에서 말하는 '처리'란 개인정보의 수집, 생성, 연계, 연동, 기록, 저장, 보유, 가공, 편집, 검색, 출력, 정정, 복구, 이용, 제공, 공개, 파기 그 밖에 이와 유사한 행위를 말한다(개인정보 보호법 제2조 제2호, 제13호).

나. 개인정보 보호법에서의 처리 방법

1) 개인정보 처리 원칙

개인정보 보호법에서는 개인정보의 처리 방법과 관련하여 원칙적으로 개인정보처리자는 개인정보를 익명 또는 가명으로 처리하여도 개인정보 수집목적을 달성할 수 있는 경우 익명처리가 가능한 경우에는 익명에 의하여, 익명처리로 목적을 달성할 수 없는 경우에는 가명에 의하여 처리될 수 있도록 하였다(개인정보 보호법 제3조 제7항). 즉, 익명정보－가명정보－개인정보의 순으로 처리하는 것을 원칙으로 한다.

2) 개인정보의 수집, 이용, 제공

개인정보처리자는 다음 어느 하나에 해당하는 경우에는 개인정보를 수집할 수 있으며, 그 수집 목적의 범위에서 이용할 수 있다.

법조문	구분	내용
개인정보 보호법 제15조 제1항	제1호	정보주체의 동의를 받은 경우
	제2호	법률에 특별한 규정이 있거나 법령상 의무를 준수하기 위하여 불가피한 경우
	제3호	공공기관이 법령 등에서 정하는 소관 업무의 수행을 위하여 불가피한 경우
	제4호	정보주체와의 계약의 체결 및 이행을 위하여 불가피하게 필요한 경우
	제5호	정보주체 또는 그 법정대리인이 의사표시를 할 수 없는 상태에 있거나 주소불명 등으로 사전 동의를 받을 수 없는 경우로서 명백히 정보주체 또는 제3자의 급박한 생명, 신체, 재산의 이익을 위하여 필요하다고 인정되는 경우
	제6호	개인정보처리자의 정당한 이익을 달성하기 위하여 필요한 경우로서 명백하게 정보주체의 권리보다 우선하는 경우(이 경우 개인정보처리자의 정당한 이익과 상당한 관련이 있고 합리적인 범위를 초과하지 아니하는 경우에 한한다.)

다만 개정 개인정보 보호법에서는 제15조 제3항을 추가하여 '개인정보처리자는 당초 수집 목적과 합리적으로 관련된 범위에서 정보주체에게 불이익이 발생하는지 여부, 암호화 등 안전성 확보에 필요한 조치를 하였는지 여부 등을 고려하여 대통령령이 정하는 바에 따라 정보주체의 동의 없이 개인정보를 이용할 수 있도록 하고 있는데, 같은 법 시행령 제14조의2 제1항에서는 정보주체의 동의 없이 개인정보를 이용 또는 제공하려는 경우에는 다음 각 호의 사항을 고려해야 한다고 규정하고 있다.

법조문	구분	내용
개인정보 보호법 시행령 제14조의2 제1항	제1호	당초 수집 목적과 관련성이 있는지 여부
	제2호	개인정보를 수집한 정황 또는 처리 관행에 비추어 볼 때 개인정보의 추가적인 이용 또는 제공에 대한 예측 가능성이 있는지 여부
	제3호	정보주체의 이익을 부당하게 침해하는지 여부
	제4호	가명처리 또는 암호화 등 안전성 확보에 필요한 조치를 하였는지 여부

개인정보의 제공과 관련된 개인정보 보호법 제17조에서도 같은 조 제4항을 추가하여 개인정보처리자는 당초 수집 목적과 합리적으로 관련된 범위에서 정보주체에게 불이익이 발생하는지 여부, 암호화 등 안전성 확보에 필요한 조치를 하였는지 여부 등을 고려하여 위 표 각 사항을 고려하여 정보주체의 동의 없이 개인정보를 제공할 수 있도록 하고 있다(이 경우 같은 법 시행령 제14조의2 각 호와 관련 '이용'을 '제공'으로 본다).

3) 민감정보의 처리 방법

개인정보처리자는 민감정보를 처리하여서는 아니 된다(개인정보 보호법 제23조 제1항). 다만 정보주체에게 법 제15조 제2항 각 호◆ 또는 제17조 제2항 각 호◆의 사항을 알리고 개인정보의 처리에 대한 동의와 별도로 동의를 받은 경우, 법령에서 민감정보의 처리를 요구하거나 허용하는 경우 처리가 가능하다(개인정보 보호법 제23조 제1항 제1호, 제2호). 개인정보처리자가 민감정보를 처리하는 경우에는 그 민감정보가 분실, 도난, 유출, 위조, 변조 또는 훼손되지 아니하도록 개인정보 보호법 제29조에 따른 안전성 확보에 필요한 조치를 하여야 한다(개인정보 보호법 제23조 제2항).

◆ 관련조문

개인정보 보호법

제15조 (개인정보의 수집 · 이용)

② 개인정보처리자는 제1항 제1호에 따른 동의를 받을 때에는 다음 각 호의 사항을 정보주체에게 알려야 한다. 다음 각 호의 어느 하나의 사항을 변경하는 경우에도 이를 알리고 동의를 받아야 한다.

1. 개인정보의 수집 · 이용 목적
2. 수집하려는 개인정보의 항목
3. 개인정보의 보유 및 이용 기간
4. 동의를 거부할 권리가 있다는 사실 및 동의 거부에 따른 불이익이 있는 경우에는 그 불이익의 내용

제17조 (개인정보의 제공)

② 개인정보처리자는 제1항 제1호에 따른 동의를 받을 때에는 다음 각 호의 사항을 정보주체에게 알려야 한다. 다음 각 호의 어느 하나의 사항을 변경하는 경우에도 이를 알리고 동의를 받아야 한다.

1. 개인정보를 제공받는 자
2. 개인정보를 제공받는 자의 개인정보 이용 목적
3. 제공하는 개인정보의 항목
4. 개인정보를 제공받는 자의 개인정보 보유 및 이용 기간
5. 동의를 거부할 권리가 있다는 사실 및 동의 거부에 따른 불이익이 있는 경우에는 그 불이익의 내용

안전조치의무와 관련하여 개인정보처리자는 내부 관리계획의 수립, 접속기록 보관 등 대통령령으로 정하는 바에 따라 안전성 확보에 필요한 기술적, 관리적 및 물리적인 조치를 하여야 한다(개인정보 보호법 제29조). 같은 법 시행령 제30조 제1항에서 규정하고 있는 안전성 확보 조치[25)]는 다음과 같다.

법조문	구분	내용
개인정보 보호법 시행령 제30조 제1항	제1호	개인정보의 안전한 처리를 위한 내부 관리계획의 수립 · 시행
	제2호	개인정보에 대한 접근 통제 및 접근 권한의 제한 조치
	제3호	개인정보를 안전하게 저장 · 전송할 수 있는 암호화 기술의 적용 또는 이에 상응하는 조치
	제4호	개인정보 침해사고 발생에 대응하기 위한 접속기록의 보관 및 위조 · 변조 방지를 위한 조치
	제5호	개인정보에 대한 보안프로그램의 설치 및 갱신
	제6호	개인정보의 안전한 보관을 위한 보관시설의 마련 또는 잠금장치의 설치 등 물리적 조치

25) 개인정보의 안전성 확보조치 기준. 2020. 8. 11. 시행. 개인정보보호위원회고시 제2020－2호 참조.

4) 고유식별정보의 처리 방법

고유식별정보 역시 개인정보처리자가 원칙적으로 이를 처리할 수 없고(개인정보 보호법 제24조 제1항 본문), 정보주체에게 개인정보 보호법 제15조 제2항 각 호 또는 같은 법 제17조 제2항 각 호의 사항을 알리고 다른 개인정보의 처리에 대한 동의와 별도로 동의를 받은 경우, 법령에서 구체적으로 고유식별정보의 처리를 요구하거나 허용하는 경우 처리가 가능하다(개인정보 보호법 제24조 제1항 제1호, 제2호). 개인정보처리자가 고유식별정보를 처리하는 경우에는 그 고유식별정보가 분실, 도난, 유출, 위조, 변조 또는 훼손되지 아니하도록 대통령령으로 정하는 바에 따라 암호화 등 안전성 확보에 필요한 조치를 하여야 한다(개인정보 보호법 제24조 제2항). 같은 법 시행령 제21조 제1항에서 규정하고 있는 안전성 확보 조치는 같은 법 시행령 제30조 또는 제48조의2를 준용하고 있으며, 앞서 확인한 제30조 규정 외 제48조의2에 따른 안전성 확보 조치[26]는 다음과 같다.

법조문	구분	내용
개인정보 보호법 시행령 제48조의2 제1항	제1호	개인정보의 안전한 처리를 위한 다음 각 목의 내용을 포함하는 내부관리계획의 수립·시행 가. 개인정보 보호책임자의 지정 등 개인정보 보호 조직의 구성·운영에 관한 사항 나. 정보통신서비스 제공자등의 지휘·감독을 받아 이용자의 개인정보를 처리하는 자(이하 이 조에서 "개인정보취급자"라 한다)의 교육에 관한 사항 다. 제2호부터 제6호까지의 규정에 따른 조치를 이행하기 위하여 필요한 세부 사항
	제2호	개인정보에 대한 불법적인 접근을 차단하기 위한 다음 각 목의 조치 가. 개인정보를 처리할 수 있도록 체계적으로 구성한 데이터베이스시스템(이하 이 조에서 "개인정보처리시스템"이라 한다)에 대한 접근 권한의 부여·변경·말소 등에 관한 기준의 수립·시행 나. 개인정보처리시스템에 대한 침입차단시스템 및 침입탐지시스템의 설치·운영 다. 개인정보처리시스템에 접속하는 개인정보취급자의 컴퓨터 등에 대한 외부 인터넷망 차단[전년도 말 기준 직전 3개월간 그 개인정보가 저장·관리되고 있는 이용자 수가 일일평균 100만명 이상이거나 정보통신서비스(「정보통신망법」 제2조 제1항 제2호에 따른 정보통신서비스를 말한다. 이하 같다) 부문 전년도(법인인 경우에는 전 사업연도를 말한다) 매출액이 100억원 이상인 정보통신서비스 제공자등만 해당한다] 라. 비밀번호의 생성 방법 및 변경 주기 등의 기준 설정 및 운영 마. 그 밖에 개인정보에 대한 접근 통제를 위하여 필요한 조치
	제3호	접속기록의 위조·변조 방지를 위한 다음 각 목의 조치 가. 개인정보취급자가 개인정보처리시스템에 접속하여 개인정보를 처리한 경우 접속일시, 처리내역 등의 저장 및 이의 확인·감독 나. 개인정보처리시스템에 대한 접속기록을 별도의 저장장치에 백업 보관

26) 개인정보의 안전성 확보조치 기준. 2020. 8. 11. 시행. 개인정보보호위원회고시 제2020-2호 참조.

제4호	개인정보가 안전하게 저장·전송될 수 있도록 하기 위한 다음 각 목의 조치 가. 비밀번호의 일방향 암호화 저장 나. 주민등록번호, 계좌정보 및 제18조 제3호에 따른 정보 등 보호위원회가 정하여 고시하는 정보의 암호화 저장 다. 정보통신망을 통하여 이용자의 개인정보 및 인증정보를 송신·수신하는 경우 보안서버 구축 등의 조치 라. 그 밖에 암호화 기술을 이용한 보안조치
제5호	개인정보처리시스템 및 개인정보취급자가 개인정보 처리에 이용하는 정보기기에 컴퓨터바이러스, 스파이웨어 등 악성프로그램의 침투 여부를 항시 점검·치료할 수 있도록 하기 위한 백신소프트웨어 설치 및 주기적 갱신·점검 조치
제6호	그 밖에 개인정보의 안전성 확보를 위하여 필요한 조치

5) 가명정보의 처리 방법 등

가) 가명정보의 처리

개인정보처리자는 통계작성, 과학적 연구,[27] 공익적 기록보존 등을 위하여 정보주체의 동의 없이 가명정보를 처리할 수 있으며, 개인정보처리자는 개인정보 보호법 제28조의2 제1항에 따라 가명정보를 제3자에게 제공하는 경우에는 특정 개인을 알아보기 위하여 사용될 수 있는 정보를 포함해서는 아니 된다(개인정보 보호법 제28조의2 제1항, 제2항).

나) 가명정보의 결합 제한

또한 개인정보 보호법 제28조의3에서는 같은 법 제28조의2에도 불구하고 통계작성, 과학적 연구, 공익적 기록보존을 등을 위한 서로 다른 개인정보처리자 간의 가명정보의 결합은 보호위원회 또는 관계 중앙행정기관의 장이 지정하는 전문기관이 수행하도록 하고 있다. 결합을 수행한 기관 외부로 결합된 정보를 반출하려는 개인정보처리자는 가명정보 또는 개인정보 보호법 제58조의2에 해당하는 정보[28]로 처리한 뒤 전문기관의 장의 승인을 받아야 하고, 동조 제1항에 따른 결합 절차와 방법, 전문기관의 지정과 지정 취소 기준·절차, 관리·감독, 같은 조 제2항에 따른 반출 및 승인 기준·절차 등 필요한 사항은 대통령령으로 정한다.◆

---

27) 개인정보 보호법 제2조 제8호에 의하여 기술의 개발과 실증, 기초연구, 응용연구 및 민간 투자 연구 등 과학적 방법을 적용하는 연구를 말한다.

28) 개인정보 보호법 제58조의2(적용제외)
이 법은 시간·비용·기술 등을 합리적으로 고려할 때 다른 정보를 사용하여도 더 이상 개인을 알아볼 수 없는 정보에는 적용하지 아니한다.

◆ 관련조문

개인정보 보호법 시행령

제29조의2 (결합전문기관의 지정 및 지정 취소)

① 법 제28조의3 제1항에 따른 전문기관(이하 "결합전문기관"이라 한다)의 지정 기준은 다음 각 호와 같다.

1. 보호위원회가 정하여 고시하는 바에 따라 가명정보의 결합·반출 업무를 담당하는 조직을 구성하고, 개인정보 보호와 관련된 자격이나 경력을 갖춘 사람을 3명 이상 상시 고용할 것
2. 보호위원회가 정하여 고시하는 바에 따라 가명정보를 안전하게 결합하기 위하여 필요한 공간, 시설 및 장비를 구축하고 가명정보의 결합·반출 관련 정책 및 절차 등을 마련할 것
3. 보호위원회가 정하여 고시하는 기준에 따른 재정 능력을 갖출 것
4. 최근 3년 이내에 법 제66조에 따른 공표 내용에 포함된 적이 없을 것

② 법인, 단체 또는 기관이 법 제28조의3 제1항에 따라 결합전문기관으로 지정을 받으려는 경우에는 보호위원회가 정하여 고시하는 결합전문기관 지정신청서에 다음 각 호의 서류(전자문서를 포함한다. 이하 같다)를 첨부하여 보호위원회 또는 관계 중앙행정기관의 장에게 제출해야 한다.

1. 정관 또는 규약
2. 제1항에 따른 지정 기준을 갖추었음을 증명할 수 있는 서류로서 보호위원회가 정하여 고시하는 서류

③ 보호위원회 또는 관계 중앙행정기관의 장은 제2항에 따라 지정신청서를 제출한 법인, 단체 또는 기관이 제1항에 따른 지정 기준에 적합한 경우에는 결합전문기관으로 지정할 수 있다.

④ 결합전문기관 지정의 유효기간은 지정을 받은 날부터 3년으로 하며, 보호위원회 또는 관계 중앙행정기관의 장은 결합전문기관이 유효기간의 연장을 신청하면 제1항에 따른 지정 기준에 적합한 경우에는 결합전문기관으로 재지정할 수 있다.

⑤ 보호위원회 또는 관계 중앙행정기관의 장은 결합전문기관이 다음 각 호의 어느 하나에 해당하는 경우에는 결합전문기관의 지정을 취소할 수 있다. 다만, 제1호 또는 제2호에 해당하는 경우에는 지정을 취소해야 한다.

1. 거짓이나 부정한 방법으로 결합전문기관으로 지정을 받은 경우
2. 결합전문기관 스스로 지정 취소를 요청하거나 폐업한 경우
3. 제1항에 따른 결합전문기관의 지정 기준을 충족하지 못하게 된 경우
4. 결합 및 반출 등과 관련된 정보의 유출 등 개인정보 침해사고가 발생한 경우
5. 그 밖에 법 또는 이 영에 따른 의무를 위반한 경우

⑥ 보호위원회 또는 관계 중앙행정기관의 장은 제5항에 따라 결합전문기관의 지정을 취소하려는 경우에는 청문을 해야 한다.

⑦ 보호위원회 또는 관계 중앙행정기관의 장은 결합전문기관을 지정, 재지정 또는 지정 취소한 경우에는 이를 관보에 공고하거나 보호위원회 또는 해당 관계 중앙행정기관의 홈페이지에 게시해야 한다. 이 경우 관계 중앙행정기관의 장이 결합전문기관을 지정, 재지정, 또는 지정 취소한 경우에는 보호위원회에 통보해야 한다.

⑧ 제1항부터 제7항까지에서 규정한 사항 외에 결합전문기관의 지정, 재지정 및 지정 취소 등에 필요한 사항은 보호위원회가 정하여 고시한다.

제29조의3 (개인정보처리자 간 가명정보의 결합 및 반출)

① 결합전문기관에 가명정보의 결합을 신청하려는 개인정보처리자(이하 "결합신청자"라 한다)는 보호위원회가 정하여 고시하는 결합신청서에 다음 각 호의 서류를 첨부하여 결합전문기관에 제출해야 한다.

1. 사업자등록증, 법인등기부등본 등 결합신청자 관련 서류
2. 결합 대상 가명정보에 관한 서류
3. 결합 목적을 증명할 수 있는 서류
4. 그 밖에 가명정보의 결합 및 반출에 필요하다고 보호위원회가 정하여 고시하는 서류

② 결합전문기관은 법 제28조의3 제1항에 따라 가명정보를 결합하는 경우에는 특정 개인을 알아볼 수 없도록 해야 한다. 이 경우 보호위원회는 필요하면 한국인터넷진흥원 또는 보호위원회가 지정하여 고시하는 기관으로 하여금 특정 개인을 알아볼 수 없도록 하는 데에 필요한 업무를 지원하도록 할 수 있다.
③ 결합신청자는 법 제28조의3 제2항에 따라 결합전문기관이 결합한 정보를 결합전문기관 외부로 반출하려는 경우에는 결합전문기관에 설치된 안전성 확보에 필요한 기술적·관리적·물리적 조치가 된 공간에서 제2항에 따라 결합된 정보를 가명정보 또는 법 제58조의2에 해당하는 정보로 처리한 뒤 결합전문기관의 승인을 받아야 한다.
④ 결합전문기관은 다음 각 호의 기준을 충족하는 경우에는 법 제28조의3 제2항에 따른 반출을 승인해야 한다. 이 경우 결합전문기관은 결합된 정보의 반출을 승인하기 위하여 반출심사위원회를 구성해야 한다.
1. 결합 목적과 반출 정보가 관련성이 있을 것
2. 특정 개인을 알아볼 가능성이 없을 것
3. 반출 정보에 대한 안전조치 계획이 있을 것

⑤ 결합전문기관은 결합 및 반출 등에 필요한 비용을 결합신청자에게 청구할 수 있다.
⑥ 제1항부터 제5항까지에서 규정한 사항 외에 가명정보의 결합 절차와 방법, 반출 및 승인 등에 필요한 사항은 보호위원회가 정하여 고시한다.

제29조의4 (결합전문기관의 관리·감독 등)
① 보호위원회 또는 관계 중앙행정기관의 장은 결합전문기관을 지정한 경우에는 해당 결합전문기관의 업무 수행능력 및 기술·시설 유지 여부 등을 관리·감독해야 한다.
② 결합전문기관은 제1항에 따른 관리·감독을 위하여 다음 각 호의 서류를 매년 보호위원회 또는 관계 중앙행정기관의 장에게 제출해야 한다.
1. 가명정보의 결합·반출 실적보고서
2. 결합전문기관의 지정 기준을 유지하고 있음을 증명할 수 있는 서류
3. 가명정보의 안전성 확보에 필요한 조치를 하고 있음을 증명할 수 있는 서류로서 보호위원회가 정하여 고시하는 서류

③ 보호위원회는 다음 각 호의 사항을 관리·감독해야 한다.
1. 결합전문기관의 가명정보의 결합 및 반출 승인 과정에서의 법 위반 여부
2. 결합신청자의 가명정보 처리 실태
3. 그 밖에 가명정보의 안전한 처리를 위하여 필요한 사항으로서 보호위원회가 정하여 고시하는 사항

다) 가명정보에 대한 안전조치의무

한편 개인정보처리자는 가명정보를 처리하는 경우에는 원래의 상태로 복원하기 위한 추가 정보를 별도로 분리하여 보관·관리하는 등 해당 정보가 분실·도난·유출·위조·변조 또는 훼손되지 않도록 대통령령으로 정하는 바에 따라 안전성 확보에 필요한 기술적·관리적 및 물리적 조치를 하여야 하는데(개인정보 보호법 제28조의4 제1항), 같은 법 시행령 제29조의5 제1항에 따른 안전성 확보 조치는 다음과 같다.

법조문	구분	내용
개인정보 보호법 시행령 제29조의5 제1항	제1호	제30조 또는 제48조의2에 따른 안전성 확보 조치
	제2호	가명정보와 추가정보의 분리 보관. 다만, 추가정보가 불필요한 경우에는 추가정보를 파기해야 한다.
	제3호	가명정보와 추가정보에 대한 접근 권한의 분리. 다만, 「소상공인 보호 및 지원에 관한 법률」 제2조에 따른 소상공인으로서 가명정보를 취급할 자를 추가로 둘 여력이 없는 경우 등 접근 권한의 분리가 어려운 정당한 사유가 있는 경우에는 업무 수행에 필요한 최소한의 접근 권한만 부여하고 접근 권한의 보유 현황을 기록으로 보관하는 등 접근 권한을 관리·통제해야 한다.

그리고 개인정보처리자는 가명정보를 처리하고자 하는 경우에는 가명정보의 처리 목적, 제3자 제공 시 제공받는 자 등 가명정보의 처리 내용을 관리하기 위하여 대통령령으로 정하는 사항에 대한 관련 기록을 작성하여 보관하여야 하는 바(개인정보 보호법 제28조의4 제2항) 같은 법 시행령 제29조의5 제2항에 따른 위 사항을 정리하면 다음과 같다.

법조문	구분	내용
개인정보 보호법 시행령 제29조의5 제2항	제1호	가명정보 처리의 목적
	제2호	가명처리한 개인정보의 항목
	제3호	가명정보의 이용내역
	제4호	제3자 제공 시 제공받는 자
	제5호	그 밖에 가명정보의 처리 내용을 관리하기 위하여 보호위원회가 필요하다고 인정하여 고시하는 사항

라) 가명정보 처리 시 금지의무

누구든지 특정 개인을 알아보기 위한 목적으로 가명정보를 처리해서는 아니 된다. 개인정보처리자는 가명정보를 처리하는 과정에서 특정 개인을 알아볼 수 있는 정보가 생성된 경우에는 즉시 해당 정보의 처리를 중지하고, 지체 없이 회수·파기하여야 한다(개인정보 보호법 제28조의5 제1항, 제2항).

다. 신용정보법에서의 처리 방법

1) 신용정보 처리 원칙

신용정보회사등은 신용정보를 수집하고 이를 처리할 수 있다. 이 경우 신용정보법 또는 정관으로 정한 업무 범위에서 수집 및 처리의 목적을 명확히 하여야 하며, 신용정보법 및 개인정보 보호법 제3조 제1항 및 제2항◆에 따라 그 목적 달성에 필요한 최소한의 범위에서 합리적이고, 공정한 수단을 사용하여 신용정보를 수집 및 처리하여야 한다(신용정보법 제15조 제1항).

◆ 관련조문

개인정보 보호법

제3조 (개인정보 보호 원칙)

① 개인정보처리자는 개인정보의 처리 목적을 명확하게 하여야 하고 그 목적에 필요한 범위에서 최소한의 개인정보만을 적법하고 정당하게 수집하여야 한다.

② 개인정보처리자는 개인정보의 처리 목적에 필요한 범위에서 적합하게 개인정보를 처리하여야 하며, 그 목적 외의 용도로 활용하여서는 아니 된다.

신용정보회사 등이 개인신용정보를 수집하는 때에는 해당 신용정보주체의 동의를 받아야 하지만 다음 각 호의 어느 하나에 해당하는 경우에는 그러하지 아니하다.

법조문	구분	내용	
신용정보법 제15조 제2항	제1호	개인정보 보호법 제15조 제1항 제2호부터 제6호까지의 어느 하나에 해당하는 경우	개인정보 보호법 제15조 제1항 2. 법률에 특별한 규정이 있거나 법령상 의무를 준수하기 위하여 불가피한 경우 3. 공공기관이 법령 등에서 정하는 소관 업무의 수행을 위하여 불가피한 경우 4. 정보주체와의 계약의 체결 및 이행을 위하여 불가피하게 필요한 경우 5. 정보주체 또는 그 법정대리인이 의사표시를 할 수 없는 상태에 있거나 주소불명 등으로 사전 동의를 받을 수 없는 경우로서 명백히 정보주체 또는 제3자의 급박한 생명, 신체, 재산의 이익을 위하여 필요하다고 인정되는 경우 6. 개인정보처리자의 정당한 이익을 달성하기 위하여 필요한 경우로서 명백하게 정보주체의 권리보다 우선하는 경우. 이 경우 개인정보처리자의 정당한 이익과 상당한 관련이 있고 합리적인 범위를 초과하지 아니하는 경우에 한한다.
	제2호	다음 각 목의 어느 하나에 해당하는 경우	가. 법령에 따라 공시되거나 공개된 정보 나. 출판물이나 방송매체 또는 「공공기관의 정보공개에 관한 법률」 제2조 제3호에 따른 공공기관의 인터넷 홈페이지 등의 매체를 통하여 공시 또는 공개된 정보 다. 신용정보주체가 스스로 사회관계망서비스 등에 직접 또는 제3자를 통하여 공개한 정보. 이 경우 대통령령◆으로 정하는 바에 따라 해당 신용정보주체의 동의가 있었다고 객관적으로 인정되는 범위 내로 한정한다.
	제3호	제1호 및 제2호에 준하는 경우로서 대통령령으로 정하는 경우	신용정보법 시행령에서 따로 정한 바 없음

◆ 관련조문

신용정보법 시행령

제13조(수집 및 처리의 원칙)

다음 각 호의 사항을 고려하여 신용정보주체의 동의가 있었다고 객관적으로 인정되는 범위의 정보는 법 제15조 제2항 제2호 다목 후단에 따른 동의가 있는 정보로 본다.

1. 공개된 개인정보의 성격, 공개의 형태, 대상 범위
2. 제1호로부터 추단되는 신용정보주체의 공개 의도 및 목적
3. 신용정보회사등의 개인정보 처리의 형태
4. 수집 목적이 신용정보주체의 원래의 공개 목적과 상당한 관련성이 있는지 여부
5. 정보 제공으로 인하여 공개의 대상 범위가 원래의 것과 달라졌는지 여부
6. 개인정보의 성질 및 가치와 이를 활용해야 할 사회·경제적 필요성

[전문개정 2020. 8. 4.]

2) 정보집합물의 결합

개정 신용정보법에서는 제17조의2를 신설하여 정보집합물의 결합 등에 관한 규정을 두고 있는데, 신용정보회사등(신용정보법 제45조의3에 따른 상거래기업 및 법인은 제외한다)은 자기가 보유한 정보집합물을 제3자가 보유한 정보집합물과 결합하려는 경우에는 신용정보법 제26조의4에 따라 지정된 데이터전문기관을 통하여 결합하여야 하고, 신용정보법 제26조의4에 따라 지정된 데이터전문기관이 동조 제1항에 따라 결합된 정보집합물을 해당 신용정보회사등 또는 그 제3자에게 전달하는 경우에는 가명처리 또는 익명처리가 된 상태로 전달하여야 한다. 그 밖에 정보집합물의 결합·제공·보관의 절차 및 방법에 대해서는 대통령령◆으로 정한다.

◆ 관련조문

신용정보법 시행령

제14조의2(정보집합물의 결합 등)

① 법 제17조의2 제1항에서 "대통령령으로 정하는 자"란 법 제45조의3에 따른 상거래기업 및 법인(이하 "상거래 기업 및 법인"이라 한다)을 말한다.

② 법 제17조의2 제1항에 따라 정보집합물을 결합하려는 신용정보회사등 및 제3자(이하 이 조에서 "결합의뢰기관"이라 한다)는 공동으로 법 제26조의4에 따른 데이터전문기관(이하 "데이터전문기관"이라 한다)에 금융위원회가 정하여 고시하는 양식에 따라 정보집합물의 결합을 신청해야 한다.

③ 결합의뢰기관 및 데이터전문기관은 정보집합물을 결합·제공·보관하는 경우에는 다음 각 호의 사항을 모두 준수해야 한다.

1. 결합의뢰기관이 정보집합물을 데이터전문기관에 제공하는 경우 다음 각 목의 조치를 하여 제공할 것
   가. 하나의 정보집합물과 다른 정보집합물 간에 둘 이상의 정보를 연계, 연동하기 위하여 사용되는 정보는 해당 개인을 식별할 수 없으나 구별할 수 있는 정보(이하 "결합키"라 한다)로 대체할 것

> 나. 개인신용정보가 포함된 정보집합물은 가명처리할 것
> 2. 결합의뢰기관이 결합키를 생성하는 절차와 방식은 금융위원회가 정하여 고시하는 바에 따라 결합의뢰기관 간 상호 협의하여 결정할 것
> 3. 결합의뢰기관이 데이터전문기관에 정보집합물을 제공하거나 데이터전문기관이 결합한 정보집합물을 결합의뢰기관에 전달하는 경우에는 해당 정보집합물의 내용을 제3자가 알 수 없도록 암호화 등의 보호조치를 하여 전달할 것
> 4. 데이터전문기관은 결합된 정보집합물을 결합의뢰기관에 전달하기 전 결합키를 삭제하거나 금융위원회가 정하여 고시하는 방법으로 대체할 것
> 5. 데이터전문기관은 결합된 정보집합물의 가명처리 또는 익명처리의 적정성을 평가한 후 적정하지 않다고 판단되는 경우 다시 가명처리 또는 익명처리하여 전달할 것
> 6. 데이터전문기관은 결합한 정보집합물을 결합의뢰기관에 전달한 후 결합한 정보집합물 및 결합 전 정보집합물을 지체 없이 삭제할 것
>
> ④ 데이터전문기관은 금융위원회가 정하여 고시하는 방법에 따라 결합 관련 사항을 기록·관리하고 매년 1회 금융위원회에 보고해야 한다.
> ⑤ 데이터전문기관은 데이터 결합 등에 필요한 비용을 결합의뢰기관에 청구할 수 있다.
> ⑥ 데이터전문기관은 결합의뢰기관이 결합된 데이터를 전달받기 전에 데이터전문기관의 전산설비 등을 활용하여 결합된 정보집합물을 분석하기를 요청하는 경우 데이터전문기관의 전산설비 등을 활용하여 가명처리 또는 익명처리가 된 상태의 정보집합물을 분석하게 할 수 있다.
> ⑦ 제1항부터 제6항까지의 규정에 따른 정보집합물 결합·제공·처리·보관의 절차 및 방법에 관한 세부 사항은 금융위원회가 정하여 고시한다.
> ⑧ 제2항, 제3항 및 제5항부터 제7항까지의 규정은 결합의뢰기관이 데이터전문기관 중 개인정보 보호법 제28조의3 제1항에 따른 전문기관으로도 지정된 기관에서 같은 조 제3항에 따른 결합 절차와 방법, 반출 및 승인 기준·절차 등에 따라 정보집합물을 결합하려는 경우에는 적용하지 않는다.
>
> * 위 조문 내용 중 금융위원회가 정하여 고시하는 양식에 관해서는 신용정보업감독규정, 2020. 8. 5. 시행, 금융위원회고시 제2020-35호 참조.

3) 개인신용정보의 제공·활용에 대한 동의

개인신용정보의 제공·활용과 관련해서 신용정보법은 제32조 제1항 내지 제5항에서 신용정보주체로부터 동의 등의 절차를 거칠 것을 규정하면서, 동조 제6항 각 호에 해당할 경우 동조 제1항 내지 제5항을 적용하지 않는다고 규정하고 있다. 특히 개정 신용정보법에서는 동조 제6항 제9호 내지 제9호의4, 제11호 규정을 추가하여 신용정보주체의 동의 없이 개인신용정보를 제공·활용할 수 있도록 하고 있는데, 이를 정리하면 다음과 같다.

법조문	구분	내용
	제1호	신용정보회사 및 채권추심회사가 다른 신용정보회사 및 채권추심회사 또는 신용정보집중기관과 서로 집중관리·활용하기 위하여 제공하는 경우
	제2호	제17조 제2항에 따라 신용정보의 처리를 위탁하기 위하여 제공하는 경우
	제3호	영업양도·분할·합병 등의 이유로 권리·의무의 전부 또는 일부를 이전하면서 그와 관련된 개인신용정보를 제공하는 경우

신용정보법 제32조 제6항	제4호	채권추심(추심채권을 추심하는 경우만 해당한다), 인가 · 허가의 목적, 기업의 신용도 판단, 유가증권의 양수 등 대통령령(신용정보법 시행령 제28조 제10항)◆으로 정하는 목적으로 사용하는 자에게 제공하는 경우
	제5호	법원의 제출명령 또는 법관이 발부한 영장에 따라 제공하는 경우
	제6호	범죄 때문에 피해자의 생명이나 신체에 심각한 위험 발생이 예상되는 등 긴급한 상황에서 제5호에 따른 법관의 영장을 발부받을 시간적 여유가 없는 경우로서 검사 또는 사법경찰관의 요구에 따라 제공하는 경우. 이 경우 개인신용정보를 제공받은 검사는 지체 없이 법관에게 영장을 청구하여야 하고, 사법경찰관은 검사에게 신청하여 검사의 청구로 영장을 청구하여야 하며, 개인신용정보를 제공받은 때부터 36시간 이내에 영장을 발부받지 못하면 지체 없이 제공받은 개인신용정보를 폐기하여야 한다.
	제7호	조세에 관한 법률에 따른 질문 · 검사 또는 조사를 위하여 관할 관서의 장이 서면으로 요구하거나 조세에 관한 법률에 따라 제출의무가 있는 과세자료의 제공을 요구함에 따라 제공하는 경우
	제8호	국제협약 등에 따라 외국의 금융감독기구에 금융회사가 가지고 있는 개인신용정보를 제공하는 경우
	제9호	제2조 제1호의4 나목 및 다목의 정보(신용정보법 제2조)◆를 개인신용평가회사, 개인사업자신용평가회사, 기업신용등급제공업무 · 기술신용평가업무를 하는 기업신용조회회사 및 신용정보집중기관에 제공하거나 그로부터 제공받는 경우
	제9호의2	통계작성, 연구, 공익적 기록보존 등을 위하여 가명정보를 제공하는 경우. 이 경우 통계작성에는 시장조사 등 상업적 목적의 통계작성을 포함하며, 연구에는 산업적 연구를 포함한다.
	제9호의3	제17조의2 제1항에 따른 정보집합물의 결합 목적으로 데이터전문기관에 개인신용정보를 제공하는 경우
	제9호의4	다음 각 목의 요소를 고려하여 당초 수집한 목적과 상충되지 아니하는 목적으로 개인신용정보를 제공하는 경우 가. 양 목적 간의 관련성 나. 신용정보회사등이 신용정보주체로부터 개인신용정보를 수집한 경위 다. 해당 개인신용정보의 제공이 신용정보주체에게 미치는 영향 라. 해당 개인신용정보에 대하여 가명처리를 하는 등 신용정보의 보안대책을 적절히 시행하였는지 여부
	제10호	이 법 및 다른 법률에 따라 제공하는 경우
	제11호	제1호부터 제10호까지의 규정에 준하는 경우로서 대통령령(신용정보법 시행령 제28조 제11항)◆으로 정하는 경우

◆ 관련조문

신용정보법 시행령

제28조 (개인신용정보의 제공 · 활용에 대한 동의)

⑩ 법 제32조 제6항 제4호에서 "채권추심(추심채권을 추심하는 경우만 해당한다), 인가 · 허가의 목적, 기업의 신용도 판단, 유가증권의 양수 등 대통령령으로 정하는 목적"이란 다음 각 호의 목적을 말한다.

1. 채권추심을 의뢰한 채권자가 채권추심의 대상이 되는 자의 개인신용정보를 채권추심회사에 제공하거나 채권추심회사로부터 제공받기 위한 목적

2. 채권자 또는 채권추심회사가 변제기일까지 채무를 변제하지 않은 자 또는 채권추심의 대상이 되는 자에 대한 개인신용정보를 개인신용평가회사, 개인사업자신용평가회사 및 기업신용조회회사로부터 제공받기 위한 목적
3. 행정기관이 인가·허가 업무에 사용하기 위하여 개인신용평가회사, 개인사업자신용평가회사 및 기업신용조회회사로부터 개인신용정보를 제공받기 위한 목적
4. 해당 기업과의 금융거래 등 상거래관계의 설정 및 유지 여부 등을 판단하기 위하여 그 기업의 대표자 및 제2조 제9항 각 호의 어느 하나에 해당하는 자의 개인신용정보를 개인신용평가회사, 개인사업자신용평가회사, 기업신용조회회사 및 신용정보집중기관으로부터 제공받기 위한 목적
5. 제21조 제2항에 따른 금융기관이 상거래관계의 설정 및 유지 여부 등을 판단하기 위하여 또는 어음·수표 소지인이 어음·수표의 발행인, 인수인, 배서인 및 보증인의 변제 의사 및 변제자력을 확인하기 위하여 개인신용평가회사, 개인사업자신용평가회사, 기업신용조회회사 및 신용정보집중기관으로부터 어음·수표의 발행인, 인수인, 배서인 및 보증인의 개인신용정보를 제공받기 위한 목적
6. 「민법」 제450조에 따라 지명채권을 양수한 신용정보제공·이용자가 다음 각 목의 어느 하나에 해당하는 경우에 그 지명채권의 채무자의 개인신용정보를 개인신용평가회사, 개인사업자신용평가회사, 기업신용조회회사 또는 신용정보집중기관에 제공하거나 개인신용평가회사, 개인사업자신용평가회사, 기업신용조회회사 또는 신용정보집중기관으로부터 제공받기 위한 목적
   가. 지명채권의 양도인이 그 지명채권의 원인이 되는 상거래관계가 설정될 당시 법 제32조 제1항 각 호의 어느 하나에 해당하는 방식으로 채무자의 개인신용정보를 제공하거나 제공받는 것에 대하여 해당 채무자로부터 동의를 받은 경우
   나. 법 또는 다른 법령에 따라 그 지명채권의 채무자의 개인신용정보를 제공하거나 제공받을 수 있는 경우
7. 삭제 〈2020. 8. 4.〉

신용정보법

제2조 (정의)

1의4. 제1호다목의 "신용정보주체의 신용도를 판단할 수 있는 정보"란 다음 각 목의 정보를 말한다.
  가. 금융거래 등 상거래와 관련하여 발생한 채무의 불이행, 대위변제, 그 밖에 약정한 사항을 이행하지 아니한 사실과 관련된 정보
  나. 금융거래 등 상거래와 관련하여 신용질서를 문란하게 하는 행위와 관련된 정보로서 다음 각각의 정보
    1) 금융거래 등 상거래에서 다른 사람의 명의를 도용한 사실에 관한 정보
    2) 보험사기, 전기통신금융사기를 비롯하여 사기 또는 부정한 방법으로 금융거래 등 상거래를 한 사실에 관한 정보
    3) 금융거래 등 상거래의 상대방에게 위조·변조하거나 허위인 자료를 제출한 사실에 관한 정보
    4) 대출금 등을 다른 목적에 유용(流用)하거나 부정한 방법으로 대출·보험계약 등을 체결한 사실에 관한 정보
    5) 1)부터 4)까지의 정보와 유사한 정보로서 대통령령으로 정하는 정보
  다. 가목 또는 나목에 관한 신용정보주체가 법인인 경우 실제 법인의 경영에 참여하여 법인을 사실상 지배하는 자로서 대통령령으로 정하는 자에 관한 정보

신용정보법 시행령

제28조 (개인정보의 제공·활용에 대한 동의)

⑪ 법 제32조 제6항 제11호에서 "대통령령으로 정하는 경우"란 다음 각 호의 경우를 말한다
  1. 장외파생상품 거래의 매매에 따른 위험 관리 및 투자자보호를 위해 장외파생상품 거래와 관련된 정보를 금융위원회, 금융감독원 및 한국은행에 제공하는 경우
  2. 「상법」 제719조에 따른 책임보험계약의 제3자에 대한 정보를 보험사기 조사·방지를 위해 신

> 용정보집중기관에 제공하거나 그로부터 제공받는 경우
> 3. 「상법」 제726조의2에 따른 자동차보험계약의 제3자의 정보를 보험사기 조사·방지를 위해 신용정보집중기관에 제공하거나 그로부터 제공받는 경우

한편 개정 신용정보법에서는 제34조의2를 신설하여 개인신용정보 등을 활용함에 있어 신용정보주체로부터 동의를 받을 때 필요한 원칙들을 규정하였고, 제34조의3 을 신설하여 정보활용 동의등급 부여 기준 및 해당 등급을 신용정보주체에게 알리고 정보활용 동의를 받도록 하였다. 자세한 내용은 아래 2부 2장 "3. 개인신용정보 등의 활용에 관한 동의의 원칙 및 동의등급"에서 자세히 살펴보도록 한다.

4) 개인신용정보의 이용

개인신용정보는 다음 각 호의 어느 하나에 해당하는 경우에만 이용하여야 한다.

법조문	구분	내용
신용정보법 제33조	제1호	해당 신용정보주체가 신청한 금융거래 등 상거래관계의 설정 및 유지 여부 등을 판단하기 위한 목적으로 이용하는 경우
	제2호	제1호의 목적 외의 다른 목적으로 이용하는 것에 대하여 신용정보주체로부터 동의를 받은 경우
	제3호	개인이 직접 제공한 개인신용정보(그 개인과의 상거래에서 생긴 신용정보를 포함한다)를 제공받은 목적으로 이용하는 경우(상품과 서비스를 소개하거나 그 구매를 권유할 목적으로 이용하는 경우는 제외한다)
	제4호	제32조 제6항 각 호의 경우
	제5호	그 밖에 제1호부터 제4호까지의 규정에 준하는 경우로서 대통령령으로 정하는 경우

또한 신용정보회사등이 개인의 질병, 상해 또는 그 밖에 이와 유사한 정보를 수집·조사하거나 제3자에게 제공하려면 미리 신용정보법 제32조 제1항 각 호의 방식◆으로 해당 개인의 동의를 받아야 하며, 대통령령으로 정하는 목적으로만 그 정보를 이용하여야 하는데(신용정보법 제32조 제2항) 이를 정리하면 다음 표와 같다.

법조문	구분	내용
신용정보법 시행령 제28조의2	제1호	「보험업법」 제2조 제6호에 따른 보험회사가 수행하는 같은 조 제2호에 따른 보험업 또는 같은 법 제11조의2에 따른 부수업무로서 개인의 건강 유지·증진 또는 질병의 사전예방 및 악화 방지 등의 목적으로 수행하는 업무
	제2호	「여신전문금융업법」 제2조 제2호의2에 따른 신용카드업자가 수행하는 같은 법 제46조 제1항 제7호에 따른 부수업무로서 신용카드회원으로부터 수수료를 받고 신용카드회원에게 사망 또는 질병 등 특정 사고 발생 시 신용카드회원의 채무(같은 법 제2조 제2호나목과 관련된 채무에 한정한다)를 면제하거나 그 채무의 상환을 유예하는 업무
	제3호	「우체국예금·보험에 관한 법률」에 따라 체신관서가 수행하는 보험업무
	제4호	공제조합등이 수행하는 공제사업
	제5호	본인신용정보관리회사가 수행하는 본인신용정보관리업으로서 개인인 신용정보주체에게 본인의 질병에 관한 정보를 통합하여 제공하기 위한 업
	제6호	법 제25조의2◆에 따라 종합신용정보집중기관이 수행하는 업무으로 정하는 업무
	제7호	제1호부터 제6호까지에서 규정한 업무 외에 금융기관이 금융소비자에게 경제적 혜택을 제공하거나 금융소비자의 피해를 방지하기 위해 수행하는 업무로서 총리령[29]으로 정하는 업무

◆ 관련조문

신용정보법

제32조 (개인신용정보의 제공·활용에 대한 동의)

① 신용정보제공·이용자가 개인신용정보를 타인에게 제공하려는 경우에는 대통령령으로 정하는 바에 따라 해당 신용정보주체로부터 다음 각 호의 어느 하나에 해당하는 방식으로 개인신용정보를 제공할 때마다 미리 개별적으로 동의를 받아야 한다. 다만, 기존에 동의한 목적 또는 이용 범위에서 개인신용정보의 정확성·최신성을 유지하기 위한 경우에는 그러하지 아니하다. 〈개정 2015. 3. 11., 2018. 12. 11., 2020. 6. 9.〉

1. 서면
2. 「전자서명법」 제2조 제2호에 따른 전자서명(서명자의 실지명의를 확인할 수 있는 것을 말한다)이 있는 전자문서(「전자문서 및 전자거래 기본법」 제2조 제1호에 따른 전자문서를 말한다)
3. 개인신용정보의 제공 내용 및 제공 목적 등을 고려하여 정보 제공 동의의 안정성과 신뢰성이 확보될 수 있는 유무선 통신으로 개인비밀번호를 입력하는 방식
4. 유무선 통신으로 동의 내용을 해당 개인에게 알리고 동의를 받는 방법. 이 경우 본인 여부 및 동의 내용, 그에 대한 해당 개인의 답변을 음성녹음하는 등 증거자료를 확보·유지하여야 하며, 대통령령으로 정하는 바에 따른 사후 고지절차를 거친다.
5. 그 밖에 대통령령으로 정하는 방식

제25조의2 (종합신용정보집중기관의 업무)

종합신용정보집중기관은 다음 각 호의 업무를 수행한다.

1. 제25조 제2항 제1호에 따른 금융기관 전체로부터의 신용정보 집중관리·활용

1의2. 제23조 제2항에 따라 공공기관으로부터 수집한 신용정보의 집중관리·활용

1의3. 제39조의2에 따라 신용정보주체에게 채권자변동정보를 교부하거나 열람하게 하는 업무

2. 공공 목적의 조사 및 분석 업무

29) 총리령에서 따로 정하는 바가 없음

> 3. 신용정보의 가공 · 분석 및 제공 등과 관련하여 대통령령으로 정하는 업무
> 3의2. 제26조의3에 따른 개인신용평가체계 검증위원회의 운영
> 4. 삭제
> 5. 이 법 및 다른 법률에서 종합신용정보집중기관이 할 수 있도록 정한 업무
> 6. 그 밖에 제1호부터 제5호까지에 준하는 업무로서 대통령령으로 정하는 업무

5) 개인식별정보의 제공 · 이용

개인식별정보의 경우 신용정보법 제15조, 제32조 및 제33조를 준용한다.

6) 가명처리 · 익명처리에 관한 행위규칙

한편 개정 신용정보법에서 도입된 가명처리와 익명처리에 관하여 신용정보법 제40조의2에서는 구체적인 행위규칙을 나열하고 있는데, 이를 정리하면 다음과 같다.

신용정보회사등은 가명처리에 사용한 추가정보를 금융위원회가 정하여 고시[30]하는 기술적 · 물리적 · 관리적 보호조치를 통해 추가 정보에 대한 접근을 통제하는 방법으로 분리하여 보관하거나 삭제하여야 한다(신용정보법 제40조의2 제1항, 같은 법 시행령 제34조의5 제1항).

신용정보회사등은 가명처리한 개인신용정보에 대하여 제3자의 불법적인 접근, 입력된 정보의 변경 · 훼손 및 파괴, 그 밖의 위험으로부터 가명정보를 보호하기 위하여 다음 각 호의 사항이 포함된 기술적 · 물리적 · 관리적 보안대책을 수립 · 시행하고 가명정보의 처리 목적, 처리 · 보유 기간 및 파기 등 금융위원회가 정하여 고시하는 사항을 작성하여 보관해야 하는데(신용정보법 제40조의2 제2항, 같은 법 시행령 제34조의5 제2항), 위 사항을 정리하면 다음 표와 같다.

법조문	구분	내용
신용정보법 시행령 제34조의5 제2항	제1호	가명정보에 제3자가 불법적으로 접근하는 것을 차단하기 위한 침입차단시스템 등 접근통제장치의 설치 · 운영에 관한 사항
	제2호	가명정보의 변경 · 훼손 및 파괴를 방지하기 위한 사항
	제3호	가명정보 취급 · 조회 권한을 직급별 · 업무별로 차등 부여하는 것에 관한 사항 및 가명정보 접근기록의 주기적인 점검에 관한 사항
	제4호	가명처리 전 개인신용정보와 가명정보의 분리에 관한 사항
	제5호	법 제32조 제6항 제9호의2◆에 해당하는 경우 해당 목적 외 활용 방지에 관한 사항

30) 신용정보업감독규정. 2020. 8. 5. 시행. 금융위원회고시 제2020-35호 참조.

제6호	그 밖에 가명정보의 안전성 확보를 위하여 금융위원회가 정하여 고시[31]하는 사항

◆ 관련조문

신용정보법

제32조(개인신용정보의 제공 · 활용에 대한 동의)

⑥ 신용정보회사등(제9호의3을 적용하는 경우에는 데이터전문기관을 포함한다)이 개인신용정보를 제공하는 경우로서 다음 각 호의 어느 하나에 해당하는 경우에는 제1항부터 제5항까지를 적용하지 아니한다.

제9호의2 통계작성, 연구, 공익적 기록보존 등을 위하여 가명정보를 제공하는 경우. 이 경우 통계작성에는 시장조사 등 상업적 목적의 통계작성을 포함하며, 연구에는 산업적 연구를 포함한다.

신용정보회사등은 개인신용정보에 대한 익명처리가 적정하게 이루어졌는지 여부에 대하여 금융위원회에 그 심사를 요청할 수 있고, 금융위원회가 신용정보법 제40조의2 제3항의 요청에 따라 심사하여 적정하게 익명처리가 이루어졌다고 인정한 경우 더 이상 해당 개인인 신용정보주체를 알아볼 수 없는 정보로 추정한다(신용정보법 제40조의2 제3항, 제4항).

금융위원회는 신용정보법 제40조의2 제3항의 심사 및 제4항의 인정 업무를 같은 법 제26조의4에 따른 데이터전문기관에 위탁하는 경우 데이터전문기관이 해당 업무를 적절히 수행할 수 있는지 여부를 확인한 후 위탁해야 한다(신용정보법 제40조의2 제5항, 같은 법 시행령 제34조의5 제4항).

신용정보회사등은 영리 또는 부정한 목적으로 특정 개인을 알아볼 수 있게 가명정보를 처리하여서는 아니 된다. 신용정보회사등은 가명정보를 이용하는 과정에서 특정 개인을 알아볼 수 있게 된 경우 즉시 그 가명정보를 회수하여 처리를 중지하고, 특정 개인을 알아볼 수 있게 된 정보는 즉시 삭제하여야 한다. 신용정보회사등은 개인신용정보를 가명처리나 익명처리를 한 경우 다음 각 호의 구분에 따라 조치 기록을 3년간 보존하여야 한다(신용정보법 제40조의2 제6항 내지 제8항).

법조문	구분	내용
신용정보법 제40조의2 제8항	제1호 개인신용정보를 가명처리한 경우	가명처리한 날짜
		가명처리한 정보의 항목
		가명처리한 사유와 근거

31) 신용정보업감독규정. 2020. 8. 5. 시행. 금융위원회고시 제2020-35호 참조.

	제2호 개인신용정보를 익명처리한 경우	익명처리한 날짜
		익명처리한 정보의 항목
		익명처리한 사유와 근거

7) 가명정보에 대한 적용 예외

개정 신용정보법 제40조의3에서는 가명정보에 관하여는 신용정보법 제32조 제7항, 제33조의2, 제35조, 제35조의2, 제35조의3, 제36조, 제36조의2, 제37조, 제38조, 제38조의2, 제38조의3, 제39조 및 제39조의2부터 제39조의4까지의 규정을 적용하지 아니한다고 규정하여 제한을 완화하고 있다.

3. 개인신용정보 등의 활용에 관한 동의의 원칙 및 동의등급

가. 동의의 원칙

1) 동의 시 고지사항

신용정보회사등이 개인신용정보 수집 동의(신용정보법 제15조 제2항), 개인신용정보 제공 동의(신용정보법 제32조 제1항, 제2항), 개인신용정보 이용 동의(신용정보법 제33조 제1항 제2호), 개인식별정보의 수집·이용 및 제공 동의(신용정보법 제34조)를 받는 경우, 동의 방식이나 개인신용정보의 특성 등을 고려하여 대통령령으로 정하는 경우◆를 제외하고는 다음의 각 사항(이하 '고지사항')을 알리고 그 동의를 받아야 한다.[32)]

○ 개인신용정보 수집 동의 시
- 개인신용정보의 수집·이용 목적
- 수집하려는 개인신용정보의 항목
- 개인신용정보의 보유 및 이용 기간
- 동의를 거부할 권리가 있다는 사실 및 동의 거부에 따른 불이익이 있는 경우에는 그 불이익의 내용

○ 개인신용정보의 제공 동의 시
- 개인신용정보를 제공받는 자
- 개인신용정보를 제공받는 자의 개인신용정보 이용 목적
- 제공하는 개인신용정보의 항목
- 개인신용정보를 제공받는 자의 개인신용정보 보유 및 이용 기간
- 동의를 거부할 권리가 있다는 사실 및 동의 거부에 따른 불이익이 있는 경우에는 그 불이익의 내용

○ 개인신용정보의 목적 외 이용 동의 시
- 개인신용정보의 이용 목적
- 이용하는 개인신용정보의 항목
- 개인신용정보의 보유 및 이용 기간
- 동의를 거부할 권리가 있다는 사실 및 동의 거부에 따른 불이익이 있는 경우에는 그 불이익의 내용

◆ 관련조문

신용정보법 시행령

제29조의2 (개인신용정보 등의 활용에 관한 동의의 원칙)

① 법 제34조의2 제1항에서 "동의 방식이나 개인신용정보의 특성 등을 고려하여 대통령령으로 정하는 경우"란 다음 각 호의 어느 하나에 해당하는 경우를 말한다.

1. 전화 등 동의 방식의 특성상 동의 내용을 전부 표시하거나 알리기 어려운 경우(이 경우 신용정보회사등의 인터넷 홈페이지 주소나 사업자 전화번호 등 동의내용을 확인할 수 있는 방법을 안내하고 동의를 받아야 한다.)
2. 그 밖에 이와 유사한 것으로서 금융위원회가 정하여 고시하는 경우

---

32) 신용정보법 제34조의2 제1항, 개인정보 보호법 제15조 제2항, 제17조 제2항, 제18조 제3항

> ② 법 제34조의2 제2항 각 호 외의 부분 및 같은 조 제3항 본문에서 "대통령령으로 정하는 신용정보제공·이용자"란 각각 제17조 제7항 제2호부터 제4호까지의 자를 말한다.

2) 동의 시 고려사항

대통령령으로 정하는 신용정보제공·이용자◆는 다음의 각 사항을 고려하여 개인인 신용정보주체로부터 정보활용 동의를 받아야 한다(신용정보법 제34조의 제2항).

- ○ 보다 쉬운 용어나 단순하고 시청각적인 전달 수단 등을 사용하여 신용정보주체가 정보활용 동의 사항을 이해할 수 있도록 할 것(제1호)
- ○ 정보활용 동의 사항과 금융거래 등 상거래관계의 설정 및 유지 등에 관한 사항이 명확하게 구분되도록 할 것(제2호)
- ○ 정보를 활용하는 신용정보회사등이나 정보활용의 목적별로 정보활용 동의 사항을 구분하여 신용정보주체가 개별적으로 해당 동의를 할 수 있도록 할 것(신용정보법 제34조의2 제4항의 선택적 동의사항으로 한정)(제3호)

---

3) 고지사항 일부 생략 등

대통령령으로 정하는 신용정보제공·이용자◆는 고지사항 중 그 일부를 생략하거나 중요한 사항만을 발췌하여 그 신용정보주체에게 알리고 정보활용 동의를 받을 수 있다(신용정보법 제34조의2 제3항 본문).

이때 다음의 각 사항은 반드시 고지하여야 한다(신용정보법 시행령 제29조의2 제3항).

◆ 관련조문

> **신용정보법 시행령**
>
> **제17조(신용정보관리·보호인의 지정 등)**
>
> ⑦ 법 제20조 제6항에서 "대통령령으로 정하는 신용정보회사등"이란 다음 각 호의 기관을 말한다.
>
> 1. 신용정보회사, 본인신용정보관리회사, 채권추심회사 및 신용정보집중기관
> 2. 제5조 제2항 제1호부터 제20호까지의 규정에 따른 금융기관(제14호, 제17호 및 제19호에 따른 금융기관은 제외한다)
> 3. 제21조 제2항 제4호, 제5호, 제8호, 제16호, 제18호 및 제19호(직전 사업연도 말 기준으로 총 자산이 100억원을 초과하는 기관에 한정한다)의 기관
> 4. 그 밖에 금융위원회가 정하여 고시하는 기관

- ○ 법 제34조의2 제1항에 따른 고지사항 중 다음 각 목의 사항(제1호)
  - –「개인정보 보호법」 제15조 제2항 각 호의 사항을 범주화한 사항(가목)
  - –「개인정보 보호법」 제17조 제2항 제1호 부터 제4호의 사항을 범주화한 사항(나목)
  - –「개인정보 보호법」 제18조 제3항 제1호 부터 제4호의 사항을 범주화한 사항(다목)
- ○ 법 제34조의2 제4항에 따른 고지사항 전부를 별도로 요청할 수 있다는 사실(제2호)
- ○ 선택적 정보활용 동의 사항의 경우, 법 제34조의3 제1항에 따라 부여받은 정보활용 동의 등급(제3호)

고지사항 일부를 생략하거나 중요한 사항을 발췌하여 고지하는 경우에도 신용정보주체에게 불이익한 조치를 취할 수 있는 사항은 축소하여 고지하여서는 아니 된다(신용정보법 시행령 제29조의2 제5항).

개인인신용정보 주체가 고지사항 전부를 알려줄 것을 요청한 경우에는 지체없이 고지사항 전부를 알려주어야 한다(신용정보법 제34조의2 제3항, 신용정보법 시행령 제29조의2 제4항).

신용정보제공・이용자가 고지사항 중 그 일부를 생략하거나 중요한 사항만을 발췌하여 고지하고 정보활용 동의를 받는 경우에는 신용정보주체에게 고지사항 전부를 별도로 요청할 수 있음을 알려야 한다(신용정보법 제34조의2 제4항).

나. 동의의 등급

1) 동의등급의 고지

대통령령으로 정하는 신용정보제공・이용자◆는 정보활용 동의 사항에 대하여 금융위원회가 평가한 등급(이하 '정보활용 동의등급')을 신용정보주체에게 알리고 정보활용동의를 받아야 한다. 정보활용 동의 사항 중 대통령령으로 정하는 중요사항◆을 변경한 경우에도 또한 같다(신용정보법 제34조의3 제1항).

◆ 관련조문

개정 신용정보법 시행령

제29조의3 (정보활용 동의등급)

① 법 제34조의3 제1항 전단에서 "대통령령으로 정하는 신용정보제공・이용자"란 제29조의2 제2항에 해당하는 자를 말한다.

② 법 제34조의3 제1항 후단에서 "대통령령으로 정하는 중요사항"이란 다음 각 호의 어느 하나에 해당하는 사항을 말한다.

1. 법 제34조의2 제1항에 따른 고지사항
2. 제5항에 따른 정보활용 동의등급
3. 그 밖에 금융위원회가 정하여 고시하는 사항

2) 동의등급 부여 시 고려사항

금융위원회가 동의 등급을 평가함에 있어 다음의 각 사항을 고려하여 정보활용 동의등급을 부여하여야 한다(신용정보법 제34조의3 제2항).

- ㅇ 정보활용에 따른 사생활의 비밀과 자유를 침해할 위험에 관한 사항(활용되는 개인신용정보가 「개인정보 보호법」 제23조에 따른 민감정보인지 여부를 포함)(제1호)
- ㅇ 정보활용에 따라 신용정보주체가 받게 되는 이익이나 혜택(제2호)
- ㅇ 보다 쉬운 용어나 단순하고 시청각적인 전달 수단 등을 사용하여 신용정보주체가 정보활용 동의 사항을 이해할 수 있도록 할 것(제3호, 신용정보법 제34조의2 제2항 제1호)
- ㅇ 정보활용 동의 사항과 금융거래 등 상거래관계의 설정 및 유지 등에 관한 사항이 명확하게 구분되도록 할 것(제3호, 신용정보법 제34조의2 제2항 제2호)
- ㅇ 그 밖에 위 각 사항과 유사한 사항으로서 대통령령으로 정하는 사항◆(제4호)

3) 동의등급의 취소 또는 변경

금융위원회는 신용정보제공·이용자가 거짓이나 그 밖의 부정한 방법으로 정보활용 동의등급을 부여받은 경우, 그 밖에 대통령령으로 정하는 경우◆에는 부여한 정보활용 동의등급을 취소하거나 변경할 수 있다(신용정보법 제34조의3 제3항).

◆ 관련조문

개정 신용정보법 시행령

제29조의3 (정보활용 동의등급)

③ 법 제34조의3 제2항 제4호에서 "대통령령으로 정하는 사항"이란 다음 각 호와 같다.

1. 글자 크기, 줄 간격 등을 확대하는 등 정보주체가 읽기 쉽게 표기하였는지 여부
2. 제29조의2 제3항에 따라 고지사항 중 그 일부를 생략하거나 중요한 사항만을 발췌한 사항을 제공하였는지 여부
3. 그 밖에 금융위원회가 정하여 고시하는 사항

④ 법 제34조의3 제3항에서 "그 밖에 대통령령으로 정하는 경우"란 다음 각 호의 어느 하나에 해당하는 경우를 말한다.

1. 동의 등급 기준 변경, 법 제34조의2 제1항에 따른 고지사항의 변경 등 기존에 부여한 정보활용 동의 등급을 유지하는 것이 신용정보주체 보호나 건전한 신용질서 유지의 측면에서 불합리한 경우
2. 해당 신용정보제공·이용자가 해산하거나 폐업한 경우
3. 부여된 등급을 미표시, 왜곡 등 신용정보주체가 쉽게 인지하기 어렵도록 한 경우
4. 그 밖에 금융위원회가 정하여 고시하는 경우

4. My Data(본인신용정보관리업)

가. 'My Data'의 개념 및 도입 취지

'My Data'라고 함은, 정보의 주체가 자신의 정보를 실질적으로 자신의 통제 하에 두고 그것을 자신을 위해 이용하는 것을 말한다. 구체적으로, 정보의 주체가 자신의 정보를 보유하고 있는 기관 등에 대해 그 정보의 이동, 정정, 삭제, 열람 등을 요구할 권리를 보유하여 자신의 정보를 자신의 통제 하에 두고, 그 상태에서 그 정보를 종합하고 분석하는 등의 방법으로 이를 적극적으로 이용하는 것이다.

IT 기술의 발달로 온라인을 통한 거래 규모가 증가하며 그 거래에 관한 정보가 대규모로 누적되고, 오프라인 거래에 대한 정보까지도 융합하여 누적, 관리되면서, 이른바 '빅데이터 시대'가 도래하였다. 이에 여러 곳에 분산되어 저장, 관리되고 있는 각 정보주체의 방대한 정보들이 유출 또는 오남용됨으로 인한 피해를 방지해야 할 필요성이 커지고 있다.

그런데 여기서 더 나아가 생성되는 정보의 양이 방대해지면서, 그 정보들을 종합하고 분석하여 생성하게 되는 새로운 정보들의 이용가치 또한 주목받게 되고, 그러한 정보의 생성이나 거래를 또 다른 산업으로 발달시키려는 움직임이 곳곳에서 일어나고 있다.

따라서 지금까지 정보 주체가 단순히 소극적으로 정보 보유 기관의 정보 수집 행위 등에 대한 동의권을 가졌던 것을 넘어 정보 주체가 자신의 정보를 적극적으로 통제하고 이용할 수 있도록 법적 근거를 마련할 필요가 있었고, 이번 신용정보법 개정에 반영한 것이다.

나. 'My Data' 관련 내용의 개정 신용정보법 반영

2020. 1. 9. 개정 신용정보법에서는 본인신용정보관리업이라는 업종을 새로 규정하고, 일정한 요건을 갖추어 금융위원회의 허가를 받은 자가 이를 영위할 수 있도록 하였다.

또한, 본인신용정보관리업이 가능하기 위한 전제이자 정보 주체의 자기 정보

이용·통제권 확대의 필요성이 증대되는 추세의 반영으로, 개인신용정보의 전송요구권 등 정보 주체의 개인정보 자기결정권을 법에 명시하였다.

다. 본인신용정보관리업

1) 개 념

'본인신용정보관리업'이라 함은 "개인인 신용정보주체의 신용관리를 지원하기 위하여 다음 각 목의 전부 또는 일부의 신용정보를 대통령령이 정하는 방식으로 통합하여 그 신용정보주체에게 제공하는 행위를 영업으로 하는 것"을 말한다(신용정보법 제2조 제9호의2).

그리고 다음 각 목은 다음과 같이 규정되어 있다.

각 목	대상 정보
가목	신용정보 제공·이용자에게 신용위험이 따르는 거래로서 '신용공여'(「은행법」 제2조 제7호), 신용카드, 시설대여 및 할부금융거래(「여신전문금융업법」 제2조 제3호, 제10호 및 제13호)의 종류, 기간, 금액, 금리, 한도 등에 관한 정보 중 대통령령으로 정하는 정보◆
	「금융실명거래 및 비밀보장에 관한 법률」 제2조 제3호에 따른 금융거래의 종류, 기간, 금액, 금리 등에 관한 정보 중 대통령령으로 정하는 정보[33]
나목	「보험업법」 제2조 제1호에 따른 보험상품의 종류, 기간, 보험료 등 보험계약에 관한 정보 및 보험금의 청구 및 지급에 관한 정보로서 대통령령으로 정하는 정보[34]
다목	「자본시장법」 제3조에 따른 금융투자상품의 종류, 발행·매매 명세, 수수료·보수 등에 관한 정보로서 대통령령으로 정하는 정보[35]
라목	「상법」 제46조에 따른 상행위에 따른 상거래의 종류, 기간, 내용, 조건 등에 관한 정보로서 대통령령으로 정하는 정보[36]
마목	그 밖에 신용정보주체 본인의 신용관리를 위하여 필요한 정보로서 대통령령으로 정하는 정보◆

◆ 관련조문

신용정보법 시행령

제2조 (정의)

㉒ 법 제2조 제9호의2가목부터 라목까지의 규정에서 "대통령령으로 정하는 정보"란 각각 별표 1에 해당하는 정보를 말한다.

㉓ 법 제2조 제9호의2 마목에서 "대통령령으로 정하는 정보"란 다음 각 호의 정보를 말한다.

1. 법 제2조 제1호의3 가목 3) 및 4)의 신용정보로서 별표 1에 해당하는 정보
2. 그 밖에 금융위원회가 정하여 고시하는 정보

33)~36) 신용정보법 제2조 제1의6호 나목, 같은 법 시행령 제2조 제13항 제1호 내지 제2호 참조.

신용정보법

제2조 (정의)

1의3. 제1호 나목의 "신용정보주체의 거래내용을 판단할 수 있는 정보"란 다음 각 목의 정보를 말한다.

가. 신용정보제공 · 이용자에게 신용위험이 따르는 거래로서 다음 각각의 거래의 종류, 기간, 금액, 금리, 한도 등에 관한 정보

1) 「은행법」 제2조 제7호에 따른 신용공여

2) 「여신전문금융업법」 제2조 제3호 · 제10호 및 제13호에 따른 신용카드, 시설대여 및 할부금융 거래

3) 「자본시장법」 제34조 제2항, 제72조, 제77조의3 제4항 및 제342조 제1항에 따른 신용공여

4) 1)부터 3)까지와 유사한 거래로서 대통령령으로 정하는 거래

2) 허 가

가) 개 요

신용정보법은 신용정보업 및 채권추심업과 마찬가지로 '본인신용정보관리업'을 하고자 하는 자는 금융위원회의 허가를 받아야 하도록 규정하고 있다(신용정보법 제4조 제1항).

다만, 신용정보업 및 채권추심업에 대해서는 그 허가를 받을 수 있는 자를 제한하고 있는 것과 달리 본인신용정보관리업에 대해서는 그러한 제한을 두고 있지 않아, 누구든지 그 허가를 받기 위한 요건을 갖추어 허가를 받으면 본인신용정보관리업을 영위할 수 있다.

나) 허가 요건

본인신용정보관리업 허가 요건에 대해서는 2부 1장 제1절의 '다. 신용정보업의 구분 및 허가기준 > 3) 신용정보업 업종별 허가기준 > 나) 허가요건' 부분에서 구체적으로 기술하였다.

다) 허가 없이 본인신용정보관리업을 하는 경우 등에 대한 제재

허가 없이 본인신용정보관리업을 하거나 거짓이나 그 밖에 부정한 방법으로 본인신용정보관리업 허가를 받는 경우에는 5년 이하의 징역이나 5천만원 이하의 벌금에 해당하는 형사 처벌을 받는다(신용정보법 제50조 제2항 제1호, 제2호).

거짓이나 그 밖의 부정한 방법으로 본인신용정보관리업 허가를 받은 경우, 금융위원회는 그 허가를 취소할 수 있다(신용정보법 제14조 제1항 제1호).

3) 업무범위(겸영업무 및 부수 업무)

신용정보법은 본인신용정보관리회사가 총리령으로 정하는 바에 따라 금융위원회에 미리 신고하고 신용정보주체 보호 및 건전한 신용질서를 저해할 우려가 없는 업무를 겸영할 수 있도록 하면서(신용정보법 제11조 제1항), 본인신용정보관리회사가 겸영할 수 있는 업무로 다음의 업무를 규정하고 있다(신용정보법 제11조 제6항).

각 호	겸영 허용 업무
제1호	「자본시장법」 제6조 제1항 제4호 또는 제5호에 따른 투자자문업 또는 투자일임업(신용정보주체의 보호 및 건전한 신용질서를 저해할 우려가 없는 경우로서 대통령령으로 정하는 경우◆로 한정)
제2호	그 밖에 신용정보주체의 보호 및 건전한 거래질서를 저해할 우려가 없는 업무로서 대통령령으로 정하는 업무◆

◆ 관련조문

신용정보법 시행령

제11조(겸영업무)

⑤ 법 제11조 제6항 제1호에서 "대통령령으로 정하는 경우"란 「자본시장법 시행령」 제2조 제6호에 따른 전자적 투자조언장치를 활용하여 「자본시장법」 제9조 제6항에 따른 일반투자자를 대상으로 같은 법 제6조 제1항 제4호 또는 제5호에 따른 투자자문업 또는 투자일임업을 수행하는 경우를 말한다.

⑥ 법 제11조 제6항 제2호에서 "대통령령으로 정하는 업무"란 다음 각 호의 업무를 말한다.

1. 「전자금융거래법」 제28조에 따른 전자금융업
2. 「금융소비자 보호에 관한 법률」 제2조 제4호에 따른 금융상품자문업
3. 신용정보업
4. 금융관계법률에 따라 허가·인가·등록 등을 받아 영업 중인 금융회사의 경우 해당 법령에서 허용된 고유·겸영·부대업무
5. 비금융법률이 금지하지 않는 업무(비금융법률에 따라 행정관청의 인가·허가·등록 및 승인 등의 조치가 있는 경우 할 수 있는 업무로서 해당 행정관청의 인가·허가·등록 및 승인 등의 조치가 있는 경우를 포함한다)
6. 대출의 중개 및 주선 업무(법 제2조 제1호의3가목1)부터 4)까지의 규정에 따른 거래의 확정 금리·한도를 비교·분석하고 판매를 중개하는 업무를 말한다)
7. 그 밖에 금융위원회가 정하여 고시하는 업무

본인신용정보관리회사가 신고 없이 다른 업무를 겸영하거나 위 겸영업무의 범위에 속하지 아니하는 업무를 겸영하는 경우, 1천만원 이하의 과태료가 부과되고(신용정보법 제52조 제5항 제2호), 금융위원회는 해당 본인신용정보관리회사에 대해 6개월의 범위에서 기간을 정하여 그 업무의 전부 또는 일부의 정지를 명할

수 있다(신용정보법 제14조 제2항 제2호).

본인신용정보관리회사는 다음의 각 업무를 부수업무로 수행할 수 있다(신용정보법 제11조의2 제1항 전단 및 제6항). 이 경우 본인신용정보관리회사는 그 부수업무를 하려는 날의 7일 전까지 이를 금융위원회에 신고하여야 한다(신용정보법 제11조의2 제1항 후단).

각 호	부수 업무
제1호	해당 신용정보주체에게 제공된 본인의 개인신용정보를 기초로 그 본인에게 하는 데이터 분석 및 컨설팅 업무
제2호	신용정보주체 본인에게 자신의 개인신용정보를 관리·사용할 수 있는 계좌를 제공하는 업무
제3호	제39조의3 제1항 각 호의 권리를 대리 행사하는 업무
제4호	그 밖에 신용정보주체 보호 및 건전한 신용질서를 저해할 우려가 없는 업무로서 대통령령으로 정하는 업무◆

본인신용정보관리회사가 신고 없이 부수업무를 수행하거나 위 부수업무의 범위에 속하지 아니하는 업무를 부수업무로 수행하는 경우 1천만원 이하의 과태료가 부과되고(신용정보법 제52조 제5항 제2호의2), 금융위원회는 해당 본인신용정보관리회사에 대해 6개월의 범위에서 기간을 정하여 그 업무의 전부 또는 일부의 정지를 명할 수 있다(신용정보법 제14조 제2항 제2호).

◆ 관련조문

신용정보법 시행령

제11조의2 (부수업무)

④ 법 제11조의2 제6항 제4호에서 "대통령령으로 정하는 업무"란 다음 각 호의 업무를 말한다.

1. 금융상품에 대한 광고, 홍보 및 컨설팅
2. 본인신용정보관리업과 관련된 연수, 교육 및 출판, 행사기획 등 업무
3. 본인신용정보관리업과 관련된 연구·조사 용역 및 상담업무
4. 본인인증 및 신용정보주체의 식별확인 업무
5. 그 밖에 금융위원회가 정하여 고시하는 업무

4) 본인신용정보관리회사의 행위규칙 등

가) 개 요

신용정보법은 본인신용정보관리회사가 신용정보주체의 정보를 처리하는 과정에 신용정보주체에게 피해가 발생하는 것을 방지하기 위하여 본인신용정보관리회

사의 금지행위와 내부관리규정 마련 의무를 규정하는 한편, 그 정보 수집 수단과 방식을 제한하고 있다.

나) 금지행위

신용정보법은 본인신용정보관리회사가 다음의 행위를 하는 것을 금지하고 있다(신용정보법 제22조의9 제1항).

각 호	금지행위
제1호	개인인 신용정보주체에게 개인신용정보의 전송요구를 강요하거나 부당하게 유도하는 행위
제2호	그 밖에 신용정보주체 보호 및 건전한 신용질서를 저해할 우려가 있는 행위로서 대통령령으로 정하는 행위◆

본인신용정보관리회사가 이를 위반하여 위 금지행위를 하는 경우, 3천만원 이하의 과태료가 부과된다(신용정보법 제52조 제3항 제4호의9).

◆ 관련조문

신용정보법 시행령

제18조의6 (본인신용정보관리회사의 행위규칙 등)

① 법 제22조의9 제1항 제2호에서 "대통령령으로 정하는 행위"란 다음 각 호의 어느 하나에 해당하는 행위를 말한다.

1. 본인신용정보관리회사 자신에 대해서만 전송요구를 하도록 강요하거나 부당하게 유도하는 행위
2. 본인신용정보관리회사 자신이 아닌 제3자에게 전송요구를 하지 않도록 강요·유도하거나 제3자에 대한 전송요구를 철회하도록 강요하는 행위(본인신용정보관리회사 자신에게 전송요구를 하는 방법보다 제3자에게 전송요구를 하는 방법을 어렵게 하는 행위를 포함한다)
3. 법 제39조의3 제1항의 권리에 대한 대리행사를 강요하거나 부당하게 유도하는 행위
4. 본인신용정보관리회사 자신 또는 제3자에 대한 전송요구의 변경 및 철회의 방법을 최초 전송요구에 필요한 절차보다 어렵게 하는 행위
5. 본인신용정보관리회사 자신에게 전송요구를 철회한다는 이유로 정당한 이유 없이 수수료, 위약금 등 금전적, 경제적 대가를 요구하는 행위
6. 본인신용정보관리회사의 이익을 위해 금융소비자에게 적합하지 않다고 인정되는 계약 체결을 추천 또는 권유하는 행위
7. 금융소비자에게 금융상품에 관한 중요한 사항을 이해할 수 있도록 설명하지 않는 행위
8. 개인인 신용정보주체의 요구에도 불구하고 해당 신용정보주체의 신용정보를 즉시 삭제하지 않는 행위
9. 본인신용정보관리회사 자신이 보유한 개인인 신용정보주체의 신용정보 삭제 방법을 전송요구에 필요한 절차보다 어렵게 하는 행위
10. 개인인 신용정보주체의 동의 없이 전송요구의 내용을 변경하거나 법 제22조의9 제3항 제1호에 따른 신용정보제공·이용자등(이하 "신용정보제공·이용자등"이라 한다)에게 신용정보주체 본인이 전송요구한 범위 이상의 개인신용정보를 요구하는 행위
11. 그 밖에 제1호부터 제10호까지와 유사한 행위로서 금융위원회가 정하여 고시하는 행위

다) 이해상충방지를 위한 내부관리규정 마련

본인신용정보관리회사는 신용정보법에 정한 겸영업무 또는 부수업무 중 개인신용평가회사에 대한 신용정보 무료열람권 대리행사업무를 수행하는 과정에서 개인인 신용정보주체와 본인신용정보관리회사 사이에 발생할 수 있는 이해상충을 방지하기 위하 내부관리규정을 마련하여야 한다(신용정보법 제22조의9 제2항).

위 내부관리규정에 포함되어야 할 세부 사항은 금융위원회가 정하여 고시한다(신용정보법 시행령 제18조의6 제2항).

본인신용정보관리회사가 위 규정에 따른 내부관리규정을 마련하지 아니하는 경우 3천만원 이하의 과태료가 부과된다(신용정보법 제52조 제3항 제4호의10).

라) 신용정보 수집 수단 및 방식의 제한

본인신용정보관리회사는 다음의 수단을 대통령령으로 정하는 방식(신용정보법 시행령 제18조의6 제3항)◆으로 사용・보관함으로써 신용정보주체에게 교부할 신용정보를 수집하여서는 아니 된다(신용정보법 제22조의9 제3항).

각 호	신용정보 수집에 있어 금지되는 수단
제1호	대통령령으로 정하는 신용정보제공・이용자◆나 「개인정보 보호법」에 따른 공공기관으로서 대통령령으로 정하는 공공기관◆ 또는 본인신용정보관리회사(이하 이 조 및 제33조의2에서 "신용정보제공・이용자등"이라 한다)가 선정하여 사용・관리하는 신용정보주체 본인에 관한 수단으로서 「전자금융거래법」 제2조 제10호에 따른 접근매체
제2호	본인임을 확인 받는 수단으로서 본인의 신분을 나타내는 증표 제시 또는 전화, 인터넷 홈페이지의 이용 등 대통령령으로 정하는 방법◆

◆ 관련조문

신용정보법 시행령

제18조의6 (본인신용정보관리회사의 행위규칙 등)

③ 법 제22조의9 제3항 각 호 외의 부분에서 "대통령령으로 정하는 방식"이란 같은 항 각 호의 수단(이하 "접근수단"이라 한다)을 다음 각 호의 어느 하나에 해당하는 방법을 통해 위임・대리・대행, 그 밖에 이와 유사한 방식으로 신용정보주체의 이름으로 열람하는 것을 말한다.

1. 접근수단을 직접 보관하는 방법
2. 개인인 신용정보주체의 접근수단에 접근할 수 있는 권한을 확보하는 방법
3. 접근수단에 대한 지배권, 이용권 또는 접근권 등을 사실상 확보하는 방법
4. 그 밖에 제1호부터 제3호까지의 규정에 따른 방법과 유사한 방법으로서 금융위원회가 정하여 고시하는 방법

④ 법 제22조의9 제3항 제1호에서 "대통령령으로 정하는 신용정보제공・이용자"란 다음 각 호의 자를 말한다.

1. 제5조 제2항 제1호부터 제21호까지의 자 및 제21조 제2항 각 호의 자
2. 「전자금융거래법」 제2조 제4호에 따른 전자금융업자

> 3. 「자본시장법」에 따른 한국거래소 및 예탁결제원
> 4. 신용정보회사, 본인신용정보관리회사 및 채권추심회사
> 5. 「여신전문금융업법」 제2조 제16호에 따른 겸영여신업자
> 6. 「전기통신사업법」 제6조에 따른 기간통신사업을 등록한 전기통신사업자
> 7. 「한국전력공사법」에 따른 한국전력공사
> 8. 「한국수자원공사법」에 따른 한국수자원공사
> 9. 그 밖에 제1호부터 제8호까지의 규정에 따른 자와 유사한 자로서 금융위원회가 정하여 고시하는 자
>
> ⑤ 법 제22조의9 제3항 제1호에서 "대통령령으로 정하는 공공기관"이란 다음 각 호의 기관을 말한다.
> 1. 행정안전부
> 2. 보건복지부
> 3. 고용노동부
> 4. 국세청
> 5. 관세청
> 6. 조달청
> 7. 「공무원연금법」 제4조에 따른 공무원연금공단
> 8. 「주택도시기금법」 제16조에 따른 주택도시보증공사
> 9. 「한국주택금융공사법」에 따른 한국주택금융공사
> 10. 「산업재해보상보험법」 제10조에 따른 근로복지공단
> 11. 「서민의 금융생활 지원에 관한 법률」 제56조에 따른 신용회복위원회(이하 "신용회복위원회"라 한다)
> 12. 지방자치단체 및 지방자치단체조합
> 13. 「국민건강보험법」 제13조에 따른 국민건강보험공단
> 14. 국민연금공단
> 15. 그 밖에 금융위원회가 정하여 고시하는 기관
>
> ⑥ 법 제22조의9 제3항 제2호에서 "대통령령으로 정하는 방법"이란 신용정보주체가 신용정보회사등에 본인의 신분을 나타내는 증표를 내보이거나, 전화 또는 인터넷 홈페이지 등을 이용하여 본인임을 확인받은 경우를 말한다.

본인신용정보관리회사가 이를 위반하여 개인신용정보를 수집하는 경우 5천만원 이하의 과태료가 부과되고(신용정보법 제52조 제2항 제4호의2), 금융위원회는 해당 본인신용정보관리회사에 대해 6개월 이내의 범위에서 기간을 정하여 그 업무의 전부 또는 일부의 정지를 명할 수 있다(신용정보법 제14조 제2항 제5호의2).

마) 신용정보제공·이용자등이 본인신용정보관리회사에 신용정보를 전송하는 경우 그 전송방식 제한

신용정보제공·이용자등은 개인인 신용정보주체가 본인신용정보관리회사에 본인에 관한 개인신용정보의 전송을 요구하는 경우에는 정보제공의 안전성과 신뢰성이 보장될 수 있는 방식으로서 대통령령으로 정하는 방식◆으로 해당 개인인 신용정보주체의 개인신용정보를 그 본인신용정보관리회사에 직접 전송하여야 한다(신용정보법 제22조의9 제4항).

다만, 신용정보제공·이용자등의 규모, 금융거래 등 상거래의 빈도 등을 고려하여 대통령령으로 정하는 경우◆에 해당 신용정보제공·이용자등은 대통령령으로 정하는 중계기관◆을 통하여 본인신용정보관리회사에 개인신용정보를 전송할 수 있다(신용정보법 제22조의9 제5항).

본인신용정보관리회사가 이를 위반하여 다른 본인신용정보관리회사에 개인신용정보를 전송하는 경우 5천만원 이하의 과태료가 부과되고(신용정보법 제52조 제2항 제4호의3), 금융위원회는 해당 본인신용정보관리회사에 대해 6개월 이내의 범위에서 기간을 정하여 그 업무의 전부 또는 일부의 정지를 명할 수 있다(신용정보법 제14조 제2항 제5호의2).

◆ 관련조문

신용정보법 시행령

제18조의6 (본인신용정보관리회사의 행위규칙 등)

⑦ 법 제22조의9 제4항에서 "대통령령으로 정하는 방식"이란 제3항에 따른 방식 외의 방식으로서 다음 각 호의 요건을 모두 갖춘 방식을 말한다.

1. 개인신용정보를 전송하는 자와 전송받는 자 사이에 미리 정한 방식일 것
2. 개인신용정보를 전송하는 자와 전송받는 자가 상호 식별·인증할 수 있는 방식일 것
3. 개인신용정보를 전송하는 자와 전송받는 자가 상호 확인할 수 있는 방식일 것
4. 정보 전송 시 상용 암호화 소프트웨어 또는 안전한 알고리즘을 사용하여 암호화하는 방식일 것
5. 그 밖에 금융위원회가 정하여 고시하는 요건을 갖출 것

⑧ 법 제22조의9 제5항에서 "대통령령으로 정하는 경우"란 신용정보제공·이용자등의 특성을 고려하여 자산 규모, 관리하고 있는 개인신용정보의 수, 시장 점유율, 외부 전산시스템 이용 여부 등 금융위원회가 정하여 고시하는 기준에 해당하는 경우를 말한다.

⑨ 법 제22조의9 제5항에서 "대통령령으로 정하는 중계기관"이란 다음 각 호의 기관을 말한다.

1. 종합신용정보집중기관
2. 「민법」 제32조에 따라 금융위원회의 허가를 받아 설립된 사단법인 금융결제원
3. 「상호저축은행법」 제25조에 따른 상호저축은행중앙회, 각 협동조합의 중앙회 및 「새마을금고법」 제54조에 따른 새마을금고중앙회
4. 「온라인투자연계금융업법」 제33조에 따른 중앙기록관리기관
5. 그 밖에 제1호부터 제4호까지의 규정에 따른 기관과 유사한 기관으로서 금융위원회가 지정하는 기관

라. 개인신용정보 자기결정권

1) 의 의

'개인신용정보에 대한 자기결정권'이라 함은 신용정보주체가 자신에 관한 신용정보가 이용, 처리되는 것에 대하여 동의 여부를 결정함으로써 수동적으로 개입하는 것에 그치지 않고 그 이용 및 처리 과정에 보다 적극적으로 개입함으로써 실질적인 정보주체로서 정보 이용을 실질적으로 통제할 권리를 의미한다.

그 구체적인 태양은 정보주체가 자신의 신용정보에 대한 열람, 정정, 삭제를 요구할 권리를 기본으로 자신의 신용정보에 대한 이동을 요구할 권리 및 자신의 신용평가 결과에 대해 이의제기할 권리까지 포함한다.

이 중 열람, 정정, 삭제 요구권에 대해서는 구 신용정보법에도 제한된 범위 내에서 규정되어 있었으나, 개정 신용정보법에서는 개인신용정보에 대한 전송요구권 및 자동화평가 결과에 대한 설명요구 및 이의제기권이 신설되어 신용정보주체가 보다 더 능동적으로 자신의 신용정보를 활용할 수 있는 기반이 마련되었다.

이하에서는 기존에 규정되어 있던 열람, 정정, 삭제 요구권에 대해 간략히 살펴본 후, 이번 개정의 핵심인 개인신용정보의 전송요구권과 자동화평가 결과에 대한 설명요구 및 이의제기권에 대해서는 각각 별도의 항으로 서술하도록 하겠다.

2) 신용정보에 대한 교부 또는 열람요구권

신용정보주체는 '신용정보회사등'[34]에게 신용정보회사등이 가지고 있는 신용정보주체 본인에 관한 신용정보로서 대통령령으로 정하는 신용정보의 교부 또는 열람을 청구할 수 있다(신용정보법 제38조 제1항).

구 신용정보법에서는 정보의 '제공 또는 열람'을 청구할 수 있다고 규정하면서 그 대상을 '본인정보'라고만 규정하였으나, 개정 신용정보법에서는 '교부 또는 열람'을 청구할 수 있다고 표현을 수정하고, 그 대상 또한 '대통령령으로 정하는 신용정보'라고 구체화하였다.

신용정보법 시행령 제33조 제3항에서는 교부 또는 열람 청구의 대상이 되는 신용정보의 범위를 "법 제33조의2 제2항에 따른 개인신용정보 범위에 속하는 개인신용정보"라고 규정하여 그 대상을 '개인신용정보'로 국한하고 있고, 이에 따르면 신용정보의 교부 또는 열람을 청구할 수 있는 주체 또한 '개인'으로 제한된다고 할 것이다. 그리고 아래에서 보는 신용정보에 대한 '정정요구권' 또한 '교부 또는 열람요구'를 전제로 하고 있으므로, 마찬가지로 개인신용정보에 한하여 적용될 수 있을 것이다.

---

34) 신용정보회사, 본인신용정보관리회사, 채권추심회사, 신용정보집중기관 및 신용정보제공・이용자를 통칭한다(신용정보법 제15조 제1항 참조).

3) 신용정보에 대한 정정요구권

자신의 신용정보를 열람한 신용정보주체는 본인 신용정보가 사실과 다른 경우에는 금융위원회가 정하여 고시하는 바에 따라 정정을 청구할 수 있다(신용정보법 제38조 제2항).

보유하고 있는 신용정보에 대해 그 신용정보주체로부터 정정청구를 받은 신용정보회사등은 정정청구에 정당한 사유가 있다고 인정하면 지체 없이 해당 신용정보의 제공·이용을 중단한 후 사실인지를 조사하여 사실과 다르거나 확인할 수 없는 신용정보는 삭제하거나 정정하여야 한다(신용정보법 제38조 제3항).

신용정보회사등은, 신용정보주체의 정정청구에 따라 신용정보를 삭제 또는 정정한 경우, 해당 신용정보를 최근 6개월 이내에 제공받은 자와 해당 신용정보주체가 요구하는 자에게 해당 신용정보에서 삭제하거나 정정한 내용을 알려야 한다(신용정보법 제38조 제4항).

신용정보회사등은 신용정보주체의 정정청구에 대한 처리 결과를 7일 이내에 해당 신용정보주체에게 알려야 하고, 해당 신용정보주체는 그 처리결과에 대해 이의가 있으면 대통령령으로 정하는 바에 따라 금융위원회에 그 시정을 요청할 수 있다(신용정보법 제38조 제5항 본문). 다만 그 처리기관이 금융위원회의 감독을 받지 않는 경우에는 금융위원회가 아닌 개인정보보호위원회에 그 시정을 요청하여야 한다(신용정보법 제38조 제5항 단서, 제45조의3 제1항).

신용정보주체의 위와 같은 시정 요청이 있는 경우, 금융위원회는 금융감독원에, 개인정보보호위원회는 그 지정 기관에 사실 여부를 조사하게 하고(개인정보보호위원회는 직접 조사도 가능), 조사결과에 따라 신용정보회사등에 대하여 시정명령 또는 그 밖에 필요한 조치를 할 수 있고, 신용정보회사 등은 그 시정명령에 따라 시정조치를 한 후 이를 금융위원회 또는 개인정보보호위원회에 보고하여야 한다(신용정보법 제38조 제6항, 제8항).

신용정보회사등이 신용정보주체의 정정청구에 대하여 위 규정들에 따른 처리를 하지 아니하는 경우, 3천만원 이하의 과태료가 부과된다(신용정보법 제52조 제3항 제9호).

4) 개인신용정보에 대한 삭제요구권

신용정보주체는 금융거래 등 상거래관계가 종료되고 대통령령으로 정하는 기간이 경과한 경우 신용정보제공·이용자에게 본인의 개인신용정보의 삭제를 요구할 수 있다(신용정보법 제38조의3 제1항 본문).

신용정보법 시행령은 상거래관계 종료 후 신용정보주체가 본인 개인신용정보 삭제를 요구할 수 있게 되기까지의 기간을, ㉠ 금융거래 등 상거래관계의 설정 및 유지 등에 필수적인 개인신용정보의 경우 5년, ㉡ 그 밖의 개인신용정보의 경우 3개월로 정하고 있다(신용정보법 시행령 제33조의3 제1항).

신용정보제공·이용자는, 신용정보주체의 개인신용정보 삭제 요구를 받으면 지체 없이 해당 개인신용정보를 삭제하고 그 결과를 신용정보주체에게 통지하여야 한다(신용정보법 제38조의3 제2항).

다만, 다음의 경우에 해당하는 개인신용정보는 삭제요구의 대상이 되지 않으나(신용정보법 제38조의3 제1항), 해당 정보에 대한 신용정보주체의 삭제요구를 받은 신용정보제공·이용자는 이를 다른 개인신용정보와 분리하는 등 대통령령으로 정하는 바에 따라 관리하고, 그 결과를 신용정보주체에게 통지하여야 한다(신용정보법 제38조의3 제3항).

신용정보제공·이용자가 신용정보주체의 개인신용정보 삭제 요구 등을 받고도 이를 삭제하지 아니하는 등 위 규정을 위반하는 경우, 3천만원 이하의 과태료가 부과된다(신용정보법 제52조 제3항 제11호).

신용정보법은 제20조의2 제2항에서 신용정보제공·이용자의 개인신용정보 **보유기간**을 금융거래 등 상거래관계가 종료되고 최장 5년(해당 기간 이전에 정보 수집·제공 등의 목적이 달성된 경우에는 그 목적이 달성된 날부터 3개월)으로 제한하고 있는바, 신용정보법 시행령에서 신용정보주체가 개인신용정보에 대한 **삭제요구를 할 수 있게 되기까지의 기간**을 보다 짧게 규정하지 않는 이상 '개인정보 삭제요구권'이 실질적으로 신용정보주체의 권리로서 의미를 가지기는 어려울 것이다.

마. 개인신용정보의 전송요구권[35)]

1) 의 의

개인인 신용정보주체는 신용정보제공·이용자등에 대하여 그가 보유하고 있는 본인에 관한 개인신용정보를 신용정보법에서 정한 일정한 범위에 해당하는

35) 이에 관해 규정하고 있는 신용정보법 제33조의2는 그 시행을 위한 준비에 필요한 기간 등을 감안하여 시행일을 2021. 2. 4.로 규정하고 있다.

자에게 전송하여 줄 것을 요구할 수 있다(신용정보법 제33조의2 제1항).

즉, 신용정보주체가 본인의 개인신용정보를 신용정보제공・이용자가 수집・이용하는 등으로 처리하는 것에 대해 동의하는 방식의 수동적인 권리를 가지는 것에서 더 나아가 자신의 개인신용정보를 필요에 따라 다른 정보처리자에게 이동시킬 수 있도록 하는 것으로, 이를 통해 신용정보주체의 **능동적인 개인신용정보 활용이 가능**해지는 것이다.

이와 같은 개인신용정보 전송요구권의 개념은 2016년 5월에 공포되어 2018년 5월 25일부터 시행된 유럽연합의 GDPR에서 '개인정보이동권(the right to data portability)'의 개념으로 처음 도입되었다.

2) 전송요구를 통해 개인신용정보를 전송받을 수 있는 자

개인인 신용정보주체가 개인신용정보의 전송을 요구할 수 있는 대상기관, 즉 개인인 신용정보주체의 요구가 있을 때 보유하고 있는 그 신용정보주체에 관한 개인신용정보를 전송하여야 할 의무가 있는 기관은 '신용정보제공・이용자 등'으로 한정된다.

'신용정보제공・이용자 등'의 개념과 범위에 대해서는 본항 중 위 '다. 본인신용정보업 > 3) 업무 범위(겸영이 허용된 업무)' 부분을 참고하기 바란다.

신용정보법은 신용정보주체의 개인신용정보 전송요구를 통해 해당 정보를 받을 수 있는 자의 범위를 다음과 같이 정하고 있다(신용정보법 제33조의2 제1항).

각 호	개인신용정보를 전송받을 수 있는 자
제1호	해당 신용정보주체 본인
제2호	본인신용정보관리회사
제3호	대통령령으로 정하는 신용정보제공・이용자◆
제4호	개인신용평가회사
제5호	그 밖에 이와 유사한 자로서 대통령령으로 정하는 자◆

◆ 관련조문

신용정보법 시행령

제28조의3 (개인신용정보의 전송요구)

① 법 제33조의2 제1항 제3호에서 "대통령령으로 정하는 신용정보제공・이용자"란 제5조 제2항 제1호부터 제20호까지의 자 및 제21조 제2항 각 호의 자를 말한다.

제5조

② 법 제5조 제1항 제1호에서 "대통령령으로 정하는 금융기관"이란 다음 각 호의 어느 하나에 해당하는 기관을 말한다. 다만, 제9호부터 제14호까지의 경우에는 그 연합회 또는 중앙회만 말한다.

1. 「은행법」에 따라 인가를 받아 설립된 은행(같은 법 제59조에 따라 은행으로 보는 자를 포함한다)
2. 「금융지주회사법」에 따른 금융지주회사
3. 「한국산업은행법」에 따른 한국산업은행
4. 「한국수출입은행법」에 따른 한국수출입은행
5. 「농업협동조합법」 제161조의11에 따른 농협은행

5의2. 「수산업협동조합법」에 따른 수협은행

6. 「중소기업은행법」에 따른 중소기업은행
7. 「한국주택금융공사법」에 따른 한국주택금융공사
8. 「자본시장법」에 따른 금융투자업자 · 증권금융회사 · 종합금융회사 · 자금중개회사 및 명의개서대행회사
9. 「상호저축은행법」에 따른 상호저축은행과 그 중앙회
10. 「농업협동조합법」에 따른 농업협동조합과 그 중앙회
11. 「수산업협동조합법」에 따른 수산업협동조합과 그 중앙회
12. 「산림조합법」에 따른 산림조합과 그 중앙회
13. 「신용협동조합법」에 따른 신용협동조합과 그 중앙회
14. 「새마을금고법」에 따른 새마을금고와 그 연합회
15. 「보험업법」에 따른 보험회사
16. 「여신전문금융업법」에 따른 여신전문금융회사(「여신전문금융업법」 제3조 제3항 제1호에 따라 허가를 받거나 등록을 한 자를 포함한다)
17. 「기술보증기금법」에 따른 기술보증기금
18. 「신용보증기금법」에 따른 신용보증기금
19. 「지역신용보증재단법」에 따른 신용보증재단과 그 중앙회
20. 「무역보험법」에 따른 한국무역보험공사

제21조 (신용정보의 집중관리 · 활용)

② 법 제25조 제2항 제1호에서 "대통령령으로 정하는 금융기관"이란 제5조 제2항 제1호부터 제20호까지의 금융기관 및 다음 각 호에 해당하는 기관을 말한다.

1. 「건설산업기본법」에 따른 공제조합
2. 「국채법」에 따른 국채등록기관
3. 「한국농수산식품유통공사법」에 따른 한국농수산식품유통공사
4. 「서민의 금융생활 지원에 관한 법률」 제56조에 따른 신용회복위원회
5. 「산업재해보상보험법」에 따른 근로복지공단
6. 「소프트웨어산업 진흥법」에 따른 소프트웨어공제조합
7. 「엔지니어링산업 진흥법」에 따른 엔지니어링공제조합
8. 「예금자보호법」에 따른 정리금융회사
9. 「우체국예금 · 보험에 관한 법률」에 따른 체신관서
10. 「전기공사공제조합법」에 따른 전기공사공제조합
11. 「주택도시기금법」에 따른 주택도시보증공사
12. 「중소기업진흥에 관한 법률」에 따른 중소벤처기업진흥공단
13. 「벤처투자 촉진에 관한 법률」 제2조 제10호 및 제11호에 따른 중소기업창업투자회사 및 벤처투자조합
14. 「중소기업협동조합법」에 따른 중소기업중앙회
15. 「한국장학재단 설립 등에 관한 법률」에 따른 한국장학재단
16. 한국자산관리공사
17. 국민행복기금
18. 「서민의 금융생활 지원에 관한 법률」 제3조에 따른 서민금융진흥원(이하 "서민금융진흥원"이

라 한다)
19. 「대부업 등의 등록 및 금융이용자 보호에 관한 법률」 제3조 제2항에 따라 금융위원회에 등록한 대부업자등
20. 「산업발전법」 제40조 제1항 제1호에 따른 자본재공제조합
21. 「소상공인 보호 및 지원에 관한 법률」 제17조 제1항에 따른 소상공인시장진흥공단
22. 「자산유동화에 관한 법률」에 따라 금융위원회에 자산유동화계획을 등록한 유동화전문회사
23. 「농업협동조합의 구조개선에 관한 법률」 제29조에 따른 농업협동조합자산관리회사
24. 「한국교직원공제회법」에 따른 한국교직원공제회
25. 「여객자동차 운수사업법」 제61조 제1항에 따라 설립된 공제조합
26. 「화물자동차 운수사업법」 제51조의2 제1항에 따라 설립된 공제조합
27. 기술신용평가 업무를 하는 기업신용조회회사
28. 「온라인투자연계금융업법」 제2조 제3호에 따른 온라인투자연계금융업자(이하 "온라인투자연계금융업자"라 한다)

제28조의3 (개인신용정보의 전송요구)

② 법 제33조의2 제1항 제5호에서 "대통령령으로 정하는 자"란 다음 각 호의 자를 말한다.
1. 개인사업자신용평가회사
2. 그 밖에 금융위원회가 정하여 고시하는 자

3) 전송요구 대상 개인신용정보의 범위

신용정보법은 신용정보주체가 전송을 요구할 수 있는 개인신용정보의 범위를 대통령령으로 정하도록 하면서 그것을 정함에 있어서의 고려사항을 다음과 같이 명시하고 있다(신용정보법 제33조의2 제2항).

각 호	전송요구 대상 개인신용 정보를 정함에 있어 고려할 사항
제1호	해당 신용정보주체(법령에 따른 신용정보 처리자 포함)와 신용정보제공·이용자등 사이에서 처리된 신용정보로서 다음의 어느 하나에 해당하는 정보일 것 – 신용정보제공·이용자등이 신용정보주체로부터 수집한 정보(가목) – 신용정보주체가 신용정보제공·이용자등에게 제공한 정보(나목) – 신용정보주체와 신용정보제공·이용자등 간의 권리·의무 관계에서 생성된 정보(다목)
제2호	컴퓨터 등 정보처리장치로 처리된 신용정보일 것
제3호	신용정보제공·이용자등이 개인신용정보를 기초로 별도로 생성하거나 가공한 신용정보가 아닐 것

신용정보법 시행령에서는 신용정보주체가 전송을 요구할 수 있는 개인신용정보의 범위를 다음과 같이 구체화하고 있다(신용정보법 시행령 제28조의3 제3항).

각 호	전송요구 대상 개인신용정보의 구체적 범위
제1호	본인신용정보관리회사가 취급 가능한 개인신용정보 중 시행령 별표 5에 정한 정보
제2호	국세 및 지방세 납부정보

제3호	고용보험, 산업재해보상보험, 국민건강보험, 국민연금, 공적연금에 관한 정보로서 보험료 납부정보
제4호	전기통신사업자의 통신료 납부정보 등 거래내역을 확인할 수 있는 정보
제5호	그 밖에 이와 유사한 정보로서 개인인 신용정보주체의 거래내역을 확인할 수 있는 정보로서 금융위원회가 고시하는 정보

4) 개인신용정보 전송요구의 방식

신용정보주체가 신용정보제공·이용자등에게 본인 개인신용정보의 전송을 요구할 때에는 다음의 사항을 모두 특정하여 전자문서나 그 밖에 안전성과 신뢰성이 확보된 방법으로 하여야 한다(신용정보법 제33조의2 제5항).

각 호	전송요구 시 특정할 사항
제1호	신용정보제공·이용자등으로서 전송요구를 받는 자
제2호	전송을 요구하는 개인신용정보
제3호	전송요구에 따라 개인신용정보를 받는 자
제4호	정기적인 전송을 요구하는지 여부 및 요구하는 경우 그 주기
제5호	그 밖에 이와 유사한 사항으로서 대통령령으로 정하는 사항◆

◆ 관련조문

신용정보법 시행령

제28조의3 (개인신용정보의 전송요구)

⑧ 법 제33조의2 제5항 제5호에서 "대통령령으로 정하는 사항"이란 다음 각 호의 사항을 말한다.

1. 전송요구의 종료시점
2. 그 밖에 금융위원회가 정하여 고시하는 사항

5) 신용정보제공·이용자의 정보 전송

신용정보주체로부터 본인의 개인신용정보에 대한 전송요구를 받은 신용정보제공·이용자는 지체 없이 본인에 관한 개인신용정보를 컴퓨터 등 정보처리장치로 처리가 가능한 형태로 전송하여야 한다(신용정보법 제33조의2 제3항).

신용정보주체 본인의 개인신용정보 전송요구에 따라 개인신용정보를 제공한 신용정보제공·이용자등은 「금융실명거래 및 비밀보장에 관한 법률」 제4조의2 및 그 밖에 개인신용정보의 처리에 관한 규정으로서 대통령령으로 정하는 법률의 관련 규정에도 불구하고 개인신용정보 전송 사실을 해당 신용정보주체에게 통보하지 않을 수 있다(신용정보법 제33조의2 제6항).

6) 개인신용정보의 정기적 전송 요구

신용정보주체가 본인의 개인신용정보에 대한 전송을 요구하는 경우 신용정보제공・이용자등에 대하여 해당 개인신용정보의 정확성 및 최신성이 유지될 수 있도록 정기적으로 같은 내역의 개인신용정보를 전송하여 줄 것을 요구할 수 있다(신용정보법 제33조의2 제4항).

7) 신용정보제공・이용자의 개인신용정보전송 요구 불응에 대한 제재

신용정보제공・이용자가 위와 같은 신용정보주체의 개인신용정보 전송요구 또는 정기적 전송 요구를 받고도 해당 개인신용정보를 전송하지 아니하는 경우, 3천만원 이하의 과태료가 부과된다(신용정보법 제52조 제3항 제6호의2).

8) 개인신용정보 전송요구 철회, 전송요구 거절 또는 전송의 정지・중단

신용정보주체는 자신이 한 개인신용정보 전송요구를 철회할 수 있다(신용정보법 제33조의2 제7항).

개인신용정보의 전송요구를 받은 신용정보제공・이용자등은, 신용정보주체의 본인 여부가 확인되지 아니하는 경우 등 대통령령으로 정하는 경우◆에는 전송요구를 거절하거나 전송을 정지・중단할 수 있다(신용정보법 제33조의2 제8항).

◆ 관련조문

신용정보법 시행령

제28조의3 (개인신용정보의 전송요구)

⑪ 법 제33조의2 제8항에서 "대통령령으로 정하는 경우"란 다음 각 호의 어느 하나에 해당하는 경우를 말한다.

1. 개인인 신용정보주체 본인이 전송요구를 한 사실이 확인되지 않은 경우
2. 신용정보주체 본인이 전송요구를 했으나 제3자의 기망이나 협박 때문에 전송요구를 한 것으로 의심되는 경우
3. 법 제33조의2 제1항 각 호의 자가 아닌 자에게 전송해 줄 것을 요구한 경우
4. 법 제33조의2 제5항에서 정한 사항이 준수되지 않은 경우
5. 개인인 신용정보주체의 인증정보 탈취 등 부당한 방법으로 인한 전송요구임을 알게 된 경우
6. 그 밖에 제1호부터 제5호까지의 규정에 따른 경우와 유사한 경우로서 금융위원회가 정하여 고시하는 경우

바. 자동화평가 결과에 대한 설명요구 및 이의제기권

1) 의 의

'자동화평가'라 함은 '신용정보회사등'의 종사자가 평가 업무에 관여하지 아니하고 컴퓨터 등 정보처리장치로만 개인신용정보 및 그 밖의 정보를 처리하여 개인인 신용정보주체를 평가하는 행위를 말한다(신용정보법 제2조 제14호).

개정 신용정보법은 자동화평가와 관련하여 개인신용정보 주체가 개인신용평가회사 등에 일정한 사항에 대한 설명을 요구할 권리, 유리한 정보를 제출하거나 정보의 정정 등을 요구할 권리를 보장하고 있다(신용정보법 제36조의2).

위와 같은 자동화평가에 대한 적극적인 대응권 행사의 대상이 되는 기관은 개인신용평가회사 및 대통령령으로 정하는 신용정보제공·이용자◆(이하 '개인신용평가회사등')이다(신용정보법 시행령 제31조의2 제1항).

◆ 관련조문

신용정보법 시행령

제31조의2 (개인신용평가 결과에 대한 설명 및 이의제기 등)

① 법 제36조의2 제1항 각 호 외의 부분에서 "대통령령으로 정하는 신용정보제공·이용자"란 「금융위원회의 설치 등에 관한 법률」 제38조 각 호의 자를 말한다.

금융위원회법

제38조 (검사 대상 기관)

금융감독원의 검사를 받는 기관은 다음 각 호와 같다.

1. 「은행법」에 따른 인가를 받아 설립된 은행
2. 「자본시장법」에 따른 금융투자업자, 증권금융회사, 종합금융회사 및 명의개서대행회사(名義改書代行會社)
3. 「보험업법」에 따른 보험회사
4. 「상호저축은행법」에 따른 상호저축은행과 그 중앙회
5. 「신용협동조합법」에 따른 신용협동조합 및 그 중앙회
6. 「여신전문금융업법」에 따른 여신전문금융회사 및 겸영여신업자(兼營與信業者)
7. 「농업협동조합법」에 따른 농협은행
8. 「수산업협동조합법」에 따른 수협은행
9. 다른 법령에서 금융감독원이 검사를 하도록 규정한 기관
10. 그 밖에 금융업 및 금융 관련 업무를 하는 자로서 대통령령으로 정하는 자

2) 자동화평가 관련 설명요구권

개인인 신용정보주체는 '개인신용평가회사등'에 대하여 다음 각 사항을 설명하여줄 것을 요구할 수 있다(신용정보법 제36조의2 제1항).

각 호	설명을 요구할 수 있는 사항
제1호	다음 각 목의 행위에 자동화평가를 하는지 여부 – 개인신용평가(가목) – 대통령령으로 정하는 금융거래◆의 설정 및 유지 여부, 내용의 결정(대통령령으로 정하는 신용정보제공・이용자◆에 한정한다)(나목) – 그 밖에 컴퓨터 등 정보처리장치로만 처리하면 개인신용정보 보호를 저해할 우려가 있는 경우로서 대통령령으로 정하는 행위◆(다목)
제2호	자동화평가를 하는 경우 다음의 각 목의 사항 – 자동화평가의 결과 – 자동화평가의 주요 기준 – 자동화평가에 이용된 기초정보의 개요 – 그 밖에 가목부터 다목까지의 규정에서 정한 사항과 유사한 사항으로서 대통령령으로 정하는 사항

개인신용평가회사등이 신용정보주체로부터 위와 같은 설명 요구를 받고도 설명을 하지 아니하는 경우, 3천만원 이하의 과태료가 부과된다(신용정보법 제52조 제3항 제7호의2).

◆ 관련조문

신용정보법 시행령

제31조의2 (개인신용평가 결과에 대한 설명 및 이의제기 등)

② 법 제36조의2 제1항 제1호 나목에서 "대통령령으로 정하는 금융거래"란 다음 각 호의 거래를 말한다.

1. 법 제2조 제1호의3 가목 1)부터 4)까지의 규정에 따른 거래
2. 그 밖에 제1호와 유사한 거래로서 금융위원회가 정하여 고시하는 거래

신용정보법

제2조 (정의)

1의3. 제1호 나목의 "신용정보주체의 거래내용을 판단할 수 있는 정보"란 다음 각 목의 정보를 말한다.

가. 신용정보제공・이용자에게 신용위험이 따르는 거래로서 다음 각각의 거래의 종류, 기간, 금액, 금리, 한도 등에 관한 정보

1) 「은행법」 제2조 제7호에 따른 신용공여

2) 「여신전문금융업법」 제2조 제3호・제10호 및 제13호에 따른 신용카드, 시설대여 및 할부금융 거래

3) 「자본시장법」 제34조 제2항, 제72조, 제77조의3 제4항 및 제342조 제1항에 따른 신용공여

4) 1)부터 3)까지와 유사한 거래로서 대통령령으로 정하는 거래

신용정보법 시행령

제31조의2 (개인신용평가 결과에 대한 설명 및 이의제기 등)

① 법 제36조의2 제1항 각 호 외의 부분에서 "대통령령으로 정하는 신용정보제공・이용자"란 「금융위원회의 설치 등에 관한 법률」 제38조 각 호의 자를 말한다.

④ 법 제36조의2 제1항 제1호 다목에서 "대통령령으로 정하는 행위"란 제2항에 따른 거래에 관한 계약의 청약 또는 승낙 여부의 결정을 말한다.

3) 유리한 정보 제출권 및 기초 정보 정정 등 요구권

개인인 신용정보주체는 개인신용평가회사등에 대하여 신용정보주체 자신의 자동화평가 결과의 산출에 유리하다고 판단되는 정보를 제출할 권리가 있다(신용정보법 제36조의2 제2항 제1호).

개인인 신용정보주체는, 자동화평가에 이용된 기초정보의 내용이 정확하지 아니하거나 최신의 정보가 아니라고 판단되는 경우 ① 기초정보의 정정 또는 삭제를 요구하거나 ② 자동화평가 결과를 다시 산출할 것을 요구할 권리가 있다(신용정보법 제36조의2 제2항 제2호).

4) 신용정보주체의 자동화평가 결과에 대한 적극적 대응권의 제한

개인신용평가회사등은 다음 각 사유 중 어느 하나에 해당하는 경우에는 위와 같은 개인신용정보주체의 설명 등 요구나 유리한 정보 제출 또는 기초정보 정정 등의 요구를 거절할 수 있다(신용정보법 제36조의2 제3항).

각 호	개인신용정보주체의 설명 등 요구 등 거절 사유
제1호	신용정보법 또는 다른 법률에 특별한 규정이 있거나 법령상 의무를 준수하기 위하여 불가피한 경우
제2호	해당 신용정보주체의 요구에 따르게 되면 금융거래 등 상거래관계의 설정 및 유지 등이 곤란한 경우
제3호	그 밖에 제1호 및 제2호에서 정한 경우와 유사한 경우로서 대통령령으로 정하는 경우◆

◆ 관련조문

신용정보법 시행령

제31조의2 (개인신용평가 결과에 대한 설명 및 이의제기 등)

⑤ 법 제36조의2 제3항 제3호에서 "대통령령으로 정하는 경우"란 다음 각 호의 어느 하나에 해당하는 경우를 말한다.

1. 개인인 신용정보주체가 정정 또는 삭제 요청한 내용이 사실과 다른 경우
2. 정당한 사유 없이 동일한 금융거래 등에 대해 3회 이상 반복적으로 법 제36조의2 제1항 및 제2항에 따른 권리를 행사하는 경우

5. 스몰 라이선스

가. 신용정보산업 규제 체계 정비

기존 신용정보법은 '신용정보업'이라는 하나의 범위 안에 신용조회업, 신용조사업, 채권추심업의 3개 업종을 모두 포함시켜 포괄적으로 규정하고 있었다. 그리고 그 허가를 받을 수 있는 주체의 범위나 허가 요건을 엄격히 규정하여 신규사업자들의 신용정보업 시장 진입을 엄격히 규제하였다. 그 결과 다양한 신용주체들이 그 특성에 적합한 신용조회 등의 서비스를 제공받기 어려웠고, 특히 신용조회 서비스의 제공 대상이 기업에 편중되어 개인이나 개인사업자 등이 충분한 신용조회 서비스를 제공받기가 어려웠다.

이에 개정 신용정보법에서는 채권추심업을 신용정보업과 별도의 업으로 구분하여 따로 관리하면서, 기존 신용정보법상 구분하지 않고 포괄적으로 규정하던 '신용조회업'을 ① 개인신용평가업, ② 개인사업자신용평가업, ③ 기업신용조회업으로 세분하여 규정하고, 금융정보를 포함한 개인신용정보를 처리하는 개인신용평가업과 별도로 비금융신용정보만을 대상으로 하여 개인신용평가 업무를 하는 전문개인신용평가업을 업무 분야의 하나로 규정하여 그 범위를 확대하고, '신용정보업'에 대해서는 그 허가요건을 대폭 완화하였다.

또한, '전문개인신용평가업'과 '개인사업자신용평가업'에 대해서는 다른 영업 분야에 비해 허가 요건을 더욱 완화하여 그 시장 진입 장벽을 대폭 낮추었다.

이와 같은 개정의 취지는 금융분야 데이터산업에서 경쟁과 혁신을 촉진함과 동시에 사회초년생 등 금융 이용경험이 부족한 취약계층에 대한 개인신용평가 등의 정확성과 공정성을 높일 수 있도록 함에 있다.[36]

나. 전문개인신용평가업

1) 개 념

개정 신용정보법은 개인신용평가업 중 '대통령령으로 정하는 금융거래에 관한 개인신용정보 및 제25조 제2항 제1호에 따른 종합신용정보집중기관이 집중관

---

36) 2020.1.9. 국회 '신용정보법 일부개정법률안'(의안번호 24492) 8쪽.

리 · 활용하는 개인신용정보를 제외한 정보만 처리하는 영업 분야를 '전문개인신용평가업'이라는 별개의 영업 분야로 규정하고 있다(신용정보법 제5조 제1항 단서).

2) 전문개인신용평가업의 허가

가) 허가를 받을 수 있는 자

신용정보법은 '전문개인신용평가업'을 새로 규정하면서, 다른 신용정보업 등의 영업분야와 달리 그 허가를 받을 수 있는 자의 범위를 제한하지 않고 있다.

즉, 아래에서 보는 바와 같은 '허가 요건'만 구비하면 누구든지 전문개인신용평가업 허가를 받아 영업을 할 수 있다.

비금융신용정보만을 다룰 수 있게 하는 대신 데이터를 활용한 산업의 경쟁과 혁신을 촉진하기 위해 그 진입장벽을 대폭 완화한 것이다.

나) 허가 요건

전문개인신용평가업 허가를 받기 위해서는 다음의 요건을 갖추어야 한다(신용정보법 제6조 제1항, 제2항).

- ○ 전문개인신용평가업을 하기에 충분한 인력과 전산설비 등 물적 시설을 갖출 것(제1항 제1호)
- ○ 일정 금액 이상의 자본금 또는 기본재산(제2항 제1호 단서)
- ○ 사업계획이 타당하고 건전할 것(제1항 제2호)
- ○ 대주주가 충분한 출자능력, 건전한 재무상태 및 사회적 신용을 갖출 것(제1항 제3호의2)
- ○ 임원이 「금융사지배구조법」 제5조 제1항에 규정된 결격사유◆가 없을 것(제1항 제4호)

◆ 관련조문

금융사지배구조법

제5조(임원의 자격요건)

① 다음 각 호의 어느 하나에 해당하는 사람은 금융회사의 임원이 되지 못한다.

1. 미성년자 · 피성년후견인 또는 피한정후견인
2. 파산선고를 받고 복권(復權)되지 아니한 사람
3. 금고 이상의 실형을 선고받고 그 집행이 끝나거나(집행이 끝난 것으로 보는 경우를 포함한다) 집행이 면제된 날부터 5년이 지나지 아니한 사람
4. 금고 이상의 형의 집행유예를 선고받고 그 유예기간 중에 있는 사람
5. 이 법 또는 금융관계법령에 따라 벌금 이상의 형을 선고받고 그 집행이 끝나거나(집행이 끝난 것으로 보는 경우를 포함한다) 집행이 면제된 날부터 5년이 지나지 아니한 사람
6. 다음 각 목의 어느 하나에 해당하는 조치를 받은 금융회사의 임직원 또는 임직원이었던 사람(그 조치를 받게 된 원인에 대하여 직접 또는 이에 상응하는 책임이 있는 사람으로서 대통령령으로 정하는 사람으로 한정한다)으로서 해당 조치가 있었던 날부터 5년이 지나지 아니한 사람
   가. 금융관계법령에 따른 영업의 허가 · 인가 · 등록 등의 취소
   나. 「금융산업의 구조개선에 관한 법률」 제10조 제1항에 따른 적기시정조치
   다. 「금융산업의 구조개선에 관한 법률」 제14조 제2항에 따른 행정처분

> 7. 이 법 또는 금융관계법령에 따라 임직원 제재조치(퇴임 또는 퇴직한 임직원의 경우 해당 조치에 상응하는 통보를 포함한다)를 받은 사람으로서 조치의 종류별로 5년을 초과하지 아니하는 범위에서 대통령령으로 정하는 기간이 지나지 아니한 사람
> 8. 해당 금융회사의 공익성 및 건전경영과 신용질서를 해칠 우려가 있는 경우로서 대통령령으로 정하는 사람

위 요건 중 '자본금 또는 기본재산'의 요건에 관해, 신용정보법은 처리하려는 대상 정보의 내용에 따라 구분하여 규정하고 있다(신용정보법 제6조 제2항 제1호).

먼저, 다음에 해당하는 신용정보제공·이용자가 수집하거나 신용정보주체에 대한 상품 또는 서비스 제공의 대가로 생성한 거래내역에 관한 개인신용정보를 처리하고자 하는 경우에는 '20억원 이상'의 자본금 또는 기본재산을 갖추어야 한다(신용정보법 제6조 제2항 제1호 가목, 신용정보법 시행령 제6조 제4항).

- ○ 「전기통신사업법」에 따른 전기통신사업자
- ○ 「한국전력공사법」에 따른 한국전력공사
- ○ 「한국수자원공사법」에 따른 한국수자원공사
- ○ 「도시가스사업법」 제2조 제2호에 따른 도시가스사업자
- ○ 「공공기관의 운영에 관한 법률」 제4조에 따라 지정된 공공기관◆
- ○ 그 밖에 이와 유사한 자로서 금융위원회가 정하여 고시하는 자

◆ 관련조문

> **공공기관의 운영에 관한 법률**
>
> **제4조(공공기관)**
>
> ① 기획재정부장관은 국가·지방자치단체가 아닌 법인·단체 또는 기관(이하 "기관"이라 한다)으로서 다음 각 호의 어느 하나에 해당하는 기관을 공공기관으로 지정할 수 있다.
> 1. 다른 법률에 따라 직접 설립되고 정부가 출연한 기관
> 2. 정부지원액(법령에 따라 직접 정부의 업무를 위탁받거나 독점적 사업권을 부여받은 기관의 경우에는 그 위탁업무나 독점적 사업으로 인한 수입액을 포함한다. 이하 같다)이 총수입액의 2분의 1을 초과하는 기관
> 3. 정부가 100분의 50 이상의 지분을 가지고 있거나 100분의 30 이상의 지분을 가지고 임원 임명권한 행사 등을 통하여 해당 기관의 정책 결정에 사실상 지배력을 확보하고 있는 기관
> 4. 정부와 제1호부터 제3호까지의 어느 하나에 해당하는 기관이 합하여 100분의 50 이상의 지분을 가지고 있거나 100분의 30 이상의 지분을 가지고 임원 임명권한 행사 등을 통하여 해당 기관의 정책 결정에 사실상 지배력을 확보하고 있는 기관
> 5. 제1호부터 제4호까지의 어느 하나에 해당하는 기관이 단독으로 또는 두개 이상의 기관이 합하여 100분의 50 이상의 지분을 가지고 있거나 100분의 30 이상의 지분을 가지고 임원 임명권한 행사 등을 통하여 해당 기관의 정책 결정에 사실상 지배력을 확보하고 있는 기관
> 6. 제1호부터 제4호까지의 어느 하나에 해당하는 기관이 설립하고, 정부 또는 설립 기관이 출연한 기관
>
> ② 제1항에도 불구하고 기획재정부장관은 다음 각 호의 어느 하나에 해당하는 기관을 공공기관으로 지정할 수 없다.
> 1. 구성원 상호 간의 상호부조·복리증진·권익향상 또는 영업질서 유지 등을 목적으로 설립된 기관

> 2. 지방자치단체가 설립하고, 그 운영에 관여하는 기관
> 3. 「방송법」에 따른 한국방송공사와 「한국교육방송공사법」에 따른 한국교육방송공사
> ③ 제1항 제2호의 규정에 따른 정부지원액과 총수입액의 산정 기준·방법 및 같은 항 제3호부터 제5호까지의 규정에 따른 사실상 지배력 확보의 기준에 관하여 필요한 사항은 대통령령으로 정한다.

그리고 위와 같은 정보 이외의 개인신용정보를 처리하는 전문개인신용평가업을 하려는 경우에는 5억원 이상의 자본금 또는 기본재산을 갖추어야 한다(신용정보법 제6조 제2항 제1호 나목).

나머지 허가요건들에 대한 구체적인 내용은 2부 1장 1절 중 '다. 신용정보업의 구분 및 허가 기준 > 3) 신용정보업의 업종별 허가 기준 > 나) 허가요건' 부분에서 자세히 서술하였다.

다) 허가 없이 전문개인신용평가업을 하는 경우 등에 대한 제재

허가 없이 전문개인신용평가업을 하거나 거짓이나 그 밖에 부정한 방법으로 전문개인신용평가업 허가를 받는 경우에는 5년 이하의 징역이나 5천만원 이하의 벌금에 해당하는 형사 처벌을 받는다(신용정보법 제50조 제2항 제1호, 제2호).

거짓이나 그 밖의 부정한 방법으로 전문개인신용평가업 허가를 받은 경우, 금융위원회는 그 허가를 취소할 수 있다(신용정보법 제14조 제1항 제1호).

3) 전문개인신용평가업의 부수업무 및 겸영업무

신용정보법은 '부수업무의 범위' 및 '겸영업무의 범위'에 대해서는 전문개인신용평가회사에 대한 규정을 별도로 두고 있지 않아 개인신용평가업에 대한 규정과 동일하게 적용된다(신용정보법 제11조 제2항 및 제11조의2 제2항). 다만, 전문개인신용평가회사가 부수 업무 및 겸영업무를 수행함에 있어 활용할 수 있는 정보는 비금융신용정보에 국한된다고 할 것이다.

4) 전문개인신용평가에 관한 원칙 및 개인신용평가시 준수사항

신용정보법은 전문개인신용평가회사 및 그 임직원이 업무를 수행함에 있어 고려하여야 할 사항과 전문개인신용평가회사가 개인신용평가시 준수할 사항에 대해서도 별도의 규정을 두고 있지 않아 개인신용평가회사에 대한 규정이 동일하게 적용된다(신용정보법 제22조의3 제1항 및 제22조의4 제1항).

5) 전문개인신용평가회사의 금지행위

개인신용평가회사가 개인신용평가를 할 때에는 다음 각 호의 행위를 하여서는 아니 된다(신용정보법 제22조의4 제2항).

각 호	금지행위
제1호	성별, 출신지역, 국적 등으로 합리적 이유 없이 차별하는 행위
제2호	개인신용평가 모형을 만들 때 특정한 평가항목을 합리적 이유 없이 유리하게 또는 불리하게 반영하는 행위
제3호	그 밖에 신용정보주체 보호 또는 건전한 신용질서를 저해할 우려가 있는 행위로서 대통령령으로 정하는 행위◆

◆ 관련조문

신용정보법 시행령

제18조의3 (개인신용평가회사의 행위규칙)

① 법 제22조의4 제2항 제3호에서 "대통령령으로 정하는 행위"란 다음 각 호의 행위를 말한다.

1. 정당한 이유 없이 개인신용평가회사 또는 그 계열회사의 상품이나 서비스를 구매하거나 이용하는 것을 조건으로 개인신용평점을 유리하게 산정하는 행위
2. 정당한 이유 없이 계열회사와 금융거래 등 상거래 관계를 맺거나 맺으려는 사람의 개인신용평점을 다른 사람의 개인신용평점에 비해 유리하게 산정하는 등 차별적으로 취급하는 행위
3. 그 밖에 금융위원회가 정하여 고시하는 행위

또한, 신용정보법은 개인신용평가회사 중 전문개인신용평가회사에 국한한 금지사항을 따로 규정하면서(신용정보법 제22조의4 제3항), 그 구체적 범위에 대해서는 대통령령으로 정하도록 완전히 위임하고 있는바, 신용정보법 시행령 제18조의3 제2항은 그 범위를 다음과 같이 규정하고 있다.

각 호	전문개인신용평가회사의 금지행위
제1호	정당한 이유 없이 전문개인신용평가회사 또는 그 계열회사의 상품이나 서비스를 구매하거나 이용하는 것을 조건으로 개인신용평점을 유리하게 산정하는 행위
제2호	정당한 이유 없이 계열회사와 금융거래 등 상거래 관계를 맺거나 맺으려는 자의 개인신용평점을 그 외의 자의 개인신용평점에 비하여 유리하게 산정하는 등 차별적 취급행위
제3호	그 밖에 금융위원회가 정하여 고시하는 행위

신용정보법은 전문개인신용평가회사에만 적용되는 금지행위를 따로 규정할 수 있도록 규정하면서도, 그 구체적 범위를 정하는 시행령에서 개인신용평가회사 전체에 적용되는 금지행위와 동일하게 규정함으로써 사실상 전문개인신용평가회

사에만 적용되는 금지행위가 따로 정해져 있지는 않게 되었다.

전문개인신용평가회사가 위와 같은 금지행위를 하는 경우, 3천만원 이하의 과태료가 부과된다(신용정보법 제52조 제3항 제4호의2 및 제4호의3).

다. 개인사업자신용평가업

1) 의 의

'개인사업자신용평가업'이라 함은 "개인사업자의 신용을 판단하는 데 필요한 정보를 수집하고 개인사업자의 신용상태를 평가하여 그 결과를 제3자에게 제공하는 행위를 영업으로 하는 것"을 말한다(신용정보법 제2조 제8호의2).

개정 신용정보법에서 '개인사업자신용평가업'을 별도의 업종으로 구분하여 도입한 취지는 개인사업자에 관한 신용위험 관리체계를 개선함과 동시에 개인사업자에 대한 성장 지원 기능을 확충할 수 있도록 함에 있다.[37]

2) 개인사업자신용평가업의 허가

가) 개인사업자신용평가업 허가를 받을 수 있는 자

개인사업자신용평가업 허가를 받을 수 있는 자는 다음과 같이 제한된다(신용정보법 제5조 제2항).

각 호	허가를 받을 수 있는 자
제1호	개인신용평가회사(전문개인신용평가회사 제외)
제2호	기업신용등급제공업무를 하는 기업신용조회회사
제3호	여신전문금융업법에 따른 신용카드업자
제4호	대통령령으로 정하는 금융기관 등이 100분의 50 이상을 출자한 법인
제5호	신용정보업이나 채권추심업의 전부 또는 일부를 허가받은 자가 100분의 50 이상을 출자한 법인(출자자가 출자 받은 법인과 같은 종류의 업을 하는 경우는 제외)

여기서 특히 주목할 만한 것은 '신용카드업자'로 하여금 개인사업자 신용평가업 허가를 받을 수 있도록 규정한 것이다. 소액에 대해서까지도 신용카드 거래가 활발히 이루어지는 경향을 고려할 때 개인사업자의 기존 매출이나 향후 예상되는 현금 흐름에 대한 가장 정확한 정보를 제공할 수 있는 것은 바로 신용카드

37) 2020.1.9. 국회 '신용정보법 일부개정법률안'(의안번호 24492) 8－9쪽.

업자라 할 것인바, 신용카드업자가 개인사업자신용평가업을 영위함으로써 개인사업자들이 보다 정확하고 질 높은 신용평가 서비스를 제공받을 수 있을 것으로 기대된다.

나) 개인사업자신용평가업 허가 요건

이에 대해서는 2부 1장 1절 중 '다. 신용정보업의 구분 및 허가 기준 > 3) 신용정보업의 업종별 허가 기준 > 나) 허가요건' 부분에서 자세히 서술하였다.

다) 허가 없이 개인사업자신용평가업을 하는 경우 등에 대한 제재

허가 없이 개인사업자신용평가업을 하거나 거짓이나 그 밖에 부정한 방법으로 개인사업자신용평가업 허가를 받는 경우에는 5년 이하의 징역이나 5천만원 이하의 벌금에 해당하는 형사 처벌을 받는다(신용정보법 제50조 제2항 제1호, 제2호).

거짓이나 그 밖의 부정한 방법으로 개인사업자신용평가업 허가를 받은 경우, 금융위원회는 그 허가를 취소할 수 있다(신용정보법 제14조 제1항 제1호).

3) 개인사업자신용평가회사의 부수업무

개인사업자신용평가회사는 다음의 부수업무를 수행할 수 있고, 부수업무를 하려고 하는 경우 이를 하려는 날의 7일 전까지 금융위원회에 신고하여야 한다(신용정보법 제11조의2 제1항, 제3항).

각 호	부수업무의 범위
제1호	새로이 만들어 낸 개인사업자의 신용상태에 대한 평가의 결과를 해당 개인사업자에게 제공하는 업무
제2호	개인사업자에 관한 신용정보나 이를 가공한 정보를 해당 개인사업자나 제3자에게 제공하는 업무
제3호	가명정보나 익명처리한 정보를 이용하거나 제공하는 업무
제4호	개인사업자에 관한 신용정보, 그 밖의 정보를 기초로 하는 데이터 분석 및 컨설팅 업무
제5호	개인사업자신용정보 관련 전산처리시스템, 솔루션 및 소프트웨어(개인사업자의 신용상태에 대한 평가 및 위험관리 모형을 포함) 개발 및 판매 업무

개인사업자신용평가회사가 신고 없이 부수업무를 하거나 위 부수업무의 범위에 속하지 아니하는 사항을 부수업무로 수행하는 경우, 금융위원회는 해당 개인사업자신용평가회사에 대하여 6개월의 범위 내에서 기간을 정하여 그 업무의 전부 또는 일부의 정지를 명할 수 있다(신용정보법 제14조 제2항 제2호).

개인사업자신용평가회사가 신고 없이 부수업무를 하는 경우, 1천만원 이하의 과태료가 부과된다(신용정보법 제52조 제5항 제2호의2).

4) 개인사업자신용평가회사의 겸영업무

개인사업자신용평가회사는 다음의 각 업무를 겸영할 수 있다(신용정보법 제11조 제3항).

각 호	겸영업무의 범위
제1호	개인사업자신용평가업 이외의 신용정보업
제2호	채권추심업
제3호	「정보통신망법」 제23조의3에 따른 본인확인기관의 업무
제4호	그 밖에 신용정보주체 보호 및 건전한 신용질서를 저해할 우려가 없는 업무로서 대통령령으로 정하는 업무◆

◆ 관련조문

신용정보법 시행령

제11조 (겸영업무)

② 법 제11조 제3항 제4호에서 "대통령령으로 정하는 업무"란 다음 각 호의 업무를 말한다.

1. 「여신전문금융업법」 제2조 제15호에 따른 여신전문금융회사의 경우 같은 법 제46조 제1항 각 호에 따른 업무
2. 본인신용정보관리업
3. 클라우드컴퓨팅서비스 제공자의 업무
4. 그 밖에 금융위원회가 정하여 고시하는 업무

개인사업자신용평가회사가 신고 없이 겸영업무를 수행하거나 위 겸영업무의 범위에 속하지 아니하는 사항의 업무를 수행하는 경우, 금융위원회는 6개월의 범위 내에서 기간을 정하여 그 업무의 전부 또는 일부의 정지를 명할 수 있다(신용정보법 제14조 제2항 제2호).

개인사업자신용평가회사가 신고 없이 겸영업무를 수행하는 경우, 1천만원 이하의 과태료가 부과된다(신용정보법 제52조 제5항 제2호).

5) 개인사업자신용평가에 관한 원칙

개인사업자신용평가회사 및 그 임직원은 개인사업자신용평가에 관한 업무를 할 때 다음의 각 사항을 고려하여 그 업무를 수행하여야 한다(신용정보법 제22조의3 제3항, 제1항).

각 호	개인사업자신용평가업무 수행시 고려할 사항
제1호	개인사업자신용평가 결과가 정확하고 그 평가체계가 공정한지 여부
제2호	개인사업자신용평가 과정이 공개적으로 투명하게 이루어지는지 여부

또한, 개인사업자신용등급제공업무 또는 기술신용평가업무를 하는 개인사업자신용평가회사 및 그 임직원은 개인사업자신용등급이나 기술신용정보의 생성에 관한 업무를 할 때 독립적인 입장에서 공정하고 충실하게 그 업무를 수행하여야 한다(신용정보법 제22조의3 제3항, 제2항).

6) 개인사업자신용평가회사의 신용평가시 준수사항

개인사업자신용평가회사가 개인사업자의 신용상태를 평가할 경우에는 다음 각 사항을 준수하여야 한다(신용정보법 제22조의5 제1항).

각 호	개인사업자 신용평가시 준수사항
제1호	해당 개인사업자에게 평가에 불이익이 발생할 수 있는 정보 외에 평가에 혜택을 줄 수 있는 정보도 함께 고려할 것
제2호	개인사업자신용평가회사와 금융거래 등 상거래 관계가 있는 자와 그 외의 자를 합리적 이유 없이 차별하지 아니할 것

개인사업자가 위 준수사항을 위반하여 개인사업자의 신용상태를 평가하는 경우, 3천만원 이하의 과태료가 부과된다(신용정보법 제52조 제3항 제4호의4).

7) 개인사업자신용평가회사의 금지행위

개인사업자신용평가회사는 다음의 각 행위를 하여서는 아니 된다(신용정보법 제22조의5 제2항).

각 호	금지행위
제1호	개인사업자의 신용상태를 평가하는 과정에서 개인사업자신용평가회사 또는 그 계열회사의 상품이나 서비스를 구매하거나 이용하도록 하는 행위
제2호	그 밖에 신용정보주체 보호 또는 건전한 신용질서를 저해할 우려가 있는 행위로서 대통령령으로 정하는 행위◆

◆ 관련조문

신용정보법 시행령

제18조의4 (개인사업자신용평가회사의 행위규칙)

① 법 제22조의5 제2항 제2호에서 "대통령령으로 정하는 행위"란 다음 각 호의 어느 하나에 해당하는 행위를 말한다.

1. 정당한 이유 없이 개인사업자신용평가회사 또는 계열회사의 상품이나 서비스를 구매하거나 이용하는 것을 조건으로 신용평가 결과를 유리하게 산정하는 행위
2. 정당한 이유 없이 계열회사와 금융거래 등 상거래 관계를 맺거나 맺으려는 자의 신용평가결과를 그 외의 자의 신용평가결과에 비해 유리하게 산정하는 등 차별적으로 취급하는 행위
3. 개인사업자신용평가정보 또는 그에 활용된 정보를 제공함에 있어 합리적 이유 없이 차별적으로 취급하는 행위
4. 신용평가와 관련하여 신용평가의 요청인 및 그의 이해관계자에게 재산상 이익을 제공하거나 이들로부터 재산상 이익을 제공받는 행위
5. 개인사업자신용평가업의 수행과정에서 업무상 취득한 정보를 이용하여 부당한 이익을 얻거나 타인이 부당한 이익을 얻도록 하는 행위
6. 개인사업자신용평가업무 수행을 위해 신용정보집중기관으로부터 제공받은 개인식별정보 등을 활용하여 유·무선 마케팅 등에 활용하는 행위
7. 그 밖에 금융위원회가 정하여 고시하는 행위

개인사업자신용평가회사가 위 금지행위를 하는 경우, 3천만원 이하의 과태료가 부과된다(신용정보법 제52조 제3항 제4호의5).

8) 내부통제기준 수립 의무

개인사업자신용평가회사는 그 임직원이 직무를 수행할 때 지켜야 할 적절한 기준 및 절차로서 다음 각 사항을 포함하는 내부통제기준을 정하여야 한다(신용정보법 제22조의5 제3항).

각 호	내부통제기준에 포함할 사항
제1호	평가조직과 영업조직의 분리에 관한 사항
제2호	이해상충 방지에 관한 사항
제3호	불공정행위의 금지에 관한 사항
제4호	개인사업자의 특성에 적합한 신용상태의 평가기준에 관한 사항
제5호	그 밖에 내부통제기준에 관하여 필요한 사항으로서 대통령령으로 정하는 사항◆

◆ 관련조문

신용정보법 시행령

제18조의4 (개인사업자신용평가회사의 행위규칙)

② 법 제22조의5 제3항 제5호에서 "대통령령으로 정하는 사항"이란 다음 각 호의 사항을 말한다.

1. 신용평가 관련 자료의 기록과 보관에 관한 사항

> 2. 신용평가의 적정성을 검토하기 위한 내부절차 마련에 관한 사항
> 3. 다음 각 목의 사항을 포함하여 임직원이 업무를 수행할 때 준수해야 하는 절차에 관한 사항
>   가. 임직원의 내부통제기준 준수 여부를 확인하는 절차·방법
>   나. 불공정행위, 금지 및 제한사항의 위반을 방지하기 위한 절차나 기준에 관한 사항
> 4. 이해상충의 파악·평가와 관리에 관한 사항(개인사업자신용평가업과 법 제11조 제3항에 따른 겸영업무 간 이해상충 행위 방지 및 담당 부서의 인적 분리 등에 관한 사항을 포함한다)
> 5. 그 밖에 금융위원회가 정하여 고시하는 사항

개인사업자신용평가회사가 위와 같은 내부통제기준을 마련하지 아니하는 경우, 3천만원 이하의 과태료가 부과된다(신용정보법 제52조 제3항 제4호의6).

6. 데이터 제공 방법 표준화(API)

가. 서 설

데이터를 자체 축적하고 있는 사업자가 아니라면, 타기관들이 축적하고 있는 데이터에 접근하여 획득하는 것에서부터 장벽에 부딪히게 된다. 기득권을 갖고 있는 데이터 보유자들은 자신의 무형자산에 해당하는 데이터를 쉽게 공유하려 하지 않았고, 뛰어난 데이터 분석기술을 확보한 신규사업자라도 그 장벽을 넘어서기는 어려웠다.

그러나 개정 신용정보법에 의하면 정보주체인 개인이 요구하는 경우에 데이터 보유기관들의 정보 제공의무는 강제되므로(신용정보법 제33조의2, 제1항), 신규사업자 입장에서도 정보의 획득 자체는 조금 더 용이해졌다.

그러나 아직도 신규 데이터사업자가 넘어야 할 장벽은 남아있으니, 획득한 데이터의 가공 가능한 수준으로의 정렬과 통합이다. 데이터 보유 기관·기업 별로 각각 다른 형태로 관리되고 있는 자료를 추출하고, 획득한 데이터의 통합·분석 시마다 개별의 개발 프로젝트를 수행해야 하는 것이다. 결국 데이터 관리 체계의 다양성은 데이터 서비스의 통합과 혁신을 저해하는 또 다른 진입 장벽이 되어 왔다.

이는 데이터를 보관하고 있는 기업들 입장에서도 마찬가지다. 고객데이터를 보유하고 있는 기업 역시도 내부시스템에 보관되어 있는 데이터를 수요기관의 요청에 따라 매번 개별 가공해야만 하므로, 상품성 있는 데이터의 상용화를 통하여 수익을 기대하기 어렵게 된다.

이를 개선하기 위하여 표준화된 API의 형태로 데이터를 교환할 수 있는 체계를 구축하고자 하는 시도가 전 세계적으로 진행 중에 있으며, 대한민국 정부 역시 이러한 추세에 발맞추어 신용정보법 개정을 통하여 전산화된 방식의 정보처리가 가능한 형태로의 개인신용정보의 제공을 의무화하였다(신용정보법 제33조의2, 제3항).

나. 표준API란?

'API(Application Program Interface)'란 온라인이나 모바일에서, 운영체제와 응

용프로그램 사이의 통신에 사용되는 언어나 메시지 형식을 말한다. 특정 프로그램의 기능이나 데이터를 다른 프로그램이 접근할 수 있도록 미리 정한 통신규칙인데, 네트워크상으로 서로 다른 프로그램간 기능・데이터를 연결하는 매개체의 역할을 하기 위한 것이다.[38]

데이터가 API형태로 제공되면, 각 서비스 사업자가 개별적으로 데이터를 획득・가공하는 것이 아니라, API를 통하여 데이터 보유 기업의 DB서버에 직접 접속하고, 데이터를 실시간 조회할 수 있게 된다. 이에 따라서 서비스 사업자는 데이터의 획득・가공 측면에 대한 고민을 덜고, 자신의 고객에 대한 데이터의 표시측면만을 고려할 수 있게 되는 편리함을 갖게 된다.

예를 들어, 위치기반 게임(예 "포켓몬GO")을 개발하고자 하는 기업이라면, 구글 등이 제공하는 "지도 API"를 통하여 고객에 대한 게임성만을 고려하면 될 뿐, 구글이 보유하고 있는 지도정보를 직접 가공하지 않아도 되는 것이다.

다. 스크린 스크레이핑(Screen Scraping)의 금지

표준 API에 의한 데이터 교환이 활성화되지 않은 상황에서, 데이터 기반 서비스를 제공하고자 하는 사업자가 선택할 수 있는 데이터 획득 방법이 "스크린 스크레이핑"이었다.

이는 말 그대로 "화면 긁기"의 방식이라고 할 수 있는데, 정보의 주체인 각 개인들로부터 동의를 획득하여, 각 개인의 인증값(ID, PW, 주민등록번호, 공인인증서 정보 등)을 제공받은 후, 서비스 사업자의 프로그램이 개인을 가장하여 데이터를 보관하고 있는 각각의 시스템에 접속하여 화면에 노출된 해당 개인의 정보를 긁어오는 방식이었다.

이 방식은 다음과 같은 난점을 갖고 있다.

1) 각 개인의 동의를 구해야 하므로 대량의 정보 획득이 어렵다.

2) 평판이 낮은 신규 사업자가 각 개인의 핵심 개인정보를 제공받을 정도의 신뢰성을 획득하기 어렵다.

3) "스크린 스크레이핑" 프로그램이 접근했을 때, 데이터 보유 기업이 일종의 해킹으로 인지하여 차단할 수 있다.

---

38) 금융위원회, 2019.2.21. 보도자료 "[알기쉬운 핀테크] 금융권 Open API"

4) 인증값을 보유한 기업이 해킹당할 경우, 각 개인의 고유정보가 유출됨에 따른 사고의 범위가 크게 확대된다.

〈표 2-19〉 스크린 스크레이핑과 표준 API 비교

구분	스크린 스크레이핑	표준 API
고객 인증	개인이 핀테크업체에 인증 정보(ID/PW) 제공	이용자가 직접 로그인 후 접근 권한 부여
정보 처리	스크린에 보여지는 데이터 추출	API를 이용하여 접근이 허용된 필요 정보 수신
표준화	임의 내용을 각각 추출하는 방식으로 표준화 불가	API 및 데이터 포맷에 대한 표준화 가능
정보 보호	인증정보(ID/PW) 직접 저장 관리 해킹시 중요 정보 유출 인증 정보를 부여받은 핀테크 업체가 필요 이상의 정보에 접근 가능	인증정보 대신 허용권한증표(Token) 관리 해킹시 Token 폐기 이용자가 부여한 권한 내에서만 정보 수집 가능

개정 신용정보법에 의하여 신설된 "본인신용정보관리업자"는 그 업의 본질상 다수의 개인신용정보를 획득하게 되는데, 이렇게 획득한 정보를 스크린 스크레이핑 기술과 결합하게 되면 신용정보 주체의 의도와 무관하게 무단으로 광범위한 정보처리를 하게 될 위험이 있다.

따라서 개정 신용정보법은 표준 API의 제공을 법제화하여 지원하는 대신, "본인신용정보관리업자"는 "스크린 스크레이핑" 방식으로 신용정보를 활용하거나 수집하는 것을 금지하였다(신용정보법 제22조의9 제3항, 시행령 제18조의6 제3항). 다만 부칙 제1조에 의하여 2021년 8월까지는 그 적용을 유예하여 기존에 관련 기술을 사용하던 사업자에게는 보완변경을 할 수 있는 여유를 부여하였다.

다만, "스크린 스크레이핑" 제한은 신용정보법에 의하여 "본인신용정보관리업자"에게만 금지되는 것이고, 일반기업의 스크레이핑 기술 활용은 여전히 허락되어 있어 다음과 같은 업무처리는 가능하다.

1) 고객 인증정보를 사용하지 않는 데이터 수집(웹사이트에서 링크하고 있는 다른 웹사이트의 정보를 수집하는 등 Crawling 등)

2) 개인신용정보가 아닌 데이터(증권사 호가 정보, 금융상품 설명정보 등)를 수집하는 경우에는 스크레이핑 기술 활용

3) 기업·기관의 자체 전산시스템에서 내부통제 절차에 따라 데이터를 처리할 때(이른바 B2B) 스크레이핑 기술 사용

4) 기업 인증정보를 사용·보관하여 기업의 정보를 수집

라. 데이터 표준 API

현재 금융위원회가 주도하여 "데이터 표준 API"의 도입을 추진 중이며, 관련 기관들을 모은 워킹그룹을 통하여 2019년 5월부터 2020년 9월까지 정보 범위, API수수료, API 규격, 인증수단 등 실무구현방안을 협의한 바 있다(관련회의 총 94회). 그 주요 내용은 다음과 같다.[39]

1) 인증 표준화(본인인증, 상호인증, 통합인증)

금융회사 등이 마이데이터 사업자에게 고객 데이터를 제공하기 전에 2-Factor 인증[40]과 같은 강력한 본인인증 절차를 수행하도록 하여, 정보주체의 실수 등에 의하여 의도치 않게 개인정보가 이동되는 경우를 방지하고자 한다. 특히 데이터경제, 디지털금융의 서비스들이 대부분 비대면으로 이루어지는 업무 특성을 고려하여 서면 외에도 다양한 비대면 인증(전자문서, 유무선통신 등) 방식을 검토하고 있다.

API 제공기관이 허가받지 않은 이용기관에 데이터를 제공하는 경우가 발생하지 않도록 하기 위하여, API 제공기관(금융기관)-이용기관(마이데이터 사업자) 사이에 안전한 개인신용정보 전송이 가능한 상호인증체계 환경을 구축하고자 한다.

금융소비자의 마이데이터 서비스 이용의 편리성을 증진하기 위하여, 정보주체가 다수의 정보제공자에 반복적인 인증을 하는 대신, 통합 인증이 가능하도록 구체적인 방안 등을 검토하고 있다.

2) API 표준규격 및 정보제공

금융회사(은행, 보험사, 카드회사 등)별로 표준 API를 통해 마이데이터 사업자에 제공할 데이터의 구체적인 종류 및 구간, 표준화된 수수료 체계 등에 대해 논의하고 있다.

---

39) 2019.4.30. 금융위원회, "데이터 표준 API WG 보도자료"

40) 소유, 지식, 특성 기반의 인증요소 중 두 가지 이상을 사용 하는 인증
※ 참고: 인증정보의 유형
소유기반: 보안카드, OTP 등 고객이 유일하게 소유하는 수단·정보
지식기반: 비밀번호(PW) 등 고객이 유일하게 알고 있는 수단·정보
특성기반: 생체정보 등 고객을 유일하게 특정할 수 있는 수단·정보

API 이용기관이 다수의 API 제공기관으로부터 시간지연, 차별 등이 없이 데이터를 전송・제공 받을 수 있는 개발 환경을 마련하기 위하여, 표준 API 개발에 필요한 단위규격(시간, 인코딩 등), 기술규격(통신프로토콜, 데이터 전송방식 등), 기존의 CI(Connecting Information)나 주민등록번호 외에 별도의 식별자(Identifier)에 의한 매칭방안 등도 협의 중이다.

3) 보안 및 관리

마이데이터 산업 특성을 고려한 물리적・관리적・기술적 보안 대책과 피해 발생시 보상 방안 및 책임 범위 검토하여, API 제공・이용기관이 준수해야 할 보안 요구사항을 마련하고, 해킹 등 침해사고를 탐지・대응・예방하기 위한 관리체계를 수립하여 API의 안정적인 운영을 보장하고자 한다.

4) 기 타

그 외 데이터 표준 API를 위한 테스트베드 및 이용 가이드라인 마련, 중계기관을 통한 My Data 서비스 제공시 법률적・기술적 쟁점사항, API 종합포털의 구축 등도 검토 중에 있으며, 금융위원회의 2021.2.23.자 보도자료에 의하면 정보 전송에 있어 정보유출 등의 위험이 없도록 API, PDS[41] 등을 구축하도록 하고, 마이데이터 지원센터를 개소하여 관련 업무를 전반적으로 관리・지원하도록 하고 있다.

마. 표준API로서의 오픈뱅킹

표준 API로서 활성화된 대표적인 예로서 금융결제원이 제공하는 오픈뱅킹을 들 수 있다. 각 금융기관들이 보유한 다양한 계좌정보, 거래정보 등이 금융결제원이 제공하는 표준API의 형태로 핀테크 기업들에게 제공되고 있다. (상세한 내용은 본서의 “3부 2장, 4. 오픈뱅킹과 전자지급거래청산업의 제도화”를 참고)

41) PDS(Personal Date Storage): 마이데이터 종합포털 내 구축되는 본인의 데이터를 안전하게 저장・관리하는 플랫폼

7. 데이터 거래소의 역할

가. 서 설

데이터는 4차 산업혁명을 견인하는 핵심동인으로서 모든 산업의 발전과 새로운 가치 창출의 촉매 역할을 하고 있다. 그런데 이러한 데이터의 거래 및 활용과 관련해서는 ① 쓸 만한 양질의 데이터 부족, ② 불합리한 데이터 가격의 산정, ③ 데이터 유통 채널의 부족, ④ 데이터 소재파악 및 검색의 어려움, ⑤ 데이터 품질 문제, ⑥ 데이터 가공 문제, ⑦ 데이터 거래 절차 및 방법 미숙, ⑧ 개인정보 처리 기술력 및 예산부족, ⑨ 개인정보 포함 데이터 유통·활용시 법률지원 등의 문제가 있다는 점이 꾸준히 제기되어 왔다.

데이터 3법의 개정으로 빅데이터 활용에 대한 법적 근거가 명확해지고, 데이터유통 생태계 조성의 제도적 기반이 구축됨에 따라 정보보안 및 데이터 전문기관인 금융보안원이 데이터 거래소를 구축하여 초기 데이터 유통시장을 조성하는데 기여하고 있다.

이번 장에서는 이러한 데이터 거래소의 의의·현황, 데이터 거래소의 법적 근거, 데이터 거래 과정, 데이터 거래소의 기능 및 지금까지의 거래 현황과 향후 전망에 대해서 살펴보도록 한다.

나. 데이터 거래소의 의의와 현황

데이터 거래소는 다양한 산업분야의 데이터를, 수집 가공한 공급자와 데이터 수요자가 만나 데이터를 사고파는 곳, 즉 데이터라는 재화를 공급하는 공급자와 이를 필요로 하는 수요자가 만나서 거래하는 시장과 같은 곳을 의미한다.

이러한 데이터 거래소와 관련 한국정보화진흥원(NIA)과 매일방송(MBN)은 2019년 12월 2일 "한국데이터 거래소(KRX)"라는 이름으로 첫 민간 데이터 거래소를 구축한 사실이 있다.

한편 금융보안원은 2020년 5월 11일 데이터 3법의 개정에 발맞추어 데이터를 안전하게 유통할 수 있는 개방형 데이터 거래소인 "금융데이터 거래소(FinDX)"를 출범하였다. 금융데이터 거래소는 거래시스템만으로 데이터 검색, 계약, 결제, 분석 등 유통 전 과정을 원스톱으로 지원할 수 있도록 공급자와 수요자가 상호 매칭하여 비식별정보, 기업정보 등의 데이터를 거래할 수 있는 중개 시스템을 시범운영하고 있다.

금융데이터 거래소 출범 행사에서는 5개 유관기관(금융보안원, 금융결제원, 한국신용정보원, 코스콤, 보험개발원)이 데이터 유통 생태계 조성, 데이터 활용 지원, 가이드 표준·개발 등에 관한 '데이터 유통·활용·혁신 MOU'를 체결한 바 있다.

다. 데이터 거래소의 법적 근거

민간 데이터 거래소인 한국데이터 거래소와 금융보안원의 금융데이터 거래소는 모두 「전자상거래법」 제2조 제4호 및 같은 법 제20조 상의 '통신판매중개업자'에 해당한다.

'통신판매'란 우편·전기통신, 그 밖에 광고물·광고시설물·전단지·방송·신문 및 잡지 등을 이용하거나 판매자와 직접 대면하지 아니하고 우편환·우편대체·지로 및 계좌이체 등을 이용하는 방법으로 재화 또는 용역의 판매에 관한 정보를 제공하고, 소비자의 청약을 받아 재화 또는 용역을 판매하는 것[42]을 말하는데, '통신판매업자'란 통신판매를 업으로 하는 자 또는 그와 약정에 따라 통신판매업무를 수행하는 자[43]를 의미하고, '통신판매중개업자'란 사이버몰[44]의 이용을 허락하거나 그 밖에 자신의 명의로 통신판매를 위한 광고수단을 제공하거나 그 광고수단에 자신의 이름을 표시하여 통신판매에 관한 정보의 제공이나 청약의 접수 등 통신판매의 일부를 수행하는 방법으로 거래 당사자 간의 통신판매를 알선하는 행위를 업으로 하는 자[45]를 의미한다.

결국 수요자의 입장에서 보았을 때 데이터 거래소는 재화를 사고파는 중개시스템인 네이버쇼핑과 같은 오픈마켓이 하나 더 생겨났다고 보면 이해하기가 쉽다. 이러한 데이터 거래소를 통해서 거래되는 각종 데이터는 개인정보 보호법

42) 전자상거래법 제2조 제2호, 같은 법 시행규칙 제2조
43) 전자상거래법 제2조 제3호. 개인온라인 쇼핑몰, 쿠팡, 위메프, 티몬 등 소셜커머스, 롯데닷컴, 신세계몰 등 종합쇼핑몰, GS샵, CJ몰, 롯데홈쇼핑, H몰 등 TV홈쇼핑앱이 이에 해당한다.
44) 컴퓨터 등과 정보통신설비를 이용하여 재화 등을 거래할 수 있도록 설정된 가상의 영업장을 의미한다.
45) 전자상거래법 제2조 제4호, 같은 법 시행규칙 제3조. G마켓, 옥션, 11번가, 인터파크, 네이버쇼핑, 카카오쇼핑 등의 오픈마켓, 오픈마켓 방식의 소셜커머스, 종합쇼핑몰, TV홈쇼핑앱, O2O(배달앱 등) 등 중개쇼핑몰이 이에 해당한다.

등의 규율을 받게 되고, 데이터 거래소 그 자체는 전자상거래법 상의 규율을 받게 되는 것이다. 한국데이터 거래소나 금융데이터 거래소 홈페이지 화면 하단에는 이와 관련하여 전자상거래법 제20조 제1항 규정에 따라 이들 데이터 거래소가 통신판매의 주체가 아니라는 것을 밝히면서 상품, 거래정보, 거래에 관하여 책임을 지지 않는다고 명시적으로 기재되어 있으므로 이들 거래소를 통해서 거래하는 수요자들의 주의가 요구된다.

통신판매중개업자의 규율과 관련하여 자세한 내용은 3부 2장의 5. '빅테크 플랫폼 사업자에 대한 관리 체계' 부분에서 상술하도록 한다.

라. 데이터 거래과정

금융보안원의 금융데이터 거래소에 의한 데이터 거래과정을 도식화하면 다음과 같다.[46]

[그림 2-1] 데이터 거래과정

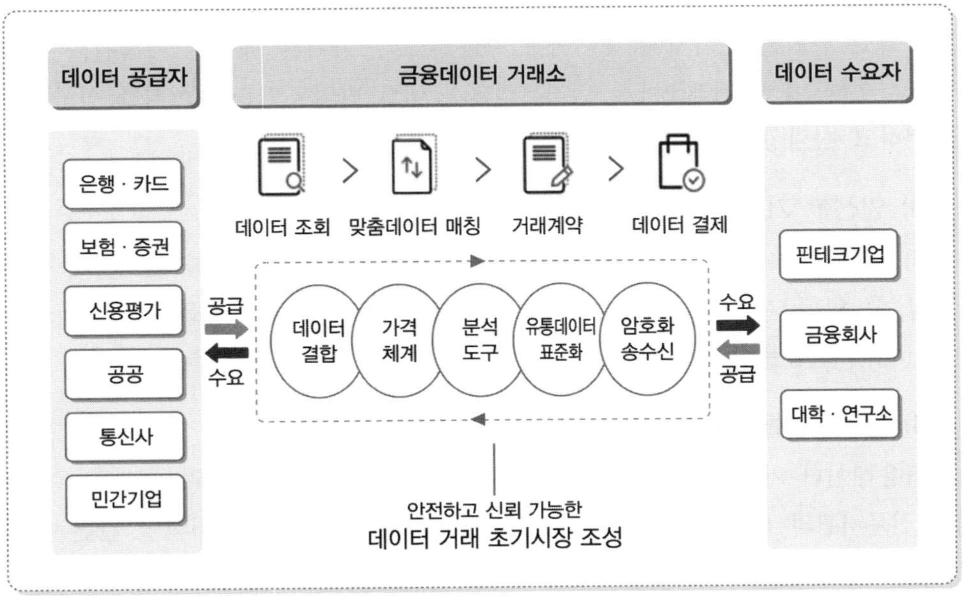

46) 그림 출처 '금융데이터 거래소' 홈페이지

마. 데이터 거래소 기능

데이터 거래소는 위와 같은 데이터 거래과정에 있어서 ① 데이터 유통 전단계 지원, ② 데이터 원격분석환경 제공, ③ 안전한 거래 시스템 구축, ④ 정보집합물 결합 등의 서비스를 제공하게 된다. 이를 상술하면 다음과 같다.

1) 데이터 유통 전단계 지원

금융데이터 거래소는 데이터, API[47] 상품의 검색, 매칭, 계약, 결제, 분석, 데이터 송수신까지 데이터 거래와 관련한 모든 단계를 지원한다. 이에 더하여 수요자가 원하는 데이터에 관하여 공급자에게 이를 직접 요청할 수 있는 기능도 제공한다.

2) 데이터 원격분석환경 제공

금융데이터 거래소는 거래소 분석환경에서 데이터를 분석할 수 있는 시스템을 제공한다. 이때 거래소 내에서만 데이터를 사용하는 경우 수요자는 상대적으로 저렴하고 합리적인 가격에 데이터를 구매하고, 공급자는 데이터 저작권을 보호할 수 있다. 또한 거래소에서 원격분석환경 내로 반입·반출 데이터를 심사하여 안전하고 신뢰성 있게 데이터를 보호한다.

3) 안전한 거래 시스템 구축

금융데이터 거래소는 데이터 공급자와 수요자가 거래 데이터를 안전하게 송수신할 수 있는 기능을 제공한다. 자체 '보안관제'뿐만 아니라 금융부분 '통합보안관저'와의 연동을 통해 이중 보안체계를 구축한다.

4) 정보집합물 결합

금융데이터 거래소는 유통을 담당하는 거래소와 데이터 결합을 수행하는 데이터 전문기관과 연계하여 데이터 유통·결합을 통합지원하며, 비식별 관련 컨설팅을 제공한다.

---

47) 이에 대한 보다 자세한 내용은 2부 2장, 6. 데이터 제공 방법 표준화(API)를 참고하기 바란다.

바. 데이터 공급에 의한 부수입 창출 및 향후 전망

BC카드는 금융 빅데이터 플랫폼 사업자로 선정되어, 컨소시엄 형태로 금융 빅데이터 거래소 서비스를 제공하고 있다. 신한카드는 모바일 플랫폼 신한페이판(PayFAN)을 기반으로 한 신한카드의 플랫폼화에 속도를 내고 있는데, 신한카드의 신용평가시스템인 '마이크레딧'은 신한카드가 보유한 2,500만 명의 고객과 440만 명의 자영업자 빅데이터를 기반으로 자영업자의 상환능력을 평가하는 신용평가모형을 제공하는 등으로 유용한 자료를 제공이 가능하다. 신한은행도 2020년 4월 9일 '빅데이터 자문 및 판매 서비스 부수업무'를 금융위원회에 신고하고, 은행 자체 내부 데이터를 외부 고객에게 판매하고 맞춤형 데이터 세트를 제공하는 일종의 데이터 판매회사로서의 수익창출 모델을 추진 중에 있다.

한편 네이버파이낸셜과, 카카오페이 등 이른바 핀테크 기업의 금융업 진출 및 데이터 거래와 융합이 갈수록 활발해짐에 따라 은행들과 신용카드사 등 기존 금융업체들은 위 핀테크 기업들이 전자금융업자로 분류돼 전자금융업법의 적용을 받는데 반하여 기존 금융업체들은 전자금융업법보다 규제가 훨씬 까다로운 금융업법의 적용을 받는다는 점에서 공정한 경쟁환경이 구현될 수 없다는 문제를 제기해왔다. 특히 계열사 간 정보제공 가능 범위, 후불결제 서비스 등과 관련하여 기존 금융업체들은 핀테크 업체들과 비교하여 역차별을 받고 있다고 주장하면서 금융 당국에 규제 완화를 꾸준히 요구해왔다. 이에 핀테크 기업과 기존 금융업체 간의 공정한 데이터 거래 환경을 조성할 필요성이 대두됨에 따라 손병두 금융위원회 부위원장을 주축으로 빅테크 기업와 금융회사 관계자 및 전문가들이 참여하는 디지털 금융협의회가 2020. 9. 10. 출범하였다.

특히 2020. 12. 10. 5차 디지털 금융협의회에서는 금융규제 샌드박스인 혁신금융서비스 지정을 통하여 은행도 플랫폼을 기반으로 하는 다양한 사업(음식 주문, 중개)을 영위할 수 있도록 하였다. 시대의 변화에 따라 빅테크 기업과 금융회사 사이에 금융거래와 관련하여 주도권을 뺏고 뺏기지 않으려는 싸움이 치열하게 진행되고 있는 상황에서 위 협의회가 이러한 갈등을 어떻게 해소하고 현명한 대안을 제시할 수 있을지 향후 관심 있게 지켜볼 필요가 있다.

8. 보건의료 데이터의 결합 및 활용 제한

가. 서 설

코로나 사태로 인하여 개최된 비상경제 중앙대책본부회의에서 '한국판 뉴딜 10대 중점과제'가 언급되면서 이에 대한 관심이 커지고 있다. 한국판 뉴딜 10대 중점 과제는 ① 데이터 '수집－개방・결합－거래－활용' 인프라 강화, ② 금융・의료 등 6대 분야 데이터 활용 활성화, ③ 5G 인프라 조기 구축, ④ 5G＋융복합 사업 촉진, ⑤ AI 데이터・인프라 확충, ⑥ AI 융합 전산업 확산, ⑦ 비대면 서비스 확산 기반 조성, ⑧ 클라우드 및 사이버 안전망 강화, ⑨ 노후 국가기반 시설 디지털화, ⑩ 디지털 물류 서비스 체계 구축이 그것이다. 이번 장에서 논의할 내용은 위 10대 중점 과제 중 두 번째 사항인 '의료' 데이터 활용 활성화에 관한 것이다.

다양한 의료 정보의 빅데이터 AI(인공지능) 분석을 통해 'AI 헬스케어' 등 신산업을 육성하고 보건서비스 품질을 제고해보겠다는 정부의 당초 계획과는 달리 현재 민감성이 높은 진료기록, 유전정보, 희귀질환 정보, 성병 정보 등 의료 데이터의 경우 어느 범위에서 어떻게 사용이 가능한 것인지, 재식별 가능성이 높아 가명처리가 가능한 것인지 등에 관하여 데이터 3법 개정에도 불구하고, 구체적인 절차나 가이드라인이 마련되지 않아서 의료 데이터의 결합 및 활용에 있어 많은 걸림돌로 작용되었다.

이에 ① 보건복지부는 2020. 7. 20.「의료기관 개설 및 의료법인 설립운영 편람」을 개정 하였고, ② 2020. 8. 5.「생명윤리법 관련 기관 운영지침」 관련 유권해석을 내놓았으며, ③ 보건복지부와 개인정보보호위원회는 2020. 9. 25. 보건의료 데이터의 안전한 활용을 위하여「보건의료 데이터 활용 가이드라인」을 공개하였다. 이하 각각의 내용에 관하여 간략히 살펴본다.

나. 관련 법 규정

의료 데이터의 결합 및 활용 제한과 관련하여 관련되는 법 규정을 정리하면 다음 표와 같다.

〈표 2-20〉 의료 데이터의 결합 및 활용 제한 관련 법 규정

<table>
<tr><th></th><th colspan="2">의료 정보에 관한 기록 열람 등 관련</th><th colspan="2">인간대상 연구 관련</th></tr>
<tr><td>법률</td><td colspan="2">의료법</td><td colspan="2">생명윤리법</td></tr>
<tr><td rowspan="5">내용</td><td rowspan="2">제21조(기록 열람 등) 제2항</td><td rowspan="2">의료인, 의료기관의 장 및 의료기관 종사자는 환자가 아닌 다른 사람에게 환자에 관한 기록을 열람하게 하거나 그 사본을 내주는 등 내용을 확인할 수 있게 하여서는 아니 된다.</td><td>재2조(정의) 제19호</td><td>“익명화”란 개인식별정보를 영구적으로 삭제하거나, 개인식별정보의 전부 또는 일부를 해당 기관의 고유식별기호로 대체하는 것을 말한다.</td></tr>
<tr><td>제15조(인간대상연구의 심의) 제1항</td><td>인간대상 연구를 하려는 자는 인간대상 연구를 하기 전에 연구계획서를 작성하여 기관위원회의 심의를 받아야 한다.</td></tr>
<tr><td rowspan="3">제21조의2 (진료기록의 송부 등) 제1항</td><td rowspan="3">의료인 또는 의료기관의 장은 다른 의료인 또는 의료기관의 장으로부터 제22조 또는 제23조에 따른 진료기록의 내용 확인이나 진료기록의 사본 및 환자의 진료경과에 대한 소견 등을 송부 또는 전송할 것을 요청받은 경우 해당 환자나 보호자의 동의를 받아 그 요청에 응하여야 한다.</td><td>제15조(인간대상연구의 심의) 제2항</td><td>제1항에도 불구하고 연구대상자 및 공공에 미치는 위험이 미미한 경우로서 국가위원회의 심의를 거쳐 보건복지부령으로 정한 기준에 맞는 연구는 기관위원회의 심의를 면제할 수 있다.</td></tr>
<tr><td colspan="2">생명윤리법 시행규칙</td></tr>
<tr><td>제13조(기관위원회의 심의를 면제할 수 있는 인간대상연구) 제1항 제3호</td><td>법 제15조 제2항에서 “보건복지부령으로 정한 기준에 맞는 연구”란 일반 대중에게 공개된 정보를 이용하는 연구 또는 개인식별정보를 수집 · 기록하지 않는 연구로서 연구대상자 등에 대한 기존의 자료나 문서를 이용하는 연구</td></tr>
</table>

다. 가명정보의 의료법 적용 배제[48]

개인정보 보호법 제6조에서는 ‘개인정보 보호에 관하여는 다른 법률에 특별한 규정이 있는 경우를 제외하고는 이 법에서 정하는 바에 따른다.’고 규정하고 있으므로 의료기관이 보유 중인 환자에 관한 기록을 제3자(외부자)에게 열람 또는 사본 발급 등 그 내용의 확인을 제공하는 경우에 위 개인정보 보호법 제6조 규정에 따라 개인정보 보호법의 특별법에 해당하는 의료법이 적용된다. 따라서 개인정보 보호법에서 제3자 제공이 허용되는 경우라고 하더라도 의료법 제21조 또는 제21조의2에서 정하는 경우가 아니면 환자에 관한 기록과 정보를 제3에게 제공해서는 안 되는데, 의료 데이터의 결합과 활용 관련 개인정보 보호법 개정에 따라 가명처리한 정보도 의료법이 적용되는지 여부가 문제되었다.

48) 2020.7.20. 보건복지부, 「의료기관 개설 및 의료법인 설립운영 편람」 개정.

이에 보건복지부는 2020. 7. 20.「의료기관 개설 및 의료법인 설립운영 편람」 개정을 통하여 개인정보 보호법 제2조 제1호의2에 따라 가명처리한 진료기록(정보)에 대하여는 의료법이 적용되지 아니하며, 개인정보 보호법 제3절 '가명정보의 처리에 관한 특례'에 따라 이용·제공이 가능하도록 함[49]으로써 가명처리한 의료 데이터를 활용할 수 있도록 하는 길을 열어주었다.

라. 가명정보를 이용한 인간대상 연구의 경우 기관위원회 심의 면제[50]

생명윤리법상 인간대상연구에 관해서는 원칙적으로 기관위원회의 심의를 받아야 하고(생명윤리법 제15조 제1항), 일반 대중에게 공개된 정보를 이용하는 연구 또는 개인식별정보를 수집·기록하지 않는 연구로서 연구대상자 등에 대한 기존의 자료나 문서를 이용하는 연구의 경우 기관위원회의 심의가 면제될 수 있는데(생명윤리법 제15조 제2항, 생명윤리법 시행규칙 제13조 제1항 제3호), 개인정보 보호법 개정에 따라 가명처리한 정보를 이용하는 연구의 경우에도 기관위원회 심의가 면제될 수 있는지가 문제되었다.

이에 보건복지부는 2020. 8. 5.「생명윤리법 관련 기관 운영지침」 관련 유권해석을 통하여 개정 개인정보 보호법의 "가명처리"는 생명윤리법 제2조 제19호의 "익명화"에 포함되는 것으로 해석하고, 의료기관에서 진료 목적으로 의료 데이터 등을 개인정보 보호법상의 가명처리를 통해 연구목적 등으로 이용하는 경우 생명윤리법 시행규칙 제13조 제1항 제3호 "연구대상자 등에 대한 기존의 자료나 문서를 이용하는 연구"로 간주하며, 기관 차원에서 가명처리가 확인된 경우 기관위원회 심의를 면제할 수 있도록 하는 유권해석을 내어 놓았고, 2020. 8. 5.부터 시행한다고 밝힘으로써 인간대상 연구에 필요한 의료 데이터를 기관위원회 심의를 받지 않고도 이용할 수 있도록 하였다.

마.「보건의료 데이터 활용 가이드라인」[51]

1)「보건의료 데이터 활용 가이드라인」의 주요 내용

해당 가이드라인은 개인정보보호위원회의「가명정보의 결합 및 반출 등에 관

---

49) 이에 대해서는 아래 8의 바항에서 살펴보는 바와 같이 비판적인 시각도 존재한다.
50) 2020.8.5. 보건복지부,「생명윤리법 관련 기관 운영지침」 관련 유권해석.
51) 2020.9.25. 보건복지부와 개인정보보호위원회,「보건의료 데이터 활용 가이드라인」.

한 고시」, 「개인정보 가명처리 가이드라인」, 「가명정보 결합 및 반출 가이드라인」과 혼용하여 적용하되, 보건의료 분야의 개인정보 가명처리 및 결합, 활용절차 등에 관해서 우선 적용된다.

적용 대상이 되는 정보는 개인정보 보호법 제23조에 따른 민감정보 중 '건강'에 관한 정보로서 다만 정보 주체의 인권, 및 사생활 보호에 중대한 피해를 야기할 수 있는 정보[52]에 대해서는 본인 동의를 받아 활용하는 것을 원칙으로 한다.

가명처리 원칙과 관련해서는 안전한 가명처리 방법이 있을 경우 가명처리하고, 안전한 가명처리 방법이 없을 경우 이러한 정보는 정보 주체 동의하에서만 활용이 가능하도록 하였다.

[그림 2-2] 개인정보 가명처리 원칙

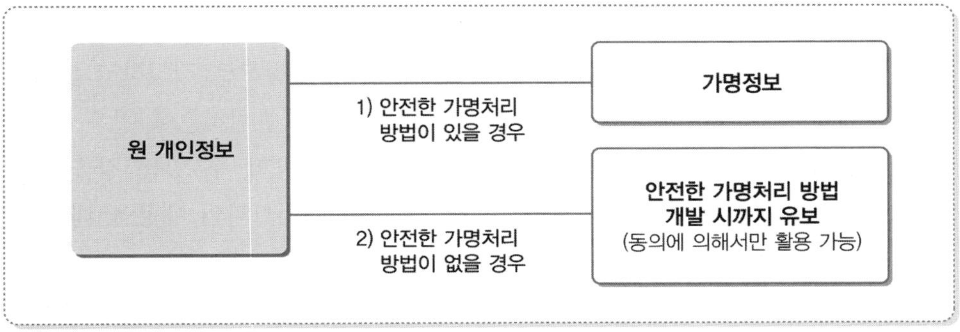

가명처리의 조치사항과 관련해서는 기본조치로서 개인정보처리자는 보유 중인 정보를 적절히 처리함으로써 추가 정보 없이는 특정 개인을 알아볼 수 없도록 하는 것을 원칙으로 하고, 추가 조치로서 악의적 의도를 가지고 재식별 시도를 하는 경우를 대비하여, 재식별되었을 때 정보주체에게 중대한 정보인권 침해가 우려될 때는 특정 항목 삭제 등 추가적 보호조치를 실시할 수 있도록 하였다.

또한 가명정보의 활용 원칙과 관련하여 가명정보 처리시, 결합시 각 고려해야 할 사항과 개인정보보호 원칙을 준수해야 한다는 점을 설명하고, 가명정보 처리 및 활용 절차에 관하여 다양한 예를 통하여 구체화하였다.

한편 가명정보가 개인정보 보호법상 개인정보에 속하지만 정보주체의 동의가 면제되는 등 비교적 자유로운 활용이 가능한 만큼 추가적인 안전조치로서 ① 재

52) 정신질환 및 처방약 정보, 감염병예방법 제2조 제10호에 따른 성매개 감염병 정보, 후천성면역결핍증 정보, 희귀질환관리법 제2조 제1호에 따른 희귀질환 정보, 학대 및 낙태 관련 정보 등.

식별 예방, ② 적절한 절차를 거치지 않은 재제공 예방, ③ 투명성, ④ 가명처리 정지요구, ⑤ 윤리적 조치는 물론 ⑥ 기타 가명정보를 활용이 종료된 후 파기, 가명정보 파일 유출·재식별 시 대응계획 수립, 가명정보 제공 계약시 재식별 등 손해배상에 관한 내용과 배상보험 가입에 관한 내용 삽입 등을 주요 조치사항으로 규정하여 정보주체의 권리를 보호할 수 있도록 하였다.

2) 「보건의료 데이터 활용 가이드라인」에 대한 비판적이 시각

위 가이드라인에 대해서는 ① 개인 의료 데이터의 경우 개인정보 보호법 제23조 제1항의 '민감정보'에 해당하므로 가명처리를 했다고 하더라도 위 조항에 따라 정보주체의 동의 절차 등이 필요하다는 점, ② 가명처리한 정보라고 하더라도 개인정보에 해당한다는 점에서 의료법이 적용되는 것으로 보아야 한다는 점, ③ 법령에 규정해야 할 사항들을 가이드라인에서 정리하고 있다는 점, ④ 개인정보 보호를 위하여 준수해야 할 원칙들을 '권고' 수준으로 격하하고 있다는 점 등의 문제가 지적되고 있고, ⑤ 개인 의료 데이터를 불법적으로 활용, 공유, 결합, 판매함으로써 의료 데이터 정보를 상업적으로 활용할 수 있는 길을 터주었다는 점에서 개인 정보주체의 권리 보호를 위하여 가이드라인 내용을 대폭 수정해야 한다는 비판적인 시각도 존재한다.

결국 「보건의료 데이터 활용 가이드라인」은 보건의료 데이터 활용에 중점을 둘 것인지 정보주체의 권리 보호를 위해 보건의료 데이터 활용의 제한에 보다 중점을 둘 것인지에 관한 의견 수렴 과정을 거쳐서 관련 내용이 보완될 것으로 보인다. 장기적으로는 보건의료 데이터와 관련하여 개인정보 보호법보다 우선하여 적용되는 의료법에서 가명처리를 한 정보에 관해서는 의료법이 적용되지 않는다는 명시적인 규정을 신설하는 등 법 개정을 통하여 그 근거 규정을 마련하고, 가명처리한 정보와 관련해서도 보건의료 정보의 특성상 민감성이 높다는 점을 고려하여 만에 하나 발생할 수 있는 정보주체의 권리 침해가능성에 대해서도 이를 보호할 수 있도록 보완조치를 구체적으로 마련해야 할 것이다.

바. 향후 전망

우리나라의 경우 환자의 의료정보를 전산화 하여 저장하는 전자의무기록제도(EMR) 도입률이 90%를 훌쩍 뛰어넘는 상황이고, 현재 쌓여 있는 공공의료 빅데이터만 놓고 보더라도 6조건을 초과하는 등 방대한 보건의료 데이터를 보유하고 있다. 그러나 보건의료 데이터를 활용함에 있어 가명처리 방법, 활용 절차 등의 법적 근거가 없는 등의 제약으로 인해 희귀난치질환 치료제, 혁신적 의료기기 개발 등에 보건의료 데이터를 활용하기 어려운 상황이었다. 그러나 개정 데이터 3법에 따라 보건의료 데이터의 가명 조치를 통한 제3자 제공 등의 법적 근거가 마련되었고, 이에 기초한 가이드라인도 속속 나옴에 따라 방대한 보건의료 데이터를 쌓아만 두고 있던 국내 대형병원들의 빅데이터 활용 사업에 탄력이 붙을 것으로 전망되고, 의약품·의료기기 개발 등을 포함한 과학적 연구로 활용 범위도 확대될 것으로 보인다.

다만, 앞서 살펴본 바와 같이 가명처리된 정보의 사용에 관해서는 각종 편람이나 가이드라인이 확정된다고 하더라도 의료법 규정 자체에 명문의 근거 규정이 없는 이상 개인정보주체의 권리침해 가능성 문제가 계속해서 대두될 것이 예상되므로 보다 근본적인 해결책을 마련하기 위해서는 의료법을 개정하고, 보건의료 데이터에 관한 가명처리에 대해서는 보다 엄격한 심사와 감독이 뒷받침되어야 할 것으로 보인다.

3부

디지털금융 관련 법률 및 주요 이슈

1장 디지털금융 관련 법률의 이해
2장 디지털금융 관련 주요 이슈

1장

디지털금융 관련 법률의 이해

1. 전자금융거래법

가. 전자금융거래법의 제·개정

1) 제 정

전자금융거래법은 전자금융거래의 법률관계를 명확히 하여 전자금융거래의 안정성과 신뢰성을 확보함과 아울러, 전자금융의 건전한 발전을 위한 기반을 조성함으로써 국민의 금융편의를 꾀하고 국민경제의 발전에 이바지함을 목적(전자금융거래법 제1조)으로 하여, 2006. 4. 28. 제정되어 2007년 1월 1일부터 시행되었다.

본 법은 세계 최초로 전자적인 방식에 의한 온라인 금융업에 대하여 법제화한 것이다. 당시 그 개념설정조차 명확하지 않았던 전자금융업을 전자화폐, 전자자금이체, 선불, 직불, 전자지급결제대행 등으로 구분하여 정의하고, 각각에 대한 허가·등록·통제 등을 규정함으로써, 이후 관련산업의 고성장을 안정적으로 뒷받침한 데에 그 의의가 있다.

2) 2021년 전면개정 예정

전자금융거래법은 제정 이후 14차에 걸쳐 개정이 이루어졌으나, 연관 규정의 변동 혹은 세부적인 시행지침의 변동 등이었고 법률의 큰 구조 자체는 그대로 유지되어 왔다. 그러나 최근 기술의 급격한 발전에 따른 디지털금융 산업 환경의 변화 및 유럽의 GDPR 제정, PSD2 개정 등 세계적인 시류 변화로 인하여, 한국의 전자금융거래법 역시 전면개정이 불가피하게 되었다.

이에 금융위원회에서 마련한 전자금융거래법 개정안(이하 "개정안"이라 한다.)이 국회에 제출되어 있는 상황이다.[1] 다만 개정안에서도 개정법 시행일을 공포 후

1년 후로 정하고 있어(전자금융거래법 개정안 부칙 제1조), 상당기간 현행법의 효력이 유지될 것이다.

따라서 이하에서는 현행 전자금융거래법에 대하여 상세히 살피되, 관련된 부분에서 개정안의 주요한 내용 역시 언급하도록 하겠다.

나. 전자금융업의 구분

1) 전자금융거래와 전자금융업의 정의

본 법의 가장 기본적인 개념인 "전자금융거래"란, 서비스 제공자인 "금융회사 또는 전자금융업자"가 전자적 장치를 통하여 제공하는 금융상품 및 서비스를, 이용자가 금융회사 또는 전자금융업자의 종사자와 직접 대면하거나 의사소통을 하지 아니하고 자동화된 방식으로 이용하는 거래를 말한다(전자금융거래법 제2조 1호).[2)]

그리고 이러한 방식으로 제공되는 금융상품 및 서비스를 "전자금융업무"(전자금융거래법 제2조 1호)[3)]라 하는데, 다양하게 구현될 수 있는 전자금융업무 중에서 본 법에 의하여 허가 및 등록의 대상이 되는 전자금융업무의 종류는 다음과 같다.[4)]

〈표 3-1〉 전자금융업무의 종류

구분	전자금융업	전자금융업무 수행자
허가	전자화폐	본 법 제28조 제1항에 의하여 허가를 받은 전자금융업자, 은행 및 금융회사
등록	전자자금이체업	본 법 제28조 제2항에 의하여 등록한 전자금융업자, 은행 및 금융회사
등록	직불전자지급수단 발행 및 관리	본 법 제28조 제2항에 의하여 등록한 전자금융업자, 은행 및 금융회사

1) 대한민국 국회, 의안번호 2105855, 전자금융거래법 일부개정법률안(윤관석의원 등 12인), 2020.11. 27.제출

2) 개정안 제2조 제1호. "전자금융거래"란 금융상품 및 서비스를 제공할 때 그 전부 또는 일부가 전자문서 등 전자적 방식으로 처리되는 거래를 말한다.
→ 개정안에서는 "금융회사 또는 전자금융업자"라는 주체의 제한과 "비대면거래"라는 행위 형태의 한정을 삭제함으로써, 전자적 방식으로 처리되는 금융상품 및 서비스 거래 전체에 대해서 전자금융거래법의 적용 범위를 확대하였다.

3) 개정안 제2조 제1호의2(신설). "전자금융업무"란 전자금융거래를 처리하는 업무 및 이에 수반되거나 밀접하게 관련이 있는 금융회사 또는 전자금융업자 내부의 업무를 말한다.

4) 개정안에서의 전자금융업 종류에 대해서는 3부 2장의 "3. 전자금융거래법 인가제도의 개편" 참고.

등록	선불전자지급수단 발행 및 관리	본 법 제28조 제2항에 의하여 등록한 전자금융업자, 은행 및 금융회사
등록	전자지급 결제대행업	본 법 제28조 제2항에 의하여 등록한 전자금융업자, 은행 및 금융회사
등록	결제대금예치업	본 법 제28조 제2항에 의하여 등록한 전자금융업자, 은행 및 금융회사
등록	전자고지결제업	본 법 제28조 제2항에 의하여 등록한 전자금융업자, 은행 및 금융회사
등록	전자채권 등록 및 관리업	본 법 제29조 제1항에 따라 등록한 전자채권 관리기관 (예 금융결제원)

2) 전자화폐의 발행 및 관리업

전자금융거래법의 최초 제정시에는 이미 은행 및 신용카드사에서 발행한 5종의 전자화폐가 존재하고 있었고, 향후 핵심사업이 될 것으로 보였으므로 전자화폐를 기본으로 하여 법제도를 설계하였다.

그러나 전자화폐는 수행을 위한 요건이 엄격하여 서비스제공자에게도, 이용자에게도 꽤나 불편한 결제수단이 되어버렸기 때문에 기대와는 달리 활성화되지 못하였다.

오히려 상대적으로 규제가 경량화되어 있고, 이용자의 개인계좌와의 연동으로 안정적인 채권관리가 가능하며, 기술의 발달에 따라 실시간 자동이체 충전 등이 가능해진 선불전자결제수단이 활용도 높은 전자지급수단으로 자리 잡았다.

2004년 9월말에는 한국은행, 금융결제원, 시중은행이 연계하여 발행한 K-Cash를 비롯하여, Mondex, Mybi, A-Cash, VisaCash 5개의 전자화폐가 594만매, 95.4억원의 발급잔액을 갖추고 있었으나, 그 규모가 지속적으로 축소되어 현재 2020년 2분기 전자화폐 이용금액은 9,500만원에 불과한 상황이며, '케이캐시(K-Cash)가 2020년 12월 15일자로 서비스를 종료하여 자취를 감추게 되었다.

이에 따라 개정안에서는 "전자화폐업"이 삭제되었다.

■ '전자화폐' 명칭의 유의

한국은행법은 화폐의 발행권은 한국은행만이 가진다고 규정하고, 한국은행권은 법화(法貨)로서 모든 거래에 무제한 통용되도록 정하고 있다(한국은행법 제47조, 제48조). 그리고 이를 위반하는 행위는 형법에 의하여 처벌 대상이 된다(형법 제207조).

따라서 '전자화폐'라는 명칭은 전자금융거래법에 의하여 허가를 받은 경우에만 사용할 수 있고(전자금융거래법 第36조), 허가 없이 전자화폐의 명칭을 사용한 자에게는 5천만원 이하의 과태료가 부과되도록 규정하고 있다(전자금융거래법 제51조 제1항 2호). 다만 전자화폐는 법화가 아닌 일종의 유가증권에 해당하며, 따라서 그 위조 등의 경우 형법상 통화 위조(형법 207조)가 아닌 유가증권의 위조(형법 214조)에 관한 규정의 적용을 받게 된다.

화폐라는 명칭이 갖는 신뢰도로 인하여 불측의 피해가 발생할 것을 우려한 감독당국은 다른 전자금융업을 등록업으로 관리하는데 반하여, '전자화폐'에 대해서는 엄격한 조건을 요구하며 허가업으로 관리하고 있는 것이다(전자금융거래법 제28조).

이처럼 '화폐'라는 명칭의 사용에 엄격한 조건을 부여하고 있음에도, 암호화폐, 지역화폐 등의 명칭들이 남용되고 있는 것은 모두 본 법의 규정취지에 반하는 것으로서 사용에 주의를 기울여야 할 것이다.

■ 전자화폐와 선불전자지급수단의 구별

전자화폐와 선불전자지급수단은 지역적인 요건과 구입할 수 있는 재화 및 용역의 범위에서 구별될 뿐만 아니라, 전자화폐는 현금 또는 예금과 동일한 가치로 발행되고 발행자가 다시 현금 또는 예금으로 전액 교환에 응해야 한다는 점에서, 할인발행이 가능하고 당사자 간의 약정에 따라 전액 환급하지 않아도 되는 선불전자지급수단과 차이가 있다(전자금융거래법 제16조 제2항, 제4항, 제19조 제1항).

■ 겸업의 제한

전자화폐업의 허가를 받은 전자금융업자(금융회사 제외)는 원칙적으로 전자금융업 이외의 업무를 수행할 수 없다[전자금융거래법 제35조(겸업제한)].

■ 전자화폐에 형법 적용 및 양벌규정

전자화폐는 「형법」 제214조 내지 제217조에 정한 죄의 유가증권으로 보아, 각 그 죄에 정한 형으로 처벌한다(전자금융거래법 제49조 제3항).

법인의 대표자나 법인 또는 개인의 대리인, 사용인, 그 밖의 종업원이 그 법인 또는 개인의 업무에 관하여 제49조 제3항(형법 제214조, 제215조 또는 제217조에서 정한 형으로 처벌하는 경우로 한정한다)의 위반행위를 하면 그 행위자를 벌하는 외에 그 법인 또는 개인을 5천만원 이하의 벌금에 처한다. 단, 행위자를 「형법」 제216조에서 정한 형으로 처벌하는 경우에는 법인 또는 개인에게 3천만원 이하의 벌금에 처한다(전자금융거래법 제50조).

다만, 법인 또는 개인이 그 위반행위를 방지하기 위하여 해당 업무에 관하여 상당한 주의와 감독을 게을리하지 아니한 경우에는 그러하지 아니하다.

〈표 3-2〉 전자화폐 형법 적용 및 양벌규정

형법	죄명	처벌
제214조	유가증권의 위조	행위자 10년 이하의 징역, 양벌규정에 따라 법인 및 대표자에게 5천만원 이하 벌금
제215조	자격모용에 의한 유가증권의 작성	행위자 10년 이하의 징역, 양벌규정에 따라 법인 및 대표자에게 5천만원 이하 벌금
제216조	허위유가증권의 작성 등	7년 이하의 징역 또는 3천만원 이하의 벌금 양벌규정에 따라 법인 및 대표자에게 3천만원 이하 벌금
제217조	위조유가증권 등의 행사 등	행위자 10년 이하의 징역, 양벌규정에 따라 법인 및 대표자에게 5천만원 이하 벌금

개정안에서는 "전자화폐업"이 폐지됨에 따라서, "전자화폐"를 대신하여 "선불전자지급수단"에 대해서 형법상 유가증권 관련 규정이 준용되게 되었다(전자금융거래법 개정안 제49조 제3항).

3) 전자자금이체

"전자자금이체"는 "지급인과 수취인 사이에 자금을 지급할 목적으로, 금융회사 또는 전자금융업자에 개설된 계좌(금융회사에 연결된 계좌)에서 다른 계좌로 전자적 장치에 의하여 다음 각 목의 어느 하나에 해당하는 방법으로 자금을 이체하는 것"을 말한다(전자금융거래법 제2조 12호).

지급인의 지급지시에 의한 자금이체의 경우 지급지시 자체가 계좌주의 동의를 내포하고 있으나, 추심이체는 수취인의 추심지시는 요청에 해당할 뿐이며 지급인의 출금동의가 추가로 필요하다.

출금동의는 사전에 서면(전자문서 포함) 혹은 녹취의 방법에 의하여야 하며, 지급인의 계좌 원장에 출금 내용이 기록되기 전까지 금융회사 또는 전자금융업자에게 철회할 수 있다. 다만 대량으로 처리하는 거래 또는 예약에 따른 거래 등의 경우에는 미리 정한 약정에 따라 그 철회시기를 달리 정할 수 있다. 이러한 동의의 철회 방법 및 절차와 약정에 관한 사항은 약관에 기재되어야 한다(전자금융거래법 제15조, 전자금융거래법 시행령 제10조).

전자자금이체업무는 은행업을 영위함에 있어 필수적인 부수업무에 해당하므로, 은행은 전자금융거래법상 별도의 등록 없이 수행할 수 있다.

흥미로운 것은 최근 활성화되고 있는 간편송금 서비스의 대부분이 전자자금이체업이 아닌 선불전자지급수단 발행 및 관리업을 활용하여 수행되고 있다는 것이다. 이에 대해서는 선불전자지급수단과 관련하여 상세히 살펴보도록 하겠다.

4) 직불전자지급수단의 발행 및 관리업

"직불전자지급수단"은 "이용자와 가맹점간에 전자적 방법에 따라 금융회사의 계좌에서 자금을 이체하는 등의 방법으로 재화 또는 용역의 제공과 그 대가의 지급을 동시에 이행할 수 있도록 금융회사 또는 전자금융업자가 발행한 증표(자금을 융통받을 수 있는 증표를 제외한다) 또는 그 증표에 관한 정보"로 정의되어 있다(전자금융거래법 제2조 13호).

직불전자지급수단은 이용자의 은행 계좌에 예치된 자금을 사용하는 결제수단으로서, 은행에서 발행하는 직불카드와 신용카드사의 체크카드, 전자금융업자가 발행하는 직불전자지급수단이 이에 해당한다.

은행과 신용카드사에게 직불전자지급수단의 발행은 필수적인 부수업무에 해당하므로, 전자금융거래법상 별도의 등록 없이 직불전자지급수단을 발행할 수 있다.

은행직불카드는 현금입출금의 용도로는 활발히 사용되고 있으나, 결제가맹점의 확보가 미흡하고, 고객에 대한 적립·할인혜택마저 부족하여 결제수단으로서의 사용은 활성화되지 못했다.

신용카드사 발행 체크카드는 신용카드의 가맹점 및 단말기 등을 그대로 활용할 수 있을 뿐 아니라, 고객 마케팅 및 소득공제 혜택이 풍부하였으므로, 매년 그 사용량이 증가하고 있다. 은행 영업점을 통해 발행유치를 할 수 있는 은행계 신용카드사(신한, KB, NH, 우리, 하나)가, 전업계 신용카드사(삼성, 현대, BC 등)에 비해 시장 지위에서 우위를 확보하고 있다.

전자금융업자의 직불전자지급수단은 그 발행이 저조하다. 2019년중 직불전자지급수단 이용실적(일평균)은 1,408건, 2,890만원 수준에 머무르고 있다.[5] 발행사업자인 전자금융업자들이 다음의 이유로 직불보다는 선불전자지급수단을 활성화한 탓이다. 전자지급수단과 연동된 은행계좌로부터의 이체회수가 많아질수록 전자금융업자의 이체수수료 부담이 커지는데, 선불은 일시에 상당금액의 충전금을 채워두고 사용하므로 사용시마다 실시간 이체를 전제로 하는 직불보다 은행이체수수료 부담이 덜하고, 선불충전된 자금운용을 통해 부가적인 수익창출까지도 기대할 수 있는 장점이 있었기 때문이다.

5) 선불전자지급수단의 발행 및 관리업

선불전자지급수단은 "이전 가능한 금전적 가치가 전자적 방법으로 저장되어 발행된 증표 및 정보로서, 발행인 외의 제3자로부터 재화 또는 용역을 구입하고 그 대가를 지급하는데 사용될 수 있고, 구입할 수 있는 재화 또는 용역의 범위가 2개 업종 이상인 것"으로 정의되어 있다(전자금융거래법 제2조 14호).

최근 자주 접할 수 있는 카카오머니, 페이코, 토스머니 등의 모바일 선불 서비스가 이에 해당하며, 2020년 6월말 현재, 카카오, 네이버파이낸셜, KT 등 61개 사업자들이 등록하여 사업을 영위 중에 있고, 2019년 이후로도 23개 사업자가 신규로 등록하여 최근 급격히 활성화되고 있는 전자금융업이다.[6]

대한민국의 2019년중 선불전자지급서비스 이용실적(일평균)은 1,890만 건, 2,979억원으로 전년 대비 각각 15.8%, 108.9% 증가하였다.[7]

이에 대해서는 3부 2장의 "3. 전자금융거래법 인가제도의 개편"에서 별도로 상세 서술하기로 한다.

6) 결제대금예치업(Escrow)

결제대금예치란, 전자상거래에서 구매자로부터 대금을 예치받고 물품수령 확인과정 등을 통해 거래가 적절하게 이루어졌는지를 확인한 이후, 구매대금을 판매자에게 지급하는 서비스이다.

비대면으로 거래가 이뤄지고 대금의 지급과 상품·용역의 수령 간에 시차가 발생하는 전자상거래의 특성상, 비용을 지급하는 소비자 입장에서는 결제대금의

---

5) 한국은행, "2019년중 전자지급서비스 이용 현황", 2020. 3. 24.
6) 금융감독원, 전자금융업 등록 현황
7) 한국은행, "2019년중 전자지급서비스 이용 현황", 2020. 3. 24.

선지급에 따른 위험을 부담하게 된다. 이러한 위험을 완화하기 위하여, 선지급식 통신판매의 경우 소비자가 구매의 안전을 위하여 원하는 경우에는 재화등을 공급받을 때까지 제3자에게 그 재화등의 결제대금을 예치하는 것을 선택할 수 있다(전자상거래 등에서의 소비자보호에 관한 법률 제13조 제2항 제10호).

이러한 결제대금 예치업을 수행하기 위해서는 전자금융거래법상 결제대금예치업자로 등록해야 한다(전자금융거래법 제28조 제2항 제5호. 시행령 제15조 제3항 1호). 다만, 은행 및 신용카드사 등 금융기관은 이 역시 등록 없이 수행이 가능하다.

다만 다음 각 호의 어느 하나에 해당하는 거래를 하는 경우에는, 결제대금예치에 대한 선택권이 부여되지 않는다.

〈표 3-3〉 전자상거래 등에서의 소비자보호에 관한 법률 제24조 제3항

각 호	전자상거래에 있어서 결제대금 예치를 선택할 수 없는 경우
제1호	2013. 5. 28. 삭제 (삭제된 내용: 10만원 이하의 범위에서 대통령령으로 정하는 금액 이하인 재화등을 구매하는 거래 삭제 이유: 소액거래에서도 결제대금예치 등 보호수단선택을 보장하기 위함)
제2호	신용카드로 재화 등의 대금을 지급하는 거래
제3호	정보통신망으로 전송되거나, 결제대금예치업자가 배송을 확인할 수 없는 재화등을 구매하는 거래
제4호	일정기간에 걸쳐 분할되어 공급되는 재화 등을 구매하는 거래
제5호	다른 법률에 따라 소비자의 구매안전이 충분히 갖추어진 경우 또는 제1호부터 제4호까지의 규정과 유사한 사유로 결제대금예치 또는 소비자피해보상보험계약 등의 체결이 필요하지 아니하거나 곤란하다고 공정거래위원회가 정하여 고시하는 거래[8]

2020년 6월 말 현재, KG이니시스, NHN한국사이버결제, 토스페이먼츠 등 38개 사업자들이 PG서비스의 병행서비스로 수행하고 있으며,[9] 2019년중 결제대금

8) 〈결제대금 예치 또는 소비자피해보상보험계약 등의 체결이 면제되는 거래에 관한 고시〉
Ⅰ. 결제대금예치 또는 소비자피해보상보험계약 등의 체결이 면제되는 거래
소비자가 다음 각 호에서 정한 사업자와 행하는 거래를 결제대금예치 또는 소비자피해보상보험계약 등의 체결이 필요하지 아니하거나 곤란한 거래로 고시합니다.
− 다 음 −
가. 국가기관 및 지방자치단체
나. 공공기관의운영에관한법률 제4조에 따른 공공기관
다. 특별법에 의하여 공익적 목적으로 설립된 법인
라. 초・중등교육법 및 고등교육법 기타 다른 법률에 의하여 설치된 각급 학교
9) 금융감독원, 전자금융업 등록 현황

예치서비스 이용실적(일평균)은 207만건, 971억원으로 전년 대비 각각 15.6%, 12.9% 증가하였다.[10]

7) 전자고지결제업(EBPP)

전자고지결제업(EBPP: Electronic Bill Presentment and Payment)은 아파트 관리비, 보험료, 각종 세금 등 공과금의 청구고지서를, 그 수취인을 대신하여 지급인에게 이메일 등 전자적 방식으로 발행하고, 지급인이 이를 확인하고 결제하도록 하여 대금을 수수한 후 수취인에 대한 정산까지 대행하는 서비스이다.[11]

EBPP서비스는 기존에 개별적으로 제공되던 전자고지(electronic presentation)와 전자결제(electronic payment)를 결합하여, 결제대행(PG)과 유사하게 청구고지부터 대금정산까지의 일련의 과정을 통합한 서비스를 제공하는 것이다.

EBPP서비스는 요금지불청구와 결제에 걸친 전 단계에서 종이를 제거하여 요금청구서의 인쇄, 통지 및 요금결제의 전 과정을 컴퓨터 네트워크 상에서 처리함으로써 높은 우편비용을 부담하고 있는 청구인(biller)은 상당한 비용절감효과를 기대할 수 있고, 고객도 은행에 가지 않고 비대면으로 대금결제를 완결할 수 있는 편리성을 제공하며 그 서비스 활용도를 높여가고 있다.

이러한 전자고지결제업 역시 그 수행을 위해서는 전자금융거래법상 전자고지결제업자로 등록해야 한다(전자금융거래법 제28조 제2항 제5호, 시행령 제15조 제3항 2호). 다만, 은행 및 신용카드사 등 금융기관은 이 역시 등록 없이 수행이 가능하다.

2020년 6월 말 현재, 카카오페이, 이지스엔터프라이즈 등 12개 사업자들이 지방세, 아파트 관리비 등의 납부서비스를 수행하고 있으며,[12] 2019년중 전자고지결제서비스 이용실적(일평균)은 18만건, 317억원으로 전년 대비 각각 17.2%, 17.7% 증가하였다.[13]

8) 전자지급결제대행업(PG)

전자지급결제대행이란, 전자상거래에서 구매자로부터 대금을 수취하여 판매자에게 최종적으로 지급될 수 있도록 지급결제정보를 송·수신하거나 그 대가의 정산

10) 한국은행, "2019년중 전자지급서비스 이용 현황", 2020. 3. 24.
11) 전자고지 결제(EBPP)서비스의 현황 및 전망, 정보통신정책연구원, 김이영 연구원, 2001. 10. 4.
12) 금융감독원, 전자금융업 등록 현황
13) 한국은행, "2019년중 전자지급서비스 이용 현황", 2020. 3. 24.

대행 또는 매개하는 서비스(전자금융거래법 제2조 19호)로서, Payment Gateway를 줄인 PG로 불린다.

비대면이며 대금과 재화의 공급이 동시이행으로 이루어지지 않는 전자상거래의 특성상, 신뢰성 있는 거래 중계업체가 필요하여 도출된 사업모델이다. 특히 신용을 기본으로 하는 신용카드거래에 있어서 그 필요성이 더욱 커지며, 신용카드거래가 기본적으로 제3자를 위한 거래중계를 금지하는데 반하여, 예외적으로 인정한 결제대행업로서의 성격을 갖는다(여신전문금융업법 제2조 제5호 나목).

신용카드사를 비롯한 지급결제수단 발행사(신용카드, 통신과금, 선불, 현금, 계좌이체 등)과 연결하여 결제승인하는 업무와 가맹점을 모집, 등록하고 대금을 정산해주는 업무를 주요한 업무로 한다.

2020년6월말 현재, KG이니시스, NHN한국사이버결제, 토스페이먼츠 등 119개 사업자들이 등록하여, 서비스등록 사업자가 가장 많은 전자금융업이다.[14] 2019년중 전자지급결제대행 서비스(PG) 이용실적(일평균)은 1,204만건, 5,467억원으로 전년 대비 각각 39.3%, 26.2% 증가하였다.[15]

상세한 내용은 3부 2장의 "1. 전자지급결제대행업(PG, Payment Gateway)"에서 별도로 다룬다.

다. 전자지급거래 및 전자지급수단

1) 전자지급거래의 정의

전자금융거래의 여러 형태 중, 자금을 주는 자(이하 "지급인"이라 한다)가 금융회사 또는 전자금융업자로 하여금 전자지급수단을 이용하여 자금을 받는 자(이하 "수취인"이라 한다)에게 자금을 이동하게 하는 전자금융거래를 "전자지급거래"라 정의하여 별도로 정하고 있다(전자금융거래법 제2조 2호).[16]

---

14) 금융감독원, 전자금융업 등록 현황

15) 한국은행, "2019년중 전자지급서비스 이용 현황", 2020.3.24.

16) 개정안 제2조 제2호. "전자지급거래"란 다음 각 목의 어느 하나에 해당하는 자의 거래지시에 따른 행위로서 금융회사 또는 전자금융업자에게 자금을 맡기거나 이들로부터 자금을 인출하거나 전자지급수단을 이용하여 자금을 이동하게 하는 전자금융거래를 말한다.
가. 자금을 주는 자(이하 "지급인"이라 한다)
나. 자금을 받는 자(이하 "수취인"이라 한다)
다. 지급인을 대리하거나 대행하는 자
→ 개정안에서는 전자지급거래의 범위가 현행법상 "자금의 이동"에서 "자금의 예치", "자금의 인출"까지 확대되었고, "다"목의 추가에 의하여 지급지시전달업자와 종합지급결제사업자의 전자지급

광의의 전자금융거래에는 자금의 보유자 자신의 계좌조회, 자금관리 등의 업무까지 포함되는 데 반하여, 전자지급거래는 자금 보유자가 보유한 자금을 전자적 지급수단을 통하여 제3자인 자금 수취인에게 전달하는 "지급"에 국한하여 정의한 것이다.[17]

2) 지급의 효력 발생 시기 및 철회

전자지급수단을 이용한 자금지급의 효력발생시기와 관련하여 전자금융거래법은 다음과 같이 구분하여 정하고 있다.

〈표 3-4〉 전자금융거래법 제13조 지급의 효력 발생 시기

각 호	전자지급수단	효력 발생 시기
제1호	전자자금이체	거래지시된 금액의 정보에 대하여 수취인의 계좌가 개설되어 있는 금융회사 또는 전자금융업자의 계좌의 원장에 입금기록이 끝난 때 단, 금융회사 및 전자금융업자는 이용자가 원하는 경우에는 지연이체[18]가 가능하도록 하여야 한다.[19]
제2호	전자적장치로부터 직접 현금 출금	수취인이 현금을 수령한 때
제3호	선불전자지급수단 및 전자화폐로 지급하는 경우	거래지시된 금액의 정보가 수취인이 지정한 전자적 장치에 도달한 때
제4호	그 밖의 전자지급수단[20]으로 지급하는 경우	거래지시된 금액의 정보가 수취인의 계좌가 개설되어 있는 금융회사 또는 전자금융업자의 전자적 장치에 입력이 끝난 때

이용자는 상기 지급의 효력이 발생하기 전까지 거래지시를 철회할 수 있다. 다만, 대량으로 처리하는 거래 또는 예약에 따른 거래 등의 경우에는 미리 정한 약정에 따라 거래지시의 철회시기를 달리 정할 수 있다. 발행자는 거래지시의 철회방법 및 절차, 철회시기에 대한 약정을 약관에 기재하여 사전에 이용자로부터 동의를 얻어야 한다(전자금융거래법 제14조).

거래 대리·대행이 가능하게 되었다.

17) 개정안에서의 전자지급거래청산에 관해서는 본서 3부 2장의 "4. 오픈뱅킹과 전자지급거래청산업의 제도화" 참고.

18) 이용자가 거래지시를 하는 때부터 일정 시간이 경과한 후에 전자자금이체의 지급 효력이 발생하는 전자자금이체. 전자금융거래법 시행령 제9조의2 제2항.

19) 전자금융거래법 제13조 제2항.
전자금융거래법 제51조 제2항 1호. 지연이체를 제공치 아니하는 금융회사 및 전자금융업자에게는 2천만 원 이하의 과태료가 부과된다.

20) 직불전자지급수단, 신용카드, 전자채권, 그 밖의 전자적 방법에 따른 지급수단(전자금융거래법 제2조 제11호. 참고).

3) 전자지급수단의 구분

전자지급거래에 이용되는 "전자지급수단"은 다음과 같이 구분된다(전자금융거래법 제2조 제11호).

〈표 3-5〉 전자금융거래법 제2조 전자지급수단

각 호	업무 구분	해당 업무의 내용
제12호	전자자금이체	지급인과 수취인 사이에 자금을 지급할 목적으로 금융회사 또는 전자금융업자에 개설된 계좌(금융회사에 연결된 계좌에 한한다. 이하 같다)에서 다른 계좌로 전자적 장치에 의하여 다음 각 목의 어느 하나에 해당하는 방법으로 자금을 이체하는 것을 말한다. 가. 금융회사 또는 전자금융업자에 대한 지급인의 지급지시 나. 금융회사 또는 전자금융업자에 대한 수취인의 추심지시(이하 "추심이체"라 한다)
제13호	직불전자지급수단	이용자와 가맹점간에 전자적 방법에 따라 금융회사의 계좌에서 자금을 이체하는 등의 방법으로 재화 또는 용역의 제공과 그 대가의 지급을 동시에 이행할 수 있도록 금융회사 또는 전자금융업자가 발행한 증표(자금을 융통받을 수 있는 증표를 제외한다) 또는 그 증표에 관한 정보를 말한다.
제14호	선불전자지급수단	이전 가능한 금전적 가치가 전자적 방법으로 저장되어 발행된 증표 또는 그 증표에 관한 정보로서 다음 각 목의 요건을 모두 갖춘 것을 말한다. 다만, 전자화폐를 제외한다. 가. 발행인(대통령령이 정하는 특수관계인을 포함한다) 외의 제3자로부터 재화 또는 용역을 구입하고 그 대가를 지급하는데 사용될 것 나. 구입할 수 있는 재화 또는 용역의 범위가 2개 업종(「통계법」 제22조 제1항의 규정에 따라 통계청장이 고시하는 한국표준산업분류의 중분류상의 업종을 말한다. 이하 이 조에서 같다)이상일 것
제15호	전자화폐	이전 가능한 금전적 가치가 전자적 방법으로 저장되어 발행된 증표 또는 그 증표에 관한 정보로서 다음 각 목의 요건을 모두 갖춘 것을 말한다. 가. 대통령령이 정하는 기준 이상의 지역 및 가맹점에서 이용될 것 나. 제14호 가목의 요건을 충족할 것 다. 구입할 수 있는 재화 또는 용역의 범위가 5개 이상으로서 대통령령이 정하는 업종 수 이상일 것 라. 현금 또는 예금과 동일한 가치로 교환되어 발행될 것 마. 발행자에 의하여 현금 또는 예금으로 교환이 보장될 것
제16호	전자채권	다음 각 목의 요건을 갖춘 전자문서에 기재된 채권자의 금전채권을 말한다. 가. 채무자가 채권자를 지정할 것 나. 전자채권에 채무의 내용이 기재되어 있을 것 다. 「전자서명법」 제2조 제2호에 따른 전자서명(서명자의 실지명의를 확인할 수 있는 것을 말한다)이 있을 것 라. 금융회사를 거쳐 제29조 제1항의 규정에 따른 전자채권관리기관(이하 "전자채권관리기관"이라 한다)에 등록될 것 마. 채무자가 채권자에게 가목 내지 다목의 요건을 모두 갖춘 전자문서를 「전자문서 및 전자거래 기본법」 제6조 제1항에 따라 송신하고 채권자가 이를 같은 법 제6조 제2항의 규정에 따라 수신할 것
		"신용카드"란 이를 제시함으로써 반복하여 신용카드가맹점에서 다음 각 목을

신용카드[21]	제외한 사항을 결제할 수 있는 증표(證票)로서 신용카드업자(외국에서 신용카드업에 상당하는 영업을 영위하는 자를 포함한다)가 발행한 것을 말한다. 가. 금전채무의 상환 나. 「자본시장법」 제3조 제1항에 따른 금융투자상품 등 대통령령으로 정하는 금융상품 다. 「게임산업진흥에 관한 법률」 제2조 제1호의2에 따른 사행성게임물의 이용 대가 및 이용에 따른 금전의 지급. 다만, 외국인(「해외이주법」 제2조에 따른 해외이주자를 포함한다)이 「관광진흥법」에 따라 허가받은 카지노영업소에서 외국에서 신용카드업에 상당하는 영업을 영위하는 자가 발행한 신용카드로 결제하는 것은 제외한다. 라. 그 밖에 사행행위 등 건전한 국민생활을 저해하고 선량한 풍속을 해치는 행위로 대통령령으로 정하는 사항의 이용 대가 및 이용에 따른 금전의 지급

* 신용카드는 전자적 방식에 의하여 대금의 지급을 중계하는 수단에 해당하여 "전자지급수단"으로 판단되는 바, 신용카드에 의한 거래는 여신전문금융업법 뿐 아니라 전자금융거래법에 의하여 규율되는 경우도 있음을 주의하여야 한다.

4) 전자지급수단별 세부적 이용한도

아래 표는 현행 전자금융감독규정이 정하고 있는 전자지급수단별 세부적 이용한도이다. 다만, 향후 금융위원회는 선불전자지급수단의 발행권면 한도 자체를 최대 500만원까지 상향하고, 30만원 정도의 후불신용결제까지도 가능하게 하는 형태로의 개정을 추진하고 있는 점을 유의하여야 할 것이다.

〈표 3-6〉 전자금융감독규정 별표 3. 전자지급수단의 세부적 이용한도

가) 전자화폐 및 선불전자지급수단 발행권면 최고한도 (단위: 만원)

구 분	발행권면 한도	
	무기명식	기명식
전자화폐	5	200
선불전자지급수단	50	200

나) 전자자금이체한도(지급이체의 경우) (단위: 억원)

구 분		1회 이체한도	1일 이체한도
현금카드	인출한도	0.01	0.06
	이체한도	0.06	0.3
텔레뱅킹	개인	0.5	2.5
	법인	1	5

21) 여신전문금융업법 제2조 제3호.

인터넷뱅킹	개인	1	5
	법인	10	50
모바일뱅킹		1	5
메일뱅킹		0.1	0.5

다) 직불전자지급수단 이용한도

(단위: 만원)

구 분	1회 이용한도	1일 이용한도
직불전자지급수단	10,000	10,000
실명증표확인 외의 본인확인수단을 이용하여 발급된 직불전자지급수단	200	200

라. 전자금융업의 허가 및 등록

1) 업종별 허가 및 등록 요건

'전자화폐'의 발행 및 관리업무는 금융위원회의 허가를 득할 것을 요구하고 있으며, 그 이외 전자금융거래 업무는 모두 등록 업무이다(전자금융거래법 제28조). 허가 또는 등록 없이 전자금융업무를 수행하는 경우나, 허위 또는 부정한 방법으로 허가 또는 등록을 득한 경우에는 3년 이하의 징역 또는 2천만원 이하의 벌금에 처한다(전자금융거래법 제49조 제5항 5호, 6호).

다만, 은행과 신용카드사 등의 금융회사들은 본업에 부수하는 기능으로서 전자금융서비스를 제공할 수 있으므로, 전자금융업에 대한 별도의 등록이 필요 없이 해당업무를 수행할 수 있다(전자금융거래법 제28조 제2항 단서, 전자금융거래법 시행령 제15조 제1항).

기초자치단체나 가맹점 내부에서만 제한적으로 사용되는 선불전자지급수단을 발행하는 경우와, 전자지급결제대행 관련 업무 중에서 자금이동에 관여하지 않고 전자지급거래에 관한 정보만을 단순히 전달하는 경우에도 별도의 등록 없이 수행이 가능하다(전자금융거래법 제28조 제3항, 전자금융거래법 시행령 제15조 제4항).

전자금융업무 각각의 허가 및 등록요건은 다음과 같다.

〈표 3-7〉 전자금융업무 허가 및 등록 요건

<table>
<tr><th colspan="2" rowspan="2">업종 구분</th><th rowspan="2">공통 요건[22]</th><th colspan="3">개별 요건</th></tr>
<tr><th colspan="2">자본금(기본재산) [23]</th><th>허가 요건[24]</th></tr>
<tr><td rowspan="10">전자
금융
업자</td><td>전자화폐</td><td rowspan="12">1. 제30조의 규정에 의한 자본금 또는 기본재산을 보유할 것
2. 이용자의 보호가 가능하고 행하고자 하는 업무를 수행함에 있어서 충분한 전문인력과 전산설비 등 물적 시설을 갖추고 있을 것
3. 대통령령이 정하는 재무건전성 기준을 충족할 것</td><td colspan="2">50억원</td><td>4. 사업계획이 타당하고 건전할 것
5. 대통령령이 정하는 주요출자자가 충분한 출자능력, 건전한 재무상태 및 사회적 신용을 갖추고 있을 것</td></tr>
<tr><td>전자자금이체업</td><td colspan="2">30억원</td><td rowspan="11">해당사항 없음</td></tr>
<tr><td>직불전자지급수단 발행 및 관리</td><td colspan="2">20억원</td></tr>
<tr><td>선불전자지급수단 발행 및 관리</td><td colspan="2">20억원</td></tr>
<tr><td rowspan="2">전자지급 결제대행업</td><td rowspan="8">분기별 전자금융거래 총액 30억원[25]</td><td>이하 3억원</td></tr>
<tr><td>초과 10억원</td></tr>
<tr><td rowspan="2">결제대금예치업</td><td>이하 3억원</td></tr>
<tr><td>초과 10억</td></tr>
<tr><td rowspan="2">전자고지결제업</td><td>이하 3억원</td></tr>
<tr><td>초과 5억원</td></tr>
<tr><td colspan="2" rowspan="2">전자채권 관리기관</td><td>이하 5억원</td></tr>
<tr><td>초과 30억원</td></tr>
</table>

2) 허가 · 인가 · 등록의 절차[26]

전자금융업을 수행하고자 하는 자는 금융위원회에 사전에 신청해야 하는데, 실제 관련절차의 수행은 금융감독원을 통하게 된다.

전자화폐업은 허가사업으로서 3개월의 심사기간(예비허가의 경우도 동일)을 정하고 있으나, 그 외 전자금융업은 등록신청일로부터 20일 이내에 금융감독원장이 등록요건을 갖추었는지를 판단하여 서면으로 등록여부를 통지한다(다만, 등록요건 확인을 위한 실지조사에 걸린 기간은 통지기간에 산입하지 아니한다.).

금융위원회는 허가 · 인가 · 등록 사항을 지체없이 관보에 공고하고 일반인에

22) 전자금융거래법 제31조 제1항
23) 전자금융거래법 제30조, 전자금융거래법 시행령 제17조
24) 전자금융거래법 제31조 제1항
25) 전자금융거래법 시행령 제30조 제3항
26) 전자금융거래법 제33조~제34조, 전자금융거래법 시행령 제20조, 전자금융감독규정 제42조~제49조

게 알려야 한다. 등록의 말소에 관한 사항 역시 같다.

3) 허가 · 등록의 결격사유

다음 각 호의 어느 하나에 해당하는 자는 전자금융업의 허가를 받거나 등록을 할 수 없다(전자금융거래법 제32조).

〈표 3-8〉 전자금융거래법 제32조 결격 사유

각 호	금지행위
제1호	제34조의 규정(신청에 의한 등록의 말소)에 따라 등록이 말소된 날부터 1년이 지나지 아니한 법인 및 그 등록이 말소될 당시 그 법인의 대주주(대통령령이 정하는 출자자를 말한다. 이하 같다)이었던 자로서 그 말소된 날부터 1년이 지나지 아니한 자
제2호	제43조 제1항의 규정에 따른 허가 또는 등록의 취소가 있은 날부터 3년이 지나지 아니한 법인 및 그 취소 당시 그 법인의 대주주이었던 자로서 그 취소가 있은 날부터 3년이 지나지 아니한 자
제3호	「채무자 회생 및 파산에 관한 법률」에 따른 회생절차 중에 있는 회사 및 그 회사의 대주주
제4호	금융거래 등 상거래에 있어서 약정한 기일 내에 채무를 변제하지 아니한 자로서 금융위원회가 정하는 자
제5호	허가 또는 등록 신청일을 기준으로 최근 3년간 대통령령이 정하는 금융관계법령을 위반하여 벌금형 이상의 처벌을 받은 사실이 있는 자
제6호	제1호 내지 제5호에 해당하는 자가 대주주인 법인

4) 허가 · 등록의 취소

금융위원회는 금융회사 또는 전자금융업자가 다음 각 호의 어느 하나에 해당하는 때에는 허가 또는 등록을 취소할 수 있고, 그 내용을 지체 없이 관보에 공고하고 컴퓨터통신 등을 이용하여 일반인에게 알려야 한다. 허가 또는 등록을 취소하고자 하는 경우, 반드시 청문을 실시하여야 한다[전자금융거래법 제43조(허가와 등록의 취소), 제44조(청문)].

〈표 3-9〉 전자금융거래법 제43조 제1항 취소 사항

각 호	금지행위
제1호	허위 그 밖의 부정한 방법으로 제28조의 규정에 따른 허가를 받거나 등록을 한 때
제2호	허가 · 등록의 결격사유(제32조 제1호 내지 제5호)에 해당하는 때
제3호	금융위원회의 업무 정지명령을 위반한 때
제4호	정당한 사유 없이 1년 이상 계속하여 영업을 하지 아니한 때
제5호	법인의 합병이나 파산이나 영업의 폐지 등으로 사실상 영업을 종료한 때

금융위원회는 금융회사 또는 전자금융업자가 다음 각 호의 어느 하나에 해당하는 때에는 6월의 범위 안에서 기간을 정하여 관련 업무의 전부 또는 일부의 정지를 명할 수 있다. 업무정지의 부과 기준에 대하여는 전자금융거래법 시행령에 정하고 있다(전자금융거래법 시행령 제26조 제2항, [별표2]). 금융위원회는 업무정지명령에 갈음하여 5천만원 이하의 과징금을 부과할 수 있다(전자금융거래법 제46조 제2항). 전자금융거래법 제8조 제2항 및 제3항을 위반하여 오류의 원인과 처리 결과를 알리지 아니한 자는 1천만원 이하의 과태료 부과대상이 된다(전자금융거래법 제51조 제3항 2호).

〈표 3-10〉 전자금융거래법 제43조 제2항 업무정지 사유

각 호	금지행위
제1호	제6조 제1항·제2항, 제16조 제1항부터 제4항까지, 제19조 제1항, 제21조 제1항·제2항, 제21조의5 제2항, 제35조, 제36조 또는 제38조 제3항·제4항의 규정을 위반한 때
제2호	제8조 제2항 및 제3항을 위반하여 오류를 조사하여 처리를 하지 아니한 때
제3호	제23조, 제39조 제6항, 제40조 제2항 또는 제42조 제3항의 규정에 따른 금융위원회의 조치나 지시 또는 명령을 어긴 때
제4호	제30조 제4항에서 정한 신고를 하지 아니하거나 기한 내 요건을 갖추지 아니한 때

다만, 금융회사 또는 전자금융업자는 업무의 전부 또는 일부가 정지되거나, 허가 또는 등록이 취소된 경우에도 그 처분 전에 행하여진 전자금융거래의 지급 및 결제를 위한 업무를 계속하여 행할 수 있다.

5) 합병 · 해산 · 폐업 등의 인가

전자화폐의 발행 및 관리업무에 관한 허가를 받은 전자금융업자가 다음 각 호의 어느 하나에 해당하는 행위를 하고자 하는 때에는 대통령령이 정하는 바에 따라 금융위원회의 인가를 받아야 하고, 금융위원회는 그 인가에 조건을 붙일 수 있다. 본인가를 받으려는 자는 미리 금융위원회에 예비인가를 신청 할 수 있다(전자금융거래법 제45조).

〈표 3-11〉 전자금융거래법 제45조 제1항 인가 사항

각 호	금지행위
제1호	다른 금융회사 또는 전자금융업자와의 합병
제2호	해산 또는 전자금융업무의 폐지

제3호	영업의 전부 또는 일부의 양도와 양수

마. 접근매체의 관리 책임

1) 접근매체의 선정과 사용 및 관리

"접근매체"라 함은 전자금융거래에 있어서 거래지시를 하거나 이용자 및 거래내용의 진실성과 정확성을 확보하기 위하여 사용되는, 전자식 카드 및 전자적 정보, 인증서, 이용자번호, 생체정보, 비밀번호 등 수단 또는 정보를 말한다.◆27)

◆ 관련조문

전자금융거래법

제2조 제10호 / 개정안 제2조 제10호.

"접근매체"란 금융회사 또는 전자금융업자가 이용자에게 발급하거나 이용자가 금융회사 또는 전자금융업자에 등록한 조회용매체나 지시용매체 또는 조회용매체와 지시용매체가 복합된 수단 또는 정보로서 다음 각 목의 어느 하나에 해당하는 것을 말한다. 이 경우 금융회사 또는 전자금융업자와 이용자 간에 직접 대면하거나 의사소통을 하지 아니하고 자동화된 방식으로 하는 전자금융거래(이하 "비대면거래"라 한다)에 사용되는 수단 또는 정보로 한정한다.

가. 전자식 카드 및 이에 준하는 전자적 정보
나. 「전자서명법」 제2조 제3호에 따른 전자서명생성정보(이하 "전자서명생성정보"라 한다) 및 같은 조 제6호에 따른 인증서(이하 "인증서"라 한다)
다. 거래지시를 위하여 일회성 비밀번호를 생성하는 전자적 장치 및 이에 준하는 수단 또는 정보
라. 이용자의 생체정보
마. 가목 또는 나목의 수단이나 정보를 사용하거나 직접 거래지시를 하는 데에 필요한 비밀번호 및 이에 준하는 정보
바. 그 밖에 전자금융거래의 안전성과 신뢰성이 확보될 수 있는 수단 또는 정보로서 대통령령으로 정하는 수단 또는 정보

금융회사 또는 전자금융업자가 전자금융거래를 위하여 접근매체를 선정한 경우, 그 관리 및 이용자의 신원, 권한, 거래지시의 내용 등의 확인의무가 부과된다(전자금융거래법 제6조 제1항).

따라서 접근매체의 발행사는 이용자에 대한 관리·확인을 위하여, 이용자의 신청이 있는 경우에 한하여, 본인의 실명확인 후에 접근매체를 교부하여야 한다(전자금융감독규정 제34조 제3호). 다만, i) 선불전자지급수단을 발급하는 경우, ii) 발행권면 최고한도가 5만원 이하인 전자화폐인 경우 및 iii) 접근매체의 갱신 또는 대체발급(전자금융거래법 시행령 제6조◆) 등을 위하여 대통령령이 정하는 바에

27) 개정안의 의미에 대해서는 "3) 개정안에서의 접근매체 및 전자적 방식의 신원확인 관련 제도의 정비"에서 후술

따라 이용자의 동의를 얻은 경우에는, 이용자의 신청이나 본인의 확인이 없는 때에도 접근매체의 발행이 가능하다(전자금융거래법 제6조 제2항).

◆ 관련조문

전자금융거래법 시행령

제6조 (접근매체의 갱신 또는 대체발급)

① 금융회사 또는 전자금융업자는 법 제6조 제2항 각 호 외의 부분 단서 및 같은 항 제2호에 따라 다음 각 호의 구분에 따른 동의를 얻은 경우에는 이용자의 신청이나 본인의 확인이 없는 때에도 접근매체를 갱신 또는 대체발급할 수 있다.

1. 갱신 또는 대체발급 예정일 전 6월 이내에 사용된 적이 없는 접근매체: 이용자로부터 갱신 또는 대체발급에 대하여 서면동의 또는 공인전자서명이 있는 전자문서에 의한 동의를 얻은 경우
2. 갱신 또는 대체발급 예정일 전 6월 이내에 사용된 적이 있는 접근매체: 그 예정일로부터 1개월 이전에 이용자에게 발급 예정사실과 20일 이내에 이의 제기를 할 수 있음을 알린 후 그 기간 내에 이용자로부터 이의 제기가 없어 묵시적 동의를 얻은 경우

이와 같이 예외를 인정하는 것은 현금의 교부에 있어서 소지자의 신원을 반드시 확인하지 아니하는 것처럼, 무기명선불카드 혹은 소액 전자화폐의 경우에는 본인확인의무를 면제할 수 있도록 하여 거래수단으로서의 융통성을 보장하고 과도한 규제를 완화한 것이다.

다만 전자화폐 및 선불전자지급수단의 경우 발급받은 자의 실지명의◆ 확인이 있거나 예금계좌와 연결된 기명식인 경우에는 본인 확인이 생략된 채 발행된 무기명식인 경우보다 발행권면한도를 증액할 수 있도록 하고 있다. 직불전자지급수단의 경우에는 주민등록증 등에 의한 실명증표 확인이 이루어진 경우에는, 1일 · 1회 이용한도를 최대 1억원까지 가능하도록 하여 차이를 두고 있다(전자금융감독규정 [별표 3]).

◆ 관련조문

금융실명거래 및 비밀보장에 관한 법률

제2조 제4호

"실지명의"란 주민등록표상의 명의, 사업자등록증상의 명의, 그 밖에 대통령령으로 정하는 명의를 말한다.

금융실명법 시행령 제3조(실지명의) 법 제2조 제4호의 규정에 의한 실지명의는 다음 각 호의 구분에 따른 명의로 한다.

1. 개인의 경우
   주민등록표에 기재된 성명 및 주민등록번호. 다만, 재외국민의 경우에는 여권에 기재된 성명 및 여권번호(여권이 발급되지 아니한 재외국민은 「재외국민등록법」에 의한 등록부에 기재된 성명 및 등록번호)
2. 법인의 경우
   「법인세법」에 의하여 교부받은 사업자등록증에 기재된 법인명 및 등록번호. 다만, 사업자등록

증을 교부받지 아니한 법인은 「법인세법」에 의하여 납세번호를 부여받은 문서에 기재된 법인명 및 납세번호
3. 법인이 아닌 단체의 경우
당해 단체를 대표하는 자의 실지명의. 다만, 「부가가치세법」에 의하여 고유번호를 부여받거나 「소득세법」에 의하여 납세번호를 부여받은 단체의 경우에는 그 문서에 기재된 단체명과 고유번호 또는 납세번호
4. 외국인의 경우
「출입국관리법」에 의한 등록외국인기록표에 기재된 성명 및 등록번호. 다만, 외국인등록증이 발급되지 아니한 자의 경우에는 여권 또는 신분증에 기재된 성명 및 번호
5. 제1호 내지 제4호의 규정에 의하는 것이 곤란한 경우
총리령이 정하는 실지명의(해당 규칙 없음)

2) 접근매체 관련 금지 행위 및 형사처벌 규정

〈표 3-12〉 전자금융거래법 제49조 벌칙 중 접근매체 관련 규정

전자금융거래법 제49조 제2항 각 호(7년 이하의 징역 또는 5천만원 이하의 벌금)		
각 호	각 호의 행위	미수범
제1호	접근매체 위조하거나 변조한 자	○
제2호	위조되거나 변조된 접근매체를 판매알선·판매·수출 또는 수입하거나 사용한 자	○
제3호	분실되거나 도난된 접금매체를 판매알선·판매·수출 또는 수입하거나 사용한 자	X
제4호	전자금융기반시설 또는 전자금융거래를 위한 전자적 장치에 침입하여 거짓이나 그 밖의 부정한 방법으로 접근매체를 획득하거나 획득한 접근매체를 이용하여 전자금융거래를 한 자	○
제5호	강제로 빼앗거나, 횡령하거나, 사람을 속이거나 공갈하여 획득한 접근매체를 판매알선·판매·수출 또는 수입하거나 사용한 자	X
전자금융거래법 제49조 제4항 각호(3년 이하의 징역 또는 2천만원 이하의 벌금)		
각 호	각 호의 행위	미수범
제1호	제6조 제3항 제1호를 위반하여 접근매체를 양도하거나 양수한자	X
제2호	제6조 제3항 제2호 또는 제3호를 위반하여, 즉 대가를 수수·요구 또는 약속하면서 또는 범죄에 이용할 목적으로 또는 범죄에 이용될 것을 알면서 접근매체를 대여받거나 대여한 자 또는 보관·전달·유통한 자	X
제3호	제6조 제3항 제4호를 위반한 질권설정자 또는 질권자(접근매체를 질권의 목적으로 한 행위)	X
제4호	제6조 제3항 제5호를 위반하여 알선하거나 광고하는 행위를 한 자	X

전자금융거래법은, 접근매체의 전자금융거래 수단으로서의 안정성을 확보하기 위하여 그 사용 및 관리에 있어 일정한 금지행위를 규정하고 있고, 그 위반에 대하여 행위의 죄질 및 경중에 따라 광범위한 처벌 규정을 두고 있다. 특히, 전자금융거래법 제49조 제8항은 징역형과 벌금형을 병과할 수 있도록 규정하고

있고, 같은 법 제50조는 위반행위에 대한 양벌규정을 두어 행위자 뿐 아니라 법인 및 대표자에게도 그 효력이 미치도록 하고 있다.

〈전자금융거래법 제6조 제3항 금지행위〉

각 호	각 호의 행위
제1호	접근매체를 양도하거나 양수하는 행위
제2호	대가를 수수・요구 또는 약속하면서 접근매체를 대여받거나 대여하는 행위 또는 보관・전달・유통하는 행위
제3호	범죄에 이용할 목적으로 또는 범죄에 이용될 것을 알면서 접근매체를 대여받거나 대여하는 행위 또는 보관・전달・유통하는 행위
제4호	접근매체를 질권의 목적으로 하는 행위
제5호	제1호부터 제4호까지의 행위를 알선하거나 광고하는 행위

그러나 선불전자지급수단이나 전자화폐의 양도 또는 담보제공을 위하여 상기 행위를 하는 경우에는 처벌대상이 되지 않는다. 단 3호에 정한 범죄 이용 목적 행위는 처벌한다.

3) 개정안에서의 접근매체 및 전자적 방식의 신원확인 관련 제도의 정비

개정안에서는 접근매체를 비대면거래에서 사용되는 조회용매체와 지시용매체로 구분하여 정의하였으며, 비밀번호 뿐 아니라 그에 준하는 방법 등을 인정함으로써 패턴인식과 같은 새로이 등장하는 접근매체를 포괄할 수 있도록 하였다(개정안 제2조 10호부터 10호의3까지).

공인인증서의 우월적 지위 폐지에 따라서, 지시용매체가 될 수 있는 인증서에 대한 최소한의 기술적 요건을 제시하고(개정안 제6조의2◆), 전자서명인증사업자가 금융회사 등에 그 인증서에 관한 업무를 제공하려는 경우에는 금융위원회가 지정하는 전담기관으로부터 그 기술적 요건에 대한 심사를 받도록 하였다(개정안 제6조의2 제2항). 또한 전자금융거래에서 실명확인 방법 등에 관한 특례를 정하면서(개정안 제6조의3), 비대면거래에서의 실지명의 확인시에는 두 가지 이상의 전자적인 방법을 중첩적으로 적용할 것을 의무화하여 금융분야 신원확인 제도의 법적인 명확성을 확보하였다(개정안 제6조의3◆).

금융회사 또는 전자금융업자에게, 접근매체의 발급・등록 및 사용・관리 등의 절차에 관한 업무지침을 작성하고 운용할 것을 의무화하였으며(개정안 제11조 제

1항), 업무지침으로 정하는 위험도가 높은 비대면거래 시에는 2개 이상의 접근매체를 중첩적으로 사용하도록 하였다(개정안 제11조 제2항◆). 또한 원칙적으로 조회용매체의 지시용매체로의 전용을 금지하였다(개정안 제11조 제3항).

◆ 관련조문

개정안

제6조의2 (전자금융거래에 사용되는 인증서 요건 등)

① 금융회사 또는 전자금융업자는 지시용매체로서 인증서를 선정하는 경우에는 다음 각 호의 요건을 모두 갖춘 인증서를 선정하여야 한다.

1. 전자서명생성정보가 이용자에게 유일하게 속한다는 사실이 해당 인증서를 통하여 확인·증명될 것
2. 해당 인증서로 이용자의 신원을 확인할 수 있을 것
3. 「전자서명법」에 따른 전자서명(이하 이 항에서 "전자서명"이라 한다) 당시 이용자가 해당 인증서의 전자서명생성정보를 지배·관리하고 있을 것
4. 전자서명이 있은 후에 해당 전자서명 및 전자문서의 변경 여부를 확인할 수 있을 것

제6조의3

② 금융회사는 비대면거래에서 실지명의를 확인하는 경우에는 「금융실명거래 및 비밀보장에 관한 법률」 제3조 제7항에 따라 정하는 방법 및 절차와 다른 방법 및 절차로서 다음 각 호의 방법을 대통령령으로 정하는 바에 따라 중첩적으로 적용하여 실지명의를 확인하여야 한다.

1. 이용자의 실지명의를 확인할 수 있는 증표 또는 서류로서 주민등록증, 그 밖에 대통령령으로 정하는 증표·서류의 사본을 대통령령으로 정하는 전자적 방식에 따라 제출하는 방법
2. 금융회사의 종사자가 제1호에 따라 제출된 증표·서류의 사본 상의 사진을 확인함으로써 영상통화 등으로 이용자와 대조하는 방법
3. 해당 금융회사가 다른 금융회사나 종합지급결제사업자에 개설된 이용자의 계좌에 대한 전자자금이체 내용을 확인하는 등의 방식으로 이용자가 그 계좌를 정당하게 보유하는 자인지를 확인하는 방법
4. 이용자가 보유하는 스마트·모바일 기기를 활용하여 「정보통신망법」 제23조의3에 따라 본인확인기관으로 지정된 이동통신사업자를 통하여 이용자 본인인지를 확인하는 방법
5. 그 밖에 비대면거래에서 이용자를 확인하는 데에 사용할 수 있는 전자적 방법으로서 대통령령으로 정하는 방법

제11조

② 금융회사 또는 전자금융업자는 제1항의 업무지침에 따라 위험의 정도가 높은 비대면거래에서 이용자에게 지시용매체를 사용하도록 하는 경우에는 다음 각 호의 접근매체 중 서로 다른 2개 이상의 접근매체를 중첩적으로 사용하도록 함으로써 그 거래내용의 진실성과 정확성을 확보할 수 있도록 하여야 한다.

1. 제2조 제10호가목부터 다목까지의 접근매체, 그 밖에 이용자만이 소유·지배하는 수단 또는 정보
2. 제2조 제10호라목의 접근매체, 그 밖에 이용자의 신체적·행동적 특징을 컴퓨터 등에서 처리할 수 있도록 생성한 정보
3. 제2조 제10호마목의 접근매체, 그 밖에 이용자만이 알고 있는 정보

4) 접근매체 관련 사고 발생시 배상 책임

접근매체에 대한 관리책임을 금융회사 또는 전자금융업자에게 부과하고 있는 연장선상에서, 이용자의 고의·과실에 의하지 아니한 채 다음의 사고가 발생하여 손해가 발생한 경우에는 원칙적으로 금융회사 또는 전자금융업자가 손해배상 책임을 부담한다(전자금융거래법 제9조).

〈전자금융거래법 제9조 제1항 금융회사 또는 전자금융업자의 책임〉

각 호	사고 유형
제1호	접근매체의 위조나 변조로 발생한 사고
제2호	계약체결 또는 거래지시의 전자적 전송이나 처리 과정에서 발생한 사고
제3호	전자금융거래를 위한 전자적 장치 또는 정보통신망에 침입하여 거짓이나 그 밖의 부정한 방법으로 획득한 접근매체의 이용으로 발생한 사고

다만, 상기 사고가 발생한 경우라 해도 다음의 경우에는 금융회사 또는 전자금융업자의 책임이 제한된다.

i) 사고 발생에 있어서 이용자의 고의나 중대한 과실이 있는 경우(전자금융거래법 시행령 제8조)로서 그 책임의 전부 또는 일부를 이용자의 부담으로 할 수 있다는 취지의 약정을 미리 이용자와 체결한 경우

〈전자금융거래법 시행령 제8조〉

	이용자의 고의나 중대한 과실의 범위
제1호	선불전자지급수단이나 전자화폐를 양도하거나 담보로 제공하는 경우를 제외하고, 이용자가 접근매체를 제3자에게 대여하거나 그 사용을 위임한 경우 또는 양도나 담보의 목적으로 제공한 경우
제2호	제3자가 권한 없이 이용자의 접근매체를 이용하여 전자금융거래를 할 수 있음을 알았거나 쉽게 알 수 있었음에도 불구하고 접근 매체를 누설하거나 노출 또는 방치한 경우
제3호	금융회사 또는 전자금융업자가 보안강화를 위하여 전자금융거래시 요구하는 추가적인 보안조치를 이용자가 정당한 사유없이 거부함으로 인하여 전자금융거래를 위한 전자적 장치 또는 「정보통신망 이용촉진 및 정보보 등에 관한 법률」 제2조 제1항 제1호에 따른 정보통신망에 침입하여 거짓이나 그 밖의 부정한 방법으로 획득한 접근매체의 이용으로 발생한 사고가 발생한 경우
제4호	이용자가 추가적인 보안조치에 사용되는 매체·수단 또는 정보에 대하여 누설·노출 또는 방치하는 행위 또는 제3자에게 대여하거나 그 사용을 위임한 행위 또는 양도나 담보의 목적으로 제공하는 행위를 하여 위 3호와 같은 사고가 발생한 경우

ii) 법인인 이용자에게 손해가 발생한 경우(중소기업법상 소기업은 제외)로 금융회사 또는 전자금융업자가 사고를 방지하기 위하여 보안절차를 수립하고 이를

철저히 준수하는 등으로 합리적으로 요구되는 충분한 주의의무를 다한 경우(전자금융거래법 제9조 제2항)

5) 접근매체의 분실 · 도난시 이용자 책임 제한

금융회사 또는 전자금융업자는 이용자로부터 접근매체의 분실이나 도난 등의 통지를 받은 때에는 그 때부터 제3자가 그 접근매체를 사용함으로 인하여 이용자에게 발생한 손해를 배상할 책임을 진다(전자금융거래법 제10조 제1항 본문).

이용자의 접근매체 분실 또는 도난으로 인한 사고의 발생은 원칙적으로 이용자에게 그 책임이 있다고 할 것이다. 하지만 이용자가 금융회사 또는 전자금융업자에게 그 분실 또는 도난의 사실을 통지한 때에는 금융회사 또는 전자금융업자는 접근매체를 이용한 전자금융거래를 차단할 의무가 있다고 할 것이므로, 그 이후 제3자가 접근매체를 사용함으로 인하여 이용자에게 발생하는 손해에 대하여는 그 손해를 배상할 책임을 지게 한 것이다.

다만, 선불전자지급수단이나 전자화폐는 그 소지·점유가 바로 이용의 권한 획득으로 판단할 수 있는 성격이 있으므로, 분실·도난의 통지를 하기 전에 저장된 금액에 대한 손해에 대하여 그 책임을 이용자의 부담으로 할 수 있다는 취지의 약정이 사전에 체결된 경우에는 발행자가 손해배상책임을 부담하지 않는다(전자금융거래법 시행령 제9조).

6) 개정안에서의 접근매체 관련 사고 책임 관련 규정

개정안에서는 접근매체의 위·변조, 해킹 등으로 획득한 접근매체의 이용 등 특정한 기술적 유형으로 제한되고 있는 손해배상책임의 범위를, 이용자의 거래지시나 동의가 없거나 그 거래지시에 따라 처리되지 않은 비대면거래 전반으로 확대하였다.[28] 해당 비대면거래가 금융회사 등이 관리·운영하는 영역 외에서 발생하였다는 사실이나 오류 없이 비대면거래를 처리한 사실에 대해서는 금융회사 등이 입증부담을 지도록 하여(개정안 제9조의2) 디지털금융에서 비대면거래 이용자를 두텁게 보호하고자 한다.

한편, 이용자도 전자지급수단 및 접근매체에 관하여 약관 등을 준수하고, 전

---

28) 개정안 제9조(금융회사 또는 전자금융업자의 책임) ① 금융회사 또는 전자금융업자는 이용자의 거래지시나 동의가 없거나 그 거래지시·동의에 따라 처리되지 않은 비대면거래로 인하여 이용자에게 손해가 발생한 경우에는 그 손해를 배상할 책임을 진다.

자지급수단 등의 수령 시 안전하게 사용·관리할 수 있도록 필요한 조치를 하도록 하며, 이용자가 허용하지 아니한 비대면거래가 발생하였거나 전자지급수단 등이 분실·도난되는 등의 경우에는 지체 없이 금융회사 등에 통지하도록 하는 협력의무를 부과하여(개정안 제10조의2), 금융회사 등과 이용자 간에 손해의 공평한 분담이 가능하도록 하였다.

바. 전자금융보조업자

1) 정 의

온라인 중계시스템 등을 통해 서비스되는 전자금융업의 특성상, 금융회사 또는 전자금융업자는 각 전자금융 서비스의 개발과 운영의 역할을 맡게 되더라도, 그 서비스가 구현되는 전자중계 시스템 등은 전문적인 제3자에게 위탁하게 되는 경우가 많다.

전자금융거래법은 이러한 제3자를 '전자금융보조업자'라 칭하고, 이들이 전자금융업무에 지속적으로 개입하게 되는 상황에 대한 통제규정을 전자금융거래법에 규정하였다[전자금융거래법 제2조 제5호, 전자금융감독규정 제3조(전자금융보조업자의 범위)].

대표적인 전자금융보조업자는 신용카드사를 위하여 승인·결제·자금정산 업무를 중계하는 부가통신사업자(VAN)[29]를 들 수 있는데, 이외에도 전자금융업자를 위하여 전산시스템 등을 제공하는 일반적인 SI[30]사업자 역시도 해당업무를 금융회사 및 전자금융업자를 위하여 수행하는 동안에는 "전자금융보조업자"의 지위를 갖게 되고 이에 따른 전자금융거래법상의 통제를 따라야 한다.

2) 전자금융보조업자의 지위(전자금융거래법 제11조)

전자금융 서비스의 경우 중계시스템의 오류 혹은 조직적이고 의도적인 공격에 의하여 발생하는 사고가 많고, 그 피해범위가 광범위할 수 있다. 그럼에도 그 사고가 금융회사 혹은 전자금융업자가 직접 제공하는 서비스에서 발생하는 문제가 아니라는 이유로 책임이 제한된다면, 이용자의 피해보상이 충분치 않을 수 있다.

---

29) 여신전문금융업법 제2조 제8의2호, 제8의3호
30) SI(system integration): 기업이 필요로 하는 정보시스템에 관한 기획에서부터 개발과 구축, 나아가서는 운영까지의 모든 서비스를 제공하는 일. (두산백과)

이에 전자금융거래법은 전자금융서비스 이용자의 이익을 한층 더 보호하기 위하여, 전자금융보조업자의 행위를 금융회사 또는 전자금융업자의 책임범위에 포함시키는 형태로 특별히 강화된 규정을 하고 있다.

즉, 전자금융거래와 관련하여 전자채권관리기관을 포함한 전자금융보조업자의 고의나 과실은, 금융회사 또는 전자금융업자의 고의나 과실로 간주함으로써 전자금융보조업자의 고의나 과실로 인해 이용자에게 발생한 손해에 대하여 이용자가 금융회사 또는 전자금융업자에게도 그 책임을 물을 수 있도록 한 것이다. 이로써 이용자는 해당 전자금융서비스 사고가 금융회사 혹은 전자금융업자의 서비스 자체로부터 발생한 것인지, 아니면 중계시스템 등의 문제로 발생한 것인지를 구별하지 않고, 자신의 피해사실만을 입증하면 서비스 제공자인 금융회사 혹은 전자금융업자로부터 보상을 받을 수 있게 되었다. 또한, 이용자는 접근매체 분실 또는 도난에 대한 통지를 금융회사 또는 전자금융업자 뿐 아니라, 전자금융보조업자에게도 할 수 있고 이 경우 전자금융보조업자에게 한 통지는 금융회사 또는 전자금융업자에게 한 것으로 본다.

한편, 금융회사 또는 전자금융업자가 위와 같이 전자금융보조업자의 고의나 과실로 인하여 발생한 손해에 대하여 이용자에게 그 손해를 배상한 경우에는 그 전자금융업자에게 구상할 수 있다.

3) 전자금융업보조업자에 대한 감독의무 및 외부주문에 관한 기준(전자금융거래법 제40조)

전자금융업은 그 본질상 시스템 등의 외부위탁이 불가피한 부분이 있다. 이에 외부위탁시에 지켜야 할 사항들을 상세히 규정하여 사전·사후 감독체계를 구축하였다.

금융회사 및 전자금융업자는 외부주문에 관한 사항을 사전에 전자금융감독규정이 정한 바에 따라서 금융감독원에 신고하여야 한다. 이후에도 연1회 재무건전성 및 서비스품질에 대한 검사평가를 실시해야 하며 이를 금융감독원에 보고해야 한다[전자금융감독규정 제60조(외부주문등에 대한 기준), 제61조(전자금융보조업자 자료제출 기준)].

정보기술부문의 정보보호와 관련된 업무를 위탁받은 전자금융보조업자는 해당 업무를 제3자에게 재위탁하여서는 아니 된다. 다만, 전자금융거래정보의 보호 및 안전한 처리를 저해하지 아니하는 범위에서 금융위원회가 인정하는 경우에는 그러하지 아니하다(전자금융거래법 제40조 제6항, 전자금융감독규정 제60조 제4항).

금융회사의 업무 중 외부위탁이 가능한 범위에 대하여는 금융기관의 업무위탁 등에 관한 규정으로 별도로 정하고 있다(금융기관의 업무위탁 등에 관한 규정 제3조).

4) 개정안에서의 전자금융업자 등의 업무위탁에 대한 규율체계 정비

개정안에서는 금융회사 또는 전자금융업자가 업무위탁운영기준을 갖춰 전자금융업의 일부를 외부위탁할 수 있도록 하되, 이를 금융위원회에 보고하도록 하였다(개정안 제36조의10). 위탁업무가 전자금융업자의 본질적 업무에 해당하는 경우에는 업무수탁자 역시도 필요한 허가 및 등록을 갖출 것을 요구하며(개정안 제36조의10 제4항), 위탁업무의 수행과정에서 수탁자의 책임으로 발생한 이용자의 손해에 대해서도 업무위탁자가 배상책임을 부담하도록 하였다(개정안 제36조의10 제7항).

또한 금융의 정보기술부문에 대한 아웃소싱 등이 확대됨에 따라 나타나는 제3자 리스크에 대한 관리감독을 강화하기 위하여, 금융위원회가 위탁업무의 수탁자에 대해 자료제출 요구, 조치명령권 행사, 금융감독원장의 현장조사 등을 할 수 있도록 하였다(개정안 제40조의2).

사. 전자금융거래법상 가맹점

전자금융거래법에서 사용되는 '가맹점'은 금융회사 또는 전자금융업자와의 계약에 따라 직불전자지급수단이나 선불전자지급수단 또는 전자화폐(이하 "전자화폐등"이라 한다)에 의한 거래에 있어서 이용자에게 재화 또는 용역을 제공하는 자로서 금융회사 또는 전자금융업자가 아닌 자를 말한다(전자금융거래법 제2조 제20호).

전자지급수단은 일반화폐와 달리 시중에 존재하는 일반가맹점에 대한 범용성이 확보되지 않으므로, 별도로 사용이 가능한 가맹점을 모집하여 등록하는 절차가 필요하다. 또한 해당가맹점에 대한 관리책임 역시 금융회사 및 전자금융업자에게 부여되는데, 이를 전자금융거래법은 다음과 같이 규정하고 있다.

1) 가맹점의 모집 및 해지(전자금융거래법 제38조)

금융회사 또는 전자금융업자는 가맹점을 모집하는 경우에 가맹점이 되고자 하는 자의 영업여부 등을 확인하여야 한다. 다만, 가맹점이 이미 신용카드 가맹점으로 등록된 경우에는 영업확인의무는 면제된다.

금융회사 또는 전자금융업자는 가맹점수수료, 분실·도난·위조·변조된 전자화폐의 거래에 따른 책임, 가맹점의 준수사항 등을 가맹점에 알려야 한다.

금융회사 또는 전자금융업자는 가맹점이 가맹점의 준수사항을 위반하여 형의 선고를 받거나, 관계 행정기관으로부터 위반사실에 대하여 서면통보를 받은 경우, 관계 행정기관으로부터 해당 가맹점의 폐업사실을 서면으로 통보받은 경우에는 특별한 사유가 없는 한 지체 없이 가맹점계약을 해지하여야 한다.◆

◆ 관련조문

전자금융거래법 시행령

제23조 (전자금융업 가맹점계약 해지 사유)
법 제38조 제4항에서 "대통령령이 정하는 사유"라 함은 다음 각 호의 어느 하나에 해당하는 경우를 말한다.

1. 가맹점이 법 제26조 또는 법 제37조 제3항 제3호 내지 제5호를 위반하여 형을 선고받은 경우
2. 가맹점이 법 제37조 제1항·제2항 또는 제3항 제3호 내지 제5호를 위반한 사실에 관하여 관계 행정기관으로부터 서면통보가 있는 경우
3. 관계 행정기관으로부터 해당 가맹점의 폐업사실을 서면으로 통보받은 경우

금융회사 또는 전자금융업자는 분실·도난·위조·변조된 전자화폐의 거래에 따른 손실을 가맹점에 떠넘길 수 없다. 다만, 금융회사 또는 전자금융업자가 그 거래에 대하여 그 가맹점의 고의 또는 중대한 과실을 증명하는 경우에는 그 손실의 전부 또는 일부를 가맹점의 부담으로 할 수 있다는 취지의 계약을 가맹점과 체결한 경우에는 책임을 부과할 수 있다.

2) 가맹점의 준수사항

대한민국에서는 여신전문금융업법에서 신용카드 사용자에 대하여 현금사용자와 차별을 금지한 이래로, 현금결제와 "전자화폐등"[31]에 의한 거래를 차별하지 못하도록 하고 있다. 이는 사적 거래 영역에서 가맹점의 결제수단 선택권을 제한하는 것인데, 세원의 투명화 및 전자금융거래의 활성화를 위한 법적인 결단이

---

31) 직불전자지급수단이나 선불전자지급수단 또는 전자화폐, 전자금융거래법 제37조 제1항

라고 할 수 있다.

따라서 가맹점은 "전자화폐등"에 의한 거래를 거절할 수 없고, 이용자에게 가맹점수수료, 부가세 등을 추가 부담하게 하거나 현금결제와 가격차별을 두는 등 불리하게 대우할 수 없다(전자금융거래법 제37조 제1항, 제2항). 이를 위반하여 전자지급수단 이용자를 거절하거나, 불리하게 대우하거나, 가맹점이 부담해야 할 전자지급거래수수료를 이용자에게 부담시키는 경우에는 1년 이하의 징역 또는 1천만원 이하의 벌금에 처한다(전자금융거래법 제49조 제6항 3호, 4호).

가맹점에 대한 모집·관리업무가 금융회사 및 전자금융업자의 책임으로 되어 있으므로, 금융회사 및 전자금융업자에게 가맹점으로 등록하지 아니한 자가 전자화폐 등에 의한 거래를 하는 것 역시 금지되어 있다. 가맹점 등록 없이 또는 다른 가맹점의 이름으로 전자화폐 등에 의한 거래를 한 자는 3년 이하의 징역 또는 2천만원 이하의 벌금에 처한다(전자금융거래법 제49조 제5항 7호, 9호).

특히 전자금융거래법은 가맹점이 전자지급수단을 활용하여 위장거래(속칭 "카드깡")를 하는 행위를 특별히 금지하고 있다. 이는 전자금융거래가 거래의 실질을 벗어나 고리대금업 등 사금융의 수단으로 남용될 위험을 차단하기 위한 것이다. 다만, 비대면거래의 특성상 지급결제 대행(Payment Gateway)이 필요한 경우가 있으므로, 이 경우에는 전자금융거래법상 "전자지급결제대행업"이라는 것을 별도로 두고 등록에 의하여 그 업무를 수행할 수 있도록 하고 있다.

〈전자금융거래법 제37조 제3항 금지 사항〉

각 호	금지행위	위반시 처벌
제1호	재화 또는 용역의 제공 등이 없이 전자화폐등에 의한 거래를 한 것으로 가장(假裝)하는 행위	1년 이하의 징역 또는 1천만원 이하의 벌금
제2호	실제 매출금액을 초과하여 전자화폐등에 의한 거래를 하는 행위	1년 이하의 징역 또는 1천만원 이하의 벌금
제3호	다른 가맹점 이름으로 전자화폐등에 의한 거래를 하는 행위	3년 이하의 징역 또는 2천만원 이하의 벌금
제4호	가맹점의 이름을 타인에게 빌려주는 행위	1년 이하의 징역 또는 1천만원 이하의 벌금
제5호	전자화폐등에 의한 거래를 대행하는 행위	3년 이하의 징역 또는 2천만원 이하의 벌금

전자금융거래법 제49조 제7항은 징역형과 벌금형을 병과할 수 있도록 규정하고 있고, 같은 법 제50조는 위반행위에 대한 양벌규정을 두어 행위자 뿐 아니라

법인 및 대표자에게도 그 효력이 미치도록 하고 있다.

아. 금융회사등의 책임 및 안전성 확보 의무

전자금융거래의 성격상 실물화폐를 보유하고 있지 못하는 이용자에게 관리책임을 묻는 것은 어렵다. 따라서 전자금융거래법은 전자지급수단을 발행하고 관리하는 금융회사등(금융회사, 전자금융업자 및 전자금융보조업자)에게 전자금융사고 발생시 손해배상 책임을 부과하며, 전자지급수단에 대한 엄격한 안정성 확보의무를 부과한다. 그 주요한 내용은 다음과 같다.

1) 전자금융사고의 원칙적 배상 책임

금융회사 또는 전자금융업자는, 접근매체의 위·변조로 인한 사고, 계약체결 또는 거래지시의 전자적 전송이나 처리 과정에서 발생한 사고, 해킹 등에 의하여 부정한 방법으로 획득한 접근매체의 이용으로 발생한 사고에 대하여 원칙적으로 손해배상책임을 부담한다(전자금융거래법 제9조 제1항).

다만, 사전에 약관으로 이용자에게 동의를 얻은 경우에는, 이용자의 고의·중과실을 입증하여 그 책임의 전부 또는 일부를 이용자에게 부담하게 할 수 있다. 단, 법인고객에 대해서는 금융회사 또는 전자금융업자가 충분한 주의의무를 다하였음을 입증한 것으로도 가능하다(전자금융거래법 제9조 제2항, 제3항).

손해배상책임의 이행을 위하여, 금융회사 또는 전자금융업자에게 보험 또는 공제에 가입하거나 준비금을 적립하는 등 필요한 조치를 할 것을 의무화하였다(전자금융거래법 제9조 제4항).

2) 안정성 기준 준수 의무[32)]

전자금융거래가 안전하게 처리될 수 있도록 선량한 관리자로서의 주의의무를 다하여야 한다.

전자금융거래의 안전성과 신뢰성을 확보할 수 있도록 전자적 전송이나 처리를 위한 인력, 시설, 전자적 장치, 소요경비 등의 정보기술부문, 전자금융업무 및 「전자서명법」에 의한 인증서의 사용 등 인증방법에 관하여 금융위원회가 정하는 기준을 준수해야 한다.

---

32) 전자금융거래법 제21조 제1항 및 제2항, 전자금융거래법 시행령 제7조

금융회사 및 전자금융업자가 이를 위반한 경우에는 전자금융거래정보 유출 등의 경우에는 50억원 이하의 과징금을 부과할 수 있으며(전자금융거래법 제46조 제1항), 선량한 관리자로서의 주의의무를 다하지 아니한 것만으로도 5천만원 이하의 과태료를 부과한다(전자금융거래법 제51조 제1항 1호).

3) 정보기술부문 계획 제출

금융회사 및 전자금융업자(전자금융보조업자는 제외)는 매 사업연도 3월말까지 다음의 사항이 포함된 정보기술부문계획을 수립하여 대표자의 확인・서명을 받아 금융위원회에게 제출하여야 한다(전자금융거래법 제21조 제4항, 전자금융거래법 시행령 제11조의2).

〈전자금융거래법 시행령 제11조의2 제2항〉

각 호	계획 포함 사항
제1호	정보기술부문의 추진목표 및 추진전략
제2호	정보기술부문의 직전 사업연도 추진실적 및 해당 사업연도 추진계획
제3호	정보기술부문의 조직 등 운영 현황
제4호	정보기술부문의 직전 사업연도 및 해당 사업연도 예산
제5호	그 밖에 안전한 전자금융거래를 위하여 정보기술부문에 필요한 사항으로서 금융위원회가 정하여 고시하는 사항(전자금융감독규정 제19조)

제출 의무를 위반한 경우 1천만원 이하의 과태료 부과대상이 된다(전자금융거래법 제51조 제3항 4호).

4) 정보보호최고책임자 지정

금융회사 및 전자금융업자는 전자금융업무 및 그 기반이 되는 정보기술부문 보안을 총괄하여 책임질 정보보호최고책임자를 지정하여야 하며(전자금융거래법 제21조의2), 그 수행 업무는 다음과 같다.

〈전자금융거래법 제21조의2 정보보호최고책임자 지정 의무〉

각 항	대상	의무 내용
①	금융회사 또는 전자금융업자	정보보호최고책임자를 지정
②	총자산이 2조원 이상이고, 상시 종업원 수가 300명 이상인 금융회사 또는 전자금융업자(전자금융거래법 시행령 제11조의3 제1항)	정보보호최고책임자를 임원으로 지정

③	총자산이 10조원 이상이고, 상시 종업원 수가 1,000명 이상인 금융회사 또는 전자금융업자(전자금융거래법 시행령 제11조의3 제2항)	정보보호최고책임자는 정보보호업무 이외 다른 정보기술업무 겸직 불가

〈전자금융거래법 제21조의2 제4항 정보보호 최고책임자의 수행 업무〉

각 호	수행 업무 내용
제1호	제21조 제2항에 따른 전자금융거래의 안정성 확보 및 이용자 보호를 위한 전략 및 계획의 수립
제2호	정보기술부문의 보호
제3호	정보기술부문의 보안에 필요한 인력관리 및 예산편성
제4호	전자금융거래의 사고 예방 및 조치
제5호	그 밖에 전자금융거래의 안정성 확보를 위하여 대통령령으로 정하는 사항

상기 의무를 위반한 경우 2천만원 이하의 과태료가 부과된다(전자금융거래법 제51조 제2항 2호, 3호).

5) 전자금융기반시설의 취약점 분석 · 평가

금융회사 및 전자금융업자는 전자금융거래의 안전성과 신뢰성을 확보하기 위하여 전자금융기반시설에 대한 다음 각 호의 사항을 분석 · 평가하고 그 결과를 연 1회 이상 금융위원회에 보고하여야 하며, 전자금융기반시설의 취약점 분석 · 평가 결과에 따른 필요한 보완조치의 이행계획을 수립 · 시행하여야 한다(전자금융거래법 제21조의3, 시행령 제11조의5).

〈전자금융거래법 제21조의3 제1항 전자금융기반시설 취약점 분석 · 평가사항〉

각 호	분석 · 평가 사항
제1호	정보기술부문의 조직, 시설 및 내부통제에 관한 사항
제2호	정보기술부문의 전자적 장치 및 접근매체에 관한 사항
제3호	전자금융거래의 유지를 위한 침해사고 대응조치에 관한 사항
제4호	그 밖에 대통령령으로 정하는 사항◆

◆ 관련조문

전자금융거래법 시행령

제11조의4 (전자금융기반시설 취약점 분석 · 평가의 내용)

법 제21조의3 제1항 제4호에서 "대통령령으로 정하는 사항"이란 다음 각 호의 사항을 말한다.

1. 정보기술부문과 연계된 전자금융보조업자의 정보처리시스템 등에 관한 사항

2. 그 밖에 전자금융거래의 안정성과 신뢰성을 확보하기 위하여 필요한 사항으로서 금융위원회가 정하여 고시하는 사항

상기의무를 위반하여 전자금융기반시설의 취약점을 분석·평가하지 아니한 자, 보완조치의 이행계획을 수립·시행하지 아니한 자에게는 2천만원 이하의 과태료가 부과된다(전자금융거래법 제51조 제2항 4호, 5호). 취약점 분석·평가 결과를 보고하지 아니한 자에게는 1천만원 이하의 과태료가 부과된다(전자금융거래법 제51조 제3항 5호).

6) 침해사고의 대응

금융회사 및 전자금융업자는 전자적 침해행위로 전자금융기반시설이 교란·마비되는 등의 사고(이하 "침해사고"라 한다)가 발생한 때에는 금융위원회에 지체 없이 이를 알려야 하고, 그 원인을 분석하고 피해의 확산을 방지하기 위하여 필요한 조치를 하여야 한다(전자금융거래법 제21조의5). 침해사고를 알리지 아니한 경우 1천만원 이하의 과태료 부과대상이 된다(전자금융거래법 제51조 제3항 6호).

7) 전자금융거래기록의 생성·보존 및 파기(전자금융거래법 제22조)

금융회사등(금융회사, 전자금융업자, 전자금융보조업자)은 전자금융거래의 내용을 추적·검색하거나 그 내용에 오류가 발생할 경우에 이를 확인하거나 정정할 수 있는 기록(이하 이 조에서 "전자금융거래기록"이라 한다)을 생성하여 5년의 범위 안에서 대통령령이 정하는 기간 동안 보존하여야 한다. 이를 위반하여 생상·보존하지 아니한 경우 1천만원 이하의 과태료 부과대상이 된다(전자금융거래법 제51조 제3항 7호).

〈표 3-13〉 전자금융거래법 시행령 제12조 전자금융거래기록 보존 기간

대상	보존 기간
1. 전자금융거래의 종류 및 금액, 전자금융거래의 상대방에 관한 정보 2. 전자금융거래의 거래일시, 전자적 장치의 종류 및 전자적 장치를 식별할 수 있는 정보 3. 전자금융거래가 계좌를 통하여 이루어지는 경우 거래계좌의 명칭 또는 번호 4. 금융회사 또는 전자금융업자가 전자금융거래의 대가로 받은 수수료 5. 지급인의 출금 동의에 관한 사항	5년
해당 전자금융거래와 관련한 전자적 장치의 접속기록	
전자금융거래의 신청 및 조건의 변경에 관한 사항	
건당 거래금액이 1만원을 초과하는 전자금융거래에 관한 기록	

가. 건당 거래금액이 1만원 이하인 전자금융거래에 관한 기록 나. 전자지급수단의 이용과 관련된 거래승인에 관한 기록 다. 그 밖에 금융위원회가 정하여 고시하는 전자금융거래기록	1년
전자금융보조업자가 금융회사 또는 전자금융업자와 동일한 전자금융거래기록을 보존하는 경우	3년

금융거래 등 상거래관계가 종료된 경우에는 5년 이내에 전자금융거래기록(「신용정보법」에 따른 신용정보는 제외)을 파기하여야 한다. 다만, 다른 법률에 따른 의무를 이행하기 위하여 불가피한 경우나 전자금융거래기록을 보관할 필요성이 있는 경우로서 금융위원회가 정하는 경우는 그렇지 않다. 전자금융거래기록을 파기하지 아니한 경우 2천만원 이하의 과태료 부과대상이 된다(전자금융거래법 제51조 제2항 6호).

금융회사·전자금융업자 및 전자금융보조업자(이하 "금융회사등"이라 한다)는 전자금융거래기록을 서면, 마이크로필름, 디스크 또는 자기테이프, 그 밖의 전산정보처리조직을 이용한 방법으로 보존하여야 한다.

금융회사 또는 전자금융업자는 이용자가 거래내용을 서면(전자문서 제외)으로 제공할 것을 요청하는 경우에는 그 요청을 받은 날부터 2주 이내에 거래내용에 관한 서면을 교부하여야 한다(전자금융거래법 제7조). 이를 위반하는 경우 1천만원 이하의 과태료 부과대상이 된다(전자금융거래법 제51조 제3항 1호).

8) 약 관

■ 약관의 제정 및 개정(전자금융거래법 제25조)

금융회사 또는 전자금융업자가 전자금융거래에 관한 약관을 제정하거나 변경하고자 하는 경우에는 미리 금융위원회에 보고하여야 한다. 다만, 이용자의 권익이나 의무에 불리한 영향이 없는 경우로서 금융위원회가 정하는 경우에는 약관의 제정 또는 변경 후 10일 이내에 금융위원회에 보고할 수 있다.

금융위원회는 건전한 전자금융거래질서를 유지하기 위하여 필요한 경우에는 금융회사 또는 전자금융업자에 대하여 약관의 변경을 권고할 수 있다.

■ 약관의 명시와 변경 통지(전자금융거래법 제24조)

금융회사 또는 전자금융업자는 이용자와 전자금융거래의 계약을 체결함에 있어서 약관을 명시하고, 이용자의 요청이 있는 경우에는 금융위원회가 정하는 방법에 따라 그 약관의 사본을 교부하고 그 약관의 내용을 설명하여야 하며, 이를 위반한 경우에는 계약의 효력을 주장할 수 없다.

금융회사 또는 전자금융업자는 약관을 변경하는 때에는 변경되는 약관의 시행일 1월 전에 금융위원회가 정하는 방법에 따라 이를 게시하고 이용자에게 알려야 한다. 다만, 법령의 개정으로 인하여 긴급하게 약관을 변경하는 때에는 금융위원회가 정하는 방법에 따라 이를 즉시 게시하고 이용자에게 알려야 한다.

이용자는 약관의 변경내용이 게시되거나 통지된 후부터 변경되는 약관의 시행일 전의 영업일까지 전자금융거래의 계약을 해지할 수 있고, 이용자가 기간 내에 약관의 변경내용에 대하여 이의를 제기하지 아니하는 경우에는 약관의 변경을 승인한 것으로 본다.

이를 위반하여 약관의 명시, 설명, 교부를 하지 아니하거나 게시 또는 통지하지 아니한 자, 약관의 제정·변경시 금융위원회에 대한 사전보고를 이행치 아니한 자에게는 1천만원 이하의 과태료를 부과한다(전자금융거래법 제51조 제3항 8호, 9호).

9) 분쟁처리 및 조정(전자금융거래법 제27조)

금융회사 또는 전자금융업자는 전자금융거래와 관련하여 이용자가 제기하는 정당한 의견이나 불만을 반영하고 이용자가 전자금융거래에서 입은 손해를 배상하기 위한 절차를 마련하여야 하고, 이용자는 전자금융거래의 처리에 관하여 이의가 있을 때에는 이 절차에 따라 손해배상 등 분쟁처리를 요구하거나 금융감독원 또는 한국소비자원 등을 통하여 분쟁조정을 신청할 수 있다.

금융회사 또는 전자금융업자는 전자금융거래의 계약을 체결하는 때에는 분쟁처리 및 조정 절차를 명시하여야 한다. 이를 이행치 아니한 경우 1천만원 이하의 과태료 부과대상이 된다(전자금융거래법 제51조 제3항 10호).

자. 전자금융업무의 감독

1) 감독권

금융감독원은 금융위원회의 지시를 받아 금융회사 및 전자금융업자에 대하여 감독권을 행사한다(전자금융거래법 제39조).

금융감독원장은 감독을 위하여 필요한 때에는 금융회사 또는 전자금융업자로

하여금 그 업무 및 재무상태에 관한 보고를 하게 할 수 있고, 전자금융업무와 그와 관련된 재무상태를 검사하고, 검사를 위하여 필요하다고 인정하는 때에는 금융회사 및 전자금융업자에 대하여 업무와 재무상태에 관한 자료의 제출 또는 관계인의 출석을 요구할 수 있다. 검사를 하는 자는 그 권한을 표시하는 증표를 지니고 이를 관계인에게 내보여야 한다.

이를 위반하여 검사, 자료제출, 출석요구 및 조사를 거부 또는 방해하거나 기피한 자에게는 5천만원 이하의 과태료를 부과한다(전자금융거래법 제51조 제1항 3호).

2) 조치권

금융위원회는 금융감독원장의 건의에 따라 다음 각 호의 어느 하나에 해당하는 조치를 하거나, 금융감독원장으로 하여금 제1호부터 제3호까지에 해당하는 조치를 하게 할 수 있다.

〈전자금융거래법 제39조 제6항 금융위원회 조치권〉

각 호	금지행위
제1호	위반행위에 대한 시정명령
제2호	금융회사 또는 전자금융업자에 대한 주의 또는 경고
제3호	임원과 직원에 대한 주의, 경고 또는 문책의 요구
제4호	임원(「금융사지배구조법」 제2조 제5호에 따른 업무집행책임자는 제외한다. 이하 제39조의2에서 같다)의 해임권고 또는 직무정지

만약 퇴임한 임원 또는 퇴직한 직원이 재임 또는 재직 중이었더라면 제39조 제6항 제3호 또는 제4호에 해당하는 조치를 받았을 것으로 인정되는 경우에는 그 조치의 내용을 해당 금융회사 또는 전자금융업자의 장에게 통보할 수 있다. 통보를 받은 금융회사 또는 전자금융업자의 장은 이를 퇴임·퇴직한 해당 임직원에게 통보하고, 그 내용을 기록·유지하여야 한다(전자금융거래법 제39조의2).

3) 회계처리 구분 및 건전경영지도(전자금융거래법 제42조)

금융회사 및 전자금융업자는 자금운용과 전자금융거래와 관련한 업무의 성과를 분석할 수 있도록 전자금융업무별로 다른 업무와 구분하여 회계처리하고, 금융위원회가 정하는 바에 따라 전자금융거래와 관련한 업무 및 경영실적에 관한 보고서를 작성하여 금융위원회에 제출하여야 한다. 보고서를 제출하지 않거나 거짓보고서를 제출한 경우에는 5천만원 이하의 과태료를 부과한다(전자금융거래법 제51조 제1항 4호). 전자금융 업무별로 다른 업무와 구분하여 회계처리를 하지 아니한 자에게는 1천만원 이하의 과태료를 부과한다(전자금융거래법 제51조 제3항 12호).

금융위원회는 전자금융거래와 관련한 업무를 수행하는 금융회사 또는 전자금융업자의 건전경영을 지도하고 전자금융사고를 예방하기 위하여 자본의 적정성, 자산의 건전성, 유동성 등에 대하여 경영지도기준을 정할 수 있고, 자본금의 증액, 이익배당의 제한 등 경영개선을 위하여 필요한 조치를 요구할 수 있다.

4) 외부주문의 감독(전자금융거래법 제40조)

금융회사 및 전자금융업자는 전자금융거래와 관련하여 전자금융보조업자와 제휴, 위탁 또는 외부주문(이하 이 조에서 "외부주문등"이라 한다)에 관한 계약을 체결하거나 변경하는 때(전자금융보조업자가 다른 전자금융보조업자와 외부주문등에 관한 계약을 체결하거나 변경하는 때를 포함한다)에는 전자금융거래의 안전성 및 신뢰성과 금융회사 및 전자금융업자의 건전성을 확보할 수 있도록 금융위원회가 정하는 기준을 준수하여야 한다.

금융위원회는 금융회사 또는 전자금융업자에 대하여 관련 계약 내용의 시정 또는 보완을 지시할 수 있고, 전자금융보조업자에 대한 자료제출을 요구할 수 있으며, 해당 전자금융보조업자에 대하여 조사를 할 수 있다.

정보기술부문의 정보보호와 관련된 업무를 위탁받은 전자금융보조업자는 해당 업무를 제3자에게 재위탁하여서는 아니 된다. 다만, 전자금융거래정보의 보호 및 안전한 처리를 저해하지 아니하는 범위에서 금융위원회가 인정하는 경우에는 그러하지 아니하다. 이를 위반하여 제3자 위탁한 경우 2천만원 이하의 과태료 부과대상이 된다(전자금융거래법 제51조 제2항 7호).

5) 한국은행의 자료제출 요구 등(전자금융거래법 제41조)

한국은행은 금융통화위원회가 전자지급거래와 관련하여 통화신용정책의 수행 및 지급결제제도의 원활한 운영을 위하여 필요하다고 인정하는 때에는 금융회사 및 전자금융업자에 대하여 자료제출을 요구할 수 있고, 금융감독원에 검사를 요구하거나 한국은행과의 공동검사를 요구할 수 있다.

2. 여신전문금융업법

가. 개 요

1) 여신전문금융업법의 제정 목적

여신전문금융업법은 신용카드업, 시설대여업, 할부금융업, 신기술사업금융업을 하는 자의 건전하고 창의적인 발전을 지원함으로써 국민의 금융편의를 도모하고 국민경제의 발전에 이바지함을 목적으로 한다(여신전문금융업법 제1조).

여신전문금융업법은 원래 신용카드업, 시설대여업 등 수신기능이 없이 여신업무만을 취급하는 유사한 성격의 금융업을 단일법으로 제정하여 이러한 유사한 금융업을 종합적으로 영위할 수 있도록 하고, 아울러 진입 및 영업에 관한 규제도 대폭 완화하여 자유롭게 영업을 할 수 있도록 함으로써 국민의 다양한 금융수요를 효과적으로 충족시키는 한편, 이러한 여신전문금융업의 경쟁력을 높이려는 데 그 제정 목적이 있다.[33)]

2) '여신전문금융업' 및 '여신전문금융회사'의 정의

"여신전문금융업"이란 "신용카드업, 시설대여업, 할부금융업 또는 신기술사업금융업"을 말한다(여신전문금융업 제2조 제1호).

즉, 여신전문금융업은 ① 신용카드업, ② 시설대여업, ③ 할부금융업, ④ 신기술사업금융업의 4가지로 구분되며, 여신전문금융업법은 위 4가지 형태의 영업을 규율하고 있다.

"여신전문금융회사"란 "여신전문금융업에 대하여 여신전문금융업법 제3조 제1항 또는 제2항에 따라 금융위원회의 허가를 받거나 금융위원회에 등록한 자로서 여신전문금융업법 제46조 제1항 각 호에 정한 다음의 업무를 전업으로 하는 자"를 말한다(여신전문금융업법 제2조 제15호).

여신전문금융업법은 '제3장 여신전문금융업'에서, 제1절 신용카드업, 제2절 시설대여업, 제3절 할부금융업, 제4절 신기술사업금융업으로 나누어 개개 업종에 대해 개별적 규제 조항들을 두고, 그 다음 '제4장 여신전문금융회사'에서 여신전문금융업 전반에 대한 공통적인 규제 조항들을 두고 있다. 본서에서는 위와 같

33) 1997. 6. 23. 국회 '여신전문금융업법안'(의안번호 150553) 제안이유

은 법체계를 그대로 따르되 디지털금융과 가장 깊은 관련이 있는 '신용카드업'에 대한 개별적 규제 내용을 살펴본 후, 여신전문금융업 전반에 대한 공통적인 규제 내용을 서술하도록 하겠다.

각 호	업무 구분
제1호	여신전문금융업법 제3조에 따라 허가를 받거나 등록을 한 여신전문금융업(시설대여업의 등록을 한 경우에는 연불판매업무를 포함)
제2호	기업이 물품과 용역을 제공함으로써 취득한 매출채권(어음을 포함)의 양수·관리·회수업무
제3호	대출(어음할인을 포함)업무
제4호	여신전문금융업법 제13조 제1항 제2호 및 제3호에 따른 신용카드업자의 부대업무(신용카드업의 허가를 받은 경우만 해당) – 직불카드의 발행 및 대금의 결제 – 선불카드의 발행·판매 및 대금의 결제
제5호	그 밖에 제1호부터 제4호까지의 규정과 관련된 업무로서 대통령령으로 정하는 다음의 업무(여신전문금융업법 시행령 제16조 제1항) – 다른 금융회사(「금융위원회의 설치 등에 관한 법률」 제38조 각 호의 기관)가 보유한 채권 또는 이를 근거로 발행한 유가증권의 매입업무 – 지급보증업무 – 그 밖에 여신전문금융업 및 대출업무와 관련된 업무로서 총리령으로 정하는 업무[34]
제6호	제1호부터 제4호까지의 규정에 따른 업무와 관련된 신용조사 및 그에 따르는 업무
제6호의2	그 업무를 함께 하여도 금융이용자 보호 및 건전한 거래질서를 해할 우려가 없는 업무로서 대통령령으로 정하는 다음의 금융업무(여신전문금융업법 시행령 제16조 제2항) – 「자본시장법」에 따른 집합투자업 – 「자본시장법」에 따른 투자자문업 – 「자본시장법」에 따른 신탁업 – 「자본시장법」에 따른 집합투자증권에 대한 투자중개업 – 「자본시장법」에 따른 경영참여형 사모집합투자기구의 업무집행사원 업무 – 「보험업법」에 따른 보험대리점 업무 – 「외국환거래법」에 따른 외국환업무 – 「자산유동화에 관한 법률」에 따른 유동화자산 관리업무 – 「전자금융거래법」에 따른 전자금융업 – 「산업발전법」 제20조에 따른 기업구조개선 경영참여형 사모집합투자기구의 업무집행사원 업무 – 대출의 중개 또는 주선 – 「신용정보법」에 따른 본인신용정보관리업 – 「신용정보법」에 따른 개인사업자신용평가업
제7호	여신전문금융업에 부수하는 업무로서 소유하고 있는 인력·자산 또는 설비를 활용하는 업무

34) 여신전문금융업법 시행규칙에 정한 바 없음

나. 여신전문금융업법상의 업종별 주요 용어의 정의

1) 신용카드업 관련 주요 용어

가) 신용카드업

"신용카드업"이란 다음 각 목의 업무 중 나목의 업무를 포함한 둘 이상의 업무를 업으로 하는 것을 말한다(여신전문금융업법 제2조 제2호).

각 목	업무 구분
가목	신용카드의 발행 및 관리
나목	신용카드 이용과 관련된 대금의 결제
다목	신용카드가맹점의 모집 및 관리

나) 신용카드업자

"신용카드업자"란 "여신전문금융업법 제3조 제1항에 따라 신용카드업의 허가를 받거나 등록을 한 자"를 말한다(여신전문금융업법 제2조 제2호의2 본문).

다만, 여신전문금융업법 제3조 제3항 제1호의 요건(다른 법률에 따라 설립되거나 금융위원회의 인가 또는 허가를 받은 금융기관으로서 대통령령으로 정하는 자)에 해당하는 자가 같은 법 제13조 제1항 제2호 및 제3호의 업무(직불카드의 발행 및 대금의 결제 · 선불카드의 발행 · 판매 및 대금의 결제)를 하는 경우에는 그 업무에 관하여만 신용카드업자로 본다(여신전문금융업법 제2조 제2호의2 단서).

다) 신용카드

"신용카드"란 "이를 제시함으로써 반복하여 신용카드가맹점에서 다음 각 목을 제외한 사항을 결제할 수 있는 증표로서 신용카드업자(외국에서 신용카드업에 상당하는 영업을 영위하는 자를 포함)가 발행한 것"을 말한다(여신전문금융업법 제3호).

〈표 3-14〉 신용카드를 이용한 구입 대상에서 제외되는 것

각 목	시행령	신용카드를 이용한 구입 대상에서 제외되는 것
가목		금전채무의 상환
나목	제1조의2 제1항	– 「자본시장법」 제3조 제1항에 따른 금융투자상품(제1호) – 예금, 적금 및 부금(제2호) – 제1호 및 제2호에 준하는 것으로서 총리령으로 정하는 것[35]

35) 여신전문금융업법 시행규칙에 정한 바 없음

다목		「게임산업진흥에 관한 법률」 제2조 제1호의2에 따른 사행성게임물의 이용 대가 및 이용에 따른 금전의 지급 다만, 외국인(「해외이주법」 제2조에 따른 해외이주자를 포함)이 「관광진흥법」에 따라 허가받은 카지노영업소에서 외국에서 신용카드업에 상당하는 영업을 영위하는 자가 발행한 신용카드로 결제하는 것은 제외
라목	제1조의2 제2항	그 밖에 사행행위 등 건전한 국민생활을 저해하고 선량한 풍속을 해치는 행위로 다음 사항의 이용 대가 및 이용에 따른 금전의 지급 – 「관광진흥법」에 따른 카지노의 이용 대가 및 이용에 따른 금전의 지급. 다만, 외국인(「해외이주법」 제2조에 따른 해외이주자를 포함한다)이 「관광진흥법」에 따라 허가받은 카지노영업소에서 외국에서 신용카드업에 상당하는 영업을 영위하는 자가 발행한 신용카드로 결제하는 것은 제외 – 「경륜 · 경정법」 제2조 제1호 및 제2호에 따른 경륜 및 경정의 이용 대가 및 이용에 따른 금전의 지급 – 「사행행위 등 규제 및 처벌특례법」 제2조 제1항 제1호에 따른 사행행위의 이용 대가 및 이용에 따른 금전의 지급 – 「전통 소싸움경기에 관한 법률」 제2조 제2호에 따른 소싸움경기의 이용 대가 및 이용에 따른 금전의 지급 – 「한국마사회법」 제2조 제1호에 따른 경마의 이용 대가 및 이용에 따른 금전의 지급 – 신용카드업자와 상품권 신용카드 거래 계약[상품권 발행자(발행자와 상품권 위탁판매계약을 맺은 자를 포함한다. 이하 같다)가 신용카드회원에게 신용카드를 사용한 거래에 의하여 발행자가 발행한 상품권을 제공하는 계약을 말한다. 이하 제7호에서 같다]을 체결하지 아니한 발행자가 발행한 상품권의 구입에 따른 금전의 지급 – 개인 신용카드회원이 월 1백만원의 이용한도[선불카드 금액, 「전자금융거래법」 제2조 제14호에 따른 선불전자지급수단(이하 "선불전자지급수단"이라 한다) 금액 및 상품권 금액을 합하여 산정한다]를 초과한 선불카드, 선불전자지급수단 및 상품권(신용카드업자와 상품권 신용카드 거래 계약을 체결한 발행자가 발행한 상품권으로 한정한다)의 구입에 따른 금전의 지급

여신전문금융업법 제2조 제3호 각 목에서 신용카드로 결제할 수 있는 사항에 대한 제한을 두고 있는 것은, 신용카드업이 물품의 거래 없는 금전 대부업으로 영위되는 것이나 신용카드가 사행행위를 위한 자금 조달 수단으로 이용되어 사행행위를 조장하게 되는 것을 막기 위한 것으로 보인다.

라) 신용카드회원

"신용카드회원"이란 "신용카드업자와의 계약에 따라 그로부터 신용카드를 발급받은 자"를 말한다(여신전문금융업법 제2조 제4호).

마) 신용카드가맹점

"신용카드가맹점"이란 다음 각 목의 자를 말한다(여신전문금융업법 제2조 제5호).

각 목	신용카드가맹점
가목	신용카드업자와의 계약에 따라 신용카드회원 · 직불카드회원 또는 선불카드소지자(이하 "신용카드회원등")에게 신용카드 · 직불카드 또는 선불카드(이하 "신용카드등")를 사용한 거래에 의하여 물품의 판매 또는 용역의 제공 등을 하는 자
나목	신용카드업자와의 계약에 따라 신용카드회원등에게 물품의 판매 또는 용역의 제공 등을 하는 자를 위하여 신용카드등에 의한 거래를 대행하는 자(이하 "결제대행업체")

바) 직불카드

"직불카드"란 "직불카드회원과 신용카드가맹점 간에 전자적 또는 자기적 방법으로 금융거래계좌에 이체하는 등의 방법으로 결제가 이루어질 수 있도록 신용카드업자가 발행한 증표"를 말하고, 다만 자금을 융통받을 수 있는 증표는 제외한다(여신전문금융업법 제2조 제6호).

사) 직불카드회원

"직불카드회원"이란 신용카드업자와의 계약에 따라 그로부터 직불카드를 발급받은 자"를 말한다(여신전문금융업법 제2조 제7호).

아) 선불카드

"선불카드"란 "신용카드업자가 대금을 미리 받고 이에 해당하는 금액을 기록(전자적 또는 자기적 방법에 따른 기록을 말한다)하여 발행한 증표로서 선불카드소지자가 신용카드가맹점에 제시하여 그 카드에 기록된 금액의 범위에서 결제할 수 있게 한 증표"를 말한다(여신전문금융업법 제2조 제8호).

자) 신용카드등부가통신업

"신용카드등부가통신업"이란 "신용카드업자 및 신용카드가맹점과의 계약에 따라 단말기 설치, 신용카드등의 조회 · 승인 및 매출전표 매입 · 자금정산 등 신용카드등의 대금결제를 승인 · 중계하기 위한 전기통신서비스 제공을 업으로 하는 것"을 말한다(여신전문금융업법 제2조 제8호의2).

차) 부가통신업자

"부가통신업자"란 "신용카드등부가통신업에 대하여 여신전문금융업법 제27조의2에 따라 금융위원회에 등록을 한 자"를 말한다(여신전문금융업법 제2조 제8호의3).

2) 시설대여업 관련 주요 용어

가) 시설대여업

“시설대여업”이란 “시설대여를 업으로 하는 것”을 말한다(여신전문금융업법 제2조 제9호).

나) 시설대여

“시설대여”란 “대통령령으로 정하는 물건(이하 ‘특정물건’)을 새로 취득하거나 대여받아 거래 상대방에게 대통령령으로 정하는 일정 기간 이상 사용하게 하고, 그 사용기간 동안 일정한 대가를 정기적으로 나누어 지급받으며, 그 사용 기간이 끝난 후의 물건의 처분에 관하여는 당사자 간의 약정으로 정하는 방식의 금융”을 말한다(여신전문금융업법 제2조 제10호).

“특정물건”의 범위는 여신전문금융업법 시행령 제2조 제1항에서 다음과 같이 규정하고 있다.

각 호	업무 구분
제1호	시설, 설비, 기계 및 기구
제2호	건설기계, 차량, 선박 및 항공기
제3호	제1호 및 제2호의 물건에 직접 관련되는 부동산 및 재산권
제4호	중소기업(「중소기업기본법」 제2조에 따른 중소기업을 말함)에 시설대여하기 위한 부동산으로서 금융위원회가 정하여 고시하는 기준을 충족하는 부동산
제5호	그 밖에 국민의 금융편의 등을 위하여 총리령으로 정하는 물건[36]

‘특정물건의 사용기간’은 「법인세법 시행령」 제28조·제29조 및 제29조의2에 따른 내용연수의 100분의 20에 해당하는 기간을 말하며, 다만, 위 특정물건 중 제4호에 해당하는 부동산을 시설대여하는 경우에는 3년으로 한다(여신전문금융업법 시행령 제2조 제4항).

다) 시설대여업자

“시설대여업자”란 “시설대여업에 대하여 여신전문금융업법 제3조 제2항에 따라 금융위원회에 등록한 자”를 말한다(여신전문금융업법 제2조 제10호의2).

시설대여업자란 쉽게 말해 공장에 들어가는 설비나 병원에 들어가는 의료장비

---

36) 여신전문금융업법 시행규칙에 정한 바 없음

또는 자동차 등을 사용하고자 하는 기업 또는 사람의 의뢰를 받아 이를 구매하여 대여해주고 임차료 형식의 대가를 수수하는 '리스업자'를 말하는데, 과거 '○○리스'라는 이름으로 시설대여만을 전적으로 영위하는 기업이 있었으나, 현재에는 주로 아래에서 보는 할부금융업자들이 '리스업'까지 겸영하고 있다.

3) 할부금융업 관련 주요 용어

가) 할부금융업

"할부금융업"이란 "할부금융을 업으로 하는 것"을 말한다(여신전문금융업법 제2조 제12호).

나) 할부금융

"할부금융"이란 재화와 용역의 매매계약에 대하여 매도인 및 매수인과 각각 약정을 체결하여 매수인에게 융자한 재화와 용역의 구매자금을 매도인에게 지급하고 매수인으로부터 그 원리금을 나누어 상환받는 방식의 금융을 말한다(여신전문금융업법 제2조 제13호).

다) 할부금융업자

"할부금융업자"란 "할부금융업에 대하여 여신전문금융업법 제3조 제2항에 따라 금융위원회에 등록한 자"를 말한다(여신전문금융업법 제2조 제13호의2).

현실 거래에서 흔히 보는 예를 들자면, 어떤 사람이 자동차를 할부로 구매할 때 그 대금을 자동차 회사에 할부로 납부하는 것이 아니라, 자동차 회사는 '○○캐피탈'이라는 이름의 업체로부터 대금 전액을 지급받고 매수인은 위 '○○캐피탈'에 월 할부금을 납부하게 되는데, 위 '○○캐피탈'에 해당하는 업체가 바로 할부금융업자이다.

4) 신기술사업금융업 관련 주요 용어

가) 신기술사업금융업

"신기술사업금융업"이란 "여신전문금융업법 제41조 제1항 각 호에 따른 업무를 종합적으로 업으로서 하는 것"을 말한다(여신전문금융업법 제2조 제14호).

여신전문금융법 제41조 제1항 각 호에 규정된 업무는 다음과 같다.

각 호	신기술사업금융업자의 업무
제1호	신기술사업자에 대한 투자
제2호	신기술사업자에 대한 융자
제3호	신기술사업자에 대한 경영 및 기술의 지도
제4호	신기술사업투자조합의 설립
제5호	신기술사업투자조합 자금의 관리·운용

나) 신기술사업

"신기술사업"이란 "「기술보증기금법」 제2조 제1호에 따른 신기술사업자와 기술 및 저작권·지적재산권 등과 관련된 연구·개발·개량·제품화 또는 이를 응용하여 사업화하는 사업"을 말한다(여신전문금융업법 제2조 제14호의2 본문).

다) 신기술사업자

"신기술사업자"란 "신기술사업을 영위하는 「중소기업기본법」 제2조에 따른 중소기업, 「중견기업 성장촉진 및 경쟁력 강화에 관한 특별법」 제2조 제1호에 따른 중견기업 및 「외국환거래법」 제3조 제15호에 따른 비거주자"를 말한다(여신전문금융업법 제2조 제14호의2 본문).

다만, 다음 각 목의 어느 하나에 해당하는 업종을 영위하는 자는 제외한다(여신전문금융업법 제2조 제14호의2 단서).

각 목	신기술사업 제외 업종
가목	「통계법」 제22조 제1항에 따라 통계청장이 고시하는 한국표준산업분류에 따른 금융 및 보험업 다만, 위 분류에 따른 금융 및 보험관련 서비스업으로서 대통령령으로 정하는 다음 업종은 제외(여신전문금융업법 시행령 제2조의2 제1항) – 기타 금융지원 서비스업 – 보험 및 연금관련 서비스업
나목	「통계법」 제22조 제1항에 따라 통계청장이 고시하는 한국표준산업분류에 따른 부동산업 다만, 위 분류에 따른 부동산관련 서비스업으로서 대통령령으로 정하는 다음 업종은 제외(여신전문금융업법 시행령 제2조의2 제2항) – 부동산 관리업 – 부동산 중개, 자문 및 감정평가업
다목	그 밖에 신기술사업과 관련이 적은 업종으로서 대통령령으로 정하는 다음 업종(여신전문금융업법 시행령 제2조의2 제3항) – 일반 유흥주점업 – 무도 유흥주점업 – 경주장 및 동물 경기장 운영업 – 기타 사행시설 관리 및 운영업 – 무도장 운영업

라) 신기술사업금융업자

"신기술사업금융업자"란 "신기술사업금융업에 대하여 여신전문금융업법 제3조 제2항에 따라 금융위원회에 등록한 자"를 말한다(여신전문금융업법 제2조 제14호의3).

마) 신기술사업금융전문회사

"신기술사업금융전문회사"란 "신기술사업금융업자로서 신용카드업·시설대여업·할부금융업, 그 밖에 대통령령으로 정하는 바에 따라 '한국표준산업분류에 따른 금융 및 보험업'을 함께 하지 아니하는 자"를 말한다(여신전문금융업법 제2조 제14호의4, 같은 법 시행령 제2조의3 제1항 본문).

다만, '한국표준산업분류에 따른 금융 및 보험업'에 해당하는 업무 중 다음의 업무를 함께 하는 경우는 "신기술사업금융전문회사"에 해당한다(여신전문금융업법 제2조의3 제1항 단서).

각 호	신기술사업금융전문회사 영위 제한 업종
제1호	신기술사업금융업
제2호	여신전문금융업법 시행령 제16조 제2항 제5호에 따른 경영참여형 사모집합투자기구의 업무집행사원 업무
제3호	여신전문금융업법 시행령 제16조 제2항 제10호에 따른 기업구조개선 경영참여형 사모집합투자기구의 업무집행사원 업무

바) 신기술사업투자조합

"신기술사업투자조합"은 "신기술사업자에게 투자하기 위하여 설립된 조합으로서 다음 각 목의 어느 하나에 해당하는 조합"을 말한다(여신전문금융업법 제2조 제14호의5).

각 목	신기술사업 제외 업종
가목	「통계법」 제22조 제1항에 따라 통계청장이 고시하는 한국표준산업분류에 따른 금융 및 보험업 다만, 위 분류에 따른 금융 및 보험관련 서비스업으로서 대통령령으로 정하는 다음 업종은 제외(여신전문금융업법 시행령 제2조의2 제1항) – 기타 금융지원 서비스업 – 보험 및 연금관련 서비스업
나목	「통계법」 제22조 제1항에 따라 통계청장이 고시하는 한국표준산업분류에 따른 부동산업 다만, 위 분류에 따른 부동산관련 서비스업으로서 대통령령으로 정하는 다음 업종은 제외(여신전문금융업법 시행령 제2조의2 제2항)

	– 부동산 관리업 – 부동산 중개, 자문 및 감정평가업
다목	그 밖에 신기술사업과 관련이 적은 업종으로서 대통령령으로 정하는 다음 업종(여신전문금융업법 시행령 제2조의2 제3항) – 일반 유흥주점업 – 무도 유흥주점업 – 경주장 및 동물 경기장 운영업 – 기타 사행시설 관리 및 운영업 – 무도장 운영업

5) 기타 공통 용어

가) 대주주

"대주주"란 "「금융사지배구조법」 제2조 제6호◆에 따른 주주"를 말한다.

나) 신용공여

"신용공여"란 "대출, 지급보증 또는 자금 지원적 성격의 유가증권의 매입, 그 밖에 금융거래상의 신용위험이 따르는 여신전문금융회사의 직접적·간접적 거래로서 대통령령으로 정하는 것"(여신전문금융업법 시행령 제2조의4)◆을 말한다.

다) 자기자본

"자기자본"이란 "납입자본금·자본잉여금 및 이익잉여금 등의 합계액으로서 대통령령으로 정하는 것"(여신전문금융업법 시행령 제2조의5)◆을 말한다.

라) 총자산

"총자산"이란 "유동자산 및 비유동자산 등의 합계액으로서 대통령령으로 정하는 것"(여신전문금융업법 시행령 제2조의6)◆을 말한다.

◆ 관련조문

금융사지배구조법

제2조 (정의)

6. "대주주"란 다음 각 목의 어느 하나에 해당하는 주주를 말한다.
   가. 금융회사의 의결권 있는 발행주식(출자지분을 포함한다. 이하 같다) 총수를 기준으로 본인 및 그와 대통령령으로 정하는 특수한 관계가 있는 자(이하 "특수관계인"이라 한다)가 누구의 명의로 하든지 자기의 계산으로 소유하는 주식(그 주식과 관련된 증권예탁증권을 포함한다)을 합하여 그 수가 가장 많은 경우의 그 본인(이하 "최대주주"라 한다)
   나. 다음 각 1) 및 2)의 어느 하나에 해당하는 자(이하 "주요주주"라 한다)
      1) 누구의 명의로 하든지 자기의 계산으로 금융회사의 의결권 있는 발행주식 총수의 100분의 10 이상의 주식(그 주식과 관련된 증권예탁증권을 포함한다)을 소유한 자
      2) 임원(업무집행책임자는 제외한다)의 임면(任免) 등의 방법으로 금융회사의 중요한 경영사항에 대하여 사실상의 영향력을 행사하는 주주로서 대통령령으로 정하는 자

여신전문금융업법 시행령

제2조의4 (신용공여의 범위)

① 법 제2조 제18호에서 "대통령령으로 정하는 것"이란 다음 각 호를 말한다.

1. 기업구매전용카드(구매기업·판매기업 및 신용카드업자 간의 계약에 따라 구매기업이 해당 판매기업에 대한 구매대금의 지급을 목적으로 신용카드업자로부터 발급받는 신용카드 또는 직불카드를 말한다)로 거래하여 발생한 채권액
2. 신용카드 회원에 대한 자금의 융통(融通)금액
3. 시설대여업자가 시설대여계약에 따라 대여시설이용자에게 넘겨준 특정물건을 취득하는 데에 든 비용 및 대여시설이용자에 대한 시설대여에 든 모든 비용
4. 연불(延拂)판매액
5. 할부금융이용액(할부금융이용자가 물건매매계약에 따라 물건을 구매하는 데에 든 모든 비용을 포함한다)
6. 신기술사업자에 대한 투자액 및 융자액
7. 대출액
8. 어음할인액
9. 법 제46조 제1항 제2호에 따른 매출채권의 매입액
10. 제16조 제1항 제1호에 따른 채권 또는 유가증권의 매입액
11. 지급보증액
12. 삭제 〈2015. 3. 30.〉

② 금융위원회는 다음 각 호의 어느 하나에 해당하는 거래에 대해서는 제1항에도 불구하고 신용공여의 범위에 포함시키지 아니할 수 있다.

1. 금융기관에 손실을 가져올 가능성이 극히 적은 것으로 판단되는 거래
2. 금융시장에 미치는 영향 등 해당 거래의 상황에 비추어 신용공여의 범위에 포함시키지 아니하는 것이 타당하다고 판단되는 거래

제2조의5 (자기자본의 범위)

법 제2조 제19호에서 "대통령령으로 정하는 것"이란 「주식회사 등의 외부감사에 관한 법률」 제2조 제2호에 따른 재무제표의 납입자본금·자본잉여금 및 이익잉여금 등의 합계액에 결산상 오류에 따른 금액을 더하거나 뺀 금액을 말한다.

제2조의6 (총자산의 범위)

법 제2조 제20호에서 "대통령령으로 정하는 것"이란 대차대조표상의 자산액(「주식회사 등의 외부감사에 관한 법률 시행령」 제3조 제1항에 따른 한국채택국제회계기준을 적용하지 아니하는 여신전문금융회사의 경우에는 실질적인 신용위험을 부담하는 자산액을 포함한다)을 말한다.

다. 여신전문금융업의 허가 또는 등록

1) 업종별 구분

신용카드업을 하려는 자는 금융위원회의 허가를 받아야 한다(여신전문금융업법 제3조 제1항 본문). 그리고 금융위원회가 신용카드업 허가를 하는 경우에는 그 허가에 조건을 붙일 수 있다(여신전문금융업법 제3조 제4항).

시설대여업·할부금융업 또는 신기술사업금융업을 하고 있거나 하려는 자로서 이 법을 적용받으려는 자는 업별로 금융위원회에 등록하여야 한다(여신전문금융업법 제3조 제2항).

위와 같이 여신전문금융업의 허가를 받거나 등록을 할 수 있는 자는 여신전문금융회사이거나 여신전문금융회사가 되려는 자로 제한한다(여신전문금융업법 제3조 제3항 본문).

2) 겸영여신업의 허가 또는 등록

"겸영여신업자"란 여신전문금융업에 대하여 여신전문금융업법 제3조 제3항 단서에 따라 금융위원회의 허가를 받거나 금융위원회에 등록을 한 자로서 여신전문금융회사가 아닌 자"를 말한다(여신전문금융업법 제2조 제16호). 여신전문금융업법은 여신전문금융업 허가를 받거나 등록을 할 수 있는 자는 여신전문금융회사이거나 여신전문금융회사가 되려는 자로 제한한다고 하여 여신전문금융회사 아닌 자의 여신전문금융업 겸영을 금지하면서(여신전문금융업법 제3조 제3항 본문), 예외적으로 일정 요건에 해당하는 자에 대해서만 여신전문금융업 겸영을 허용하고 있다(여신전문금융업법 제3조 제3항 단서).

예외적으로 여신전문금융업 겸영이 허용되는 자는 다음과 같다.

〈표 3-15〉 겸영여신업을 영위할 수 있는 자

법 제3조 제1항 제1호	시행령 제3조 제1항
다른 법률에 따라 설립되거나 금융위원회의 인가 또는 허가를 받은 금융기관으로서 대통령령으로 정하는 자	「은행법」에 따라 인가를 받은 은행
	「농협협동조합법」에 따른 농협은행
	「수산업협동조합법」에 따른 수협은행
	「한국산업은행법」에 따라 서립된 한국산업은행
	「중소기업은행법」에 따라 설립된 중소기업은행
	「한국수출입은행법」에 따라 설립된 한국수출입은행
	「자본시장법」에 따른 종합금융회사
	「상호저축은행법」에 따라 설립된 상호저축은행중앙회
	「신용협동조합법」에 따라 설립된 신용협동조합중앙회
	「새마을금고법」에 따라 설립된 새마을금고연합회
법 제3조 제1항 제2호	**시행령 제3조 제2항**
경영하고 있는 사업의 성격상 신용카드업을 겸하여 경영하는 것이 바람직하다고 인정되는 자로서 대통령령으로 정하는 자	「유통산업발전법」 제2조 제3호에 따른 대규모점포◆를 운영하는 자
	계약에 따라 같은 업종의 여러 도매·소매점포에 대하여 계속적으로 경영을 지도하고 상품을 공급하는 것을 업으로 하는 자

◆ 관련조문

유통산업발전법

제2조 (정의)

3. "대규모점포"란 다음 각 목의 요건을 모두 갖춘 매장을 보유한 점포의 집단으로서 별표에 규정된 것을 말한다.
   가. 하나 또는 대통령령으로 정하는 둘 이상의 연접되어 있는 건물 안에 하나 또는 여러 개로 나누어 설치되는 매장일 것
   나. 상시 운영되는 매장일 것
   다. 매장면적의 합계가 3,000㎡ 이상일 것

예를 들면, 백화점에서 신용카드업자 등 금융기관과 연계 없이 자체적으로 '백화점 신용카드'를 발급하는 경우가 대표적이다. 이 경우는 여신전문금융업법 제3조 제1항 제1호와 같은 법 시행령 제3조 제2항 제1호에 근거한 것이다.

결국, 여신전문금융업을 겸영할 수 있는 경우는 ① 여신전문금융업법 시행령에서 정한 금융기관이 여신전문금융업법에 정한 4가지 업종의 여신금융업 중 하나 또는 둘 이상을 겸영하는 경우와 ② 금융기관이 아닌 자로서 시행령에 정한 대규모점포 등이 신용카드업을 겸영하는 경우로 나눌 수 있다.

그리고 ①의 경우 중 신용카드업을 겸영하고자 하는 자는 금융위원회로부터 허가를 받아야 하고(여신전문금융업법 제3조 제1항 본문, 제3항 단서 제1호), 신용카드업을 제외한 시설대여업, 할부금융업 또는 신기술사업금융업을 겸영하고자 하는 자는 업별로 금융위원회에 등록하여야 한다(여신전문금융업법 제3조 제2항, 제3항 단서 제1호).

②의 경우는 금융위원회에 등록만 하면 신용카드업을 겸영할 수 있다(여신전문금융업법 제3조 제1항 단서, 제3항 단서 제2호).

이를 표로 구분하여 정리하면 다음과 같다.

〈겸영여신업 허가·등록 사항 구분〉

겸영주체	겸영 대상 업종	허가·등록 구분
다른 법률에 따라 설립되거나 금융위원회의 인가 또는 허가를 받은 금융기관으로서 대통령령으로 정하는 자	신용카드업	허가
	시설대여업 할부금융업 신기술사업금융업	등록
경영하고 있는 사업의 성격상 신용카드업을 겸하여 경영하는 것이 바람직하다고 인정되는 자로서 대통령령으로 정하는 자	신용카드업	등록

3) 허가 또는 등록 요건

가) 허가 또는 등록의 주체 및 자본금 요건(여신전문금융업법 제5조)

여신전문금융업 허가를 받거나 등록을 할 수 있는 자는 '주식회사'로 한정된다.

그리고 주식회사로서 여신전문금융업의 허가를 받거나 등록을 하고자 하는 자는 자본금 등이 다음의 구분에 따른 금액에 해당하는 자로 제한한다.

구분		자본금 등
신용카드업 허가를 받으려는 경우	시설대여업 · 할부금융업 또는 신기술사업금융업을 함께 하지 아니하는 경우	자본금 200억원 이상
	시설대여업 · 할부금융업 또는 신기술사업금융업 중 어느 하나의 업을 함께 하려는 경우	
	시설대여업 · 할부금융업 또는 신기술사업금융업 중 둘 이상의 업을 함께 하려는 경우	자본금 400억원 이상
겸영여신업으로서 신용카드업 등록을 하려는 경우 (여신전문금융업법 제3조 제1항 단서의 경우)		자본금 및 자기자본 20억원 이상
시설대여업 · 할부금융업 또는 신기술사업금융업 중 어느 하나 또는 둘 이상의 업을 하려는 경우 (신용카드업을 하지 아니하는 경우)		자본금 200억원 이상
신기술사업금융전문회사가 되려는 경우		자본금 100억원 이상

나) 신용카드업 허가를 받기 위한 추가 요건

신용카드업 허가를 받기 위해서는 위 자본금 요건 외에 다음 각 호의 요건을 추가로 갖추어야 한다(여신전문금융업법 제5조 제2항 제2호 내지 제4호).

각 호	신용카드업 허가를 받기 위한 추가 요건
제2호	거래자를 보호하고 취급하려는 업무를 하기에 충분한 전문인력과 전산설비 등 물적(物的) 시설을 갖추고 있을 것
제3호	사업계획이 타당하고 건전할 것
제4호	대주주(최대주주의 특수관계인인 주주를 포함하며, 최대주주가 법인인 경우에는 그 법인의 주요 경영사항에 대하여 사실상의 영향력을 행사하고 있는 주주로서 대통령령으로 정하는 자◆를 포함한다)가 충분한 출자능력, 건전한 재무상태 및 사회적 신용을 갖추고 있을 것

◆ 관련조문

여신전문금융업법 시행령

제6조의3 (신용카드업 허가의 세부요건)

③ 법 제6조 제2항 제4호에서 "대통령령으로 정하는 자"란 다음 각 호의 자를 말한다.

1. 최대주주인 법인의 최대주주(최대주주인 법인의 주요 경영사항을 사실상 지배하는 자가 그 법

> 인의 최대주주와 명백히 다른 경우에는 그 사실상 지배하는 자를 포함한다)
> 2. 최대주주인 법인의 대표자

여신전문금융업법은 위 각 호에 정한 요건의 세부적인 요건들을 시행령에서 규정하도록 하고 있는데(여신전문금융업법 제6조 제6항), 먼저 제2호의 전문인력 및 물적 시설에 관한 세부 요건은 다음 각 호와 같다(여신전문금융업법 시행령 제6조의3 제1항).

각 호	신용카드업 허가를 받기 위한 전문인력 및 물적 시설에 관한 세부 요건
제1호	신용카드업에 관한 전문성을 갖춘 전문인력과 전산요원 등 필요한 인력을 갖출 것
제2호	신용카드업을 하는 데에 필요한 전산설비를 구축하고 점포 등을 확보할 것

여신전문금융업법 시행령에서 사업계획(위 신용카드업 허가를 받기 위한 추가 요건 중 제3호)에 관한 세부요건으로 규정하고 있는 것은 다음 각 호와 같다(여신전문금융업법 시행령 제6조의3 제2항).

각 호	신용카드업 허가를 받기 위한 사업계획에 관한 세부 요건
제1호	신용카드업을 원활하게 하는 데에 필요한 신용카드회원 및 신용카드가맹점 확보계획이 타당하고 실현 가능성이 있을 것
제2호	신용카드 이용과 관련된 대금을 신속하게 결제할 수 있는 자금의 조달계획이 타당하고 실현 가능성이 있을 것
제3호	수입 · 지출 전망이 타당하고 실현 가능성이 있을 것
제4호	건전한 금융질서를 해칠 우려가 없을 것

마지막으로 여신전문금융업법 시행령은 대주주의 출자능력과 관련한 세부요건을 별표1 '대주주의 요건'에서 상세히 규정하고 있다(여신전문금융업법 시행령 제6조의3 제4항).

주의할 것은, 이와 같은 추가 요건들은 신용카드업 허가를 받는 경우에 갖추어야 할 것들이고, 여신전문금융업법 제3조 제1항 단서에 따라 겸영여신업으로서 신용카드업 등록 대상에 해당에 해당하는 경우에는 위 자본금 요건만 갖추면 된다.

다) 허가 · 등록 결격사유

다음 각 호의 어느 하나에 해당하는 자는 여신전문금융업 허가를 받거나 등록을 할 수 없다(여신전문금융업법 제6조 제1항).

각 호	여신전문금융업 허가·등록 결격 사유
제1호	여신전문금융업법 제10조 또는 제57조 제2항·제3항에 따라 등록·허가가 말소(抹消)되거나 취소된 날부터 3년이 지나지 아니한 법인 및 그 말소 또는 취소 당시 그 법인의 대통령령으로 정하는 출자자◆이었던 자로서 말소되거나 취소된 날부터 3년이 지나지 아니한 자
제2호	「채무자 회생 및 파산에 관한 법률」에 따른 회생절차 중에 있는 회사 및 그 회사의 출자자 중 대통령령으로 정하는 출자자◆
제3호	금융거래 등 상거래에서 약정한 날까지 채무(債務)를 변제(辨濟)하지 아니한 자로서 대통령령으로 정하는 자◆
제4호	허가신청일 및 등록신청일을 기준으로 최근 3년 동안 대통령령으로 정하는 금융 관계 법령◆(이하 "금융관계법령"이라 한다.)을 위반하여 벌금형 이상의 처벌을 받은 사실이 있는 자
제5호	대통령령으로 정하는 재무건전성기준◆에 미치지 못하는 자(허가의 경우만 해당한다)
제6호	제1호부터 제5호까지의 어느 하나에 해당하는 자가 출자자인 법인으로서 대통령령으로 정하는 법인◆
제7호	신기술사업금융업자와 투자자 간, 특정 투자자와 다른 투자자 간의 이해관계의 충돌을 방지하기 위한 체계를 갖추지 아니한 자(여신전문금융업법 제44조의2에 따른 공모신기술투자조합을 결성하려는 신기술사업금융업자만 해당한다.)

◆ 관련조문

여신전문금융업법 시행령

제4조 (출자자의 범위)

① 법 제6조 제1항 제1호에서 "대통령령으로 정하는 출자자"란 대주주(최대주주의 특수관계인인 주주를 포함한다)를 말한다.

여신전문금융업법 시행령 제4조(출자자의 범위)

② 법 제6조 제1항 제2호에서 "대통령령으로 정하는 출자자"란 대주주(최대주주의 특수관계인인 주주를 포함한다)를 말한다.

제5조 (채무를 변제하지 아니한 자)

법 제6조 제1항 제3호에서 "대통령령으로 정하는 자"란 「신용정보법 시행령」 제2조 제18항 제1호, 제3호, 제4호 및 제5조 제2항 제1호부터 제18호까지의 기관에 대손상각채권을 발생시켜 「신용정보법」 제25조 제2항 제1호에 따른 종합신용정보집중기관에 이에 대한 신용정보가 집중관리·활용되는 자로서 그 집중관리·활용되는 날부터 3년이 지나지 아니한 자를 말한다.

제6조 (금융 관계 법령)

법 제6조 제1항 제4호에서 "대통령령으로 정하는 금융 관계 법령"이란 「금융회사의 지배구조에 관한 법률 시행령」 제5조에 따른 법령(이하 "금융관계법령"이라 한다)을 말한다.

제6조의2 (신용카드업의 허가에 필요한 재무건전성기준 등)

① 법 제6조 제1항 제5호에 따른 재무건전성기준은 다음 각 호의 구분에 따른다.

1. 허가신청자가 「금융위원회의 설치 등에 관한 법률」 제38조에 따라 금융감독원으로부터 검사를 받는 기관인 경우: 해당 기관의 설립·운영 등에 관한 법령에서 정하는 경영건전성에 관한 기준 등을 고려하여 금융위원회가 정하는 재무건전성기준에 적합할 것
2. 허가신청자가 제1호외의 자인 경우: 해당 기업[대주주가 「독점규제 및 공정거래에 관한 법률」 제2조 제2호에 따른 기업집단(같은 법 시행령 제17조 제1항 제1호 및 제2호에 해당하는 기업

> 집단은 제외한다. 이하 "기업집단"이라 한다)에 속하는 기업인 경우에는 금융업이나 보험업을 경영하는 회사를 제외한 기업집단을 포함한다]의 자기자본에 대한 부채총액의 비율이 100분의 200의 범위에서 금융위원회가 정하는 비율 이하일 것
>
> ② 법 제6조 제1항 제6호에서 "대통령령으로 정하는 법인"이란 법 제6조 제1항 제1호부터 제5호까지의 어느 하나에 해당하는 자가 대주주(최대주주의 특수관계인인 주주를 포함한다)인 법인을 말한다.
>
> ③ 금융위원회는 제1항에 따른 기준에 관한 구체적인 사항을 정할 수 있다.

4) 관련 제재 규정

허가를 받지 아니하거나 등록을 하지 아니하고 신용카드업을 한 경우에는 7년 이하의 징역 또는 5천만원 이하의 벌금에 처한다(여신전문금융업법 제70조 제1항 제7호).

거짓이나 그 밖의 부정한 방법으로 신용카드업 허가를 받거나 등록을 한 경우, 그 위반행위자는 7년 이하의 징역이나 5천만원 이하의 벌금에 처해지고(여신전문금융업법 제70조 제1항 제8호), 금융위원회는 그 허가 또는 등록을 취소할 수 있다(여신전문금융업법 제57조 제2항 제1호).

거짓이나 그 밖의 부정한 방법으로 시설대여업, 할부금융업 또는 신기술사업금융업 등록을 한 경우, 그 위반행위자는 3년 이하의 징역 또는 2천만원의 벌금에 처해지고(여신전문금융업법 제70조 제3항 제1호), 금융위원회는 그 허가 또는 등록을 취소할 수 있다(여신전문금융업법 제57조 제3항 제1호).

라. 신용카드업에 대한 개별적 규제 조항

1) 신용카드업자의 부대업무

가) 부대업무의 범위

신용카드업자는 대통령령으로 정하는 기준에 따라 다음 각 호의 부대업무를 할 수 있다(여신전문금융업법 제13조 제1항).

각 호	신용카드업자의 부대업무
제1호	신용카드회원에 대한 자금의 융통
제2호	직불카드의 발행 및 대금의 결제
제3호	선불카드의 발행·판매 및 대금의 결제

위와 같이 부대업무의 수행과 관련하여, 여신전문금융업법 시행령은 다음과 같이 경영 기준을 제시하고 있다.

① 여신전문금융업법 제3조 제1항 단서에 따라 신용카드업의 등록을 한 겸영 여신업자는 위 각 호의 부대업무를 할 수 없다(여신전문금융업법 시행령 제6조의5 제1항).

② 신용카드업자는 매 분기 말을 기준으로 여신전문금융업법 제13조 제1항 제1호에 따른 신용카드회원에 대한 자금의 융통으로 인하여 발생한 채권(신용카드업자가 신용카드회원에 대한 채권 재조정을 위하여 채권의 만기, 금리 등 조건을 변경하여 그 신용카드회원에게 다시 자금을 융통하여 발생한 채권은 제외한다)의 분기 중 평균잔액이 다음 각 호의 금액의 합계액을 초과하도록 해서는 아니 된다(여신전문금융업법 제6조의5 제2항).

각 호	신용카드업자의 신용카드회원에 대한 자금 융통 제한 금액
제1호	신용카드회원이 신용카드로 물품을 구입하거나 용역을 제공받는 등으로 인하여 발생한 채권(시행령 제2조의4 제1항 제1호에 정한 기업구매전용카드로 거래하여 발생한 채권액은 제외)의 분기 중 평균잔액
제2호	직불카드회원의 분기 중 직불카드 이용대금

③ 신용카드업자는 법인 신용카드회원을 상대로 여신전문금융법 제13조 제1항 제1호에 따른 자금융통거래를 할 수 없다. 다만, 법인 신용카드회원이 비밀번호 사용을 약정하여 해외에서 현금융통을 하는 경우는 그러하지 아니하다(여신전문금융업법 제6조의5 제3항).

신용카드업자가 위 기준을 위반하여 부대업무를 한 경우, 금융위원회는 6개월의 범위에서 기간을 정하여 여신전문금융업법 제46조 제1항 제1호부터 제4호까지◆의 규정에 따른 업무(여신전문금융업법 제13조 제1항 제1호에 해당하는 부대업무 포함) 또는 같은 항 제5호에 따른 업무 중 대통령령으로 정하는 업무◆의 전부 또는 일부의 정지를 명할 수 있다(여신전문금융업법 제57조 제1항 제1호).

◆ 관련조문

여신전문금융업법

제46조 (업무)

① 여신전문금융회사가 할 수 있는 업무는 다음 각 호의 업무로 제한한다.

1. 제3조에 따라 허가를 받거나 등록을 한 여신전문금융업(시설대여업의 등록을 한 경우에는 연불판매업무를 포함한다)
2. 기업이 물품과 용역을 제공함으로써 취득한 매출채권(어음을 포함한다)의 양수・관리・회수(回收)업무
3. 대출(어음할인을 포함한다. 이하 이 조에서 같다)업무

4. 제13조 제1항 제2호 및 제3호에 따른 신용카드업자의 부대업무(신용카드업의 허가를 받은 경우만 해당한다)
5. 그 밖에 제1호부터 제4호까지의 규정과 관련된 업무로서 대통령령으로 정하는 업무

여신전문금융업법 시행령

제16조 (업무)

① 법 제46조 제1항 제5호에서 "대통령령으로 정하는 업무"란 다음 각 호의 업무를 말한다.

1. 법 제46조 제1항 제1호부터 제4호까지의 업무와 관련하여 다른 금융회사(「금융위원회의 설치 등에 관한 법률」 제38조 각 호의 기관을 말한다)가 보유한 채권 또는 이를 근거로 발행한 유가증권의 매입업무
2. 지급보증업무
3. 삭제 〈2016. 9. 29.〉
4. 그 밖에 여신전문금융업 및 대출업무와 관련된 업무로서 총리령으로 정하는 업무

나) 부대업무의 대행

신용카드업자는 위 각 부대업무를 대통령령으로 정하는 바에 따라 제3자에게 대행하게 할 수 있다(여신전문금융업법 제13조 제2항).

여신전문금융업법 시행령은, 신용카드업자는 다음 위 각 부대업무 중 신용카드업자가 제3자에게 대행할 수 있도록 할 수 있는 업무의 범위를 다음 각 호의 업무를 한정하고 있다(여신전문금융업법 시행령 제6조의5 제4항).

각 호	신용카드업자 제3자에게 대행하도록 할 수 있는 부대업무의 범위
제1호	직불카드 및 선불카드의 발행업무
제2호	선불카드의 판매업무(환불업무를 포함)
제3호	직불카드 및 선불카드 이용대금의 결제업무(거래의 승인업무 포함)

2) 신용카드 · 직불카드의 발급

가) 신청에 따른 발급 원칙(여신전문금융업법 제14조 제1항)

신용카드업자는 발급신청을 받아야만 신용카드나 직불카드를 발급할 수 있다. 다만, 이미 발급한 신용카드나 직불카드를 갱신하거나 대체 발급하는 것에 대하여 대통령령으로 정하는 바◆에 따라 신용카드회원이나 직불카드회원의 동의를 받은 경우에는 신청 없이도 발급할 수 있다.

◆ 관련조문

여신전문금융업법 시행령

제6조의6 (신용카드 · 직불카드의 갱신 또는 대체 발급)

법 제14조 제1항 단서에 따라 신용카드업자는 다음 각 호의 어느 하나에 해당하는 경우 신용카

드 · 직불카드를 갱신(更新)하거나 대체 발급할 수 있다.
1. 갱신 또는 대체 발급 예정일전 6개월 이내에 사용된 적이 없는 신용카드 · 직불카드: 해당 신용카드 · 직불카드회원으로부터 갱신 또는 대체 발급에 대하여 서면(「전자문서 및 전자거래 기본법」 제2조 제1호에 따른 전자문서를 포함한다) 동의를 받은 경우
2. 갱신 또는 대체 발급 예정일전 6개월 이내에 사용된 적이 있는 신용카드 · 직불카드: 갱신 또는 대체 발급 예정일부터 1개월 전에 해당 신용카드 · 직불카드회원에게 발급 예정사실을 통보하고 그 후 20일 이내에 그 회원으로부터 이의 제기가 없는 경우

나) 발급시 확인 사항(여신전문금융업법 제14조 제2항)

신용카드업자는 신용카드 또는 직불카드 발급신청이 다음 각 호의 요건을 갖추고 있는지 확인하여야 한다. 다만, 제2호는 신용카드 발급의 경우에만 적용된다.

각 호	신용카드 또는 직불카드 발급 신청에 대해 확인하여야 할 사항
제1호	본인이 신청할 것
제2호	신용카드 한도액이 신용카드업자가 정하는 신용한도 산정(算定) 기준(다음 각 목의 사항이 포함되어야 함)에 따른 개인신용한도를 넘지 아니할 것 가. 소득과 재산에 관한 사항 나. 타인에 대한 지급 보증(保證)에 관한 사항 다. 신용카드이용대금을 결제할 수 있는 능력에 관한 사항 라. 신청인이 신용카드 발급 당시 다른 금융기관으로부터 받은 신용공여액(信用供與額)에 관한 사항 마. 그 밖에 신용한도 산정에 중요한 사항으로서 대통령령으로 정하는 사항◆

◆ 관련조문

여신전문금융업법 시행령

제6조의7 (신용카드의 발급 및 회원 모집방법 등)

① 법 제14조 제2항 제2호마목에서 "대통령령으로 정하는 사항"이란 다음 각 호의 사항을 말한다.
1. 신용카드의 발급신청인이 그 신용카드업자나 다른 금융기관(「금융산업의 구조개선에 관한 법률」 제2조에 따른 금융기관을 말한다)에 상환(償還) 기일 내에 상환하지 못한 채무(이하 "연체채무"라 한다)의 존재 여부
2. 채무가 상환되거나 변제(辨濟)된 경우에는 그 상환방법이나 변제방법

직불카드의 경우 연계된 계좌에 남아 있는 잔액에 한해서만 결제가 가능해서 신용위험 발생 가능성이 없으므로, 신용한도에 대해서는 신용카드 발급시에만 확인하도록 한 것이다.

다) 신용카드 발급 요건(여신전문금융업법 제14조 제3항)

신용카드업자는 다음 각 호의 요건을 갖춘 자에게 신용카드를 발급할 수 있다.

각 호	신용카드 발급 요건
제1호	여신전문금융업법 제2항 각 호의 요건(신용카드업자가 신용카드 등 발급 신청시 확인하여야 할 사항)을 갖춘 자
제2호	신용카드의 발급신청일 현재 대통령령으로 정하는 연령 이상인 자◆
제3호	그 밖에 신용카드 발급에 중요한 요건으로서 대통령령으로 정하는 요건◆을 갖춘 자

◆ 관련조문

여신전문금융업법 시행령

제6조의7 (신용카드의 발급 및 회원 모집방법 등)

② 법 제14조 제3항 제2호에서 "대통령령으로 정하는 연령 이상인 자"란 「민법」 제4조에 따른 성년 연령 이상인 사람을 말한다. 다만, 다음 각 호의 어느 하나에 해당하는 경우에는 성년 연령 미만인 사람(제2호의 경우에는 18세 이상인 사람을 말하고 제3호의 경우에는 12세 이상인 사람을 말한다)에게도 발급할 수 있다.

1. 「아동복지법」 제38조에 따른 자립지원 등 국가 또는 지방자치단체의 정책적 필요에 따라 불가피하게 신용카드를 발급하여야 하는 경우
2. 발급신청일 현재 재직(在職)을 증명할 수 있는 경우
3. 제3항 제1호 나목에 해당하는 신용카드로서 「대중교통의 육성 및 이용촉진에 관한 법률」 제2조 제6호에 따른 교통카드 기능을 이용할 목적으로 발급하는 경우

③ 법 제14조 제3항 제3호에서 "대통령령으로 정하는 요건"이란 다음 각 호의 요건을 말한다.

1. 신용카드의 발급신청일 현재 개인신용평점[「신용정보법」 제2조 제5호 가목에 따른 개인신용평가회사(「신용정보법」 제5조 제1항에 따른 전문개인신용평가업을 영위하는 회사는 제외한다)가 책정한 것을 말한다]이 금융위원회가 정하여 고시하는 기준을 충족할 것. 다만, 다음 각 목의 어느 하나에 해당하는 경우에는 이 기준을 적용하지 아니한다.
   가. 신용카드이용대금을 결제할 수 있는 능력이 충분하다는 것을 신용카드업자가 객관적인 자료로 확인할 수 있거나, 본인이 증명할 수 있는 경우
   나. 직불카드와 신용카드의 기능을 동시에 갖추고 있는 카드로서 카드회원에게 이용 편의를 제공할 목적으로 금융위원회가 정하는 범위의 신용카드 이용한도를 부여한 경우
   다. 제2항 단서에 따라 신용카드를 발급받는 경우
2. 본인 여부를 「신용정보법 시행령」 제30조 제3항 후단에 따른 방법으로 확인할 것

라) 약관 등 서면 제공(여신전문금융업법 제14조 제5항)

신용카드업자는 신용카드나 직불카드를 발급하는 경우 그 약관과 함께 신용카드회원이나 직불카드회원의 권익을 보호하기 위하여 필요한 사항으로서 대통령령으로 정하는 사항◆을 신청자에게 서면으로 내주어야 한다. 다만, 신청자가 동의하면 팩스나 전자문서(「전자문서 및 전자거래 기본법」 제2조 제1호에 따른 전자문서를 말한다)로 보낼 수 있다.

◆ 관련조문

여신전문금융업법 시행령

제6조의7 (신용카드의 발급 및 회원 모집방법 등)

⑦ 법 제14조 제5항 본문에서 "대통령령으로 정하는 사항"이란 다음 각 호의 사항을 말한다.

1. 연회비, 이자율, 수수료, 이용한도, 결제방법, 결제일, 신용카드 유효기간 및 개인신용평점 등 거래조건
2. 신용카드업자와 신용카드회원 또는 직불카드회원간에 분쟁이 발생한 경우에 신용카드회원 또는 직불카드회원이 이의를 제기하는 절차
3. 신용카드 또는 직불카드의 도난·분실, 위조·변조가 발생한 경우에 신용카드회원 또는 직불카드회원에게 고의, 과실 또는 중과실이 있는 것으로 인정되는 사항
4. 제6조의11제1항에 따른 연회비 반환사유, 같은 조 제2항에 따른 연회비 반환금액 산정방식 및 같은 조 제3항에 따른 연회비 반환금액의 반환기한

마) 위반시 제재 규정

신용카드업자가 위 각 규정을 위반하여 신용카드나 직불카드를 발급하는 경우, 금융위원회는 6개월의 범위에서 기간을 정하여 여신전문금융업법 제46조 제1항 제1호부터 제4호까지◆의 규정에 따른 업무(여신전문금융업법 제13조 제1항 제1호에 정한 부대업무 포함) 또는 같은 항 제5호에 따른 업무 중 대통령령으로 정하는 업무◆의 전부 또는 일부의 정지를 명할 수 있다(여신전문금융업법 제57조 제1항 제2호).

◆ 관련조문

여신전문금융업법

제46조 (업무)

① 여신전문금융회사가 할 수 있는 업무는 다음 각 호의 업무로 제한한다. 〈개정 2016.3.29.〉
1. 제3조에 따라 허가를 받거나 등록을 한 여신전문금융업(시설대여업의 등록을 한 경우에는 연불판매업무를 포함한다)
2. 기업이 물품과 용역을 제공함으로써 취득한 매출채권(어음을 포함한다)의 양수·관리·회수(回收)업무
3. 대출(어음할인을 포함한다. 이하 이 조에서 같다)업무
4. 제13조 제1항 제2호 및 제3호에 따른 신용카드업자의 부대업무(신용카드업의 허가를 받은 경우만 해당한다)
5. 그 밖에 제1호부터 제4호까지의 규정과 관련된 업무로서 대통령령으로 정하는 업무
6. 제1호부터 제4호까지의 규정에 따른 업무와 관련된 신용조사 및 그에 따르는 업무

6의2. 그 업무를 함께 하여도 금융이용자 보호 및 건전한 거래질서를 해할 우려가 없는 업무로서 대통령령으로 정하는 금융업무

7. 여신전문금융업에 부수하는 업무로서 소유하고 있는 인력·자산 또는 설비를 활용하는 업무

여신전문금융업법 시행령

제16조 (업무)

① 법 제46조 제1항 제5호에서 "대통령령으로 정하는 업무"란 다음 각 호의 업무를 말한다.
1. 법 제46조 제1항 제1호부터 제4호까지의 업무와 관련하여 다른 금융회사(「금융위원회의 설치 등에 관한 법률」 제38조 각 호의 기관을 말한다)가 보유한 채권 또는 이를 근거로 발행한 유가증권의 매입업무
2. 지급보증업무
3. 삭제 〈2016. 9. 29.〉
4. 그 밖에 여신전문금융업 및 대출업무와 관련된 업무로서 총리령으로 정하는 업무

> **여신전문금융업법 시행령**
> 제20조의2(업무정지의 대상)
> 법 제57조 제1항 각 호 외의 부분에서 "대통령령으로 정하는 업무"란 제16조 제1항 제1호 및 제2호의 업무를 말한다.

3) 신용카드회원의 모집

신용카드업자는 신청이 있는 경우에만 신용카드를 발급할 수 있는바, 신용카드 신청을 유도하기 위해 신용카드회원을 모집하는 활동을 하게 되는데, 여신전문금융업법은 무분별한 카드 발급을 방지하기 위해 그 모집 과정을 규제하고 있다.

가) 모집 방법(여신전문금융업법 제14조 제4항)

신용카드업자는 다음 각 호의 방법으로 신용카드회원을 모집하여서는 아니 된다.

각 호	금지된 신용카드회원 모집 방법
제1호	「방문판매 등에 관한 법률」 제2조 제5호에 따른 다단계판매를 통한 모집
제2호	인터넷을 통한 모집방법으로서 대통령령으로 정하는 모집◆
제3호	그 밖에 대통령령으로 정하는 모집◆

◆ 관련조문

> **여신전문금융업법 시행령**
> 제6조의7 (신용카드의 발급 및 회원 모집방법 등)
> ④ 법 제14조 제4항 제2호에서 "대통령령으로 정하는 모집"이란 신용카드업자가 「전자서명법」 제2조 제2호에 따른 전자서명(사용자의 실지명의를 확인할 수 있는 것으로 한정한다)을 통하여 본인 여부를 확인하지 아니한 신용카드회원 모집을 말한다. 다만, 신청인의 신분증 발급기관·발급일 등 본인임을 식별할 수 있는 정보와 본인의 서명을 받는 방법 등으로 본인이 신청하였음을 확인할 수 있는 경우는 제외한다.
> ⑤ 법 제14조 제4항 제3호에 따라 신용카드업자는 다음 각 호의 방법으로 신용카드회원을 모집해서는 아니 된다.
> 1. 신용카드 발급과 관련하여 그 신용카드 연회비(연회비가 주요 신용카드의 평균연회비 미만인 경우에는 해당 평균연회비를 말한다)의 100분의 10을 초과하는 경제적 이익을 제공하거나 제공할 것을 조건으로 하는 모집. 다만, 컴퓨터통신을 이용하여 스스로 신용카드회원이 되는 경우에는 그 신용카드 연회비의 100분의 100 이하의 범위에서 경제적 이익을 제공하거나 제공할 것을 조건으로 하여 모집할 수 있다.
> 2. 「도로법」 제2조 및 「사도법」 제2조에 따른 도로 및 사도(私道) 등 길거리에서 하는 모집
> 3. 방문을 통한 모집. 다만, 미리 동의를 받은 후 방문하거나 사업장을 방문하는 경우는 제외한다.

나) 신용카드회원을 모집할 수 있는 자(여신전문금융업법 제14조의2 제1항)

신용카드회원을 모집할 수 있는 자는 다음 각 호의 어느 하나에 해당하는 자이어야 한다.

각 호	신용카드회원을 모집할 수 있는 자
제1호	해당 신용카드업자의 임직원
제2호	신용카드업자를 위하여 신용카드 발급계약의 체결을 중개하는 자(이하 '모집인')[37]
제3호	신용카드업자와 신용카드회원의 모집에 관하여 업무 제휴(提携) 계약을 체결한 자(신용카드회원의 모집을 주된 업으로 하는 자는 제외) 및 그 임직원

신용카드업자는 위 각 호의 어느 하나에 해당하는 자 외의 자에게 신용카드회원을 모집하게 하거나 모집에 관하여 수수료·보수 그 밖의 대가를 지급하지 못한다(여신전문금융업법 제14조의5 제1항).

다) 신용카드회원을 모집하는 자의 준수사항 등

신용카드회원을 모집하는 자(이하 '모집자')가 모집할 때 지켜야 할 준수사항과 모집방법에 관하여 필요한 사항은 대통령령으로 정한다(여신전문금융업법 제14조의2 제1항).

여신전문금융업법 시행령상 모집자가 신용카드회원을 모집할 때 지켜야 할 준수사항은 다음 각 호와 같다(여신전문금융업법 시행령 제6조의8 제1항).

각 호	모집자의 준수사항
제1호	신청인에게 자신이 법 제14조의2제1항에 따라 신용카드회원을 모집할 수 있는 사람임을 알릴 것
제2호	신청인에게 신용카드에 대한 약관과 연회비 등 신용카드의 거래조건 및 제6조의7 제7항 제4호의 사항을 설명할 것
제3호	신청인이 본인임을 확인하고, 신청인이 직접 신청서(전자문서로 된 신청서를 포함) 및 신용카드 발급에 따른 관련 서류(전자문서로 된 서류를 포함) 등을 작성하도록 할 것. 이 경우 다음 각 목의 사항을 지켜야 함 가. 「장애인차별금지 및 권리구제 등에 관한 법률」 제2조에 따른 장애인에 대한 본인 확인 및 신용카드 발급신청 서류(전자문서로 된 서류를 포함한다) 등의 작성을 할 때에는 같은 법 제4조 제2항에 따른 정당한 편의를 제공할 것

37) 신용카드가맹점을 모집하는 '가맹점모집인'과는 구분되는 개념이다. 여신전문금융업법은 신용카드업자로 하여금 금융위원회에 소속 모집인을 등록하도록 하고(제14조의3 제1항), 일정 사유가 있는 자는 모집인으로 등록하지 못하도록 하는(제14조의3 제2항) 등 모집인으로 활동할 수 있는 자의 자격에 제한을 두고 있다.

	나. 전자문서로 된 신청서 및 서류 등을 작성하는 경우 신청인이 작성하는 정보는 암호화되어 신용카드업자에게 전달되도록 할 것
제4호	신청인이 작성한 신용카드 발급신청서에 모집자의 성명과 등록번호(모집자임을 표시하는 다른 징표를 포함한다)를 적을 것
제5호	신용카드업자 외의 자를 위하여 신용카드 발급계약의 체결을 중개하지 아니할 것
제6호	신용카드회원을 모집할 때 법 제14조 제4항◆ 및 이 영 제6조의7 제5항◆에 따른 방법으로 할 것
제7호	신용카드회원을 모집할 때 알게 된 신청인의 신용정보(「신용정보의 이용 및 보호에 관한 법률」 제2조 제1호에 따른 신용정보를 말한다) 및 사생활 등 개인적 비밀을 업무 목적 외의 목적으로 누설하거나 이용하지 아니할 것
제8호	신용카드회원을 모집할 때 법 제13조 제1항 제1호에 따른 자금의 융통을 권유하는 경우에는 대출금리, 연체료율 및 취급수수료 등의 거래조건을 감추거나 왜곡하지 아니하고, 이해할 수 있도록 설명할 것

◆ 관련조문

여신전문금융업법

제14조(신용카드 · 직불카드의 발급)

④ 신용카드업자는 다음 각 호의 방법으로 신용카드회원을 모집하여서는 아니 된다.

1. 「방문판매 등에 관한 법률」 제2조 제5호에 따른 다단계판매를 통한 모집
2. 인터넷을 통한 모집방법으로서 대통령령으로 정하는 모집
3. 그 밖에 대통령령으로 정하는 모집

여신전문금융업법 시행령

제6조의7(신용카드의 발급 및 회원 모집방법 등)

⑤ 법 제14조 제4항 제3호에 따라 신용카드업자는 다음 각 호의 방법으로 신용카드회원을 모집해서는 아니 된다.

1. 신용카드 발급과 관련하여 그 신용카드 연회비(연회비가 주요 신용카드의 평균연회비 미만인 경우에는 해당 평균연회비를 말한다)의 100분의 10을 초과하는 경제적 이익을 제공하거나 제공할 것을 조건으로 하는 모집. 다만, 컴퓨터통신을 이용하여 스스로 신용카드회원이 되는 경우에는 그 신용카드 연회비의 100분의 100 이하의 범위에서 경제적 이익을 제공하거나 제공할 것을 조건으로 하여 모집할 수 있다.
2. 「도로법」 제2조 및 「사도법」 제2조에 따른 도로 및 사도(私道) 등 길거리에서 하는 모집
3. 방문을 통한 모집. 다만, 미리 동의를 받은 후 방문하거나 사업장을 방문하는 경우는 제외한다.

여신전문금융업법은 신용카드회원을 모집할 수 있는 자 중 '모집인'의 금지행위에 대해서도 별도로 규정하고 있는바, '모집인'은 다음 각 호의 어느 하나의 행위를 하지 못한다(여신전문금융업법 제14조의5 제2항).

각 호	모집인의 금지행위
제1호	자신이 소속된 신용카드업자 외의 자를 위하여 신용카드회원을 모집하는 행위

제2호	타인에게 신용카드회원의 모집을 하게 하거나 그 위탁을 하는 행위
제3호	모집에 관하여 수수료 · 보수, 그 밖의 대가를 지급하는 행위
제4호	신용카드회원을 모집할 때 알게 된 발급신청인의 개인식별정보(「신용정보법」 제34조에 따른 정보, 이 표에서 같음) 또는 신용정보(같은 법 제2조 제1호에 따른 신용정보, 이 표에서 같음) 및 사생활 등 개인적 비밀을 업무 목적 외의 목적으로 누설하거나 이용하는 행위
제5호	거짓이나 그 밖의 부정한 수단 또는 방법으로 취득하거나 제공받은 개인식별정보 또는 신용정보를 모집에 이용하는 행위

라) 위반시 제재 규정

① **신용카드업자에 대한 제재 규정**

신용카드업자가 위 모집 방법을 위반하거나 위 '신용카드회원을 모집할 수 있는 자' 이외의 자를 통해 신용카드회원을 모집하거나 모집자가 그 준수사항을 위반한('모집인'이 여신전문금융업법 제14조의5에 규정된 금지행위를 한 경우는 제외) 경우, 금융위원회는 6개월의 범위에서 기간을 정하여 여신전문금융업법 제46조 제1항 제1호부터 제4호까지[38]의 규정에 따른 업무(여신전문금융업법 제13조 제1항 제 1호에 해당하는 업무 포함) 또는 같은 항 제5호에 따른 업무 중 대통령령으로 정하는 업무[39]의 전부 또는 일부의 정지를 명할 수 있다(여신전문금융업법 제57조 제1항 제2호).

신용카드업자가 '신용카드회원을 모집할 수 있는 자' 외의 자에게 신용카드회원의 모집을 하게 하거나 모집에 관하여 수수료 · 보수, 그 밖의 대가를 지급하는 경우, 5천만원 이하의 과태료가 부과된다(여신전문금융업법 제72조 제1항 제1호).

② **모집인에 대한 제재 규정**

모집인이 위 금지행위에 해당하는 행위를 하는 경우, 해당 모집인에 대해 5천만원 이하의 과태료가 부과된다(여신전문금융업법 제72조 제1항 제1호).

4) 신용카드가맹점의 모집

가) 신용카드가맹점을 모집할 수 있는 자

신용카드가맹점을 모집할 수 있는 자는 다음 각 호의 어느 하나에 해당하는 자이어야 한다(여신전문금융업법 제16조의2 제1항).

---

38) p.213 관련조문(여신전문금융업법 제46조 제1항) 참조
39) p.213 관련조문(여신전문금융업법 제46조 제1항, 시행령 제16조 제1항, 제20조의2) 참조

각 호	신용카드가맹점을 모집할 수 있는 자
제1호	해당 신용카드업자의 임직원
제2호	가맹점모집인

나) 신용카드가맹점 모집시 준수사항 및 모집방법

신용카드가맹점을 모집하는 자는 신용카드가맹점을 모집할 때 다음 각 호의 사항을 지켜야 한다(여신전문금융업법 제16조의2 제2항, 같은 법 시행령 제6조의10 제1항).

각 호	신용카드가맹점 모집시 준수사항 등
제1호	신용카드가맹점이 되려는 자에게 자신이 여신전문금융업법 제16조의2 제1항에 따라 신용카드가맹점을 모집할 수 있는 사람임을 알릴 것
제2호	신용카드가맹점이 되려는 자의 사업장을 방문하여 영업 여부 등을 확인할 것
제3호	신용카드가맹점이 되려는 자에게 다음 각 목의 사항을 설명할 것 가. 신용카드가맹점에 대한 약관 나. 여신전문금융업법 제17조와 제19조에 따른 신용카드업자의 신용카드가맹점에 대한 책임과 신용카드가맹점의 준수사항
제4호	다른 사람으로 하여금 신용카드가맹점의 모집을 대신하게 하거나 다른 사람에게 그 모집을 위탁하지 아니할 것
제5호	대형신용카드가맹점(여신전문금융업법 제18조의3 제4항 각 호 외의 부분에 따른 대형신용카드가맹점)이 되려는 자에게 자기와 거래하도록 부당하게 보상금등(여신전문금융업법 제18조의3 제4항 제2호에 따른 보상금등)을 제공(제공하겠다는 약속을 포함한다)하지 아니할 것
제6호	그 밖에 건전한 가맹점 모집질서의 확립을 위하여 필요하다고 인정하는 사항으로서 금융위원회가 정하여 고시하는 사항

다) 등록 겸영여신업으로서 신용카드업자의 신용카드가맹점 모집 제한

여신전문금융업법 제3조 제1항 단서에 따라 신용카드업의 등록을 한 겸영여신업자가 모집할 수 있는 신용카드가맹점의 범위는 대통령령으로 정한다(여신전문금융업법 제23조 제1항).

신용카드업의 등록을 한 겸영여신업자가 모집할 수 있는 신용카드가맹점의 범위는 다음 각 호와 같다(여신전문금융업법 시행령 제7조).

각 호	신용카드업의 등록을 한 겸영여신업자가 모집할 수 있는 신용카드가맹점의 범위
제1호	해당 겸영여신업자의 영업장에서 영업행위를 하는 사업자
제2호	해당 겸영여신업자와 판매대리점 계약을 체결한 사업자

제3호	경영위탁계약 등에 따라 해당 겸영여신업자의 상호, 상표 및 경영기법을 도입하여 영업하는 사업자

예를 들어, 자체 겸영여신업 등록을 하고 신용카드를 발급하는 백화점의 경우 해당 백화점 내에 매장을 둔 업체를 신용카드가맹점으로 모집하는 것은 위 제1호에 해당하여 허용된다고 할 것이다.

신용카드업의 등록을 한 겸영여신업자가 위 범위를 벗어난 신용카드가맹점을 모집하는 경우, 금융위원회는 6개월의 범위에서 기간을 정하여 여신전문금융업법 제46조 제1항 제1호부터 제4호까지[40]의 규정에 따른 업무(여신전문금융업법 제13조 제1항 제1호에 해당하는 부대업무 포함) 또는 같은 항 제5호에 따른 업무 중 대통령령으로 정하는 업무[41]의 전부 또는 일부의 정지를 명할 수 있다(여신전문금융업법 제57조 제1항 제2호).

5) 신용카드업자의 준수사항 및 금지행위

가) 거래조건의 주지의무

신용카드업자는 다음 각 호의 사항을 총리령으로 정하는 바에 따라 신용카드회원등과 신용카드가맹점에 알려야 한다(여신전문금융업법 제18조).

각 호	신용카드업자가 신용카드회원등과 가맹점에 주지하여야 할 거래조건
제1호	신용카드업자가 정하는 이자율 · 할인율 · 연체료율 · 가맹점수수료율 등 각종 요율
제2호	신용카드 · 직불카드 이용금액의 결제방법
제3호	여신전문금융업법 제16조에 따른 신용카드회원등에 대한 책임
제4호	여신전문금융업법 제17조와 제19조에 따른 신용카드가맹점에 대한 책임과 신용카드가맹점의 준수 사항
제5호	그 밖에 총리령으로 정하는 사항

위 항목 중 제5호에 관해 여신전문금융업법 시행규칙에 정한 사항은 다음 각 호와 같다(여신전문금융업법 시행규칙 제3조 제2항).

40) p.213 관련조문(여신전문금융업법 제46조 제1항) 참조.
41) p.213 관련조문(여신전문금융업법 제46조 제1항, 시행령 제16조 제1항, 제20조의2) 참조.

각 호	여신전문금융업법 제18조 제5호의 사항
제1호	신용카드업자의 신용카드회원에 대한 자금융통업무의 종류별 수수료 등 수입비율(분기 중 발생한 이자·수수료 등의 총수입액이 분기 중 융통한 자금의 총액에서 차지하는 비율을 연율로 환산한 것을 말한다)
제2호	신용카드회원에게 적용되는 신용등급의 분포현황
제3호	자금을 융통한 신용카드회원의 신용등급별 분포현황 및 이자율 분포현황
제4호	여신전문금융업법 시행령 제7조의2 제2항 제3호에 따른 휴면신용카드(이하 '휴면신용카드')의 수, 총 신용카드 수 대비 휴면신용카드 수의 비중, 휴면신용카드의 해지절차

또한, 여신전문금융업법 시행규칙은 위 주지하여야 할 거래조건들을 다음과 같이 각 거래조건별로 구분하여 구체화하고 있다(여신전문금융업법 시행규칙 제3조 제1항).

〈표 3-16〉 주지하여야 할 거래조건

주지할 거래조건	각 목	주지할 방법
각종 요율 (여신전문금융업법 제18조 제1호)	가목	신용카드업자가 신용카드회원이나 직불카드회원의 신용등급, 개인신용평점 및 연체기간 등에 따라 적용하는 각종요율: 각종요율을 연율로 환산하여 해당 신용카드업자 및 여신전문금융업협회[42](이 표에서 '협회')의 인터넷 홈페이지에 게시
	나목	신용카드를 신규로 발급하거나 그 이용대금을 청구하는 경우에 해당 신용카드회원에게 적용되는 신용등급 또는 개인신용평점 및 연율로 환산된 각종요율: 신용카드회원에게 개별 통보
	다목	협회가 정하는 구분에 따른 신용카드가맹점 수수료: 매 분기 종료 후 1개월 이내에 해당 신용카드업자 및 협회의 인터넷 홈페이지에 게시
결제방법 및 신용 업자의 책임 (여신전문금융업법 제18조 제2호 내지 제4호)	가목	신용카드회원등과 신용카드가맹점에 개별 통보
	나목	전국적으로 보급되는 일간신문에 공고
	다목	신용카드업자의 영업장 및 인터넷 홈페이지에 게시
신용카드업자의 수입비율 신용등급 분포현황 휴면신용카드의 수 등 (여신전문금융업법 시행규칙 제3조 제2항 제1,2,4호)		매 분기 종료 후 1개월 내에 해당 신용카드업자 및 협회의 인터넷 홈페이지에 게시
신용카드회원의 신용등급별 분포현황 등 (여신전문금융업법 시행규칙 제3조 제2항 제3호)		매 분기 종료 후 3개월 내에 해당 신용카드업자 및 협회의 인터넷 홈페이지에 게시

42) 여신전문금융회사 및 겸영여신업자들의 단체로 여신전문금융업법 제62조에 근거하여 설립되었다.

신용카드업자가 위와 같은 거래조건 주지의무를 위반하는 경우, 금융위원회는 6개월의 범위에서 기간을 정하여 여신전문금융업법 제46조 제1항 제1호부터 제4호까지[43]의 규정에 따른 업무(여신전문금융업법 제13조 제1항 제 1호에 해당하는 업무 포함) 또는 같은 항 제5호에 따른 업무 중 대통령령으로 정하는 업무[44]의 전부 또는 일부의 정지를 명할 수 있다(여신전문금융업법 제57조 제1항 제2호).

나) 신용카드업자의 준수사항

금융위원회는 신용질서를 유지하고 소비자를 보호하기 위하여 신용카드업자가 지켜야 할 사항으로 다음 각 호에 대한 기준을 정하는 등 필요한 조치를 할 수 있다(여신전문금융업법 제24조).

각 호	신용카드업자의 준수사항
제1호	신용카드에 의한 현금융통의 최고한도
제2호	직불카드의 1회 또는 1일 이용한도
제3호	선불카드의 총 발행한도와 발행권면금액의 최고한도(여신전문금융업법 시행령 제7조의2)◆
제4호	제14조 제2항 제2호에 따라 신용카드업자가 정하는 신용한도 산정 기준에 관한 사항
제5호	신용카드 이용한도를 정할 때 지켜야 할 사항
제6호	신용카드업자가 정하는 약관의 내용에 관한 사항
제7호	가맹점 관리에 관한 사항
제8호	채권을 추심할 때 지켜야 할 사항
제9호	수수료율을 적용하기 위하여 회원을 분류할 때 지켜야 할 사항
제10호	그 밖에 대통령령으로 정하는 사항◆

◆ 관련조문

여신전문금융업법 시행령

제7조의2 (선불카드의 이용한도 제한 등)

① 법 제24조에 따른 선불카드의 발행권면금액의 최고한도는 50만원으로 한다. 다만, 다음 각 호의 경우 발행권면금액의 최고한도는 다음 각 호의 구분에 따른 금액으로 한다.

1. 기명식(記名式) 선불카드의 경우: 500만원
2. 「재난 및 안전관리 기본법」 제3조 제1호의 재난에 대응하여 국가 또는 지방자치단체가 수급자, 사용처 및 사용기간 등을 정하여 지원금을 지급하기 위해 발행하는 무기명식(無記名式) 선불카드의 경우: 300만원

② 법 제24조 제10호에서 "대통령령으로 정하는 사항"이란 다음 각 호의 사항을 말한다.

1. 신용정보의 제공 및 이용에 대한 신용카드회원등의 별도 동의절차, 신용정보의 제공 및 이용

43) p.213 관련조문(여신전문금융업법 제46조 제1항) 참조.
44) p.213 관련조문(여신전문금융업법 제46조 제1항, 시행령 제16조 제1항, 제20조의2) 참조.

> 에 대한 동의가 없는 경우 신용카드 발급 거절 금지 등을 포함한 신용정보의 보호 및 관리에 관한 사항
> 2. 법 제16조 제10항에 따라 신용카드회원이 이용금액에 대하여 이의를 제기한 경우 그 조사절차에 관한 사항
> 3. 신용카드회원의 신용카드 최종 이용일(발급 후 신용카드를 전혀 이용하지 아니한 경우에는 발급일을 말한다)부터 1년 이상 이용실적이 없는 휴면신용카드의 해지절차에 관한 사항
> 4. 모집자가 신용카드 회원을 모집할 때 준수해야 할 사항, 그 준수여부의 점검방법 및 모집인이 준수사항을 이행하지 아니한 경우의 조치방법 등 신용카드 회원 모집질서 유지에 관한 사항
> 5. 신용카드・직불카드 또는 선불카드(이하 "신용카드등"이라 한다)의 상품 설계 및 운용 시 지켜야 할 사항

위 제3호의 선불카드의 발행권면한도와 관련하여, 여신전문금융업법 시행령은 50만원으로 제한하면서, 기명식 선불카드의 경우에는 권면금액을 500만원까지로 하여 발행할 수 있도록 하고 있다(여신전문금융업법 시행령 제7조의2 제1항 본문 및 단서 제1호).

신용카드업자가 위와 같은 준수사항을 위반하는 경우, 금융위원회는 6개월의 범위에서 기간을 정하여 여신전문금융업법 제46조 제1항 제1호부터 제4호까지[45]의 규정에 따른 업무(여신전문금융업법 제13조 제1항 제1호에 해당하는 업무 포함) 또는 같은 항 제5호에 따른 업무 중 대통령령으로 정하는 업무[46]의 전부 또는 일부의 정지를 명할 수 있다(여신전문금융업법 제57조 제1항 제3호).

다) 신용카드업자의 금지행위

신용카드업자는 소비자 보호 목적과 건전한 영업질서를 해칠 우려가 있는 다음 각 호의 행위(이하 '금지행위')를 하여서는 아니 된다(여신전문금융업법 제24조의2 제1항).

각 호	신용카드업자의 금지행위
제1호	신용카드 상품에 관한 충분한 정보를 제공하지 아니하거나, 과장되거나 거짓된 설명 등으로 신용카드회원 등의 권익을 부당하게 침해하는 행위
제2호	신용카드업자의 경영상태를 부실하게 할 수 있는 모집행위 또는 서비스 제공 등으로 신용카드 등의 건전한 영업질서를 해치는 행위

여신전문금융업법은 위 금지행위의 구체적인 유형과 기준을 대통령령으로 정하도록 하고 있는바(여신전문금융업법 제24조의2 제2항), 여신전문금융업법 시행령

45) p.213 관련조문(여신전문금융업법 제46조 제1항) 참조.
46) p.213 관련조문(여신전문금융업법 제46조 제1항, 시행령 제16조 제1항, 제20조의2) 참조.

은 금지행위의 구체적인 유형과 기준을 다음과 같이 규정하고 있다.[47)]

〈표 3-17〉 금지행위의 구체적인 유형과 기준

구분	각 목	금지행위의 구체적인 유형과 기준
신용카드회원등의 권익을 부당하게 침해하는 행위 (여신전문금융업법 제24조의2 제1항 제1호)	가목	신용카드회원등에 대하여 연회비, 이자율, 수수료, 이용한도 등 신용카드등의 거래조건 및 그 밖에 신용카드회원등의 신용카드등 이용 시 제공되는 추가적인 혜택과 관련된 사항(이하 "신용카드등이용조건"이라 한다)과 그 변경에 관련된 사항 을 사실과 다르게 설명하거나 지나치게 부풀려서 설명하는 행위
	나목	신용카드등이용조건을 감추거나 축소하는 등의 방법으로 설명하는 행위
	다목	신용카드등이용조건의 비교대상 및 기준을 명확하게 설명하지 않거나 객관적인 근거 없이 다른 회사의 것보다 유리하다고 설명하는 행위
	라목	다른 회사의 신용카드등이용조건을 객관적인 근거가 없는 내용으로 비방하거나 불리한 사실만을 설명하는 행위
	마목	신용카드등의 이용 시 제공되는 추가적인 혜택을 부당하게 변경하는 행위
	바목	신용카드회원등의 계약해지 신청 및 그 처리를 정당한 이유 없이 거절하거나 지연하는 행위
	사목	신용카드회원등의 사전 동의 없이 신용카드의 이용 또는 자금의 융통을 권유하는 행위
신용카드등의 건전한 영업질서를 해치는 행위 (여신전문금융업법 제24조의2 제1항 제2호)	가목	신용카드업자의 비영업직 임직원에 대하여 과도한 성과금을 지급하는 등의 방법으로 신용카드회원등을 모집하는 행위
	나목	신용카드회원등에게 신용카드등의 이용 시 추가적인 혜택을 주기 위하여 신용카드가맹점과 신용카드업자가 여신전문금융업법 제19조 제4항에 따른 가맹점수수료 외에 별도의 비용을 부담하는 계약을 체결하는 경우 해당 계약 체결과 관련된 사항(이하 "신용카드가맹점제휴조건"이라 한다)과 그 변경에 관련된 사항을 사실과 다르게 설명하거나 지나치게 부풀려서 설명하는 행위
	다목	신용카드가맹점제휴조건을 감추거나 축소하는 방법으로 설명하는 행위
	라목	신용카드가맹점제휴조건의 비교대상 및 기준을 명확하게 설명하지 않거나 객관적인 근거 없이 다른 회사의 것보다 유리하다고 설명하는 행위
	마목	다른 회사의 신용카드가맹점제휴조건을 객관적인 근거가 없는 내용으로 비방하거나 불리한 사실만을 설명하는 행위

금융위원회는 위와 같은 금지행위 중 특정한 금지행위에 적용하기 위하여 필요하다고 인정하는 경우에는 금지행위의 유형과 기준에 대한 세부적인 기준을 정하여 고시할 수 있다(여신전문금융업법 시행령 제7조의3 제2항).

신용카드업자가 위와 같은 금지행위를 하는 경우, 금융위원회는 6개월의 범위

47) 여신전문금융업법 시행령 제7조의3 제1항 별표1 '신용카드업자의 금지행위의 세부적인 유형과 기준'

에서 기간을 정하여 여신전문금융업법 제46조 제1항 제1호부터 제4호까지[48]의 규정에 따른 업무(여신전문금융업법 제13조 제1항 제1호에 해당하는 업무 포함) 또는 같은 항 제5호에 따른 업무 중 대통령령으로 정하는 업무[49]의 전부 또는 일부의 정지를 명할 수 있다(여신전문금융업법 제57조 제1항 제2호).

한편, 여신전문금융업법 제24조의2 제1항에 규정된 금지행위의 두 가지 유형 중 제1호에 규정된 '신용카드 상품에 관한 충분한 정보를 제공하지 아니하거나, 과장되거나 거짓된 설명 등으로 신용카드회원등의 권익을 부당하게 침해하는 행위'는 2021. 3. 25. 개정 여신전문금융업법 시행으로 삭제될 예정이다.

2020. 3. 24. 제정되어 2021. 3. 25. 시행 예정인 「금융소비자 보호에 관한 법률」에서 금융상품판매업자등의 '부당권유행위'를 금지하는 규정을 두면서◆ 위 여신전문금융업법 제24조의2 제1항 제1호에 해당하는 유형의 행위를 포함시켰기에 통일적 규율을 위해 여신전문금융업법에서는 해당 조문을 삭제하게 된 것이다.

◆ 관련조문

금융소비자 보호에 관한 법률

제21조 (부당권유행위 금지)

금융상품판매업자등은 계약 체결을 권유(금융상품자문업자가 자문에 응하는 것을 포함한다. 이하 이 조에서 같다)하는 경우에 다음 각 호의 어느 하나에 해당하는 행위를 해서는 아니 된다. 다만, 금융소비자 보호 및 건전한 거래질서를 해칠 우려가 없는 행위로서 대통령령으로 정하는 행위는 제외한다.

1. 불확실한 사항에 대하여 단정적 판단을 제공하거나 확실하다고 오인하게 할 소지가 있는 내용을 알리는 행위
2. 금융상품의 내용을 사실과 다르게 알리는 행위
3. 금융상품의 가치에 중대한 영향을 미치는 사항을 미리 알고 있으면서 금융소비자에게 알리지 아니하는 행위
4. 금융상품 내용의 일부에 대하여 비교대상 및 기준을 밝히지 아니하거나 객관적인 근거 없이 다른 금융상품과 비교하여 해당 금융상품이 우수하거나 유리하다고 알리는 행위
5. 보장성 상품의 경우 다음 각 목의 어느 하나에 해당하는 행위
   가. 금융소비자(이해관계인으로서 대통령령으로 정하는 자를 포함한다. 이하 이 호에서 같다)가 보장성 상품 계약의 중요한 사항을 금융상품직접판매업자에게 알리는 것을 방해하거나 알리지 아니할 것을 권유하는 행위
   나. 금융소비자가 보장성 상품 계약의 중요한 사항에 대하여 부실하게 금융상품직접판매업자에게 알릴 것을 권유하는 행위
6. 투자성 상품의 경우 다음 각 목의 어느 하나에 해당하는 행위
   가. 금융소비자로부터 계약의 체결권유를 해줄 것을 요청받지 아니하고 방문·전화 등 실시간 대화의 방법을 이용하는 행위

---

48) p.213 관련조문(여신전문금융업법 제46조 제1항) 참조.
49) p.213 관련조문(여신전문금융업법 제46조 제1항, 시행령 제16조 제1항, 제20조의2) 참조.

> 나. 계약의 체결권유를 받은 금융소비자가 이를 거부하는 취지의 의사를 표시하였는데도 계약의 체결권유를 계속하는 행위
> 7. 그 밖에 금융소비자 보호 또는 건전한 거래질서를 해칠 우려가 있는 행위로서 대통령령으로 정하는 행위

라) 부당한 보상금등의 제공금지

신용카드업자는 대형신용카드가맹점[50]이 자기와 거래하도록 대형신용카드가맹점 및 특수관계인에게 부당하게 보상금등[51]을 제공하여서는 아니 된다(여신전문금융업법 제24조의2 제3항).

위 금지사항은 신용카드업자 뿐만 아니라 부가통신업자에게도 적용되는 것이고, 대형신용카드가맹점에 대해서도 신용카드업자 또는 부가통신업자에게 위와 같은 보상금등을 요구하거나 제공받는 것을 금지하고 있는바(여신전문금융업법 제18조의3 제4항 제2호, 제19조 제6항), 자세한 설명은 대형신용카드가맹점의 금지행위에 대한 부분에서 함께 하기로 한다.

마) 가맹점수수료율의 차별금지 등

① 가맹점수수료율의 차별금지

신용카드업자는 신용카드가맹점과의 가맹점수수료율을 정함에 있어서 공정하고 합리적으로 정하여야 하며, 부당하게 가맹점수수료율을 차별하여서는 아니 된다(여신전문금융업법 제18조의3 제1항).

금융위원회는 신용카드업자가 가맹점수수료율을 정함에 있어서 준수하여야 할 사항을 정하여야 한다(여신전문금융업법 제18조의3 제2항).

여신전문금융업감독규정은 신용카드업자가 가맹점수수료율을 정함에 있어 준수할 사항으로 다음 각 호의 사항을 규정하고 있다(여신전문금융업감독규정 제25조의4 제1항).

각 호	가맹점수수료율 산정시 준수사항
제1호	신용카드가맹점이 부담하는 것이 합당한 비용(이하 "적격 비용"이라 한다)만을 가맹점수수료율 산정에 반영하여야 하며 신용카드가맹점이 제공받는 서비스와 관련 없는 비용을 가맹점이 부담하지 않도록 하여야 한다.
제2호	특정한 신용카드가맹점에 대한 혜택 제공을 위해 소요되는 비용은 해당 가맹점이 부담하도록 하여야 한다.

50) 여신전문금융업법 제18조의3 제4항, 같은 법 시행령 제6조의14 제1항 참조.
51) 보상금, 사례금 등 명칭 또는 방식 여하를 불문한 대가(여신전문금융업법 제18조의3 제4항 제2호)

제3호	객관적으로 공정·타당하다고 인정되는 근거자료를 바탕으로 가맹점수수료율을 정하여야 한다.
제4호	여신전문금융업법 제18조의3 제4항에서 금지하고 있는 대형 신용카드가맹점의 요구(부당하게 낮은 수수료 적용 또는 부당한 보상금등 제공)를 수용하거나 제1호부터 제3호까지에서 정한 사항 중 어느 하나를 위반하여 대형 신용카드가맹점에게 부당하게 낮은 가맹점수수료율을 적용하지 않도록 하여야 한다.

② 영세한 중소신용카드가맹점에 대한 우대수수료율 적용

신용카드업자는 영세한 중소신용카드가맹점[52]에 대하여 금융위원회가 정하는 우대수수료율을 적용하여야 한다(여신전문금융업법 제18조의3 제3항).

여신전문금융업감독규정은 영세한 중소신용카드가맹점에 적용할 우대수수료율을 다음 각 호와 같이 규정하고 있다(여신전문금융업감독규정 제25조의6 제1항).

각 호	우대 수수료율
제1호	연간 매출액이 3억원 이하인 가맹점: 0.8 이하
제2호	연간 매출액이 3억원을 초과하고 5억원 이하인 가맹점: 1.3 이하
제3호	연간 매출액이 5억원을 초과하고 10억원 이하인 가맹점: 1.4 이하
제4호	연간 매출액이 10억원을 초과하고 30억원 이하인 가맹점: 1.6 이하

6) 신용카드업자의 책임

가) 신용카드회원등에 대한 책임

① 신용카드 또는 직불카드의 분실·도난 등에 따른 책임

신용카드업자는 신용카드회원이나 직불카드회원으로부터 그 카드의 분실·도난 등의 통지를 받은 때부터 그 회원에 대하여 그 카드의 사용에 따른 책임을 진다(여신전문금융업법 제16조 제1항).

신용카드업자는 위 통지 전에 생긴 신용카드의 사용에 대하여 대통령령으로 정하는 기간의 범위에서 책임을 진다(여신전문금융업법 제16조 제2항). 여신전문금융업법 시행령은 위 기간을 '신용카드업자가 신용카드회원으로부터 분실·통지를 받은 날부터 60일 전까지의 기간'으로 규정하고 있다(여신전문금융업법 시행령

52) "대통령령으로 정하는 규모 이하의 영세한 중소신용카드가맹점"을 말하는바(여신전문금융업법 제18조의3 제3항 참조), 여신전문금융업법 시행령 제6조의13 제1항은 그 기준을 "연간 매출액(사업기간이 1년 미만인 경우에는 그 기간 동안의 매출액을 12개월로 환산, 개인 또는 법인이 둘 이상의 신용카드가맹점을 소유하고 있는 경우에는 각 신용카드가맹점의 연간 매출액을 합산한 금액)이 30억원 이하인 개인 또는 법인 신용카드가맹점"으로 하고 있다.

제6조의9 제1항).

위 신용카드 분실·통지 전에 생긴 신용카드 사용에 따른 책임과 관련하여, 신용카드업자는 신용카드의 분실·도난에 대하여 그 책임의 전부 또는 일부를 신용카드회원이 지도록 할 수 있다는 취지의 계약을 체결한 경우에는 그 신용카드회원에 대하여 그 계약내용에 따른 책임을 지도록 할 수 있다. 다만, 저항할 수 없는 폭력이나 자기 또는 친족의 생명·신체에 대한 위해 때문에 비밀번호를 누설한 경우 등 신용카드회원의 고의 또는 과실이 없는 경우에는 그러하지 아니하다(여신전문금융업법 제16조 제3항).

② 위조·변조 신용카드등 사용에 따른 책임

신용카드업자는 신용카드회원등에 대하여 다음 각 호에 따른 신용카드등의 사용으로 생기는 책임을 진다(여신전문금융업법 제16조 제5항).

각 호	신용카드업자가 신용카드등 사용에 대한 책임을 부담하는 경우
제1호	위조되거나 변조된 신용카드등의 사용
제2호	해킹, 전산장애, 내부자정보유출 등 부정한 방법으로 얻은 신용카드등의 정보를 이용한 신용카드등의 사용
제3호	다른 사람의 명의를 도용하여 발급받은 신용카드등의 사용

위 각 경우 중 제1호 및 제2호의 경우에는, 그에 해당하는 신용카드등의 사용에 대하여 그 신용카드회원등의 고의 또는 중대한 과실을 증명하면 그 책임의 전부 또는 일부를 신용카드회원등이 지도록 할 수 있다는 취지의 계약을 신용카드회원등과 체결한 경우에는 그 신용카드회원등이 그 계약내용에 따른 책임을 지도록 할 수 있다(여신전문금융업법 제16조 제6항).

③ 신용카드업회원등에게 책임을 부담시키는 계약의 방식: 서면(여신전문금융업법 제16조 제7항)

위 ①, ②에서 말하는 신용카드회원등에게 책임을 부담시킬 수 있도록 하는 계약은 서면으로 한 경우에만 효력이 있으며, 신용카드회원등의 중대한 과실은 계약서에 적혀 있는 것만 해당한다.

④ 신용카드회원등의 고의 또는 중과실의 범위

위 ①, ②에서 신용카드회원등에게 책임을 부담시킬 수 있는 사유가 되는 고의 또는 중과실의 범위는 대통령령으로 정한다(여신전문금융업법 제16조 제9항).

위 고의 또는 중과실의 범위는 다음 각 호와 같다(여신전문금융업법 시행령 제6조의9 제2항).

각 호	신용카드회원등의 고의 · 중과실의 범위
제1호	고의 또는 중대한 과실로 비밀번호를 누설하는 경우
제2호	신용카드나 직불카드를 양도 또는 담보의 목적으로 제공하는 경우
제3호[53]	사고 발생에 있어서 신용카드회원등의 고의나 중대한 과실이 있는 경우로서 그 책임의 전부 또는 일부를 신용카드회원등의 부담으로 할 수 있다는 취지의 약정을 미리 신용카드회원등과 체결한 경우
	신용카드회원등이 접근매체를 제3자에게 대여하거나 그 사용을 위임한 경우 또는 양도나 담보의 목적으로 제공한 경우(전자금융거래법 제18조에 따라 선불전자지급수단이나 전자화폐를 양도하거나 담보로 제공한 경우를 제외한다)
	제3자가 권한 없이 신용카드회원등의 접근매체를 이용하여 전자금융거래를 할 수 있음을 알았거나 쉽게 알 수 있었음에도 불구하고 접근매체를 누설하거나 노출 또는 방치한 경우
	신용카드업자가 전자금융거래법 제6조 제1항에 따른 확인 외에 보안강화를 위하여 전자금융거래 시 요구하는 추가적인 보안조치를 신용카드회원등이 정당한 사유 없이 거부하여 법 제9조 제1항제3호에 따른 사고가 발생한 경우
	신용카드회원등이 위와 같은 추가적인 보안조치에 사용되는 매체 · 수단 또는 정보에 대하여 다음 각 목의 어느 하나에 해당하는 행위를 하여 법 제9조 제1항 제3호에 따른 사고가 발생한 경우 가. 누설 · 노출 또는 방치한 행위 나. 제3자에게 대여하거나 그 사용을 위임한 행위 또는 양도나 담보의 목적으로 제공한 행위

나) 신용카드가맹점에 대한 책임

신용카드업자는 다음 각 호의 어느 하나에 해당하는 거래에 따른 손실을 신용카드가맹점이 부담하도록 할 수 없다(여신전문금융업법 제17조 제1항 본문).

각 호	신용카드업자가 신용카드등 사용에 대한 책임을 부담하는 경우
제1호	잃어버리거나 도난당한 신용카드를 사용한 거래
제2호	위조되거나 변조된 신용카드등의 사용
제3호	해킹, 전산장애, 내부자정보유출 등 부정한 방법으로 얻은 신용카드등의 정보를 이용한 신용카드등의 사용
제4호	다른 사람의 명의를 도용하여 발급받은 신용카드등의 사용

다만, 신용카드업자가 그 거래에 대한 그 신용카드가맹점의 고의 또는 중대한 과실을 증명하면 그 손실의 전부 또는 일부를 신용카드가맹점이 부담하도록 할

53) 「전자금융거래법」 제9조 제2항 제1호에 해당하는 경우 및 같은 법 시행령 제8조 각 호의 어느 하나에 해당하는 경우

수 있다는 취지의 계약을 신용카드가맹점과 체결한 경우에는 위 각 호에 해당하는 거래로 인한 손실을 해당 신용카드가맹점에게 부담하도록 할 수 있다(여신전문금융업법 제17조 제1항 단서).

위와 같이 신용카드가맹점에게 손실을 부담시킬 수 있도록 하는 계약은 서면으로 한 경우에만 효력이 있으며, 신용카드가맹점의 중대한 과실은 계약서에 적혀 있는 사항만 해당한다(여신전문금융업법 제17조 제2항).

다) 위반시 제재 규정

신용카드업자가 위 사항을 위반하여 신용카드회원등 또는 신용카드가맹점에게 책임을 전가하는 경우, 신용카드업자가 위와 같은 거래조건 주지의무를 위반하는 경우, 금융위원회는 6개월의 범위에서 기간을 정하여 여신전문금융업법 제46조 제1항 제1호부터 제4호까지[54]의 규정에 따른 업무(여신전문금융업법 제13조 제1항 제 1호에 해당하는 업무 포함) 또는 같은 항 제5호에 따른 업무 중 대통령령으로 정하는 업무[55]의 전부 또는 일부의 정지를 명할 수 있다(여신전문금융업법 제57조 제1항 제2호).

7) 부가통신업자

가) 신용카드등부가통신업의 등록

'부가통신업자'란 신용카드등부가통신업에 대하여 금융위원회에 등록한 자를 말하는바, 신용카드등부가통신업을 하려는 자는 대통령령으로 정하는 기준에 따른 시설·장비 및 기술능력을 갖추어 금융위원회에 등록하여야 한다(여신전문금융업법 제27조의2 제1항).

① 시설·장비 및 기술능력

위 신용카드등부가통신업 등록을 위한 시설·장비 및 기술능력은 다음 각 호의 기준에 적합하여야 한다(여신전문금융업법 시행령 제9조의2 제1항).

각 호	신용카드등부가통신업 등록을 위한 시설·장비 및 기술능력
제1호	경영하려는 신용카드등부가통신업에 관한 전문성과 기술능력을 갖춘 정보기술부문의 전문가 등 필요한 인력을 적절하게 갖출 것

54) p.213 관련조문(여신전문금융업법 제46조 제1항) 참조
55) p.213 관련조문(여신전문금융업법 제46조 제1항, 시행령 제16조 제1항, 제20조의2) 참조

제2호	다음 각 목의 전산설비 등의 물적 시설 및 장비를 갖출 것 가. 경영하려는 신용카드등부가통신업을 수행하기에 필요한 전산설비와 사무장비 나. 전산설비 등의 물적 설비를 안전하게 보호할 수 있는 보안설비 다. 정전·화재 등의 사고가 발생할 경우에 업무의 연속성을 유지하기 위하여 필요한 보완설비와 보완장비

위 각 호에 따른 세부기준은 금융위원회가 정하여 고시한다(여신전문금융업법 시행령 제9조의2 제3항).

② 등록 주체 및 자본금 요건

신용카드등부가통신업의 등록을 할 수 있는 자는 법인으로서 자본금이 20억원 이상인 자로 한다(여신전문금융업법 제27조의2 제2항 본문).

다만, 대통령령으로 정하는 규모 이하의 소규모 가맹점을 대상으로 서비스를 제공하는 자는 법인으로서 자본금이 10억원 이상인 자로 한다(여신전문금융업법 제27조의2 제2항 단서).

위 예외적 자본금 요건이 적용되는 대상은 '단말기 설치 및 신용카드등의 대금결제를 승인·중계하기 위한 전기통신서비스의 제공을 내용으로 하는 계약을 3만개 이하의 신용카드가맹점과 체결하려는 자'이다(여신전문금융업법 시행령 제9조의2 제2항).

③ 결격사유

다음 각 호의 어느 하나에 해당하는 자는 신용카드등부가통신업 등록을 할 수 없다(여신전문금융업법 제27조의2 제3항).

각 호	신용카드등부가통신업 등록 결격사유
제1호	신용카드등부가통신업 등록 말소를 신청하여 등록이 말소되거나 여신전문금융업법 제27조의3에 따라 신용카드등부가통신업 등록이 취소된 날부터 3년이 지나지 아니한 법인 및 그 말소 또는 취소 당시 그 법인의 대통령령으로 정하는 출자자◆이었던 자로서 말소되거나 취소된 날부터 3년이 지나지 아니한 자
제2호	「채무자 회생 및 파산에 관한 법률」에 따른 회생절차 중에 있는 회사 및 그 회사의 출자자 중 대통령령으로 정하는 출자자◆
제3호	금융거래 등 상거래에서 약정한 날까지 채무를 변제하지 아니한 자로서 대통령령으로 정하는 자◆
제4호	등록신청일을 기준으로 최근 3년 동안 금융관계법령을 위반하여 벌금형 이상의 처벌을 받은 사실이 있는 자
제5호	제1호부터 제4호까지의 어느 하나에 해당하는 자가 출자자인 법인으로서 대통령령으로 정하는 법인◆

◆ 관련조문

여신전문금융업법 시행령

제9조의4 (출자자의 범위)

법 제27조의2 제3항 제1호 및 제2호에서 "대통령령으로 정하는 출자자"란 다음 각 호의 어느 하나에 해당하는 주주를 말한다.

1. 부가통신업자의 의결권 있는 발행주식 총수를 기준으로 본인 및 특수관계인이 누구의 명의로 하든지 자기의 계산으로 소유하는 주식을 합하여 그 수가 가장 많은 경우의 그 본인
2. 누구의 명의로 하든지 자기의 계산으로 부가통신업자의 의결권 있는 발행주식 총수의 100분의 10 이상의 주식을 소유하는 자

2의2. 임원의 임면 등의 방법으로 그 부가통신업자의 주요 경영사항에 대하여 사실상의 영향력을 행사하는 주주로서 다음 각 목의 어느 하나에 해당하는 자
   가. 혼자서 또는 다른 주주와의 합의·계약 등에 따라 대표이사 또는 이사의 과반수를 선임(選任)한 주주
   나. 부가통신업자의 경영전략·조직변경 등 주요 의사결정이나 업무집행에 지배적인 영향력을 행사한다고 인정되는 자로서 금융위원회가 정하는 주주

3. 제1호에서 정하는 자의 특수관계인인 주주

제9조의5 (채무를 변제하지 아니한 자)

법 제27조의2 제3항 제3호에서 "대통령령으로 정하는 자"란 「신용정보법 시행령」 제2조 제18항 제1호, 제3호, 제4호 및 제5조 제2항 제1호부터 제18호까지의 규정에서 정하는 기관에 대손상각채권을 발생시켜 「신용정보법」 제25조 제2항 제1호에 따른 종합신용정보집중기관에 이에 대한 신용정보가 집중관리·활용되는 자로서 그 집중관리·활용되는 날부터 3년이 지나지 아니한 자를 말한다.

제9조의6 (출자자인 법인의 범위)

법 제27조의2 제3항 제5호에서 "대통령령으로 정하는 법인"이란 제9조의4 각 호의 어느 하나에 해당하는 주주인 법인을 말한다.

「금융사지배구조법」 제5조 제1항◆ 각 호의 어느 하나에 해당하는 사람은 부가통신업자의 임원이 될 수 없으며, 임원이 된 후에 이에 해당하게 된 경우에는 그 직(職)을 잃는다(여신전문금융업법 제27조의2 제6항).

다만 부가통신업자의 임원이 된 자가 그 후에 「금융사지배구조법」 제5조 제1항 제7호에 해당하게 된 경우로서 대통령령으로 정하는 경우(여신전문금융업법 시행령 제9조의9)◆는 제외한다(여신전문금융업법 제27조의2 제6항 괄호 안 참조).

◆ 관련조문

금융사지배구조법

제5조 (임원의 자격요건)

① 다음 각 호의 어느 하나에 해당하는 사람은 금융회사의 임원이 되지 못한다.

1. 미성년자·피성년후견인 또는 피한정후견인
2. 파산선고를 받고 복권(復權)되지 아니한 사람
3. 금고 이상의 실형을 선고받고 그 집행이 끝나거나(집행이 끝난 것으로 보는 경우를 포함한다) 집행이 면제된 날부터 5년이 지나지 아니한 사람
4. 금고 이상의 형의 집행유예를 선고받고 그 유예기간 중에 있는 사람

5. 이 법 또는 금융관계법령에 따라 벌금 이상의 형을 선고받고 그 집행이 끝나거나(집행이 끝난 것으로 보는 경우를 포함한다) 집행이 면제된 날부터 5년이 지나지 아니한 사람
6. 다음 각 목의 어느 하나에 해당하는 조치를 받은 금융회사의 임직원 또는 임직원이었던 사람(그 조치를 받게 된 원인에 대하여 직접 또는 이에 상응하는 책임이 있는 사람으로서 대통령령으로 정하는 사람으로 한정한다)으로서 해당 조치가 있었던 날부터 5년이 지나지 아니한 사람
   가. 금융관계법령에 따른 영업의 허가·인가·등록 등의 취소
   나. 「금융산업의 구조개선에 관한 법률」 제10조 제1항에 따른 적기시정조치
   다. 「금융산업의 구조개선에 관한 법률」 제14조 제2항에 따른 행정처분
7. 이 법 또는 금융관계법령에 따라 임직원 제재조치(퇴임 또는 퇴직한 임직원의 경우 해당 조치에 상응하는 통보를 포함한다)를 받은 사람으로서 조치의 종류별로 5년을 초과하지 아니하는 범위에서 대통령령으로 정하는 기간이 지나지 아니한 사람
8. 해당 금융회사의 공익성 및 건전경영과 신용질서를 해칠 우려가 있는 경우로서 대통령령으로 정하는 사람

여신전문금융업법 시행령

제9조의9 (부가통신업자의 임원 결격사유 등)

① 법 제27조의2 제6항에서 "대통령령으로 정하는 경우"란 직무정지, 업무집행정지 또는 정직요구(재임 또는 재직 중이었더라면 조치를 받았을 것으로 통보를 받은 경우를 포함한다) 이하의 제재를 받은 경우를 말한다.

④ 위반시 제재 규정

등록을 하지 아니하고 신용카드등부가통신업을 하거나 거짓이나 그 밖의 부정한 방법으로 제27조의2 제1항에 따른 등록을 하는 경우, 3년 이하의 징역 또는 2천만원 이하의 벌금에 처한다(여신전문금융업법 제70조 제3항 제7호, 제8호).

거짓이나 그 밖의 부정한 방법으로 등록한 경우 금융위원회는 그 등록을 취소할 수 있다.

부가통신업자가 등록한 사항이 변경되었음에도 변경등록을 하지 아니하는 경우, 5천만원 이하의 과태료가 부과된다(여신전문금융업법 제72조 제1항 제5호의2).

나) 부가통신업자의 신용카드단말기 등록 의무

부가통신업자는 자신이 전기통신서비스를 제공하는 신용카드 단말기를 금융위원회에 등록하여야 한다(여신전문금융업법 제27조의4 제1항 본문). 다만, 부가통신업자가 전기통신서비스를 제공하지 아니하는 신용카드 단말기의 경우에는 신용카드가맹점이 금융위원회에 등록하여야 한다(여신전문금융업법 제27조의4 제1항 단서).

등록하려는 신용카드 단말기는 신용카드회원의 정보보호를 위하여 금융위원회가 정하는 기술기준에 적합하여야 한다(여신전문금융업법 제27조의4 제2항).

부가통신업자는 신용카드가맹점에 단말기를 설치하고 이를 통해 신용카드등의 대금결제를 승인·중계하기 위한 정보통신서비스를 제공하는 것을 고유업무로

한다.

그런데, 단말기를 통해 신용카드 결제 과정에 제공된 신용카드회원의 신용정보가 무분별하게 수집되고 유출될 위험이 있어, 2015. 1. 20. 개정되어 2015. 7. 21.자로 시행된 여신전문금융업법에서 부가통신업자의 단말기 등록의무 규정을 신설하고, 보안을 위한 기술적 기준을 충족하는 단말기만을 금융위원회에 등록하여 사용하도록 한 것이다.

금융위원회는 위와 같은 신용카드 단말기의 등록 및 기술기준에 관한 업무를 여신전문금융업협회장에게 위탁한다(여신전문금융업법 제27조의4 제4항).

부가통신업자가 위 사항을 위반하는 경우, 금융위원회는 2억원 이하의 과징금을 부과할 수 있다(여신전문금융업법 제58조 제3항 제4호).

다) 대형신용카드가맹점에 대한 부당한 보상금등 제공 금지(여신전문금융업법 제24조의2 제3항)

부가통신업자는 대형신용카드가맹점이 자기와 거래하도록 대형신용카드가맹점 및 특수관계인에게 부당하게 보상금등을 제공하여서는 아니 된다.

8) 신용카드가맹점

가) 신용카드가맹점의 준수사항

① 신용카드 거래 거절 등 금지(여신전문금융업법 제19조 제1항)

신용카드가맹점은 신용카드로 거래한다는 이유로 신용카드 결제를 거절하거나 신용카드회원을 불리하게 대우하지 못한다.

신용카드가맹점이 이를 위반하여 신용카드로 거래한다는 이유로 물품의 판매 또는 용역의 제공 등을 거절하거나 신용카드회원을 불리하게 대우하는 경우, 1년 이하의 징역 또는 1천만원 이하의 벌금에 처한다(여신전문금융업법 제70조 제4항 제4호).

② 본인 확인 의무(여신전문금융업법 제19조 제2항)

신용카드가맹점은 신용카드로 거래를 할 때마다 그 신용카드를 본인이 정당하게 사용하고 있는지를 확인하여야 한다.

③ 등록 단말기 사용 의무(여신전문금융업법 제19조 제3항)

신용카드가맹점은 신용카드회원의 정보보호를 위하여 금융위원회에 등록된 신용카드 단말기를 설치·이용하여야 한다.

신용카드가맹점이 이를 위반하는 경우, 5천만원 이하의 과태료가 부과된다(여신전문금융업법 제72조 제1항 제5호).

④ 가맹점수수료 부담 전가 금지(여신전문금융업법 제19조 제4항)

신용카드가맹점은 가맹점 수수료를 신용카드회원이 부담하게 하여서는 아니 된다.

신용카드가맹점이 이를 위반하여 가맹점수수료를 신용카드회원이 부담하게 하는 경우, 1년 이하의 징역 또는 1천만원 이하의 벌금에 처한다(여신전문금융업법 제70조 제4항 제5호).

⑤ 신용카드거래 가장 등 금지(여신전문금융업법 제19조 제5항 본문)

신용카드가맹점은 다음 각 호의 어느 하나에 해당하는 행위를 하여서는 아니 된다.

각 호	금지 행위
제1호	물품의 판매 또는 용역의 제공 등이 없이 신용카드로 거래한 것처럼 꾸미는 행위
제2호	신용카드로 실제 매출금액 이상의 거래를 하는 행위
제3호	다른 신용카드가맹점의 명의를 사용하여 신용카드로 거래하는 행위
제4호	신용카드가맹점의 명의를 타인에게 빌려주는 행위
제5호	신용카드에 의한 거래를 대행하는 행위

다만, 결제대행업체의 경우에는 제1호 · 제4호 및 제5호를 적용하지 아니하고, 수납대행가맹점의 경우에는 제3호 · 제5호를 적용하지 아니한다(여신전문금융업법 제19조 제5항 단서).

신용카드가맹점이 위 사항 중 제3호를 위반하여 다른 신용카드가맹점의 명의를 사용하여 신용카드로 거래하거나 또는 제5호를 위반하여 신용카드에 의한 거래를 대행하는 경우, 3년 이하의 징역 또는 2천만원 이하의 벌금에 처한다(여신전문금융업법 제70조 제3항 제3호, 제4호).

신용카드가맹점이 위 사항 중 제4호를 위반하여 신용카드가맹점의 명의를 타인에게 빌려주는 경우, 1년 이하의 징역 또는 1천만원 이하의 벌금에 처한다(여신전문금융업법 제70조 제4항 제5호).

⑥ 매출채권의 양도금지 등

신용카드가맹점은 신용카드에 따른 거래로 생긴 채권(신용카드업자에게 가지는 매출채권을 포함, 이하 이 항에서 같음)을 신용카드업자와 「은행법」에 따라 설립된 은행(「중소기업은행법」에 따라 설립된 중소기업은행과 「농업협동조합법」에 따라 설립된 농협은행을 포함) 외의 자(이 항에서 '신용카드업자등 외의 자')에게 양도하여서는 아니 되고, 신용카드업자등 외의 자는 이를 양수하여서는 아니 된다(여신전문금융업법 제20조 제1항 본문).

다만, 신용카드가맹점이 신용카드업자에게 가지는 매출채권을 「자산유동화에 관한 법률」 제2조 제1호에 따른 자산유동화를 위하여 양도하는 경우에는 신용카드가맹점은 신용카드에 따른 거래로 생긴 채권을 신용카드업자등 외의 자에게 양도할 수 있고, 신용카드업자등 외의 자도 이를 양수할 수 있다(여신전문금융업법 제20조 제1항 단서).

이를 위반하여 신용카드가맹점이 매출채권을 양도하는 경우, 그 신용카드가맹점 뿐만 아니라 이를 양수한 자까지도 3년 이하의 징역 또는 2천만원 이하의 벌금에 처한다(여신전문금융업법 제70조 제3항 제5호).

나) 대형신용카드가맹점의 금지 행위(여신전문금융업법 제19조 제6항)

① 대형신용카드가맹점의 범위

"대형신용카드가맹점"은 "대통령령으로 정하는 규모 이상의 대형 신용카드가맹점"을 말하는바(여신전문금융업법 제18조의3 제1항 참조), 현행 여신전문금융업법 시행령상 '대형신용카드가맹점의 기준'은 "직전 연도 1년 동안의 매출액(직전 연도의 사업기간이 1년 미만인 경우에는 그 기간 동안의 매출액을 12개월로 환산한 금액)이 3억원을 초과하는 개인 또는 법인 신용카드가맹점"으로 규정되어 있다(여신전문금융업법 시행령 제6조의14 제1항).

위 매출액을 산정함에 있어서, 개인 또는 법인이 둘 이상의 신용카드가맹점을 소유하고 있는 경우에는 각 신용카드가맹점의 연간 매출액을 합산한 금액을 기준으로 한다.[56]

---

56) 여신전문금융업법 시행령 제6조의14 제1항 중 두 번째 괄호, "개인 또는 법인이 둘 이상의 신용카드가맹점을 소유하고 있는 경우에는 각 신용카드가맹점의 연간 매출액을 합산한 금액을 말한다." 참조.

② 대형신용카드가맹점의 금지행위

㉮ 대형신용카드가맹점은 거래상의 우월적 지위를 이용하여 다음 각 호의 어느 하나에 해당하는 행위를 하여서는 아니 된다(여신전문금융업법 제18조의3 제4항).

각 호	금지 행위
제1호	신용카드업자에게 부당하게 낮은 가맹점수수료율을 정할 것을 요구하는 행위
제2호	신용카드와 관련한 거래를 이유로 부당하게 보상금등을 요구하거나 받는 행위

㉯ 대형신용카드가맹점 및 그와 대통령령으로 정하는 특수관계인◆은 신용카드부가통신서비스 이용을 이유로 부가통신업자에게 부당하게 보상금등을 요구하거나 받아서는 아니 된다(여신전문금융업법 제19조 제6항).

◆ 관련조문

여신전문금융업법 시행령

제6조의15 (대형신용카드가맹점의 특수관계인의 범위)

법 제19조 제6항에서 "대통령령으로 정하는 특수한 관계에 있는 자"란 다음 각 호의 어느 하나에 해당하는 사람을 말한다.

1. 대형신용카드가맹점이 개인인 경우: 대표자의 배우자(사실상의 혼인관계에 있는 사람을 포함한다)
2. 대형신용카드가맹점이 법인인 경우: 다음 각 목의 어느 하나에 해당하는 자
   가. 대주주 또는 임원
   나. 계열회사(「독점규제 및 공정거래에 관한 법률」 제2조 제3호에 따른 계열회사를 말한다. 이하 이 조에서 같다)와 계열회사의 대주주 또는 임원
3. 그 밖에 대형신용카드가맹점에 대하여 사실상의 영향력을 행사하고 있는 자로서 금융위원회가 정하여 고시하는 자

위 ㉮에 해당하는 것은 대형신용카드가맹점이 거래상의 부당한 지위를 이용하여 '신용카드사'에 대해 부당한 요구 등을 하는 것을 금지하는 것이고, ㉯에 해당하는 것은 대형신용카드가맹점이 부가통신업자에 대해 부당한 요구 등을 하는 것을 금지하는 것이다.

위 금지행위들을 그 행위 유형을 기준으로 구분하면 다음과 같이 다르게 나누어볼 수 있다.

〈표 3-18〉 금지행위의 유형 구분

금지행위의 내용	해당 조문
신용카드업자에게 부당하게 낮은 가맹점수수료율을 정할 것을 요구하는 행위	여신전문금융업법 제18조 제4항 제1호
신용카드업자 또는 부가통신업자에게 부당하게 보상금등을 요구하거나 제공받는 행위	여신전문금융업법 제18조 제4항 제2호 제19조 제6항

이중 신용카드업자에게 부당하게 낮은 가맹점수수료율을 정할 것을 요구하는 행위는 신용카드업자가 부당하게 가맹점수수료율을 차별하여서는 아니 되도록 한 것과 대칭되는 것이다. 다만 신용카드업자의 경우 대형신용카드가맹점과 비대형신용카드가맹점 간의 차별뿐만 아니라 대형신용카드가맹점 간 또는 비대형신용카드가맹점 간의 수수료율 차별이 모두 위 규정 위반에 해당하게 되지만, 신용카드업자에 대한 낮은 수수료율 적용 요구 금지 규정을 적용받는 신용카드가맹점은 대형신용카드가맹점에 한정된다는 차이는 있다.

신용카드가맹점이 이를 위반하여 신용카드업자에게 부당하게 낮은 가맹점수수료율을 정할 것을 요구하는 경우, 1년 이하의 징역 또는 1천만원 이하의 벌금에 처한다(여신전문금융업법 제70조 제4항 제3호의2).

한편, 부당한 보상금등 요구 또는 제공에 관해서는, 신용카드업자 또는 부가통신업자에 대한 규정과 대형신용카드가맹점에 대한 규정이 서로 완전히 대칭되는데, 이에 대해서는 아래에서 별도 항목으로 서술하도록 하겠다.

③ 부당한 보상금등의 제공 및 수수등 금지

여신전문금융업법상, ㉮ 신용카드업자 또는 부가통신업자는 대형신용카드가맹점이 자기와 거래하도록 대형신용카드가맹점 및 특수관계인에게 부당하게 보상금등을 제공하여서는 아니되고, ㉯ 대형신용카드가맹점 및 특수관계인은 신용카드업자 또는 부가통신업자에게 부당하게 보상금등을 요구하거나 받아서는 아니된다.

위 규정은, 기존에 금융위원회의 규제에서 벗어나 있던 부가통신업자를 통해 신용카드가맹점들에 소위 밴피(Van Fee)라는 명목으로 리베이트성 금품이 제공되던 관행으로 인해 신용카드수수료가 높아지는 등의 폐단이 있었기에, 이를 없애기 위해 2015. 1. 20.자 여신전문금융업법 개정시에 도입되어 2015. 7. 21.부터 시행되었다.

또한, 위 개정시에는 부당한 보상금등의 제공 대상이 '대형신용카드가맹점'으로만 규정되어 있었으나, 대형신용카드가맹점들이 위와 같은 규제를 회피하여 별도 법인인 특수관계인을 통해 리베이트성 금품을 제공받으려 하는 움직임을 보이자 2016. 3. 29.자 여신전문금융업법 개정시에 부당한 보상금등 제공 금지 대상에 '특수관계인'이 포함되어 2017. 3. 30. 시행되었다.

제공이 금지되는 '부당한 보상금등'의 범위에 대해 아직 법원의 명확한 판례가 나온 바 없으나, 금융위원회는 "여신전문금융업법은 무분별한 리베이트 제공으로 인한 VAN수수료 증가 및 시장왜곡 등을 방지하기 위해 신용카드업자 및 부가통신사업자가 신용카드거래를 이유로 대형가맹점에 부당하게 리베이트를 제공하지 않도록 제한하고 있는바, 리베이트의 범위는 보상금, 사례금 등 명칭 또는 방식 여하를 불문하고 모든 대가를 포함하도록 하여 폭넓게 규율하고 있다."는 전제 하에 '부당한 보상금등'의 범위를 폭넓게 해석하여 "단말기, POS 등 신용카드 거래시 필요한 물품을 제공하는 것도 부당한 보상금등의 제공에 해당한다."는 입장을 보이고 있다.[57]

신용카드업자 또는 부가통신업자가 이를 위반하여 대형신용카드가맹점에 부당하게 보상금등을 제공하는 경우 또는 대형신용카드가맹점이 신용카드업자 또는 부가통신업자에게 부당하게 보상금 등을 요구하거나 받는 경우, 각각 5년 이하의 징역 또는 3천만원 이하의 벌금에 처한다(여신전문금융업법 제70조 제2항).

또한 이 경우, 금융위원회는 6개월의 범위에서 기간을 정하여 신용카드업자에 대해서는 여신전문금융업법 제46조 제1항 제1호부터 제4호까지[58]의 규정에 따른 업무(여신전문금융업법 제13조 제1항 제1호에 해당하는 부대업무 포함) 또는 같은 항 제5호에 따른 업무 중 대통령령으로 정하는 업무[59]의 전부 또는 일부의 정지를 명할 수 있고, 부가통신업자에 대해서는 신용카드등부가통신업의 전부 또는 일부의 정지를 명할 수 있다(여신전문금융업법 제57조 제1항 제1호).

다) 결제대행업체의 준수사항

"결제대행업체"란 "신용카드업자와의 계약에 따라 신용카드회원 등에게 물품

---

57) 금융규제민원포털 사이트 법령해석 회신문(법령해석 및 비조치의견서 > 법령해석, 일련번호 150129)
58) p.213 관련조문(여신전문금융업법 제46조 제1항) 참조.
59) p.213 관련조문(여신전문금융업법 제46조 제1항, 시행령 제16조 제1항, 제21조의2) 참조.

의 판매 또는 용역의 제공 등을 하는 자를 위하여 신용카드등에 의한 거래를 대행(代行)하는 자"로, 여신전문금융업법상 '신용카드가맹점'의 두 가지 유형 중 하나로 규정되어 있다(여신전문금융업법 제2조 제5호 나목).

즉, 결제대행업체는 실제 물품이나 용역의 거래를 하지 않고 실제 거래를 하는 다른 신용카드가맹점을 대행하여 신용카드 등에 의한 거래를 하는 업체로, 신용카드업자와의 관계에 있어서는 신용카드가맹점의 지위에 있게 된다.

결제대행업체는 다음 각 호의 사항을 지켜야 한다(여신전문금융업법 제19조 제7항).

각 호	결제대행업체의 준수사항
제1호	물품의 판매 또는 용역의 제공 등을 하는 자의 신용정보 및 신용카드등에 따른 거래를 대행한 내용을 신용카드업자에게 제공할 것
제2호	물품의 판매 또는 용역의 제공 등을 하는 자의 상호 및 주소를 신용카드회원등이 알 수 있도록 할 것
제3호	신용카드회원등이 거래 취소 또는 환불 등을 요구하는 경우 이에 따를 것
제4호	그 밖에 신용카드회원등의 신용정보보호 및 건전한 신용카드거래를 위하여 대통령령으로 정하는 사항[60]

결제대행업체가 위 준수사항을 위반하는 경우, 5천만원 이하의 과태료가 부과된다(여신전문금융업법 제72조 제1항 제5호).

라) 수납대행가맹점의 준수사항

"수납대행가맹점"이란 "신용카드업자와의 별도의 계약에 따라 다른 신용카드가맹점을 위하여 신용카드 등에 의한 거래에 필요한 행위로서 대통령령으로 정하는 다음 각 호의 사항(여신전문금융업법 시행령 제1조의2 제3항)을 대행하는 신용카드가맹점"을 말한다(여신전문금융업법 제2조 제5호의2).

각 호	수납대행가맹점이 대행하는 행위
제1호	신용카드에 의한 거래 시 그 신용카드를 본인이 정당하게 사용하고 있는지를 확인하는 행위
제2호	신용카드에 의한 거래 시 신용카드회원이 제시하는 신용카드의 전자금융거래 정보를 신용카드업자에게 전송하기 위하여 「전자금융거래법」 제2조 제8호에 따른 전자적 장치[61]를 이용하는 행위

60) 여신전문금융업법 시행령에서 정한 바 없음

61) 전자금융거래정보를 전자적 방법으로 전송하거나 처리하는데 이용되는 장치로서 현금자동지급기,

수납대행가맹점은 직접 물품이나 용역 등의 거래를 하지 않으면서도 신용카드업자에 대해 신용카드가맹점의 지위를 가진다는 점에서 결제대행업체와 동일하나, 결제대행업체는 신용카드 등에 의한 거래 자체를 대행하는 반면 수납대행가맹점은 신용카드회원 본인 확인이나 전자화된 결제정보를 전자적으로 전송하는 절차만을 대행한다는 점에서 구분된다.

수납대행가맹점은 다음 각 호의 사항을 준수하여야 한다(여신전문금융업법 제19조의2).

각 호	수납대행가맹점의 준수사항
제1호	신용카드회원등의 신용정보 등이 업무 외의 목적에 사용되거나 외부에 유출되게 하지 아니할 것
제2호	신용카드를 본인이 정당하게 사용하고 있는지를 확인할 것
제3호	그 밖에 신용카드회원등의 신용정보보호 및 건전한 신용카드거래를 위하여 대통령령으로 정하는 사항(여신전문금융업법 시행령 제6조의16)◆

수납대행가맹점이 위 준수사항을 위반하는 경우, 5천만원 이하의 과태료가 부과된다(여신전문금융업법 제72조 제1항 제5호).

◆ 관련조문

여신전문금융업법 시행령

제6조의16 (수납대행가맹점의 준수사항)

법 제19조의2 제3호에서 "대통령령으로 정하는 사항"이란 다음 각 호의 사항을 말한다.

1. 제1조의2 제3항 각 호의 어느 하나에 해당하는 사항(이하 이 조에서 "수납"이라 한다)을 대행한 내역 및 수납을 위탁한 신용카드가맹점의 신용정보를 신용카드업자에게 제출할 것
2. 수납을 위탁한 신용카드가맹점의 상호 및 주소를 신용카드회원등(법 제2조 제5호가목의 신용카드회원등을 말한다. 이하 같다)이 알 수 있도록 할 것
3. 신용카드회원등이 거래 취소 또는 환불 등을 요구할 경우 이에 따를 것
4. 수납대행가맹점, 신용카드업자 및 수납을 위탁한 신용카드가맹점 상호간에 신용카드회원등의 신용정보 전송·처리를 위하여 이용되는 정보통신망 및 제1조의2 제3항 제2호에 따른 전자적 장치의 안전성과 신뢰성을 확보하기 위하여 금융위원회가 정하여 고시하는 사항

여신전문금융업법은 제3장 제2절 내지 제4절에서 시설대여업, 할부금융업, 신기술사업금융업에 대하여 규율하면서, 각 업종의 특성에 따른 특례 규정 등을 두고 있는바, 자세한 설명은 생략한다.

자동입출금기, 지급용단말기, 컴퓨터, 전화기 그 밖에 전자적 방법으로 정보를 전송하거나 처리하는 장치

마. 여신전문금융회사 전반에 대한 공통적 규제 조항

1) 여신전문금융회사의 업무

가) 여신전문금융회사가 할 수 있는 업무

여신전문금융회사가 할 수 있는 업무는 다음 각 호의 업무로 제한된다(여신전문금융업법 제46조 제1항).

각 호	여신전문금융회사의 업무
제1호	허가를 받거나 등록을 한 여신전문금융업(시설대여업의 등록을 한 경우에는 연불판매[62]업무를 포함)
제2호	기업이 물품과 용역을 제공함으로써 취득한 매출채권(어음을 포함한다)의 양수·관리·회수 업무
제3호	대출(어음할인을 포함, 이하 이 표에서 같음) 업무
제4호	여신전문금융업법 제13조 제1항 제2호 및 제3호에 따른 신용카드업자의 부대업무(신용카드업의 허가를 받은 경우만 해당)
제5호	그 밖에 제1호부터 제4호까지의 규정과 관련된 업무로서 대통령령으로 정하는 업무◆
제6호	제1호부터 제4호까지의 규정에 따른 업무와 관련된 신용조사 및 그에 따르는 업무
제6호의2	그 업무를 함께 하여도 금융이용자 보호 및 건전한 거래질서를 해할 우려가 없는 업무로서 대통령령으로 정하는 금융업무◆
제7호	여신전문금융업에 부수하는 업무로서 소유하고 있는 인력·자산 또는 설비를 활용하는 업무

◆ 관련조문

여신전문금융업법 시행령

제16조(업무)

① 법 제46조 제1항 제5호에서 "대통령령으로 정하는 업무"란 다음 각 호의 업무를 말한다.

1. 법 제46조 제1항 제1호부터 제4호까지의 업무와 관련하여 다른 금융회사(「금융위원회의 설치 등에 관한 법률」 제38조 각 호의 기관을 말한다)가 보유한 채권 또는 이를 근거로 발행한 유가증권의 매입업무
2. 지급보증업무
3. 삭제 〈2016. 9. 29.〉
4. 그 밖에 여신전문금융업 및 대출업무와 관련된 업무로서 총리령으로 정하는 업무

② 법 제46조 제1항 제6호의2에서 "대통령령으로 정하는 금융업무"란 다음 각 호의 업무를 말한다.

1. 「자본시장법」에 따른 집합투자업
2. 「자본시장법」에 따른 투자자문업
3. 「자본시장법」에 따른 신탁업

---

62) 특정물건을 새로 취득하여 거래상대방에게 넘겨주고, 그 물건의 대금·이자 등을 대통령령으로 정하는 일정한 기간 이상 동안 정기적으로 나누어 지급받으며, 그 물건의 소유권 이전 시기와 그 밖의 조건에 관하여는 당사자 간의 약정으로 정하는 방식의 금융(여신전문금융업법 제2조 제11호)

> 4. 「자본시장법」에 따른 집합투자증권에 대한 투자중개업
> 5. 「자본시장법」에 따른 경영참여형 사모집합투자기구의 업무집행사원 업무
> 6. 「보험업법」에 따른 보험대리점 업무
> 7. 「외국환거래법」에 따른 외국환업무
> 8. 「자산유동화에 관한 법률」에 따른 유동화자산 관리업무
> 9. 「전자금융거래법」에 따른 전자금융업
> 10. 「산업발전법」 제20조에 따른 기업구조개선 경영참여형 사모집합투자기구의 업무집행사원 업무
> 11. 대출의 중개 또는 주선
> 12. 「신용정보법」에 따른 본인신용정보관리업
> 13. 「신용정보법」에 따른 개인사업자신용평가업

여신전문금융회사가 이를 위반하여 위 각 호의 업무 이외의 업무를 하는 경우, 금융위원회는 6개월의 범위에서 기간을 정하여 여신전문금융업법 제46조 제1항 제1호부터 제4호까지[63]의 규정에 따른 업무(여신전문금융업법 제13조 제1항 제1호에 해당하는 부대업무 포함) 또는 같은 항 제5호에 따른 업무 중 대통령령으로 정하는 업무[64]의 전부 또는 일부의 정지를 명할 수 있고(여신전문금융업법 제57조 제1항 제1호), 3억원 이하의 과징금을 부과할 수 있다(여신전문금융업법 제58조 제1항).

나) 부수업무의 신고 등

여신전문금융회사가 위 각 업무 중 제7호의 '부수업무'를 하려는 경우에는 그 부수업무를 하려는 날의 7일 전까지 이를 금융위원회에 신고하여야 한다(여신전문금융업법 제46조의2 제1항 본문).

다만, 다음 각 호의 어느 하나에 해당하는 경우에는 신고 없이 부수업무를 할 수 있다(여신전문금융업법 제46조의2 제1항 단서).

각 호	신고 없이 부수업무를 할 수 있는 경우
제1호	금융이용자 보호 및 건전한 거래질서를 해할 우려가 없는 업무로서 금융위원회가 정하는 업무를 하는 경우
제2호	여신전문금융업법 제46조의2 제4항에 따라 공고된 다른 여신전문금융회사와 같은 부수업무(여신전문금융업법 제2항에 따라 제한명령 또는 시정명령을 받은 부수업무는 제외한다)를 하려는 경우

여신전문금융회사가 신고 없이 위 부수업무를 하는 경우, 5천만원 이하의 과태료가 부과된다(여신전문금융업법 제72조 제1항 제5호의3).

63) p.211 관련조문(여신전문금융업법 제46조 제1항) 참조.
64) p.211 관련조문(여신전문금융업법 제46조 제1항, 시행령 제16조 제1항, 제21조의2) 참조.

금융위원회는 부수업무의 내용이 다음 각 호의 어느 하나에 해당하는 경우에는 그 부수업무를 하는 것을 제한하거나 시정할 것을 명할 수 있다(여신전문금융업법 제46조의2 제2항).

각 호	부수업무 제한 또는 시정명령 사유
제1호	여신전문금융회사의 경영건전성을 저해하는 경우
제2호	금융이용자 보호에 지장을 초래하는 경우
제3호	금융시장의 안정성을 저해하는 경우
제4호	그 밖에 금융이용자 보호 및 건전한 거래질서 유지를 위하여 필요한 경우로서 대통령령으로 정하는 경우◆

위 시정명령은 그 내용 및 사유가 구체적으로 적힌 문서로 하여야 한다(여신전문금융업법 제46조의2 제3항).

◆ 관련조문

여신전문금융업법 시행령

제17조의2 (부수업무의 제한 및 공고 등)

① 법 제46조의2 제2항 제4호에서 "대통령령으로 정하는 경우"란 다음 각 호의 어느 하나에 해당하는 경우를 말한다.

1. 법 제46조 제1항 제7호에 따른 부수업무(이하 이 조에서 "부수업무"라 한다)의 내용이 「대·중소기업 상생협력 촉진에 관한 법률」 제2조 제11호에 따른 중소기업 적합업종에 해당하는 경우
2. 그 밖에 부수업무의 내용이 여신전문금융회사가 영위하는 것이 바람직하지 아니하다고 인정되는 업무로서 금융위원회가 정하여 고시하는 업무에 해당하는 경우

다) 겸영업무·부수업무의 회계처리(여신전문금융업법 제46조의3)

신용카드업자가 위 업무 중 제6호의2에 정한 '겸영업무' 또는 제7호에 정한 '부수업무'를 하는 경우에는 대통령령으로 정하는 바◆에 따라 그 업무를 신용카드업과 구분하여 회계처리하여야 한다.

◆ 관련조문

여신전문금융업법 시행령

제17조의3 (겸영업무·부수업무의 회계처리)

신용카드업자는 법 제46조 제1항 제6호의2 또는 제7호에 따른 다른 금융업무 또는 부수업무의 직전 사업연도 매출액이 다음 각 호에 해당하는 수익의 합계액의 100분의 5 이상인 경우에는 법 제46조의3에 따라 해당 업무의 수익·비용을 신용카드업과 구분하여 회계처리 하여야 한다.

1. 가맹점수수료 수익
2. 카드자산과 관련한 이자 및 수수료 수익
3. 연회비 수익

2) 여신전문금융회사의 자금조달방법 등

여신전문금융회사는 다음 각 호에 정한 방법으로만 자금을 조달할 수 있다(여신전문금융업법 제47조 제1항).

각 호	자금조달방법
제1호	다른 법률에 따라 설립되거나, 금융위원회의 인가 또는 허가를 받거나, 금융위원회에 등록한 금융기관으로부터의 차입
제2호	사채나 어음의 발행
제3호	보유하고 있는 유가증권의 매출
제4호	보유하고 있는 대출채권의 양도
제5호	그 밖에 대통령령으로 정하는 방법◆

위 제2호에 따른 사채나 어음의 발행 및 위 제3호에 따른 유가증권의 매출에 대하여는 대통령령으로 정하는 바◆에 따라 그 방법이나 대상을 제한할 수 있다(여신전문금융업법 제47조 제2항).

여신전문금융회사가 이를 위반하여 자금을 조달하는 경우, 금융위원회는 조달한 자금의 100분의 30 이하의 범위에서 과징금을 부과할 수 있다(여신전문금융업법 제58조 제4항 제1호).

◆ 관련조문

여신전문금융업법 시행령

제18조 (자금조달방법)

① 법 제47조 제1항 제5호에서 "대통령령으로 정하는 방법"이란 다음 각 호의 방법을 말한다.

1. 「외국환거래법」 제8조에 따라 외국환업무취급기관으로 등록하여 행하는 차입 및 외화증권의 발행
2. 법 제46조 제1항 제1호부터 제4호까지의 업무와 관련하여 보유한 채권의 양도
3. 법 제46조 제1항 제1호부터 제4호까지의 업무와 관련하여 보유한 채권을 근거로 한 유가증권의 발행

② 여신전문금융회사가 제1항 제3호의 방법으로 자금을 조달하는 경우에는 제19조 제1항을 준용한다.

여신전문금융업법 시행령

제19조 (사채 또는 어음발행등의 제한)

① 법 제47조 제2항에 따라 여신전문금융회사는 다음 각 호의 방법으로 사채나 어음을 발행하거나 보유하고 있는 유가증권을 매출해서는 아니 된다.

1. 개인에 대한 발행 또는 매출
2. 공모(公募), 창구매출, 그 밖의 이와 유사한 방법에 의한 불특정 다수의 법인에 대한 발행 또는 매출

> ② 다음 각 호의 방법에 따른 사채 또는 어음의 발행에 대해서는 제1항을 적용하지 아니한다.
> 1. 「자본시장법」에 따라 투자매매업의 인가를 받은 자의 인수에 의한 사채의 발행
> 2. 「자본시장법」에 따른 종합금융회사 또는 같은 법에 따른 투자매매업자・투자중개업자의 인수, 할인 또는 중개를 통한 어음의 발행

3) 외형확대 위주의 경영 제한(여신전문금융업법 제48조)

여신전문금융회사는 총자산이 자기자본의 10배의 범위에서 금융위원회가 정하는 배수(이하 '자기자본 대비 총자산 한도')에 해당하는 금액을 초과하여서는 아니 된다.

금융위원회는 자기자본 대비 총자산 한도를 정함에 있어 여신전문금융업별 자산의 성격 및 건전성 등을 감안하여 신용카드업을 영위하는 여신전문금융회사와 신용카드업을 영위하지 아니하는 여신전문금융회사에 적용되는 한도를 달리 정할 수 있다.

위 사항 외에 자기자본 대비 총자산 한도의 시행에 관하여 필요한 사항은 대통령령으로 정한다.[65)]

여신전문금융회사가 이를 위반하여 자기자본 대비 총자산 한도를 초과하는 경우에는, 금융위원회는 그 초과액의 100분의 30 이하의 범위에서 과징금을 부과할 수 있다(여신전문금융업법 제58조 제4항 제1호).

4) 부동산의 취득 제한

여신전문금융회사가 취득할 수 있는 업무용 부동산은 다음 각 호의 어느 하나에 해당하는 것으로 제한한다(여신전문금융업법 제49조 제1항).

각 호	여신전문금융회사가 취득할 수 있는 부동산
제1호	본점・지점, 그 밖의 사무소
제2호	임직원용 사택, 합숙소 및 직원 연수원
제3호	그 밖에 업무에 직접 필요한 부동산으로서 총리령으로 정하는 것◆

◆ 관련조문

> **여신전문금융업법 시행규칙**
> 제10조(업무용 부동산)
> 법 제49조 제1항 제3호에서 "총리령으로 정하는 것"이란 시설대여업자의 시설대여용 자산을 보관하

65) 여신전문금융업법 시행령에 정한 바 없음

기 위한 창고 및 그 부지로서 「법인세법 시행령」 제49조 제1항 제1호 각 목의 어느 하나에 해당되지 아니하는 것을 말한다.

여신전문금융회사는 다음 각 호의 어느 하나에 해당하는 경우에만 업무용 부동산 외의 부동산을 취득할 수 있다(여신전문금융업법 제49조 제4항).

각 호	여신전문금융회사가 비업무용 부동산을 취득할 수 있는 경우
제1호	해당 부동산이 시설대여나 연불판매의 목적물인 경우
제2호	담보권을 실행하여 부동산을 취득하는 경우

여신전문금융회사가 위 제한을 위반하여 비업무용 부동산을 취득하는 경우, 금융위원회는 취득한 부동산 취득가액의 100분의 30 이하의 범위에서 과징금을 부과할 수 있다(여신전문금융업법 제58조 제4항 제3호).

금융위원회는 여신전문금융회사가 너무 많은 부동산을 보유하는 것을 제한할 필요가 있다고 인정하면 여신전문금융회사가 위와 같이 취득할 수 있는 업무용 부동산의 총액(장부가액을 기준으로 산출)을 자기자본의 100분의 100 이상 일정 비율 이내로 제한할 수 있다(여신전문금융업법 제49조 제2항).

여신전문금융회사가 위 제한을 위반하는 경우, 금융위원회는 그 초과 취득한 부동산 취득가액의 100분의 30 이하의 범위에서 과징금을 부과할 수 있다(여신전문금융업법 제58조 제4항 제4호).

5) 대주주에 대한 신용공여 한도

가) 대주주에 대한 신용공여 한도(여신전문금융업법 제49조의2 제1항)

여신전문금융회사가 그의 대주주(대통령령으로 정하는 대주주의 특수관계인◆을 포함, 이하 이 항에서 같음)에게 제공할 수 있는 신용공여의 합계액은 그 여신전문금융회사의 자기자본의 100분의 50을 넘을 수 없으며, 대주주는 그 여신전문금융회사로부터 그 한도를 넘겨 신용공여를 받아서는 아니 된다.

◆ 관련조문

여신전문금융업법 시행령

제19조의2 (대주주의 특수관계인의 범위 등)

① 법 제49조의2 제1항 및 제50조 제1항에서 "대통령령으로 정하는 대주주의 특수관계인"이란 각각 최대주주의 특수관계인을 말한다. 다만, 여신전문금융회사가 합병을 목적으로 계열회사가 아닌 다른 회사의 주식을 취득하여 새롭게 계열회사가 된 경우로서 금융위원회가 정하여 고시하는 기준을

충족하는 계열회사는 제외한다.

여신전문금융회사가 이를 위반하여 위 금액을 초과하여 신용공여를 하는 경우, 7년 이하의 징역 또는 5천만원 이하의 벌금에 처하고(여신전문금융업법 제70조 제1항 제9호), 금융위원회는 초과한 신용공여액 이하의 과징금을 부과할 수 있다(여신전문금융업법 제58조 제4항 제5호).

나) 대주주에 대한 신용공여시 이사회 결의

여신전문금융회사는 그의 대주주에게 그 여신전문금융회사의 자기자본의 100분의 50의 범위에서 대통령령으로 정하는 금액◆ 이상의 신용공여(대통령령으로 정하는 거래◆를 포함, 이하 이 항에서 같음)를 하려는 경우에는 미리 이사회의 결의를 거쳐야 한다. 이 경우 이사회는 재적이사 전원의 찬성으로 의결한다(여신전문금융업법 제49조의2 제2항).

◆ 관련조문

여신전문금융업법 시행령

제19조의3 (대주주와의 거래금액 등)

① 법 제49조의2 제2항 전단 및 제50조 제2항 전단에서 "대통령령으로 정하는 금액"이란 각각 금융위원회가 정하여 고시하는 단일거래금액(이하 이 조에서 "단일거래금액"이라 한다)이 자기자본의 1만분의 10에 해당하는 금액과 10억원 중 적은 금액을 말한다. 다만, 주식 취득의 경우에는 「자본시장과 금융투자업에 관한 법률」에 따른 증권시장, 다자간매매체결회사 또는 이와 비슷한 시장으로서 외국에 있는 시장에서 취득하는 금액은 단일거래금액에서 제외한다.

② 법 제49조의2 제2항 전단에서 "대통령령으로 정하는 거래"란 「자본시장과 금융투자업에 관한 법률」 제9조 제7항 또는 제9항에 따른 모집 또는 매출의 방법으로 발행되는 사채권을 취득하는 거래를 말한다.

여신전문금융회사가 이를 위반하여 이사회 결의를 하지 아니하고 대주주에게 신용공여를 하는 경우, 금융위원회는 5천만원 이하의 과태료를 부과할 수 있다(여신전문금융업법 제72조 제1항 제6호).

다) 대주주에 대한 신용공여시 보고 및 공시의무

여신전문금융회사는 위와 같이 이사회 결의를 통해 대주주에게 대통령령으로 정하는 금액 이상의 신용공여를 한 경우 그 사실을 금융위원회에 지체 없이 보고하고, 인터넷 홈페이지 등을 이용하여 공시하여야 한다(여신전문금융업법 제49조의2 제3항).

여신전문금융회사는 위와 같은 보고사항 중 대통령령으로 정하는 사항(여신전문금융업법 시행령 제19조의4)◆을 종합하여 분기별로 금융위원회에 보고하고, 인터넷 홈페이지 등을 이용하여 공시하여야 한다(여신전문금융업법 제49조의2 제4항).

◆ 관련조문

> **여신전문금융업법 시행령**
> **제19조의4 (대주주와의 거래의 보고 및 공시)**
> ① 법 제49조의2 제4항 및 제50조 제4항에서 "대통령령으로 정하는 사항"이란 각각 다음 각 호와 같다.
> 1. 분기 말 현재 대주주에 대한 신용공여의 규모
> 2. 분기 중 신용공여의 증감액 및 신용공여의 거래조건
> 3. 분기 말 현재 대주주가 발행한 주식을 취득한 규모
> 4. 분기 중 보유주식의 증감액 및 보유주식의 취득가격
> 5. 그 밖에 금융위원회가 정하는 사항
>
> ② 여신전문금융회사는 제1항의 사항을 매 분기 말일부터 1개월 이내에 보고・공시하여야 한다.

여신전문금융회사가 이를 위반하여 위 각 보고 또는 공시를 하지 아니하는 경우, 금융위원회는 5천만원 이하의 과태료를 부과할 수 있다(여신전문금융업법 제72조 제1항 제7호).

라) 추가 신용공여 없이 신용공여액 제한을 초과한 경우 조치

여신전문금융회사는 추가적인 신용공여를 하지 아니하였음에도 불구하고 자기자본의 변동, 대주주의 변경 등으로 대주주에 대한 신용공여액 제한을 넘게 되는 경우에는 대통령령으로 정하는 기간◆ 내에 위와 같은 대주주에 대한 신용공여한도에 적합하도록 하여야 한다(여신전문금융업법 제49조의2 제5항).

◆ 관련조문

> **여신전문금융업법 시행령**
> **제19조의5 (신용공여 및 주식소유 한도초과 유예기간)**
> 법 제49조의2 제5항 및 제50조 제5항에서 "대통령령으로 정하는 기간"이란 각각 1년을 말한다.

다만, 여신전문금융회사는 신용공여의 기한 및 규모 등에 따른 부득이한 사유가 있으면 금융위원회의 승인을 받아 그 기간을 연장할 수 있고, 그 승인을 받으려는 여신전문금융회사는 위와 같은 제한 기간이 만료되기 3개월 전까지 제1항에 따른 한도에 적합하도록 하기 위한 세부계획서를 금융위원회에 제출하여야 한다(여신전문금융업법 제49조의2 제6항, 제7항).

마) 대주주의 다른 회사 출자 지원 목적 신용공여 금지(여신전문금융업법 제49조의2 제8항)

여신전문금융회사는 그의 대주주의 다른 회사에 대한 출자를 지원하기 위한 목적으로 신용공여를 하여서는 아니 된다.

여신전문금융회사가 이를 위반하여 대주주의 다른 회사에 대한 출자 지원 목적으로 신용공여를 하는 경우, 7년 이하의 징역 또는 5천만원 이하의 벌금에 처하고(여신전문금융업법 제70조 제1항 제9호), 금융위원회는 그 신용공여액 이하의 범위에서 과징금을 부과할 수 있다(여신전문금융업법 제58조 제4항 제6호).

6) 대주주가 발행한 주식의 소유한도 등

가) 대주주 발행 주식 소유한도(여신전문금융업법 제50조 제1항)

여신전문금융회사는 자기자본의 100분의 150의 범위에서 대통령령으로 정하는 비율(여신전문금융업법 시행령 제19조의2 제2항)◆에 해당하는 금액을 초과하여 그 여신전문금융회사의 대주주(대통령령으로 정하는 대주주의 특수관계인(여신전문금융업법 시행령 제19조의2 제1항)◆을 포함, 이하 이 조에서 같음)가 발행한 주식을 소유하여서는 아니 된다.

◆ 관련조문

여신전문금융업법 시행령

제19조의2 (대주주의 특수관계인의 범위 등)

① 법 제49조의2 제1항 및 제50조 제1항에서 "대통령령으로 정하는 대주주의 특수관계인"이란 각각 최대주주의 특수관계인을 말한다. 다만, 여신전문금융회사가 합병을 목적으로 계열회사가 아닌 다른 회사의 주식을 취득하여 새롭게 계열회사가 된 경우로서 금융위원회가 정하여 고시하는 기준을 충족하는 계열회사는 제외한다.

② 법 제50조 제1항에서 "대통령령으로 정하는 비율"이란 자기자본의 100분의 150을 말한다.

여신전문금융회사가 위 한도를 초과하여 대주주가 발행한 주식을 소유하는 경우, 7년 이하의 징역 또는 5천만원 이하의 벌금에 처하고(여신전문금융업법 제70조 제1항 제9호의2), 금융위원회는 그 초과 소유한 주식 장부가액 합계액 이하의 범위에서 과징금을 부과할 수 있다(여신전문금융업법 제58조 제4항 제7호).

나) 소유한도를 초과한 대주주 발행 주식 취득시 이사회 결의

여신전문금융회사는 그의 대주주가 발행한 주식을 자기자본의 100분의 150의 범위에서 대통령령으로 정하는 금액◆ 이상으로 취득하려는 경우에는 미리 이사

회의 결의를 거쳐야 한다. 이 경우 이사회는 재적이사 전원의 찬성으로 의결한다(여신전문금융업법 제50조 제2항).

◆ 관련조문

여신전문금융업법 시행령

제19조의3 (대주주와의 거래금액 등)

① 법 제49조의2 제2항 전단 및 제50조 제2항 전단에서 "대통령령으로 정하는 금액"이란 각각 금융위원회가 정하여 고시하는 단일거래금액(이하 이 조에서 "단일거래금액"이라 한다)이 자기자본의 1만분의 10에 해당하는 금액과 10억원 중 적은 금액을 말한다. 다만, 주식 취득의 경우에는 「자본시장과 금융투자업에 관한 법률」에 따른 증권시장, 다자간매매체결회사 또는 이와 비슷한 시장으로서 외국에 있는 시장에서 취득하는 금액은 단일거래금액에서 제외한다.

여신전문금융회사가 위 소유한도를 초과한 대주주 발행 주식을 취득하면서 이사회 결의를 거치지 아니하는 경우, 5천만원 이하의 과태료가 부과된다(여신전문금융업법 제72조 제1항 제6호).

다) 소유한도를 초과한 대주주 발행 주식 취득시 보고 및 공시의무

여신전문금융회사는 위와 같은 이사회 결의를 거쳐 그의 대주주가 발행한 주식을 대통령령으로 정하는 금액 이상으로 취득한 경우에는 그 사실을 금융위원회에 지체 없이 보고하고, 인터넷 홈페이지 등을 이용하여 공시하여야 한다(여신전문금융업법 제50조 제3항).

여신전문금융회사는 위 보고사항 중 대통령령으로 정하는 사항◆을 종합하여 분기별로 금융위원회에 보고하고, 인터넷 홈페이지 등을 이용하여 공시하여야 한다(여신전문금융업법 제50조 제4항).

여신전문금융회사가 이를 위반하여 위 각 보고 또는 공시를 하지 아니하는 경우, 5천만원 이하의 과태료가 부과된다(여신전문금융업법 제72조 제1항 제7호).

라) 대주주 변경에 따른 소유한도 초과시 조치

여신전문금융회사의 대주주가 아닌 자가 새로 대주주가 됨에 따라 여신전문금융회사가 위와 같은 대주주 발행 주식 소유한도를 초과하게 되는 경우 그 여신전문금융회사는 대통령령으로 정하는 기간◆ 내에 그 한도를 초과한 주식을 처분하여야 한다(여신전문금융업법 제50조 제5항).

◆ 관련조문

여신전문금융업법 시행령

제19조의4(대주주와의 거래의 보고 및 공시)

① 법 제49조의2 제4항 및 제50조 제4항에서 "대통령령으로 정하는 사항"이란 각각 다음 각 호와 같다. 〈개정 2008. 2. 29., 2016. 9. 29.〉

1. 분기 말 현재 대주주에 대한 신용공여의 규모
2. 분기 중 신용공여의 증감액 및 신용공여의 거래조건
3. 분기 말 현재 대주주가 발행한 주식을 취득한 규모
4. 분기 중 보유주식의 증감액 및 보유주식의 취득가격
5. 그 밖에 금융위원회가 정하는 사항

② 여신전문금융회사는 제1항의 사항을 매 분기 말일부터 1개월 이내에 보고·공시하여야 한다.

제19조의5 (신용공여 및 주식소유 한도초과 유예기간)

법 제49조의2 제5항 및 제50조 제5항에서 "대통령령으로 정하는 기간"이란 각각 1년을 말한다.

여신전문금융회사는 소유한 대주주 주식의 규모 등에 따른 부득이한 사유가 있으면 금융위원회의 승인을 받아 그 기간을 연장할 수 있다(여신전문금융업법 제50조 제6항).

위와 같은 연장 승인을 받으려는 여신전문금융회사는 그 기간이 만료되기 3개월 전까지 위 대주주 발행 주식 소유한도에 적합하도록 하기 위한 세부계획서를 금융위원회에 제출하여야 한다(여신전문금융업법 제50조 제7항).

7) 자금지원 관련 금지행위

가) 다른 금융기관 또는 회사와의 사이에서의 자금지원 관련 행위 금지

여신전문금융회사는 다른 금융기관(「금융산업의 구조개선에 관한 법률」 제2조 제1호에 따른 금융기관, 이하 이 항에서 같음) 또는 다른 회사와 다음 각 호의 행위를 하여서는 아니 된다(여신전문금융업법 제50조의2 제1항).

각 호	자금지원 관련 금지행위
제1호	여신전문금융업법 제49조의2 제1항에 따른 신용공여한도의 제한을 피하기 위하여 의결권 있는 주식을 서로 교차하여 보유하거나 신용공여를 하는 행위
제2호	「상법」 제341조 또는 「자본시장법」 제165조의3에 따른 자기주식 취득의 제한을 피하기 위하여 주식을 서로 교차하여 취득하는 행위
제3호	그 밖에 거래자의 이익을 크게 해칠 우려가 있는 행위로서 대통령령으로 정하는 행위[66]

66) 여신전문금융업법 시행령에 정한 바 없음

위 각 금지행위를 통하여 취득한 주식에 대하여는 의결권을 행사할 수 없다(여신전문금융업법 제50조의2 제2항).

여신전문금융회사가 위 금지 행위를 하는 경우, 1년 이하의 징역 또는 1천만원 이하의 벌금에 처한다(여신전문금융업법 제70조 제4항 제7호).

나) 자기 주식 매입을 위한 여신 또는 신용공여한도 회피 자금중개 등 금지 (여신전문금융업법 제50조의2 제3항)

여신전문금융회사는 해당 여신전문금융회사의 주식을 매입하도록 하기 위한 여신이나 여신전문금융업법 제49조의2 제1항에 따른 신용공여한도의 제한을 피하기 위한 자금중개 등의 행위를 하여서는 아니 된다.

여신전문금융회사가 이를 위반하는 경우, 1년 이하의 징역 또는 1천만원 이하의 벌금에 처한다(여신전문금융업법 제70조 제4항 제7호).

다) 위반행위에 대한 금융위원회의 조치권(여신전문금융업법 제50조의2 제4항)

금융위원회는 위 가)항 또는 나)항에 기재된 금지행위 중 하나를 통하여 주식을 취득하거나 신용공여를 한 여신전문금융회사에 대하여 그 주식의 처분 또는 신용공여액의 회수를 명하는 등 필요한 조치를 할 수 있다.

라) 대주주의 금지행위(여신전문금융업법 제50조의2 제5항)

여신전문금융회사의 대주주(그의 특수관계인을 포함, 이하 이 항에서 같음)는 회사의 이익에 반하여 대주주 자신의 이익을 목적으로 다음 각 호의 어느 하나에 해당하는 행위를 하여서는 아니 된다.

각 호	자금지원 관련 금지행위
제1호	부당한 영향력을 행사하기 위하여 여신전문금융회사에 대하여 외부에 공개되지 아니한 자료나 정보의 제공을 요구하는 행위. 다만, 「금융사지배구조법」 제33조 제6항◆에 따라 주주의 권리를 행사하는 경우는 제외
제2호	경제적 이익 등 반대급부의 제공을 조건으로 다른 주주와 담합하여 여신전문금융회사의 인사 또는 경영에 부당한 영향력을 행사하는 행위
제3호	그 밖에 제1호 및 제2호에 준하는 행위로서 대통령령으로 정하는 행위◆

◆ 관련조문

금융사지배구조법

제33조 (소수주주권)

⑥ 6개월 전부터 계속하여 금융회사의 발행주식 총수의 10만분의 50 이상(대통령령으로 정하는 금융회사의 경우에는 10만분의 25 이상)에 해당하는 주식을 대통령령으로 정하는 바에 따라 보유한

자는 「상법」 제466조에 따른 주주의 권리를 행사할 수 있다.

여신전문금융업법 시행령

제19조의6 (대주주의 부당한 영향력 행사의 범위)

법 제50조의2 제5항 제3호에서 "대통령령으로 정하는 행위"란 다음 각 호의 어느 하나에 해당하는 행위를 말한다.

1. 여신전문금융회사로 하여금 위법행위를 하도록 요구하는 행위
2. 금리, 수수료, 담보에 관하여 통상적인 거래조건과 다른 조건으로 대주주 자신 또는 제3자와 거래를 하도록 요구하는 행위

여신전문금융회사의 대주주 또는 그 특수관계인이 이를 위반하여 위 각 호의 어느 하나에 해당하는 행위를 하는 경우, 7년 이하의 징역 또는 5천만원 이하의 벌금에 처한다(여신전문금융업법 제70조 제1항 제10호).

8) 유사상호의 사용금지

여신전문금융업법에 따른 여신전문금융회사가 아닌 자는 그 상호에 여신·신용카드·시설대여·리스·할부금융 또는 신기술금융과 같거나 비슷한 표시를 하여서는 아니 된다(여신전문금융업법 제51조).

한편, 여신전문금융업법에 따른 신용카드업자가 아니면 그 상호에 신용카드 또는 이와 비슷한 명칭을 사용하지 못한다(여신전문금융업법 제27조).

이를 위반하는 자는, 1년 이하의 징역 또는 1천만원 이하의 벌금에 처한다(여신전문금융업법 제70조 제4항 제7호).

바. 감독 등

1) 여신전문금융회사등[67] 및 부가통신업자에 대한 감독 및 검사 권한[68]

금융위원회는 여신전문금융회사등과 부가통신업자가 이 법 또는 이 법에 따른 명령을 지키는지에 대한 감독권한을 가지고 있고, 금융감독원장은 그 소속 직원으로 하여금 여신전문금융회사등과 부가통신업자의 업무와 재산상황을 검사하게 할 수 있다.

---

67) 여신전문금융회사 및 겸영여신업자(여신전문금융업법 제50조의9 제1항)
68) 여신전문금융업법 제53조 내지 제54조의2

2) 여신전문금융회사등의 금융약관

가) 여신전문금융회사등의 금융약관 제정 및 개정

여신전문금융회사등은 금융이용자의 권익을 보호하여야 하며, 금융거래와 관련된 약관(이하 '금융약관')을 제정하거나 개정하는 경우에는 금융약관의 제정 또는 개정 후 10일 이내에 금융위원회에 보고하여야 한다(여신전문금융업법 제54조의3 제1항 본문).

다만, 금융이용자의 권리나 의무에 중대한 영향을 미칠 우려가 있는 경우로서 대통령령으로 정하는 경우◆에는 금융약관의 제정 또는 개정 전에 미리 금융위원회에 신고하여야 한다(여신전문금융업법 제54조의3 제1항 단서).

◆ 관련조문

여신전문금융업법 시행령

제19조의22 (약관의 개정 등)

① 법 제54조의3 제1항 단서에서 "대통령령으로 정하는 경우"란 다음 각 호의 어느 하나에 해당하는 경우를 말한다.

1. 금융거래와 관련된 약관(이하 "금융약관"이라 한다)의 제정으로서 기존 금융서비스의 제공 내용·방식·형태 등과 차별성이 있는 내용을 포함하는 경우. 다만, 신용카드포인트 등 신용카드 이용 시 제공되는 경제적 이익과 관련된 내용을 포함하는 경우는 제외한다.
2. 금융이용자의 권리를 축소하거나 의무를 확대하기 위한 금융약관의 개정으로서 다음 각 목의 어느 하나에 해당하는 경우
   가. 개정 전 금융약관을 적용받는 기존 금융이용자에게 개정된 금융약관을 적용하는 경우
   나. 기존 금융서비스의 제공 내용·방식·형태 등과 차별성이 있는 내용을 포함하는 경우
3. 그 밖에 금융이용자 보호 등을 위하여 금융위원회가 정하여 고시하는 경우

② 제1항에도 불구하고 다음 각 호의 어느 하나에 해당하는 경우는 법 제54조의3 제1항 단서에 따라 사전신고하는 경우에 해당하지 않는다.

1. 법 제54조의3 제1항에 따라 보고 또는 신고된 금융약관과 동일하거나 유사한 내용으로 금융약관을 제정하거나 개정하는 경우
2. 법 제54조의3 제3항에 따른 표준약관의 제정 또는 개정에 따라 금융약관을 제정하거나 개정하는 경우
3. 법 제54조의3 제7항의 변경명령에 따라 금융약관을 제정하거나 개정하는 경우
4. 법령의 제정 또는 개정에 따라 금융약관을 제정하거나 개정하는 경우
5. 그 밖에 금융이용자의 권리나 의무에 중대한 영향을 미칠 우려가 없다고 인정하는 경우로서 금융위원회가 정하여 고시하는 경우

여신전문금융회사등은 금융약관을 제정하거나 개정한 경우에는 인터넷 홈페이지 등을 이용하여 공시하여야 한다(여신전문금융업법 제54조의3 제2항).

여신전문금융회사등이 금융위원회에 보고하거나 신고하지 아니하고 금융약관을 제정하거나 개정하는 경우, 5천만원 이하의 과태료가 부과된다(여신전문금융업

법 제72조 제1항 제12호).

나) 여신전문금융업협회의 표준약관 제정 및 개정

여신전문금융업협회는 건전한 거래질서를 확립하고 불공정한 내용의 금융약관이 통용되는 것을 막기 위하여 여신전문금융업 금융거래와 관련하여 표준이 되는 약관(이하 '표준약관')을 제정하거나 개정할 수 있다(여신전문금융업법 제54조의3 제3항).

여신전문금융업협회는 표준약관을 제정하거나 개정하려는 경우에는 금융위원회에 미리 신고하여야 한다(여신전문금융업법 제54조의3 제4항).

여신전문금융업협회가 금융위원회에 신고하지 아니하고 표준약관을 제정하거나 개정하는 경우, 5천만원 이하의 과태료가 부과된다(여신전문금융업법 제72조 제1항 제12호).

다) 공정거래위원회에 대한 표준약관 통보 등

금융약관의 신고 또는 보고를 받거나 표준약관을 신고받은 금융위원회는 그 금융약관 또는 표준약관의 내용을 공정거래위원회에 통보하여야 한다(여신전문금융업법 제54조의3 제5항).

공정거래위원회는 통보받은 금융약관 또는 표준약관의 내용이 「약관의 규제에 관한 법률」 제6조부터 제14조까지의 규정에 위반된다고 인정하면 금융위원회에 그 사실을 통보하고 그 시정에 필요한 조치를 하도록 요청할 수 있으며, 금융위원회는 특별한 사유가 없으면 이에 따라야 한다(여신전문금융업법 제54조의3 제6항).

라) 금융위원회의 금융약관 또는 표준약관 변경명령

금융위원회는 금융약관 또는 표준약관이 이 법 또는 금융 관련 법령에 위반되거나 그 밖에 금융이용자의 이익을 해칠 우려가 있다고 인정하면 여신전문금융회사등 또는 여신전문금융업협회에 그 내용을 구체적으로 적은 서면으로 금융약관 또는 표준약관을 변경할 것을 명령할 수 있다. 금융위원회는 이 변경명령을 하기 전에 공정거래위원회와 협의하여야 한다(여신전문금융업법 제54조의3 제7항).

3) 안전성확보의무(여신전문금융업법 제54조의4)

여신전문금융회사등과 부가통신업자는 금융거래가 안전하게 처리될 수 있도록 선량한 관리자로서의 주의를 다하여야 한다.

여신전문금융회사등과 부가통신업자는 금융거래의 안전성과 신뢰성을 확보할 수 있도록 전자적 전송이나 처리를 위한 인력, 시설, 전자적 장치, 소요경비 등의 정보기술부문 및 전자금융업무에 관하여 금융위원회가 정하는 기준을 준수하여야 한다.

여신전문금융회사등과 부가통신업자는 안전한 금융거래를 위하여 대통령령으로 정하는 바◆에 따라 정보기술부문에 대한 계획을 매년 수립하여 대표자의 확인·서명을 받아 금융위원회에 제출하여야 한다.

◆ 관련조문

여신전문금융업법 시행령

제19조의23 (정보기술부문에 대한 계획)

법 제54조의4 제3항에 따른 정보기술부문에 대한 계획에 포함되어야 하는 사항, 해당 계획의 제출 시기·방법 등에 대해서는 「전자금융거래법 시행령」 제11조의2 제2항부터 제4항까지의 규정을 준용한다.

여신전문금융회사등 또는 부가통신업자가 위와 같은 내용의 안정성확보의무를 위반하는 경우, 금융위원회는 2억원 이하의 과징금을 부과할 수 있다(여신전문금융업법 제58조 제3항 제4호).

또한, 여신전문금융회사등 또는 부가통신업자가 금융위원회가 정하는 기준을 위반하거나 정보기술부문에 대한 계획을 제출하지 아니하면, 금융위원회는 6개월의 범위에서 기간을 정하여 여신전문금융회사등에 대해서는 여신전문금융업법 제46조 제1항 제1호부터 제4호까지◆의 규정에 따른 업무(여신전문금융업법 제13조 제1항 제1호에 해당하는 부대업무 포함) 또는 같은 항 제5호에 따른 업무 중 대통령령으로 정하는 업무◆의 전부 또는 일부의 정지를 명할 수 있고, 부가통신업자에 대해서는 신용카드등부가통신업의 전부 또는 일부의 정지를 명할 수 있다(여신전문금융업법 제57조 제1항 제1호).

◆ 관련조문

여신전문금융업법

제46조(업무)

① 여신전문금융회사가 할 수 있는 업무는 다음 각 호의 업무로 제한한다. 〈개정 2016. 3. 29.〉

1. 제3조에 따라 허가를 받거나 등록을 한 여신전문금융업(시설대여업의 등록을 한 경우에는 연불판매업무를 포함한다)

2. 기업이 물품과 용역을 제공함으로써 취득한 매출채권(어음을 포함한다)의 양수·관리·회수(回收)업무
3. 대출(어음할인을 포함한다. 이하 이 조에서 같다)업무
4. 제13조 제1항 제2호 및 제3호에 따른 신용카드업자의 부대업무(신용카드업의 허가를 받은 경우만 해당한다)
5. 그 밖에 제1호부터 제4호까지의 규정과 관련된 업무로서 대통령령으로 정하는 업무
6. 제1호부터 제4호까지의 규정에 따른 업무와 관련된 신용조사 및 그에 따르는 업무
6의2. 그 업무를 함께 하여도 금융이용자 보호 및 건전한 거래질서를 해할 우려가 없는 업무로서 대통령령으로 정하는 금융업무
7. 여신전문금융업에 부수하는 업무로서 소유하고 있는 인력·자산 또는 설비를 활용하는 업무

여신전문금융업법 시행령

제16조(업무)

① 법 제46조 제1항 제5호에서 "대통령령으로 정하는 업무"란 다음 각 호의 업무를 말한다.
1. 법 제46조 제1항 제1호부터 제4호까지의 업무와 관련하여 다른 금융회사(「금융위원회의 설치 등에 관한 법률」 제38조 각 호의 기관을 말한다)가 보유한 채권 또는 이를 근거로 발행한 유가증권의 매입업무
2. 지급보증업무
3. 삭제
4. 그 밖에 여신전문금융업 및 대출업무와 관련된 업무로서 총리령으로 정하는 업무

제20조의2(업무정지의 대상)

법 제57조 제1항 각 호 외의 부분에서 "대통령령으로 정하는 업무"란 제16조 제1항 제1호 및 제2호의 업무를 말한다.

4) 신용정보보호(여신전문금융업법 제54조의5)

여신전문금융회사등과 부가통신업자는 신용정보가 분실·도난·유출·변조되지 아니하도록 신용정보의 보호 및 관리에 관한 조치를 하여야 한다.

여신전문금융회사등과 부가통신업자는 신용정보를 제3자에 제공하거나 이용하는 경우 신용정보 주체로부터 별도의 동의를 받아야 한다.

여신전문금융회사등과 부가통신업자는 여신전문금융업법에서 정한 업무 외의 목적을 위하여 신용정보를 수집 또는 사용하여서는 아니 된다.

그 밖에 위 각 사항에 관한 방법과 절차 등 세부사항은 대통령령으로 정한다.◆

◆ 관련조문

여신전문금융업법 시행령

제19조의24 (신용정보보호)

① 법 제54조의5 제1항에 따른 여신전문금융회사등과 부가통신업자의 신용정보의 보호 및 관리에 관한 조치의 세부내용에 대해서는 「신용정보법」 제19조 및 같은 법 시행령 제16조를 준용한다. 이 경우 "신용정보제공·이용자"는 "여신전문금융회사등과 부가통신업자"로 본다.

② 법 제54조의5 제2항에 따라 여신전문금융회사등과 부가통신업자가 신용정보주체로부터 동의를 받는 방식 및 절차 등에 대해서는 「신용정보법」 제32조 제1항 및 같은 법 시행령 제28조 제2항 및

> 제3항의 규정을 준용한다. 이 경우 "신용정보제공·이용자"는 "여신전문금융회사등과 부가통신업자"로, "개인신용정보"는 "신용정보"로 본다.

여신전문금융회사등 또는 부가통신업자가 위 사항들을 위반하는 경우, 금융위원회는 6개월의 범위에서 기간을 정하여 여신전문금융회사등에 대해서는 여신전문금융업법 제46조 제1항 제1호부터 제4호까지[69]의 규정에 따른 업무(여신전문금융업법 제13조 제1항 제1호에 해당하는 부대업무 포함) 또는 같은 항 제5호에 따른 업무 중 대통령령으로 정하는 업무[70]의 전부 또는 일부의 정지를 명할 수 있고, 부가통신업자에 대해서는 신용카드등부가통신업의 전부 또는 일부의 정지를 명할 수 있고(여신전문금융업법 제57조 제1항 제1호), 여신전문금융회사등 및 부가통신업자에게 2억원 이하의 과징금을 부과할 수 있다(여신전문금융업법 제58조 제3항 제4호).

69) p.213 관련조문(여신전문금융업법 제46조 제1항) 참조.
70) p.213 관련조문(여신전문금융업법 제46조 제1항, 시행령 제16조 제1항, 제21조의2) 참조.

3. 온라인투자연계금융업법

가. 온라인투자연계금융업법의 제정

1) P2P대출의 등장

P2P대출이란 일반적으로 중개업체가 온라인・모바일 플랫폼을 활용하여 불특정 다수로부터 투자금을 모아 돈이 필요한 사람에게 빌려주는 개인 간(Peer to Peer) 대출 서비스를 말한다.[71)]

P2P대출 서비스가 국내에 처음 등장한 것은 2000년대 후반으로 추정되며, 초기의 형태는 대출 신청자가 온라인 플랫폼 상에 학자금, 생활자금, 사업자금, 금융상환, 투자자금 등 대출 목적과 함께 이자 등 대출조건을 올려두면 투자 희망자가 입찰에 참가해 조건에 맞을 경우 낙찰되는 소위 '역경매' 방식을 취하였던 것으로 보인다.[72)]

P2P대출 서비스가 출현하게 된 이유는, 기존 금융권의 까다로운 대출 조건을 충족시키기 어렵거나 복잡한 절차를 회피하고자 하는 대출 희망자의 수요와 금리의 하락으로 인해 새로운 투자처를 찾으려는 소액 투자자들의 공급이 온라인 플랫폼이라는 시장을 통해 연결될 수 있었기 때문으로 보인다.

금융감독원의 「온라인정보연계대부업자[P2P연계대부업자] 1차 전수조사 결과 및 온라인투자연계금융업 등록신청 관련 안내」 보도자료[73)]에 의하면, 2020. 8. 26. 기준으로 기 폐업한 8개 업체를 제외한 총 229개 업체가 P2P대출 서비스를 영위하고 있는 것으로 나타났다.

2) 온라인투자연계금융업법의 제정 경위

P2P대출서비스는 2015년을 기점으로 몇 개의 P2P대출업체가 주목을 받기 시작하면서 폭발적으로 증가하기 시작하여 2015년 말 P2P금융업권의 대출잔액 규모는 200억원 안팎으로, 금융 당국이 관리를 철저히 하지 않더라도 당장 크게 문제를 일으킬 수준은 아니었다.[74)]

---

71) 네이버지식백과 매일경제용어사전 "P2P대출" 참조.
72) 파이낸셜뉴스 2014. 11. 6. 수정 "대부업 전용 온라인시장 뜬다" 참조.
73) 금융감독원 2020. 9. 2. 보도자료 "온라인정보연계대부업자 1차 전수조사 결과 및 온라인투자연계금융업 등록신청 관련 안내" 참조.

그러나 금융위원회는, 2016년 들어 국내 P2P 대출 잔액이 723억 이상으로 전년도에 비해 2배 증가하고, 미국, 중국의 'Lending Club', 'e쭈바오' 등 P2P금융 업체가 부정대출, 허위정보에 의한 자금모집 · 유용 형태의 금융사고를 야기하자, 규제의 필요성을 실감하게 되었다[75].

이에 금융위원회는, 한편으로는 창의, 혁신적인 P2P업체의 대출시장 진입을 통해 제한된 대출서비스의 확대를 도모한다는 측면과 또 다른 한편으로는 위와 같은 미국, 중국 사례에서와 같은 금융사고로부터 투자자를 보호할 강한 필요성이 있다는 측면을 고려하여, P2P대출시장에 대한 관련 입법을 추진하게 되었고, 그 성과물이 2019. 11. 26. 법률 제16656호로 제정된 온라인투자연계금융업법이다.

즉, 온라인투자연계금융업법은 온라인플랫폼을 통해 투자자로부터 모집한 자금을 차입자에게 공급하는 형태의 금융업에 대하여 별도의 법적 근거가 미비하여 규제 사각지대 발생 우려 등이 제기되고 있는 상황에서, 온라인투자연계금융업의 등록 및 감독과 이용자 보호에 필요한 사항을 정함으로써 온라인투자연계금융업을 건전하게 육성하고 금융혁신과 국민경제의 발전에 기여하려는 목적에서 탄생하였다.[76]

나. P2P대출 가이드라인

1) P2P대출 가이드라인 시행

한편, 국내 P2P 대출시장이 2016년부터 급격한 성장 추세를 보임에 따라 투자자보호 필요성이 제기되었고, 실제 전산서버 문제 등으로 인한 투자금 지급 지연, 허위 대출상품에 대한 투자금 모집 등 국내 투자자 피해 사례가 발생하여 금융사고 발생 가능성에 대한 우려가 급격히 커지자, 관계당국인 금융위원회는 온라인투자연계금융업법 제정 전 우선적으로 투자자 보호 방안을 검토하게 되었다.[77]

그에 따라 금융위원회는 P2P업체 및 연계 금융회사 등이 준수하여야 할 사항을 정한 행정지도 형식의 「P2P대출 가이드라인」을 제정하였고, 2017. 2. 27.부

74) 신동아 2020. 8. 27. "폐업에 구속까지…뻥 뚫린 P2P금융, 당국 칼 뽑았다" 참조.
75) 금융위원회 2016. 7. 12.자 보도자료 「P2P대출에 대한 T/F팀을 구성하여 투자자 보호 방안 등을 검토해 나가겠습니다.」
76) 법제처, "온라인투자연계금융업법" [제정 · 개정이유] 참조.
77) 금융위원회 2017. 2. 27.자 보도자료 「안전한 P2P대출, 가이드라인 준수에서 시작합니다.」

터 그 시행에 들어갔다.

2) 온라인투자연계금융업법과의 관계

한편, 온라인투자연계금융업법은 2020. 8. 27. 시행되었으므로, P2P대출업을 영위하고자 하는 사업자는 법에 따라 등록을 한 후 온라인투자연계금융업을 영위하여야 하나, 후술하는 바와 같이 온라인투자연계금융업법 부칙 제4조 제1항은 법 시행 전 이미 P2P대출업을 영위하고 있는 사업자를 고려하여 2021. 8. 27.까지 등록유예 기간을 부여하고 있다.

즉, P2P대출업자는 위 부칙 조항에 따라 2021. 8. 27.까지 등록을 완료하면 되고, 2021. 8. 26.까지는 등록을 하지 않고서도 계속 P2P대출업을 영위할 수 있는 것이다.

이러한 경우, 법 시행 이후 바로 등록을 마친 온라인투자연계금융업자는 온라인투자연계금융업법의 각종 규제를 받는 반면, 등록을 신청하지 않은 P2P대출업자는 적어도 2021. 8. 26.까지는 온라인투자연계금융업법의 규제를 피할 수 있게 된다.

금융위원회는 이러한 법의 공백을 막기 위하여 미등록 P2P대출업자에 대하여는 P2P대출 가이드라인을 적용함으로써 해당 P2P대출업자로 하여금 규제차익을 얻지 못하게 함과 동시에 투자자를 보호하도록 하였다. 온라인투자연계금융업법 및 P2P 대출 가이드라인의 관계 및 적용범위를 도식화하면 아래와 같다.

〈표 3-19〉 온라인투자연계금융업법 및 P2P대출 가이드라인의 관계

구 분	2021. 8. 27. 이전	2021. 8. 27.부터
미등록P2P대출업자	P2P대출 가이드라인 적용	불법
온라인투자연계금융업자 (등록 P2P대출업자)	온라인투자연계금융업법 적용	온라인투자연계금융업법 적용

3) P2P대출 가이드라인의 주요 내용

가) 가이드라인의 기본 전제 구조 및 적용대상

P2P대출 가이드라인은 온라인투자연계금융업법상의 온라인투자연계금융업자에 해당하는 P2P대출정보 중개업자를 전제로 한다. 즉, P2P대출 투자자와 차입자에 대한 대출정보 중개를 업으로 하는 것을 P2P대출정보 중개업이라 하고,

P2P대출정보 중개업을 영위하는 자를 P2P대출정보 중개업자라고 한다.[78]

다만, 온라인투자연계금융업법에 따라 등록을 마친 온라인투자연계금융업자는 직접 차입자에게 대출을 할 수 있지만, 온라인투자연계금융업법이 제정되기 전의 P2P대출정보 중개업자는 대부업자나 여신금융기관이 아닌 이상 대출업무를 할 수 없으므로 대부업체나 은행 등 여신금융기관으로 하여금 차입자에게 대출을 실행하게 한다.

여기서 그러한 대부업체나 은행 등 여신금융기관을 연계 금융회사라 하는데, P2P대출 가이드라인의 정의에 따르면, 연계 금융회사란 P2P대출정보 중개업자와 연계하여 대출실행 업무를 수행하는 '대부업법 제2조 제1호'에 따른 대부업자 또는 여신금융기관을 의미한다.[79]

P2P대출 가이드라인은 이러한 연계 금융회사를 대상으로 적용되는 것으로, 연계 금융회사가 P2P대출정보 중개업자와 연계 영업을 하기 위하여 확인해야 할 사항 및 연계 금융회사가 준수해야 할 사항을 규정한다.

나) P2P대출의 일반적 모습

P2P대출 가이드라인에 따르면, P2P대출은 크게 두 가지로 분류되는데, ① 차입자를 위해 담보를 제공하고 수수료를 수취하는 자(이하 '투자자')의 자금을 기초로 온라인 플랫폼을 통해 대출을 받으려는 자(이하 '차입자')에게 대출이 지급되는 "현금담보제공형 P2P대출"과, ② 차입자에 대한 대출채권으로부터 발생하는 원리금을 수취할 수 있는 권리를 매입하려는 자(이하 '투자자)의 자금을 기초로 온라인 플랫폼을 통해 대출을 받으려는 자(이하 '차입자')에게 대출이 지급되는 "원리금수취권매입형 P2P대출"이 바로 그것이다. 이를 도식화 하면 다음과 같다.[80]

78) P2P대출 가이드라인 "1. 총칙"의 정의 규정 참조.
79) P2P대출 가이드라인 "1. 총칙"의 정의 규정 참조.
80) 금융위원회 2016. 11. 3.자 보도자료 「P2P대출, 가이드라인 준수 여부를 먼저 확인하세요」 참조.

[그림 3-1] 현금담보제공형(은행 · 저축은행 연계)

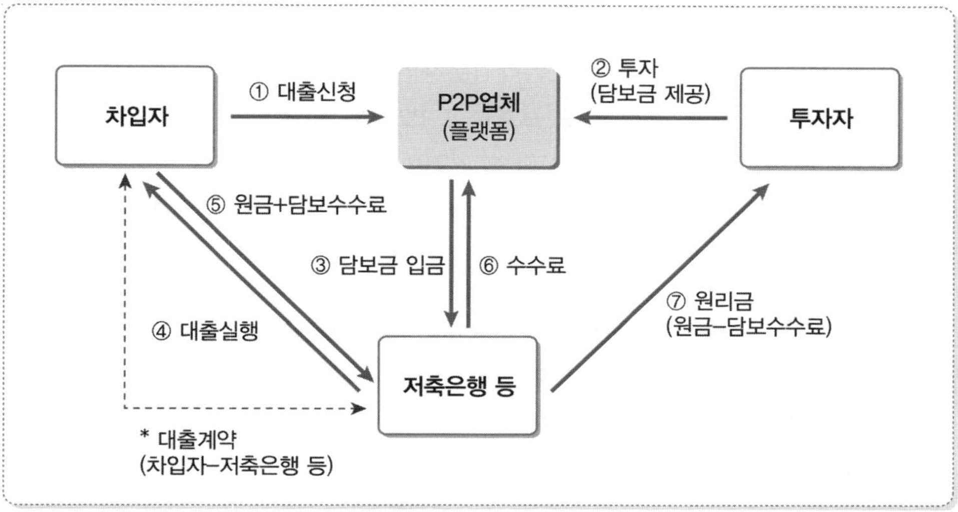

[그림 3-2] 원리금수취권매입형(대부업체 연계)

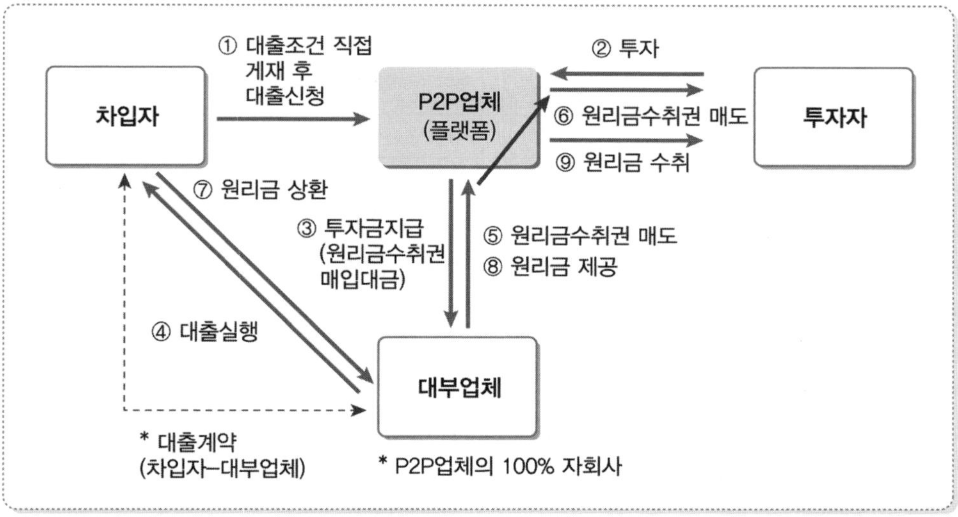

다) 온라인투자연계금융업법과의 규정 내용 비교

온라인투자연계금융업법 시행 전의 P2P대출정보 중개업자는 차입자에게 직접 대출을 할 수 없는 관계로 위와 같이 대출이 가능한 연계 금융회사를 전제로 하고 있고, P2P대출 가이드라인은 연계 금융회사를 적용대상으로 한다는 점에서 온라인투자연계금융업자를 직접 대상으로 하는 온라인투자연계금융업법과 차이가 있다.

그러나 P2P대출 가이드라인은, 온라인투자연계금융업법과 마찬가지로, P2P대출을 이용하는 차입자와 투자자를 보호하고 P2P 대출 관련 법령 적용의 불확실성 해소 및 완화를 통해 P2P대출시장의 건전한 발전을 도모하기 위한 것이므로, 양자의 세부규정을 비교해 보면 그 내용의 대부분이 유사하다는 것을 알 수 있다. 유사 규정을 표로 정리하면 아래와 같다.

〈표 3-20〉 P2P대출 가이드라인과 온라인투자연계금융업법의 유사 규정 정리

P2P대출 가이드라인	온라인투자연계금융업법
① 사업정보 제공	제10조(온라인투자연계금융업자의 정보공시)
② 차입자에게 제공하는 정보	제24조(연계대출계약의 체결 등)
③ 투자광고	제19조(광고)
④ 투자자에게 제공하는 정보	제22조(투자자에게 제공하는 정보)
⑤ 영업행위	제3장 영업행위 규칙
⑥ 투자금 및 대출상환금의 별도 관리	제16조(회계처리기준)
⑦ 대출한도 ⑧ 투자한도	제32조(대출한도 및 투자한도)
⑨ 온라인 개인정보 관리실태 점검	제30조(신용정보 및 개인정보 보호)

그 밖에도 P2P대출 가이드라인은, P2P대출로 인한 부도·청산 또는 영업중단 등 사태에 대비하여 채권추심 및 상환금 배분 업무 등을 법무법인 등 외부기관에 위탁하거나 이에 준하는 공정하고 투명한 청산업무 처리절차를 마련하도록 규율하고 있다.[81)]

4) P2P대출 가이드라인 위반시의 제재

P2P대출 가이드라인은 그 법적 성질이 '행정지도'에 불과하여 법적 강제력을 가지는 것은 아니므로 P2P대출정보 중개업자 또는 연계 금융회사가 이를 위반하였다고 하더라도 그 위반에 대하여 직접적으로 제재를 가하는 규정을 두고 있지는 않다.

다만, P2P대출 가이드라인은 연계 금융회사를 그 적용대상으로 명시함과 동

---

81) P2P대출 가이드라인 "2. 연계 금융회사의 P2P대출정보 중개업자에 대한 확인사항"의 제11조 참조.

시에 연계 금융회사로 하여금 P2P대출정보 중개업자가 가이드라인을 준수하는지를 감시하게 하고, 만약 P2P대출업을 영위하는 과정에서 행정지도인 P2P대출 가이드라인을 따르지 않을 경우, 해당 연계 금융회사에 대하여 대부업법 등 기존의 관계법령에 따라 제재를 가할 수 있게 함으로써 간접적인 방법에 의하여 그 실효성을 확보하고 있다.

즉, 연계 금융회사인 대부업자, 은행(또는 저축은행)등은 P2P대출정보 중개업자가 가이드라인을 준수하며 영업하는지를 확인, 관련 자료를 금융감독원에 제공하여야 하고, P2P대출정보 중개업자가 가이드라인의 내용을 준수하지 않을 경우 금융감독원 및 소속 협회 등에 통보하여야 한다.[82]

대부업법 등 기존 법령을 이용한 위와 같은 간접적인 제재 방안이 P2P대출 가이드라인을 사실상 강제하는 효과가 있는지는 별론으로 하더라도 위법적인 행정제재가 될 여지가 있고 이는 기존 법령의 해석의 문제로 귀결될 것으로 보인다.

다. 온라인투자연계금융업법 상의 주요 용어 정의

1) 온라인투자연계금융, 온라인투자연계금융업 및 온라인투자연계금융업자

"온라인투자연계금융"이란, 온라인플랫폼을 통하여 특정 차입자에게 자금을 제공할 목적으로 투자한 투자자의 자금을 투자자가 지정한 해당 차입자에게 대출하고 그 연계대출에 따른 원리금수취권을 투자자에게 제공하는 것을 말한다(온라인투자연계금융업법 제2조 제1호).

위와 같은 "온라인투자연계금융"을 업으로 하는 것을 "온라인투자연계금융업"이라 하고(온라인투자연계금융업법 제2조 제2호), 온라인투자연계금융업법 제5조에 따라 온라인투자연계금융업의 등록을 한 자를 "온라인투자연계금융업자"라고 한다(온라인투자연계금융업법 제2조 제3호).

2) 연계투자, 연계대출 및 이용자(투자자, 차입자)

한편 온라인플랫폼을 통하여 특정 차입자에게 자금을 제공할 목적으로 투자하는 것을 "연계투자"라고 하고, 연계투자한 투자자의 자금을 투자자가 지정한 해당 차입자에게 대출하는 것을 "연계대출"이라고 한다(온라인투자연계금융업법 제2조 제1호).

82) P2P대출 가이드라인 제10조(자료제공) 참조.

연계대출에는 어음할인 또는 양도담보 형식에 의한 자금의 제공뿐만 아니라 그 밖에 이와 비슷한 방법을 통한 자금의 제공을 포함하는 개념이다. 이는 기존 P2P대출의 형태와 관련하여 차입자에 대한 자금의 제공이 순수한 신용대출 형식 뿐만 아니라 어음 할인 또는 양도담보에 의한 대출 형식 등 다양한 형태가 있었음을 반영한 것으로 보인다.

그리고 위와 같이 온라인투자연계금융업자를 통하여 연계투자를 하는 자 또는 원리금수취권을 양수하는 자를 "투자자"라고 하고(온라인투자연계금융업법 제2조 제5호), 온라인투자연계금융업자를 통하여 연계대출을 받은 자를 "차입자"라고 하며(온라인투자연계금융업법 제2조 제6호), 위 투자자와 차입자를 통칭하여 "이용자"라고 한다(온라인투자연계금융업법 제2조 제7호).

3) 원리금수취권

"원리금수취권"이란, 온라인투자연계금융업자가 회수하는 연계대출 상환금을 해당 연계대출에 제공된 연계투자 금액에 비례하여 지급받기로 약정함으로써 투자자가 취득하는 권리를 말한다(온라인투자연계금융업법 제2조 제4호).

4) 온라인플랫폼

"온라인플랫폼"이란, 온라인투자연계금융업자가 연계대출계약 및 연계투자계약의 체결, 연계대출채권 및 원리금수취권의 관리, 각종 정보 공시 등 온라인투자연계금융업법 제5조에 따라 등록한 온라인투자연계금융업의 제반 업무에 이용하는 인터넷 홈페이지, 모바일 응용프로그램 및 이에 준하는 전자적 시스템을 말한다(온라인투자연계금융업법 제2조 제8호).

5) 임원 및 대주주

"임원"이란 이사 및 감사를 말한다(온라인투자연계금융업법 제2조 제9호).

"대주주"란 "최대주주" 또는 "주요주주"를 포함하는 개념으로서(온라인투자연계금융업법 제2조 제10호), 그 정의는 〈표 3-21〉과 같다.

〈표 3-21〉 대주주의 정의(온라인투자연계금융업법 제2조 제10호 각 목)

제10호 가목	최대주주	온라인투자연계금융업자의 의결권 있는 발행주식(출자지분 포함, 이하 동일) 총수를 기준으로 본인 및 그와 대통령령으로 정하는 특수한 관계에 있는 자(이하 "특수관계인")◆가 누구의 명의로 하든지 자기의 계산으로 소유하는 주식(그 주식과 관련된 증권예탁증권을 포함, 이하 동일)을 합하여 그 수가 가장 많은 경우의 그 본인
제10호 나목	주요주주	누구의 명의로 하든지 자기의 계산으로 온라인투자연계금융업자의 의결권 있는 발행주식 총수의 100분의 10 이상의 주식을 소유한 자
		임원의 임면 등의 방법으로 온라인투자연계금융업자의 중요한 경영사항에 대하여 사실상 영향력을 행사하는 주주로서 대통령령으로 정하는 자◆

◆ 관련조문

온라인투자연계금융업법 시행령

제2조 (특수관계인의 범위 등)

① 법 제2조 제10호 가목에서 "대통령령으로 정하는 특수한 관계에 있는 자"란 「금융사지배구조법 시행령」 제3조 제1항 각 호의 어느 하나에 해당하는 관계가 있는 자를 말한다.

② 법 제2조 제10호 나목 2)에서 "대통령령으로 정하는 자"란 다음 각 호의 어느 하나에 해당하는 자를 말한다.

1. 혼자서 또는 다른 주주와의 합의·계약 등에 따라 대표이사 또는 이사의 과반수를 선임한 주주
2. 경영전략, 조직 변경 등 주요 의사결정이나 업무집행에 지배적인 영향력을 행사한다고 인정되는 자로서 금융위원회가 정하는 주주

6) 자기자본

"자기자본"이란 납입자본금·자본잉여금 및 이익잉여금 등의 합계액으로서 대통령령으로 정하는 금액을 말한다(온라인투자연계금융업법 제2조 제11호).

라. 다른 법률과의 관계

온라인투자연계금융업법의 주요 목적 중의 하나는, 온라인투자연계금융업을 건전하게 육성하고 금융혁신과 국민경제의 발전에 기여하는 것이므로, 기존 법률이나 기존 법률의 특정 조항에 있었던 규제 내용은 그 적용을 배제하고 있는 바, 그 내용은 아래 표와 같다.

〈표 3-22〉 적용 배제 법률 및 법률 조항(온라인투자연계금융업법 제3조 각 항)

각 항	적용 배제 대상	적용 배제 법률(또는 조항)	배제 내용
제1항	등록한 온라인투자연계금융업자가 온라인투자연계금융업을 하는 경우	은행법 또는 한국은행법	전체 적용 배제

제2항	온라인투자연계금융업자가 온라인투자연계금융업을 하면서 차입자의 신용상태를 평가하여 그 결과를 투자자에게 제공하는 업무를 하는 경우	신용정보법 제4조	신용정보법에 따라 금융위원회로부터 별도의 허가를 받을 필요 없음
제3항	투자자가 연계투자를 하는 경우	대부업법 제3조	대부업법에 따라 지방자치단체 또는 금융위원회에 별도로 등록할 필요 없음
제4항	원리금수취권	자본시장법 제3조 제1항	금융투자상품(증권, 장내파생상품 또는 장외파생상품)으로 보지 아니함

마. 온라인투자연계금융업의 등록

1) 등록의무 및 유예기간(기존 P2P대출업자에 대한 등록 특례)

누구든지 온라인투자연계금융업법에 따른 온라인투자연계금융업 등록을 하지 아니하고는 온라인투자연계금융업을 영위하여서는 아니 되므로(온라인투자연계금융업법 제4조), 온라인투자연계금융업을 하려는 자는 특정 요건을 갖추어 금융위원회에 등록하여야 한다(온라인투자연계금융업법 제5조 제1항).

온라인투자연계금융업법 공포 당시 온라인투자연계금융업에 준하는 업무(이하 “온라인투자연계금융업등)를 영위하는 자,[83] 즉 온라인투자연계금융업법이 시행되기 전 이미 P2P대출업을 영위하고 있던 P2P대출정보 중개업자 또는 연계 금융회사는 온라인투자연계금융업법 시행일인 2020. 8. 27. 이후 1년 이내인 2021. 8. 27.까지 금융위원회에 등록을 하여도 되는데(온라인투자연계금융업법 부칙 제4조 제1항), 이는 기존 P2P 대출 사업자들이 법 시행 직후 금융위원회에 등록을 신청하더라도 실제 등록이 완료되기까지 일정한 시간이 소요되므로, 그 기간 동안 계속 사업을 영위할 수 있게 함으로써 업무공백으로 인한 혼란을 방지하기 위하여 유예기간을 부여한 것이다.

기존 P2P대출 사업자는 위 유예기간의 범위 내에서 등록을 마치는 날까지 온라인투자연계금융업법의 적용을 받지 않는다(온라인투자연계금융업법 부칙 제4조 제2항).

83) 온라인투자연계금융업법 부칙 제4조 제1항에 의하면, 온라인투자연계금융업등을 영위하는 자에는 「대부업 등의 등록 및 금융이용자 보호에 관한 법률」 제3조 제2항 제6호에 해당하는 자를 포함한다고 규정하고 있는데, 해당 대부업법 규정에 의하면, 이는 자금제공자 또는 대부를 받으려는 자의 정보를 온라인에서 게재하는 자와 연계하여 대부업을 하려는 자를 의미한다.

2) 등록 절차

온라인투자연계금융업을 하려는 자가 금융위원회에 등록신청서를 접수하면 금융위원회는 금융감독원에 등록 검토를 의뢰하고, 그에 따라 금융감독원은 등록 요건을 심사한 후 금융위원회에 그 결과를 통보하면 금융위원회가 등록 여부를 최종 결정하는데, 그 절차는 [그림 3-3]과 같다.

[그림 3-3] 온라인투자연계금융업 등록 업무절차 흐름도[84)]

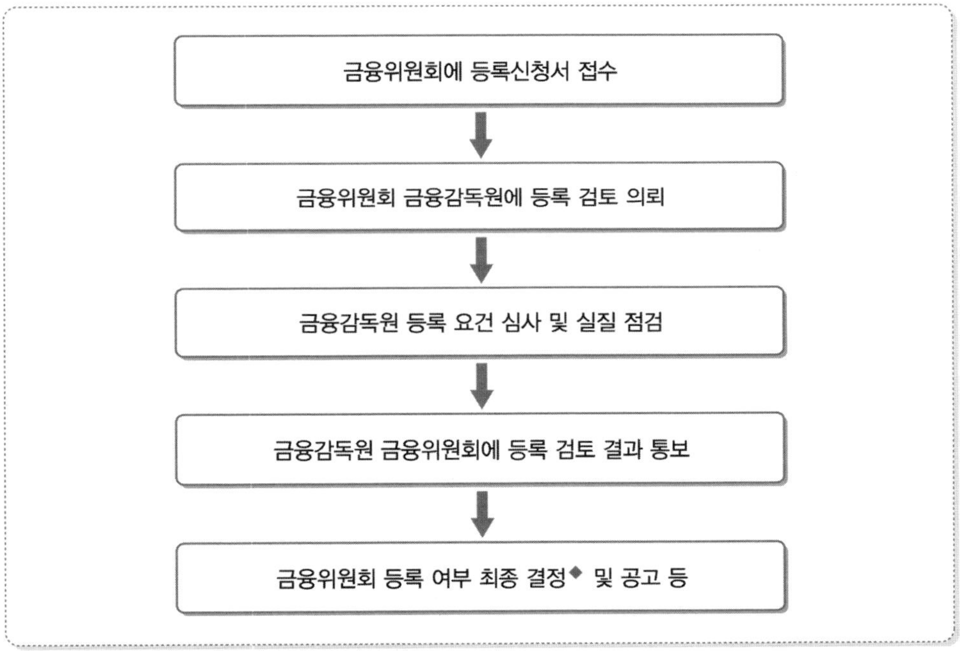

◆ 관련조문

온라인투자연계금융업법

제5조 (등록)

③ 금융위원회는 제2항의 등록신청서를 접수한 경우에는 그 내용을 검토하여 2개월 이내에 등록 여부를 결정하고, 그 결과와 이유를 지체 없이 신청인에게 통지하여야 한다. 이 경우 등록신청서에 흠결이 있는 때에는 보완을 요구할 수 있다.

④ 제3항의 검토기간을 산정할 때 등록신청서 흠결의 보완기간 등 대통령령으로 정하는 기간은 검토기간에 산입하지 아니한다.

---

84) 금융감독원 핀테크혁신실 2020. 9. 11. 배포 「온라인투자연계금융업 등록 매뉴얼」 참조.

3) 등록 요건 및 주요 요건 충족을 위한 유의사항

가) 등록 요건

온라인투자연계금융업을 하려는 자는 일정한 요건을 모두 갖추어 금융위원회에 등록을 하여야 하는데, 구체적인 요건은 아래 표와 같다.

〈표 3-23〉 등록 요건(온라인투자연계금융업법 제5조 제1항 각 호)

각 호	법	시행령(주요 내용)
제1호	신청인이 「상법」에 따른 주식회사일 것	
제2호	5억원 이상으로서 연계대출 규모 등을 고려하여 대통령령으로 정하는 금액 이상의 자기자본을 갖출 것	○ 연계대출 규모 < 300억원: 5억원 ○ 300억원 ≤ 연계대출 규모 < 1,000억원: 10억원 ○ 1,000억원 ≤ 연계대출 규모: 30억원
제3호	이용자의 보호가 가능하고 온라인투자연계금융업을 수행하기에 충분한 인력과 전산장비, 그 밖의 물적설비를 갖출 것	
제4호	운영하고자 하는 온라인투자연계금융업의 사업계획이 타당하고 건전할 것[85]	
제5호	임원이 제6조 제1항◆에 적합할 것	
제6호	특정 이용자와 다른 이용자 간, 온라인투자연계금융업자와 이용자 간의 이해상충을 방지하기 위한 체계를 포함하여 적절한 내부통제장치가 마련되어 있을 것	
제7호	대주주가 대통령령으로 정하는 충분한 출자능력, 건전한 재무상태 및 사회적 신용을 갖출 것	시행령 별표 1에 따른 기준 충족 필요
제8호	그 밖에 재무건전성 등 대통령령으로 정하는 건전한 재무상태와 법령 위반사실이 없는 등으로 대통령령으로 정하는 건전한 사회적 신용을 갖출 것	자기자본 및 출자총액에 대한 부채총액의 비율이 100분의 200의 범위에서 금융위원회가 정하여 고시하는 비율 이하인 것

◆ 관련조문

온라인투자연계금융업법

제6조 (임원의 자격요건)

① 「금융사지배구조법」 제5조 제1항 각 호의 어느 하나에 해당하는 사람은 온라인투자연계금융업자의 임원이 되지 못한다.

---

85) 사업계획의 타당성 및 건전성 요건은, 실무상 네거티브(negative) 방식에 의한 심사요건에 가깝다. 즉, 온라인투자연계금융업을 하려는 자의 사업계획상 관련 법령에 위반되는 것이 없는지를 심사하는 것으로서, 예를 들어 온라인투자연계금융업법의 준수사항이나 광고방식에 위반되는 것이 없는지, 대부업법상의 이자제한을 초과하는지 등을 심사하는 것이다.

> **금융사지배구조법**
> 제5조 (임원의 자격)
> ① 다음 각 호의 어느 하나에 해당하는 사람은 금융회사의 임원이 되지 못한다.
> 1. 미성년자 · 피성년후견인 또는 피한정후견인
> 2. 파산선고를 받고 복권되지 아니한 사람
> 3. 금고 이상의 실형을 선고받고 그 집행이 끝나거나(집행이 끝난 것으로 보는 경우를 포함한다) 집행이 면제된 날부터 5년이 지나지 아니한 사람
> 4. 금고 이상의 형의 집행유예를 선고받고 그 유예기간 중에 있는 사람
> 5. 이 법 또는 금융관계법령에 따라 벌금 이상의 형을 선고받고 그 집행이 끝나거나(집행이 끝난 것으로 보는 경우를 포함한다) 집행이 면제된 날로부터 5년이 지나지 아니한 사람
> 6. 다음 각 목의 어느 하나에 해당하는 조치를 받은 금융회사의 임직원 또는 임직원이었던 사람(그 조치를 받게 된 원인에 대하여 직접 또는 이에 상응하는 책임이 있는 사람으로서 대통령령으로 정하는 사람으로 한정한다)으로서 해당 조치가 있었던 날부터 5년이 지나지 아니한 사람
>   가. 금융관계법령에 따른 영업의 허가 · 인가 · 등록 등의 취소
>   나. 「금융산업의 구조개선에 관한 법률」 제10조 제1항에 따른 적기시정조치
>   다. 「금융산업의 구조개선에 관한 법률」 제14조 제2항에 따른 행정처분
> 7. 이 법 또는 금융관계법령에 따라 임직원 제재조치(퇴임 또는 퇴직한 임직원의 경우 해당 조치에 상응하는 통보를 포함한다)를 받은 사람으로서 조치의 종류별로 5년을 초과하지 아니한 범위에서 대통령령으로 정하는 기간이 지나지 아니한 사람
> 8. 해당 금융회사의 공익성 및 건전경영과 신용질서를 해칠 우려가 있는 경우로서 대통령령으로 정하는 사람

온라인투자연계금융업자는 등록 이후 그 영업을 영위하는 경우에는 각각의 등록 요건을 유지하여야 한다(온라인투자연계금융업법 제5조 제7항).

나) 주요 요건 충족을 위한 유의사항[86]

① 자기자본금 요건

자기자본금은 재무제표상 자본금, 법정준비금, 잉여금을 합한 것으로서, 그 합계액이 등록일을 기준으로 5억원 이상이어야 한다. 온라인투자연계금융업법 시행령 제3조 제1항은 연계대출 규모에 따라 자기자본금 금액을 5억원, 10억원 및 30억원의 3단계로 나누어 정하고 있다.

일반적으로 신청인은 회계법인으로부터 직전 사업년도말 기준 또는 그 이후 시기에 대하여 감사를 받은 감사보고서를 증빙서류로 제출하면 된다.

신설법인의 경우 위와 같이 감사보고서를 제출할 수도 있으나, 회계법인으로부터 재무상태를 확인 받은 후 재무제표확인원 등 증빙서류를 제출할 수 있다. 다만, 자기자본금이 등록일을 기준으로 5억원 이상이어야 하므로 등록 신청서 접수 후 등록일까지 사이에 발생할 수 있는 인건비, 임차료 등 비용을 고려해

86) 관련 서술 내용은 금융감독원 핀테크혁신실 2020. 9. 11. 배포 「온라인투자연계금융업 등록 매뉴얼」 참조한 것임

최소 자기자본금 이상을 준비할 필요가 있고, 연계대출 규모에 따라 갖추어야 할 자기자본금액이 상이하므로 등록신청 직전 월말 기준의 연계대출 규모 등을 기재한 서류로 함께 제출하여야 한다.

② 대주주의 출자능력 등 요건

온라인투자연계금융업 등록 요건 중 대주주의 출자능력 등 요건은 자기자본금 요건과 더불어 주요한 심사대상에 속한다.

대주주의 출자능력 등 요건에 대한 심사는 크게 ① 심사대상이 되는 대주주의 범위 획정, 그리고 ② 해당 대주주의 출자능력, 재무상태 및 사회적 신용 관련 중점 점검사항으로 나누어 볼 수 있다.

출자능력 등을 갖추어야 하는 대주주의 범위는 온라인투자연계금융업법 제2조 제10호 및 같은 법 제5조 제1항 제7호에 따라 정해진다.

온라인투자연계금융업법 제2조 제10호는 대주주에 대한 정의규정으로, 위에서 언급한 바와 같이 최대주주 및 주요주주로 나누어진다. 따라서 최대주주 또는 주요주주인 대주주는 출자능력 등 요건의 심사대상이다.

아울러, 온라인투자연계금융업법 제5조 제1항 제7호상 대주주에는, 최대주주의 특수관계인인 주주를 포함하며, 최대주주가 법인인 경우에는 그 법인의 주요 경영상황에 대하여 사실상 영향력을 행사하고 있는 주주로서 대통령령으로 정하는 자를 포함한다고 규정하여, 최대주주의 특수관계인인 주주 등도 출자요력 등 요건의 심사대상에 포함된다.

따라서, 등록을 신청하려는 온라인투자연계금융업자의 대주주가 여러 명인 경우에는 이들 모두가 출자능력 등 요건을 갖추어야 한다. 대주주의 범위를 정리하면 〈표 3-24〉와 같다.

〈표 3-24〉 출자능력 등 요건의 심사대상인 대주주의 범위

대주주의 범위	구체적 내용	근거 조항
최대주주	〈표 3-21〉 참조	법 제2조 제10호 가목, 시행령 제2조 제1항 및 금융사지배구조법 시행령 제3조 제1항
주요주주	〈표 3-21〉 참조	법 제2조 제10호 나목, 시행령 제2조 제1항
대주주에 포함되는 자	ㅇ 최대주주의 특수관계인인 주주 ㅇ 최대주주가 법인인 경우 – 법인의 최대주주(법인을 사실상 지배하는자가 그 법인의 최대주주와 명	법 제5조 제1항 제7호 시행령 제3조 제5항

백히 다른 경우에도 그 사실상 지배하는 자 포함) – 최대주주인 법인의 대표자	

한편 위와 같이 심사대상으로 획정된 대주주는 대통령령으로 정하는 충분한 출자능력, 건전한 재무상태 및 사회적 신용을 갖추어야 하는데, 이는 온라인투자연계금융업법 시행령 [별표 1]에서 정하고 있고, 해당 기준은 대주주를 금융기관, 내국법인, 내국인, 외국법인, 경형참여형 사모집합투자기구(또는 투자목적회사)로 구분하여 각 요건을 정하고 있다. 대주주 적격요건 중점 점검 사항은 〈표 3-25〉와 같다.

〈표 3-25〉 대주주 적격요건 중점 점검 사항[87]

대주주 유형	출자능력 등 요건 및 중점 점검 사항
대주주가 개인인 경우	○ 타주주 중 최대주주의 특수관계인이 존재하는지 여부 ○ 개인의 국적 확인(주민등록번호상 외국인 여부) ○ 대주주의 출자금 중 차입으로 조성된 부분이 없는지 여부
최대주주가 법인인 경우	○ 최대주주인 법인의 최대주주와 대표의 요건을 점검하였는지 여부 ○ 최대주주인 법인을 사실상 지배하는 자가 존재하는지 여부
대주주가 금융기관인 경우	○ 해당 감독부서와의 협의 여부 ○ 관련 법령 및 해당법상 타법인 출자요건의 하자 여부(출자승인 등)
최대주주가 합작투자인 경우	○ 합작계약서상 경영권 우위가 누구에게 귀속되는지 여부 ○ 동등한 지위로 경영권 참여시 교착상태(Deadlock) 해소 규정 존재 여부 ○ 합작계약서 외의 이면계약서가 없는지에 대한 확인
주요주주 관련	○ 10% 미만 주주 중에 주주간 협의를 통하여 대표이사 또는 이사의 과반수를 선임한 주주가 있는지 여부

③ 인력(준법감시인 또는 전산전문인력 등) 및 전산장비 등 물적설비 요건

온라인투자연계금융업자는 일정한 자격 요건을 갖춘 준법감시인을 1명 이상 두어야 하므로,[88] 해당 자격 요건을 확인할 수 있는 서류를 첨부하여야 하는 것은 당연하다.

또한, 온라인투자연계금융업법에는 관련 규정이 없으나, 준법감시인의 임면절차, 최소임기 등을 정하고 있는 「금융사지배구조법」 제26조가 온라인투자연계금

87) 금융감독원 핀테크혁신실 2020. 9. 11. 배포 「온라인투자연계금융업 등록 매뉴얼」 참조.

88) 온라인투자연계금융업법 제17조 제2항 전단은 "온라인투자금융업자는 「금융사지배구조법」 제26조 제1항 각 호의 요건을 갖춘 준법감시인을 1명 이상 두어야 하며……"라고 규정하고 있는 바, 준법감시인의 자격 요건은 아래 "내부통제기준 및 이해상충의 관리"에서 상술하기로 한다.

융업의 준법감시인에게도 적용된다고 해석한다면,[89] 준법감시인을 선임한 이사회 의결서, 2년의 최소 임기를 증빙하는 고용계약서 또는 위임계약서 등 서류를 첨부하여야 한다.

또한, 온라인투자연계금융업을 하려는 자는 이용자의 보호가 가능하고 온라인투자연계금융업을 수행하기에 충분한 인력과 전산장비, 그 밖의 물적 설비를 갖추어야 하므로, 관련 증명 서류를 제출하여야 한다.

온라인투자연계금융업의 경우, 그 업의 특성상 다량의 데이터를 처리, 저장할 수 있는 장비와 이용자의 보호를 위한 보안솔루션 그리고 이를 운용할 수 있는 전문 전산인력이 필수적이라고 할 수 있으므로, 이를 증명할 수 있는 서류, 예컨대, 전산장비목록, 보안업체와의 업무위탁계약서, 서버임대차계약서 또는 전문인력에 대한 고용계약서 및 경력증명서 등의 서류가 신청서에 첨부되어야 한다.

금융위원회 고시인 「온라인투자연계금융업 감독규정」이 정하고 있는 전산전문인력, 물적설비에 관한 기준은 〈표 3-26〉과 같다.[90]

〈표 3-26〉 전산전문인력, 주요 물적설비 기준

전산전문인력	IT기획 · 개발 · 운영 · 정보보호 등 전산업무를 수행한 경험이 있는 자로서 다음의 요건을 갖춘 2명 이상의 전산전문인력을 확보할 것. 다만, 전산설비를 종합 위탁한 경우에는 1명 이상으로 한다.	(1) 전산 관련분야의 학사 이상 학위 소지자로서 해당 업무에 2년 이상 종사한 경력이 있는 자 (2) 정보처리기술자, 정보통신기술자 자격을 소지하고 해당 업무에 2년 이상 종사한 경력이 있는 자 등 그 밖에 해당 업무에 대한 전문성이 상기 인력에 준한다고 볼 수 있는 상당한 근거가 있는 자
물적설비	가. 전산설비 및 통신수단	(1) 주전산기, DB서버. 장치, 단말기, 전용회선 등 업무 관련 전산설비 (2) 침입탐지, 침입방지시스템 방화벽 등 보안체계 (3) 전산자료 보호 등을 위한 적절한 정보처리 시스템 (4) 정보이용자 확인 및 전산실 출입통제 시스템 (5) 백업장치 구축 및 백업자료 별도 보관, 관리
	나. 업무공간과 사무장비	(1) 인원 대비 충분한 업무공간 등 마련 (2) 물적 설비에 대한 충분한 소유권 보유 등
	다. 보안설비	(1) 전살설비, 통신수단 등을 안전하게 보호할 수 있는 검증된 보안설비를 갖출 것 (2) 파업 등 불시사태에 대비한 비상계획 마련
	라. 업무의 연속성을 유지할 수 있는 보완설비	(1) 정전 · 화재 등 사고시 업무의 연속성을 유지할 수 있는 설비 확보 (2) 비상사태 발생시 즉시 구현이 가능한 비상계획 마련

89) 이에 관하여는 아래 "내부통제기준 및 이해상충의 관리"에서 상술하기로 한다.
90) 온라인투자연계금융업법 감독규정 [별표 1] "온라인투자연계금융업의 인력, 물적설비 및 사업계획에 관한 기준" 참조.

③ 이해상충방지 등 내부통제장치 요건

온라인투자연계금융업을 하려는 자는 등록 신청을 하기 위하여는, 특정 이용자와 다른 이용자 간, 온라인투자연계금융업자와 이용자 간의 이해상충을 방지하기 위한 체계를 포함하여 적절한 내부통제장치를 마련하여야 하고, 이를 증명하는 서류를 등록 신청시 제출하여야 한다.

온라인투자연계금융업자는 그 업무의 특성상 금융회사의 성질을 가지고 있어, 투자자, 차입자 등의 이해관계인의 이익 보호가 절실히 필요하고 그에 따라 관련 법령의 엄격한 준수가 요구된다고 할 것이다.

그에 따라, 온라인투자연계금융업법은 제17조와 제18조에서 내부통제기준 및 이해상충의 관리를 위하여, 온라인투자연계금융업자로 하여금 법령 준수 및 이용자의 보호를 위한 내부통제기준을 마련하고 이해상충을 적절히 관리하도록 하고 있고, 당연한 결과로서 온라인투자연계금융업을 하려는 자는 위와 같은 내부통제장치가 마련되어 있음을 증명하여야 한다.

온라인투자연계금융업 등록을 하려는 자는 일반적으로 온라인투자연계금융협회의 표준안 등을 참고하여 업무규정 또는 사규의 형식으로 내부통제기준을 마련하여 이를 제출하면 될 것이고, 금융감독원은 제출된 내규 등이 온라인투자연계금융업이나 「금융실명거래 및 비밀보장에 관한 법률」, 「특정금융정보법」 등 금융관련법령의 준수를 위한 절차와 시스템을 갖추고 있는지 또는 이해상충방지체계 및 내부통제장치로서의 실효성을 가지고 있는지를 평가하게 될 것이다.

바. 영업행위 규칙

온라인투자연계금융업자는 선량한 관리자의 주의로써 온라인투자연계금융업을 영위하여야 하며, 이용자의 이익을 보호하여야 한다. 또한, 온라인투자연계금융업자는 온라인투자연계금융업을 영위할 때 정당한 사유 없이 이용자의 이익을 해하면서 자기가 이익을 얻거나 제삼자가 이익을 얻도록 하여서는 아니 된다(온라인투자연계금융업법 제9조).

온라인투자연계금융업법은 온라인투자연계금융업자의 영업행위 과정에서 발생할 수 있는 이용자의 피해를 예방, 방지하기 위하여 온라인투자연계금융업자의 정보공시, 수수료 수취, 준수사항 등을 규정하고 있고, 회계처리기준, 내부통제기준 및 이해상충의 관리 규정 그리고 광고에 관한 영업행위 규칙을 규정하고 있다.

1) 온라인투자연계금융업자의 정보공시

온라인투자연계금융업자는, 이용자가 온라인투자연계금융업자의 영업건전성 및 온라인투자연계금융 이용방법 등을 쉽게 이해할 수 있도록 각종 정보를 자신의 온라인플랫폼을 통하여 공시하여야 한다.

〈표 3-27〉 정보공시 사항(온라인투자연계금융업법 제10조 제1항 각 호)

각 호	정보공시 사항	비고
제1호	온라인투자연계금융업의 거래구조 및 영업방식	
제2호	온라인투자연계금융업자의 재무 및 경영현황	
제3호	누적 연계대출 금액 및 연계대출 잔액	
제4호	차입자의 상환능력평가 체계	
제5호	연체율 등 연체에 관한 사항	
제6호	대출이자에 관한 사항	
제7호	수수료 등 부대비용에 관한 사항	
제8호	상환방식에 관한 사항	
제9호	채무불이행 시 채권추심 등 원리금 회수 방식에 관한 사항	
제10호	제26조의 투자금 등의 예치기관에 관한 사항	
제11호	온라인투자연계금융업자의 등록취소, 해산결의, 파산선고 등 영업 중단시 업무처리절차	
제12호	온라인투자연계금융 이용에 도움을 줄 수 있는 사항으로 대통령령으로 정하는 사항	시행령 제9조 참조◆

◆ 관련조문

온라인투자연계금융업법 시행령

제9조 (온라인투자연계금융업자의 정보공시)

법 제10조 제1항 제12호에서 "대통령령으로 정하는 사항"이란 다음 각 호의 사항을 말한다.

1. 법 제5조에 따른 온라인투자연계금융업자의 등록사항(상호, 본점 소재지를 포함한다)
2. 이용자에 대한 상담 가능시간, 상담방식, 연락처 등에 관한 사항
3. 이해상충방지체계
4. 법 제27조 제4항에 따른 수탁기관 및 그 수탁기관에 대한 수탁사항
5. 그 밖에 온라인투자연계금융 이용에 도움을 줄 수 있는 사항으로서 금융위원회가 정하여 고시하는 사항

한편, 금융위원회는 정보의 세부기준, 정보 공개의 범위 및 공개 방식 등에 대하여 고시로 이를 정할 수 있고(온라인투자연계금융업법 제10조 제3항), 그에 따른 금융위원회 고시인 「온라인투자연계금융업 감독규정」 제8조는 정보 공개의 구체적인 세부 기준 및 방식을 규정하고 있다.[91)]

2) 온라인투자연계금융업자의 대출이자, 수수료 수취 및 그 제한

온라인투자연계금융업자는 온라인투자연계금융업의 영위에 대한 대가로 이용자인 투자자 및 차입자로부터 수수료를 수취할 수 있고, 이와 같이 수수료를 수취하는 경우 대통령령으로 정하는 사항을 준수하여야 한다(온라인투자연계금융업법 제11조 제1항).

여기서 대통령령으로 정하는 사항이란, 온라인플랫폼에 공시한 수수료의 부과기준을 말하는 것이므로, 온라인투자연계금융업자는 수수료를 수취하는 경우 공시한 수수료의 부과기준을 준수하여야 한다.[92)]

앞서 언급한 바와 같이, 온라인투자연계금융업자는 수수료 등 부대비용에 관한 사항을 온라인 플랫폼을 통하여 공시하여야 하므로(온라인투자연계금융업법 제10조 제1항 제7호), 이용자로부터 받는 수수료의 부과기준을 정하고 이를 온라인플랫폼에 공시하여야 한다(온라인투자연계금융업법 제11조 제3항). 수수료 부과기준을 정할 때 이용자들을 정당한 사유 없이 차별하여서도 아니 된다(온라인투자연계금융업법 제11조 제4항).

무엇보다도, 온라인투자연계금융업자는 수수료를 포함한 대출이자를 수수함에 있어 일정한 제한이 있다.

즉, 온라인투자연계금융업자는 「대부업법」 제15조 제1항에서 정하는 율[93)](연 100분의 24)을 초과하여 차입자로부터 연계대출에 대한 이자를 받을 수 없다. 이 경우 이자율 산정 시 차입자로부터 수취하는 수수료를 포함하되, 해당 거래의

91) 「온라인투자연계금융업 감독규정」 제8조 제4항은 “금융감독원장은 온라인투자연계금융업자의 정보 공개 방식에 대한 세부사항을 정할 수 있다”고 규정하여 특히 정보공개의 방식에 대하여는 금융감독원장이 그 구체적인 내용을 정할 수 있도록 하였다.

92) 온라인투자연계금융업법 시행령 제10조(온라인투자연계금융업자의 수수료 수취) ① 법 제11조 제1항에서 “대통령령으로 정하는 사항”이란 법 제11조 제3항에 따라 온라인플랫폼에 공시한 수수료의 부과기준을 말한다.

93) 대부업법 제15조 제1항은 “여신금융기관은 연 100분의 27.9 이하의 범위에서 대통령령으로 정하는 율을 초과하여 대부금에 대한 이자를 받을 수 없다”고 규정하고 있고, 그에 따라 동 시행령 제9조 제1항은 대통령령으로 정하는 율을 연 100분의 24로 정하고 있다.

체결과 변제 등에 관한 부대비용으로서 대통령령으로 정한 사항은 제외한다(온라인투자연계금융업법 제11조 제2항).

이를 계산식으로 표현하면 〈표 3－28〉과 같다.

〈표 3-28〉 이자, 수수료 계산식

계산식	대출원금 × 0.24 ≥ 대출원금 × (이자율/100 + 수수료율/100) － 대통령령이 정하는 부대비용◆
비고	투자자로부터 수취하는 수수료는 무관함

◆ 관련조문

온라인투자연계금융업법 시행령

제10조 (온라인투자연계금융업자의 수수료 수취)

② 법 제11조 제2항에서 "대통령령으로 정한 사항"이란 다음 각 호의 부대비용을 말한다.

1. 담보권 설정비용
2. 신용조회비용(「신용정보법」에 따른 개인신용평가회사, 개인사업자신용평가회사 또는 기업신용조회회사에 거래 상대방의 신용을 조회하는 경우만 해당한다)
3. 연계대출의 만기 전에 차입자가 조기상환함에 따라 발생하는 비용으로서 조기상환금액의 100분의 1을 초과하지 않는 금액
4. 그 밖에 해당 거래의 체결과 변제 등에 관한 부대비용으로서 금융위원회가 정하여 고시하는 비용

온라인투자연계금융업 감독규정

제9조 (부대비용)

① 영 제10조 제2항 제4호에서 "그 밖에 해당 거래의 체결과 변제 등에 관한 부대비용으로서 금융위원회가 정하여 고시하는 비용"이란 다음 각 호의 비용을 말한다.

1. 담보의 점유·보존·관리에 관한 비용(온라인투자연계금융업자가 보유한 인력·시설 등으로는 해당 담보의 점유 등이 불가능하여 제3자에게 비용을 지급하는 것이 불가피한 경우에 한정한다)
2. 「민사집행법」 등 다른 법령 등에 따라 채무자가 부담해야 할 비용
3. 해당 거래의 투자금 및 상환금 관리를 위해 예치기관에 지급하는 계좌 개설 및 관리 비용의 2분의 1에 해당하는 비용
4. 그 밖에 금융감독원장이 인정하는 비용

3) 온라인투자연계금융업 관련 준수사항 및 그 위반행위의 효력

가) 준수사항

온라인투자연계금융업법 제12조는 온라인투자연계금융업자가 준수하여야 할 사항에 대하여 관련 규정을 두고 있다. 그 내용은 〈표 3－29〉와 같다.

〈표 3-29〉 온라인투자연계금융업자의 준수사항(온라인투자연계금융업법 제12조)

준수사항	예외
자신 또는 자신의 대주주 및 임직원에게 연계대출을 하여서는 아니 된다(제1항).	
차입자가 요청한 연계 대출 금액에 상응하는 투자금의 모집이 완료되지 않은 경우에는 연계대출을 하여서는 아니 된다(제2항).	제2항에도 불구하고 차입자가 연계 대출 금액의 변경을 요구하는 경우에는 연계투자계약을 신청한 투자자들에게 투자의사를 재확인한 후 연계대출을 실행할 수 있다(제3항).
자기가 실행할 연계대출에 자기의 계산으로 연계투자를 할 수 없다(제4항).	다만, 일정한 경우에는 연계대출 모집 미달 금액의 범위 내에서 자기의 계산으로 연계투자를 할 수 있다(제4항 단서).◆
연계투자와 해당 연계투자의 투자금으로 실행하는 연계대출의 만기, 금리 및 금액을 다르게 하여서는 아니 된다(제7항).	
차입자에 대한 정보의 제공, 투자자모집 및 원리금의 상환 등 업무수행을 할 때 특정한 이용자를 부당하게 우대하거나 차별하여서는 아니 된다(제8항).	
이용자 보호 및 건전한 거래질서를 위하여 대통령령으로 정하는 사항을 준수하여야 한다(제9항).◆	

◆ 관련조문

온라인투자연계금융업법

제12조

④ 온라인투자연계금융업자는 자기가 실행할 연계대출에 자기의 계산으로 연계투자를 할 수 없다. 다만, 다음 각 호의 요건을 모두 갖춘 경우에는 연계대출 모집 미달 금액의 범위 내에서 자기의 계산으로 연계투자를 할 수 있다.

1. 차입자가 신청한 연계대출 금액의 100분의 80 이하의 범위에서 대통령령으로 정하는 비율(100분의 80) 이상 모집될 것
2. 자기의 계산으로 한 연계투자 잔액이 자기자본의 100분의 100이하일 것
3. 온라인투자연계금융업자의 건전한 유지와 이용자 보호 등을 위하여 대통령령으로 정하는 사항을 준수할 것

온라인투자연계금융업법 시행령

제12조(그 밖의 온라인투자연계금융업 관련 준수사항)

법 제12조 제9항에서 "대통령령으로 정하는 사항"이란 다음 각 호의 사항을 말한다.

1. 차입자에게 연계대출과 관련하여 대출이자 및 법 제11조에 따른 수수료 외의 금원을 요구하지 않을 것
2. 투자자(투자자가 법인 또는 그 밖의 단체인 경우 그 임직원을 포함한다)에게 금융위원회가 정하여 고시하는 기준을 위반하여 직접 또는 간접적으로 재산상의 이익을 제공하거나 이들로부터 제공받은 행위를 하지 않을 것
3. 투자자가 입을 손실의 전부 또는 일부에 대해 사전에 보전을 약속하는 행위 또는 사후에 보전해 주는 행위를 하지 않을 것
4. 투자자에게 투자의 결과와 상관없는 일정한 이익을 보장하거나 사후에 제공하는 행위를 하지

> 않을 것
> 5. 연체율이 금융위원회가 정하여 고시하는 연체율을 초과하지 않도록 관리 의무를 다할 것
> 6. 이용자 보호 및 건전한 거래질서를 위해 금융위원회가 정하여 고시하는 상품 및 이용자에 대한 연계대출 또는 연계투자 계약을 체결하지 않을 것
> 7. 온라인투자연계금융업자 자신 또는 자신의 대주주 및 임직원에게 연계대출, 금전, 그 밖의 재산상 이익을 제공하기 위한 목적으로 다른 온라인투자연계금융업자를 통해 연계대출을 하거나 제3자에게 연계대출을 하지 않을 것
> 8. 그 밖에 이용자 보호 및 건전한 거래질서를 위해 필요한 사항으로서 연계대출 및 연계투자 상품 등의 특성을 고려하여 금융위원회가 정하여 고시하는 사항

나) 준수사항 위반행위에 대한 제재 및 위반행위의 사법상 효력 또는 그 효력

온라인투자연계금융업법 제55조 제1항 제2호 및 제57조 제1항 제4호는 온라인투자연계금융업자가 위와 같은 준수사항을 위반하였을 경우, 그에 대한 형사처벌 규정 및 과태료 규정을 두고 있다.

구체적으로 위 준수사항 중 첫 번째 준수사항 위반행위에 대하여는 형사처벌 규정을, 나머지 준수사항 위반행위에 대하여는 과태료 규정을 두고 있는데, 그와 같은 준수사항 위반행위 또는 그 탈법행위의 사법상 효력 유무가 문제될 수 있다.

예컨대, 온라인투자연계금융업자가 자신의 임직원에게 직접적으로 연계대출을 하거나 제3자를 통하여 간접적으로 연계대출을 하는 경우, 해당 연계투자계약 및 연계대출계약의 사법상 효력은 어떠한지 의문일 수 있다.

온라인투자연계금융은 온라인플랫폼을 통하여 불특정한 다수의 이용자가 법률관계를 형성한다는 특징이 있는바, 온라인투자연계금융업자와 특정한 이용자의 준수사항 위반행위가 전체 법률관계에 영향을 미친다고 보기 어려운 점, 전체 법률관계를 무효로 볼 경우 오히려 다른 이용자에게 불이익을 초래하여 법적 안정성을 해칠 수 있는 점 등에 비추어 이를 효력 규정으로 보기는 어려울 것이다.

온라인투자연계금융업자가 특정한 이용자를 부당하게 우대하거나 차별한 경우도 마찬가지로 볼 것이다.

4) 내부통제기준 및 이해상충의 관리

한편, 온라인투자연계금융업자가 「금융사지배구조법」 제2조 제1호의 "금융회사"에는 포함되지 개념은 아니지만, 여신을 주선한다는 측면에서 금융사고의 위험성이 높고 그 이용자를 보호할 필요성이 매우 높기 때문에 금융회사에 적용되는 내부통제기준 마련 의무가 마찬가지로 적용된다고 할 것이다.

즉, 온라인투자연계금융업자는 법령을 준수하고, 경영을 건전하게 하며, 이용자를 보호하기 위하여 온라인투자연계금융업자의 임직원이 직무를 수행할 때 준수하여야 할 기준 및 절차인 내부통제기준을 마련하여야 한다(온라인투자연계금융업법 제17조 제1항).

또한, 내부통제기준의 중요한 내용으로, 이용자 간 또는 온라인투자연계금융업자와 이용자 간에 발생할 수 있는 이해상충을 관리하는 방법 및 절차를 정하여야 한다.

온라인투자연계금융업자는 온라인투자연계금융업자와 이용자 간, 특정 이용자와 다른 이용자 간의 이해상충을 방지하기 위하여 이해상충이 발생할 가능성을 파악·평가하고, 내부통제기준으로 정하는 방법 및 절차에 따라 이를 적절히 관리하여야 하고, 이해상충이 발생할 가능성을 파악·평가한 결과 이해상충이 발생할 가능성이 있다고 인정되는 경우에는 그 사실을 미리 해당 이용자에게 알려야 한다. 또한, 온라인투자연계금융업자는 그 이해상충이 발생할 가능성을 내부통제기준으로 정하는 방법 및 절차에 따라 이용자 보호에 문제가 없는 수준으로 낮춘 후 해당 이용자들의 연계투자를 받거나 연계대출을 실행하여야 하며, 그 이해상충이 발생할 가능성을 낮추는 것이 곤란하다고 판단되는 경우에는 해당 이용자들의 연계투자를 받거나 연계대출을 실행하여서는 아니 된다(온라인투자연계금융업법 제18조).

한편 온라인투자연계금융업자는 「금융사지배구조법」 제26조 제1항 각호의 요건을 갖춘 준법감시인을 1명 이상 두어야 하며, 준법감시인은 내부통제기준의 준수여부를 점검하고 내부통제기준을 위반한 사실을 발견하는 경우에는 이를 감사 또는 감사위원회에 보고하여야 한다(온라인투자연계금융업법 제17조 제1항, 제2항).

결국, 온라인투자연계금융업을 영위함에 있어 이용자를 보호하기 위한 주요 수단은, 이해상충의 관리를 포함한 적절한 내부통제기준을 마련하고, 선임한 준법감시인을 통해 내부통제기준의 준수여부를 점검하는데 있다고 볼 것이다.

온라인투자연계금융업자의 내부통제기준과 준법감시인에 관한 필요한 사항은 대통령령으로 정하도록 되어 있는 바(온라인투자연계금융업법 제17조 제3항), 아래에서는 내부통제기준의 주요 내용 및 준법감시인의 자격 등에 관하여 살펴보도록 하겠다.

가) 내부통제기준의 주요 내용

임직원의 업무수행의 적법성, 적절성을 향상시키고 이용자의 권리를 보호하기 위한 내부통제기준에는 다음의 사항을 명시적으로 규정할 필요가 있다.◆

◆ 관련조문

온라인투자연계금융업법 시행령

제17조 (내부통제기준 마련 및 준법감시인의 임면 등)

① 법 제17조 제1항에 따른 내부통제기준(이하 "내부통제기준"이라 한다)에는 다음 각 호의 사항이 포함돼야 한다.

1. 업무의 분장 및 조직구조에 관한 사항(내부통제기준 관련 업무를 수행하는 전담조직에 관한 사항을 포함한다)
2. 법 제12조 제4항 각 호 외의 부분 단서에 따라 자기의 계산으로 연계투자를 하는 과정에서 발생하는 위험의 관리지침에 관한 사항
3. 임직원이 업무를 할 때 준수해야 하는 절차에 관한 사항
4. 경영 의사결정에 필요한 정보의 효율적인 전달체계 구축에 관한 사항
5. 임직원의 내부통제기준 준수 여부를 확인하는 절차·방법과 내부통제기준을 위반한 임직원의 처리에 관한 사항
6. 임직원의 금융관계법률 위반행위를 방지하기 위한 절차와 기준에 관한 사항
7. 내부통제기준의 제정 또는 변경 절차에 관한 사항
8. 이해상충의 파악·평가와 관리에 관한 사항
9. 그 밖에 내부통제기준에 관하여 필요한 사항으로서 금융위원회가 정하여 고시하는 사항

온라인투자연계금융업 감독규정

제18조 (내부통제기준 마련 등)

① 영 제17조 제1항 제9호에서 "내부통제기준에 관하여 필요한 사항으로서 금융위원회가 정하여 고시하는 사항"이란 다음 각 호의 사항을 말한다.

1. 연계대출계약 및 연계투자계약의 체결·해지 등에 대한 처리절차·방법이나 기준에 관한 사항
2. 차입자에 대한 정보 확인, 연계대출 관련 업무의 공정한 영위 및 이해상충방지 등에 관한 사항
3. 투자자의 연계투자 신청·접수, 투자자에 대한 연계투자 가능 여부 통지 등에 대한 처리절차·방법 및 기준에 관한 사항
4. 중앙기록관리기관에 정보를 제공하는 절차나 기준에 관한 사항
5. 겸영·부수업무의 영위와 관련하여 온라인투자연계금융업과 이해상충을 방지하기 위한 체계에 관한 사항
6. 언론기관 등에 대한 업무관련 정보의 제공 절차나 기준에 관한 사항
7. 이용자 신용정보의 관리·보호에 관한 사항
8. 이용자가 제기한 각종 고충·불만사항 및 이용자와 온라인투자연계금융업자 사이에 발생한 분쟁의 처리기준 및 절차에 관한 사항

온라인투자연계금융업자는 내부통제기준을 제정·변경하는 경우에는 이사회의 결의를 거쳐야 하고(온라인투자연계금융업법 시행령 제17조 제2항), 그 이유와 변경한 내용을 작성한 서류를 첨부하여 제정·변경일부터 2주 이내에 금융감독원장에게 보고해야 한다.[94]

나) 준법감시인

온라인투자연계금융업법은, 위와 같은 내부통제기준의 준수여부를 점검하는 등 임직원 업무수행의 건정성을 확보함으로써 종국적으로는 이용자의 권익을 보호하기 위한 준법감시인 제도를 도입하고 있다.

그리고, 준법감시인의 자격요건과 관련하여, 온라인투자연계금융업법 제17조 제2항은 "「금융사지배구조법」 제26조 제1항 각 호의 요건"을 갖춘 준법감시인을 1명 이상 두어야 한다고 규정하고 있어 준법감사인의 자격요건에 관한 사항도 명시적으로 규정하고 있다. 준법감시인의 자격 요건은 아래와 같다.

〈표 3-20〉 준법감시인의 자격 요건 요약(온라인투자연계금융업법 제17조 제2항)[95]

<table>
<tr><th>각 호</th><th>규정</th><th colspan="2">세부 내용</th><th>비고</th></tr>
<tr><td>제1호</td><td>최근 5년간 금융관계법령을 위반하여 금융위원회 또는 금융감독원 또는 대통령령으로 정하는 기관으로부터 문책경고 또는 감봉요구 이상에 해당하는 조치를 받은 사실이 없을 것</td><td colspan="2">임원: 해임요구, 6개월 이내의 직무정지 또는 임원의 직무를 대행하는 관리인의 선임, 문책경고
직원(업무집행책임자 포함): 면직, 6개월 이내의 정직, 감봉</td><td></td></tr>
<tr><td rowspan="5">제2호</td><td rowspan="5">다음 각 목의 어느 하나에 해당하는 사람</td><td>가</td><td>금융위원회법 제38조에 따른 검사 대상 기관(이에 상당하는 외국금융회사 포함)에서 10년 이상 근무한 사람</td><td rowspan="5">라목 전단(기획재정부, 금융위원회, 증권선물위원회, 감사원, 금융감독원, 한국은행, 예금보험공사 및 그 밖에 금융위원회가 정하여 고시하는 금융 관련 기관에서 퇴임하거나 퇴직한 후 5년이 지나지 아니한 사람은 제외</td></tr>
<tr><td>나</td><td>금융 관련 분야의 석사학위 이상의 학위소지자로서 연구기관 또는 대학에서 연구원 또는 조교수 이상의 직에 5년 이상 종사한 사람</td></tr>
<tr><td>다</td><td>변호사 또는 공인회계사의 자격을 가진 사람으로서 그 자격과 관련된 업무에 5년 이상 종사한 사람</td></tr>
<tr><td>라</td><td>기획재정부, 금융위원회, 증권선물위원회, 감사원, 금융감독원, 한국은행, 예금보험공사 그 밖에 금융위원회가 정하여 고시하는 금융 관련 기관에서 7년 이상 근무한 사람. 이경우 예금보험공사의 직원으로서 부실금융회사 또는 부실우려금융회사와 정리금융회사의 업무 수행을 위하여 필요한 경우에는 7년 이상 근무 중인 사람을 포함한다.</td></tr>
<tr><td>마</td><td>그 밖에 가목부터 라목까지의 규정에 준하</td></tr>
</table>

94) 온라인투자연계금융업 감독규정 제19조 제1항 참조. 다만 온라인투자연계금융업 등록 신청시 내부통제기준을 마련하여 제출한 경우에는 이를 보고하지 않을 수 있다.

95) 준법감시인은 온라인투자연계금융업법 제17조 제2항의 각 호의 요건을 모두 갖추어야 한다.

		는 자격이 있다고 인정되는 사람으로서 대통령령으로 정하는 사람	

그런데 「금융사지배구조법」은 제26조에서 준법감시인의 자격요건을 규정하고 있는 이외에 제25조에서 준법감시인의 임면절차, 최소임기 및 사내이사(또는 업무집행책임자)가 아닌 직원의 준법감시인 선임가능여부에 대하여 별도의 규정을 두고 있으나, 온라인투자연계금융업법은 준법감시인의 자격요건에 관한 「금융사지배구조법」 제26조만을 준용할 뿐, 동법 제25조는 준용하고 있지 않아, 온라인투자연계금융업자의 준법감시인의 임면절차, 최소임기 등에 대한 제한이 적용되는지 문제될 수 있다.

온라인투자연계금융업법의 준법감시인 제도는 「금융사지배구조법」의 준법감시인 제도를 도입한 것으로, 내부통제기준을 점검하여 영업의 건전성을 확보한다는 차원에서 준법감시인의 독립성을 보장할 필요가 있는 이상, 그 독립성 확보의 일환으로 준법감시인의 임면절차 또는 최소임기 등을 정하고 있는 「금융사지배구조법」 제25조도 온라인투자연계금융업법의 준법감시인에게 적용된다고 보는 것이 타당하다. 향후 입법적으로 보완할 필요가 있다.

따라서, 온라인투자연계금융업자가 준법감시인을 임면하는 경우 반드시 이사회의 의결을 거쳐야 하고(특히 선임과는 달리 해임의 경우에는 이사 총수의 3분의 2 이상의 찬성으로 의결한다),[96] 그 임기는 2년 이상으로 해야 한다.[97][98]

다만, 「금융사지배구조법」 제25조 제2항은, "금융회사는 사내이사 또는 업무집행책임자[99] 중에서 준법감시인을 선임하여야 한다. 다만, 자산규모, 영위하는 금융업무 등을 고려하여 대통령령으로 정하는 금융회사 또는 외국금융회사의 국내지점은 사내이사 또는 업무집행책임자가 아닌 직원 중에서 준법감시인을 선임할 수 있다"고 규정하여 금융회사 종류별로 각 자산총액 기준을 정하여 그 기준 미만인 경우 사내이사 또는 업무집행책임자가 아닌 직원도 준법감시인으로 선임

96) 「금융사지배구조법」 제25조(준법감시인의 임면 등) 제3항

97) 「금융사지배구조법」 제25조(준법감시인의 임면 등) 제4항

98) 온라인투자연계금융업법 시행령 제17조 제2항은 "온라인투자연계금융업자는 내부통제기준을 제정·변경하거나 준법감시인을 임면하는 경우에는 이사회의 결의를 거쳐야 한다"고 규정하고 있으나, 준법감시인 해임을 위한 의결정족수 또는 임기에 대하여는 규정하고 있지 않다.

99) "업무집행책임자"란 이사가 아니면서 명예회장·회장·부회장·사장·부사장·행장·부행장·부행장보·전무·상무·이사 등 업무를 집행할 권한이 있는 것으로 인정될 만한 명칭을 사용하여 금융회사의 업무를 집행하는 사람을 말한다(「금융사지배구조법」 제2조 제5호).

할 수 있는 길을 열어놓았는데, 온라인투자연계금융업에 대하여 어떤 자산총액 기준을 적용해야 하는지 불투명한 면이 있어 온라인투자연계금융업의 경우에는 직원을 준법감시인으로 선임하여도 무방하다고 해석하는 것이 타당하다[100].

온라인투자연계금융업자가 내부통제기준을 마련하지 아니하거나, 준법감시인을 선임하지 아니한 경우 그리고 준법감시인이 내부통제기준 준수여부를 점검하지 않거나, 내부통제기준을 위반한 사실을 발견한 경우에도 감사 또는 감사위원회에 보고하지 아니한 경우에는 금융위원회 조치명령권의 대상이 되고,[101] 3천만원 이하의 과태료 처분을 받는다(온라인투자연계금융업법 제57조 제2항 제7호, 제8호).

5) 온라인투자연계금융업자의 광고

온라인투자연계금융업법 제19조는, 온라인투자연계금융업자가 온라인플랫폼을 이용하여 온라인투자연계금융업을 영위하기 위한 표시·광고(이하 "광고")를 하는 경우에 있어 몇 가지 준수하여야 할 사항을 규정하고 있다. 이는 크게 금지사항과 의무사항으로 나누어진다.

〈표 3-31〉 광고시 준수사항(온라인투자연계금융업법 제19조)

조 항	금지사항	의무사항	비고
제1항	광고상의 일반적 금지행위(제1호 ~ 제6호)◆		
제2항	명시적으로 사전 동의를 하지 않은 고객에게 방문, 전화, 이메일 전송 등의 방법을 통하여 연계투자 및 연계대출을 광고하여서는 아니 된다.		
제3항	연계투자 및 연계대출 광고를 받은 고객이 이를 거부하는 취지의 의사를 표시하였음에도 해당 광고를 계속하는 행위를 하여서는 아니 된다.		예외: 이용자보호 및 건전한 거래질서를 해할 우려가 없는 행위로서 대통령령으로 정하는 행위(온라인투자연계금융업법 시행령 제18조 제2항)◆

100) 「금융사지배구조법」 제25조(준법감시인의 임면 등) 제5항은 "금융회사는 준법감시인을 제2항 단서에 따라 직원 중에서 선임하는 경우 「기간제 및 단시간근로자 보호 등에 관한 법률」에 따른 기간제근로자 또는 단시간근로자를 준법감시인으로 선임하여서는 아니 된다"고 규정하고 있는데, 이는 온라인투자연계금융업자가 직원을 준법감시인으로 선임하는 경우에도 마찬가지로 적용된다고 볼 것이다.

101) 「온라인투자연계금융업법」 제45조(금융위원회의 조치명령권) 및 별표 13, 14

제4항		특정 연계투자 상품, 조건 광고 시: 자신의 명칭, 연계투자 상품의 내용, 연계투자에 따른 위험, 그 밖에 대통령령으로 정하는 사항(온라인투자연계금융업법 시행령 제18조 제3항)◆이 포함되도록 하여야 한다.	다른 매체를 이용하여 광고하는 경우, 해당 연계투자 상품을 해당 매체의 운영자가 제공하는 것으로 오인하지 않도록 대통령령으로 정하는 사항(온라인투자연계금융업법 시행령 제18조 제4항)◆을 준수하여야 한다.
제5항		특정 연계대출 상품, 조건 광고 시: 자신의 명칭, 이자율 등 상품의 주요 내용, 과도한 채무의 위험성, 연계대출 이용에 따른 신용등급의 하락 가능성을 알리고 경고문구 및 그 밖에 차입자를 보호하기 위하여 필요한 사항으로서 대통령령으로 정하는 사항(온라인투자연계금융업법 시행령 제18조 제5항)◆이 포함되도록 하여야 한다.	
제6항	그 밖에 광고의 방법 및 절차 등에 관하여 필요한 사항은 대통령령으로 정한다.◆		

◆ 관련조문

온라인투자연계금융업법

제19조 (광고)

① 온라인투자연계금융업자가 「표시·광고의 공정화에 관한 법률」에 따른 표시 또는 광고(이하 "광고"라 한다)를 하는 경우에는 다음 각 호의 어느 하나에 해당하는 행위를 하여서는 아니 된다.

1. 사실과 다르게 광고하거나 사실을 지나치게 부풀려 광고하는 행위
2. 사실을 은폐하거나 축소하는 방법으로 광고하는 행위
3. 비교대상 및 기준을 분명하게 밝히지 아니하거나 객관적인 근거 없이 유리하다고 광고하는 행위
4. 다른 온라인투자연계금융업자에 관하여 객관적인 근거가 없는 내용으로 광고하여 비방하거나 불리한 사실만을 광고하여 다른 온라인투자연계금융업자를 비방하는 광고행위
5. 원금보장, 확정수익 등 투자자들이 투자원금 및 수익이 보장된다고 오인할 소지가 있는 내용으로 광고하는 행위
6. 그 밖에 건전한 거래질서를 위하여 필요한 경우로서 대통령령으로 정하는 광고행위

온라인투자연계금융업법 시행령

제18조 (광고)

① 법 제19조 제1항 제6호에서 "대통령령으로 정하는 광고행위"란 다음 각 호의 어느 하나에 해당하는 행위를 말한다.

1. 거짓 또는 불확실한 사항에 대하여 단정적 판단을 제공하거나 확실하다고 오인할 소지가 있는 내용을 광고(「표시·광고의 공정화에 관한 법률」에 따른 표시 또는 광고를 말한다. 이하 같다)하는 행위
2. 비교대상 및 기준을 분명하게 밝히지 않거나 객관적인 근거 없이 다른 온라인투자연계금융업자의 연계투자 및 연계대출 상품이 불리하다는 내용으로 광고하는 행위

② 법 제19조 제3항 단서에서 "대통령령으로 정하는 행위"란 다음 각 호의 어느 하나에 해당하는

> 행위를 말한다.
> 1. 연계투자 또는 연계대출 광고를 받은 고객이 이를 거부하는 취지의 의사표현을 한 시점부터 금융위원회가 정하여 고시하는 기간이 지난 후에 다시 해당 광고를 계속하는 행위
> 2. 다른 종류의 상품에 대하여 광고하는 행위. 이 경우 다른 종류의 상품에 대한 구체적인 기준은 금융위원회가 정하여 고시한다.
>
> ③ 법 제19조 제4항 본문에서 "대통령령으로 정하는 사항"이란 다음 각 호의 사항을 말한다.
> 1. 온라인투자연계금융업자의 연계투자 상품에 대한 충분한 정보제공의무에 관한 사항
> 2. 제1호에 따라 제공받은 정보를 확인한 후 투자할 것을 투자자에게 권고하는 사항
> 3. 수수료의 부과기준에 관한 사항
> 4. 그 밖에 광고에 포함할 필요가 있는 사항으로서 금융위원회가 정하여 고시하는 사항
>
> ④ 법 제19조 제4항 단서에서 "대통령령으로 정하는 사항"이란 다음 각 호의 사항을 말한다.
> 1. 연계투자 상품의 명칭과 온라인투자연계금융업자의 상호(온라인플랫폼의 명칭을 포함한다. 이하 같다)를 함께 표시할 것
> 2. 연계투자 상품은 온라인투자연계금융업자가 제공하는 것임을 명확하게 표시할 것
> 3. 광고를 실은 매체의 운영자는 연계투자 상품을 알리는 것이며, 연계투자는 제1호의 온라인투자연계금융업자와 계약을 체결해야 한다는 사실을 표시할 것
>
> ⑤ 법 제19조 제5항에서 "대통령령으로 정하는 사항"이란 다음 각 호의 사항을 말한다.
> 1. 온라인투자연계금융업자의 상호와 온라인플랫폼의 인터넷 홈페이지 또는 모바일 응용프로그램 등의 주소
> 2. 이자 외 추가비용이 있는 경우 그 내용
> 3. 그 밖에 차입자의 보호를 위해 필요한 사항으로서 금융위원회가 정하여 고시하는 사항
>
> ⑥ 온라인투자연계금융업자는 연계투자 및 연계대출 광고를 하는 경우 준법감시인의 사전확인을 받는 등 금융위원회가 정하여 고시하는 방법 및 절차를 준수해야 한다.

사. 온라인투자연계금융업

1) 차입자 및 투자자에 대한 정보 확인 및 투자자에게 제공하는 정보

온라인투자연계금융업자는 차입자의 연계대출 정보를 온라인플랫폼에 게시하기 전에 차입자의 소득·재산 및 부채상황 등 대통령령으로 정하는 내용에 관한 사항을 확인하여야 한다(온라인투자연계금융업법 제20조 제1항).

차입자는 온라인투자연계금융업자에게 허위의 정보를 제공하거나 허위의 증명서류를 제출하여서는 아니 되고(온라인투자연계금융업법 제20조 제2항), 온라인투자연계금융업자는 차입자의 소득·재산·부채상황·신용·변제계획 및 담보물건 등을 고려하여 객관적인 변제능력을 초과하는 연계대출을 실행하여서는 아니 된다(온라인투자연계금융업법 제20조 제3항).

한편, 온라인투자연계금융업자는 투자자가 연계투자를 하려는 경우에는 투자자의 본인 확인을 시행하여야 하고(온라인투자연계금융업법 제21조 제1항), 온라인투자연계금융 이용계약에 따라 투자자의 소득·재산 및 투자경험 등과 관련된 정보의 제공을 투자자에게 요구할 수 있다(온라인투자연계금융업법 제21조 제2항).

이 경우 투자자는 온라인투자연계금융업자에게 진실한 정보를 제공하여야 한다(온라인투자연계금융업법 제21조 제3항).

온라인투자연계금융업자는 위와 같이 차입자 또는 투자자로부터 제공받은 정보를 차입자 또는 투자자의 소득・재산, 부채상황 및 투자경험 등을 확인하기 위한 용도 외의 목적으로 사용하여서는 아니 된다(온라인투자연계금융업법 제20조 제4항, 제21조 제4항).

온라인투자연계금융업자가 투자자를 모집하기 위하여는 투자자에게 일정한 정보를 제공하여야 한다. 즉, 온라인투자연계금융업자는 투자자에게 아래 표에 해당하는 정보를 투자자가 쉽게 이해할 수 있도록 온라인플랫폼을 통하여 제공하여야 한다.

투자자에게 제공하는 정보(온라인투자연계금융업법 제22조 제1항 각 호)

각 호	정보의 내용
제1호	대출예정금액, 대출기간, 대출금리, 상환 일자・일정・금액 등 연계대출의 내용
제2호	제20조 제1항에 따라 확인한 차입자에 관한 사항
제3호	연계투자에 따른 위험
제4호	수수료・수수료율
제5호	이자소득에 대한 세금・세율
제6호	연계투자 수익률・순수익률
제7호	투자자가 수취할 수 있는 예상 수익률
제8호	담보가 있는 경우에는 담보가치, 담보가치의 평가방법, 담보설정의 방법 등에 관한 사항
제9호	채무불이행 시 추심, 채권매각 등 원리금 상환 절차 및 채권추심수수료 등 관련 비용에 관한 사항
제10호	연계대출채권 및 차입자 등에 대한 사항에 변경이 있는 경우에는 그 변경된 내용
제11호	그 밖에 투자자 보호를 위하여 필요한 정보로서 금융위원회가 정하여 고시하는 사항◆

온라인투자연계금융업자가, 특정 부동산 개발사업의 사업성을 평가하여 그 사업에서 발생한 미래 현금흐름을 차입원리금의 주된 상환 재원으로 하는 연계대출에 대한 연계투자 상품 또는 담보가 있는 연계대출에 대한 연계투자 상품에 대하여 위와 같이 정보를 제공하려고 하는 경우에는, 투자자를 모집하기 전에 연계투자 상품의 유형별로 금융위원회가 정하여 고시하는 기간◆ 동안 온라인플랫폼을 통하여 제공하여야 한다(온라인투자연계금융업법 제22조 제2항 및 동법 시행

령 제20조 제1항, 제2항 참조).

◆ 관련조문

온라인투자연계금융업 감독규정

제23조 (투자자에게 제공하는 정보)

① 법 제22조 제1항 제11호에서 "금융위원회가 정하여 고시하는 사항"은 다음 각 호의 사항을 말한다.

1. 계약의 해제 · 해지에 관한 사항
2. 같은 차입자에 대한 연계대출 현황
3. 다음 각 목에 해당하는 연계투자 상품의 경우 위험성이 높다는 경고 문구
   가. 같은 차입자와 같은 조건의 연계대출 계약을 다시 체결하기 위한 목적으로 투자자를 재모집 하는 연계투자상품
   나. 연계대출 금액을 분할하여 모집하는 연계투자상품
4. 그 밖에 연계투자 상품의 유형에 따라 금융감독원장이 정하는 정보의 세부사항

② 영 제20조 제2항에서 "금융위원회가 정하여 고시하는 기간"은 다음 각 호의 구분에 따른 기간을 말한다.

1. 영 제20조 제1항 제1호에 해당하는 연계투자상품: 48시간
2. 영 제20조 제1항 제2호에 해당하는 연계투자상품: 다음 각 목의 구분에 따른 기간
   가. 어음 · 매출채권을 담보로 하는 연계대출에 대한 연계투자상품: 1시간
   나. 그 밖의 연계투자상품: 24시간

온라인투자연계금융업자는 투자자가 연계투자의 의사를 표시한 경우에는 위와 같이 온라인플랫폼을 통하여 게시한 정보 내용을 투자자가 이해하였음을 서명(전사서명법 제2조에 따른 전자서명을 포함한다), 기명날인, 녹취, 전자우편, 그 밖에 대통령령으로 정하는 방법으로 확인받아야 하고(온라인투자연계금융업법 제22조 제3항), 연계대출의 연체가 발생하는 경우에는 5영업일(온라인투자연계금융업법 시행령 제20조 제4항) 안에 그 사유를 확인하여 연체 사실과 그 사유를 투자자에게 통지하고 자신의 온라인플랫폼에 게시하여야 한다(온라인투자연계금융업법 제22조 제5항).

2) 연계투자계약 및 연계대출계약의 체결(연계투자설명서, 연계투자약관 포함)

온라인투자연계금융업자는 투자자와 연계투자계약을 체결하는 경우에는 계약의 상대방임을 확인하고, 투자자에게 제공하는 위와 같은 정보가 포함된 연계투자설명서, 연계투자약관 등 계약서류를 투자자에게 교부하여야 한다(온라인투자연계금융업법 제23조 제1항). 그러나 투자자 보호를 해할 우려가 없는 경우로서 투자자가 계약서류를 받기를 거부한다는 의사를 표시한 경우 또는 투자자가 건당

10만원(온라인투자연계금융업법 시행령 제21조 제1항) 이하의 계속적・반복적인 연계투자를 하기 위하여 기본계약을 체결하고 그 계약 내용에 따라 계속적・반복적으로 거래를 하는 경우에는 계약서류를 교부하지 아니할 수 있다(온라인투자연계금융업법 제23조 제2항).

투자자는 투자금 모집이 완료되기 전까지 온라인플랫폼을 통한 전자문서로써(온라인투자연계금융업법 시행령 제21조 제3항) 연계투자계약 신청을 철회할 수 있고(온라인투자연계금융업법 제23조 제3항 전단), 이 경우 온라인투자연계금융업자는 그 투자자의 투자금을 지체 없이 반환하여야 한다(온라인투자연계금융업법 제23조 제3항 후단).

3) 투자금 및 상환금의 관리

온라인투자연계금융업자는 투자금 및 상환금(이하 "투자금등"이라 한다)을 고유재산 및 온라인투자연계금융업자가 예외적으로(온라인투자연계금융업법 제12조 제4항 단서) 자기의 계산으로 연계투자한 자금[102]과 구분하여 자금보관 및 관리업무를 적절히 수행할 수 있는 은행 등 공신력 있는 기관(이하 "예치기관"이라 한다)[103]에 예치 또는 신탁하여야 한다(온라인투자연계금융업법 제26조 제1항).

누구든지 예치기관에 예치 또는 신탁된 투자금등을 상계・(가)압류하지 못하며, 온라인투자연계금융업자는 대통령령으로 정하는 경우◆ 외에는 예치기관에 예치 또는 신탁된 투자금등을 양도하거나 담보로 제공하여서는 아니 된다(온라인투자연계금융업법 제26조 제3항).

◆ 관련조문

온라인투자연계금융업법 시행령

제24조 (투자금 및 상환금의 관리)

② 법 제26조 제3항에서 "대통령령으로 정하는 경우"란 다음 각 호의 어느 하나에 해당하는 경우를 말한다.

1. 온라인투자연계금융업자가 다른 회사에 흡수합병되거나 다른 회사와 신설합병함에 따라 예치 또는 신탁된 투자자의 투자금 및 차입자의 상환금이 그 합병으로 존속되거나 신설되는 회사에 이전되는 경우

102) 온라인투자연계금융업자가 자기의 계산으로 연계투자 하는 경우에도 해당자금을 예치기관에 예치 또는 신탁하여야 하고, 온라인투자연계금융업자의 운영자금과 분리하여야 한다(온라인투자연계금융업법 제26조 제5항 참조).

103) 온라인투자연계금융업법 시행령 제24조 제1항 참조, 「은행법」에 따른 은행 또는 농협은행, 수협은행, 한국산업은행, 중소기업은행, 증권금융회사, 금융위원회가 정하여 고시하는 기준에 따른 상호저축은행 등을 말함.

> 2. 제34조 제1항 제5호(금융위원회의 조치명령권 중 계약 인계명령)에 따른 계약이 인계명령 또는 영업양도 계약에 따라 온라인투자연계금융업자가 연계대출계약 또는 연계투자계약 당사자로서의 지위를 양도하여 예치 또는 신탁된 투자금등을 그 계약을 양수하는 회사에 양도하는 경우
> 3. 그 밖에 투자자의 보호를 해칠 우려가 없는 경우로서 금융위원회가 정하여 고시하는 경우

또한, 온라인투자연계금융업자는 등록취소·해산결의, 파산선고 등 아래의 일정한 사유[104]가 발생한 경우에는 예치 또는 신탁된 투자금등이 투자자에게 우선하여 지급될 수 있도록 조치하여야 한다(온라인투자연계금융업법 제26조 제4항).

〈표 3-32〉 투자금등의 우선 지급 사유

온라인투자연계금융업법 시행령 제24조 제3항	온라인투자연계금융업자가 영업정지명령을 받거나 등록이 취소된 경우
	온라인투자연계금융업자가 해산의 결의를 한 경우
	온라인투자연계금융업자가 「채무자 회생 및 파산에 관한 법률」에 따른 파산선고를 받은 경우
	그 밖에 위 사유에 준하는 사유가 발생한 경우로서 금융위원회가 정하여 고시하는 경우(아래 감독규정 제28조에 정한 사유)
온라인투자연계금융업 감독규정 제28조	온라인투자연계금융업자의 정관에서 정한 존속기간의 만료, 그 밖의 해산사유가 발생한 경우
	온라인투자연계금융업자의 영업이 존속하기 어려운 취지의 법원의 명령 또는 판결이 있는 경우

4) 연계대출채권의 관리 및 파산절연

온라인투자금융업법은 투자자의 투자금을 보호하기 위한 방편으로 위와 같이 투자금 및 상환금을 온라인투자연계금융업자의 고유재산과 구분하여 보관하게 하는 이외에도 온라인투자연계금융업자의 파산 등에 대비한 보호책을 규정하고 있다.

즉, 온라인투자금융업자가 파산하거나 회생절차가 개시되는 경우 또는 기업구조조정 관리절차가 개시된 경우, 온라인투자연계금융업자의 연계대출채권은 온라인투자연계금융업자의 파산재단, 회생절차의 관리인이 관리 및 처분권한을 가지는 채무자의 재산 또는 관리대상이 되는 재산을 구성하지 아니한다(온라인투자연계금융업법 제28조 제1항, 제3항).◆

또한, 온라인투자연계금융업자의 연계대출채권은 강제집행, 「채무자 회생 및

---

104) 온라인투자연계금융업법 시행령 제24조 제3항 및 온라인투자연계금융업 감독규정 제28조 참조.

파산에 관한 법률」에 따른 보전처분, 중지명령 또는 포괄적 금지명령이 대상이 되지 아니하고(온라인투자연계금융업법 제28조 제2항)◆, 투자자는 연계대출채권으로부터 제삼자에 우선하여 변제받을 권리인 우선변제권을 가지며(온라인투자연계금융업법 제28조 제4항, 제5항)◆, 온라인투자연계금융업자에 대한 회생절차 또는 기업구조조정 관리절차에 따라 채무의 면책·조정·변경이나 그 밖의 제한이 이루어진 경우에도 우선변제권에는 영향을 미치지 아니한다(온라인투자연계금융업법 제28조 제6항).◆

뿐만 아니라 온라인투자연계금융업자는 연계대출채권의 상환되지 아니한 잔액이 존속하는 한 연계투자계약에서 특별히 정하는 경우를 제외하고는[105] 연계대출채권을 처분하거나 다른 채무에 대한 담보로 제공해서는 아니 되며, 이를 위반한 처분 또는 담보제공은 우선변제권자에 대해서는 효력이 없다(온라인투자연계금융업법 제28조 제7항).◆

◆ 관련조문

온라인투자연계금융업법

제28조 (연계대출채권의 파산절연 등)

① 온라인투자연계금융업자가 파산하거나 회생절차가 개시되는 경우 온라인투자연계금융업자의 연계대출채권은 온라인투자연계금융업자의 파산재단 또는 회생절차의 관리인이 관리 및 처분권한을 가지는 채무자의 재산을 구성하지 아니한다.

② 온라인투자연계금융업자의 연계대출채권은 강제집행, 「채무자 회생 및 파산에 관한 법률」에 따른 보전처분, 중지명령 또는 포괄적 금지명령의 대상이 되지 아니한다. 다만, 투자자 및 제5항 각 호의 권리를 보유하는 자(이하 "우선변제권자"라 한다)의 우선변제를 위하여 강제집행을 하는 경우에는 그러하지 아니하다.

③ 온라인투자연계금융업자에 대하여 기업구조조정 관리절차가 개시된 경우 온라인투자연계금융업자의 연계대출채권은 관리대상이 되는 재산을 구성하지 아니한다.

④ 투자자는 연계대출채권으로부터 제삼자에 우선하여 변제받을 권리(이하 "우선변제권"이라 한다)를 가진다.

⑤ 다음 각 호의 권리를 보유하는 자는 투자자와 동일한 우선변제권을 가진다.

1. 원리금수취권의 상환·유지 및 관리와 연계대출채권의 관리·처분 및 집행을 위한 비용채권
2. 수탁기관의 보수채권

⑥ 온라인투자연계금융업자에 대한 회생절차 또는 기업구조조정 관리절차에 따라 채무의 면책·조정·변경이나 그 밖의 제한이 이루어진 경우에도 우선변제권에는 영향을 미치지 아니한다.

⑦ 온라인투자연계금융업자는 연계대출채권의 상환되지 아니한 잔액이 존속하는 한 연계투자계약에

---

105) 연계투자계약에서 특별히 정하는 경우에는, 연계대출채권의 상환되지 아니한 잔액이 존속하는 경우에도 연계대출채권의 처분이나 담보 제공이 가능한지 해석상 문제될 수 있다. 연계투자계약에 명시하기만 하면 아무런 제한 없이 처분이나 담보제공이 가능하다고 보는 것은 투자자 등의 우선변제권을 명시한 법률의 취지에 어긋날 수 있으므로, 투자자 등 우선변제권자의 권리를 해하지 않는 범위 내에서 예외적으로 달리 정하는 것이 가능하다고 보아야 하고, 법 개정을 통하여 보완할 필요가 있다.

> 서 특별히 정하는 경우를 제외하고는 연계대출채권을 처분하거나 다른 채무에 대한 담보로 제공해서는 아니 되며, 이를 위반한 처분 또는 담보제공은 우선변제권자에 대해서는 효력이 없다.

따라서, 연계대출채권의 양수인은 투자자 등 우선변제권자에 대하여 채권의 소유를 주장할 수 없을 뿐만 아니라 차입자가 연계대출채권의 양수인에게 채무변제를 하였다고 하더라도 투자자 등 우선변제권자에 대하여는 그 채무의 소멸을 주장할 수 없다고 할 것이다.

5) 손해배상책임

온라인투자연계금융업자는 온라인투자연계금융업을 영위하면서 법령・약관・계약서류에 위반되는 행위를 하거나 그 업무를 소홀히 하여 이용자에게 손해를 발생시킨 경우에는 그 손해를 배상할 책임이 있다(온라인투자연계금융업법 제31조 제1항 본문). 이 경우 관련되는 임원에게도 귀책사유가 있는 경우에는 해당 임원이 온라인투자연계금융업자와 연대하여 그 손해를 배상할 책임이 있다(온라인투자연계금융업법 제31조 제2항). 다만, 배상의 책임을 질 온라인투자연계금융업자가 상당한 주의를 하였음을 입증한 경우에는 책임을 면할 수 있다(온라인투자연계금융업법 제31조 제1항 단서).

온라인투자연계금융업자 또는 관련 임원이 손해배상책임을 지는 경우에는 손해액의 추정이 이루어지는데, 추정되는 손해액은 다음과 같이 산정한다(온라인투자연계금융업법 제31조 제3항 및 동법 시행령 제26조).

추정 손해액 =	연계투자로 투자자가 지급했거나 지급해야 할 금전과 그 밖에 재산적 가치가 있는 것(이하 "금전등")의 총액 − 그 연계투자에 대한 원리금수취권의 처분 또는 그 밖의 방법으로 투자자가 회수했거나 회수할 수 있는 금전등의 총액을 뺀 금액

6) 대출한도 및 투자한도(금융기관 등의 연계투자에 관한 특례)

이용자의 과도한 연계투자와 대출로 인한 이용자 또는 온라인투자연계금융업자의 피해를 예방하기 위하여 온라인투자연계금융업법 제32조는 대출한도 및 투자한도를 규율하고 있다. 그 내용은 〈표 3－33〉과 같다.

〈표 3-33〉 대출한도 및 투자한도(온라인투자연계금융업법 제32조)

<table>
<tr><th></th><th>원 칙</th><th colspan="2">예 외</th></tr>
<tr><td rowspan="4">대출한도
(제1항)</td><td rowspan="4">온라인투자연계금융업자는 동일한 차입자에 대하여 자신이 보유하고 있는 총 연계대출채권 잔액의 100분의 10이내에서 대통령령으로 정하는 한도를 초과하여 연계대출을 할 수 없다.
※ 대통령령으로 정하는 한도는 온라인투자연계금융업자가 자신이 보유하고 있는 총 연계대출채권 잔액의 100분의 7에 해당하는 금액 또는 70억원 중 적은 금액(온라인투자연계금융업법 시행령 제27조 제1항)◆</td><td colspan="2">다만, 다음 각 호는 예외</td></tr>
<tr><td>1</td><td>온라인투자연계금융업자가 보유하고 있는 총 연계대출채권 잔액 및 시행하려는 연계대출의 규모가 대통령령으로 정하는 금액(같은 법 제27조 제2항)◆ 이하인 경우</td></tr>
<tr><td>2</td><td>온라인투자연계금융업자가 국가, 지방자치단체 및 대통령령으로 정하는 공공기관 등(같은 법 제27조 제3항)◆이 대통령령으로 정하는 지역개발사업, 사회기반시설사업 등(같은 법 제27조 제4항)◆을 할 때 직접 필요한 금액을 연계대출하는 경우</td></tr>
<tr><td>3</td><td>그 밖에 국민생활 안정 등을 위하여 불가피한 경우로서 대통령령으로 정하는 경우(같은 법 제27조 제5항)◆</td></tr>
<tr><td>투자한도
(제2항)</td><td>투자자가 온라인투자연계금융업자를 통하여 연계대출을 할 수 있는 금액은 투자자의 투자목적, 재산상황, 투자경험, 연계투자 상품의 종류 및 차입자의 특성을 고려하여 대통령령으로 구분하여 정한다(같은 법 제27조 제6항).◆</td><td colspan="2">다만, 전문투자자는 적용 제외
※ 전문투자자란 법인투자자 및 금융상품에 관한 전문성 구비 여부, 소유자산규모 등에 비추어 투자에 따른 위험감수능력이 있는 투자자로서 대통령령으로 정하는 개인전문투자자(같은 법 제27조 제7항)◆를 포함한다(온라인투자연계금융업법 제32조 제2항).</td></tr>
</table>

◆ 관련조문

온라인투자연계금융업법 시행령

제27조 (대출한도 및 투자한도)

① 법 제32조 제1항 각 호 외의 부분 본문에서 "대통령령으로 정하는 한도"란 다음 각 호의 금액 중 적은 금액을 말한다.

1. 온라인투자연계금융업자 자신이 보유하고 있는 총 연계대출채권 잔액의 100분의 7에 해당하는 금액
2. 70억원

② 법 제32조 제1항 제1호에서 "대통령령으로 정하는 금액"이란 다음 각 호의 구분에 따른 금액을 말한다.

1. 온라인투자연계금융업자가 보유하고 있는 연계대출채권 잔액 총액: 300억원
2. 온라인투자연계금융업자가 시행하려는 연계대출의 규모: 21억원

③ 법 제32조 제1항 제2호에서 "대통령령으로 정하는 공공기관 등"이란 다음 각 호의 기관을 말한다.

1. 「공공기관의 운영에 관한 법률」에 따른 공공기관
2. 「지방공기업법」에 따른 지방직영기업·지방공사 및 지방공단

④ 법 제32조 제1항 제2호에서 "대통령령으로 정하는 지역개발사업, 사회기반시설사업 등"이란 다음 각 호의 어느 하나에 해당하는 사업을 말한다.

1. 수도사업
2. 공업용 수도사업
3. 궤도사업(도시철도사업을 포함한다)
4. 공공운송사업
5. 가스사업
6. 지방도로사업
7. 하수도사업
8. 청소·위생사업
9. 주택사업
10. 의료사업

11. 매장 및 묘지사업
12. 주차장사업
13. 토지개발사업
14. 시장사업
15. 관광사업
16. 「사회기반시설에 대한 민간투자법」 제2조 제3호에 따른 사회기반시설사업
17. 그 밖에 지역개발 및 사회기반시설 등에 필요하다고 금융위원회가 인정하는 사업

⑤ 법 제32조 제1항 제3호에서 "대통령령으로 정하는 경우"란 급격한 경제 여건의 변화 또는 국민생활 안정목적 등 불가피한 사유가 있다고 금융위원회가 인정하는 경우를 말한다.

⑥ 법 제32조 제2항 본문에 따라 투자자가 온라인투자연계금융업자를 통해 연계투자를 할 수 있는 금액은 다음 각 호의 구분에 따른다.

1. 「소득세법」 제4조 제1호가목 및 나목에 따른 이자소득 및 배당소득의 합계액이 같은 법 제14조 제3항 제6호에 따른 이자소득등의 종합과세기준금액을 초과하는 사람 또는 직전 과세기간 중 같은 법 제19조 제2항에 따른 사업소득금액과 같은 법 제20조 제2항에 따른 근로소득금액의 합계액이 1억원을 초과하는 개인투자자의 경우: 다음 각 목의 구분에 따른 금액 이내
   가. 온라인투자연계금융업자를 통한 연계투자 금액 총액(상환된 금액 등을 제외한 잔액을 의미한다. 이하 이 조에서 같다): 1억원 이내에서 연계투자상품의 종류 등을 고려하여 금융위원회가 정하여 고시하는 금액
   나. 같은 차입자에 대한 연계투자 금액: 2천만원
2. 제1호에 해당하지 않는 개인투자자의 경우: 다음 각 목의 구분에 따른 금액 이내
   가. 온라인투자연계금융업자를 통한 연계투자 금액 총액: 5천만원 이내에서 연계투자 상품의 종류 등을 고려하여 금융위원회가 정하여 고시하는 금액
   나. 같은 차입자에 대한 연계투자 금액: 5백만원

⑦ 법 제32조 제2항 단서에서 "대통령령으로 정하는 개인전문투자자"란 「자본시장법 시행령」 제10조 제3항 제17호에 따른 전문투자자(이하 "전문투자자"라 한다)를 말한다.

⑧ 법 제32조 제3항에서 "대통령령으로 정하는 필요한 조치"란 다음 각 호의 조치를 말한다.

1. 차입자에 대한 연계대출의 규모가 법 제32조 제1항에 따른 한도를 넘지 않았음을 확인하고, 한도가 넘지 않도록 유지ㆍ관리할 것
2. 투자자의 연계투자 규모가 법 제32조 제2항에 따른 금액을 넘지 않도록 투자자의 연계투자에 앞서 중앙기록관리기관을 통해 투자자의 연계투자 금액을 확인ㆍ관리할 것

7) 중앙기록관리기관

온라인투자연계금융업법 제2조(정의)에서는 중앙기록관리기관에 대한 정의 규정을 두고 있지 않지만, 동법 제33조(중앙기록관리기관) 제1항은 "대통령령으로 정하는 바에 따라 온라인투자연계금융업자로부터 이용자에 대한 정보를 제공받아 관리하는 기관을 말한다"고 규정하고 있다.

중앙기록관리기관 제도를 도입한 목적은, 모든 투자자 또는 차입자의 온라인투자연계금융 이용 정보를 중앙기록관리기관에 집중시킴으로써 이용자의 총 투자현황 또는 대출현황을 집계하여 온라인투자연계금융업법상 정해진 투자 또는 대출한도를 지키고, 이용자들을 과도한 연계투자, 연계대출을 차단함으로써 건전한 금융질서 및 이용자를 보호하기 위한 것이다.[106)]

106) 「자본시장법」 제117조의13도 온라인소액투자중개업자가 증권의 발행한도 및 투자한도의 관리업무, 투자자명부의 작성과 관리업무 등을 중앙기록관리기관 및 한국예탁결제원에 위탁하도록 하고 있다.

이러한 목적에 따라, 온라인투자연계금융업자는 차입자로부터 연계대출 신청을 받거나 투자자로부터 연계투자 신청을 받은 경우 또는 원리금수취권에 대한 양도·양수의 신청을 받은 경우에는 신청의 내용, 이용자에 대한 정보 등 대통령령으로 정하는 자료를 지체 없이 중앙기록관기기관에 제공하여야 한다(온라인투자연계금융업법 제33조 제1항).

또한 온라인투자연계금융업자는 동법 제32조에서 정하고 있는 차입자의 연계대출한도와 투자자의 연계투자한도가 준수될 수 있도록 대통령령으로 정하는 필요한 조치를 취하여야 하는 바, 그 조치를 취하기 위하여 필요한 사항을 중앙기록관리기관에 위탁하여야 한다(온라인투자연계금융업법 제33조 제2항).

온라인투자연계금융업자가 중앙기록관기기관에 위탁하는 업무의 내용은, 온라인투자연계금융 정보의 집중·관리, 온라인투자연계금융업자를 통한 투자자의 연계투자 한도의 관리 및 그에 부수하는 업무라고 할 수 있다(온라인투자연계금융업법 시행령 제28조).

금융위원회는 P2P 중앙기록관리기관 선정 평가위원회의 심사를 거쳐 2020. 10. 21. "금융결제원"을 온라인투자연계금융업법상의 중앙기록관리기관으로 선정하였고, "금융결제원"은 관련 전산시스템을 구축하여 2021. 5. 1.부터 운영을 개시할 예정이다.[107]

선정된 중앙기록관리기관은 각 온라인투자연계금융업자로부터 제공받은 자료를 대통령령이 정하는 방법에 따라 보관·관리하여야 하며(온라인투자연계금융업법 제33조 제3항), 제공받은 자료를 타인에게 제공하여서는 아니 된다.[108]

중앙기록관리기관도 온라인투자연계금융업자와 마찬가지로 금융위원회 또는 금융감독원의 감독, 검사를 받고, 금융위원회 조치명령권의 대상이 된다(온라인투자연계금융업법 제33조 제5항).

8) 원리금수취권의 양도·양수의 원칙적 금지 및 그 위반의 효력

투자자는 원칙적으로 보유하고 있는 원리금수취권을 양도할 수 없다(온라인투자연계금융업법 제34조 제1항 본문). 온라인투자연계금융업법상의 투자한도를 회피

107) 금융위원회 2020. 10. 21. 배포 「금융위, 금융결제원을 온라인투자연계금융업[P2P] "중앙기록관리기관"으로 선정」 보도자료 참조.

108) 온라인투자연계금융업법 제33조 제4항, 다만, 자료의 정보주체인 이용자의 동의를 받은 온라인투자연계금융업자, 해당 투자자 본인 또는 해당자 본인에게 제공하는 경우 및 대통령령으로 정하는 경우에는 이를 제공할 수 있다(동 조 제4항 단서).

하기 위한 탈법행위의 수단으로 원리금수취권의 양도가 이루어지는 것을 방지함과 아울러 소액이기는 하지만 연체율 등 위험성이 높은 연계대출채권에 대하여 전문성이 높지 않은 개인 간의 거래를 차단하고자 하는 정책적 목적에 기인한 것으로 보인다.

이를 위반하여 원리금수취권을 양도한 사람에 대하여는 5천만원 이하의 과태료를 부과하도록 되어 있으나(온라인투자연계금융업법 제57조 제1항 제14호), 정책적 판단에 기인한 것이므로 원리금수취권 양수도계약 자체가 사법상 무효로 되는 것은 아니라고 보는 것이 타당하다.

다만, 전문투자자에게 양도하는 경우 또는 해당 원리금수취권의 투자 손실가능성 및 낮은 유통 가능성 등을 인지하고 있는 자로서 대통령령으로 정하는 자에게 양도하는 경우에는 원리금수취권의 양도가 가능하나(온라인투자연계금융업법 제34조 제1항 단서), 이러한 경우 그 양도·양수는 해당 원리금수취권을 제공한 온라인투자연계금융업자의 중개를 통하여야 한다(온라인투자연계금융업법 제34조 제2항).

아. 감독 및 처분

금융위원회 및 그 위탁을 받은 금융감독원은 온라인투자연계금융업자가 온라인투자연계금융업법 및 동법에 따른 명령이나 처분을 적절히 준수하는지 여부를 감독하여야 하고,[109] 금융감독원의 원장은 그 소속직원으로 하여금 온라인투자연계금융업자의 업무와 재산상황을 검사하게 할 수 있다(온라인투자연계금융업법 제44조 제1항).

금융위원회 및 금융감독원은 위와 같은 감독 및 검사 권한에 의하여 온라인투자연계금융업자 및 그 임직원이 관계 법령 또는 그에 따른 명령이나 처분을 적절히 준수하는지 여부를 감독하여야 하고, 그에 위반된 사실이 발견될 경우, 금융위원회는 조치명령, 영업정지·등록취소처분 또는 과징금 부과처분을 할 수 있다.

1) 금융위원회의 조치명령권

금융위원회는 온라인투자연계금융업자 또는 그 임직원이 온라인투자연계금융

---

109) 온라인투자연계금융업법 제43조(감독) 제1항 및 제48조(권한의 위탁) 제1항

업법 또는 그 시행령의 어느 조항을 위반한 경우 〈표 3-34〉 중 어느 하나에 해당하는 조치를 취할 수 있다(온라인투자연계금융업법 제45조).

〈표 3-34〉 금융위원회의 조치명령권(온라인투자연계금융업법 제45조 각 호)

<table>
<tr><th>각 호</th><th>조치명령 내용</th><th>시행령상의 조치</th></tr>
<tr><td>제1호</td><td>위법행위의 시정명령</td><td></td></tr>
<tr><td>제2호</td><td>기관경고</td><td></td></tr>
<tr><td>제3호</td><td>기관주의</td><td></td></tr>
<tr><td>제4호</td><td>임원의 해임권고·직무정지</td><td></td></tr>
<tr><td>제5호</td><td>직원의 면직 요구</td><td></td></tr>
<tr><td>제6호</td><td>임직원에 대한 주의·경고·문책의 요구</td><td></td></tr>
<tr><td rowspan="6">제7호</td><td rowspan="6">위법행위를 시정하거나 방지하기 위하여 필요한 조치로서 대통령령으로 정하는 조치</td><td>경영이나 업무방법의 개선요구나 개선권고</td></tr>
<tr><td>손해에 대한 변상 요구</td></tr>
<tr><td>법을 위반한 경우에는 고발 또는 수사기관에 대한 통보</td></tr>
<tr><td>다른 법률을 위반한 경우에는 관련 기관이나 수사기관에 대한 통보</td></tr>
<tr><td>연계대출계약 또는 연계투자계약의 인계명령</td></tr>
<tr><td>위반행위로 인한 조치를 받았다는 사실에 대한 공표명령 또는 게시명령</td></tr>
</table>

조치명령 중 제4호는 임원의 해임권고, 제5호는 직원의 면직 요구, 제6호는 임직원에 대한 주의·경고·문책의 요구를 규정하고 있는데, "권고", "요구"라고 표현되어 있어 강제력이 없는 것으로 보일 수 있으나, 금융위원회는 온라인투자연계금융업자가 해당 조치명령이나 조치를 위반한 경우 6개월 이내의 범위 내에서 영업의 전부 또는 일부의 정지를 명할 수 있어 사실상 이를 강제하고 있다(온라인투자연계금융업법 제49조 제1항 제20호).

또한 조치명령 중 제4호의 직무정지와 관련하여, 온라인투자연계금융업법은 직무정지의 기간에 대하여 명시적으로 규정하고 있지 아니하여 문제의 소지가 있으나, 실무상으로 직무정지 조치명령은 온라인투자연계금융업법 제49조 제1항의 영업정지 처분과 함께 행하여지고 있고, 영업정지 처분의 경우 해당 조항상 6개월 이내의 범위 내에서 처분이 이루어지기 때문에 직무정지 조치명령에 있어서도 위 기간이 사실상 준용되고 있는 것으로 보인다.[110]

금융위원회가 조치명령을 발령할 수 있는 처분사유인 온라인투자연계금융업자 또는 그 임직원의 법령위반행위에 대하여는 온라인투자연계금융업법 별표에 정하여져 있다.

2) 영업의 정지 및 등록취소 등

가) 영업의 정지 사유, 기간 및 범위

금융위원회는 온라인투자연계금융업자가 일정한 사유에 해당하면 그 온라인투자연계금융업자에게 대통령령으로 정하는 기준에 따라 6개월 이내의 기간을 정하여 그 영업의 전부 또는 일부의 정지를 명할 수 있다[임의적 영업의 전부 또는 일부 정지, 온라인투자연계금융업법 제49조 제1항].

영업의 정지 사유는 온라인투자연계금융업법 제49조 제1항 각 호에 규정되어 있고, 각 정지 사유에 따른 영업정지의 기간은 온라인투자연계금융업법 시행령 별표2에 정하여져 있다.

참고로, 영업정지 처분의 경우 등록취소 처분과는 달리 청문절차에 관한 규정의 적용이 배제되어 있는데(온라인투자연계금융업법 제49조 제3항), 처분의 침익성에 차이가 있는 점을 감안하면, 영업정지 처분의 경우 의견진술 기회를 부여하는 것으로 족하다고 할 것이다.

나) 등록취소

금융위원회는 온라인투자연계금융업자가 일정한 사유에 해당하면 그 온라인투자연계금융업자의 등록을 취소하여야 하거나 취소할 수 있다[필요적 또는 임의적 등록 취소, 온라인투자연계금융업법 제49조 제2항].

등록 취소 사유(온라인투자연계금융업법 제49조 제2항 각 호)[111]

각 호	관련 조항	내용
제1호	제5조	거짓 또는 그 밖의 부정한 방법으로 제5조에 따른 등록을 한 경우
제2호	제5조 제1항	제5조 제1항의 요건을 충족하지 아니한 경우
제3호	제5조 제7항	제5조 제7항에 따른 등록요건의 유지의무를 위반한 경우
제4호	제6조 제1항	온라인투자연계금융업자의 임원이 제6조 제1항에 따른 결격사유에 해당하는 경우

110) 기간을 정하지 아니하거나 6개월을 초과한 기간의 직무정지 조치명령에 대하여는 위법 여부에 대한 다툼의 소지가 있다.

111) 제1호는 필요적 등록 취소 사유, 제2호 이하는 임의적 등록 취소 사유

第5호		6개월 이상 계속하여 영업실적이 없거나 법인의 합병·파산·폐업 등으로 사실상 영업을 끝낸 경우
第6호		영업정지 명령을 위반한 경우
第7호		영업정지 명령을 받고도 그 영업정지 기간 이내에 영업정지 처분 사유를 시정하지 아니하여 동일한 사유로 영업정지 처분을 대통령령으로 정하는 횟수(3회) 이상 받은 경우[112)

금융위원회는 등록취소를 하기 전에 해당 온라인투자연계금융업자에게 청문을 하여야 한다(온라인투자연계금융업법 제49조 제3항). 온라인투자연계금융업법이 등록취소의 경우 청문을 하도록 강제하고 있는 이상 이를 거치지 않고 등록취소 처분을 하면 위법한 처분으로 취소 사유에 해당한다고 할 것이다.[113)]

3) 과징금

금융위원회는 온라인투자연계금융업자가 온라인투자연계금융업법 제32조 제1항을 위반한 경우(대출한도를 초과하여 연계대출한 경우)에는, 그 온라인투자연계금융업자에 대하여 한도를 초과한 연계대출 금액의 100분의 30을 초과하지 아니하는 범위에서 과징금을 부과할 수 있다(온라인투자연계금융업법 제50조 제1항).

또한, 금융위원회는 온라인투자연계금융업자에 대하여 영업정지 처분이 이용자에게 심한 불편을 주거나 그 밖에 공익을 해할 우려가 있는 경우에는 영업정지 처분에 갈음하여 5천만원 이하의 과징금을 부과할 수 있다(온라인투자연계금융업법 제50조 제2항).

과징금의 구체적인 부과기준은 온라인투자연계금융업법 시행령 별표3에 규정되어 있다.

자. 주요 벌칙 내용

온라인투자연계금융업법은 제7장에서 형사처벌 규정인 벌칙, 그에 대한 양벌 규정[114)] 및 과태료를 규정하고 있다. 벌칙의 주요 내용을 정리하면 〈표 3－35〉

112) 온라인투자연계금융업법 시행령 제37조 제2항 참조.
113) 대법원 2017. 4. 7. 선고 2016두63224판결 참조.
114) **온라인투자연계금융업법 제56조(양벌규정)**
법인의 대표자나 법인 또는 개인의 대리인, 사용인, 그 밖의 종업원이 그 법인 또는 개인의 업무에 관하여 제55조의 위반행위를 하면 그 행위자를 벌하는 외에 그 법인 또는 개인에게도 해당 조문의 벌금형을 과한다. 다만, 법인 또는 개인이 그 위반행위를 방지하기 위하여 해당 업무에 관하여 상당한 주의와 감독을 게을리하지 아니한 경우에는 그러하지 아니하다.

와 같다.

〈표 3-35〉 벌칙(온라인투자연계금융업법 제55조)

제1항	각 호	3년 이하의 징역 또는 1억원 이하의 벌금
	제1호	등록을 하지 아니하고 온라인투자연계금융업을 영위하는 행위
	제2호	온라인투자연계금융업자가 자신 또는 자신의 대주주 및 임직원에게 연계대출을 하는 행위 및 연계대출을 받는 행위
	제3호	온라인투자연계금융업자가 연계대출채권의 상환되지 아니한 잔액이 존속하고 있고, 연계투자계약에서 특별히 정하고 있지 아니함에도 불구하고, 연계대출채권을 처분하거나 다른 채무에 대한 담보로 제공하는 행위
제2항	각 호	1년 이하의 징역 또는 3천만원 이하의 벌금
	제1호	이 법에 따른 온라인투자연계금융업자가 아닌 자가 그 상호 중에 온라인투자연계금융업, 온라인대출금융업, 온라인투자연계대출업, 온라인연계대출업 또는 이와 유사한 명칭(대통령령으로 정하는 외국어 문자 포함)을 사용하는 행위
	제2호	이 법에 따른 온라인투자연계금융협회가 아닌 자가 온라인투자연계금융협회 또는 이와 유사한 명칭(대통령령으로 정하는 외국어 문자 포함)을 사용하는 행위

4. 특정 금융거래정보의 보고 및 이용 등에 관한 법률

가. 개 요

특정금융정보법은 금융거래 등을 이용한 자금세탁행위와 공중협박자금조달행위를 규제하는 데 필요한 특정 금융거래정보의 보고 및 이용 등에 관한 사항을 규정하고 있는바, 일명 '자금세탁방지법'이라고도 불린다.

특정금융정보법은 금융위원회 산하에 '금융정보분석원'을 두고, 금융정보분석원이 금융회사 등으로부터 특정 금융거래정보를 보고 또는 통보받고 필요에 따라 그 보고받은 정보 또는 이를 정리하거나 분석한 정보를 수사기관 등에 제공하도록 하고 있다.

한편, 2020. 3. 24. 개정되어 2021. 3. 25.부터 시행되는 개정 특정금융정보법은 '가상자산'과 관련한 거래에 대해서도 금융정보분석원이 보고 또는 통보받고, 이를 수사기관 등에 제공할 수 있도록 하고 있는바, 그 개정 내용은 3부 2장의 "7. 암호화폐의 가능성과 규제"에서 별도로 구체적으로 설명하기로 하고, 이 항에서는 기존 특정금융정보법의 주요 내용에 대해서만 설명하기로 한다.

나. '정의' 규정

1) 금융회사등

특정금융정보법에서 말하는 '금융회사등'이라 함은 다음의 어느 하나에 해당하는 자를 말한다(특정금융정보법 제2조 제1호).

각 목	금융회사등
가목	「한국산업은행법」에 따른 한국산업은행
나목	「한국수출입은행법」에 따른 한국수출입은행
다목	「중소기업은행법」에 따른 중소기업은행
라목	「은행법」에 따른 은행
마목	「자본시장법」에 따른 투자매매업자, 투자중개업자, 집합투자업자, 신탁업자, 증권금융회사, 종합금융회사 및 명의개서대행회사
바목	「상호저축은행법」에 따른 상호저축은행과 상호저축은행중앙회
사목	「농업협동조합법」에 따른 조합과 농협은행

아목	「수산업협동조합법」에 따른 조합과 수협은행
자목	「신용협동조합법」에 따른 신용협동조합과 신용협동조합중앙회
차목	「새마을금고법」에 따른 금고와 중앙회
카목	「보험업법」에 따른 보험회사
타목	「우체국예금 · 보험에 관한 법률」에 따른 체신관서
파목	「관광진흥법」에 따라 허가를 받아 카지노업을 하는 카지노 사업자
하목	가상자산과 관련하여 다음 1)부터 6)까지의 어느 하나에 해당하는 행위를 영업으로 하는 자(이하 "가상자산사업자"라 함) 1) 가상자산을 매도, 매수하는 행위 2) 가상자산을 다른 가상자산과 교환하는 행위 3) 가상자산을 이전하는 행위 중 대통령령으로 정하는 행위 4) 가상자산을 보관 또는 관리하는 행위 5) 1) 및 2)의 행위를 중개, 알선하거나 대행하는 행위 6) 그 밖에 가상자산과 관련하여 자금세탁행위와 공중협박자금조달행위에 이용될 가능성이 높은 것으로서 대통령령으로 정하는 행위
거목	특정금융정보법 제2조 제2호에 따른 '금융거래'를 하는 자로서 대통령령으로 정하는 자◆

◆ 관련조문

특정금융정보법 시행령

제2조 (금융회사등)

「특정금융정보법」 제2조 제1호 하목에서 "대통령령으로 정하는 자"란 다음 각 호의 자를 말한다.

1. 「신용보증기금법」에 의한 신용보증기금
2. 「기술보증기금법」에 따른 기술보증기금
3. 「자본시장법」에 따른 투자일임업자
4. 삭제 〈2005. 9. 27.〉
5. 「여신전문금융업법」에 의한 여신전문금융회사와 신기술사업투자조합
6. 「산림조합법」에 의한 산림조합과 그 중앙회
7. 「금융지주회사법」에 의한 금융지주회사
8. 「중소기업창업 지원법」에 의한 중소기업창업투자회사와 중소기업창업투자조합
9. 삭제 〈2015. 12. 30.〉
10. 「외국환거래법」 제8조 제3항 제1호에 따라 등록한 환전영업자
11. 「농업협동조합법」 제161조의12에 따른 농협생명보험 및 농협손해보험
12. 「외국환거래법」 제8조 제3항 제2호에 따라 등록한 소액해외송금업자
13. 「전자금융거래법」에 따른 전자금융업자
14. 「대부업 등의 등록 및 금융이용자 보호에 관한 법률」 제3조 제2항 제5호에 따라 등록한 대부업자 중 같은 법 제9조의7 제1항에 따른 자산규모 이상인 자
15. 그 밖에 자금세탁행위와 공중협박자금조달행위에 이용될 가능성이 있는 금융거래를 하는 자로서 법 제3조에 따른 금융정보분석원(이하 "금융정보분석원"이라 한다)의 장이 정하여 고시하는 자

2) 금융거래

특정금융정보법 상의 '금융거래'라고 함은 다음의 각 거래 중 하나를 말한다

(특정금융정보법 제2조 제2호).

각 목	금융거래
가목	금융회사등이 금융자산(「금융실명거래 및 비밀보장에 관한 법률」 제2조 제2호에 따른 금융자산을 말한다)을 수입·매매·환매·중개·할인·발행·상환·환급·수탁·등록·교환하거나 그 이자·할인액 또는 배당을 지급하는 것과 이를 대행하는 것, 그 밖에 금융자산을 대상으로 하는 거래로서 총리령으로 정하는 것
나목	「자본시장법」에 따른 파생상품시장에서의 거래, 그 밖에 대통령령으로 정하는 것◆
다목	카지노사업자의 영업장에서 현금 또는 수표를 대신하여 쓰이는 것으로서 대통령령으로 정하는 것◆
라목	가상자산사업자가 수행하는 다음 1)부터 6)까지의 어느 하나에 해당하는 것(이하 "가상자산거래"라 함) 1) 가상자산을 매도, 매수하는 행위 2) 가상자산을 다른 가상자산과 교환하는 행위 3) 가상자산을 이전하는 행위 중 대통령령으로 정하는 행위 4) 가상자산을 보관 또는 관리하는 행위 5) 1) 및 2)의 행위를 중개, 알선하거나 대행하는 행위 6) 그 밖에 가상자산과 관련하여 자금세탁행위와 공중협박자금조달행위에 이용될 가능성이 높은 것으로서 대통령령으로 정하는 행위

◆ 관련조문

특정금융정보법 시행령

제3조 (금융거래)

① 법 제2조 제2호 나목에서 "그 밖에 대통령령으로 정하는 것"이란 다음 각 호의 것을 말한다.

1. 대출·보증·보험·공제·팩토링(기업이 물품 또는 용역의 제공에 의하여 취득한 매출채권을 양수·관리 또는 회수하는 업무를 말한다)·보호예수·금고대여 업무에 따른 거래
2. 「여신전문금융업법」에 따른 신용카드·직불카드·선불카드·시설대여·연불판매·할부금융·신기술사업금융 업무에 따른 거래
3. 「외국환거래법」에 따른 외국환업무에 따른 거래(이하 "외국환거래"라 한다)
4. 「전자금융거래법」에 따른 전자금융거래(이하 "전자금융거래"라 한다)
5. 「대부업 등의 등록 및 금융이용자 보호에 관한 법률」에 따른 대부 및 대부채권매입추심 업무에 따른 거래

② 법 제2조 제2호 다목에서 "카지노사업자의 영업장에서 현금과 수표를 대신하여 쓰이는 것으로서 대통령령으로 정하는 것"이란 「관광진흥법」 제25조에 따라 문화체육관광부장관이 정하여 고시하는 카지노에서 베팅에 사용되는 도구인 칩을 말한다.

3) 불법재산

특정금융정보법 상의 '불법재산'은 다음 중 어느 하나에 해당하는 것을 말한다(특정금융정보법 제2조 제4호).

각 목	불법재산
가목	「범죄수익은닉의 규제 및 처벌 등에 관한 법률」 제2조 제4호에 따른 범죄수익등◆
나목	「마약류 불법거래 방지에 관한 특례법」 제2조 제5항에 따른 불법수익등◆
다목	「테러자금금지법」 제2조 제1호에 따른 공중협박자금◆

◆ 관련조문

범죄수익은닉의 규제 및 처벌 등에 관한 법률

제2조 (정의)

이 법에서 사용하는 용어의 뜻은 다음과 같다.

1. "특정범죄"란 재산상의 부정한 이익을 취득할 목적으로 범한 죄로서 별표에 규정된 죄(이하 "중대범죄"라 한다)와 제2호 나목에 규정된 죄를 말한다. 이 경우 중대범죄 및 제2호 나목에 규정된 죄와 다른 죄가 「형법」 제40조에 따른 상상적 경합(想像的 競合) 관계에 있는 경우에는 그 다른 죄를 포함하며, 외국인이 대한민국 영역 밖에서 한 행위가 대한민국 영역 안에서 행하여졌다면 중대범죄 또는 제2호 나목에 규정된 죄에 해당하고 행위지(行爲地)의 법령에 따라 죄에 해당하는 경우 그 죄를 포함한다.
2. "범죄수익"이란 다음 각 목의 어느 하나에 해당하는 것을 말한다.
   가. 중대범죄에 해당하는 범죄행위에 의하여 생긴 재산 또는 그 범죄행위의 보수(報酬)로 얻은 재산
   나. 다음의 어느 하나의 죄에 관계된 자금 또는 재산
      1) 「성매매알선 등 행위의 처벌에 관한 법률」 제19조 제2항 제1호(성매매알선등행위 중 성매매에 제공되는 사실을 알면서 자금·토지 또는 건물을 제공하는 행위만 해당한다)의 죄
      2) 「폭력행위 등 처벌에 관한 법률」 제5조 제2항 및 제6조(제5조 제2항의 미수범만 해당한다)의 죄
      3) 「국제상거래에 있어서 외국공무원에 대한 뇌물방지법」 제3조 제1항의 죄
      4) 「특정경제범죄 가중처벌 등에 관한 법률」 제4조의 죄
      5) 「국제형사재판소 관할 범죄의 처벌 등에 관한 법률」 제8조부터 제16조까지의 죄
      6) 「테러자금금지법」 제6조 제1항·제4항(제6조 제1항 제1호의 미수범에 한정한다)의 죄
3. "범죄수익에서 유래한 재산"이란 범죄수익의 과실(果實)로 얻은 재산, 범죄수익의 대가(對價)로 얻은 재산 및 이들 재산의 대가로 얻은 재산, 그 밖에 범죄수익의 보유 또는 처분에 의하여 얻은 재산을 말한다.
4. "범죄수익등"이란 범죄수익, 범죄수익에서 유래한 재산 및 이들 재산과 그 외의 재산이 합쳐진 재산을 말한다.
5. "다중인명피해사고"란 고의 또는 과실에 의한 화재, 붕괴, 폭발, 선박·항공기·열차 사고를 포함하는 교통사고, 화생방사고, 환경오염사고 등으로서 국가 또는 지방자치단체 차원의 대처가 필요한 인명피해를 야기한 사고를 말한다.

마약류 불법거래 방지에 관한 특례법

제2조 (정의)

① 이 법에서 "마약류"란 「마약류 관리에 관한 법률」 제2조 제2호에 따른 마약, 같은 조 제3호에 따른 향정신성의약품 및 같은 조 제4호에 따른 대마를 말한다.

② 이 법에서 "마약류범죄"란 다음 각 호의 죄[그 죄와 다른 죄가 「형법」 제40조에 따른 상상적 경합(想像的 競合) 관계에 있는 경우에는 그 다른 죄를 포함한다]를 말한다.

1. 제6조·제9조 또는 제10조의 죄
2. 「마약류관리에 관한 법률」 제58조부터 제61조까지의 죄

③ 이 법에서 "불법수익"이란 마약류범죄의 범죄행위로 얻은 재산, 그 범죄행위의 보수(報酬)로 얻은 재산이나 「마약류 관리에 관한 법률」 제60조 제1항 제1호 또는 제61조 제1항 제1호(미수범을 포함한다)의 죄에 관계된 자금을 말한다.
④ 이 법에서 "불법수익에서 유래한 재산"이란 불법수익의 과실(果實)로서 얻은 재산, 불법수익의 대가(對價)로서 얻은 재산, 이들 재산의 대가로서 얻은 재산, 그 밖에 불법수익의 보유 또는 처분으로 얻은 재산을 말한다.
⑤ 이 법에서 "불법수익등"이란 불법수익, 불법수익에서 유래한 재산 및 그 재산과 그 재산 외의 재산이 합하여진 재산을 말한다.

테러자금금지법

제2조 (정의)

이 법에서 사용하는 용어의 정의는 다음과 같다.

1. "공중 등 협박목적을 위한 자금(이하 "공중협박자금"이라 한다)"이란 국가·지방자치단체 또는 외국정부(외국지방자치단체와 조약 또는 그 밖의 국제적인 협약에 따라 설립된 국제기구를 포함한다)의 권한행사를 방해하거나 의무 없는 일을 하게 할 목적으로 또는 공중에게 위해를 가하고자 하는 등 공중을 협박할 목적으로 행하는 다음 각 목의 어느 하나에 해당하는 행위에 사용하기 위하여 모집·제공되거나 운반·보관된 자금이나 재산을 말한다.
   가. 사람을 살해하거나 사람의 신체를 상해하여 생명에 대한 위험을 발생하게 하는 행위 또는 사람을 체포·감금·약취·유인하거나 인질로 삼는 행위
   나. 항공기(「항공안전법」 제2조 제1호의 항공기를 말한다. 이하 이 목에서 같다)와 관련된 다음 각각의 어느 하나에 해당하는 행위
      (1) 운항중(「항공보안법」 제2조 제1호의 운항중을 말한다. 이하 이 목에서 같다)인 항공기를 추락시키거나 전복·파괴하는 행위, 그 밖에 운항중인 항공기의 안전을 해칠 만한 손괴를 가하는 행위
      (2) 폭행이나 협박, 그 밖의 방법으로 운항중인 항공기를 강탈하거나 항공기의 운항을 강제하는 행위
      (3) 항공기의 운항과 관련된 항공시설을 손괴하거나 조작을 방해하여 항공기의 안전운항에 위해를 가하는 행위
   다. 선박(「선박 및 해상구조물에 대한 위해행위의 처벌 등에 관한 법률」 제2조 제1호 본문의 선박을 말한다. 이하 이 목에서 같다) 또는 해상구조물(같은 법 제2조 제5호의 해상구조물을 말한다. 이하 이 목에서 같다)과 관련된 다음 각각의 어느 하나에 해당하는 행위
      (1) 운항(같은 법 제2조 제2호의 운항을 말한다. 이하 이 목에서 같다) 중인 선박 또는 해상구조물을 파괴하거나, 그 안전을 위태롭게 할 만한 손상을 운항 중인 선박이나 해상구조물 또는 그에 실려 있는 화물에 가하는 행위
      (2) 폭행이나 협박, 그 밖의 방법으로 운항 중인 선박 또는 해상구조물을 강탈하거나 선박의 운항을 강제하는 행위
      (3) 운항 중인 선박의 안전을 위태롭게 하기 위하여 그 선박 운항과 관련된 기기·시설을 파괴 또는 중대한 손상을 가하거나 기능장애 상태를 야기하는 행위
   라. 사망·중상해 또는 중대한 물적 손상을 유발하도록 제작되거나 그러한 위력을 가진 폭발성·소이성(燒夷性) 무기나 장치를 다음 각각의 어느 하나에 해당하는 차량 또는 시설에 배치 또는 폭발시키거나 그 밖의 방법으로 이를 사용하는 행위
      (1) 기차·전차·자동차 등 사람 또는 물건의 운송에 이용되는 차량으로서 공중이 이용하는 차량
      (2) (1)에 해당하는 차량의 운행을 위하여 이용되는 시설 또는 도로, 공원, 역, 그 밖에 공중이 이용하는 시설
      (3) 전기나 가스를 공급하기 위한 시설, 공중의 음용수를 공급하는 수도, 그 밖의 시설 및 전기통신을 이용하기 위한 시설로서 공용으로 제공되거나 공중이 이용하는 시설
      (4) 석유, 가연성 가스, 석탄, 그 밖의 연료 등의 원료가 되는 물질을 제조 또는 정제하거

나 연료로 만들기 위하여 처리·수송 또는 저장하는 시설
(5) 공중이 출입할 수 있는 건조물·항공기·선박으로서 (1)부터 (4)까지에 해당하는 것을 제외한 시설

마. 핵물질(「원자력시설 등의 방호 및 방사능방재대책법」 제2조 제1호의 핵물질을 말한다. 이하 이 목에서 같다), 방사성물질(「원자력안전법」 제2조 제5호의 방사성물질을 말한다. 이하 이 목에서 같다) 또는 원자력시설(「원자력시설 등의 방호 및 방사능방재대책법」 제2조 제2호의 원자력시설을 말한다. 이하 이 목에서 같다)과 관련된 다음 각각의 어느 하나에 해당하는 행위
(1) 원자로를 파괴하여 사람의 생명·신체 또는 재산을 해하거나 그 밖에 공공의 안전을 위태롭게 하는 행위
(2) 방사성물질, 원자로 및 관계 시설, 핵연료주기시설 또는 방사선발생장치 등을 부당하게 조작하여 사람의 생명이나 신체에 위험을 가하는 행위
(3) 핵물질을 수수·소지·소유·보관·사용·운반·개조·처분 또는 분산하는 행위
(4) 핵물질이나 원자력시설을 파괴·손상하거나 그 원인을 제공하거나 원자력시설의 정상적인 운전을 방해하여 방사성물질을 배출하거나 방사선을 노출하는 행위

4) 자금세탁행위

특정금융정보법 상의 '자금세탁행위'라 함은 다음의 각 행위 중 하나에 해당하는 것을 말한다(특정금융정보법 제2조 제5호).

각 목	자금세탁행위
가목	「범죄수익은닉의 규제 및 처벌 등에 관한 법률」 제3조에 따른 범죄행위: 범죄수익등의 은닉 및 가장
나목	「마약류 불법거래 방지에 관한 특례법」 제7조에 따른 범죄행위: 불법수익등(마약류 등 사용 또는 마약류 사용이나 취급을 위한 장소 등을 제공함으로써 얻은 수익 또는 그에서 유래한 재산)의 은닉 및 가장
다목	「조세범 처벌법」 제3조, 「관세법」 제270조 또는 「특정범죄 가중처벌 등에 관한 법률」 제8조의 죄를 범할 목적(조세 포탈 목적) 또는 세법에 따라 납부하여야 하는 조세를 탈루할 목적으로 재산의 취득·처분 또는 발생 원인에 관한 사실을 가장(假裝)하거나 그 재산을 은닉하는 행위

5) 공중협박자금조달행위

특정금융정보법 상 '공중협박자금조달행위'라 함은 「테러자금금지법」(이하 '테러자금금지법') 제6조 제1항의 죄에 해당하는 행위를 말한다(특정금융정보법 제2조 제6호).

구체적으로, ① 공중 등 협박행위를 하려고 하는 개인, 법인 또는 단체에게 자금 또는 재산을 제공하는 행위, ② 공중 등 협박행위를 하려고 하는 개인, 법인 또는 단체를 위해 자금 또는 재산을 모집하거나 운반·보관하는 행위, 그리고 ③ 위와 같은 자금 또는 재산 제공이나 모집 등의 행위를 강요하는 행위를 말한

다.[115]

다. 금융기관등의 보고

1) 불법재산 등 의심거래 보고

금융회사등[116]은 다음의 어느 하나에 해당하는 경우에는 대통령령으로 정하는 바◆에 따라 지체 없이 그 사실을 금융정보분석원장에게 보고하여야 한다(특정금융정보법 제4조 제1항).

각 호	불법재산 등 의심거래 보고 대상 거래
제1호	금융거래등과 관련하여 수수(授受)한 재산이 불법재산이라고 의심되는 합당한 근거가 있는 경우
제2호	금융거래등의 상대방이 「금융실명거래 및 비밀보장에 관한 법률」 제3조 제3항을 위반하여 불법적인 금융거래등을 하는 등 자금세탁행위나 공중협박자금조달행위를 하고 있다고 의심되는 합당한 근거가 있는 경우
제3호	「범죄수익은닉의 규제 및 처벌 등에 관한 법률」 제5조 제1항 및 「테러자금금지법」 제5조 제2항에 따라 금융회사등의 종사자가 관할 수사기관에 신고한 경우

특정금융정보법 시행령

제7조(불법재산 등으로 의심되는 거래의 보고 방법)

① 법 제4조 제1항에 따라 보고를 하는 금융회사등은 금융정보분석원장이 정하는 서식에 따라 다음 각 호의 사항을 문서·전자기록매체 그 밖에 금융정보분석원장이 정하는 방법으로 보고하여야 한다.

1. 보고를 하는 금융회사등의 명칭 및 소재지
2. 보고대상 금융거래가 발생한 일자 및 장소
3. 보고대상 금융거래의 상대방
4. 보고대상 금융거래의 내용
5. 법 제4조 제3항의 규정에 의한 의심되는 합당한 근거
6. 그 밖에 보고대상 금융거래를 분석하기 위하여 필요한 사항으로서 금융정보분석원장이 정하는 사항

금융회사등이 위 보고 대상 거래 중 제1호 또는 제2호에 해당하는 거래에 대해 금융정보분석원장에게 보고하지 아니하는 경우, 3천만원 이하의 과태료가 부과된다(특정금융정보법 제20조 제1항 제1호).

금융회사등이 특정금융정보법 제4조의2 제2항의 규정에 의하여 금융거래의 상대방이 금액을 분할하여 금융거래를 하고 있다고 의심되는 경우에는 금융거래 상대방의 수, 거래회수, 거래 점포 수, 거래 기간 등을 고려하여 당해 금융거래

115) 테러자금금지법 제6조 제1항, 제5조의2 제1항, 제2항

116) 특정금융정보법 제2조 제1호 및 같은 법 시행령 제2조 참조.

가 의심되는 거래 보고대상 금융거래인지를 판단하여 금융정보분석원장에게 보고하여야 한다(특정 금융거래정보 보고 및 감독규정 제4조 제1항).

예를 들면, 같은 고객이 출처가 분명하지 않은 일정 금액 이상의 현금 입금거래를 반복하는 경우 해당 금융회사등에서는 이를 불법재산 등 의심거래로 판단하여 금융정보분석원장에게 보고하게 된다.

2) 고액 현금거래 보고

금융회사등은 5,000만원의 범위에서 대통령령으로 정하는 금액(특정금융정보법 시행령 제8조의2)◆ 이상의 현금(외국통화는 제외)이나 현금과 비슷한 기능의 지급수단으로서 대통령령으로 정하는 것(특정금융정보법 시행령 제8조의3)◆을 금융거래등의 상대방에게 지급하거나 그로부터 영수한 경우에는 그 사실을 30일 이내에 금융정보분석원장에게 보고하여야 한다(특정금융정보법 제4조의2 제1항).

◆ 관련조문

특정금융정보법 시행령

제8조의2(고액현금거래 보고의 기준금액)

① 법 제4조의2 제1항 각 호 외의 부분 본문에서 "대통령령으로 정하는 금액"이란 1천만원을 말한다.
② 제1항의 금액을 산정할 때에는 금융회사등이 동일인 명의로 이루어지는 1거래일 동안의 금융거래등에 따라 지급한 금액을 합산하거나 영수한 금액을 합산한다. 다만, 법 제2조 제1호 파목에 따른 카지노사업자(이하 "카지노사업자"라 한다)가 같은 조 제2호 다목에 해당하는 금융거래등을 하는 경우에는 거래 1건당 지급하거나 영수하는 금액을 기준으로 산정한다.
③ 제2항에서 동일인 명의란 「금융실명거래 및 비밀보장에 관한 법률」에 따른 실지명의(이하 "실지명의"라 한다)가 동일한 것을 말한다.
④ 제2항의 규정에 따라 금액을 합산함에 있어서 다음 각 호의 금액을 제외한다.
1. 100만원 이하의 원화 송금(무통장입금을 포함한다) 금액
2. 100만원 이하에 상당하는 외국통화의 매입·매각 금액
3. 금융정보분석원장이 정하는 공과금 등을 수납하거나 지출한 금액

제8조의3 (현금과 비슷한 기능의 지급수단)

법 제4조의2 제1항 각 호 외의 부분 본문에서 "대통령령으로 정하는 것"이란 법 제2조 제2호 다목에 해당하는 금융거래등을 하는 경우 카지노사업자가 지급 또는 영수하는 수표 중 권면액이 100만원을 초과하는 수표를 말한다. 다만, 카지노사업자가 그 수표를 지급하거나 영수하면서 실지명의를 확인한 후 실지명의 및 수표번호를 기록·관리하는 경우는 제외한다.

그러나 다음의 각 경우는 예외적으로 보고할 의무가 없다(특정금융정보법 제4조의2 제1항 단서).

각 호	고액 현금거래 보고 예외 사유
제1호	다른 금융회사등(대통령령으로 정하는 자◆는 제외한다)과의 현금등의 지급 또는 영수
제2호	국가, 지방자치단체, 그 밖에 대통령령으로 정하는 공공단체와의 현금등의 지급 또는 영수
제3호	자금세탁의 위험성이 없는 일상적인 현금등의 지급 또는 영수로서 대통령령으로 정하는 것

◆ 관련조문

특정금융정보법 시행령

제8조의4 (고액 현금거래 보고의 예외에서 제외되는 금융회사등)

법 제4조의2 제1항 제1호에서 "대통령령으로 정하는 자"란 다음 각 호의 어느 하나에 해당하는 자를 말한다.

1. 카지노사업자

1의2. 법 제2조 제1호 하목에 따른 가상자산사업자

2. 자금세탁행위와 공중협박자금조달행위에 이용될 위험성이 높은 자로서 금융정보분석원장이 정하여 고시하는 자

금융회사등이 위 예외사유에 해당하는 사유 없이 위 고액 현금거래 사실을 보고하지 아니하는 경우, 3천만원 이하의 과태료가 부과된다(특정금융정보법 제20조 제2항 제1호).

3) 금융회사등의 고객 확인의무

금융회사등은 금융거래를 이용한 자금세탁행위 및 공중협박자금조달행위를 방지하기 위하여 합당한 주의로서 다음의 각 구분에 따른 조치를 하여야 한다(특정금융정보법 제5조의2 제1항 전단).

각 호	금융회사등의 조치
제1호	고객이 계좌를 신규로 개설하거나 대통령령으로 정하는 금액◆ 이상으로 일회성 금융거래를 하는 경우: 다음 각 목의 사항을 확인 – 대통령령으로 정하는 고객의 신원에 관한 사항◆ – 고객을 최종적으로 지배하거나 통제하는 자연인(이하 이 조에서 "실제 소유자"라 한다)에 관한 사항. 다만, 고객이 법인 또는 단체인 경우에는 대통령령으로 정하는 사항◆
제2호	고객이 실제 소유자인지 여부가 의심되는 등 고객이 자금세탁행위나 공중협박자금조달행위를 할 우려가 있는 경우: 다음 각 목의 사항을 확인 – 제1호 각 목의 사항 – 금융거래의 목적과 거래자금의 원천 등 금융정보분석원장이 정하여 고시하는 사항(금융회사등이 자금세탁행위나 공중협박자금조달행위의 위험성에 비례하여 합리적으로 가능하다고 판단하는 범위에 한정한다)
제3호	고객이 가상자산사업자인 경우: 다음 각 목의 사항을 확인 가. 위 제1호 또는 제2호 각 목의 사항

나. 특정금융정보법 제7조 제1항 및 제2항에 따른 신고 및 변경신고 의무의 이행에 관한 사항
다. 특정금융정보법 제7조 제3항에 따른 신고의 수리에 관한 사항
라. 특정금융정보법 제7조 제4항에 따른 신고 또는 변경신고의 직권 말소에 관한 사항
마. 다음 1) 또는 2)에 해당하는 사항의 이행에 관한 사항
  1) 예치금(가상자산사업자의 고객인 자로부터 가상자산거래와 관련하여 예치받은 금전을 말한다)을 고유재산(가상자산사업자의 자기재산을 말한다)과 구분하여 관리
  2) 「정보통신망법」 제47조 또는 「개인정보 보호법」 제32조의2에 따른 정보보호 관리체계 인증(이하 "정보보호 관리체계 인증"이라 한다)의 획득

◆ 관련조문

특정금융정보법 시행령

제10조의3 (일회성 금융거래의 금액)

① 법 제5조의2 제1항 제1호 각 목 외의 부분에서 "대통령령으로 정하는 금액"이란 다음 각 호의 구분에 따른 금액을 말한다.

1. 법 제2조 제2호 다목에 따른 거래의 경우: 3백만원 또는 그에 상당하는 다른 통화로 표시된 금액

1의2. 법 제2조 제2호 라목에 따른 가상자산거래(이하 "가상자산거래"라 한다)의 경우: 1백만원에 상당하는 가상자산의 금액. 이 경우 가상자산의 현금 환산 기준은 금융정보분석원장이 정하여 고시한다.

2. 법 제5조의3에 따른 전신송금의 경우: 1백만원 또는 그에 상당하는 다른 통화로 표시된 금액

3. 그 밖의 일회성 금융거래의 경우: 다음 각 목의 구분에 따른 금액
   가. 외국통화로 표시된 외국환거래의 경우: 1만 미합중국달러 또는 그에 상당하는 다른 통화로 표시된 금액
   나. 가목 외의 금융거래의 경우: 1천5백만원

② 제1항의 규정에 의한 금융거래등의 금액을 산정함에 있어서 금융거래의 대상이 되는 재산의 액면금액과 실지거래금액이 다른 경우에는 실지거래금액에 의한다.

제10조의4 (고객의 신원에 관한 사항)

법 제5조의2 제1항 제1호가목에서 "대통령령으로 정하는 고객의 신원에 관한 사항"이란 다음 각 호의 구분에 따른 사항을 말한다.

1. 개인(다른 개인, 법인 그 밖의 단체를 위한 것임을 표시하여 금융거래등을 하는 자를 포함한다)의 경우: 실지명의(전자금융거래의 경우 금융정보분석원장이 정하여 고시하는 고객에 대해서는 실지명의 대신 성명, 생년월일 및 성별 등 금융정보분석원장이 정하여 고시하는 사항을 말한다), 주소, 연락처(전화번호 및 전자우편주소를 말한다. 이하 같다)
2. 영리법인의 경우: 실지명의, 업종, 본점 및 사업장의 소재지, 연락처, 대표자의 성명, 생년월일 및 국적
3. 비영리법인 그 밖의 단체의 경우: 실지명의, 설립목적, 주된 사무소의 소재지, 연락처, 대표자의 성명, 생년월일 및 국적
4. 외국인 및 외국단체의 경우: 제1호 내지 제3호의 규정에 의한 분류에 따른 각 해당 사항, 국적, 국내의 거소 또는 사무소의 소재지

제10조의5 (실제 소유자에 대한 확인)

② 금융회사등은 법 제5조의2 제1항 제1호 나목 단서에 따라 법인 또는 단체인 고객의 실제 소유자로서 다음 각 호의 어느 하나에 해당하는 사람이 있으면 그 실제 소유자의 성명, 생년월일(제3호의 경우는 제외한다) 및 국적을 확인하여야 한다. 이 경우 제1호에 해당하는 사람을 확인할 수 없는 때에는 제2호에 해당하는 사람을, 제2호에 해당하는 사람을 확인할 수 없는 때에는 제3호에 해당하는 사람을 각각 확인하여야 한다.

1. 해당 법인 또는 단체의 의결권 있는 발행주식총수(출자총액을 포함한다. 이하 이 조에서 같다)의 100분의 25 이상의 주식, 그 밖의 출자지분(그 주식, 그 밖의 출자지분과 관련된 증권예탁증권을 포함한다. 이하 이 조에서 같다)을 소유하는 자(이하 이 조에서 "주주등"이라 한다)
2. 다음 각 목의 어느 하나에 해당하는 사람
   가. 해당 법인 또는 단체의 의결권 있는 발행주식총수를 기준으로 소유하는 주식, 그 밖의 출자지분의 수가 가장 많은 주주등
   나. 단독으로 또는 다른 주주등과의 합의·계약 등에 따라 대표자·업무집행사원 또는 임원 등의 과반수를 선임한 주주등
   다. 해당 법인 또는 단체를 사실상 지배하는 자가 가목 및 나목에 해당하는 주주등과 명백히 다른 경우에는 그 사실상 지배하는 자
3. 해당 법인 또는 단체의 대표자

③ 제2항 각 호 외의 부분 후단에도 불구하고 같은 항 제1호 또는 제2호가목에 따른 주주등이 다른 법인 또는 단체인 경우에는 그 주주등인 법인 또는 단체의 중요한 경영사항에 대하여 사실상 영향력을 행사할 수 있는 사람으로서 다음 각 호의 어느 하나에 해당하는 사람이 있으면 그 사람의 성명, 생년월일 및 국적을 확인할 수 있다. 이 경우 제1호 또는 제2호가목에 해당하는 자가 또 다른 법인 또는 단체인 때에는 그 또 다른 법인 또는 단체에 대하여 다음 각 호의 어느 하나에 해당하는 사람의 성명, 생년월일 및 국적을 확인할 수 있다.

1. 의결권 있는 발행주식총수의 100분의 25 이상을 소유하는 주주등
2. 다음 각 목의 어느 하나에 해당하는 자
   가. 의결권 있는 발행주식총수를 기준으로 소유하는 주식, 그 밖의 출자지분의 수가 가장 많은 주주등
   나. 단독으로 또는 다른 주주등과의 합의·계약 등에 따라 대표자·업무집행사원 또는 임원 등의 과반수를 선임한 주주등
   다. 그 주주등인 법인 또는 단체를 사실상 지배하는 자가 가목 및 나목에 해당하는 주주등과 명백히 다른 경우에는 그 사실상 지배하는 자

④ 제2항 및 제3항을 적용할 때 제2항 제1호 또는 제2호나 제3항 제1호 또는 제2호에 해당하는 자가 여러 명인 경우에는 의결권 있는 발행주식총수를 기준으로 소유하는 주식, 그 밖의 출자지분의 수가 가장 많은 주주등을 기준으로 확인하여야 한다. 다만, 금융거래등을 이용한 자금세탁행위 및 공중협박자금조달행위를 방지하기 위하여 필요하다고 인정되는 경우에는 제2항 제1호 또는 제2호나 제3항 제1호 또는 제2호에 해당하는 자의 전부 또는 일부를 확인할 수 있다.

⑤ 제2항부터 제4항까지의 규정에도 불구하고 법인 또는 단체인 고객이 다음 각 호의 어느 하나에 해당하는 경우에는 제2항 및 제3항에 따른 확인을 하지 아니할 수 있다.

1. 국가 또는 지방자치단체
2. 다음 각 목의 어느 하나에 해당하는 공공단체
   가. 「공공기관의 운영에 관한 법률」에 따른 공공기관
   나. 「정부출연연구기관 등의 설립·운영 및 육성에 관한 법률」 및 「과학기술분야 정부출연연구기관 등의 설립·운영 및 육성에 관한 법률」에 따라 설립된 정부출연연구기관, 과학기술분야 정부출연연구기관 및 연구회
   다. 「지방공기업법」에 따라 설립된 지방직영기업·지방공사 및 지방공단
   라. 다음의 어느 하나에 해당하는 법인 중 자금세탁과 공중협박자금조달의 위험성이 없는 것으로 판단되어 금융정보분석원장이 지정하는 자
      1) 법률에 따라 정부로부터 출자·출연·보조를 받는 법인
      2) 법률에 따라 설립된 법인으로서 주무부장관의 인가 또는 허가를 받지 않고 그 법률에 따라 직접 설립된 법인
3. 다른 금융회사등(제8조의4 각 호의 어느 하나에 해당하는 자는 제외한다)
4. 「자본시장법」 제159조 제1항에 따른 사업보고서 제출대상법인

금융회사등은 다음 각 호의 어느 하나에 해당하는 경우에는 계좌개설 등 해

당 고객과의 신규 거래를 거절하고, 이미 거래관계가 수립되어 있는 경우에는 해당 거래를 종료하여야 한다(특정금융정보법 시행령 제5조의2 제4항).

각 호	금융회사등의 조치
제1호	고객이 신원확인 등을 위한 정보 제공을 거부하는 등 고객확인을 할 수 없는 경우
제2호	가상자산사업자인 고객이 다음 각 목의 어느 하나에 해당하는 경우 가. 제7조 제1항 및 제2항에 따른 신고 및 변경신고 의무를 이행하지 아니한 사실이 확인된 경우 나. 제7조 제3항 제1호 또는 제2호에 해당하는 사실이 확인된 경우 다. 제7조 제3항에 따라 신고가 수리되지 아니한 사실이 확인된 경우 라. 제7조 제4항에 따라 신고 또는 변경신고가 직권으로 말소된 사실이 확인된 경우
제3호	그 밖에 고객이 자금세탁행위나 공중협박자금조달행위를 할 위험성이 특별히 높다고 판단되는 경우로서 대통령령으로 정하는 경우

위와 같이 금융회사등이 거래를 거절 또는 종료하는 때에는 특정금융정보법 제4조에 따른 의심되는 거래의 보고 여부를 검토하여야 한다(특정금융정보법 제5조의2 제5항).

금융회사등이 위와 같은 고객 확인을 위한 조치를 하지 아니하는 경우, 3천만원 이하의 과태료가 부과된다(특정금융정보법 제20조 제2항 제2호).

4) 전신송금 시 정보제공

금융회사등은 송금인이 전신송금(송금인의 계좌보유 여부를 불문하고 금융회사등을 이용하여 국내외의 다른 금융회사등으로 자금을 이체하는 서비스)의 방법으로 500만원의 범위에서 대통령령으로 정하는 금액◆ 이상을 송금하는 경우에는 다음의 각 구분에 따라 송금인 및 수취인에 관한 정보를 송금받는 금융회사등(이하 '수취 금융회사')에 제공하여야 한다(특정금융정보법 제5조의3 제1항).

〈표 3-36〉 전신송금시 정보제공

각 호	구분	제공할 정보
제1호	국내송금	송금인의 성명(법인인 경우에는 법인의 명칭을 말한다. 이하 같다)(가목)
		송금인의 계좌번호(계좌번호가 없는 경우에는 참조 가능한 번호를 말한다. 이하 같다)(나목)
		수취인의 성명 및 계좌번호(다목)
제2호	해외송금	송금인의 성명(가목)
		송금인의 계좌번호(나목)

		송금인의 주소 또는 주민등록번호(법인인 경우에는 법인등록번호, 외국인인 경우에는 여권번호 또는 외국인등록번호를 말한다)(다목)
		수취인의 성명 및 계좌번호(라목)

◆ 관련조문

특정금융정보법 시행령

제10조의7(정보제공대상 전신송금 기준금액)
법 제5조의3 제1항 각 호 외의 부분에서 "대통령령으로 정하는 금액"이란 다음 각 호의 구분에 따른 금액을 초과하는 금액을 말한다.
1. 국내송금의 경우: 원화 1백만원 또는 그에 상당하는 다른 통화로 표시된 금액
2. 해외송금의 경우: 1천 미합중국달러 또는 그에 상당하는 다른 통화로 표시된 금액

국내송금의 경우 수취 금융회사와 금융정보분석원장은 송금한 금융회사등(이하 '송금 금융회사')에 다음의 각 경우에 송금인의 주소 또는 주민등록번호(법인인 경우에는 법인등록번호, 외국인인 경우에는 여권번호 또는 외국인등록번호)를 제공하여 줄 것을 요청할 수 있다(특정금융정보법 제5조의3 제2항).

각 호	송금인의 주소 또는 주민등록번호 등 제공 요청 가능한 경우
제1호	수취 금융회사가 제4조에 따른 보고(불법재산 등으로 의심되는 거래의 보고)를 하기 위하여 필요한 경우
제2호	금융정보분석원장이 수취 금융회사로부터 보고받은 정보를 심사·분석하기 위하여 필요한 경우

송금 금융회사는 위와 같은 송금정보의 제공을 요청받은 경우 3영업일 이내에 그 정보를 제공하여야 한다(특정금융정보법 제5조의3 제3항).

5) 외국환거래자료 등의 통보

한국은행 총재, 세관의 장, 그 밖에 대통령령으로 정하는 자◆[117]는 「외국환거래법」 제17조◆에 따른 신고에 관련된 자료와 같은 법 제21조◆에 따른 통보에 관련된 자료를 금융정보분석원장에게 통보하여야 한다(특정금융거래정보법 제9조 제1항).

117) 특정금융정보법 시행령 제11조 제1항

◆ 관련조문

특정금융정보법 시행령

제11조 (외국환거래자료 등의 통보)

① 법 제9조 제1항에서 "대통령령으로 정하는 자"란 「외국환거래법 시행령」 제13조 제2항 제2호에 따른 외환정보집중기관(이하 "외환정보집중기관"이라 한다)의 장을 말한다.

외국환거래법

제17조 (지급수단 등의 수출입 신고)

기획재정부장관은 이 법의 실효성을 확보하기 위하여 필요하다고 인정되어 대통령령으로 정하는 경우에는 지급수단 또는 증권을 수출 또는 수입하려는 거주자나 비거주자로 하여금 그 지급수단 또는 증권을 수출 또는 수입할 때 대통령령으로 정하는 바에 따라 신고하게 할 수 있다.

제21조 (국세청장 등에게의 통보 등)

① 다른 법률에도 불구하고 기획재정부장관은 이 법을 적용받는 거래, 지급, 수령, 자금의 이동 등에 관한 자료를 국세청장, 관세청장, 금융감독원장 또는 한국수출입은행장에게 직접 통보하거나 한국은행총재, 외국환업무취급기관등의 장, 세관의 장, 그 밖에 대통령령으로 정하는 자로 하여금 국세청장, 관세청장, 금융감독원장 또는 한국수출입은행장에게 통보하도록 할 수 있다.

② 기획재정부장관은 대통령령으로 정하는 자에게 이 법을 적용받는 거래, 지급, 수령, 자금의 이동 등에 관한 자료를 「신용정보법」 제25조에 따른 신용정보집중기관에 제공하도록 할 수 있다.

라. 금융정보분석원의 수사기관 등에 대한 정보 제공

1) 수사기관 등에 대한 정보 제공

금융정보분석원장은 불법재산·자금세탁행위 또는 공중협박자금조달행위와 관련된 형사사건의 수사, 조세탈루혐의 확인을 위한 조사업무, 조세체납자에 대한 징수업무, 관세범칙사건 조사, 관세탈루혐의 확인을 위한 조사업무, 관세체납자에 대한 징수업무 및 「정치자금법」 위반 사건의 조사, 금융감독업무 또는 테러위험인물에 대한 조사업무(이하 '특정형사사건의 수사등')에 필요하다고 인정되는 경우에는 다음의 각 정보를 검찰총장, 국세청장, 관세청장, 중앙선거관리위원회, 금융위원회 또는 국가정보원장에 제공한다(특정금융정보법 제7조 제1항).

각 호	수사기관 등에 제공할 정보
제1호	제4조 제1항(불법재산으로 의심되는 거래의 보고) 또는 제4조의2(고액현금거래의 보고)에 따라 금융회사등이 보고한 정보 중 특정형사사건의 수사등과의 관련성을 고려하여 대통령령으로 정하는 정보◆
제2호	제11조 제1항에 따라 외국금융정보분석기구로부터 제공받은 정보 중 특정형사사건의 수사등과의 관련성을 고려하여 대통령령으로 정하는 정보◆
제3호	위의 각 정보 또는 제4조의2(고액현금거래의 보고) 및 제9조(외국환거래자료 등의 통보)에 따라 보고·통보받은 정보를 정리하거나 분석한 정보

◆ 관련조문

특정금융정보법 시행령

제11조의2 (수사기관 등에 대한 정보 제공)

법 제10조 제1항 제1호 및 제2호에서 "대통령령으로 정하는 정보"란 불법재산·자금세탁행위 또는 공중협박자금조달행위와 관련된 정보로서 다음 각 호의 구분에 따른 정보를 말한다. 〈개정 2016. 4. 5.〉

1. 검찰총장에게 제공하는 정보: 형사사건의 수사에 필요하다고 인정되는 정보
2. 국세청장에게 제공하는 정보
   가. 조세탈루혐의의 확인을 위한 조사업무에 필요하다고 인정되는 정보로서 다음의 어느 하나에 해당하는 정보
      1) 법 제4조 제1항에 따라 보고된 정보(조세탈루혐의와 관련된 정보로 한정한다)의 내용과 법 제4조의2에 따라 보고된 정보의 내용이 중복되거나 밀접하게 관련되는 경우의 해당 정보
      2) 매출액이나 재산·소득 규모에 비추어 현금거래의 빈도가 높거나 액수가 과다하여 조세탈루의 의심이 있는 경우의 해당 정보
      3) 역외탈세(域外脫稅)의 우려가 있는 경우의 해당 정보
      4) 그 밖에 조세탈루의 우려가 있는 경우로서 국세청장이 협의를 제시하는 경우의 해당 정보
   나. 조세체납자에 대한 징수업무에 필요하다고 인정되는 정보
3. 관세청장에게 제공하는 정보
   가. 관세 범칙사건 조사 또는 관세탈루혐의의 확인을 위한 조사업무에 필요하다고 인정되는 정보로서 다음의 어느 하나에 해당하는 정보
      1) 법 제4조 제1항에 따라 보고된 정보(관세탈루혐의와 관련된 정보로 한정한다)의 내용과 법 제4조의2에 따라 보고된 정보의 내용이 중복되거나 밀접하게 관련되는 경우의 해당 정보
      2) 수출입 규모에 비추어 현금거래의 빈도가 높거나 액수가 과다하여 관세탈루의 의심이 있는 경우의 해당 정보
      3) 「외국환거래법」 위반 등 불법적인 외국환거래가 의심되는 경우의 해당 정보
      4) 그 밖에 관세탈루의 우려가 있는 경우로서 관세청장이 협의를 제시하는 경우의 해당 정보
   나. 관세체납자에 대한 징수업무에 필요하다고 인정되는 정보
4. 중앙선거관리위원회에 제공하는 정보: 「정치자금법」 위반사건의 조사에 필요하다고 인정되는 정보
5. 금융위원회에 제공하는 정보: 금융감독 업무에 필요하다고 인정되는 정보
6. 국가정보원장에게 제공하는 정보: 테러위험인물에 대한 조사업무에 필요하다고 인정되는 정보

금융정보분석원장은 불법재산·자금세탁행위 또는 공중협박자금조달행위와 관련된 형사사건의 수사에 필요하다고 인정하는 경우에는 대통령령으로 정하는 특정금융거래정보(특정금융정보법 시행령 제12조)[118]를 경찰청장, 해양경찰청장에게 제공한다(특정금융정보법 제10조 제2항).

---

118) **특정금융정보법 시행령 제12조(경찰청장 등에 대한 특정금융거래정보의 제공)**
법 제10조 제2항에서 "대통령령으로 정하는 특정금융거래정보"란 범죄수익의 금액, 범죄의 종류 및 죄질, 관련자의 신분, 수사의 효율성 등을 고려하여 금융정보분석원장이 검찰총장, 경찰청장 및 해양경찰청장과 협의하여 정한 기준에 따른 특정금융거래정보를 말한다.

검찰총장, 경찰청장, 해양경찰청장, 국세청장, 관세청장, 중앙선거관리위원회, 금융위원회, 국가정보원장(이하 '검찰총장등')은 특정형사사건의 수사등을 위하여 필요하다고 인정하는 경우에는 대통령령으로 정하는 바에 따라 금융정보분석원장에게 제1항 제3호에 규정된 정보의 제공을 요구할 수 있다(특정금융정보법 제10조 제4항).

이 경우 검찰총장 등은 대상자의 인적사항, 사용 목적, 요구하는 정보의 내용, 범죄혐의와 조세탈루혐의 등 정보의 필요성과 사용 목적과의 관련성을 적은 문서로 하여야 하고(특정금융정보법 제10조 제4항), 만약 이를 위반하는 경우 금융정보분석원의 소속 공무원은 그 요구를 거부하여야 한다(특정금융정보법 제10조 제5항).

국세청장 및 관세청장은 금융정보분석원장에게 요구하여 그로부터 특정금융거래정보를 제공받아 조세·관세 탈루사건 조사 및 조세·관세 체납자에 대한 징수업무에 활용한 경우에는 1년 이내에 「금융실명거래 및 비밀보장에 관한 법률」 제4조 제1항에 따라 금융회사등에 해당 거래정보 등의 제공을 요구하여야 한다(특정금융정보법 제10조 제11항).

특정금융정보법 제7조에 따라 제공된 특정금융거래정보는 재판에서 증거로 할 수 없다(특정금융정보법 제12조 제3항).

이는 범죄수사를 위한 금융거래정보 제공의 경우 법원의 제출명령이나 법관이 발부한 영장에 의하도록 하고 있는 「금융실명거래 및 비밀보장에 관한 법률」 제4조의 규정 취지를 잠탈하는 것을 방지하기 위한 것으로 보인다.

실무상으로는, 수사기관은 금융정보분석원으로부터 제공받은 특정금융거래정보와 추가로 수집한 정보들을 토대로 법원에 금융계좌추적용 압수수색검증영장을 발부받아 위 특정금융거래정보에 담긴 금융거래정보를 제공받아 이를 증거로 사용하고, 위 특정금융거래정보는 수사기록에만 편철한 채 법원에 증거로 제출하지는 않는다.

2) 특정금융거래정보 제공 사실의 통보

금융정보분석원장은 금융회사등이 보고한 고액현금 거래 정보(이를 분석하거나 정리한 정보는 제외)를 검찰총장등에게 제공한 경우에는 제공한 날로부터 10일 이내에 제공한 거래정보의 주요 내용, 사용 목적, 제공받은 자 및 제공일 등을 명의인에게 금융정보분석원장이 정하는 표준양식으로 통보하여야 한다(특정금융정보법 제10조의2 제1항).

다만, 금융정보분석원장은 검찰총장등으로부터 다음의 어느 하나에 해당하는 사유로 통보의 유예를 서면으로 요청받은 경우에는 6개월의 범위에서 통보를 유예하여야 한다(특정금융정보법 제10조의2 제2항).

각 호	사유
제1호	해당 통보가 사람의 생명이나 신체의 안전을 위협할 우려가 있는 경우
제2호	해당 통보가 증거인멸, 증인 위협 등 공정한 사법절차의 진행을 방해할 우려가 명백한 경우
제3호	해당 통보가 질문·조사 등의 행정절차의 진행을 방해하거나 과도하게 지연시킬 우려가 명백한 경우

또한, 검찰총장등이 다음의 각 사유 중 2호 또는 3호의 사유가 지속되고 있음을 제시하며 통보의 유예를 서면으로 반복하여 요청하는 경우, 금융정보분석원장은 2회에 한정하여 그 요청을 받은 날부터 각 3개월의 범위에서 유예요청기간을 연장하여야 한다(특정금융정보법 제10조의2 제3항).

마. 기타 규정

1) 외국금융정보분석기구와의 정보 교환 등

금융정보분석원장은 특정금융정보법에 따른 목적을 달성하기 위하여 필요하다고 인정하는 경우에는 외국금융정보분석기구에 상호주의 원칙에 따라 특정금융거래정보를 제공하거나 이와 관련된 정보를 제공받을 수 있다(특정금융정보법 제11조 제1항).

금융정보분석원장이 외국금융정보분석기구에 특정금융거래정보를 제공하려면 다음의 각 요건을 모두 충족하여야 한다(특정금융정보법 제11조 제2항).

각 호	요건
제1호	외국금융정보분석기구에 제공된 특정금융거래정보가 제공된 목적 외의 다른 용도로 사용되지 아니할 것
제2호	특정금융거래정보 제공 사실의 비밀이 유지될 것
제3호	외국금융정보분석기구에 제공된 특정금융거래정보가 금융정보분석원장의 사전 동의 없이는 외국의 형사사건의 수사나 재판에 사용되지 아니할 것

금융정보분석원장은 외국으로부터 요청을 받은 경우에는 법무부장관의 동의를

받아 제1항에 따라 제공한 특정금융거래정보를 그 요청과 관련된 형사사건의 수사나 재판에 사용하는 것에 동의할 수 있다(특정금융거래정보법 제11조 제3항).

2) 금융거래정보의 비밀보장

다음의 어느 하나에 해당하는 자는 ① 그 직무와 관련하여 알게 된 특정금융거래정보, ② 전신송금의 송금인 및 수취인에 관한 정보(특정금융정보법 제5조의3에 따라 제공받은 정보), ③ 특정금융거래정보 등의 분석을 위해 제공받은 정보 또는 자료(특정금융정보법 제13조에 따라 제공받은 정보 또는 자료), ④ 금융회사등이 수행하는 업무 등에 대한 감독·검사에 필요하여 제공받은 자료(특정금융정보법 제15조 제7항에 따라 제공받은 정보), ⑤ 정보분석심의회[119]에서 알게 된 사항을 다른 사람에게 제공 또는 누설하거나 그 목적 외의 용도로 사용하여서는 아니된다(특정금융정보법 제12조 제1항).

각 호	비밀보장의무 대상자
제1호	금융정보분석원 소속 공무원
제2호	금융정보분석원의 전산시스템(특정금융거래정보의 처리를 위한 전산시스템)의 관리자 및 해당 전산시스템 관련 용역 수행자
제3호	중계기관에 종사하는 사람
제3호의2	수취 금융회사에 종사하는 사람
제4호	제10조에 따라 제공된 특정금융거래정보와 관련된 특정형사사건의 수사등에 종사하는 사람
제5호	제15조 제1항 및 제6항에 따른 감독 및 검사를 한 자
제6호	제10조 제9항에 따라 정보분석심의회에 참여하거나 정보분석심의회의 업무에 종사하게 된 사람

위 규정을 위반하여 ㉠직무와 관련하여 알게 된 특정금융거래정보, 제5조의3에 따라 제공받은 정보, 제13조에 따라 제공받은 정보 또는 자료 및 제15조 제7항에 따라 제공받은 정보를 다른 사람에게 제공 또는 누설하거나 그 목적 외의 용도로 사용한 자 또는 특정금융거래정보, 제5조의3에 따라 제공받은 정보, 제13조에 따라 제공받은 정보 또는 자료 및 제15조 제7항에 따라 제공받은 정보를 제공할 것을 요구하거나 목적 외의 용도로 사용할 것을 요구한 자 또는 ㉡

119) 금융정보분석원장 소속으로 정보분석심의회를 두고, 금융정보분석원장은 특정금융거래정보를 검찰총장등에게 제공하는 경우에는 정보분석심의회의 심의를 거쳐 제공한다(특정금융정보법 제10조 제8항).

제10조 제8항의 정보분석심의회에서 알게 된 사항을 다른 사람에게 제공 또는 누설하거나 그 목적 외의 용도로 사용한 자 또는 이를 제공할 것을 요구하거나 목적 외의 용도로 사용할 것을 요구한 자는 5년 이하의 징역 또는 5천만원 이하의 벌금에 해당하는 형사 처벌을 받을 수 있다(특정금융정보법 제16조 제2호 및 제3호). 위 징역형과 벌금형은 병과할 수 있다.

또한, 누구든지 위 대상자 중 어느 하나에 해당하는 자에게 특정금융거래정보, 제5조의3에 따라 제공받은 정보, 제13조에 따라 제공받은 정보 또는 자료 및 제15조 제7항에 따라 제공받은 정보를 제공할 것을 요구하거나 목적 외의 다른 용도로 사용할 것을 요구하여서는 아니 된다(특정금융정보법 제12조 제2항).

5. 지역사랑상품권 이용 활성화에 관한 법률

가. 제정 배경

1) 지역사랑상품권의 확산

"지역사랑상품권"이란 지역화폐, 지역상품권 등 그 명칭 또는 형태와 관계없이, 지방자치단체의 장이 일정한 금액이나 물품 또는 용역의 수량을 기재(전자적 또는 자기적 방법에 의한 기록을 포함)하여 증표를 발행·판매하고, 그 소지자가 지방자치단체의 장 또는 가맹점(이하 "상품권발행자등"이라 한다)에 이를 제시 또는 교부하거나 그 밖의 방법으로 사용함으로써 그 증표에 기재된 내용에 따라 상품권발행자등으로부터 물품 또는 용역을 제공받을 수 있는 유가증권, 선불전자지급수단(전자금융거래법 제2조 제14호) 및 선불카드(여신전문금융업법 제2조 제8호)를 말한다.

1996년 강원도 화천군이 '내고장상품권'이라는 명칭으로 처음 발행하였으며, 2006년 성남시가 종이형 상품권을 발행한 이후 지역경제 활성화에 큰 도움이 된다는 효과분석 결과에 따라 전국 지방자치단체로 확대되었다. 전국 243개 자치단체 중 2018년 66개→2019년 172개→2020년 230개로 발행이 매년 증가하고 있다.

정부 역시 지속적인 경기침체 및 코로나19로 인한 경제쇼크 회복을 위하여 2020년 9조원 규모였던 발행 지원금을 2021년 15조원까지 늘릴 예정에 있다.

특히 코로나19로 인한 급격한 소비위축에 따라서 긴급재난지원금을 비롯한 정책자금을 신속하게 국민들에게 배포해야 할 필요성과 그 정책자금의 사용정보를 정밀하게 분석하고자 하는 공공기관의 수요에 따라, 전자적 방식(카드형, 모바일형) 지역사랑상품권 발행에 대한 관심은 더욱 더 높아지고 있다.

2) 지역사랑상품권법의 제정

지역사랑상품권의 운영에 있어서 국가 및 지자체의 재정지원이 수반되는 경우, 그 발행 및 활용의 근거를 정한 법률로써 국회에서 정하여야 하는데도, 최근까지 명확한 근거법률이 존재하지 않았다. 특히 지류형 지역사랑상품권의 경우, '상품권법'이 폐지(1999년 2월)되고 자율규제에 맡겨짐에 따라 지급의 근거와 이용자의 보호, 감독의 내용 등을 정한 규율이 부재한 상황이었다.

이에 따라 "지역사랑상품권법"이 2020년 5월 1일 제정되어, 2020년 7월 1일 시행되었다.[120)]

전자금융거래법에 의한 선불전자지급수단이나 여신전문금융업법에 의한 선불카드의 경우에는 해당법률에 의하여 통제받는 부분이 많으나, 본 법이 우선권을 갖는다고 정하고 있다(지역사랑상품권법 제3조).

나. 발행 및 재발급

1) 지역사랑상품권의 발행

지방자치단체의 장은 지역경제 활성화 및 지역공동체 강화를 위하여 지역사랑상품권을 발행(지역사랑상품권법 제4조, 제5조)할 수 있다.

"지방자치단체의 장"을 제한 없이 전부 발행주체로 인정하였다는 데 의의가 있다. 본 법이 제정되기 이전에도 기초자치단체장은 전자금융거래법상 선불사업자에게 위탁하지 않고도 직접 선불전자지급수단을 발행할 수 있는 데 반하여,◆ 광역지방자치단체장은 단독으로 직접 발행이 불가능한 상황이었다. 그러나 본 법이 지방자치단체의 장에게 제한 없이 지역사랑상품권의 발행을 허락하였으므로, 기초자치단체뿐 아니라 광역자치단체 역시 지역사랑상품권을 직접 발행하는 것이 가능해졌다.

◆ 관련조문

> **전자금융거래법**
> 제28조 (전자금융업의 허가와 등록)
> ③ 제2항의 규정에 불구하고 다음 각 호의 어느 하나에 해당하는 자는 금융위원회에 등록하지 아니하고 같은 항 각 호의 업무를 행할 수 있다. 〈개정 2008. 2. 29.〉

---

120) 지역사랑상품권법 제정문

◇ 제정이유

최근 각 지방자치단체에서 지역 상권을 기반으로 하는 지역사랑상품권을 조례에 근거하여 발행·유통함으로써 지역 내 영세·중소상공인의 소득이 증가하는 등 긍정적인 효과가 발생하고 있음.

그러나 지방자치단체의 상품권 사업은 법률의 근거 없이 지방자치단체의 조례에 따라 운영되고 있어 상품권 발행·유통에 대한 관리·감독이 제대로 이루어지고 있지 못하고 있고, 명확한 법적 근거 및 체계적·제도적 지원의 부족으로 인하여 지역사랑상품권 이용을 활성화하는 데 한계가 존재함.

이에 지방자치단체의 장이 발행하는 상품권의 발행·유통 등에 관한 사항을 법률에 규정하되, 그 운영에 관한 세부적인 사항은 지방자치단체의 조례 등에 위임함으로써, 지방자치단체의 자율성을 확보하는 동시에 지역사랑상품권의 유통질서를 확립하고 지역경제 활성화를 도모하려는 것임.

> 1. 다음 각 목의 어느 하나의 경우에 해당하는 선불전자지급수단을 발행하는 자
>   가. 특정한 건물 안의 가맹점 등 대통령령이 정하는 기준에 해당하는 가맹점에서만 사용되는 경우

> **전자금융거래법 시행령**
> 제15조(허가 또는 등록면제 등)
> ④ 법 제28조 제3항 제1호가목에서 "대통령령이 정하는 기준"이라 함은 다음 각 호의 어느 하나에 해당하는 것을 말한다. 〈개정 2013. 6. 28.〉
> 1. 가맹점이 1개의 기초자치단체(「지방자치법」 제2조 제1항 제2호에 따른 지방자치단체를 말하며, 제주특별자치도의 경우에는 행정시를 말한다) 안에만 위치할 것

지역사랑상품권의 유통 지역은 지역사랑상품권을 발행하는 지방자치단체의 장이 관할하는 행정구역으로 하고, 그 유효기간은 발행일부터 5년을 원칙으로 한다. 다만 지역사랑상품권 소지자 등의 권리를 침해하지 아니하는 범위에서 유효기간 단축·연장, 유통지역 범위 확대·축소를 조례로 정할 수 있다. 그 밖에 지역사랑상품권의 종류, 권면금액, 기재사항 등 지역사랑상품권 발행에 필요한 사항은 조례로 정한다.

지방자치단체의 장은 지역사랑상품권의 발행·폐지·변경시 지역사랑상품권의 종류·권면금액 등을 기재한 서류를 갖추어 행정안전부장관에게 신고하여야 하고, 행정안전부장관은 신고받은 사항을 행정안전부 인터넷 홈페이지에 공개하여야 한다(지역사랑상품권법 시행령 제2조).

지방자치단체의 장은 반기별로 발행한 지역사랑상품권의 권면금액의 합계 등 대통령령으로 정하는 바에 따라 그 발행실적에 관한 보고서를 작성하여 매 반기 종료 후 1개월 이내에 행정안전부장관에게 제출하여야 한다(지역사랑상품권법 제14조).

2) 발행 및 운영 위탁

지방자치단체의 장은 지역사랑상품권의 발행 및 운영에 관한 업무의 일부를 조례로 정하는 바에 따라 관련 기관이나 단체에 위탁할 수 있고, 위탁사업의 추진에 필요한 비용을 예산의 범위에서 지원할 수 있다(지역사랑상품권법 제18조).

현재 대부분의 지역사랑상품권이 전문사업자에 의하여 위탁발행되고 있는 현실을 반영한 규정이다. 대규모 발행시스템과 관리조직을 갖춘 전문사업자의 존재로 인하여, 영세한 규모의 지방자치단체까지도 지속가능한 지역사랑상품권 발행을 비용효율적으로 발행할 수 있게 된다.

3) 재발급

지역사랑상품권이 훼손되어 해당 지방자치단체의 장이 발행한 지역사랑상품권임을 확인할 수 없는 경우 상품권발행자등은 지역사랑상품권의 재발급과 사용을 거부할 수 있다. 다만, 해당 지방자치단체의 장이 발행한 지역사랑상품권임은 알 수 있으나 그 지역사랑상품권의 종류, 금액 또는 수량 등이 불명확한 경우 지역사랑상품권 소지자는 확인 가능한 범위에서 최저 가격의 지역사랑상품권으로 재발급 받거나 사용할 수 있다(지역사랑상품권법 제12조).

다. 가맹점과 판매대행점

1) 가맹점의 등록

'가맹점'이란 조례에 정하는 바에 따라 지방자치단체의 장에게 등록한 자를 말한다(지역사랑상품권법 제2조 제3호, 같은 법 제7조 제1항). 지역사랑상품권은 화폐와 달리 보편적인 사용성이 확보되지 않으므로, 지방자치단체의 장이 그 사용이 가능한 가맹점의 업종・지역 등을 정하여 개별 가맹점을 등록하여 관리하도록 의무를 부과한 것이다.

지방자치단체의 장은 가맹점 등록 신청을 받은 날부터 7일 이내에 등록 여부를 결정하고, 그 결과를 신청인에게 알려야 한다. 가맹점의 자격 요건, 등록 기준 등 가맹점 등록에 필요한 사항은 조례로 정한다.

다만, 지방자치단체의 장은 가맹점 등록을 신청한 자가 다음 각 호의 어느 하나에 해당하는 경우에는 그 등록을 거부할 수 있다.

〈지역사랑상품권법 제7조 제2항 등록 거부 사유〉

각 호	등록 거부 사유
제1호	「사행산업통합감독위원회법」 제2조 제1호에 따른 사행산업 및 같은 조 제3호에 따른 불법사행산업을 영위하는 경우
제2호	「중소기업기본법」 제2조 제1항의 중소기업에 해당하지 아니하는 기업을 영위하는 경우
제3호	이 법의 목적에 적합하지 아니한 업종으로서 지방자치단체의 조례로 정하는 등록 제한업종을 영위하는 경우

지방자치단체의 장은 가맹점 등록이 이루어진 후에라도, 다음 각 호의 어느 하나에 해당하는 경우에는 해당 가맹점의 등록을 취소할 수 있다. 다만, 제1호

에 해당하는 경우에는 등록을 취소하여야 한다(지역사랑상품권법 제8조). 등록을 취소한 경우에는 그 사실을 조례로 정하는 바에 따라 이용자 등이 알 수 있도록 공개하여야 한다.

〈지역사랑상품권법 제8조 등록 취소 사유〉

각 호	등록 취소 사유
제1호	거짓이나 그 밖의 부정한 방법으로 가맹점 등록을 한 경우
제2호	제7조 제2항 제3호에 따른 등록 제한업종을 영위하는 경우
제3호	제10조를 위반하는 행위를 한 경우

2) 가맹점의 유형

가맹점에는 다음 2가지 유형이 있는데, 지역사랑상품권법은 그 각각에 대하여 준수사항과 금지행위를 명시하고 있다.

① 개별가맹점: 지역사랑상품권을 사용한 거래에 의하여 물품을 판매하거나 용역을 제공하는 자

개별가맹점은 다음 각 호의 어느 하나에 해당하는 행위를 하여서는 아니 된다(지역사랑상품권법 제10조).

〈지역사랑상품권법 제10조 제1항 개별가맹점의 금지 행위〉

각 호	개별가맹점의 금지 행위
제1호	지역사랑상품권 결제를 거절하거나 지역사랑상품권 소지자를 불리하게 대우하는 행위
제2호	다음 각 목의 지역사랑상품권을 환전하거나 환전대행가맹점에 환전을 요청하는 행위 가. 물품의 판매 또는 용역의 제공 없이 수취한 지역사랑상품권 나. 실제 매출금액 이상의 거래를 통하여 수취한 지역사랑상품권

1호는 지역사랑상품권의 사용을 활성화할 수 있도록 현금 대비 불이익대우(예 부가세만큼 추가 금액 부담을 요구) 금지를 가맹점의 의무로 정한 것으로서, 신용카드 및 전자지급수단의 사용과 관련하여서도 유사한 조항이 존재한다. 이로 인하여 비현금결제수단들이 이용자로부터 주된 결제수단으로서 채택되어 사용이 활성화된 바 있다.

2호는 속칭 '깡'행위를 금지한 것으로서, 실제 거래가 없이 지역사랑상품권을 금전융통의 방법으로 사용하는 것을 금지한 것이다. 이 역시 신용카드 및 전자지급수단의 사용과 관련해서도 유사한 조항이 존재하는데, 비현금결제수단이 탈

법적으로 사용되는 것을 차단하기 위한 것이다.

개별가맹점은 지역사랑상품권 소지자가 권면금액 중 60%~80%의 범위에서 조례로 정하는 비율(지역사랑상품권법 시행령 제3조)의 금액 이상에 상당하는 물품을 구입하거나 용역을 제공받고 그 잔액을 환급하여 줄 것을 요구하는 경우에는 즉시 이에 응하여야 한다(지역사랑상품권법 제10조 제2항).

② 환전대행가맹점: 개별가맹점을 위하여 지역사랑상품권의 환전을 대행하는 자

환전이란 개별가맹점이 물품의 판매 또는 용역의 제공의 대가로 획득한 지역사랑상품권을 판매대행점(금융기관 등)으로부터 현금으로 교환하는 행위를 말한다.

환전대행가맹점은 지방자치단체의 장에게 등록한 개별가맹점을 위한 경우에만 지역사랑상품권의 환전을 대행할 수 있다(지역사랑상품권법 제9조). 기본적으로 가맹점은 직접 판매대행점을 찾아 환전을 수행할 수 있으나, 그러한 업무가 어려운 이들을 위하여 전문적으로 "환전대행"만을 수행할 수 있는 사업자를 지정할 수 있기에 이를 환전대행가맹점으로 정하였다. 환전대행 "가맹점"이라는 표현 때문에 "개별가맹점"과 혼동을 일으킬 수 있으나, 소비자가 아닌 가맹점을 주로 상대하는 사업자로서, 지역상인회 등이 이에 해당한다.

환전대행가맹점은 다음 각 호의 어느 하나에 해당하는 행위를 하여서는 아니 된다(지역사랑상품권법 제10조 제3항).

〈지역사랑상품권법 제10조 제3항 환전가맹점의 금지 행위〉

각 호	환전가맹점의 금지 행위
제1호	개별가맹점이 아닌 자를 위하여 지역사랑상품권의 환전을 대행하는 행위
제2호	다음 각 목에 해당하는 지역사랑상품권임을 알면서도 그 환전을 대행하는 행위 가. 물품의 판매 또는 용역의 제공 없이 수취한 지역사랑상품권 나. 실제 매출금액 이상의 거래를 통하여 수취한 지역사랑상품권

3) 판매대행점

'판매대행점'이란 지방자치단체의 장과 협약을 체결하여 지역사랑상품권의 보관·판매·환전 등의 업무를 대행하는 금융회사(전자금융거래법 제2조 제3호)와 전자금융업자(전자금융거래법 제2조 제4호)를 말한다(지역사랑상품권법 제2조 제2호. 제6조 제1항).

지역사랑상품권의 유통성을 확보하기 위하여 지역민들이 가깝게 접촉할 수 있는 기관을 선정하여 판매를 위탁하게 되는데, 은행, 농협, 새마을금고, 우체국 등이 이에 해당한다. 판매대행점들은 현금 및 유가증권 등과의 교환으로 지역사랑상품권을 판매하고, 가맹점들이 제시하는 지역사랑상품권을 현금으로 교환하여주는 업무를 수행한다.

지방자치단체의 장은 협약을 체결한 판매대행점에 관한 정보를 조례로 정하는 바에 따라 공개하여야 하고, 판매대행점은 지역사랑상품권의 판매량, 재고량, 회수량 등을 조례로 정하는 바에 따라 지방자치단체의 장에게 제출하여야 한다.

라. 지역사랑 상품권의 사용시 유의사항

1) 사용자의 금지 행위

지역사랑상품권 사용자는 상품권을 재판매하거나, 판매대행점이나 가맹점에 지역사랑상품권의 환전을 요구할 수 없다(지역사랑상품권법 제11조). 지역사랑상품권이 금전융통의 수단으로 사용되는 것을 차단하기 위하여, 판매・환전은 지방자치단체의 장에게 등록한 판매대행점, 환전가맹점에게만 허락하는 것으로 엄격히 제한하고 있는 것이다.

2) 지역사랑상품권의 목적 외 사용금지

지방자치단체의 장은 다음 각 호의 어느 하나에 해당하는 경우에는 지역사랑상품권으로 지급할 수 없다(지역사랑상품권법 제13조).

〈지역사랑상품권법 제13조 지역사랑상품권으로 지급이 금지되는 경우〉

각 호	환전가맹점의 금지 행위
제1호	「근로기준법」 제43조 제1항 본문◆ 및 「지방공무원법」 제45조 제1항에 따라 임금 또는 보수를 지급하는 경우
제2호	「지방자치단체를 당사자로 하는 계약에 관한 법률」에 따른 공사・용역・물품 등 지방자치단체의 재정지출의 부담이 되는 계약에 대하여 그 대가를 지급하는 경우

◆ 관련조문

근로기준법

제43조 (임금 지급) ① 임금은 통화(通貨)로 직접 근로자에게 그 전액을 지급하여야 한다.

한국은행이 발행한 화폐와 달리 그 사용성에 제한이 있는 지역사랑상품권으로 급여, 보수 등을 지급함으로써 그 수령자의 편의성이 제한되고, 환전상의 수수료 부담으로 인한 경제적 이익이 훼손되는 것을 방지하기 위한 규정이다.

마. 활성화 지원

국가와 지방자치단체는 지역사랑상품권의 활성화를 위하여 대통령령으로 정하는 바에 따라 지역사랑상품권의 발행·판매·환전 등 운영에 필요한 지원을 할 수 있고(지역사랑상품권법 제15조 제1항), 지방자치단체의 장은 조례로 정하는 비율의 범위에서 지역사랑상품권을 할인하여 판매할 수 있다(지역사랑상품권법 제15조 제2항).

행정안전부장관 및 지방자치단체의 장은 이 법에 따른 지역사랑상품권 업무를 효율적으로 관리하고 이용 편의를 개선하기 위하여 전산관리시스템 구축 및 관련 프로그램의 개발과 보급에 노력하여야 한다(지역사랑상품권법 제15조 제3항).

지방자치단체의 장은 지역사랑상품권의 활성화를 위한 사업이나 활동을 지원하기 위하여 지역사랑상품권기금을 설치할 수 있다. 기금의 조성·용도 및 운용 등에 필요한 사항은 조례로 정한다(지역사랑상품권법 제16조).

지역사랑상품권의 활성화를 위한 국가 재정지원이 상당한 규모로 예정되어 있음에도 그 근거규정이 흠결되었음에 대한 보완을 위하여, 법률로서 국가 및 지방자치단체의 지원근거를 마련한 것이다.

바. 고유식별정보의 처리

지방자치단체의 장 및 그 위탁기관은 다음 각 호의 사무를 수행하기 위하여 불가피한 경우 개인정보 보호법 제24조에 따른 고유식별정보를 처리할 수 있다(지역사랑상품권법 제19조).

〈지역사랑상품권법 제19조 고유식별정보의 처리 사유〉

각 호	고유식별정보의 처리 사유
제1호	지역사랑상품권의 판매 및 환전
제2호	가맹점의 등록
제3호	가맹점의 등록 취소
제4호	지역사랑상품권의 재발급

제5호	제17조에 따른 위반행위의 조사 등

사. 위반행위의 조사 및 과태료

지방자치단체의 장은 이 법을 위반하는 행위가 발생하였다는 합리적 의심이 있어 그에 대한 조사가 필요할 때에는 대통령령으로 정하는 바에 따라 판매대행점 및 가맹점에 그 업무에 관하여 보고하게 하거나 자료의 제출, 그 밖에 필요한 명령을 할 수 있으며, 소속 공무원으로 하여금 그 사무소에 출입하여 장부·서류 등을 검사하게 할 수 있다(지역사랑상품권법 제17조 제1항).◆

위반행위의 조사를 위하여 출입·검사를 하는 공무원은 그 권한을 표시하는 증표를 지니고, 이를 관계인에게 내보여야 한다(지역사랑상품권법 제17조 제2항).◆

◆ 관련조문

지역사랑상품권법

제17조(위반행위의 조사 등)

① 지방자치단체의 장은 이 법을 위반하는 행위가 발생하였다는 합리적 의심이 있어 그에 대한 조사가 필요할 때에는 대통령령으로 정하는 바에 따라 판매대행점 및 가맹점에 그 업무에 관하여 보고하게 하거나 자료의 제출, 그 밖에 필요한 명령을 할 수 있으며, 소속 공무원으로 하여금 그 사무소에 출입하여 장부·서류 등을 검사하게 할 수 있다.

② 제1항에 따라 출입·검사를 하는 공무원은 그 권한을 표시하는 증표를 지니고, 이를 관계인에게 내보여야 한다.

본 법에 정한 사항을 위반한 자에게는 대통령령[121]으로 정하는 바에 따라 해당 지방자치단체의 장이 과태료를 부과·징수할 수 있다.

〈지역사랑상품권법 제20조 과태료〉

	각 호	2천만원 이하의 과태료
제1항	제1호	제6조 제1항을 위반하여 지방자치단체의 장과 협약을 체결하지 아니하고 지역사랑상품권의 보관·판매·환전 업무를 대행한 자
	제2호	제7조 제1항을 위반하여 가맹점으로 등록하지 아니하고 가맹점 업무를 수행한 자
	제3호	제10조 제1항 제2호를 위반하여 지역사랑상품권을 환전하거나 환전대행가맹점에 환전을 요청한 개별가맹점
	제4호	제10조 제3항을 위반하여 환전을 대행한 환전대행가맹점

121) 지역사랑상품권법 시행령 별표

제2항	500만원 이하의 과태료
	제17조에 따른 위반행위 조사 등을 거부·방해 또는 기피한 자

아. 지방자치단체의 조례

지역사랑상품권의 발행 및 관리에 따른 다양한 이슈의 구체적 내용에 대해서는 각 지방자치단체의 조례에서 정할 수 있도록 다양한 사항을 위임하고 있다. 이에 따라 그 동안 위임근거법령이 없이 혹은 지자체 조례조차 갖추지 않고 발행되었던 다양한 지역사랑상품권들도 모두 조례를 갖추어 규율하게 되었다.

각 지방자치단체의 관련 조례는 자치법규정보시스템(http://www.elis.go.kr/)에서 살펴볼 수 있다.

2장

디지털금융 관련 주요 이슈

1. 전자지급결제대행업(PG, Payment Gateway)

가. PG의 등장 배경

전자상거래의 경우 비대면으로 수행되는데다, 대금지급과 재화의 공급이 동시에 이루어지지 않는 특성을 가진 탓에, 거래상대방에 대한 신뢰도 확보가 특히 중요하다. 거래시마다 상대방의 신용도, 재무안정성 등을 매번 확인하는 번거로움과, 자신이 지급하는 대금의 전달 및 회수 가능성을 스스로 책임져야 하는 부담을 사용자에게 요구했다면, 오늘날 우리가 익숙하게 처리하는 전자상거래가 활성화될 수는 없었을 것이다.

이에 따라 고객에게는 자신이 지급한 대금이 안전하게 보관되었다가 거래 불발시 회수될 수 있다는 신뢰성을 보장하고, 재화공급자에게는 서비스를 수령한 고객으로부터의 확실한 수금을 보장하는 중간매개자로서 등장한 것이 바로 전자지급결제대행업자(PG, Payment Gateway)이다.

전자지급결제대행업자는 온라인 쇼핑몰 등을 대신하여 은행·카드사 등의 금융기관에 결제대금을 청구·수령하여 온라인 쇼핑몰 등에게 전달하는데, 온라인 쇼핑몰 등이 대금만을 수령하고 서비스를 공급하지 않거나, 부도가 발생한 경우에는 전자지급결제대행업 금융기관에 해당금원의 상환을 담보함으로써 신용위험을 해소한다.

반면 온라인 쇼핑몰 등에게는 신용카드, 계좌이체, 통신과금 등의 다양한 지불결제수단의 활용이 가능한 온라인결제시스템을 구축하고, 다양한 지불결제사업자로부터의 결제대금을 통합 수령하여 약정기일에 정산지급하는 결제대행 서비스를 제공한다.

전자지급결제대행업은 이러한 중개과정에서 발생하는 수수료를 그 주된 수익원으로 하는데, 최근 모바일 O2O서비스의 활성화에 따라서, 각종 간편결제가 등장하면서 그 필요성이 더욱 커져가고 있다.

나. 사업 현황

전자지급결제대행업은 2020년 6월말 현재, KG이니시스, NHN한국사이버결제, 토스페이먼츠 등 119개 사업자들이 등록하여, 서비스등록 사업자가 가장 많은 전자금융업이다.[1] 2019년중 전자지급결제대행 서비스(PG) 이용실적(일평균)은 1,204만건, 5,467억원으로 전년 대비 각각 39.3%, 26.2% 증가하였다.[2]

다. 사업 영위의 근거

전자지급결제대행업자는 자신이 거래의 주체가 아니면서도, 서비스 공급자를 대신하여 대금을 수령한다. 이러한 과정에서 필연적으로 대금 전달을 중개하는 결제대행업자에게 발생한 문제점이 전체 거래로 확대될 수 있는 위험을 내포하고 있다.

따라서 관련법률은 이러한 사업의 영위에 있어 자격요건 및 사후관리체계를 엄격히 하고 있다.

1) 여신전문금융업법

먼저 여신전문금융업법에서는 거래의 실질이 없이 신용카드를 이용한 거래로 꾸미거나, 타인 간의 신용카드 거래를 대행하는 행위를 엄격히 금지◆하면서도, 결제대행업체◆와 수납대행가맹점◆의 경우에는 예외를 인정하고 있다.

결제대행업과 수납대행업 모두 신용카드사와의 계약에 의하여 인정되는 영업형태로서, 신용카드사 내부심사기준을 통과할 수 있는 자격요건을 갖추어야 하며, 신용카드사 각각과 대행계약을 체결해야 하는 것이 가장 큰 진입장벽으로 작동한다.

---

1) 금융감독원, 전자금융업 등록 현황
2) 한국은행, "2019년중 전자지급서비스 이용 현황", 2020. 3. 24.

◆ 관련조문

여신전문금융업법

제19조 (가맹점의 준수사항)

⑤ 신용카드가맹점은 다음 각 호의 어느 하나에 해당하는 행위를 하여서는 아니 된다. 다만, 결제대행업체의 경우에는 제1호·제4호 및 제5호를 적용하지 아니하고, 수납대행가맹점의 경우에는 제3호·제5호(제2조 제5호의2에 따라 대행하는 행위에 한한다)를 적용하지 아니한다.

제70조 (벌칙)

③ 다음 각 호의 어느 하나에 해당하는 자는 3년 이하의 징역 또는 2천만원 이하의 벌금에 처한다.

여신전문금융업법

제2조 (정의)

5. "신용카드가맹점"이란 다음 각 목의 자를 말한다.
   가. 신용카드업자와의 계약에 따라 신용카드회원·직불카드회원 또는 선불카드소지자(이하 "신용카드회원등"이라 한다)에게 신용카드·직불(直拂)카드 또는 선불(先拂)카드(이하 "신용카드등"이라 한다)를 사용한 거래에 의하여 물품의 판매 또는 용역의 제공 등을 하는 자
   나. 신용카드업자와의 계약에 따라 신용카드회원등에게 물품의 판매 또는 용역의 제공 등을 하는 자를 위하여 신용카드등에 의한 거래를 대행(代行)하는 자(이하 "결제대행업체"라 한다)

제2조 (정의)

5의2. "수납대행가맹점"이란 신용카드업자와의 별도의 계약에 따라 다른 신용카드가맹점을 위하여 신용카드등에 의한 거래에 필요한 행위로서 대통령령으로 정하는 사항을 대행하는 신용카드가맹점을 말한다.

결제대행업체로서 가장 대표적인 영업형태가 바로, 온라인 전자상거래에서 결제데이터를 중계하고 대금정산업무를 수행하는 전자결제대행업자(PG)이다. 결제대행업체에 대해서는 신용카드사들이 가맹점 약관 및 심사기준 등을 통하여 관리하는 것이 원칙이며, 여신전문금융업법에서는 다음과 같이 최소한의 준수사항을 정하고 있다.

〈결제대행업체의 준수사항(여신전문금융업법 제19조 제7항)〉

각 호	결제대행업체의 준수사항
제1호	물품의 판매 또는 용역의 제공 등을 하는 자의 신용정보 및 신용카드등에 따른 거래를 대행한 내용을 신용카드업자에게 제공할 것
제2호	물품의 판매 또는 용역의 제공 등을 하는 자의 상호 및 주소를 신용카드회원등이 알 수 있도록 할 것
제3호	신용카드회원등이 거래 취소 또는 환불 등을 요구하는 경우 이에 따를 것
제4호	그 밖에 신용카드회원등의 신용정보보호 및 건전한 신용카드거래를 위하여 대통령령[3]으로 정하는 사항

3) 대통령령 등 하위 법령 없음

수납대행업자(예 편의점 등에서 TV수신료, 아파트 관리비 등을 대리수납하는 경우)는 신용카드 거래 자체에 대한 최종적인 담보책임을 부담하지 않고, 신용카드 거래에 필요한 행위(예 신용카드에 의한 거래 시 본인 확인, 전자적 장치의 이용에 의한 신용카드의 전자금융거래 정보 전송)에 대해서만 제한적으로 업무 대행을 할 수 있는 것이 결제대행업자와의 차이이다(여신전문금융업법 시행령 제1조의2 제3항).

2) 전자금융거래법

전자금융거래법은 전자적 방법으로 재화의 구입 또는 용역의 이용에 있어서 지급결제정보를 송신하거나 수신하는 것 또는 그 대가의 정산을 대행하거나 매개하는 것을 '전자지급결제대행'이라 정의하고(전자금융거래법 제2조 제19호), 이를 영위하기 위해서는 금융위원회에 등록할 것을 요구하고 있다(전자금융거래법 제28조 제2항 제4호).

다만, 자금이동에 직접 관여하지 아니하고 전자지급거래의 전자적 처리를 위한 정보만을 단순히 전달하는 업무의 경우에는 등록의무를 면제하고 있다(전자금융거래법 제28조 제3항 제2호, 시행령 제15조 제7항). 이는 전자금융거래법 제2조가 '전자지급결제대행'에 대하여 지나치게 포괄적으로 정하고 있어 금융회사 혹은 전자금융업자를 위한 단순한 정보처리만을 수행하는 SI업체[4]까지도 해당법의 통제를 받게 되는 부작용이 있고, 오히려 이로 인하여 전자상거래에 있어서의 혁신이 지나치게 제한되는 부분이 있었기 때문이다. 따라서 자금의 이동에 개입하여 거래의 안정성을 해칠 위험으로부터 소비자와 가맹점을 보호한다는 목적에 충실하도록, 등록이 필요한 '전자지급결제대행'을 타인 간의 전자금융거래와 관련된 자금을 수수하거나 수수를 대행하는 경우로 제한한 것이다.

라. 향후 전망

최근 국회에 제출된 전자금융거래법 개정안은, 현행법의 '전자지급결제대행업'[5]과 '결제대금예치업,'[6] '전자고지결제업'[7]을 통합하여 단일한 '결제대행업'[8]으

4) p. 179 각주 30 참조.
5) 전자지급거래법 제2조 제19호, 제28조 제2항 제4호
6) 전자지급거래법 제28조 제2항 제5호, 시행령 제15조 제3항 제1호
7) 전자지급거래법 제28조 제2항 제5호, 시행령 제15조 제3항 제2호
8) 전자금융거래법 개정안, 제2조 제2의5호, 제28조 제2항 제2호

로 개편할 예정이다.

이는 전자상거래에 있어서 필수적인 결제대행이라는 기능을 위하여, 부수적인 업무에 해당하는 예치·고지까지 전자금융 업무 전반을 통합적으로 대행 수행할 수 있도록 함으로써 불필요한 관리부담을 완화시킨 것이라 할 수 있다.

이에 따라 결제대행업자(PG)는 가맹점과 금융회사 사이에서 이용자 요청에 따라 대금 예치(Escrow)와 대금 고지 서비스를 함께 제공할 수 있게 된 것이다.

또한 분기별 가맹점에 대한 정산액이 대통령령으로 정하는 금액 이하인 자에게는 결제대행업 등록 없이 사업을 영위할 수 있도록 허락함으로써, 현행법보다도 진입의 장벽을 낮게 하였다(전자금융거래법 개정안 제28조 제3항 2호 가목).

이에 따라 기존의 전자지급결제대행이 전자상거래라는 영역에 제한되고 있었던 것을 벗어나, 향후 다양한 금융서비스와 결합하면서 결제대행서비스가 더욱더 활성화될 것으로 보인다.

2. 선불전자지급수단

가. 현 황

선불전자지급수단의 발행 및 관리업은 2020년 6월말 현재, 카카오, 네이버파이낸셜, KT 등 61개 사업자들이 등록하여 있으며, 2019년 이후로만 23개 사업자가 신규로 등록하여 최근 급격히 활성화되고 있는 전자금융업이다.[9)]

대한민국의 2019년중 선불전자지급서비스 이용실적(일평균)은 1,890만건, 2,979억원으로 전년 대비 각각 15.8%, 108.9% 증가하였다.[10)]

나. 정 의

1) 선불전자지급수단

선불전자지급수단이란 "이전 가능한 금전적 가치가 전자적 방법으로 저장되어 발행된 증표 및 정보로서, 발행인 외의 제3자로부터 재화 또는 용역을 구입하고 그 대가를 지급하는데 사용될 수 있고, 구입할 수 있는 재화 또는 용역의 범위가 2개 업종 이상인 것"이라고 정의하고 있다(전자금융거래법 제2조 14호).

특정 가맹점을 넘어서 일반적인 결제수단으로 사용될 수 있는 선불전자지급수단을 발행하여 이를 사업화하고자 하는 경우에는 선불전자금융업으로 등록하여야만 영위할 수 있다(전자금융거래법 제28조 제2항 3호).

세계 최대의 선불카드사업자라 할 스타벅스는, 그 선불충전금을 발행인인 스타벅스 자신의 매장에서만 사용 가능한 내부 포인트 제도로서 관리하고 있으므로 등록이 필요한 전자금융업자에 해당하지 않는다. 같은 이유로 현재 다양한 B2C사업자가 발행하는 멤버십포인트 등은 전자금융업자 등록 의무를 부담하지 아니하나,◆ 이를 발행처 브랜드를 넘어서 제3의 사용처로 확대하고자 할 경우에는 전자금융업 등록이 필수적이다.

---

9) 금융감독원, 전자금융업 등록 현황
10) 한국은행 "2019년중 전자지급서비스 이용 현황", 2020년 3월 24일 공보.

◆ 관련조문

전자금융거래법

제28조 (전자금융업의 허가와 등록)

③ 제2항의 규정에 불구하고 다음 각 호의 어느 하나에 해당하는 자는 금융위원회에 등록하지 아니하고 같은 항 각 호의 업무를 행할 수 있다.

1. 다음 각 목의 어느 하나의 경우에 해당하는 선불전자지급수단을 발행하는 자
   가. 특정한 건물 안의 가맹점 등 대통령령이 정하는 기준에 해당하는 가맹점에서만 사용되는 경우
   나. 총발행잔액이 대통령령이 정하는 금액 이하인 경우
   다. 이용자가 미리 직접 대가를 지불하지 아니한 선불전자지급수단으로서 이용자에게 저장된 금전적 가치에 대한 책임을 이행하기 위하여 대통령령이 정하는 방법에 따라 상환보증보험 등에 가입한 경우
2. 자금이동에 직접 관여하지 아니하고 전자지급거래의 전자적 처리를 위한 정보만을 전달하는 업무 등 대통령령이 정하는 전자지급결제대행에 관한 업무를 수행하는 자

전자금융거래법 시행령

제15조 (허가 또는 등록면제 등)

④ 법 제28조 제3항 제1호 가목에서 "대통령령이 정하는 기준"이라 함은 다음 각 호의 어느 하나에 해당하는 것을 말한다. 〈개정 2013. 6. 28.〉

1. 가맹점이 1개의 기초자치단체(「지방자치법」 제2조 제1항 제2호에 따른 지방자치단체를 말하며, 제주특별자치도의 경우에는 행정시를 말한다.) 안에만 위치할 것
2. 가맹점 수가 10개 이하일 것
3. 가맹점이 1개의 건축물(「건축법」 제2조 제1항 제2호에 따른 건축물을 말한다) 안에만 위치할 것
4. 가맹점이 1개의 사업장(「부가가치세법 시행령」 제8조 및 제10조에 따른 사업장을 말한다) 안에만 위치할 것

카드, 모바일 등의 전자적 방법에 의한 경우만을 전자금융거래법이 통제하고 있으므로, 지류에 의한 상품권은 전자금융거래법의 적용을 받지 않는다. 지류상품권에 관해서는 1961년에 제정된 '상품권법'이 이를 통제하고 있었으나, 기업들의 자유로운 발행을 촉진하여 내수활성화를 도모하고자 1999년 폐지되어 현재는 각 발행기업들의 자율적 통제에 의하고 있다.

여신전문금융업법은 선불카드의 발행·판매 및 대금의 결제를 신용카드업자의 부수업무로 규정하여 신용카드업자가 당연히 수행할 수 있도록 하고 있다(여신전문금융업법 제13조 제1항 3호). 전자금융거래법이 정한 선불전자지급수단이 물리적인 카드 형태를 전제하지 않고 전자적인 방식으로 다양한 형태로 존재할 수 있음에 반하여, 여신전문금융업법상의 "선불카드"는 소지자가 가맹점에 제시하여 그 카드에 기록된 금액의 범위에서 결제할 수 있게 한 증표라고 규정하여 그 물리적 실체를 전제하고 있다는 데에 차이가 있다(여신전문금융업법 제2조, 제8호).

다만, 신용카드회사 역시 등록 없이 선불전자지급수단을 발행할 수 있는 사업자에 해당하므로(전자금융거래법 제28조 제2항 단서, 같은 시행령 제15조 제1항 제3호), 선불전자지급수단과 선불카드 모두를 취급할 수 있다. 여신전문금융업법상 선불카드의 총발행한도와 발행권면금액의 최고한도는 금융위원회가 정할 수 있다(여신전문금융업법 제24조 제3호).

2) 구매(충전)

선불전자지급수단의 구매(충전)는 현금과 신용카드 혹은 발행자가 제공하는 서비스의 마일리지의 형태로 결제할 수 있다. 다만 신용카드 구매의 경우에는, 사전에 신용카드회사와 '상품권 신용카드 거래 계약'을 체결한 경우에만 가능하며, 그 한도는 월 1백만원으로 제한되어 있다.◆

◆ 관련조문

여신전문금융업법 시행령

제1조의2 (결제금지 대상 범위 등)

② 법 제2조 제3호 라목에서 "대통령령으로 정하는 사항의 이용 대가 및 이용에 따른 금전의 지급"이란 다음 각 호를 말한다. 〈개정 2018. 8. 21.〉

6. 신용카드업자와 상품권 신용카드 거래 계약[상품권 발행자(발행자와 상품권 위탁판매계약을 맺은 자를 포함한다. 이하 같다)가 신용카드회원에게 신용카드를 사용한 거래에 의하여 발행자가 발행한 상품권을 제공하는 계약을 말한다. 이하 제7호에서 같다]을 체결하지 아니한 발행자가 발행한 상품권의 구입에 따른 금전의 지급
7. 개인 신용카드회원이 월 1백만원의 이용한도[선불카드 금액, 「전자금융거래법」 제2조 제14호에 따른 선불전자지급수단(이하 "선불전자지급수단"이라 한다) 금액 및 상품권 금액을 합하여 산정한다]를 초과한 선불카드, 선불전자지급수단 및 상품권(신용카드업자와 상품권 신용카드 거래 계약을 체결한 발행자가 발행한 상품권으로 한정한다)의 구입에 따른 금전의 지급

3) 발행권면 한도

현행 전자금융거래법은 선불전자지급수단의 발행권면 한도를 통제하고 있는데, 카드형태로 발행되는 무기명 전자상품권은 그 발행한도를 50만원으로 제한하고 있다. 다만 기명으로 발행되거나 혹은 무기명으로 발행되었다가 사후적으로 보유자의 확인이 된 경우에는 200만원까지 그 한도를 늘릴 수 있게 되어 있다.◆

◆ 관련조문

전자금융거래법 시행령

제13조 (이용한도 등)

① 법 제23조 제1항 제1호에 따른 전자화폐의 발행권면 최고한도는 200만원으로, 선불전자지급수단의 발행권면 최고한도는 50만원으로 한다. 다만, 다음 각 호에 따라 발행하는 선불전자지급수단의

> 발행권면 최고한도는 다음 각 호의 구분에 따른 금액으로 한다.
> 1. 「재난 및 안전관리 기본법」 제3조 제1호의 재난에 대응하여 국가 또는 지방자치단체가 수급자, 사용처 및 사용기간 등을 정하여 지원금을 지급하기 위해 발행하는 경우: 300만원
> 2. 제1호 외의 경우로서「금융실명거래 및 비밀보장에 관한 법률」 제2조 제4호에 따른 실지명의로 발행하는 경우: 200만원

본 규정과 관련하여 "발행권면"의 해석과 관련하여 해석의 여지가 발생하는데, 최근 발행되는 온라인 기반의 선불전자지급수단의 경우 비록 최초 카드 충전금액이 200만원 이하인 경우에도 수시로 충전이 이루어지므로 그 발행권면이라는 것이 1회 충전한도인지 총잔액인지에 대한 해석이 필요한 것이다. 이에 대하여 금융감독원은 충전형 선불전자지급수단의 경우에는 특정인에게 부여된 계좌를 기반으로 하여 충전총액을 발행권면으로 해석하고 있으므로, 하나의 선불전자지급수단 상품에 대하여 1인 명의로 개설된 계정에서는 최대 200만원 한도로만 잔액을 보유할 수 있게 된다.

전자금융거래법의 전면적인 개정에 앞서, 코로나19로 인하여 각 지자체에서 재난지원금을 카드형·모바일형 지역사랑상품권 플랫폼으로 제공하고자 하는 시도가 많아지고 있으므로, 국가나 지방자치단체가 지원금을 지급하기 위해 발행하는 경우에는 현행 50만원으로 정해져 있는 선불전자지급수단의 발행권면 최고한도를 300만원으로 상향하는 원포인트 개정을 시행(2020. 4. 28. 시행, 2020년 9월 30일까지 한시적)하는 등(전자금융거래법 시행령 제13조 제1항 제1호), 법률의 개정이 필요하지 않은 사항은 수시로 시행령 및 가이드라인의 제·개정을 통하여 활성화를 지원하고자 적극행정을 시행할 예정에 있다.

개정안에서는 대금결제업자에게 후불결제업무의 수행도 가능하게 하는 형태로의 개정을 추진하고 있어(전자금융거래법 개정안 제38조 제1항 제2호), 향후 전자금융업자의 결제사업은 더욱 더 활성화될 것으로 보인다.

다. 기타 제한 사항

선불전자지급수단은 민간사업자에 의하여 발행되는 거래수단의 성격을 갖고 있으므로, 그 발행이 적절하게 통제되지 않는다면 사행성으로 활용되거나 구매자의 피해가 발생할 여지가 많다. 이에 따라 전자금융거래법은 다음과 같이 다양한 제한 사항을 두고 있다.

1) 양도성 통제

기명 선불전자지급수단의 경우 그 발행권면을 상향해주는 대신, 기명발행자에게 관리책임을 부과하기 위하여 발행자를 통해서만 양도가 가능하도록 하고 있다. 다만, 무기명으로 발행되는 경우에는 사인 간의 자유로운 양도가 가능하다(전자금융거래법 제18조).

이를 위반하여 발행자의 경유 없이 선불전자지급수단 또는 전자화폐를 양도하거나 담보로 제공한 자에게는 1천만원 이하의 과태료가 부과된다(전자금융거래법 제51조 제3항 제3호).

2) 환불 보장

발행사업자는 구매(충전)한 선불전자지급수단의 환급을 허락해야 하는데, 그 기준 및 절차를 사전에 약관으로 정하여 공지하여야 하며, 구매(충전) 금액의 80% 이상 사용한 경우에는 의무적으로 환불을 보장해야 한다(전자금융거래법 제19조).

3) 선불충전금의 분리 관리

선불업자는 선불충전금을 고유재산과 구분하여 외부기관에 신탁하거나 지급보증보험에 가입하여야 한다. 간편송금을 업으로 하는 경우에는 고객의 선불충전금 전부가 대상이 되며, 간편송금을 업으로 하지 않는 경우에는 고객의 선불충전금의 50% 이상이 대상이 된다.[11]

4) 선불카드 미사용잔액의 기부

신용카드업자가 발행하는 무기명 선불카드의 경우 사용되지 않은 채 방치되는 잔액(낙전)이 급증하였는데, 무기명으로 발행된 이유로 원소유자에게 돌려주기도 어렵고, 발행 후 5년의 소멸시효기간이 지나면 발행사업자에게 귀속되어 발행사의 수익화되었다. 이에 금융위원회에서는 별도의 재단을 설립하여, 기부를 통해 낙전을 귀속시킴으로써 발행사업자의 수익화를 차단하였다(여신전문금융법 제68조, 제68조의2).

---

11) 전자금융업자의 이용자 자금 보호 가이드라인, 전자금융거래법 개정안 제26조

라. 직불전자지급수단과의 구별

전자금융거래법상 '선불전자지급수단의 발행 및 관리업'이 활성화되고 있음에 반하여, '직불전자지급수단의 발행 및 관리업'의 경우 현재 등록사업자가 28개에 불과하고 실제 출시된 서비스는 더욱 미미한 상황이다.

'선불'의 경우 사업자 입장에서는 충전금을 통한 금융활동이 가능하고, 잔액을 계기로 고객유지가 더 유리한데, '직불'은 송금 및 ATM활용에 있어서 은행 · 증권사 등 전통적 금융기관의 직불카드 대비 상대적 우위를 획득하기 어려운 까닭에 핀테크 기업들로부터 외면받고 있기 때문이다.

마. 간편송금서비스의 활용

간편송금서비스는 다수의 은행계좌에 각각 접속하여 매번 복잡한 인증을 수행하는 대신, 전자금융업자가 통합관리하는 계정에 미리 계좌정보등을 등록하여 연동한 후 실제 송금시에는 간편하게 자금 이동을 수행할 수 있도록 하는 서비스이다. 이는 이용상의 편리함 및 간편송금 서비스 사업자의 계좌이체 수수료 무료 프로모션으로 폭발적인 성장세를 보이고 있다.

그러나 이용자에게 있어서 송금으로 보이는 이 서비스는, 실제로는 선불사업자인 전자금융업자가 제공하는 선불포인트를 충전 · 구매한 이후 그 반환청구권을 양도하는 형태로 이루어지고 있어, 선불전자지급수단 발행 및 관리업과 관련된 규정의 적용을 받게 된다.

전자자금이체의 경우 은행망에 연동하여 출금과 송금이라는 2회의 과정을 경유해야 하므로 전자금융업자 입장에서 2회에 걸친 금융결제망 이용수수료가 발생하는 데 반하여, 전자금융업자와 이용자 간의 채권채무의 양도로 구성하면 전자금융업자 내부의 계정 간 처리만이 필요할 뿐, 금융결제망 이용수수료가 별도로 발생하지 않으므로, 은행이 아닌 전자금융업자의 입장에서는 선불충전금 지급 채권의 양도라는 형태로 구현하게 된 것이다.

2019년중 간편송금서비스 이용실적(일평균)은 249만건, 2,346억원으로 전년대비 각각 76.7%, 124.4% 증가하였다.[12)]

---

12) 한국은행, "2019년중 전자지급서비스 이용 현황", 2020. 3. 24.

다만, 개정안에서는 "자금이체"의 실질을 수행하는 경우 모두 자금이체업자에 해당하도록 하고, 이를 허가업으로 규정하였다(전자금융거래법 개정안 제2조 제2호 의3). 이에 따라 선불전자지급수단의 발행·양도 및 환급 기능을 활용한 송금업무를 금지하였다(전자금융거래법 개정안 제36조의3 제2항 제4호).

바. 주요사업자

1) 신용카드사업자의 포기

신용카드사업자는 여신전문금융업법 제13조, 전자금융거래법 제28조 제2항 및 시행령 제15조 제1항에 의하여, 선불카드 사업을 부가사업으로서 등록없이 수행할 수 있다.

신용카드사들은 90년대부터 선불카드를 발행했고 한 때 성행했으나, 최근에는 그 발행량을 축소하고 있다. 삼성 올앳 카드가 전업 선불카드사업자였으며, 사용시마다 0.6%의 적립금을 예치해주었다. 이는 고금리 시대에 저리 자금융통의 방법으로 그 효용이 높았다.

그러나 신용카드 가맹점 수수료가 급격히 인하되면서, 선불카드 발행에 따른 수익(1% 수수료 부과시, 10만원 상품권의 경우 1,000원 수익)이 카드발급비용(장당 1,300원)보다도 못한데다, 모바일기프티콘 등의 등장으로 신용카드사가 발행하는 정액 무기명선불카드(기프트카드)의 매력이 떨어지고, 2016년 여신전문금융업법 개정에 의하여 낙전수익을 기부하게 되자, 신용카드사들은 사실상 선불카드 사업을 포기하고 있는 상황이었다.

2) "Starbucks Coffee"가 아니라 플랫폼 "Starbucks"

스타벅스는 자체 발행한 선불카드를 통해 고객들로부터 충전금을 선입금받고 해당 카드를 통한 결제시 리워드를 제공하는 형태로 선불카드의 사용비중을 올리고 있다. 스타벅스코리아가 공시한 재무제표를 살펴보면, 2019년 말 현재 1,662억원의 현금을 보유하고 있는데, 그중 1,292억원이 선불카드 충전금(고객이 이미 지급한 금원에 대한 계약부채)이며 이는 전년 대비 37.4% 증가한 수준이다.

현재 스타벅스 선불카드는 전 세계 2,340만명이 사용하고 있어, 스타벅스는 가장 성공한 선불카드사업자로 손꼽히고 있다. 스타벅스는 더 나아가 2018년 아르헨티나에서 은행업에 진출하였으며, 마이크로소프트 등과 연합하여 '백트'라는 암호화폐 거래 플랫폼에 참여하는 등 금융업으로 사업영역을 본격적으로 확대하고 있다.

전통금융업을 강력히 위협하고 있는 이들을 이제는 'Starbucks Coffee'가 아니라 '플랫폼 Starbucks'로 인식하여야 하는 시점이다. 이미 주요 상권에서 은행을 밀어내고 1층 매장을 차지하고 있는 스타벅스에서, 커피가 아니라 금융상품을 상담하고 판매할 날이 머지않아 보인다.

3) '페이' 말고 '머니'

현재 카카오페이, SSG페이 등의 전자금융사업자들이 간편결제서비스를 제공중에 있다.

다만, 이들의 간편결제서비스 이용자들 중 대부분은, 자신의 신용카드정보를 해당 사업자의 DB에 사전등록해 두고 실제 결제시에는 본인인증만을 통해 결제하는 형태를 취하고 있다. 이 경우 간편결제 사업자는 독자적인 지급결제수단의 발행자 지위를 갖지 아니하고, 기발행된 신용카드 등의 결제를 중계할 뿐이다.

이에 반해 각 브랜드가 발행한 선불결제수단('○○머니')의 경우 그 자체가 독자적인 비현금결제수단의 지위를 갖는다. 따라서 고객은 ○○머니를 구매한 후 이를 자신의 상품·용역 구매시에 사용하게 되므로, 실제로 고객의 구매행위는 '○○머니' 를 살 때, 상품·용역을 살 때 2회 발생하게 되는 것이다. 그러나 선불전자지급수단 발행자들은 고객이 '○○머니'를 구매할 계좌를 사전에 등록하고 이에 대한 실시간 연동 충전 동의를 사전에 구해둠으로써, 고객은 자신이 '○○머니'를 구매한다는 것은 특별히 인식하지 못한 채 상품·용역의 구매결제만을 인식하게 된다.

간편결제 사업자들은 고객에게 리워드, 할인 등의 혜택까지 제공해가며 이들을 신용카드가 아닌 자신의 '○○머니'결제로 유도하고, 계좌연동을 요구하고 있는데, 고객의 금융정보의 획득을 통한 금융플랫폼의 지위를 확보할 수 있기 때문이다.

이에 따라 금융당국에서는 선불전자지급수단이, 신용카드의 단점(자금조달비용 부담으로 인한 고비용 결제수단이며, 가계대출 증가 부담)을 보완할 수 있는 결제수단으로서의 역할을 할 수 있을 것으로 기대하고 있다. 현재 국회에 제출되어 있는 전자금융거래법 개정안에서는 소액여신기능까지 더하여 줌으로써 선불전자지급수단의 사용을 활성화할 예정에 있다.

사. 소액 후불결제업무 허용 개정 예정

1) 전자금융업자의 후불결제업무 겸영 허용

이용자의 선불전자지급수단 충전잔액이 부족한 경우에, 대금결제업자와 종합지급결제사업자가 그 부족분에 대하여 스스로의 신용으로 가맹점에게 재화 또는 용역의 대가를 지급하는 후불결제업무를 겸영할 수 있도록 정하였다(전자금융거래법 개정안 제35조 제1항 제2호). 다만, 후불결제업무의 겸영은 금융위원회로부터 승인을 받도록 하였다(전자금융거래법 개정안 제35조 제2항).

대금결제업자가 이용자별로 개인결제한도를 산정할 때, 비정형·비금융의 빅데이터와 인공지능 등 디지털 신기술을 적극 활용할 것을 요구하였다(전자금융거래법 개정안 제35조 제4항). 이는 기존의 신용평가기관이 주된 판단근거로 삼는 금융거래 이용 실적 등의 데이터가 부족한 금융소외계층(주부, 사회 초년생 등)도 후불결제서비스를 이용할 수 있도록 하기 위한 것이다.

다만, 이용자에게 제공하는 후불결제의 한도액 및 해당 대금결제업자 등의 총 제공한도를 제한(전자금융거래법 개정안 제35조 제5항)하여 후불결제업무가 주된 업무가 될 수 없도록 하고, 후불결제 서비스의 이용자에 대한 현금서비스 등 금전의 대부나 융자를 금지(전자금융거래법 개정안 제35조 제6항)하여 현행 신용카드업과는 분명히 차별화될 수 있도록 하였다.

전자금융거래법 상의 후불결제업무에 대하여는 은행법, 여신전문금융업법의 적용을 받지 않도록 하였고(전자금융거래법 개정안 제35조 제7항), 전자금융거래법에 의하여 금융위원회 승인을 얻지 않은 경우에는 후불결제업무, 소액후불서비스 등 유사한 명칭을 쓸 수 없도록 하여 남용의 가능성을 차단했고(전자금융거래법 개정안 제36조 제3항), 이용자에게 후불결제업무로 재화 등을 구매하도록 한 후 그 재화 등을 할인하여 매입하는 행위를 통하여 자금을 융통하여 주는 속칭 "깡" 행위에 대해서 형사처벌을 규정하였다(전자금융거래법 개정안 제49조 제5항 제9호의3).

3. 전자금융거래법 인가 제도의 개편: 종합지급결제사업자와 지급지시전달업(My Payment) 도입

가. 현행 전자금융거래법상 인가 제도의 문제점

2006년 제정된 전자금융거래법은 전자금융업무를 7개의 업종으로 개념적으로 구분하고, 각각의 수행 기능을 제한하였다. 이에 따라 전자금융업자는 각각의 라이선스를 획득할 때마다 공통된 물적 · 인적 조건을 매번 재등록하여야 하는 등 불필요한 중복적 업무가 존재하고 있다.

또한 당시 전자금융업이 충분히 성숙해있지 않았던 상황에서 개념적으로 업종을 정의하다보니, 라이선스 별로 활성화 수준의 차이가 커지게 되었다. 2020년 6월말 기준으로 전자지급결제대행업(PG)의 경우 영위사업자가 118개사에 이르는데 반하여, 전자화폐업 같은 경우에는 그 활용이 활발하지 않은 상황이다.

이에 따라 전자금융거래법의 개정안이 2020년 11월 27일 국회에 제출되었으므로[13], 그 주요 내용으로서 인가단위의 개편과 지급지시전달업, 종합지급결제사업자를 소개한다.

나. 인가단위 개편 및 최소자본금 규제 합리화

1) 기능 중심 인가단위 개편

서비스 간 융 · 복합이 활성화되는 금융환경 변화를 반영하여 과도하게 세분화된 업종을 기능별(결제 · 송금 · 대행)로 통합 · 단순화할 예정이다. 기존의 업종별 구분을 기능적 구분으로 개편하여 크게 세 가지(자금이체업, 대금결제업, 결제대행업)으로 통폐합하고, 신규로 지급지시서비스업(My Payment)을 도입하여 크게 4개의 업무로 전자금융업을 규정한 후, 이를 종합적으로 수행할 수 있는 종합지급결제사업자를 추가하여 기능에 따른 통합적 업무수행이 가능하도록 개편할 예정이다(전자금융거래법 개정안 제2조 제2호의2, 제4호의6).

기본적으로 전자금융업은 조건부 등록제(이용자 보호 및 금융보안 등을 위해 부

---

13) 대한민국 국회, 의안번호 2105855, 전자금융거래법 일부개정법률안(윤관석의원 등 12인), 2020. 11. 27. 제출

가조건 부과가 가능)로 진입요건을 완화할 예정이나, 이용자 자금을 보유하며 송금 업무를 하는 자금이체업은 허가제로 운영(사업계획의 타당성 등 심사)하여 엄격한 통제를 예정하고 있다(전자금융거래법 개정안 제28조, 제30조). 종합지급결제사업자는 자금이체업자 중 조건을 갖춘 사업자 중에서 금융위원회가 지정할 수 있도록 하였다(전자금융거래법 개정안 제36조의4).

〈현행〉

전자금융업	최소 자본금
전자자금이체업	30억원
전자화폐업	50억원
선불전자지급수단업	20억원
직불전자지급수단업	20억원
전자지급결제대행업	10억원
결제대금예치업	10억원
전자고지결제업	5억원

〈개편(안)〉

<table>
<tr><th></th><th>전자금융업</th><th>분기별 취급금액</th><th>최소자본금</th></tr>
<tr><td><신설></td><td>종합지급결제사업자</td><td>구분 없음</td><td>200억원</td></tr>
<tr><td rowspan="3"><자금이체 기능></td><td rowspan="3">자금이체업</td><td>100억원 초과</td><td>20억원</td></tr>
<tr><td>100억원~30억원</td><td>10억원</td></tr>
<tr><td>30억원 이하</td><td>5억원</td></tr>
<tr><td rowspan="3"><대금결제 기능></td><td rowspan="3">대금결제업</td><td>100억원 초과</td><td>10억원</td></tr>
<tr><td>100억원~30억원</td><td>5억원</td></tr>
<tr><td>30억원 이하</td><td>2.5억원</td></tr>
<tr><td rowspan="2"><통합></td><td rowspan="2">결제대행업</td><td>100억원 초과</td><td>5억원</td></tr>
<tr><td>100억원 이하</td><td>2.5억원</td></tr>
<tr><td><신설></td><td>지급지시전달업</td><td>구분 없음</td><td>1.5억원</td></tr>
</table>

① 자금이체업

전자자금이체(전자금융거래법 개정안 제2조 제12호)를 영업으로 하는 자를 뜻한다(전자금융거래법 개정안 제2조 제2호의3).

현행법상 전자자금이체업의 내용을 이어받았다고 할 수 있으나, 현행법 하에서 선불전자지급수단업자들이 사실상 송금업무를 수행하고 있는 점을 감안하여 "자금이체"의 실질을 수행하는 경우 모두 자금이체업자에 해당하도록 하고, 이에 따른 통제를 받도록 규정하였다. 이에 따라 선불전자지급수단의 발행·양도 및 환급 기능을 활용한 송금업무를 금지하였다(전자금융거래법 개정안 제36조의3 제2항 제4호).

② 대금결제업

선불·직불 및 그에 따른 정산업무를 영업으로 하는 것을 말한다(전자금융거래법 개정안 제2조 제2호의4).

현행법 하에서의 선불·직불 구분의 실익이 크게 없고, 전자지급수단을 활용한 결제업무가 그 실질에 해당한다고 판단하여 이를 기능적으로 통합하여 규정하였다.

③ 결제대행업

현행법에서의 전자지급결제대행업(PG)와 결제대금예치업(Escrow)을 합하여 결제대행업으로 규정하였다(전자금융거래법 개정안 제2조 제2호의5).

④ 지급지시전달업

이번 개정안에서 신설된 전자금융업으로서, 이용자를 대신하여 제3의 금융기관에 대한 지급지시를 전달하는 업무이다(전자금융거래법 개정안 제2조 제2호의6). 이에 대해서는 별도로 상세히 서술한다.

⑤ 전자화폐업 폐지

화폐로서의 보편적 통용성을 보유하는 것은 한국은행에게만 발행권을 부여하는 것이 타당하고, 기존의 전자화폐업 허가를 득한 사업자 역시 모두 사업을 폐지한 상황이므로, 이번 개정에서 삭제되었다.

2) 최소자본금 규제 합리화

최소자본금 규제에 있어서도, 혁신적 아이디어를 보유한 스타트업 등이 전자금융업에 진출할 수 있도록 최소자본금 규제를 합리화(지급지시전달업의 경우 최소자본금 3억원)하였다. 또한 영업규모에 따라 군소사업자에게 자본금 및 등록에 특례를 부여하되, 영업 확장시 자본금 등을 상향 적용하는 형태로 규정할 예정이다(예 분기별 거래액 100억원, 30억원 이하 → 최소자본금을 1/2, 1/4로 인하)(전자금융거래법 개정안 제30조 제2항).

다만, "종합지급결제사업자"는 전자금융거래법이 정한 디지털금융사업 전부를 수행할 수 있게 되어 금융회사에 준하여 최소자본금을 200억원(신용카드사 수준)으로 높게 설정하였다. 이는 인터넷전문은행(250억원)보다는 낮은 수준인데, 예대업무를 수행하지 않는 점 등을 감안한 것이다.

현행법에 특별히 자본금요건이 규정되어 있지 않았던 전자채권관리기관에 대해서도 최소자본금을 5억원으로 규정하였다(전자금융거래법 개정안 제30조 제3항 제3호).

3) 역외적용

국내 시장 또는 이용자에게 영향을 미치는 경우에는 이 법이 역외적용되도록 하였다(전자금융거래법 개정안 제4조 제3항). 국외에 있는 빅테크가 전자금융업에 해당하는 업무를 하게 되면 국내 현지법인, 지점 또는 영업소를 설치하여 이 법에 따른 허가를 받거나 등록을 받도록 하고(전자금융거래법 개정안 제31조 제1항 제1호 라목), 국내 이용자의 이용자예탁금에 대해서는 국내에서 영업하는 은행 등 관리기관을 통하여 별도 관리하도록 규정하였다(전자금융거래법 개정안 제34조의2).

4) 이용자 예탁금의 보호(전자금융거래법 개정안 제26조)

자금이체업자는 이용자예탁금 전액을, 선불전자지급수단에 관한 대금결제업자는 이용자예탁금 중 50%를 고유재산과 구분하여 은행 등 관리기관에 예치·신탁하는 등의 방법으로 별도 관리하도록 하였고, 수탁기관은 이용자예탁금은 국채 및 예금 등 안전한 자산으로만 운용이 가능하도록 제한하였다.

이용자예탁금을 별도 관리하는 자금이체업자 등이 파산선고를 받는 등의 경우에는 관리기관으로부터 이를 지급받아 이용자에게 우선 지급하도록 하되, 이용자가 그 자금이체업자 등으로부터 직접 지급받기에 곤란한 경우에는 전자지급거래청산기관 등으로부터 관련 정보를 제공받은 관리기관 등이 이용자에게 직접 이용자예탁금을 지급할 수 있도록 하며, 이용자는 별도 관리된 이용자예탁금에 대하여 그 자금이체업자 등에 대한 다른 채권자보다 우선하여 변제받을 권리를 보장하였다.

자금이체업자나 대금결제업자가 보유하는 이용자예탁금을 제도적으로 보호함으로써 전자금융거래의 안전성과 신뢰성을 높인 것이다.

이용자 자금 보호의무 신설, 전자금융사고 책임보험 가입한도 상향(後述) 등을 통해 신규 사업자에 의한 이용자 피해를 예방하여 균형을 맞추고자 하는데, 전자금융거래법의 전면개정에 앞서 가이드라인 등을 통해 우선시행한다.[14)]

---

14) 2020. 9. 28. 금융위원회, "전자금융업자의 이용자 자금 보호 가이드라인" 시행

다. 지급지시전달업(My Payment, PISP)

1) 개 념

개정안에서는 "지급지시전달업"을 "전자적 장치를 통하여 지급인의 계좌가 개설된 금융회사 또는 종합지급결제사업자에게 지급인의 지급지시를 전달하는 것을 영업으로 하는 것"으로 규정하였다(전자금융거래법 개정안 제2조 제2호의6). 다만 지급지시전달업자는 이용자의 자금을 보유할 수 없도록 함으로써, 그 사업범위를 데이터의 처리에 국한하고 자금관리를 할 수 없도록 하여, 완화된 진입요건에 따른 위험요소를 차단하였다(전자금융거래법 개정안 제36조의3 제2항 제5호).

금융회사가 아니면서도, 고객의 계좌이체 등의 지급지시요구를 금융회사에게 전달하여 수취인에게 자금이 지급되도록 중개하는 사업을 뜻한다.

EU의 개정 지불 서비스 지침[The revised Payment Services Directive(EU Directive 2015/2366), 이하 "PSD2"]에서 정의한 PISP(Payment Initiation Service Provider)와 유사한 개념이다.

지급지시전달업자로 등록한 플랫폼사업자들이, 직접 금융업을 수행하지 않으면서도 회원들이 각각 보유한 금융계좌로부터의 송금지시를 할 수 있게 되므로, 소비자가 인지하는 서비스 주체는 지급지시전달업자가 되고, 계좌를 개설한 금융기관은 예금의 저장 역할만을 수행하는 것으로 역할이 축소된다.

더 나아가 플랫폼 고객들은 계좌 금융기관을 인지하지 못하고, 플랫폼 서비스에서 추천하는 금융기관에 단순히 계좌 개설만을 대행할 가능성도 발생한다.

2) 개정안에서의 사업 영위 요건

지급지시전달업을 영위하는 사업자를 지급지시전달업자로 신설하여 등록이 필요한 업무로 정하면서, 설립자본금은 5억원으로 정하였다(전자금융거래법 개정안 제2조 제4호의5, 제28조 제2항 제3호, 제30조 제3항 제2호).

또한 이용자의 계좌를 직접 보유하고 관리하는 금융회사 또는 종합지급결제사업자가, 지급지시업자를 차별하거나 업무처리를 거절할 수 없도록 하고, 그 비용을 불리하게 적용할 수 없도록 하여 지급지시전달업의 활성화를 지원한다(전자금융거래법 개정안 제36조의7).

3) 효용성

고객의 자금을 보유하였다가 이체하는 자금이체업과 달리, 지급지시전달업은 고객자금의 직접 보유 및 정산 관여가 없으므로 금융업보다는 데이터사업의 성격을 더 강하게 갖고 있으므로, 자본금 등에 대해 낮은 수준의 규제가 적용되어 신규사업자의 진출이 원활하고 전통적인 금융업의 혁신을 유도할 수 있다.

또한 자금이체업자, 대금결제업자, 결제대행업자 등의 개입 없이, 소비자의 금융계좌에서 직접 송금·결제가 가능하여 전자상거래 등에서 수수료 및 거래리스크를 절감할 수 있다.

이용자 입장에서는 자신의 주거래 은행 등에 자금을 계속 보관하여 은행이 제공하는 금융서비스(예 이자 수취)를 향유하면서도, 핀테크 기업이 제공하는 간편송금·간편결제 등의 서비스로 활용할 수도 있게 되므로 서비스 만족도도 제고된다.

이미 오픈뱅킹을 통하여 출금이체와 입금이체서비스가 가능한 상황이므로, 부분적으로 My Payment서비스를 제공하고 있다고 볼 수 있다. 현재 네이버페이, 카카오페이, 토스, 페이코 등 38개의 서비스가 오픈뱅킹 API를 도입하여, 조회서비스와 이체 서비스 중에서 필요한 기능을 선택하여 적용하고 있다.

또한 지급지시전달업자에게는 본인신용정보관리업(MyData)의 영위가 허용(전자금융거래법 개정안 제35조 제1항 제3호)되므로, 이용자의 금융정보를 기반으로 조회·이체·송금·결제 단계까지 전문화·고도화하여 제공할 수 있는 디지털금융 서비스가 창출될 가능성이 높아지고 있다.

라. 종합지급결제사업자

1) 개 념

종합지급결제사업자란 이용자에게 계좌를 개설하여 줄 수 있는 자금이체업자 중에서 일정한 요건을 충족하는 경우에 금융위원회의 지정에 의하여 영위할 수 있는 라이센스로서, 별도의 추가등록 없이도 대금결제업과 결제대행업을 함께 할 수 있다(전자금융거래법 개정안 제2조 제4호의6, 제36조의4).

모든 전자금융업(자금이체, 대금결제, 결제대행, 지급지시서비스)을 영위할 수 있는 단일 라이선스를 도입하여, 다양한 핀테크서비스를 One Stop으로 제공할 수 있도록 허용하는 것이다.

종합지급결제사업자는 금융결제망을 직접 이용함으로써, 은행과 제휴 없이도 자신이 직접 지급결제전용계좌를 개설해 은행과 동등한 지위에서 결제, 송금 등의 서비스를 제공할 수 있게 된다. 다만, 이 경우에도 예대업무 및 계좌잔고에 대한 이자지급은 수행할 수 없도록 하여 은행과는 업무를 구분하고 있다.

2) 개정안에서의 사업 영위 요건

① 종합지급결제사업자의 자격 요건

자금이체업자로서 다음 각 호의 조건을 갖춘 경우에 금융위원회에 신청하면, 금융위원회가 지정할 수 있다.

개정안 제36조의4 제1항 종합지급결제사업자의 요건	
본문	자금이체업자(개정안 제2조 제4호의2)일 것
제1호	상법상 주식회사일 것
제2호	200억원 이상으로서 대통령령으로 정하는 금액 이상의 자기자본을 갖출 것
제3호	이용자의 보호가 가능하고 하려는 업무에 대한 충분한 전문인력과 전산설비 등 물적 시설을 갖추고 있을 것
제4호	그 밖에 위험관리 능력 등을 고려하여 대통령령으로 정하는 기준

② 영위 가능 사업(전자금융거래법 개정안 제36조의5)

종합지급결제사업자는 자금이체업, 대금결제업, 결제대행업을 별도의 등록 없이 영위할 수 있다.

종합지급결제사업자는 전자금융업, 외국환업무, 후불결제업무, 본인신용정보관리업 이외의 업무는 영위할 수 없는 것이 원칙이다. 다만, 향후 대통령령으로 종합지급결제사업자가 영위할 수 있는 업무의 범위를 추가로 정할 예정이다.

이에 따라 종합지급결제사업자는 계좌 기반의 다양한 융·복합 서비스 제공이 가능하게 되었으며, 은행과 경쟁할 수 있는 혁신적 대형 사업자의 등장을 촉진할 수 있게 되었다.

③ 금지사항

종합지급결제사업자는 이용자에게 계좌를 개설하고 관리할 수 있으나, 이용자의 예탁금에 대한 이자의 제공, 금전의 대부, 신용공여는 할 수 없다. 다만, 선불충전금에 대한 포인트 등 리워드의 지급은 가능하다(전자금융거래법 개정안 제36조의3 제2항 제2호).

가맹점의 준수사항을 주기적으로 점검하여야 한다(전자금융거래법 개정안 제36조의3 제2항 제3호).

개정안에서는 자금이체업을 별도의 전자금융업으로 명시적으로 규정하였으므로, 현행법하에서 용인되었던 선불전자지급수단의 발행·양도 및 환급 기능을 활용한 송금업무를 금지하였다(전자금융거래법 개정안 제36조의3 제2항 제4호).

④ **합병 · 영업양도시 금융위원회의 사전승인**

금융위원회는 승인시 조건을 붙일 수 있다(전자금융거래법 개정안 제45조의2).

3) 사업상 적용

종합지급결제사업자가 이용자의 결제 전용 계좌를 직접 보유할 수 있으므로 이를 통하여 급여이체를 수령하여 주거래계좌로 삼은 후, 카드대금, 보험료 납입 등 계좌 관리 및 선불·직불 결제에 따른 결제 기능까지 구현할 수 있다.

이에 따라 거래에 대한 신뢰성과 계획성을 동시에 충족시켜주면서도, 결제 편의성마저 획기적으로 개선함으로써, 보편적 결제수단으로서의 지위를 신용카드에서 선불·직불 결제 시장으로 전환하는 계기가 될 가능성이 있다.

4) 향후 영향

빅테크 플랫폼 기업들(네이버, 카카오, Toss, Payco 등)의 금융서비스 진출이 본격화되는 것은 물론, 많은 기업들이 융합서비스로의 가능성을 고려하여 종합지급결제사업자 등록을 병행하게 될 것으로 보이고, 이는 전자금융산업 전체적으로 혁신을 촉진하고, 지속적인 경쟁환경을 조성하게 될 것이다.

정부 입장에서는 제조업, 유통업 등 다양한 사업자들이 전자금융업을 병행 수행할 수 있는 경로를 터주면서, 대신 촘촘하게 구성된 전자금융거래법 상의 통제규정을 준수하게 함으로써, 사후 관리하는 형태로 통제의 방향을 정하게 될 것이다.

4. 오픈뱅킹과 전자지급거래청산업의 제도화

가. 오픈뱅킹이란?

기존의 은행서비스(계좌조회, 자금이체, 입출금 등)는 각 개인이 계좌를 갖고 있는 은행에서 직접 관리하며, 은행이 달라지면 다른 은행에 저장된 자신의 금융거래 정보 등에 접속할 수 없는 구조였다. 따라서 고객 입장에서는 서비스의 차별성에 따라서 유연하게 금융상품을 고르고 관리한다기보다는, 최초에 개설된 금융회사의 서비스를 사용하는 데 구속될 수 밖에 없었다. 이에 따라 기존의 금융회사를 제외한 신규사업자의 진입이 어려운 특성을 갖고 있었다.

이러한 고객의 불편함을 개선하기 위하여, 접속하는 경로와 다른 금융기관의 보유정보에 대해서도 금융공통망을 통하여 계좌조회, 자금이체, 입출금 등의 업무를 사용할 수 있도록, 표준화된 API로 구축된 인프라서비스를 오픈뱅킹이라 한다. 현재 금융결제원이 구축하여 이용기관에게 제공하고 있다.

나. 오픈뱅킹 현황

72개의 이용기관(은행 18개, 대형사업자 28개, 중소형사업자 26개)이 참여하여 2019년 10월 30일에 시범오픈하였으며, 2019년 12월 18일에 본격 오픈하였다. 제2금융권은 2020년말 추가 참여하였다.

한편, 신용카드사의 경우 수신계좌 보유기관이 아닌 특성 등을 감안하여 기존 참가업권과의 별도 협의(제공정보 확정 등) 및 전산개발을 거쳐 '21년 상반기부터 참여할 예정이다.

1) 오픈뱅킹 이용 현황

2020년 9월 현재, 가입자 5,185만명(중복 가입 가능), 등록 계좌 8,432만좌, API이용 17.6억건(일평균 825만건)에 이르는 등 꾸준히 증가하여, 경제활동인구의 82% 이상, 요구불계좌의 89% 이상이 등록되어 있다.[15)]

은행들이 자신의 고객들을 상대로 오픈뱅킹 서비스를 활발히 소개하였음에도 불구하고, 오히려 핀테크를 통한 가입자와 등록계좌가 각각 79%, 64% 차지하고

---

15) 2020. 10. 1. 금융위원회, "오픈뱅킹 고도화 방안"

있는 상황이다.

[그림 3-4] 오픈뱅킹 가입 및 등록 현황(중복포함)

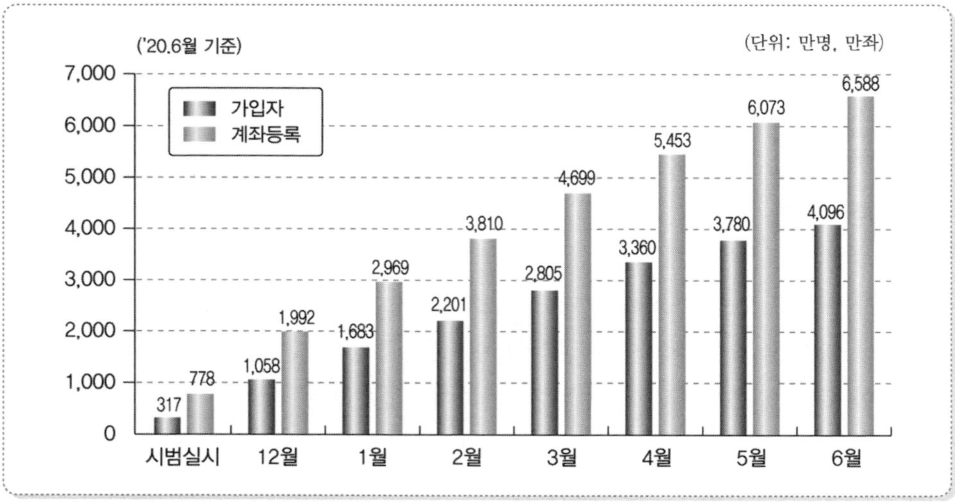

[그림 3-5] 업권별 가입 및 등록 비중

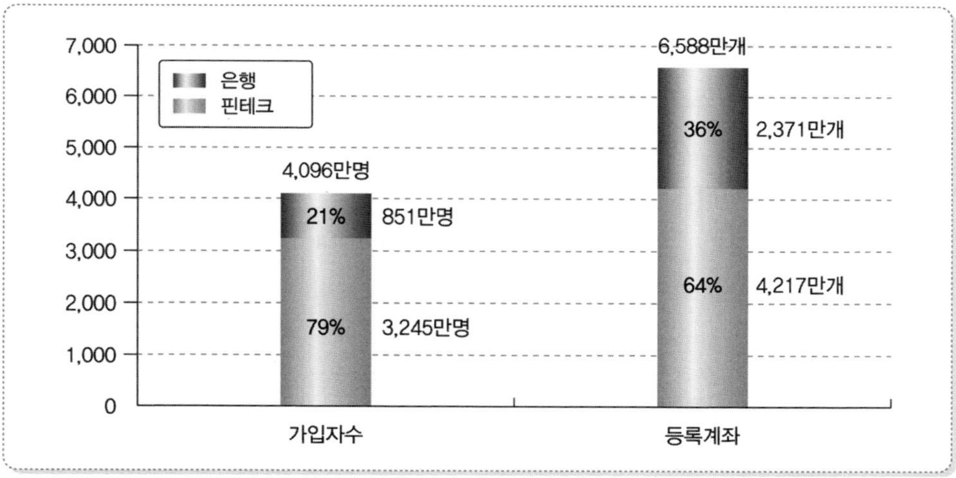

은행의 경우 잔액조회(84.5%)를 가장 활발히 사용하고 있는데 반하여, 계좌를 보유하고 있지 못한 핀테크기업은 출금이체(82.5%) 이용이 가장 빈번하다. 이는 최근 카카오페이 송금, Toss 송금 등이 활성화되면서 송금에 있어서는 은행App 보다는 송금전문 플랫폼을 더 많이 사용하게 된 경향이 반영된 것으로 보인다.

[그림 3-6] 오픈뱅킹 API 이용 현황

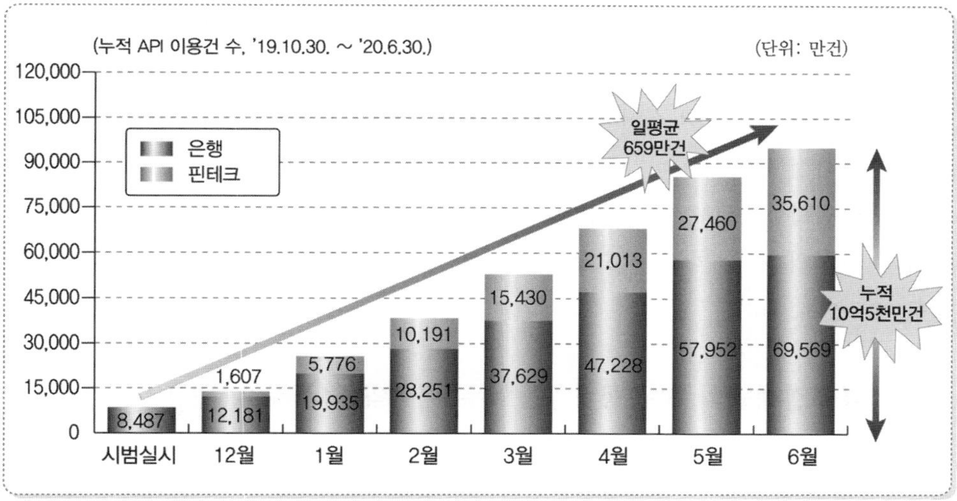

[그림 3-7] 업권별 API 이용 현황

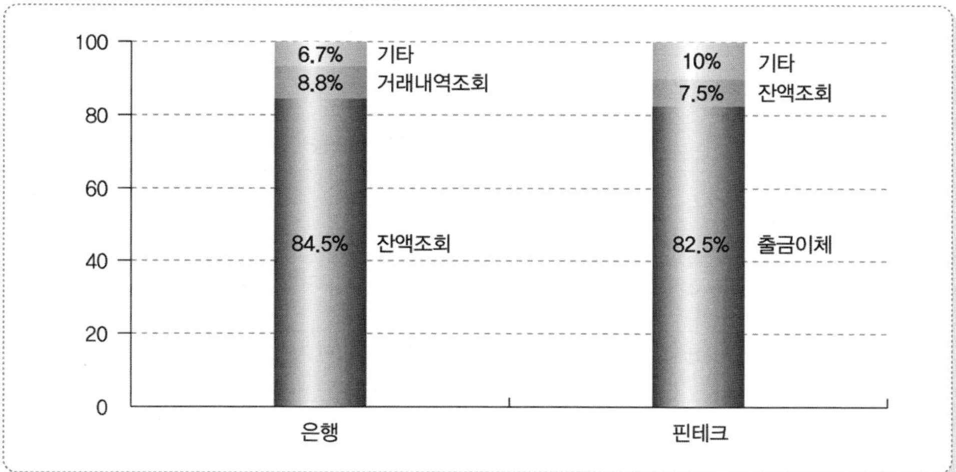

2) 사업상 적용

오픈뱅킹을 가장 활발히 사용하는 회사들은 Toss와 같은 송금대행업자인데, 이로 인하여 기존 건당 500원 정도를 부담하던 이체수수료를 건당 50원 이하로 급격히 인하할 수 있었고, 이를 바탕으로 더욱 공격적으로 회원을 모집하여 플랫폼지위를 획득하여 고객을 대상으로 금융상품을 판매하는 형태로 수익을 창출하고 있다.

더 나아가 송금뿐 아니라, 결제기능까지 일정 부분 대체할 수 있는 서비스로서의 발전 가능성을 갖고 있다. 예를 들어 현재 네이버페이의 경우, 총 5가지 오픈뱅킹 서비스를 이용 중인데, '잔액조회', '거래내역조회', '계좌실명조회'와 '출금이체', '입금이체' 서비스이다. 네이버페이 오픈뱅킹 서비스를 사용하는 고객은 자신의 계좌정보를 네이버가 조회하고 대금 이체를 수행할 수 있도록 사전에 계좌연결에 허락함으로써, 자신의 네이버계정에 사전에 충전해두지 않아도, 쇼핑할 때마다 자신의 지정 계좌 잔고를 확인한 후 네이버계정으로 실시간 충전하여 쇼핑할 수 있게 된다.

다. 금융결제원의 오픈뱅킹공동업무 이용약관의 주요 내용

현재 오픈뱅킹에 대한 내용은 법제화되어 있지 않은 상황이며, 서비스 제공자인 '금융결제원'[16]의 '오픈뱅킹공동업무 이용약관'(이하 '약관')이 사실상의 통제규정으로서 작동 중에 있다.

"약관"에서 알 수 있는 오픈뱅킹의 주요한 내용은 다음과 같다.

1) 오픈뱅킹의 제공업무(제5조), (12조)

〈표 3-37〉 오픈뱅킹의 업무 내용

구 분		내 용	업무 수행 가부
대분류	소분류		
이체 업무	출금이체	이용기관의 출금에 동의한 사용자 계좌에서 출금하여 이용기관의 수납계좌로 실시간 입금하는 업무	가능
	입금이체	이용기관이 지급계좌에서 자금을 출금하여 수취인 계좌로 실시간 입금하는 업무	가능
조회 업무	잔액조회	사용자가 이용기관이 제공하는 서비스를 통해 본인계좌에 대한 잔액을 실시간 조회하는 업무	가능
	거래내역 조회	사용자가 이용기관이 제공하는 서비스를 통해 본인계좌에 대한 거래내역을 실시간 조회하는 업무	가능
	계좌실명 조회	이용기관이 자금을 수취할 수취인 계좌 또는 이용기관이 제공하는 서비스를 통해 출금이체 등을 신청한 사용자 계좌의 정상여부 및 실명을 실시간 조회하는 업무	가능

16) 금융결제원: 은행 간 소액 지급결제 인프라인 금융공동망을 운영하고, 공인인증서의 발급 및 관리를 수행하는 사원은행(한국은행 및 주요 시중은행)의 공동출자로 설립된 비영리단체이며, 준사원은행(지방은행), 특별참가기관(상호금융기관 등)이 서비스 이용에 참여하고 있다.

	송금인정 보조회	소액해외송금업자로 등록한 이용기관이 소액해외송금을 위해 이용기관의 수납계좌로 입금한 사용자(송금인)의 실명 및 지급계좌번호를 실시간 조회하는 업무	가능
	수취조회	이용기관이 입금이체업무 등을 하기 전에 이용기관으로부터 자금을 수취할 수취인 계좌의 입금가능여부를 실시간 조회하는 업무	가능
출금대행서비스		사용자의 출금동의를 제3자를 통해 전달받아 이용기관이 출금을 대행하거나 같은 권리를 재판매하는 경우	불가
납부서비스		이용기관이 사용자에게 제공하는 재화나 용역의 대가로서 일정금액을 정기적·반복적으로 추심(예약)하는 경우	불가

금융결제원의 '약관'은 '출금대행 서비스'와 '납부서비스'를 오픈뱅킹의 대상에서 제외함으로써, 고객을 확보하고 있는 가맹점들을 대상으로 오픈뱅킹 중계만을 전담하는 전업사업자의 출현을 저지하고 있는 상황이다. 이는 오픈뱅킹이 사실상 결제업무를 대체하게 될 가능성을 차단한 것인데, 오픈뱅킹에 참여한 금융기관들은 오픈뱅킹은 송금일 뿐 결제로서 볼 수 없다는 것을 그 명분으로 하고 있다.

2) 오픈뱅킹 이용 자격(제11조)

'약관'은 오픈뱅킹의 이용자격을 핀테크산업 분류업종 기업, 전자금융업자, 전자금융보조업자, 기타 금융결제원이 인정하는 자로 제한적으로 인정하고 있다.

금융위원회가 지정한 '핀테크산업 분류업종 기업'의 대상 업종은 다음과 같다.

〈표 3-38〉 핀테크산업 분류업종 기업

업종코드	업종명	내 용
58221	시스템 소프트웨어 개발 및 공급업	보안프로그램, OS, DBMS 개발 등
58222	응용소프트웨어 개발 및 공급업	회계용 S/W, CRM, ERP개발 등
62010	컴퓨터 프로그래밍 서비스업	홈페이지, 맞춤형 S/W개발 등
62021	컴퓨터시스템 통합 자문 및 구축 서비스업	컴퓨터시스템통합, SI업체 등
62090	기타 정보기술 및 컴퓨터운영 관련 서비스업	데이터, 컴퓨터장애복구 등
63111	자료 처리업	자료입력, 전환처리 등
63120	포털 및 기타 인터넷 정보 매개 서비스업	온라인포털, 정보제공 등
63991	데이터베이스 및 온라인정보 제공업	학습, 증권정보제공 등
66199	기타 금융지원 서비스업	외국환, 어음교환 등

3) 오픈뱅킹 이용 신청 절차 (제13조~제20조)

금융결제원에 소정의 양식으로 오픈뱅킹 이용 신청서를 제출하면, 이용적합성 심사 → 테스트 및 보안점검 → 이용승인 및 이용계약 체결의 순서에 따라 업무가 진행되고, 최초 신청으로부터 이용계약 체결까지는 대략 30일 정도의 시간이 소요된다(다만, 금융결제원과 사전협의 및 보안점검 등 신청기관 내 자체준비가 충실할 것을 전제로 한다.).

오픈뱅킹을 이용하고자 하는 기관은 보증보험증권을 제출해야 하고(보증한도는 출금이체 일간한도 금액의 200%를 기본으로 하되, 「보증수준 설정기준」에 따라 100%~300%까지 가감하여 운영한다.), 서비스를 이용할 사용자의 인증을 득한 후에야 서비스의 제공이 가능하다.

금융결제원이 제공하는 API 연동 테스트 및 이용기관 보안점검, 핀테크 서비스 취약점 점검을 수행해야 한다. 현재 금융보안원이 보안점검기관으로서 업무를 수행하고 있다.

이용기관은 서비스 모듈을 하위사업자에게 제공이 가능하나, 이 역시 그 성격이 약관 제12조에 정한 금지업무에 해당해서는 안 된다. 하위사업자를 가맹점으로 하는 독자적인 서비스로서가 아닌, 이용기관의 업무보조자로서만 활용 가능하다는 뜻이다.

4) 수수료

수수료는 주거래기관(이용기관이 계좌를 설정한 은행)에 납입하게 되어 있으며, 그 수준은 주거래기관과의 사적계약으로 정하는 것이나, 사실상 금융위원회에 의하여 건당 50원 수준으로 정하여져 있다. 금융결제원이 제공하는 인증서비스를 이용하는 경우의 인증비용은 별도로 금융결제원에 납입하여야 한다.

〈표 3-39〉 수수료

구 분		일 반	오픈뱅킹	
대분류	소분류		대 형	중 · 소형
이체업무	출금이체	500원	50원	30원
	입금이체	400원	40원	20원
조회업무	잔액조회	10원	10원	5원
	거래내역조회	50원	30원	20원

계좌실명조회	100원	50원	30원
송금인정보조회	100원	50원	30원
수취조회	100원	50원	30원

라. 법제화 방향

1) 전자금융거래법의 개정을 통한 수용

현재 오픈뱅킹은 사설기관인 금융결제원 약관에 의하여 규율되고 있으나, 향후 관련 서비스가 급속히 확대될 것으로 예상되는 만큼, 제도의 활성화 및 소비자 보호를 위해서 전자금융거래법으로의 수용 및 관리감독이 검토되고 있다.

전자금융거래법 개정안은 "전자지급거래청산업"이라는 사업자를 신설하여 현재 오픈뱅킹 업무를 수행하고 있는 금융결제원을 그 수행기관으로 지정하고(전자금융거래법 개정안 부칙 제9조), 은행 결제망 이용시 핀테크기업과 은행 간의 차별(거래 처리 순서, 처리시간, 이용 수수료 등)을 금지함으로써 은행 결제망의 제공을 의무화하고, 혁신기업의 등장을 촉진하고자 하는 것이다. 그 상세한 내용은 다음과 같다.

2) 개정안에서의 "전자지급거래청산업" 관련 규정

① 전자지급거래청산업의 신설

개정안에서 신설된 "전자지급거래청산업"이란, 금융회사 및 전자금융업자 등 "청산대상업자"가 전자지급거래◆를 함에 따라 발생하는 다수의 채권 및 채무를 차감하고 이에 따른 결제금액을 확정하여 은행 등 "결제기관"에게 그 결제를 지시하거나, 스스로 보유한 "금전 등"으로 결제를 처리하는 경우를 말한다(전자금융거래법 개정안 제2조 제5호의2).

◆ 관련조문

전자금융거래법 개정안

제2조

2. "전자지급거래"란 다음 각 목의 어느 하나에 해당하는 자의 거래지시에 따른 행위로서 금융회사 또는 전자금융업자에게 자금을 맡기거나 이들로부터 자금을 인출하거나 전자지급수단을 이용하여 자금을 이동하게 하는 전자금융거래를 말한다.
   가. 자금을 주는 자(이하 "지급인"이라 한다)
   나. 자금을 받는 자(이하 "수취인"이라 한다)
   다. 지급인을 대리하거나 대행하는 자

이에 따라 현행법에 규정되었던 "결제중계시스템"이 정보의 전달에 국한되어 있었던 것을, 개정안에서는 "전자지급거래청산시스템"으로 확장하여 전자지급수단, 업무규정, 정보자산 등을 비롯하여 전자지급거래청산업을 하는 데에 필요한 운영체계 전반을 아우르도록 했다(전자금융거래법 개정안 제2조 제5호의2).

전자지급거래청산업을 하려는 자는 금융위원회의 허가를 받도록 하였으며(전자금융거래법 개정안 제2조 제6호, 제38조의2에서 제38조의22까지), 허가 없이 "전자지급거래청산", "지급거래청산", "지급청산", "청산거래", "지급결제청산" 또는 이와 유사한 명칭을 사용할 수 없도록 하였다(전자금융거래법 개정안 제38조의7).

② 전자지급거래청산기관의 업무

전자지급거래청산기관이 할 수 있는 업무를 다음과 같이 정하였다.

〈표 3-40〉 전자지급거래청산기관의 업무(전자금융거래법 개정안 제38조의9)

각 항	구분	업무 상세
제1항	전자지급 청산업무	① 전자지급거래청산기관은 정관으로 정하는 바에 따라 다음 각 호의 업무를 한다. 1. 청산대상거래의 확인 업무 2. 청산대상거래와 관련한 지급지시를 청산대상업자에게 전달하는 업무 3. 청산대상거래에서 발생하는 다수의 채권 및 채무에 대한 차감 업무 4. 결제할 금액을 확정하고 결제기관에게 결제를 지시하는 업무. 이 경우, 결제의 지시를 대신하여 스스로 보유한 금전등으로 결제를 처리하는 업무를 포함한다. 5. 청산대상거래에 따른 채무의 채무인수, 경개, 그 밖의 방법에 따른 채무부담업무 6. 결제불이행에 따른 처리업무
제2항	수행 가능 업무	② 전자지급거래청산기관은 정관으로 정하는 바에 따라 제1항의 업무 외에 다음 각 호의 업무를 할 수 있다. 1. 국가, 지방자치단체 및 공공단체 등으로부터 수행을 위탁 또는 지정받은 업무 2. 이 법 또는 다른 법령에서 전자지급거래청산기관의 업무로 규정한 업무 3. 그 밖에 해당 업무를 하더라도 이용자 보호 및 건전한 거래질서를 해할 우려가 없는 업무로서 대통령령으로 정하는 업무. 이 경우 이 법 또는 다른 법률에서 인가・허가・등록・신고 등이 필요한 경우에는 인가・허가 등을 받거나 등록・신고 등을 하여야 한다.
제3항, 제4항	부수업무	③ 전자지급거래청산기관은 정관으로 정하는 바에 따라 제1항 및 제2항의 업무에 부수하는 업무를 할 수 있다. 이 경우 그 부수업무를 하려는 날의 7일 전까지 이를 금융위원회에 신고하여야 한다. ④ 금융위원회는 제3항에 따른 신고내용이 다음 각 호의 어느 하나에 해당하는 경우 그 부수업무를 하는 것을 제한하거나 시정할 것을 명할 수 있다. 1. 전자지급거래청산기관의 경영건전성을 해치는 경우 2. 이용자 보호 및 건전한 거래질서 유지를 위하여 필요한 경우로서 대통령령으로 정하는 경우

전자지급거래청산기관에게 청산업무규정을 정하여 금융위원회의 승인을 받도록 하고(전자금융거래법 개정안 제38조의10), 정당한 사유 없이 특정 청산대상업자

를 차별적으로 대우할 수 없도록 하였으며(전자금융거래법 개정안 제38조의11), 전자지급거래청산기관이 직무상 알게 된 정보로서 외부에 공개되지 아니한 정보의 이용을 금지했다(전자금융거래법 개정안, 제38조의16).

③ 청산증거금의 예치 및 손해배상공동기금 적립

청산대상업자는 전자지급거래청산기관에 청산증거금을 예치하도록 하여 채무의 변제에 충당할 수 있게 하였으며(전자금융거래법 개정안 제38조의12), 청산대상거래에 따른 채무의 불이행으로 인하여 발생하는 손해를 배상하기 위하여 손해배상공동기금을 적립하도록 하였다(전자금융거래법 개정안, 제38조의13).

청산대상업자가 청산대상거래에 따른 채무를 이행하지 아니하여 전자지급거래청산기관 또는 다른 청산대상업자에게 손해를 끼친 경우, 그 손해를 입은 전자지급거래청산기관 또는 다른 청산대상업자는 그 손해를 끼친 청산대상업자의 청산증거금 및 손해배상공동기금 지분에 대하여 우선변제권을 갖는다(전자금융거래법 개정안 제38조의14 및 제38조의15).

④ 전자지급거래청산기관에 대한 금융위원회의 감독

금융위원회는 전자지급거래청산기관의 업무 및 재산상황 등에 대하여 보고, 자료제출, 검사의 방법으로 감독 등을 함으로써 전자지급거래의 투명성을 확보하고 청산대상업자의 결제불이행 위험을 감축할 수 있도록 하여 금융시장 인프라의 안정성을 높일 수 있도록 하였다(전자금융거래법 개정안 제38조의21 및 제38조의22).

⑤ 이용사업자 차별 금지

금융위원회가 한국은행총재와 협의하여 금융회사 등 "이용사업자"에게 개방되는 전자지급거래청산시스템을 지정할 수 있도록 하였고, 전자지급거래청산기관 및 제공사업자가 정당한 사유 없이 특정한 이용사업자를 차별하거나 전자금융업무의 제공을 거절할 수 없도록 함으로써(전자금융거래법 개정안 제36조의8), 전자금융거래에서 공정한 경쟁환경을 조성하고 금융회사 또는 전자금융업자에게 효율적인 전자금융업무의 기반을 구축할 수 있도록 하였다.

⑥ 현행 오픈뱅킹에의 적용

현재 운영 중인 금융결제원 오픈뱅킹에의 적용을 위하여, 금융결제원을 이 법에 따른 전자지급거래청산업 허가를 받은 것으로 의제하고(전자금융거래법 개정안 부칙 제9조), 금융결제원의 전자지급거래청산시스템은 개정안에 따른 금융위원회의 지정을 받은 것으로 보았다(전자금융거래법 개정안, 부칙 제10조).

3) 논 란

금융위원회가 그 기초를 마련한 전자금융업법 개정안에 대하여 한국은행의 이견이 있었다.

■ 지급결제 시스템

한국은행이 제시한 이견을 이해하기 위해 지급결제시스템에 대해 간략하게 소개한다.

경제주체들이 경제활동에 따른 채권채무관계를 지급수단[17]을 이용하여 해소하는 행위를 지급결제라고 한다.

지급결제의 단계는 [그림 3-8]과 같이 나누어진다.[18]

[그림 3-8] 지급결제의 단계

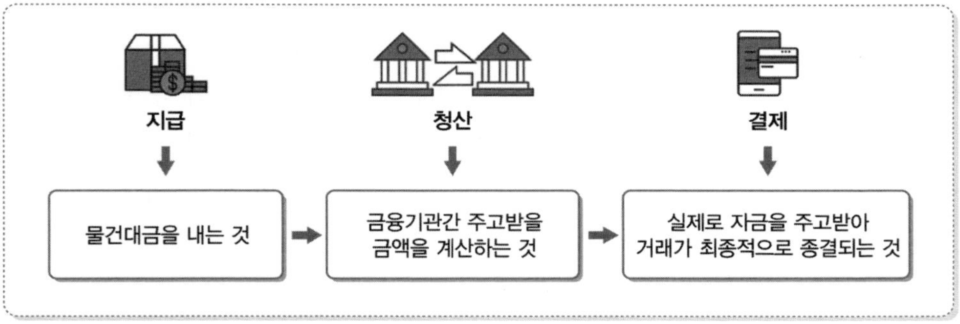

■ "청산"기관에 대한 금융위원회의 통제에 대한 한국은행의 반발

상기 살펴본 바와 같이 지급[19]-청산[20]-결제[21]는 거시적인 지급결제시스템의

---

17) 가장 기본적이고 단순한 지급수단은 현금(화폐)이다. 현금을 지급하면 더 이상의 결제과정을 거칠 필요 없이 지급결제가 마무리된다.
어음이나 수표, 신용카드, 계좌이체 등의 현금 이외 지급수단은 지급인이 자신의 거래은행에 맡겨 놓은 돈을 수취인에게 지급하여 줄 것을 요청하는 수단에 불과하다. 그러므로 이러한 지급수단을 사용하는 경우에는 해당 금액을 지급인의 금융기관 예금계좌에서 인출하여 수취인의 예금계좌로 입금하여 주는 금융기관간 자금이체 절차(결제)를 거쳐야 한다. 한국은행.

18) "지급결제의 단계", 한국은행 홈페이지

19) 개인이나 기업과 같은 경제주체들이 서로 주고받을 채권·채무를 해소하기 위하여 어음, 수표, 신용카드, 계좌이체 등으로 대금을 지불하는 것, 한국은행.

20) 현금 이외의 지급수단으로 지급이 이루어졌을 때 금융기관들이 서로 주고받을 금액을 계산하는 것,

각 단계이며, 금융결제원은 은행 간의 자금청산·결제를 위하여 한국은행의 산하기관으로 설립되어 운영되어 왔던 것이다.

그런데 전자금융거래법 개정안은 "전자지급거래청산업"이라는 금융회사 및 전자금융업자 간의 자금정산에 대한 내용을 별도로 정하고(전자금융거래법 개정안 제2조 제5호의2), 금융결제원을 전자지급거래청산기관으로 지정함으로써(전자금융거래법 개정안 부칙 제9조), 국가기간 지급결제시스템 운영자인 금융결제원의 주된 역할을 금융플랫폼을 위한 데이터 처리 및 자금청산인 것처럼 규정한 것이다.

이에 대하여 한국은행은 국가적인 전체 지급결제시스템의 한 단계인 "청산"에 대한 내용을, 지급수단 중 일부에 불과한 전자지급거래를 통제하는 전자금융거래법에 별도로 규정하는 것이, 국가지급결제시스템의 통일성과 안정성을 해치고, 시장의 혼동을 초래할 것이라는 우려를 표시하였다.

다만, 전자금융거래법 개정안은 청산기관의 지정 등과 관련하여 한국은행과의 사전협의를 규정하고, 금융결제원의 업무 중 한국은행이 결제기관으로서 청산대상업자의 결제불이행 위험을 줄이는 안전장치를 마련한 업무에 대해서는 금융위원회의 감독 대상에서 제외하는 방법으로 그 균형을 찾고자 하고 있다.

한국은행

21) 청산과정을 통해 계산된 금액을 각 금융기관이 중앙은행에 개설한 당좌예금계정간의 자금이체 등을 통해 서로 주고받아 채권채무관계를 해소하는 과정, 한국은행

5. 빅테크 플랫폼 사업자에 대한 관리 체계

가. 배경 및 규제의 필요성

1) 비대면 거래의 확대 및 규제 여백 존재

코로나19로 인한 비대면 거래의 급증 등에 따라 온라인플랫폼을 통한 거래규모가 급속히 확대되고 있다. 온라인쇼핑몰 거래액은 2010년 연간 25.2조원 규모에서 2015년 54.1조원으로 2배 규모로 증가하더니, 2020년에는 상반기에만 74.3조원 규모로 증가한 상황이다.[22)]

2) 플랫폼 기업에의 집중 심화

플랫폼지위를 선점한 빅테크기업들이 D2C(Direct To Customer)유통의 형태로 소비자의 수요에서부터 제품의 생산, 유통까지 장악하면서, 각 산업 영역의 전통적 강자들을 빅테크기업들의 PB(Private Brand) 상품 납품업체 지위로 강등시킬 것이라는 위협이 커지고 있다.

시장효율화와 새로운 혁신의 동력이 될 줄 알았던 플랫폼 경제가, 오히려 '빅브라더'의 출현을 초래하여 전방위적인 독점을 강화하고, 혁신을 저해하며, 일원화된 데이터 통제를 유발하는 것이 아닌가 하는 우려가 커지고 있다.

3) 수익의 집중

배달중개 플랫폼에 의한 경쟁상권의 확대로 인하여, 자영업자들은 중개수수료 뿐 아니라 비싼 광고비까지 부담할 수 밖에 없게 되었고, 이에 따라 매출증대에도 불구하고 수익성이 개선되지 않는 악순환에 빠져들게 되었다.

반면, 플랫폼사업자는 규모의 경제를 기반으로 새로운 부가수익까지 창출해가며 나홀로 성장을 가속하고 있다.

4) 데이터 통합에 의한 보안 위험 증가

특정 플랫폼에 사회 전 영역에 걸친 데이터가 집중 통합됨에 따라, 이전에 예상하지 못하였던 대규모 혼란이 발생할 우려가 점증하고 있다.

이에 따라서 플랫폼 기업의 자발적인 윤리의식을 신뢰하는 정도로는 점증하는

---

22) 통계청, "2020년 6월 온라인쇼핑 동향", 2020. 8. 5.

위험에 대처할 수 없으므로, 정보의 통합 방식, 통합된 정보의 저장 및 보안, 그 활용에 대한 정교한 통제가 필요해지고 있다.

나. 온라인 플랫폼 중개거래의 공정화에 관한 법률 제정(안) 주요 내용

1) 해외 사례 및 대한민국의 현황

이미 EU,[23] 일본,[24] 중국[25] 등에서는 온라인 플랫폼 분야의 투명성·공정성을 제고하기 위한 입법이 완료되어, 온라인 플랫폼의 우월적 지위를 견제하고, 입점업체에 대한 불공정행위 등 피해발생 우려에 대한 대응체계를 갖추었다.

반면 대한민국에서는 기존의 “대규모 유통업에서의 거래 공정화에 관한 법률”이 직접적인 유통사업자에 대한 통제만을 할 뿐 중개사업자인 온라인 플랫폼에 대한 통제지침으로 작동할 수 없는데다, “독점규제 및 공정거래에 관한 법률”에는 계약서 제공 의무, 표준계약서 등 분쟁예방 및 거래관행 개선을 위한 근거규정이 부재하여, 플랫폼 산업의 특수성을 반영하여 거래상지위 남용행위의 기준을 구체화할 필요가 있었다.

이에 따라 국회에는 “온라인 플랫폼 통신판매중개거래의 공정화에 관한 법률안”이 제출[26]되어 있다. 이 법은 온라인판매중개업자가 온라인판매업자를 상대로 임의로 불리한 처분을 할 수 없도록 하고자, 입점업체에 대한 수수료율 책정, 판촉활동 비용 배분 등 전반적인 내용에 대한 정부 개입의 법적 근거를 마련하였다.

공정거래위원회에서는 보다 다각도로 디지털공정경제의 달성을 위한 대책을 준비 중에 있다. 먼저 2020년 12월까지 ‘온라인쇼핑몰 사업자의 불공정행위 심사지침”을 제정하여 대형 온라인쇼핑몰을 규율하고, 전자상거래법을 개정하여 플랫폼 사업자의 소비자 보호 책임을 확대할 예정이다. 또한 2021년 상반기까지 “플랫폼 분야 단독행위 심사지침”을 제정하여 독과점 예방 심사지침을 구체화하고, “온라인 플랫폼 중개거래의 공정화에 관한 법률” 제정안을 마련하여 입법예고[27]하였다.

---

23) “온라인 플랫폼 시장의 공정성 및 투명성 강화를 위한 EU 이사회규칙”, 2020년 7월 12일 시행
24) 「특정 디지털 플랫폼의 투명성 및 공정성 향상에 관한 법률」, 2020. 6. 3. 제정
25) 「전자상거래법」, 2019. 1. 1. 시행
26) 송갑석 의원 등 10인, 2020년 7월 13일 정무위원회 제출
27) 입법예고 기간 40일 (2020년 9월 28일~11월 9일)

이는 온라인 플랫폼 사업자를 오프라인 임대업자, 대규모 유통업자에 준하여 적정 수수료율과 영업규칙 등을 정하여 규제함으로써 수익의 독점을 차단하고, 시장의 균형발전을 촉진하겠다는 방향성을 담고 있는데 그 구체적인 내용은 다음과 같다.

2) 온라인 플랫폼 및 관련 용어의 정의

"온라인 플랫폼"이란 둘 이상 집단의 이용자들 간에 재화 또는 용역의 거래, 정보 교환 등 상호작용을 목적으로 하는 인터넷 홈페이지, 모바일 응용프로그램 및 이에 준하는 전자적 시스템을 말한다.

"온라인 플랫폼 중개거래"란 온라인 플랫폼 중개서비스업자가 온라인 플랫폼 이용사업자에게 온라인 플랫폼 중개서비스 등을 제공하고 그 대가로 수수료를 수취하는 거래를 말한다(같은 법 제2조).

3) 적용 범위 등

■ 역외 적용

이 법은 온라인 플랫폼 중개서비스업자의 사업자의 소재지 및 준거법률에 관계 없이 국내 온라인 플랫폼 이용사업자와 국내 소비자간 거래를 중개하는 모든 온라인 플랫폼 중개서비스업자에 대하여 적용한다(같은 법 제3조 제1항).

■ 적용 대상 규모의 한정

또한 본 법이 적용되는 온라인 플랫폼 중개서비스업자의 규모요건을 매출액 100억원(이내의 범위에서 대통령령으로 정할 예정) 혹은 중개거래금액 1,000억원(이내의 범위에서 대통령령으로 정할 예정) 이상의 규모를 지닌 플랫폼으로 정하여, 빅테크가 아닌 스타트업에 대해서까지 과도한 규제가 미치지는 않도록 하였다(같은 법 제3조 제2항).

■ 거래상 우월적 지위 판단

이 법 제9조에 정한 불공정 행위 판단(같은 법 제3조 제3항)에 있어서는, 온라인 플랫폼 중개서비스업자가 온라인 플랫폼 이용사업자에 대하여 거래상 우월적 지위에 있다고 인정되지 아니하는 거래에 대하여는 적용하지 아니하도록 하면서, 그 판단 요건을 다음과 같이 정하였다.

〈온라인 플랫폼 중개거래의 공정화에 관한 법률 제정(안), 제3조 제4항〉

각 호	거래상 우월적 지위 판단 요소
제1호	온라인 플랫폼 시장의 구조
제2호	소비자 및 온라인 플랫폼 이용사업자의 온라인 플랫폼 이용 양태 및 이용 집중도
제3호	온라인 플랫폼 중개서비스업자와 온라인 플랫폼 이용사업자 사이의 사업능력의 격차
제4호	온라인 플랫폼 이용사업자의 온라인 플랫폼 중개서비스에 대한 거래의존도
제5호	중개의 대상이 되는 재화 등의 특성
제6호	그 밖에 온라인 플랫폼 중개거래와 관련하여 대통령령으로 정하는 사항

■ 온라인 플랫폼에 관해 우선 적용

이 법은 온라인 플랫폼 중개서비스업자와 온라인 플랫폼 이용사업자 사이의 거래에 관하여 독점규제 및 공정거래에 관한 법률◆에 우선하여 적용한다(같은 법 제4조).

◆ 관련조문

독점규제 및 공정거래에 관한 법률

제23조 (불공정거래행위의 금지)

① 사업자는 다음 각 호의 어느 하나에 해당하는 행위로서 공정한 거래를 저해할 우려가 있는 행위(이하 "不公正去來行爲"라 한다)를 하거나, 계열회사 또는 다른 사업자로 하여금 이를 행하도록 하여서는 아니 된다. 〈개정 1996. 12. 30., 1999. 2. 5., 2007. 4. 13., 2013. 8. 13.〉

1. ~ 3. 〈생략〉

4. 자기의 거래상의 지위를 부당하게 이용하여 상대방과 거래하는 행위

4) 온라인 플랫폼 중개거래의 공정화

■ 계약서 작성·교부 의무 및 필수기재사항 규정

온라인 플랫폼 중개서비스업자와 이용자가 체결할 계약서에 주요 거래조건 및 분쟁예방을 위한 사항을 명시하도록 하고, 이를 교부할 의무를 중개서비스업자에게 부여하였다(같은 법 제6조). 또한 공정거래위원회가 표준계약서를 제정하여 그 사용을 권할 수 있도록 하였다.

〈온라인 플랫폼 중개거래의 공정화에 관한 법률 제정(안), 제6조 제2항〉

각 호	온라인 플랫폼 중개거래 계약서에 명시되어야 할 사항
제1호	온라인 플랫폼 이용사업자에게 제공하는 온라인 플랫폼 중개서비스 등의 구체적인 내용 및 이에 대한 대가로 수취하는 수수료의 부과 기준 및 절차

제2호	중개계약 기간, 계약 갱신 절차, 계약 내용 변경 시 절차, 계약해지 사유 및 절차
제3호	온라인 플랫폼 중개서비스 등의 개시, 제한, 정지의 기준 및 절차
제4호	판매상품의 반품, 환불, 교환 등의 절차 및 기준
제5호	판매대금의 정산 방식 및 정산대금 지급 절차, 방식, 시기
제6호	온라인 플랫폼 이용사업자가 다른 온라인 플랫폼 등을 이용하여 재화 등을 판매하는 것을 제한하는지 여부 및 그 내용
제7호	온라인 플랫폼 이용사업자의 재화 등의 판매가격, 판매방식, 판매량, 배송방식, 결제방식 등 결정에 관한 관여 또는 제한 여부 및 그 내용
제8호	할인쿠폰 발행 등 판매촉진행사 실시 기준, 절차, 비용분담에 관한 사항
제9호	판매과정에서 발생한 손해에 대한 분담 기준
제10호	온라인 플랫폼 이용사업자가 판매하는 재화 등의 정보가 온라인플랫폼에서 소비자에게 노출되는 방식 및 노출 순서의 결정 기준 (온라인 플랫폼 이용사업자가 지불하는 수수료가 노출 방식 및 순서에 미치는 영향을 포함한다)
제11호	온라인 플랫폼을 통해 자신이 직접 판매하거나 자신의 계열회사 또는 자신이 영업활동을 통제하는 회사를 통해 판매하는 재화 등과 다른 온라인 플랫폼 이용사업자가 판매하는 재화 등을 다르게 취급하는지 여부 및 그 내용과 기준
제12호	온라인 플랫폼 이용사업자 및 소비자가 온라인 플랫폼을 이용하는 과정에서 생성된 정보를 온라인 플랫폼 이용사업자가 제공받을 수 있는지 여부, 제공 가능한 정보의 범위, 제공 방식 및 조건
제13호	온라인 플랫폼 중개서비스 이용을 위해 다른 서비스를 이용해야 하거나, 특정 상품 또는 용역을 구입해야 하는 경우 이에 대한 내용
제14호	그 밖에 중개계약 당사자의 권리・의무에 관한 사항으로 대통령령으로 정하는 사항

■ 사전통지 의무

온라인 플랫폼 서비스업자가 **계약내용 변경 시 최소 15일 전**에 대통령령이 정하는 방법으로 그 내용을 온라인 플랫폼 이용사업자에게 통지할 의무를 부여하고, 이를 이행하지 않은 계약내용 변경의 효력은 부인한다(같은 법 제7조).

온라인 플랫폼 서비스업자가 **서비스의 일부 제한 및 중지의 경우 최소 7일 이전, 계약 해지의 경우 최소 30일 이전**에 그 내용 및 이유를 온라인 플랫폼 이용사업자에게 통지할 의무를 부여 하고, 이를 이행하지 않은 계약해지의 효력은 부인한다(같은 법 제8조). 관련 서류는 계약이 종료된 후 5년간 보관해야 한다.

■ 불공정거래행위 금지

온라인 플랫폼 분야에서 실제 발생하고 있는 거래상지위남용행위를 구체화하여 금지행위로 규정하였다(같은 법 제9조).

〈온라인 플랫폼 중개거래의 공정화에 관한 법률제정(안), 제9조 제1항〉

각 호	온라인 플랫폼 중개사업자의 금지 행위
제1호	부당하게 온라인 플랫폼 이용사업자가 구입할 의사가 없는 상품 또는 용역을 구입하도록 강제하는 행위
제2호	부당하게 온라인 플랫폼 이용사업자에게 자기를 위하여 금전·물품·용역, 그 밖의 경제상 이익을 제공하도록 강요하는 행위
제3호	부당하게 온라인 플랫폼 이용사업자에게 거래과정에서 발생한 손해를 전가하는 행위
제4호	온라인 플랫폼 이용사업자에게 불이익이 되도록 거래조건을 설정 또는 변경하거나 그 이행과정에서 불이익을 주는 행위
제5호	부당하게 온라인 플랫폼 이용사업자의 경영활동을 간섭하는 행위

■ 보복조치 금지 및 상생협약 체결

온라인 플랫폼 이용사업자의 분쟁조정 신청, 신고, 서면실태조사에 따른 자료제출, 조사 협조 등을 이유로 불이익을 주는 행위를 금지하였다(같은 법 제10조).

공정거래위원회는 온라인 플랫폼 중개사업자와 이용자 간의 상생협약 체결을 권장할 수 있으며, 자율적으로 협약이 체결되는 경우에 대한 지원시책을 마련하여 시행하도록 하였다(같은 법 제11조).

5) 분쟁의 조정 및 공정거래위원회의 사건처리 절차

■ 분쟁조정협의회의 설치 및 운영 등

온라인 플랫폼 중개서비스업자와 온라인 플랫폼 이용사업자 사이의 분쟁을 조정하기 위하여 한국공정거래조정원에 온라인 플랫폼 중개거래 분쟁조정협의회를 두고 위원을 구성하여 운영하며 그 상세한 조정절차를 규정하였다(같은 법 제12조~제21조).

■ 위반행위의 조사 및 서면실태조사

공정거래위원회는 본 법 위반사항에 대하여 신고를 받거나, 임의조사를 시행할 수 있으며(같은 법 제22조), 서면실태조사를 실시하고 그 조사결과를 공표하여야 한다(같은 법 제23조).

■ 시정명령 및 시정권고, 처분의 시효

또한 필수기재사항을 기재한 계약서 서면교부 및 기명날인 의무, 불공정거래행위 금지, 보복조치행위 금지 규정을 위반한 온라인 플랫폼 중개서비스업자에게 법위반 행위의 중지, 향후 재발 방지, 시정명령을 받은 사실의 공표, 그 밖에 위반행위의 시정에 필요한 조치를 명령할 수 있다(같은 법 제25조).

공정거래위원회는 이 법 위반사항에 대하여 시정방안을 마련하여 이에 따를 것을 권고할 수 있고, 온라인 플랫폼 중개서비스업자는 그 권고를 통지받은 날로부터 10일 이내에 그 수락 여부를 공정거래위원회에 알려야 한다(같은 법 제26조).

다만 본 법의 위반사항에 대한 시정명령, 과징금제재 등은 법위반 행위 종료일로부터 5년이 지난 경우에는 적용하지 않는다(같은 법 제24조).

■ 동의의결

플랫폼 입점업체는 소송을 통한 피해구제가 어려운 소상공인이 많고, 다수의 입점업체에게 동시다발적인 피해가 발생하는 경우가 많다는 점에서 신속하고 효과적인 피해구제 수단을 마련하기 위하여 마련한 제도이다.

조사(심의) 대상이 된 온라인 플랫폼 중개서비스업자는 불공정행위의 해소, 거래질서의 적극적 개선, 입점업체 피해구제 및 예방 등을 위한 시정방안을 마련하여 동의의결을 신청할 수 있다(같은 법 제27조).

위원회는 시정방안이 시정명령 등 제재와 균형을 이루고, 입점업체 보호 등에 있어 적절한 경우에는 심의 절차를 중단하고 동의의결을 통해 절차를 종료할 수 있으며, 동의의결 미이행시 1일당 200만원 이하의 이행강제금이 부과된다.

■ 과징금 및 손해배상

필수기재사항을 기재한 계약서 서면교부 및 기명날인 의무, 불공정거래행위 금지, 보복조치행위 금지 규정을 위반한 온라인 플랫폼 중개서비스업자에게 대통령령으로 정하는 법 위반 금액의 2배를 초과하지 않는 범위 내에서 과징금을 부과할 수 있으며, 법위반 금액을 산정하기 곤란한 경우에는 10억원을 초과하지 않는 범위 내에서 과징금을 부과할 수 있다(같은 법 제29조).

온라인 플랫폼 중개서비스업자가 이 법을 위반함으로써 온라인 플랫폼 이용사업자에게 손해를 입힌 경우 손해배상 책임을 진다. 다만, 고의·과실이 없음을 입증한 경우는 책임이 없다(같은 법 제30조 제1항). 불공정행위에 대한 손해배상 소송에서 피해자가 손해 및 손해액 입증에 필요한 증거를 보다 용이하게 확보할 수 있도록 자료제출의무제를 도입하였다(같은 법 제30조 제2항).

6) 벌 칙

■ 벌 칙

제10조를 위반하여 불이익을 주는 행위를 한 자와 제25조에 따른 시정명령을 따르지 아니한 자에 대해서는 2년 이하의 징역 또는 1억 5천만원 이하의 벌금에 처한다(같은 법 제33조).

■ 양벌규정

법인의 대표자나 법인 또는 개인의 대리인·사용인이 나 그 밖의 종업원이 그 법인 또는 개인의 업무에 관하여 제33조 제1항 및 제2항에 해당되는 위반행위를 하면 그 행위자를 벌하는 외에 그 법인 또는 개인에게도 해당 조문의 벌금형을 과한다. 다만, 법인 또는 개인이 그 위반행위를 방지하기 위하여 해당 업무에 관하여 상당한 주의와 감독을 게을리하지 아니한 경우에는 그러하지 아니하다(같은 법 제34조).

■ 과태료

〈표 3-41〉 온라인 플랫폼 중개거래의 공정화에 관한 법률(안) 제35조 과태료

각 호	금지행위	과태료
제1호	정당한 사유 없이 조사를 거부·방해 또는 기피	사업자: 2억원 이하 행위자: 5천만원 이하
제2호	정당한 사유 없이 출석 거부	사업자: 1억원 이하 행위자: 1천만원 이하
제3호	보고 또는 필요한 자료나 물건의 제출을 정당한 사유 없이 하지 아니하거나, 거짓의 보고 또는 자료나 물건을 제출	
제4호	거짓의 자료를 제출	
제5호	이용자로 하여금 자료를 제출하지 아니하게 하거나 거짓 자료를 제출하도록 요구	사업자: 1억원 이하 행위자: 5백만원 이하
제6호	서비스 일부를 제한하거나 중지하면서 사전통지를 하지 아니함	사업자: 1천만원 이하
제7호	대통령령으로 정하는 서류를 보관하지 아니함	
제8호	심판정에서의 질서유지 명령을 따르지 아니한 사람	행위자: 1백만원 이하

다. 전자금융거래법 개정(안) 중 금융플랫폼 관련 규정

1) 개정 취지

온라인 플랫폼 중개거래의 공정화에 관한 법률과 별개로, 전자금융거래법 개정(안)은 금융플랫폼에 대하여 독자적으로 강화된 통제규정을 두고자 한다.

개정안은 활성화되고 있는 금융플랫폼에 대한 정의규정을 신설하였고, 이용자의 보호 및 건전한 디지털금융 거래질서의 확립을 위한 공정한 행위규칙을 마련하고자 한다. 그 주요 내용은 다음과 같다.

2) 금융플랫폼의 정의

개정안에서 사용하는 "금융플랫폼"이란, 이용자 또는 금융회사 등으로 이루어진 집단 사이에서 금융상품 및 서비스에 대한 판매의 대리·중개·주선 및 광고·정보제공, 비교분석·추천 등을 하는 인터넷 홈페이지, 모바일 애플리케이션(Application) 등의 전자적 시스템을 뜻한다(전자금융거래법 개정안 제2조 제23호).

3) 국내외 빅테크의 금융산업 진출에 대한 관리감독체계 마련

국외에서 이루어진 행위일지라도 국내 시장 또는 이용자에게 영향을 미치는 경우에는 이 법이 역외적용되도록 하고(전자금융거래법 개정안 제4조 제1항), 외국 전자금융업자도 전자금융업에 해당하는 업무를 하게 되면 국내 현지법인, 지점 또는 영업소를 설치하여 이 법에 따른 허가를 받거나 등록을 받도록 하였으며, 국내 이용자의 이용자예탁금에 대해서는 국내에서 영업하는 은행 등 관리기관을 통하여 별도 관리하도록 하였다(전자금융거래법 개정안 제31조 제1항 제1호 라목, 제34조의2).

4) 이용자의 오인방지

플랫폼을 통하여 상품을 구매·이용하게 되는 경우, 이용자는 광고사업자 혹은 판매중개업자일 뿐인 플랫폼만을 신뢰하고, 그 직접 제조원의 확인을 소홀히 하여 예측치 못한 피해에 노출될 수 있다.

이러한 피해를 방지하기 위하여, 플랫폼 사업자가 금융상품·서비스를 노출하여 소비자를 유치하는 경우에, 그 형태가 직접 생산한 상품의 판매인지, 연계제휴 등을 통해 제공하는 것인지, 단순한 광고인지 등을 명확히 구분할 수 있도록 UI(User Interface) 등에 기재해야 할 의무를 플랫폼사업자에게 부과하는 것이다(전자금융거래법 개정안 제36조의3 제3항 제2호). 그 대상은 금융상품 및 서비스의 종류, 내용, 거래조건, 제조자, 판매자, 광고 주체 등이 될 것으로 보인다.

5) 우월적 지위 남용 금지

플랫폼적 지위를 남용하여 정당한 사유 없이 다른 금융회사 또는 전자금융업자를 상대로 하여, 이용할 의사가 없는 용역을 제공받도록 하거나, 경제상의 이익을 제공하도록 강제하거나, 금융플랫폼 운영과정에서 발생한 손해를 전가, 경영활동에 간섭하는 행위를 금지하고 있다(전자금융거래법 개정안 제36조의3 제3항 제3호).

6) 전자금융업자의 이용자예탁금의 전자지급거래청산기관 외부화

전자금융업자인 빅테크가 지급인과 수취인의 거래상대방이 되는 일정한 전자지급거래를 내부적으로 처리하던 것을 외부의 전자지급거래청산기관으로 하여금 청산업무를 처리하도록 의무화함으로써 이용자예탁금을 보호하고 빅테크의 전자지급거래의 투명성을 높일 수 있도록 하였다(전자금융거래법 개정안 제36조의9).

7) 금융플랫폼에 대한 과징금 부과

의무를 위반한 금융회사나 전자금융업자 뿐만 아니라 금융플랫폼 운영자에 대해서도 금융위원회가 직접 그 위반행위와 관련된 수입 등의 100분의 50을 초과하지 않는 범위에서 과징금을 부과할 수 있도록 하였다(전자금융거래법 개정안 제46조 제2항, 제46조의2 제1항 제2호).

8) 전자금융사고에 대한 책임 범위 확대

플랫폼이 소비자의 금융상품에 대한 선택권 및 접근성을 높여주고, 다양한 제휴서비스를 창출하게 된 만큼, 소비자는 더 복잡하고 광범위한 피해에 노출될 위험이 커진다.

이에 따라 금융회사와 전자금융업자의 손해배상책임 대상인 "전자금융사고"의 정의를, 현행법이 접근매체 위・변조, 해킹 등으로 제한하였던 것에 반하여, 개정안에서는 이용자의 거래지시나 동의가 없거나 그 거래지시에 따라 처리되지 않은 비대면거래 전반으로 확대하였다(전자금융거래법 개정안 제9조 제1항).

또한 금융회사·전자금융업자가 전자금융사고가 이용자가 허용한 거래에 해당하는지, 사고 발생에 이용자의 고의·과실이 있는지에 대하여 입증한 경우에만 그 책임을 면할 수 있게 규정함(전자금융거래법 개정안 제9조의2 제1항)으로써, 전자금융사고 피해자의 입증책임을 금융회사 및 전자금융업자에게 부과했다.

금융회사 또는 전자금융업자가 금융플랫폼사업자를 이용하는 업무 처리 과정에서 이용자에게 손해를 발생시킨 경우에는, 금융회사 또는 전자금융업자가 그 손해배상책임을 부담하도록 하였다(전자금융거래법 개정안 제27조의2 제1항 제1호 라목, 제34조의2).

6. 실명확인 · 인증서비스 개선

가. 서 설

우리는 살아가면서 생각보다 많은 과정에서 '내가 나라는 사실'을 입증해야 할 필요성을 느끼게 된다. 병원에 갈 때, 해외여행을 갈 때, 시험을 칠 때, 입학하거나 입사할 때, 계약을 체결할 때 등 끊임없이 '내가 나라는 사실'을 입증하기 위하여 필요한 절차를 거쳐야하는 것이다.

'내가 나라는 사실'을 객관적으로 입증하는데 가장 대표적으로 사용되는 것은 신분증이다. 「주민등록법」상의 주민등록증, 「도로교통법」상의 운전면허증, 「여권법」상의 여권 등이 가장 대표적인 신분증의 예로 볼 수 있다. 계약서를 작성하는 과정에서 「인감증명법」에 의하여 행정청에 신고된 인감을 날인하고, 인감증명서를 첨부하는 것도 해당 계약이 당사자에 의하여 체결되었음을 확인하기 위하여 일반적으로 사용되는 방법 중 하나이다. 문제는 신분증이나 인감증명서를 제시할 수 없는 온라인상에서 전자금융거래를 하는 경우 '내가 나라는 사실'을 입증해야 할 필요가 있을 때 어떠한 방법으로 입증 문제를 해결할 것인가이다.

이와 관련하여 전자금융거래법 제6조 제1항에서는 '금융회사 또는 전자금융업자는 전자금융거래를 위하여 접근매체◆를 선정하여 사용 및 관리하고 이용자의 신원, 권한 및 거래지시의 내용 등을 확인하여야 한다.'라고 규정하고 있고, 같은 조 제2항에서는 '금융회사 또는 전자금융업자가 접근매체를 발급할 때에는 이용자의 신청이 있는 경우에 한하여 본인임을 확인한 후에 발급하여야 한다.'고 규정[28]하고 있으며, 전자금융감독규정 제34조 제3호에서는 '금융회사 또는 전자금융업자는 전자금융거래와 관련하여 이에 사용되는 접근매체를 발급받기 위해서는 반드시 실명확인 후 교부할 것.'이라고 규정하고 있다.

◆ 관련조문

전자금융거래법

제2조 (정의)

10. "접근매체"라 함은 전자금융거래에 있어서 거래지시를 하거나 이용자 및 거래내용의 진실성

28) 전자금융거래법 제6조 제1항, 제2항 위반시 같은 법 제43조 제2항 제1호 규정에 따라 금융위원회는 금융회사 또는 전자금융업자에 대하여 6월의 범위 안에서 기간을 정하여 관련 업무의 전부 또는 일부의 정지를 명할 수 있다.

> 과 정확성을 확보하기 위하여 사용되는 다음 각 목의 어느 하나에 해당하는 수단 또는 정보를 말한다.
> 가. 전자식 카드 및 이에 준하는 전자적 정보
> 나. 「전자서명법」 제2조 제3호에 따른 전자서명생성정보 및 같은 조 제6호에 따른 인증서
> 다. 금융회사 또는 전자금융업자에 등록된 이용자번호
> 라. 이용자의 생체정보
> 마. 가목 또는 나목의 수단이나 정보를 사용하는데 필요한 비밀번호

특히 전자금융거래에서 사용되는 접근매체와 관련하여 최근 문제되고 있는 것이 전자금융거래법 제2조 제10호 나목 상의 '인증서'와 같은 호 라목 상의 '이용자의 생체정보'이다. 대한민국은 최근 「전자서명법」 개정에 의하여 21년이라는 세월 동안 유지해 왔던 공인인증서의 우월적 지위를 폐지하고, 사설인증과의 구별이 없도록 하였고, 이와 더불어 FIDO[29]에 근거한 다양한 생체인증 방식을 도입하기로 하는 등 실명확인·인증 과정에서 많은 변화가 예상되는 바 관련 법규정과 제도가 어떻게 바뀌는지에 관하여 이를 관심 있게 살펴볼 필요가 있다.

나. 공인인증서

1) 의의와 법적근거

전자서명법에 의한 '전자서명'은 서명자의 신원, 서명자가 해당 전자문서에 서명을 하였다는 사실을 나타내는데 이용하기 위하여 해당 전자문서에 첨부되거나 논리적으로 결합된 전자적 형태의 정보(전자서명법 제2조 제2호 가목 내지 나목)를 말하고, '인증서'란 전자서명생성정보가 가입자에게 유일하게 속한다는 사실 등을 확인하고 이를 증명하는 전자적 정보(전자서명법 제2조 제6호)를 말한다. 한편 '공인인증서'란 개정 전 전자서명법 제15조 규정에 의하여 공인인증기관이 발급한 인증서(개정 전 전자서명법 제2조 제8호, 같은 법 제15조)를 말한다. 즉, 전자서명 중에서 위·변조가 어렵도록 공인인증기관이 보증해준 서류가 공인인증서인 것이다.

공인인증서는 1999. 7. 1. 전자서명법이 제정되면서 도입되었다. 당시 정부는 국가적 정보화를 목표로 '전자정부' 사업을 추진하고 있었고, 전자정부 사업 핵심 과제 중 하나가 원거리에서 송금·결제를 할 수 있는 비대면 전자상거래였는데, 이때 거래 상대방의 신원을 보증하기 위해 전자서명과 공인인증기관이 발급

---

29) FIDO= Fast Identity Online, 자세한 내용은 후술한다.

한 인증서가 도입된 것이다. 1999. 1. 30. 당시 정보통신부에 공인인증기관 지정 신청이 있었고, 2000. 4. 12. 최초의 공인인증기관 지정이 있었으며, 2000. 9. 1. 시범 서비스를 거쳐 2000. 12. 9. 공인인증 서비스가 본격 실시되었다. 이후 2002. 4. 전자서명법 개정을 통하여 '공인인증기관이 발급한 인증서'는 '공인인증서'로 '공인인증기관이 발급한 인증서에 기초한 전자서명'은 '공인전자서명'으로 명칭이 정착되었다.

공인인증서 도입 후, 2002. 9.경부터 전자거래의 안정성 및 신뢰성 확보를 위해 은행 등의 인터넷 뱅킹과 관련해서는 공인인증서만 발급하도록 하였고, 2003. 3. 1.부터는 온라인 증권거래시 공인인증서를 의무적으로 사용하도록 함으로써 공인인증서가 없을 경우 홈트레이딩시스템(HTS)를 이용한 온라인 증권거래를 불가능하도록 하였다. 또한 2005. 11.부터는 전자상거래에서 30만원 이상 신용카드 결제 및 온라인 계좌이체시 공인인증서 사용이 의무화 되었고, 더 나아가 2006. 4. 28. 전자금융거래법이 제정(2007. 1. 1. 시행)되고, 2006. 12. 28. 전자금융감독규정이 전부 개정(2006. 12. 28. 시행)되면서 전자금융거래법 제21조 제3항◆ 및 전자금융감독규정 제7조 규정◆에 따라 모든 전자금융거래와 관련하여 공인인증서 의무 사용조항이 전면 시행되었다.

◆ 관련조문

전자금융거래법

제21조 (안전성의 확보의무)

③ 금융위원회는 전자금융거래의 안전성과 신뢰성을 확보하기 위하여 전자서명법 제2조 제8호의 공인인증서의 사용 등 인증방법에 대하여 필요한 기준을 정할 수 있다.

전자금융감독규정

제7조 (공인인증서의 사용기준)

모든 전자금융거래에 있어 전자서명법에 의한 공인인증서를 사용하여야 한다.

2) 현 황

공인인증서는 용도에 따라 범용 공인인증서와 용도제한용 공인인증서로 나뉜다. 용도제한용 공인인증서란 은행·카드·보험·증권·관세청 등 각각 정해진 특정 용도로만 사용할 수 있는 공인인증서로, 각각 분야에 따라 여러 개의 인증서를 발급받아 사용해야 하는 불편함이 있다. 반면 범용 공인인증서는 두루두루 모든 분야에서 사용할 수 있는 공인인증서이다. 용도제한용 공인인증서의 경우

무료 발급이 가능하지만 범용 공인인증서의 경우 발급수수료가 별도로 부과된다.

이러한 공인인증서는 개정 전 전자서명법 제4조 제3항, 같은 법 시행령 제2조에 따라 기술능력, 재정능력(자본금 50억 원 이상), 시설 및 장비 기타 필요한 사항을 갖춘 기관에서 발급을 해주고 있었는데, 개정 전자서명법 시행 전 한국정보인증㈜, ㈜코스콤, 금융결제원, 한국전자인증㈜, 한국무역정보통신, 이니텍 등 6개 기관이 공인인증기관으로 지정되어 있었고, 이러한 공인인증기관의 경우 인증기관별로 전문서비스 영역이 특화되어 있다. 예를들어 금융권의 경우 은행의 인터넷 뱅킹은 금융결제원이, 증권 홈트레이딩시스템(HTS)은 코스콤이 서비스를 제공하고 있었다.

3) 공인인증제도 문제와 전자서명법 개정으로 인한 인증 시장의 대대적인 변화

이러한 공인인증서는 ① 공인인증서의 우월한 법적지위를 인정함으로써 공인인증서가 시장을 독점하도록 하고, 공인인증서와 사설인증서 간 경쟁을 제한한다는 점, ② 과학기술정보통신부장관으로부터 공인인증기관으로 지정된 업체만이 해당 업무를 진행할 수 있도록 함으로써 공인인증시장 진입의 벽이 높고, 신기술 기업의 시장진입을 저해한다는 점, ③ 공인인증서는 사용자의 저장 장치에, 그것도 일반 폴더인 NPKI 폴더에 저장하며(원래는 웹브라우저에도 저장이 되는 것), 이 폴더를 복사해 가면 공인인증서를 복사할 수 있는 등으로 저장방식과 배포방식으로 인한 보안상의 문제가 늘 상존한다는 점, ④ 공인인증서를 사용하기 위하여 설치하는 보안프로그램에 문제가 많다는 점, ⑤ 사용자에게 보안 책임을 전가한다는 점, ⑥ 소액 결제가 불편하다는 점, ⑥ ActiveX 기반 서비스로 인한 운영체제·브라우저의 호환성 문제가 발생한다는 점, ⑦ 짧은 유효기간과 타행 등록을 일일히 해야 하기에 번거롭다는 점 등의 이유로 해당 제도를 개선해야 한다는 주장이 끊임없이 제기되었다.

이에 스마트폰 보급 확대, 온라인 중소쇼핑몰 이용 증가 등 인터넷 이용 환경 등의 사정을 반영하여 2010. 6.경 전자금융감독규정이 개정됨으로써 전자금융거래시 공인인증서 사용의무를 완화하였고, 2014년 한류 열풍을 가지고 온 국내 드라마 '별에서 온 그대'의 주인공 '천송이'가 입었던 코트를 중국인들이 구매하고 싶어도 공인인증서 때문에 사지 못한다는 민원을 계기로 금융감독원은 2014.

9. 23. 전자상거래 결제 간편화 제도를 발표하였다. 또한 금융위원회는 2015. 3. 18. 모든 전자금융거래에 있어서 전자서명법에 의한 공인인증서 사용을 의무화했던 전자금융감독규정 제7조와 관련하여 '금융회사 또는 전자금융업자는 전자금융거래의 종류, 성격, 위험수준 등을 고려하여 안전한 인증방법을 사용하여야 한다.'고 개정하면서 공인인증서 의무조항을 삭제하였다. 그럼에도 불구하고 다수의 금융사들을 비롯하여 많은 기관에서 사고 발생시 면책 가능성이 높다는 등의 이유로 이와 같은 공인인증서를 계속해서 사용해왔다.

그런데 국회는 2020년 6월 9일 공인인증서의 독점 지위 폐지를 골자로 하여 전자서명법을 전부 개정하였고, 2020. 12. 10. 해당 법이 시행되었다.[30] 공인인증기관과 사설인증기관이 발급한 인증서 간의 구별이 없어지면서 공인인증서에 법적으로 부여했던 우월적 지위가 21년 만에 사라지게 되었고, 향후 전자서명시장에서 자율경쟁이 촉진됨에 따라 블록체인 · 생체인증 등 다양한 신기술을 이용한 새로운 전자서명 서비스 개발 및 대체인증 산업이 활성화될 것으로 전망되고 있다.◆

◆ 관련조문

전자서명법

제6조 (다양한 전자서명수단의 이용 활성화)

① 국가는 생체인증, 블록체인 등 다양한 전자서명수단의 이용 활성화를 위하여 노력하여야 한다.

② 국가는 법률, 국회규칙, 대법원규칙, 헌법재판소규칙, 중앙선거관리위원회규칙, 대통령령 또는 감사원규칙에서 전자서명수단을 특정한 경우를 제외하고는 특정한 전자서명수단만을 이용하도록 제한하여서는 아니 된다(2항은 2021. 6. 9. 시행).

실제 사설인증 시장에서는 본격적인 경쟁이 펼쳐지고 있는데, '카카오페이 인증'은 2017. 6. 처음 나온 이래 올해 처음으로 가입자 1,000만 명을 돌파했다. 인증 절차 없이 카카오톡에서 사용을 할 수 있다는 점이 최대 장점으로 꼽힌다. 또한 이동통신 3사와 핀테크 보안기업 아톤이 함께 만든 '패스'의 경우 핀 번호나 지문을 인식해 빠르게 인증을 할 수 있다는 장점을 토대로 서비스 출시 9개월여 만인 올해 초 발급 건수가 1,000만건을 돌파했다. 각종 인증과 관련하여 새롭게 부각되고 있는 인증사업을 정리하면 〈표 3－42〉와 같다.[31]

30) 법률 제17354호, 2020. 12. 10. 시행, 제6조 제2항은 2021. 6. 9. 시행

31) http://news.heraldcorp.com/view.php?ud=20200521000742 기사에서 표 발췌

〈표 3-42〉 각종 인증과 인증사업자

구분	인증사업자(서비스명)	서비스 개요
클라우드 및 생체인증	**한국전자인증** (클라우드사인)	○ No Plugin 전자서명 서비스(ActiveX, EXE 무설치) ○ **보안클라우드**에 인증서 저장, 언제 어디서나 이용가능
	이니텍 (이니패스)	○ **생체정보**(지문, 홍채 등) 기술 및 PC-모바일 기기간 연동기술을 활용한 전자서명 서비스
금융분야 신기술	**금융투자협회** (체인아이디)	○ 중앙 인증기관 없는 **블록체인** 전자서명 ○ 블록체인 네트워크를 활용한 인증서 유효성 검증
	시큐센 (바이오전자서명)	○ **바이오정보**(지문, 음성 등)를 활용한 전자서명
	금융결제원 (브라우저인증서)	○ No Plugin **방식**(웹표준)으로 브라우저에 인증서 저장 ○ 공동저장소에 저장된 인증서로 여러 사이트에서 이용 ○ 은행, 행정분야에 순차적 적용 예정
앱 기반 통합인증 기술	**카카오페이** (카카오페이인증)	○ **모바일 메신저 기반** 사설인증서비스 ○ 카카오톡 이용자 기반으로 별도 APP 설치없이 이용
	코스콤 (OpenPass)	○ 간편비밀번호, 지문, 패턴 등 편리한 본인확인 ○ **공인·사설인증, 생체**, OTP 등 **통합인증서비스** 제공
	한국정보인증 (KICA)	○ 별도 프로그램 설치 불필요 ○ **패스워드, 생체, 핀, 패턴** 등 **다양한 형태의 서비스** 가능
	SKT (PASS 2.0)	○ **통신3사 공동인증앱 및 인증서**를 통한 전자서명 인증서비스
웹표준 무설치 전자서명 기술	**위즈베라** (PINsign)	○ PIN기반 무설치 간편 인증 & 전자서명 솔루션 ○ **웹표준(HTML5)** 기반으로 APP, EXE 설치없이 서명
	한컴시큐어 (애니핀 간편인증)	○ **웹표준 방식**으로 무설치 기반 인증서비스 ○ 등록기기 및 웹브라우저 기반의 간편인증 지원
	예티소프트 (VestPIN)	○ **웹표준(HTML5)** 기술로 만들어진 간편인증 서명솔루션 ○ 별도 설치없이 PIN번호 입력만으로 인증과 전자서명 수행

4) 전자서명법 시행령, 같은 법 시행규칙 입법예고

과학기술정보통신부는 전자서명법 전부개정에 발맞추어 2020. 12. 8. 같은 법 시행령을, 2020. 12. 10. 같은 법 시행규칙을 전면 개정하였고, 개정 전자서명법 시행일에 맞추어 2020. 12. 10. 시행하였다.

다. FIDO(Fast IDentity Online)

1) 의의 및 법적근거

앞서 언급한 것처럼 공인인증서가 가지고 있던 전자서명법상의 우월적인 지위가 전자서명법의 전면개정에 따라 사라지면서 대체 인증 수단에 무엇이 있는지에 관한 관심이 뜨겁다. 시중에서 대체인증으로 거론되고 있는 것은 ① 신용카드 인증, ② ARS/SMS 인증 ③ 휴대폰 인증, ④ 폰OTP 인증, ⑤ IC 태깅 인증, ⑥ 생체 인증, ⑦ DID(분산신원확인기술) 등이 있다.

대체인증으로 거론되고 있는 여러 기술들 중에 단연 주목해야 할 것은 생체 인증이다. 다른 대체 인증 수단의 경우 신용카드, 휴대폰 등 보조수단을 이용해야 하는 등 인증을 하기 위한 도구가 필요하고, 인증 과정에서 추가 개인정보를 입력하거나 인증번호 등을 입력해야 하는 등으로 시간이 소요되는데 반하여 생체 인증의 경우 보다 직관적이고, 단시간 내에 인증 절차가 마무리 된다는 점에서 보다 편리하고 간편한 대체 인증 수단이라고 할 수 있다. 다만, 이를 보완하기 위해 등장한 생체 인증의 경우 생체 정보 전송의 위험과 서버에 저장된 생체 정보가 해킹될 가능성이 있다는 한계가 있었는데, 이런 한계를 극복하기 위해 편의성과 보안성을 갖춘 새로운 인증 방식이 필요해졌고, 삼성전자를 포함하여 구글, 마이크로소프트 등 200여개 글로벌 기업들은 FIDO 연합체를 꾸리고 온라인 환경에서도 생체인식 기술을 활용한 안전하게 인증할 수 있는 '국제 인증 기술 표준 FIDO 1.0'을 2014년 12월 발표했다.

이렇듯 'FIDO'는 "신속한 온라인 인증"을 뜻하는 'Fast IDentity Online'의 약자로, 온라인 환경에서 ID, 비밀번호 없이 생체인식 기술을 활용하여 보다 편리하고 안전하게 개인 인증을 수행하는 기술을 의미한다. FIDO는 기존 생체 인증의 한계로 지적된 안정성을 확보하기 위하여 인증 프로토콜과 인증수단을 분리해 보안과 편리성의 두마리 토끼를 잡았다는 평가를 받고 있다.

이러한 FIDO를 통해서 확보되는 개인의 생체 정보는 개인정보 보호법 상 '개인정보'에 해당하므로 해당 정보의 수집과 처리에 관해서는 같은 법에 따른 규율을 받게 된다.

2) 현 황

FIDO 얼라이언스는 2014년 12월 FIDO 1.0이라 불렸던 ① 비밀번호 필요 없는 프로토콜(Universal Authentication Framework－UAF)과 ② 두 번째 요소 프로토콜(Universal Second Factor－U2F)이 완성돼 호환되는 모바일 디바이스 및 서버의 생산과 배포를 시작했다. 그리고 2018년 5월 공식적으로 모바일 환경에서 벗어나 일반 PC 및 웹 브라우저에서도 비밀번호 없이 인증 가능한 FIDO 2.0을 발표했다.

FIDO 인증 기술에 대해 기술적인 해석은 비밀번호를 대체하는 모든 인증 방법을 수용할 수 있는 플랫폼이다. FIDO가 대체 인증 기술로서 인정받는 이유는 비용이나 보안, 사용편의 모두를 만족시키면서 전 세계적으로 표준화 작업이 완료된 인증 기술은 FIDO가 유일하기 때문이다. FIDO 1.0은 모바일에 국한됐지만 FIDO 2.0에서는 지문, 홍채 등 개인 고유의 생체정보가 외부로 유출되지 않으면서도 모바일과 PC, 웹 등 모든 사용 환경에서 손쉽게 사용할 수 있다는 점에 차이가 있다.

현재 FIDO 기술은 다양한 분야에서 활용되고 있다. 공인인증서 의무사용 규제가 폐지된 이후 현금자동입출금기(ATM)나 디지털 키오스크, 간편결제 · 스마트뱅킹 서비스에서 지문 · 홍채 · 정맥 등의 생체인식 기술을 활용한 본인인증 서비스가 확산되는 추세다.

전자서명법의 전면 개정으로 국가는 생체인증, 블록체인 등 다양한 전자서명수단의 이용 활성화를 위하여 노력하여야 하고(전자서명법 제6조 제1항), 국가는 법률, 국회규칙, 대법원규칙, 헌법재판소규칙, 중앙선거관리위원회규칙, 대통령령 또는 감사원규칙에서 전자서명수단을 특정한 경우를 제외하고는 특정한 전자서명수단만을 이용하도록 제한하여서는 아니 된다고 명시적으로 규정(전자서명법 제6조 제2항)하고 있으므로 FIDO에 근거한 위와 같은 다양한 생체인증 방식은 점점 더 활성화될 것으로 예상된다.

7. 암호화폐의 가능성과 규제

가. 암호화폐의 개념

1) 암호화폐의 출현

'암호화폐(cryptocurrency)'라 함은 블록체인[32]을 기반으로 분산환경에서 암호화 기술(cryptography)을 사용하여 만든 디지털화폐(digital currency)를 말한다.[33]

기존의 종이화폐는 중앙화된 관리기관(예 각 국가의 중앙은행)에 의하여 통제관리되고, 그 발행 역시 발행권한을 가진 기관의 일방적인 의사결정에 의하므로 화폐의 가치가 임의적으로 정해지게 된다. 2008년의 전 세계적인 금융위기나 최근의 코로나19 경제위기 상황에서 미국의 연방준비제도[34]는 무제한적인 US달러의 발행을 통해 경제위기를 극복하였는데, 이 과정에서 필연적으로 주식·부동산 등의 실물자산을 보유하고 있는 부유층의 자산가치는 상승되는데 반해, US달러를 단순히 보유하고만 있는 일반인들은 상대적으로 자산가치가 하락하게 되는 피해를 입게 되었다.

중앙화된 화폐의 임의성 및 지속적인 가치하락에 대하여 반대하는 이들은 그 대안으로, 중앙 통제 기관 없이 분산 네트워크 참여자들[35]이 거래정보를 분산하

---

32) 'blockchain': 온라인 거래 정보를 수정할 수 없도록 데이터를 블록(block)으로 만들고 암호기술을 사용한 고리 모양의 체인(chain)으로 연결하여 분산 컴퓨팅 기술로 저장·관리하는 방식.
블록체인의 기본 구조는 블록(block)을 순차적으로 연결한 블록 모음의 형태이며 피투피(P2P) 네트워크를 기반으로 한다. 일정 시간 동안 네트워크 참여자가 거래 정보를 서로 교환해 확인하고 검증하는 과정을 거쳐, 서로 동의한 거래 정보들만 하나의 블록으로 만든다. 그리고 새로 만들어진 블록을 이전 블록체인에 연결하고, 그 사본을 만들어 각 네트워크 참여자 디지털 장비에 분산·저장한다. 이때 안전한 교환을 위해 해시 함수, 디지털 서명, 합의 알고리즘 등을 사용한다. 따라서 기존 은행처럼 중앙 서버에 거래 장부에 대한 데이터베이스를 운영·관리할 필요가 없어 관리 비용을 절감할 수 있고, 분산·저장하므로 해킹이 어려워 금융 거래의 안전성도 높아진다. 또한 네트워크 참여자들이 분산·저장된 블록체인 사본을 비교해서 해킹 여부를 판단하고 빠르게 복구할 수 있다. (정보통신용어사전, 한국정보통신기술협회)

33) 정보통신용어사전, 한국정보통신기술협회

34) 'Board of Governors of the Federal Reserve System': 국가의 통화금융정책을 수행하는 미국의 중앙은행제도. 줄여서 The Federal Reserve 또는 Federal의 첫 3개 알파벳을 따 Fed라고도 한다. (박문각, "시사상식사전")

35) 노드 (Node): 분산원장 네트워크의 구성 요소로서 원장을 생성하고 저장하는 참여자 서버. 분산원장 네트워크에서 노드는 다른 노드들과 통신하면서 분산원장에 포함될 새로운 기록을 검증하고 합의에 참여한다. 그렇게 합의된 새로운 기록을 원장에 추가하여 저장한다. 그럼으로써 노드는 분산원장을 생성, 유지, 저장하는 기능을 수행하며, 이용자들이 분산원장을 이용할 수 있게 제공한다. (정보통신용어사전, 한국정보통신기술협회)

여 저장·관리하는 화폐를 고안하게 되었는데, 2009년 블록체인을 활용해 발행 및 거래내역을 분산 저장·관리하는 '비트코인(Bitcoin)'이 최초의 암호화폐로서 출현했다.

'비트코인'은 발행을 전담하는 중앙기관이 없으므로, 최초의 출현 시부터 최대 발행량(2,100만개)을 정하여 두고, 일정한 조건을 충족할 경우 누구나 획득할 수 있도록 하였다. 비트코인의 획득작업이 마치 금을 캐는 것과 유사하다고 하여 채굴(mining)이라고 하는데, 자신이 보유한 컴퓨터를 통하여 비트코인 소스코드가 제시하는 복잡한 수학문제를 풀어야 한다. 수학문제를 푸는데 성공했다는 작업증명(PoW: Proof of Work)을 비트코인 네트워크 참여자들로부터 인정받으면, 채굴자는 그 대가로서 비트코인을 획득하게 된다.

채굴을 통해 획득된 비트코인의 거래는 은행과 같은 제3의 신뢰기관을 통한 신분 인증 절차를 거치지 않으며, 거래 당사자의 개인 정보도 이용하지 않으므로 익명성을 보장받는다. 비트코인의 거래사실 역시 비트코인 네트워크 참여자들에게 공개되고 그들로부터 인정받음으로써 유효하게 되는데, 이러한 과정이 모두 복잡한 해시함수[36]로 암호화되어 이루어지기 때문에 암호화폐라 불리게 되었다.

비트코인 이후 이더리움, 리플, 테더 등의 암호화폐들이 등장하였는데, 이들은 비트코인을 보완하거나 대체할 수 있다는 뜻에서 알트코인이라 불린다. 다만, 아직까지는 알트코인들이 비트코인을 넘어서는 독자적인 활용성을 완전히 입증하지는 못한 듯하다.

2) 가상자산으로서의 암호화폐

비트코인은 US달러를 대체하는 "화폐"로서의 역할을 자임하였으나, 네트워크에서의 거래증명이 6분 단위로 이루어지고, 거래 시마다 지나치게 과도한 정보량을 전달하며, 그 가치의 변동폭이 급격하다는 등의 이유로 인하여 실시간으로 대량 거래를 중계하는 "지불결제수단"으로서 사용하기에는 적합지 않은 것으로 판정되었다.

---

36) 'hash function': 임의의 길이의 문자열을 고정된 길이의 이진 문자열로 매핑하여 주는 함수. 데이터를 자르고, 치환하거나 위치를 바꾸는 방법 등으로 결과를 만들어 내며, 이 결과를 해시 값(hash value)이라 한다. 해시 함수는 데이터의 무결성, 인증, 부인 방지 등에서 응용되는 중요한 함수 가운데 하나이다. (정보통신용어사전, 한국정보통신기술협회)

다만, 실생활에서의 거래에 사용되는 "지불결제수단"으로서 사용될 수 없다고 해서, 비트코인이 "화폐"로서의 의미를 완전히 상실한 것은 아니었다. 급격한 등락이 지급결제수단으로서의 안정성을 해치는 것으로 보였으나, 반면 그 활발한 거래와 시세변동 속에서 금융기관들은 비트코인에 대한 투자가능성을 발견하게 되었다.

코로나19 이후 전 세계적으로 각 국가의 중앙은행이 국가통화의 발행을 늘리고 이로 인해 통화의 가치가 하락하는 상황과 맞물리면서, 비트코인은 오히려 일정한 금전적 가치를 저장하는 "자산"으로서의 성격이 더욱 더 부각되기 시작했다.

최근에 들어서는 테슬라, 페이팔을 비롯한 일반기업마저도 비트코인을 거래대상으로 받아들이고, 금융권에서도 비트코인에 대한 신탁상품들을 출시하면서, 비트코인의 "자산"으로서의 신뢰성을 강화시켜주고 있는바, 이제 비트코인은 "디지털 황금"으로서 완연히 자리잡고 있는 국면이다.

따라서 이제 각국 정부 역시 '비트코인'을 자산으로 받아들여 이에 대한 거래의 안정성을 보장하고, 회계처리와 과세의 대상으로 받아들이고자 하고 있다.

이미 국제회계기준위원회(IASB) 산하 국제회계기준(IFRS) 해석위원회는 2019년에 가상자산에 대해서 금융자산이 아닌, 무형자산으로서 취급해야 한다는 회계기준을 밝힌 바 있다. 가상자산에 대해서 소득세의 관점에서 과세를 할 수 있다는 논리도 가능하다.

이제 비트코인을 비롯한 암호화폐들은 "가상자산"이라는 제한된 형태로나마, 제도권으로 편입되게 된 것이다.

3) 디지털화폐의 모색

비트코인이 "가상자산"으로서 자리잡는 모양새라면, 지급결제수단으로서의 '디지털화폐'로서는 스테이블코인[37]이 제안되었다. 스테이블코인은 안정적인 가치를 유지하면서도, 국가의 경계를 넘어 공통의 화폐로 통용될 수 있다는 장점이 있으나, 발행 및 관리주체가 민간회사이므로 발행기관의 공신력이 부족하고 담보

37) stable coin: 비변동성 암호화폐를 뜻하는 말로, 법정 화폐 혹은 실물 자산을 기준으로 가격이 연동되는 암호화폐를 뜻한다. 기존 암호화폐는 특유의 가격변동성 때문에 통화로써 사용되기에는 안정성이 떨어지는 특징이 있다. 스테이블코인은 이러한 가격변동성을 줄이고, 법정 화폐와 마찬가지로 가치의 척도가 되는 동시에 가치의 저장 기능을 가지고 있다. 1코인이 1달러의 가치를 갖는 테더(Tether, USDT) 코인이 대표적인 스테이블코인이다(박문각, "시사상식사전").

여력에 대한 의문이 제기되고 있다.

결국 공신력있는 지불결제수단으로서의 디지털화폐는, 각국의 중앙은행이 지폐를 대신하는 모바일 결제수단으로서 직접 발행하게 될 것으로 예상되고 있다. 국제결제은행(BIS)은 3년 이내에 세계의 20% 국가에서 중앙은행 디지털 화폐(CBDC: Central Bank Digital Currency)가 발행될 것이라고 예측한 바 있다.

CBDC는 그 자체로 국가의 화폐 발권력을 독점하는 중앙은행의 공식 화폐이므로, 실생활에서 지불결제수단으로 사용되는 "디지털 현금"으로 활용될 것으로 보인다.

중앙은행의 디지털화폐 발행에 있어서는, 2020년 11월 민간인을 대상으로 실제 생활에서 테스트를 시작한 중국이 가장 앞서 있는 상황인데, 중국의 디지털 화폐는 별도로 DCEP(Digital Currency Electronic Payment)라 불리고 있다. 한국은행 역시 2021년 한해 동안 CBDC파일럿 체계를 운영할 예정에 있다.

나. 특정금융정보법에 의한 가상자산 규제

1) 개정의 방향

암호화폐 거래는 익명성을 띠고 있어서 자금세탁 및 공중협박자금조달에 이용될 위험성이 높으나, 현재까지 이를 예방하기 위한 법·제도적 장치가 마련되어 있지 않았고, 그래서 실제로 범죄수익 은닉 등 자금세탁에 이용되는 사례들이 많이 있었다[특정금융정보법 일부개정 법률안(제20대 국회, 의안번호 24776)].

이에 특정금융정보법 개정을 통해 '가상자산'이라는 이름으로 암호화폐 거래 및 그 거래와 관련된 영업에 대한 규제를 도입하였고, 2021년 3월 25일부터 시행되고 있다. 기존사업자들의 신고의무는 다시 6개월간의 유예기간을 주었고, 이에 대한 금융보안원의 신고수리에 3개월의 기간이 소요되므로 관련조항들은 사실상 2022년 1월 1일부터 적용된다고 볼 수 있다(특정금융정보법 부칙 제5조).

2021년 2월에는 가상자산사업자의 신고매뉴얼이 배포되어 신고대상사업자에 대한 상세한 예시와 신고서 양식 등이 제시되었고, 2022년 3월 23일에는 특정금융정보법 시행령이 공포되어 2021년 3월 25일부터 시행되었다.

이번 개정은 대한민국의 공식적인 제도로서 '가상자산'을 인정한다는 데 의의가 있으나, "가상자산"의 발행 및 관리 등을 전체적으로 직접 통제하지는 않은 채, 자금세탁을 방지한다는 목적 하에 제한적으로 특정금융정보법으로 규제하고 있다는 점에서, 가상자산 관련 산업의 증진보다는 통제에 더 중점을 두고 있음을 알 수 있다.

2) 개정법상 새로 도입되는 개념들

가) 가상자산

개정 특정금융정보법상 새로 도입된 개념인 '가상자산'이라 함은 경제적 가치를 지닌 것으로서 전자적으로 거래 또는 이전될 수 있는 전자적 증표(그에 관한 일체의 권리를 포함)를 말하고, 다만 다음의 어느 하나에 해당하는 것은 제외된다.

〈가상자산의 제외대상(특정금융정보법 제2조 제3호)〉

각목	제외 대상
가목	화폐ㆍ재화ㆍ용역 등으로 교환될 수 없는 전자적 증표 또는 그 증표에 관한 정보로서 발행인이 사용처와 그 용도를 제한한 것
나목	「게임산업진흥에 관한 법률」 제32조 제1항 제7호에 따른 게임물의 이용을 통하여 획득한 유ㆍ무형의 결과물
다목	「전자금융거래법」 제2조 제14호에 따른 선불전자지급수단 및 같은 조 제15호에 따른 전자화폐
라목	「주식ㆍ사채 등의 전자등록에 관한 법률」 제2조 제4호에 따른 전자등록주식등
마목	「전자어음의 발행 및 유통에 관한 법률」 제2조 제2호에 따른 전자어음
바목	「상법」 제862조에 따른 전자선하증권
사목	거래의 형태와 특성을 고려하여 대통령령으로 정하는 것

특정금융정보법 제2조 제3호 본문에서는 가상자산 개념을 포괄적으로 규정하면서도, 교환성이 없는 전자적 증표 및 게임아이템, 선불전자지급수단 등을 단서 각 목에서 제외함으로써, 사실상 '암호화폐'만을 '가상자산'으로 규정한 것으로 볼 수 있다.

나) 가상자산거래와 가상자산사업자

특정금융정보법상 가상자산거래는 아래 표의 행위(특정금융정보법 제2조 제2호 라목)를 말하고, '가상자산사업자'라 함은 "가상자산과 관련하여 다음의 어느 하나에 해당하는 행위를 영업으로 하는 자"를 말한다.

〈가상자산거래(특정금융정보법 제2조 제1호 하목)〉

	대상 행위
1)	가상자산을 매도, 매수하는 행위
2)	가상자산을 다른 가상자산과 교환하는 행위
3)	가상자산을 이전하는 행위 중 대통령령으로 정하는 행위[38]
4)	가상자산을 보관 또는 관리하는 행위
5)	1) 및 2) 행위를 중개, 알선하거나 대행하는 행위
6)	그 밖에 가상자산과 관련하여 자금세탁행위와 공중협박자금조달행위에 이용될 가능성이 높은 것으로서 대통령령으로 정하는 행위

행위 태양을 이미 발행된 가상자산의 거래에 국한하고 있어서, 신규로 가상자산을 발행하는 행위(ICO[39])는 포함하지 않았다. 또한 가상자산의 발행에 대한 내용을 정한 다른 국내법령 역시 없는 상황이므로, 여전히 대한민국에서는 법적인 보호 속에서 공식적으로 가상자산을 발행할 방안은 없는 상황이다.

다만, 가상자산의 거래중개 및 보관 등의 유관사업들에 대해서는 폭넓게 인정하고 있으므로, 전통적 금융기관 역시도 가상자산의 관리 위수탁 등 해당사업을 영위할 수 있는 기반이 확보되었다고 할 수 있다.

특정금융정보법상 가상자산사업자는 '금융회사등'에 포함되어 특정금융정보법상 '금융회사등'에 적용되는 규정들의 적용을 받게 된다.

---

38) 특정금융정보법 시행령 제1조의2(가상자산거래의 범위)
「특정금융법」 제2조 제1호 하목 3)에서 "대통령령으로 정하는 행위"란 고객의 요청에 따라 가상자산의 매매, 교환, 보관 또는 관리 등을 위해 가상자산을 이전하는 모든 행위를 말한다.

39) 'Initial Coin Offering': 암호화폐를 판매하여 자금을 조달하는 방법
1. 일반적인 주식을 상장하는 기업공개(IPO)와 유사하다. 목적에 따라 일반 대중을 대상으로 크라우드펀딩(crowdfunding)과 같이 암호화폐를 판매할 수 있고, 미리 협의한 특정 기업을 대상으로 암호화폐를 판매할 수도 있다.
2. 2015년 비탈릭 부테린(Vitalik Buterin)이 암호화폐공개(ICO)를 통하여 이더리움(ethereum)을 개발하면서 널리 알려졌다. 암호화폐공개(ICO) 진행을 위해서는 일반적으로 새로운 암호화폐를 만들게 된 동기, 목적, 운영 방식, 전망 등의 내용을 담은 백서(white paper)를 공개하여 초기 투자자를 모집한다.
3. 창업 초기 기업(스타트업 회사)이 백서만 온라인에 공개하여 자금조달을 진행하는 퍼블릭 ICO(public ICO)와 이미 상용화된 플랫폼 또는 서비스를 제공하는 기업이 자금조달을 위해 진행하는 리버스 ICO(reverse ICO) 방식이 있다. (정보통신용어사전, 한국정보통신기술협회)

3) 가상자산사업자와 거래하는 금융기관의 유의사항

가) 금융회사등이 가상자산사업자와 거래하는 경우 확인 사항

금융회사등이 가상자산사업자와 거래하는 경우 자금세탁행위 및 공중협박자금조달행위를 방지하기 위하여 합당한 주의로서 다음의 각 사항을 확인하여야 한다.

〈금융회사등의 확인 사항(특정금융정보법 제5조의2 제1항 제3호)〉

<table>
<tr><th>각목</th><th colspan="2">확인 사항</th></tr>
<tr><td rowspan="3">가목</td><td colspan="2">대통령령으로 정하는 고객(가상자산사업자)의 신원에 관한 사항</td></tr>
<tr><td colspan="2">고객(가상자산사업자)을 최종적으로 지배하거나 통제하는 자연인(실제 소유자)에 관한 사항(가상자산사업자가 법인 또는 단체인 경우에는 대통령령으로 정하는 사항)</td></tr>
<tr><td colspan="2">금융거래등(특정금융정보법 제2조 제2호 참조)의 목적과 거래자금의 원천 등 금융정보분석원장이 정하여 고시하는 사항(금융회사등이 자금세탁행위나 공중협박자금조달행위의 위험성에 비례하여 합리적으로 가능하다고 판단하는 범위에 한정)</td></tr>
<tr><td>나목</td><td colspan="2">가상자산사업자의 신고 및 변경신고 의무의 이행에 관한 사항</td></tr>
<tr><td>다목</td><td colspan="2">가상자산사업자의 신고의 수리에 관한 사항</td></tr>
<tr><td>라목</td><td colspan="2">가상자산사업자의 신고 또는 변경신고의 직권 말소에 관한 사항</td></tr>
<tr><td rowspan="3">마목</td><td colspan="2">다음의 각 사항의 이행에 관한 사항</td></tr>
<tr><td>1)</td><td>예치금(가상자산사업자의 고객인 자로부터 가상자산거래와 관련하여 예치받은 금전)을 고유재산(가상자산사업자의 자기재산)과 구분하여 관리</td></tr>
<tr><td>2)</td><td>「정보통신망법」 제47조 또는 「개인정보 보호법」 제32조의2에 따른 정보보호 관리체계 인증의 획득</td></tr>
</table>

나) 금융회사등의 가상자산사업자에 대한 거래 거절

금융회사등은 가상자산사업자인 고객이 다음의 각 사유 중 어느 하나에 해당하는 경우 계좌 개설 등 해당 가상자산사업자와의 신규 거래를 거절하고, 이미 거래관계가 수립되어 있는 경우에는 해당 거래를 종료하여야 한다.

〈거래 거절 및 종료 사유(특정금융정보법 제5조의2 제4항)〉

<table>
<tr><th>각목</th><th colspan="2">거래 거절 및 종료 사유</th></tr>
<tr><td>가목</td><td colspan="2">가산자산사업자가 신고 및 변경신고 의무를 이행하지 아니한 사실이 확인된 경우</td></tr>
<tr><td rowspan="3">나목</td><td colspan="2">가상자산사업자(이를 운영하려는 자 포함)가 다음 각 사유 중 하나에 해당하는 사실이 확인된 경우</td></tr>
<tr><td rowspan="2"></td><td>정보보호관리체계 인증을 획득하지 못한 자(특정금융정보법 제7조 제3항 제1호)</td></tr>
<tr><td>실명확인이 가능한 입출금 계정[동일 금융회사등(대통령령으로 정하는 금융회사등에 한정)에 개설된 가상자산사업자의 계좌와 그 가상자산사업자의 고객의 계좌 사이에서</td></tr>
</table>

		만 금융거래등을 허용하는 계정]을 통하여 금융거래등을 하지 아니하는 자(다만, 가상자산거래의 특성을 고려하여 금융정보분석원장이 정하는 자는 제외)(특정금융정보법 제7조 제3항 제2호)
다목	특정금융정보법 제7조 제3항(가상자산사업자 신고 결격 사유)에 따라 신고가 수리되지 아니한 사실이 확인된 경우	
라목	특정금융정보법 제7조 제4항(가상자산사업자 신고 말소 사유)에 따라 신고 또는 변경신고가 말소된 사실이 확인된 경우	

4) 가상자산사업자에 대한 특례

가) 적용 범위

특정금융정보법은 '가상자산사업자에 대한 특례'라는 장을 신설하였는데(제3장), 이 장은 가상자산사업자에 대하여 적용되며(특정금융정보법 제6조 제1항), 가상자산사업자의 금융거래등이 국외에서 이루어졌더라도 그 효과가 국내에 미치는 경우에는 특정금융정보법을 적용하도록 하고 있다(특정금융정보법 제6조 제2항). 이로써 국내 가상자산사업자를 통한 외국인들의 거래에 대해서도 본 법의 효력이 미치도록 하였다.

나) 전신송금시 정보제공 관련 특례

가상자산사업자가 '전신송금시의 정보제공' 규정의 적용을 받아 정보를 제공해야 하는 경우 그에 관하여는 다음 각 호에서 정하는 바에 따른다[특정금융정보법 제6조 제3항, 시행령(안) (금융위원회공고 제2020－399호 입법예고) 제10조의10].

〈특정금융정보법 시행령 제10조의10 가상자산이전시 정보제공〉

각 호	내용
제1호	정보제공은 금융정보분석원장이 정하여 고시하는 환산 기준에 따라 가상자산사업자가 다른 가상자산사업자에게 1백만원 이상에 상당하는 가상자산을 이전하는 경우에 할 것
제2호	가상자산을 이전하는 가상자산사업자는 가상자산을 이전받는 가상자산사업자에게 다음 각 목의 정보를 제공할 것 가. 가상자산을 보내는 고객과 가상자산을 받는 고객의 성명(법인・단체의 경우에는 법인・단체의 명칭 및 대표자 성명을 말한다) 나. 가상자산을 보내는 고객과 가상자산을 받는 고객의 가상자산주소(가상자산의 전송 기록 및 보관 내역의 관리를 위해 전자적으로 생성시킨 고유식별번호를 말한다)
제3호	금융정보분석원장 또는 가상자산을 이전받는 가상자산사업자가 요청하는 경우에는 가상자산을 보내는 고객의 주민등록번호(법인의 경우에는 법인등록번호를 말한다) 또는 여권번호・외국인등록번호(외국인만 해당한다)를 제공할 것
제4호	제2호에 따른 정보는 가상자산을 이전하는 경우에 함께 제공하고, 제3호에 따른 정보는 정보제공을 요청받은 날부터 3영업일 이내에 제공할 것

다) 신고

① 가상자산사업자 신고

가상자산사업자(이를 운영하려는 자 포함)는 ㉠ 상호 및 대표자의 성명, ㉡ 사업장의 소재지, 연락처 등 대통령령으로 정하는 사항을 금융정보분석원장에게 신고하여야 한다(특정금융정보법 제7조 제1항).

특정금융정보법 시행령은 가상자산사업자가 신고하여야 할 세부사항을 다음과 같이 정하고 있다.

〈특정금융정보법 시행령 제10조의11 제2항 신고 사항〉

각 호	내용
제1호	사업장의 소재지 및 연락처
제2호	국적 및 성명(법인의 경우에는 대표자 및 임원의 국적 및 성명을 말한다)
제3호	전자우편주소 및 인터넷도메인 이름
제4호	호스트서버의 소재지
제5호	그 밖에 제1호부터 제4호까지에 준하는 사항으로서 금융정보분석원장이 정하여 고시하는 사항

신고는 금융정보분석원장이 정하여 고시하는 신고서에 의하는데, 다음 각 호의 서류를 첨부하여야 한다.

〈특정금융정보법 시행령 제10조의11 제1항 신청 첨부서류〉

각 호	내용
제1호	정관 또는 이에 준하는 업무운영규정
제2호	사업추진계획서
제3호	법 제5조의2 제1항 제3호 마목 2)에 따른 정보보호 관리체계 인증(이하 "정보보호관리체계 인증"이라 한다)에 관한 자료
제4호	법 제7조 제3항 제2호 본문에 따른 실명확인이 가능한 입출금 계정(이하 "실명확인입출금계정"이라 한다)에 관한 자료
제5호	그 밖에 가상자산사업자의 신고를 위해 금융정보분석원장이 필요하다고 정하여 고시하는 자료

금융정보분석원장에게 신고한 가상자산사업자는 그 신고한 사항에 변경이 있는 경우에는 변경사항이 발생한 날로부터 30일 이내에 금융정보분석원장에게 변

경신고를 하여야 한다(특정금융정보법 제7조 제2항, 같은 법 시행령 제10조의11 제3항).

가상자산사업자 신고의 유효기간은 신고를 수리한 날로부터 3년이다. 신고 유효기간이 지난 후 계속하여 같은 행위를 영업으로 하려는 자는 신청서를 유효기간이 만료하기 45일 전까지 신고서를 제출하여 갱신하여야 한다(특정금융정보법 제7조 제6항, 같은 법 시행령 제10조의15 제1항, 제2항).

신고하지 아니하고 가상자산거래를 영업으로 한 자 또는 거짓이나 그 밖의 부정한 방법으로 신고를 하고 가상자산거래를 영업으로 한 자는 5년 이하의 징역이나 5천만원 이하의 벌금에 해당하는 형사 처벌을 받는다(특정금융정보법 제17조 제1항).

신고사항이 변경되었음에도 변경신고를 하지 아니한 자 또는 거짓이나 그 밖의 부정한 방법으로 변경신고를 한 자는 3년 이하의 징역이나 3천만원 이하의 벌금에 해당하는 형사 처벌을 받는다(특정금융정보법 제17조 제2항).

② 신고 수리 거부(가상자산업 신고 결격 사유)

금융정보분석원장은 다음의 어느 하나에 해당하는 자에 대해서는 가상자산사업자의 신고를 수리하지 아니함을 통지할 수 있다(특정금융정보법 제7조 제3항).

〈신고 수리 결격 사유(특정금융정보법 제7조 제3항)〉

<table>
<tr><th>각 호</th><th colspan="2">신고 수리 결격 사유</th></tr>
<tr><td>제1호</td><td colspan="2">정보보호 관리체계 인증을 획득하지 못한 자</td></tr>
<tr><td rowspan="2">제2호</td><td>본문</td><td>실명확인이 가능한 입출금 계정[동일 금융회사등(대통령령으로 정하는 금융회사등에 한정)에 개설된 가상자산사업자의 계좌와 그 가상자산사업자의 고객의 계좌 사이에서만 금융거래등을 허용하는 계정]을 통하여 금융거래등을 하지 아니하는 자.</td></tr>
<tr><td>단서</td><td>가상자산거래의 특성을 고려하여 금융정보분석원장이 정하는 자는 제외</td></tr>
<tr><td>제3호</td><td colspan="2">특정금융정보법, 「범죄수익은닉규제법」, 「테러자금금지법」, 「외국환거래법」 및 「자본시장법」 등 대통령령으로 정하는 금융관련 법률에 따라 벌금 이상의 형을 선고받고 그 집행이 끝나거나(집행이 끝난 것으로 보는 경우를 포함) 집행이 면제된 날부터 5년이 지나지 아니한 자(가상자산사업자가 법인인 경우에는 그 대표자와 임원을 포함)</td></tr>
<tr><td>제4호</td><td colspan="2">특정금융정보법 제7조 제4항에 따라 가상자산사업자 신고 또는 변경신고가 말소되고 5년이 지나지 아니한 자</td></tr>
</table>

③ 가상자산사업자 신고 말소

금융정보분석원장은 가상자산사업자가 다음의 어느 하나에 해당하는 경우에는 가상자산사업자 신고 또는 변경신고를 직권으로 말소할 수 있다.

〈신고 말소 사유(특정금융정보법 제7조 제4항)〉

각 호	신고 말소 사유	
제1호	본문	위 가상자산사업자 신고 수리 결격 사유 중 어느 하나에 해당하는 경우
	단서	결격 사유 중 제1호(정보보호 관리체계 인증을 획득하지 못한 자)에 해당하는 경우로서 대통령령으로 정하는 경우 제외◆
제2호	「부가가치세법」 제8조에 따라 관할 세무서장에게 폐업신고를 하거나 관할 세무서장이 사업자등록을 말소한 경우	
제3호	특정금융정보법 제7조 제5항에 따른 영업의 전부 또는 일부의 정지 명령을 이행하지 아니한 경우	
제4호	거짓이나 그 밖의 부정한 방법으로 신고 또는 변경신고를 하는 경우	

◆ 관련조문

특정금융정보법 시행령

제10조의13(신고 등의 직권말소)

③ 법 제7조 제4항 제1호 단서에서 "대통령령으로 정하는 경우"란 가상 자산사업자가 법 제7조 제3항 제1호에 따른 정보보호 관리체계 인증을 갱신하기 위하여 인증의 유효기간이 만료되기 6개월 전에 갱신을 신청하였으나 가상자산사업자의 책임없는 사유로 갱신이 되지 아니한 경우를 말한다.

④ 실명확인이 가능한 입출금 계정의 개시

금융정보분석원장이 '실명확인이 가능한 입출금계정'을 통하여 금융거래 등을 하지 않는 자에 대해서는 가상자산사업자 신고를 거절할 수 있도록 하고 있으므로(특정금융정보법 제7조 제3항 제2호), '실명확인이 가능한 입출금 계정'의 개시 역시 신고의 필수요건이라고 할 수 있다. 다만, 가상자산사업자가 제공하는 서비스가 가상자산과 법화(法貨)간의 교환이 없어 예치금 등이 없는 경우 발급이 필요치 않다(추후 법규 개정 상황에 따라 달라질 수 있음).[40]

금융기관이 가상자산사업자를 대상으로 '실명확인이 가능한 입출금 계정"을 개시하는 기준, 조건 및 절차는 다음과 같다(특정금융정보법 제7조 제9항, 같은 법 시행령 제10조의18).

40) 금융정보분석원 '가상자산사업자 신고업무매뉴얼'

〈특정금융정보법 시행령 제10조의18 제1항〉

각 호	실명확인입출금 계정 개시 기준
제1호	특정금융정보법 제5조의2 제1항 제3호 마목 1)에 따라 예치금을 고유재산과 구분하여 관리할 것
제2호	특정금융정보법 제5조의2 제1항 제3호 마목 2)에 따른 정보보호 관리체계 인증을 획득할 것
제3호	가상자산사업자의 고객별로 거래내역을 분리하여 관리하고 있을 것

금융회사등이 실명확인 입출금 계정을 개시하려는 경우에는 가상 자산사업자가 자금세탁행위와 공중협박자금조달행위를 방지하기 위하여 구축한 절차 및 업무지침 등을 확인하여 법 제5조 제3항 제1호에 따라 가상자산사업자와의 금융거래등에 내재된 자금세탁행위와 공중 협박자금조달행위의 위험을 식별, 분석, 평가하여야 한다.

금융회사등은 가상자산사업자의 신고 또는 변경신고가 수리된 이후에 금융거래등이 이루어질 것을 조건으로 하여 실명확인 입출금계정을 개시할 수 있다.

실명확인 입출금계정의 사용 기한은 법 제7조 제6항에 따른 신고의 유효기간까지로 한다. 다만, 신고의 갱신에 따라 사용기한을 연장할 수 있다.

⑤ 영업의 전부 또는 일부의 정지

금융정보분석원장은 가상자산사업자가 다음 각 호의 어느 하나에 해당하는 경우에는 6개월의 범위에서 영업의 전부 또는 일부의 정지를 명할 수 있다.

〈영업 정지 사유(특정금융정보법 제7조 제5항)〉

각호	영업 정지 사유
제1호	특정금융정보법 제15조 제2항 제1호◆에 따른 시정명령을 이행하지 아니한 경우
제2호	특정금융정보법 제15조 제2항 제2호에 따른 기관경고를 3회 이상 받은 경우
제3호	그 밖에 고의 또는 중대한 과실로 자금세탁행위와 공중협박자금조달행위를 방지하기 위하여 필요한 조치를 하지 아니한 경우로서 대통령령으로 정하는 경우◆

◆ 관련조문

특정금융정보법

제15조(금융회사등의 감독 · 검사 등)

① 금융정보분석원장은 제4조, 제4조의2, 제5조, 제5조의2, 제5조의3 또는 제5조의4에 따라 금융회사등이 수행하는 업무를 감독하고, 감독에 필요한 명령 또는 지시를 할 수 있으며, 그 소속 공무원으로 하여금 금융회사등의 업무를 검사하게 할 수 있다.

> ② 금융정보분석원장은 제1항에 따른 검사 결과 이 법 또는 이 법에 따른 명령 또는 지시를 위반한 사실을 발견하였을 때에는 해당 금융회사등에 대하여 다음 각 호의 어느 하나에 해당하는 조치를 할 수 있다.
> 1. 위반 행위의 시정명령
> 2. 기관경고
> 3. 기관주의

> **특정금융정보법 시행령**
> **제10조의14(영업의 정지)**
> ② 법 제7조 제5항 제3호에서 "대통령령으로 정하는 경우"는 다음 각 호 의 어느 하나에 해당하는 경우를 말한다.
> 1. 법 제8조에 따른 조치를 이행하지 않은 경우
> 2. 법 제15조 제1항 및 제6항에 따른 감독·명령·지시·검사·조치에 따르지 않거나 이를 거부·방해 또는 기피한 경우

⑥ 신고 사항 등의 공개

금융정보분석원장은 가상자산사업자의 신고에 관한 정보 및 금융정보분석원장의 조치를 인터넷홈페이지에 공개할 수 있다(특정금융정보법 제7조 제7항, 같은 법 시행령 제10조의16).

⑦ 신고 업무 위탁

금융정보분석원장은 가상자산사업자의 신고와 관련한 업무로서 대통령령으로 정하는 업무를 금융감독원장에게 위탁할 수 있다(특정금융정보법 제7조 제8항).

◆ 관련조문

> **특정금융정보법 시행령**
> **제10조의17(신고 관련 업무의 위탁)**
> ① 금융정보분석원장은 법 제7조 제8항에 따라 「금융위원회의 설치 등에 관한 법률」에 따른 금융감독원의 원장(이하 "금융감독원장"이라 한다)에게 다음 각 호의 업무를 위탁한다.
> 1. 법 제7조 제1항 및 제2항에 따른 신고 또는 변경신고에 대한 심사
> 2. 법 제7조 제3항에 따른 불수리 사유에 대한 심사
> 3. 법 제7조 제4항에 따른 직권말소 사유에 대한 심사
> 4. 법 제7조 제6항 후단에 따른 신고 갱신에 대한 심사

라) 가상자산사업자의 조치

가상자산사업자는 불법재산으로 의심되는 거래 및 고액현금 거래에 대한 보고의무 이행 등을 위하여 고객별 거래내역을 분리하여 관리하는 등의 조치를 하여야 한다(특정금융정보법 제8조, 같은 법 시행령 제10조의20).

〈보고의무 이행을 위한 가상자산사업자의 조치(특정금융정보법 시행령(안) 제13조)〉

각 호	가상자산 사업자의 조치사항
제1호	고객별로 거래내역을 분리하여 관리
제2호	특정금융정보법 제5조의2 제1항 제3호 마목 1)에 따라 예치금을 고유재산과 구분하여 관리
제3호	법 제5조의2 제1항 각 호에 따른 확인 조치가 모두 끝나지 않은 고객에 대해서는 거래를 제한할 것
제4호	법 제7조 제1항 및 제2항에 따른 신고·변경신고 의무를 이행하지 않은 가상자산사업자와는 영업을 목적으로 거래하지 않을 것
제5호	그 밖에 제1호부터 제4호까지에 준하는 조치로서 투명한 가상자산거래를 위해 금융정보분석원장이 정하여 고시하는 조치

다. 가상자산에 대한 과세

1) 2020년 세법개정을 통한 가상자산에 대한 과세 확대

특정금융정보법에서 가상자산사업자들에게 이용자의 확인 및 가상자산거래내역 관리의무를 부과함에 따라서, 가상자산에 대한 과세 인프라가 갖춰졌다.

이에 따라 기획재정부는 개인(거주자·비거주자) 및 외국법인의 가상자산 거래소득에 대한 과세를 위하여 소득세법과 법인세법을 개정하여, 가상자산을 과세대상 소득으로 포함시켰다. 다만, 내국법인의 경우에는 기존에도 가상자산 거래소득이 발생하는 경우 자산의 증가로 인식하여 과세 받아왔다.

시행시기는 특정금융정보법에 의한 가상자산사업자의 신고 및 금융정보분석원의 신고수리가 완료된 이후인 2022년 1월 1일로 정하였다[소득세법 개정안(법률 제17757호) 부칙 제1조 2호, 법인세법 개정안(법률 제17652호) 부칙 제1조].

2) 가상자산 관련 소득세법 개정 내용

가) 거주자의 경우

① 가상자산소득은 기타소득으로 분류

가상자산의 양도 및 대여를 통하여 발생하는 소득을 "가상자산소득"이라 하고, 이를 기타소득으로 분류하였다[소득세법 개정안(법률 제17757호) 제14조 제3항 제8호 다목]. 이는 가상자산을 무형자산으로 취급하는 국제회계기준과, 상표권 등 무형자산에서 발생한 소득을 기타소득으로 인식하는 현행 소득세 과세체계를 감안한 것이다.

가상자산소득은 거주자의 종합소득과세 대상에서 제외하여 별도로 분리과세한다[소득세법 개정안(법률 제17757호) 제37조 제1항 제3호]. 납세의무자는 가상자산 거래소득을 연 1회, 종합소득과세표준 확정신고시기(5.1.~5.31.)에 별도로 신고하여야 하고, 원천징수대상이 되지 않는다[소득세법 개정안(법률 제17757호) 제127조 제1항 제6호 다목].

② 가상자산 소득금액은 연간 손익을 통산하여 계산

(과세표준) 가상자산소득에 대해서는 그 양도되는 가상자산의 실제 취득가액과 부대비용을 필요경비로 하여 차감한다[소득세법 개정안(법률 제17757호) 제37조 제1항 제3호].

(과세최저한) 가상자산 소득금액이 연간 250만 원 이하인 경우에는 비과세한다[소득세법 개정안(법률 제17757호) 제64조의3 제2항, 84조 제3호].

(세율) 20%를 적용한다. 대부분의 분리과세 대상 기타소득 및 주식 양도소득에 대한 기본세율이 20%인 점을 감안한 것이다[소득세법 개정안(법률 제17757호) 제64조의3 제2항].

상기 사항을 정리하자면, 가상자산소득세는 다음과 같이 계산된다.

가상자산소득세 = {가상자산 양도대가(시가) − (가상자산 취득가액 + 부대비용) − 250만원} × 20%

③ 가상자산사업자의 가상자산거래내역 등의 국세청 제출의무

가상자산사업자는 가상자산 거래내역 등 소득세 부과에 필요한 자료를 대통령령으로 정하는 바에 따라 거래가 발생한 날이 속하는 분기의 종료일의 다음다음 달 말일까지 납세지 관할 세무서장에게 제출하여야 한다[소득세법 개정안(법률 제17757호) 제164조의4].

나) 비거주자의 경우

① 가상자산소득은 국내원천 기타소득으로 분류

비거주자가 가상자산을 양도·대여·인출하여 발생하는 소득을 국내원천 기타소득으로 분류하였다[소득세법 개정안(법률 제17757호) 제119조 제12호 타목].

② 비거주자에 대해서는 가상자산사업자 등에게 원천징수 의무를 부여

비거주자의 경우, 가상자산사업자 등을 통하여 가상자산을 양도·대여·인출

하는 경우 가상자산사업자 등에게 원천징수 의무를 부여하였는데[소득세법 개정안(법률 제17757호) 제156조 제1항], 이는 비거주자의 경우 거주자와 달리 사후적으로 양도소득세를 징수할 방안이 마땅치 않다는 사정을 반영한 것이다.

③ 과세표준과 세액의 계산

비거주자의 가상자산소득에 대해서는 그 수입금액(비거주자가 가상자산사업자등이 보관·관리하는 가상자산을 인출시점의 가상자산 시가로서 대통령령으로 정하는 금액을 말한다)에서 대통령령으로 정한 필요경비를 공제하여 계산한 금액으로 하는데[소득세법 개정안(법률 제17757호) 제126조 제1항 제3호, 제156조 제16항, 제17항], 지급금액의 10%와 양도차익의 20% 중 작은 금액으로 한다[소득세법 개정안(법률 제17757호) 제156조 제1항 제8호].

3) 가상자산 관련 법인세법 개정 내용

가) 외국법인의 가상자산소득에 대한 과세

① 가상자산소득은 국내원천 기타소득으로 분류

외국법인이 가상자산을 양도·대여·인출하여 발생하는 소득을 국내원천 기타소득으로 분류하였다[법인세법 개정안(법률 제17652호) 제93조 제10호 카목].

② 외국법인의 가상자산소득에 대해서는 가상자산사업자 등에게 원천징수 의무를 부여

외국법인이 가상자산사업자 등을 통하여 가상자산을 양도·대여·인출하는 경우 가상자산사업자 등에게 원천징수 의무를 부여하였다[법인세법 개정안(법률 제17652호) 제98조 제16항, 제17항].

③ 과세표준과 세액의 계산

외국법인의 가상자산소득에 대해서는, 수입금액(외국법인이 가상자산사업자등이 보관·관리하는 가상자산을 인출하는 경우 인출시점을 양도시점으로 보아, 인출시점의 가상자산 시가)에서 대통령령으로 정하는 취득가액 등을 공제하여 계산한 금액으로 하는데[법인세법 개정안(법률 제17652호) 제92조 제2항 제1호 나목], 지급금액의 10%와 양도차익의 20% 중 작은 금액으로 한다[법인세법 개정안(법률 제17652호) 제98조 제1항 제8호].

라. 기대와 우려

특정금융정보법의 개정으로 법의 규제 밖에 놓여 있던 '가상자산사업자'(예 암호화폐 거래소)에 대한 신고 요건이 확립됨으로써, 암호화폐나 암호화폐 거래소의 무분별한 확산을 방지할 수 있을 것으로 기대된다. 또 암호화폐 거래소들을 통해 이루어지는 거래들 중 범죄와 관련이 있거나 위법의 소지가 있는 거래들에 대한 정보들까지 모두 금융정보분석원을 통해 수집·분석되므로, 음성적으로 이루어지는 암호화폐 거래가 양성화되고 암호화폐의 순기능을 더욱 강화할 수 있을 것으로 기대된다.

초기의 암호화폐에 대한 담론이 기존의 국가 금융제도를 혁명적으로 대체할 수 있으리라는 식으로 형성되면서, 전통적 금융제도의 거부감만 높아져 그 기술적 활용성에 대한 검토가 부족했던 것이 사실이다. 그러나 2021년 현재의 블록체인과 암호화폐는 그 기술적 유용성에 근거하여, 이미 금융, 유통과 공공서비스 분야 등에서 다양하게 활용 가능성이 검토되고 있다. 이에 따라 새로운 사업기회를 찾는 금융기관, 높은 수익률의 투자처를 찾는 기업과 투자자들의 관심 역시 높아지고 있다.

그럼에도 암호화폐 및 가상자산의 발행 및 관리에 대한 내용을 규정하는 모법으로서의 가상자산 업권법이 부재하여, 가상자산에 대한 투자위험은 사적인 계약관계로서 투자자 개인의 몫으로 방치되어 있는 상황이다. 관련 산업의 성장세가 가속화되고 있는 만큼, 관련 산업의 육성과 투자자 보호제도의 정비를 위한 지속적인 연구와 검토가 계속되어야 할 것으로 보인다.

4부

부록: 각 법의 주요 용어 개념 정의

1. 신용정보의 이용 및 보호에 관한 법률
2. 개인정보 보호법
3. 정보통신망 이용촉진 및 정보보호에 관한 법률
4. 전자금융거래법
5. 여신전문금융업법
6. 온라인투자연계금융업법
7. 특정금융거래정보의 보고 및 이용등에 관한 법률
8. 지역사랑상품권 이용 활성화에 관한 법률

각 법의 주요 용어 개념 정의

1. 신용정보의 이용 및 보호에 관한 법률

가명정보 (제2조 제16호) : 가명처리한 개인신용정보

가명처리 (제2조 제15호) : 추가정보를 사용하지 아니하고는 특정 개인인 신용정보주체를 알아볼 수 없도록 개인신용정보를 처리(그 처리 결과가 다음 각 목의 어느 하나에 해당하는 경우로서 제40조의2 제1항 및 제2항에 따라 그 추가정보를 분리하여 보관하는 등 특정 개인인 신용정보주체를 알아볼 수 없도록 개인신용정보를 처리한 경우를 포함)하는 것

가목	어떤 신용정보주체와 다른 신용정보주체가 구별되는 경우
나목	하나의 정보집합물(정보를 체계적으로 관리하거나 처리할 목적으로 일정한 규칙에 따라 구성되거나 배열된 둘 이상의 정보들)에서나 서로 다른 둘 이상의 정보집합물 간에서 어떤 신용정보주체에 관한 둘 이상의 정보가 연계되거나 연동되는 경우
다목	가목 및 나목과 유사한 경우로서 대통령령으로 정하는 경우

개별신용정보집중기관 (제25조 제2항 제2호) : 제25조 제2항 제1호에 따른 금융기관 외의 같은 종류의 사업자가 설립한 협회 등의 협약 등에 따라 신용정보를 집중관리 · 활용하는 신용정보집중기관

개인비밀 (제42조 제1항) : 업무상 알게 된 타인의 신용정보 및 사생활 등 개인적 비밀

개인사업자신용평가업 (제2조 제8호의2) : 개인사업자의 신용을 판단하는 데 필요한 정보를 수집하고 개인사업자의 신용상태를 평가하여 그 결과를 제3자에게 제공하는 행위를 영업으로 하는 것. 다만, 「자본시장법」 제9조 제26항에 따른 신용평가업은 제외.

개인신용평가 (제2조 제8호) : 개인의 신용을 판단하는 데 필요한 정보를 수집하고 개인의 신용상태를 평가하는 것

개인신용평가업 (제2조 제8호) : 개인의 신용을 판단하는 데 필요한 정보를 수집하고 개인의 신용상태를 평가("개인신용평가")하여 그 결과(개인신용평점을 포함)를 제3자에게

제공하는 것을 영업으로 하는 것

개인신용정보 (제2조 제2호) : 기업 및 법인에 관한 정보를 제외한 살아 있는 개인에 관한 신용정보로서 다음 각 목의 어느 하나에 해당하는 정보

가목	해당 정보의 성명, 주민등록번호 및 영상 등을 통하여 특정 개인을 알아볼 수 있는 정보
나목	해당 정보만으로는 특정 개인을 알아볼 수 없더라도 다른 정보와 쉽게 결합하여 특정 개인을 알아볼 수 있는 정보

개인신용평점 (제2조 제1호의6 라목) : 개인의 신용상태를 평가하기 위하여 정보를 처리함으로써 새로이 만들어지는 정보로서 기호, 숫자 등을 사용하여 점수나 등급 등으로 나타낸 정보

계열회사 (제22조의4 제3항) : 「독점규제법」 제2조 제3호에 따른 계열회사

공공기관 (제23조 제2항) : 국가・지방자치단체 또는 대통령령으로 정하는 공공단체

데이터전문기관 (제26조의4 제1항) : 제17조의2에 따른 정보집합물의 결합 및 제40조의2에 따른 익명처리의 적정성 평가를 전문적으로 수행하는 법인 또는 기관

기술신용정보 (제2조 제1호의6 사목) : 기업 및 법인의 신용을 판단하기 위하여 정보(기업 및 법인의 기술과 관련된 기술성・시장성・사업성 등을 대통령령으로 정하는 바에 따라 평가한 결과를 포함한다)를 처리함으로써 새로이 만들어지는 정보로서 대통령령으로 정하는 정보

기업신용등급 (제2조 제1호의6 마목) : 기업 및 법인의 신용을 판단하기 위하여 정보를 처리함으로써 새로이 만들어지는 정보로서 기호, 숫자 등을 사용하여 점수나 등급 등으로 표시한 정보

기업신용조회업 (제2조 제8호의3) : 다음 각 목에 따른 업무를 영업으로 하는 것. 다만, 「자본시장법」 제9조 제26항에 따른 신용평가업은 제외.

가목	기업정보조회업무	기업 및 법인인 신용정보주체의 거래내용, 신용거래능력 등을 나타내기 위하여 대통령령으로 정하는 정보를 제외한 신용정보를 수집하고, 대통령령으로 정하는 방법으로 통합・분석 또는 가공하여 제공하는 행위
나목	기업신용등급제공업무	기업 및 법인인 신용정보주체의 신용상태를 평가하여 기업신용등급을 생성하고, 해당 신용정보주체 및 그 신용정보주체의 거래상대방 등 이해관계를 가지는 자에게 제공하는 행위
다목	기술신용평가업무	기업 및 법인인 신용정보주체의 신용상태 및 기술에 관한 가치를 평가하여 기술신용정보를 생성한 다음 해당 신용정보주체 및 그 신용정보주체의 거래상대방 등 이해관계를 가지는 자에게 제공하는 행위

대주주 (제2조 제18호) : 다음 각 목의 어느 하나에 해당하는 주주

가목	신용정보회사, 본인신용정보관리회사 및 채권추심회사의 의결권 있는 발행주식(출자지분을 포함) 총수를 기준으로 본인 및 그와 대통령령으로 정하는 특수한 관계가 있는 자("특수관계인")가 누구의 명의로 하든지 자기의 계산으로 소유하는 주식(그 주식과 관련된 증권예탁증권을 포함)을 합하여 그 수가 가장 많은 경우의 그 본인(이하 "최대주주"라 한다)
나목	다음 각 1) 및 2)의 어느 하나에 해당하는 자 1) 누구의 명의로 하든지 자기의 계산으로 신용정보회사, 본인신용정보관리회사 및 채권추심회사의 의결권 있는 발행주식 총수의 100분의 10 이상의 주식(그 주식과 관련된 증권예탁증권을 포함)을 소유한 자 2) 임원[이사, 감사, 집행임원(「상법」 제408조의2에 따라 집행임원을 둔 경우로 한정한다)을 말한다. 이하 같다]의 임면(任免) 등의 방법으로 신용정보회사, 본인신용정보관리회사 및 채권추심회사의 중요한 경영사항에 대하여 사실상의 영향력을 행사하는 주주로서 대통령령으로 정하는 자

본인신용정보관리업 (제2조 제9호의2) : 개인인 신용정보주체의 신용관리를 지원하기 위하여 다음 각 목의 전부 또는 일부의 신용정보를 대통령령으로 정하는 방식으로 통합하여 그 신용정보주체에게 제공하는 행위를 영업으로 하는 것

가목	제1호의3 가목 1)·2) 및 나목의 신용정보로서 대통령령으로 정하는 정보
나목	제1호의3 다목의 신용정보로서 대통령령으로 정하는 정보
다목	제1호의3 라목의 신용정보로서 대통령령으로 정하는 정보
라목	제1호의3 마목의 신용정보로서 대통령령으로 정하는 정보
마목	그 밖에 신용정보주체 본인의 신용관리를 위하여 필요한 정보로서 대통령령으로 정하는 정보

본인신용정보관리회사 (제2조 제9호의3) : 본인신용정보관리업에 대하여 금융위원회로부터 허가를 받은 자

상거래기업 및 법인 (제45조의3 제1항) : 금융위원회의 감독을 받지 아니하는 신용정보제공·이용자

신용정보 (제2조 제1호) : 금융거래 등 상거래에서 거래 상대방의 신용을 판단할 때 필요한 정보로서 다음 각 목의 정보

가목	특정 신용정보주체를 식별할 수 있는 정보(나목부터 마목까지의 어느 하나에 해당하는 정보와 결합되는 경우만 신용정보에 해당)
나목	신용정보주체의 거래내용을 판단할 수 있는 정보
다목	신용정보주체의 신용도를 판단할 수 있는 정보
라목	신용정보주체의 신용거래능력을 판단할 수 있는 정보
마목	가목부터 라목까지의 정보 외에 신용정보주체의 신용을 판단할 때 필요한 정보

신용정보업관련자(제42조 제1항) : 신용정보회사등과 제17조 제2항에 따라 신용정보의 처리를 위탁받은 자의 임직원이거나 임직원이었던 자

특정신용정보주체를 식별할 수 있는 정보(제2조 제1호의2) : 다음 각 목의 정보

가목	살아 있는 개인에 관한 정보로서 다음 각각의 정보 1) 성명, 주소, 전화번호 및 그 밖에 이와 유사한 정보로서 대통령령으로 정하는 정보 2) 법령에 따라 특정 개인을 고유하게 식별할 수 있도록 부여된 정보로서 대통령령으로 정하는 정보(이하 "개인식별번호"라 한다) 3) 개인의 신체 일부의 특징을 컴퓨터 등 정보처리장치에서 처리할 수 있도록 변환한 문자, 번호, 기호 또는 그 밖에 이와 유사한 정보로서 특정 개인을 식별할 수 있는 정보 4) 1)부터 3)까지와 유사한 정보로서 대통령령으로 정하는 정보
나목	기업(사업을 경영하는 개인 및 법인과 이들의 단체를 말한다. 이하 같다) 및 법인의 정보로서 다음 각각의 정보 1) 상호 및 명칭 2) 본점·영업소 및 주된 사무소의 소재지 3) 업종 및 목적 4) 개인사업자(사업을 경영하는 개인을 말한다. 이하 같다)·대표자의 성명 및 개인식별번호 5) 법령에 따라 특정 기업 또는 법인을 고유하게 식별하기 위하여 부여된 번호로서 대통령령으로 정하는 정보 6) 1)부터 5)까지와 유사한 정보로서 대통령령으로 정하는 정보

신용정보주체의 거래내용을 판단할 수 있는 정보(제2조 제1호의3) : 다음 각 목의 정보

가목	신용정보제공·이용자에게 신용위험이 따르는 거래로서 다음 각각의 거래의 종류, 기간, 금액, 금리, 한도 등에 관한 정보 1) 「은행법」 제2조 제7호에 따른 신용공여 2) 「여신전문금융업법」 제2조 제3호·제10호 및 제13호에 따른 신용카드, 시설대여 및 할부금융 거래 3) 「자본시장법」 제34조 제2항, 제72조, 제77조의3 제4항 및 제342조 제1항에 따른 신용공여 4) 1)부터 3)까지와 유사한 거래로서 대통령령으로 정하는 거래
나목	「금융실명법」 제2조 제3호에 따른 금융거래의 종류, 기간, 금액, 금리 등에 관한 정보
다목	「보험업법」 제2조 제1호에 따른 보험상품의 종류, 기간, 보험료 등 보험계약에 관한 정보 및 보험금의 청구 및 지급에 관한 정보
라목	「자본시장법」 제3조에 따른 금융투자상품의 종류, 발행·매매 명세, 수수료·보수 등에 관한 정보
마목	「상법」 제46조에 따른 상행위에 따른 상거래의 종류, 기간, 내용, 조건 등에 관한 정보
바목	가목부터 마목까지의 정보와 유사한 정보로서 대통령령으로 정하는 정보

신용정보주체의 신용도를 판단할 수 있는 정보(제2조 제1호의4) : 다음 각 목의 정보

가목	금융거래 등 상거래와 관련하여 발생한 채무의 불이행, 대위변제, 그 밖에 약정한 사항을 이행하지 아니한 사실과 관련된 정보
나목	금융거래 등 상거래와 관련하여 신용질서를 문란하게 하는 행위와 관련된 정보로서 다음 각각의 정보 1) 금융거래 등 상거래에서 다른 사람의 명의를 도용한 사실에 관한 정보 2) 보험사기, 전기통신금융사기를 비롯하여 사기 또는 부정한 방법으로 금융거래 등 상거래를 한 사실에 관한 정보 3) 금융거래 등 상거래의 상대방에게 위조·변조하거나 허위인 자료를 제출한 사실에 관한 정보 4) 대출금 등을 다른 목적에 유용(流用)하거나 부정한 방법으로 대출·보험계약 등을 체결한 사실에 관한 정보 5) 1)부터 4)까지의 정보와 유사한 정보로서 대통령령으로 정하는 정보
다목	가목 또는 나목에 관한 신용정보주체가 법인인 경우 실제 법인의 경영에 참여하여 법인을 사실상 지배하는 자로서 대통령령으로 정하는 자에 관한 정보
라목	가목부터 다목까지의 정보와 유사한 정보로서 대통령령으로 정하는 정보

신용정보주체의 신용거래능력을 판단할 수 있는 정보 (제2조 제1호의5) : 다음 각 목의 정보

가목	개인의 직업·재산·채무·소득의 총액 및 납세실적
나목	기업 및 법인의 연혁·목적·영업실태·주식 또는 지분보유 현황 등 기업 및 법인의 개황(槪況), 대표자 및 임원에 관한 사항, 판매명세·수주실적 또는 경영상의 주요 계약 등 사업의 내용, 재무제표(연결재무제표를 작성하는 기업의 경우에는 연결재무제표를 포함한다) 등 재무에 관한 사항과 감사인(「주식회사 등의 외부감사에 관한 법률」 제2조 제7호에 따른 감사인을 말한다)의 감사의견 및 납세실적
다목	가목 및 나목의 정보와 유사한 정보로서 대통령령으로 정하는 정보

가목부터 라목까지의 정보 외에 신용정보주체의 신용을 판단할 때 필요한 정보 (제2조 제1호의6) : 다음 각 목의 정보

가목	신용정보주체가 받은 법원의 재판, 행정처분 등과 관련된 정보로서 대통령령으로 정하는 정보
나목	신용정보주체의 조세, 국가채권 등과 관련된 정보로서 대통령령으로 정하는 정보
다목	신용정보주체의 채무조정에 관한 정보로서 대통령령으로 정하는 정보
라목	개인의 신용상태를 평가하기 위하여 정보를 처리함으로써 새로이 만들어지는 정보로서 기호, 숫자 등을 사용하여 점수나 등급 등으로 나타낸 정보(“개인신용평점”)
마목	기업 및 법인의 신용을 판단하기 위하여 정보를 처리함으로써 새로이 만들어지는 정보로서 기호, 숫자 등을 사용하여 점수나 등급 등으로 표시한 정보(”기업신용등급”이라 한다). 다만, 「자본시장법」 제9조 제26항에 따른 신용등급은 제외.
바목	기술(「기술의 이전 및 사업화 촉진에 관한 법률」 제2조 제1호에 따른 기술을 말한다. 이하 같다)에 관한 정보
사목	기업 및 법인의 신용을 판단하기 위하여 정보(기업 및 법인의 기술과 관련된 기술성·시장성·사업성 등을 대통령령으로 정하는 바에 따라 평가한 결과를 포함)를 처리함으로써

	새로이 만들어지는 정보로서 대통령령으로 정하는 정보("기술신용정보"). 다만, 「자본시장법」 제9조 제26항에 따른 신용등급은 제외.
아목	그 밖에 제1호의2부터 제1호의5까지의 규정에 따른 정보 및 가목부터 사목까지의 규정에 따른 정보와 유사한 정보로서 대통령령으로 정하는 정보

신용정보업 (제2조 제4호) : 다음 각 목의 어느 하나에 해당하는 업

가목	개인신용평가업
나목	개인사업자신용평가업
다목	기업신용조회업
라목	신용조사업

신용정보제공·이용자 (제2조 제7호) : 고객과의 금융거래 등 상거래를 위하여 본인의 영업과 관련하여 얻거나 만들어낸 신용정보를 타인에게 제공하거나 타인으로부터 신용정보를 제공받아 본인의 영업에 이용하는 자와 그 밖에 이에 준하는 자로서 대통령령으로 정하는 자

신용정보주체 (제2조 제3호) : 처리된 신용정보로 알아볼 수 있는 자로서 그 신용정보의 주체가 되는 자

신용정보집중기관 (제2조 제6호) : 신용정보를 집중하여 관리 · 활용하는 자로서 제25조 제1항에 따라 금융위원회로부터 허가받은 자

신용정보회사 (제2조 제5호) : 다음 각 목의 신용정보업에 대하여 금융위원회의 허가를 받은 자로서 다음 각 목의 어느 하나에 해당하는 자

가목	개인신용평가회사: 개인신용평가업 허가를 받은 자
나목	개인사업자신용평가회사: 개인사업자신용평가업 허가를 받은 자
다목	기업신용조회회사: 기업신용조회업 허가를 받은 자
라목	신용조사회사: 신용조사업 허가를 받은 자

신용정보회사등 (제15조 제1항) : 신용정보회사, 본인신용정보관리회사, 채권추심회사, 신용정보집중기관 및 신용정보제공 · 이용자

신용조사업 (제2조 제9호) : 제3자의 의뢰를 받아 신용정보를 조사하고, 그 신용정보를 그 의뢰인에게 제공하는 행위를 영업으로 하는 것

익명처리 (제2조 제17호) : 더 이상 특정 개인인 신용정보주체를 알아볼 수 없도록 개인신용정보를 처리하는 것

자동화평가 (제2조 제14호) : 제15조 제1항에 따른 '신용정보회사등'의 종사자가 평가 업무

에 관여하지 아니하고 컴퓨터 등 정보처리장치로만 개인신용정보 및 그 밖의 정보를 처리하여 개인인 신용정보주체를 평가하는 행위

전문개인신용평가업 (제5조 제1항 단서) : 대통령령으로 정하는 금융거래에 관한 개인신용정보 및 제25조 제2항 제1호에 따른 종합신용정보집중기관이 집중관리 · 활용하는 개인신용정보를 제외한 정보만 처리하는 개인신용평가업

정보집합물 (제2조 제15호 나목) : 정보를 체계적으로 관리하거나 처리할 목적으로 일정한 규칙에 따라 구성되거나 배열된 둘 이상의 정보들

집중관리·활용 (제25조 제1항) : 신용정보를 집중하여 수집 · 보관함으로써 체계적 · 종합적으로 관리하고, 신용정보회사등 상호 간에 신용정보를 교환 · 활용하는 것

종합신용정보집중기관 (제25조 제2항 제1호) : 대통령령으로 정하는 금융기관 전체로부터의 신용정보를 집중관리 · 활용하는 신용정보집중기관

채권추심업 (제2조 제10호) : 채권자의 위임을 받아 변제하기로 약정한 날까지 채무를 변제하지 아니한 자에 대한 재산조사, 변제의 촉구 또는 채무자로부터의 변제금 수령을 통하여 채권자를 대신하여 추심채권을 행사하는 행위를 영업으로 하는 것

채권추심회사 (제2조 제10호의2) : 채권추심업에 대하여 금융위원회로부터 허가를 받은 자

채권추심의 대상이 되는 "채권" (제2조 제11호) : 「상법」에 따른 상행위로 생긴 금전채권, 판결 등에 따라 권원(權原)이 인정된 민사채권으로서 대통령령으로 정하는 채권, 특별법에 따라 설립된 조합 · 공제조합 · 금고 및 그 중앙회 · 연합회 등의 조합원 · 회원 등에 대한 대출 · 보증, 그 밖의 여신 및 보험 업무에 따른 금전채권 및 다른 법률에서 채권추심회사에 대한 채권추심의 위탁을 허용한 채권

처리 (제2조 제13호) : 신용정보의 수집(조사를 포함), 생성, 연계, 연동, 기록, 저장, 보유, 가공, 편집, 검색, 출력, 정정(訂正), 복구, 이용, 결합, 제공, 공개, 파기(破棄), 그 밖에 이와 유사한 행위

최대주주 (제2조 제18호 가목) : 신용정보회사, 본인신용정보관리회사 및 채권추심회사의 의결권 있는 발행주식(출자지분을 포함) 총수를 기준으로 본인 및 그와 대통령령으로 정하는 특수한 관계가 있는 자("특수관계인")가 누구의 명의로 하든지 자기의 계산으로 소유하는 주식(그 주식과 관련된 증권예탁증권을 포함)을 합하여 그 수가 가장 많은 경우의 그 본인

취득등 (제9조 제1항) : 신용정보회사, 본인신용정보관리회사 및 채권추심회사가 발행한 주식을 취득 · 양수(실질적으로 해당 주식을 지배하는 것을 말함)

특수관계인 (제2조 제18호 가목) : 본인과 대통령령으로 정하는 특수한 관계가 있는 자

2. 개인정보 보호법

가명정보(제2조 제1호 다목) : 살아 있는 개인에 관한 정보로서 성명, 주민등록번호 및 영상 등을 통하여 개인을 알아볼 수 있는 정보 또는 해당 정보만으로는 특정 개인을 알아볼 수 없더라도 다른 정보와 쉽게 결합하여 알아볼 수 있는 정보의 일부를 삭제하거나 일부 또는 전부를 대체하는 등의 방법으로 추가 정보가 없이는 특정 개인을 알아볼 수 없도록 처리함으로써 원래의 상태로 복원하기 위한 추가 정보의 사용・결합 없이는 특정 개인을 알아볼 수 없는 정보

가명처리(제2조 제1의2호) : 개인정보의 일부를 삭제하거나 일부 또는 전부를 대체하는 등의 방법으로 추가 정보가 없이는 특정 개인을 알아볼 수 없도록 처리하는 것

개인정보(제2조 제1호 가목 내지 다목) : 살아 있는 개인에 관한 정보로서 성명, 주민등록번호 및 영상 등을 통하여 개인을 알아볼 수 있는 정보, 해당 정보만으로는 특정 개인을 알아볼 수 없더라도 다른 정보와 쉽게 결합하여 알아볼 수 있는 정보 및 가명정보

개인정보처리자(제2조 제5호) : 업무를 목적으로 개인정보파일을 운용하기 위하여 스스로 또는 다른 사람을 통하여 개인정보를 처리하는 공공기관, 법인, 단체 및 개인 등.

개인정보취급자(제28조 제1항) : 개인정보를 처리함에 있어서 개인정보가 안전하게 관리될 수 있도록 임직원, 파견근로자, 시간제근로자 등 개인정보처리자의 지휘・감독을 받아 개인정보를 처리하는 자.

개인정보파일(제2조 제4호) : 개인정보를 쉽게 검색할 수 있도록 일정한 규칙에 따라 체계적으로 배열하거나 구성한 개인정보의 집합물(集合物)

개인정보침해 신고센터(제62조 제2항) : 개인정보에 관한 권리 또는 이익을 침해받은 사람의 신고 접수・처리 등에 관한 업무를 효율적으로 수행하기 위하여 행정안전부장관이 지정한 전문기관이 설치・운영하는 센터

고유식별정보(제24조 제1항, 시행령 제19조 제1호 내지 제4호) : 법령에 따라 개인을 고유하게 구별하기 위하여 부여된 식별정보로서 「주민등록법」 제7조의2 제1항에 따른 주민등록번호, 「여권법」 제7조 제1항 제1호에 따른 여권번호, 「도로교통법」 제80조에 따른 운전면허의 면허번호, 「출입국관리법」 제31조 제4항에 따른 외국인등록번호

공공기관(제2조 제6호, 가목, 나목, 시행령 제2조 제1호 내지 제5호) : 국회, 법원, 헌법재판소, 중앙선거관리위원회의 행정사무를 처리하는 기관, 중앙행정기관(대통령 소속 기관과 국무총리 소속 기관을 포함한다) 및 그 소속 기관, 지방자치단체, 그 밖의 국가기관 및 공공단체 중 「국가인권위원회법」 제3조에 따른 국가인권위원회, 「고위공직자범죄수사처 설치 및 운영에 관한 법률」 제3조 제1항에 따른 고위공직자범죄수사

처, 「공공기관의 운영에 관한 법률」 제4조에 따른 공공기관, 「지방공기법」에 따른 지방공사와 지방공단, 특별법에 따라 설립된 특수법인, 「초·중등교육법」, 「고등교육법」, 그 밖의 다른 법률에 따라 설치된 각급 학교

과학적 연구 (제2조 제8호) : 기술의 개발과 실증, 기초연구, 응용연구 및 민간 투자 연구 등 과학적 방법을 적용하는 연구

국내대리인 (제39조의11 제1항 제1호 내지 제3호, 시행령 제48조의8 제1항 제1호 내지 제4호) : 국내에 주소 또는 영업소가 없는 정보통신서비스 제공자등으로서 전년도(법인인 경우에는 전(前) 사업연도를 말한다) 매출액이 1조원 이상인 자 또는 정보통신서비스 부문 전년도(법인인 경우에는 전 사업연도를 말한다) 매출액이 100억원 이상인 자 또는 전년도 말 기준 직전 3개월간 그 개인정보가 저장·관리되고 있는 이용자 수가 일일평균 100만명 이상인 자 또는 이 법을 위반하여 개인정보 침해 사건·사고가 발생하였거나 발생할 가능성이 있는 경우로서 법 제63조 제1항에 따른 관계 물품·서류 등의 제출을 요구받은 자에 해당하는 경우, 위 정보통신서비스 제공자등의 제31조에 따른 개인정보 보호책임자의 업무, 또는 제39조의4에 따른 통지·신고, 제63조 제1항에 따른 관계 물품·서류 등의 제출 업무를 대리하는 자

단체소송 (제51조) : 개인정보처리자가 제49조에 따른 집단분쟁조정을 거부하거나 집단분쟁조정의 결과를 수락하지 아니한 경우에는 법원에 권리침해 행위의 금지·중지를 구하는 소송

민감정보 (제23조 제1항, 시행령 제18조 제1호 내지 제2호) : 사상·신념, 노동조합·정당의 가입·탈퇴, 정치적 견해, 건강, 성생활 등에 관한 정보, 그 밖에 정보주체의 사생활을 현저히 침해할 우려가 있는 개인정보로서 유전자검사 등의 결과로 얻어진 유전정보, 「형의 실효 등에 관한 법률」 제2조 제5호에 따른 범죄경력자료에 해당하는 정보

방송사업자등 (제39조의14) : 「방송법」 상 지상파방송사업자, 종합유선방송사업자, 위성방송사업자, 방송채널사용사업자, 공동체라디오방송사업자, 중계유선방송사업자, 음악유선방송사업자, 전광판방송사업자, 전송망사업자

보호위원회 (제7조 제1항) : 대통령 소속으로 개인정보 보호에 관한 사항을 심의·의결하기 위한 기관

분쟁조정위원회 (제40조 제1항 내지 제2항) : 개인정보에 관한 분쟁의 조정(調停)을 하기 위한 기관으로 위원장 1명을 포함한 20명 이내의 위원으로 구성

수탁자 (제26조 제2항) : 개인정보 처리 업무를 위탁받아 처리하는 자

열람등요구 (제38조 제1항) : 정보주체의 제35조에 따른 열람, 제36조에 따른 정정·삭제, 제37조에 따른 처리정지 등의 요구

영상정보처리기기 (제2조 제7호, 시행령 제3조 제1호 내지 제2호) : 일정한 공간에 지속적으

로 설치되어 사람 또는 사물의 영상 등을 촬영하거나 이를 유·무선망을 통하여 전송하는 장치로서 일정한 공간에 지속적으로 설치된 카메라를 통하여 영상 등을 촬영하거나 촬영한 영상정보를 유무선 폐쇄회로 등의 전송로를 통하여 특정 장소에 전송하는 장치 또는 가목에 따라 촬영되거나 전송된 영상정보를 녹화·기록할 수 있도록 하는 장치인 폐쇄회로 텔레비전, 일정한 공간에 지속적으로 설치된 기기로 촬영한 영상정보를 그 기기를 설치·관리하는 자가 유무선 인터넷을 통하여 어느 곳에서나 수집·저장 등의 처리를 할 수 있도록 하는 장치인 네트워크 카메라

영상정보처리기기운영자 (제25조 제4항) : 법령에서 구체적으로 허용하고 있는 경우, 범죄의 예방 및 수사를 위하여 필요한 경우, 시설안전 및 화재 예방을 위하여 필요한 경우, 교통단속을 위하여 필요한 경우, 교통정보의 수집·분석 및 제공을 위하여 필요한 경우에 따라 영상정보처리기기를 설치·운영하는 자

영업양수자등 (제27조 제1항 제2호) : 개인정보를 이전받는 자

영향평가 (제33조 제1항) : 공공기관의 장은 대통령령으로 정하는 기준에 해당하는 개인정보파일의 운용으로 인하여 정보주체의 개인정보 침해가 우려되는 경우 그 위험요인의 분석과 개선 사항 도출을 위한 평가

위탁자 (제26조 제2항) : 법 제26조 제1항에 따라 개인정보의 처리 업무를 위탁하는 개인정보처리자

유출등 (제39조의4) : 개인정보의 분실·도난·유출

이용자 (제18조 제2항) : 정보통신서비스 제공자가 제공하는 정보통신서비스를 이용하는 자

정보주체 (제2조 제3호) : 처리되는 정보에 의하여 알아볼 수 있는 사람으로서 그 정보의 주체가 되는 사람

정보통신서비스 (제39조의3 제2항 제1호) : 「전기통신사업법」 제2조 제6호에 따른 전기통신역무와 이를 이용하여 정보를 제공하거나 정보의 제공을 매개하는 것

정보통신서비스 제공자 (제18조 제2항) : 「전기통신사업법」 제2조 제8호에 따른 전기통신사업자와 영리를 목적으로 전기통신사업자의 전기통신역무를 이용하여 정보를 제공하거나 정보의 제공을 매개하는 자

정보통신서비스 제공자등 (제39조의4) : 정보통신서비스 제공자와 그로부터 법 제17조 제1항에 따라 이용자의 개인정보를 제공받은 자

집단분쟁조정 (제49조, 시행령 제52조 제1호 내지 제2호) : 국가 및 지방자치단체, 개인정보보호단체 및 기관, 정보주체, 개인정보처리자는 정보주체의 피해 또는 권리침해가 다수의 정보주체에게 같거나 비슷한 유형으로 발생하는 경우로서 개인정보처리자와 분

쟁해결이나 피해보상에 관한 합의가 이루어진 정보주체, 같은 사안으로 다른 법령에 따라 설치된 분쟁조정기구에서 분쟁조정 절차가 진행 중인 정보주체, 해당 개인정보 침해로 인한 피해에 대하여 법원에 소(訴)를 제기한 정보주체를 제외하고 피해 또는 권리침해를 입은 정보주체의 수가 50명 이상이고, 사건의 중요한 쟁점이 사실상 또는 법률상 공통된 사건에 대하여 분쟁조정위원회를 통하여 일괄적인 분쟁조정을 하는 것

처리 (제2조 제2호) : 개인정보의 수집, 생성, 연계, 연동, 기록, 저장, 보유, 가공, 편집, 검색, 출력, 정정(訂正), 복구, 이용, 제공, 공개, 파기(破棄), 그 밖에 이와 유사한 행위

평가기관 (제33조 제1항) : 행정안전부장관이 지정하는 영향평가 기관

표준지침 (제12조 제1항) : 개인정보의 처리에 관한 기준, 개인정보 침해의 유형 및 예방조치 등에 관하여 행정안전부장관이 정하는 표준 개인정보 보호지침

3. 정보통신망 이용촉진 및 정보보호에 관한 법률

대체수단 (제23조의2 제2항) : 이용자의 주민등록번호를 사용하지 아니하고 본인을 확인하는 방법

본인확인업무 (제23조의3 제1항) : 대체수단의 개발・제공・관리 업무

정보통신서비스 (제2조 제1항 제2호) : 「전기통신사업법」 제2조 제6호에 따른 전기통신역무와 이를 이용하여 정보를 제공하거나 정보의 제공을 매개하는 것

정보통신서비스 제공자 (제2조 제1항 제3호) : 「전기통신사업법」 제2조 제8호에 따른 전기통신사업자와 영리를 목적으로 전기통신사업자의 전기통신역무를 이용하여 정보를 제공하거나 정보의 제공을 매개하는 자

4. 전자금융거래법

가맹점(법 제2조 제20호) : 금융회사 또는 전자금융업자와의 계약에 따라 직불전자지급수단이나 선불전자지급수단 또는 전자화폐에 의한 거래에 있어서 이용자에게 재화 또는 용역을 제공하는 자로서 금융회사 또는 전자금융업자가 아닌 자

거래지시(법 제2조 제17호) : 이용자가 전자금융거래계약에 따라 금융회사 또는 전자금융업자에게 전자금융거래의 처리를 지시하는 것

결제대금예치(「전자상거래법」 제13조 제2항 제10호) : 소비자가 구매의 안전을 위하여 원하는 경우에는 재화등을 공급받을 때까지 제3자(전자금융거래법상 등록한 결제대금예치업자나 금융회사)에게 그 재화등의 결제대금을 예치하는 것

결제대금예치업(시행령 제15조 제3항 제1호) : 「전자상거래법」 제13조 제2항 제10호에 따라 결제대금을 예치받는 업무

결제중계시스템(법 제2조 제6호) : 금융회사와 전자금융업자 사이에 전자금융거래정보를 전달하여 자금정산 및 결제에 관한 업무를 수행하는 금융정보처리운영체계

금융회사(법 제2조 제3호) : 다음 각 목의 어느 하나에 해당하는 기관이나 단체 또는 사업자

전자금융거래법 제2조 제3호 각 목		세부근거	금융회사
가	금융위원회의설치등에 관한법률	은행법	은행
		자본시장법	금융투자업자
			증권금융회사
			종합금융회사
			명의개서대행회사
		보험업법	보험회사
		상호저축은행법	상호저축은행, 중앙회
		신용협동조합법	신용협동조합, 중앙회
		농업협동조합법	농협은행
		수산업협동조합법	수협은행
나	여신전문금융업법		여신전문금융회사
다	우체국예금보험에관한법률		체신관서
라	새마을금고법		새마을금고, 새마을금고중앙회
마	그 밖에 법률의 규정에 따라 금융업 및 금융 관련 업무를 행하는 기관이나 단체 또는 사업자로서 대통령령이 정하는 자	한국산업은행법	한국산업은행
		중소기업은행법	중소기업은행
		한국수출입은행	한국수출입은행
		산림조합법	조합, 중앙회의신용사업부문

		농협협동조합법	농협협동조합
		수산업협동조합법	수산업협동조합
		자본시장법	거래소
		자본시장법	한국예탁결제원
		주식사채등의 전자등록에관한법률	전자등록기관
		금융지주회사법	금융지주회사
	(시행령 제2조)		"금융기관"에 대한 전산·정보처리 등의 용역을 제공하는 회사, "금융기관"이 보유한 부동산 기타 자산을 관리하는 회사, 금융업과 관련된 ·연구를 하는 회사
		보험업법	보험협회, 보험요율산출기관
		화재로 인한 재해보상과 보험가입에 관한 법률	한국화재보험협회
		자본시장법	한국금융투자협회
		신용정보의 이용 및 보호에 관한 법률	신용정보회사, 종합신용정보집중기관
		금융회사부실자산등의효율적처리및한국자산관리공사의설립에관한법률	한국자산관리공사
		한국주택금융공사법	한국주택금융공사
		신용보증기금법	신용보증기금
		기술보증기금법	기술보증기금

선불전자지급수단 (법 제2조 제14호) : 이전 가능한 금전적 가치가 전자적 방법으로 저장되어 발행된 증표 또는 그 증표에 관한 정보로서 다음 각 목의 요건을 모두 갖춘 것(다만, 전자화폐를 제외)

가. 발행인(특수관계인을 포함) 외의 제3자로부터 재화 또는 용역을 구입하고 그 대가를 지급하는데 사용될 것

나. 구입할 수 있는 재화 또는 용역의 범위가 2개 업종(통계청장이 고시하는 한국표준산업분류의 중분류상의 업종)이상일 것

오류 (법 제2조 제18호) : 이용자의 고의 또는 과실 없이 전자금융거래가 전자금융거래계약 또는 이용자의 거래지시에 따라 이행되지 아니한 경우

이용자 (법 제2조 제7호) : 전자금융거래를 위하여 금융회사 또는 전자금융업자와 체결한 계약(이하 "전자금융거래계약"이라 한다)에 따라 전자금융거래를 이용하는 자

전자고지결제업 (시행령 제15조 제3항 제2호) : 수취인을 대행하여 지급인이 수취인에게 지급하여야 할 자금의 내역을 전자적인 방법으로 지급인에게 고지하고, 자금을 직접 수수하며 그 정산을 대행하는 업무

전자금융거래 (법 제2조 제1호) : 금융회사 또는 전자금융업자가 전자적 장치를 통하여 금융상품 및 서비스를 제공(이하 "전자금융업무"라 한다)하고, 이용자가 금융회사 또는 전자금융업자의 종사자와 직접 대면하거나 의사소통을 하지 아니하고 자동화된 방식으로 이를 이용하는 거래

전자금융기반시설 (법 제2조 제21호) : 전자금융거래에 이용되는 정보처리시스템 및 「정보통신망 이용촉진 및 정보보호 등에 관한 법률」 제2조 제1항 제1호에 따른 정보통신망

전자금융업자 (법 제2조 제4호) : 법 제28조의 규정에 따라 허가를 받거나 등록을 한 자(금융회사는 제외한다)

구 분	전자금융업	전자금융업무 수행자
허가	전자화폐	본 법 제28조 제1항에 의하여 허가를 받은 전자금융업자, 은행 및 금융회사
등록	전자자금이체업	본 법 제28조 제2항에 의하여 등록한 전자금융업자, 은행 및 금융회사
등록	직불전자지급수단 발행 및 관리	본 법 제28조 제2항에 의하여 등록한 전자금융업자, 은행 및 금융회사
등록	선불전자지급수단 발행 및 관리	본 법 제28조 제2항에 의하여 등록한 전자금융업자, 은행 및 금융회사
등록	전자지급 결제대행업	본 법 제28조 제2항에 의하여 등록한 전자금융업자, 은행 및 금융회사
등록	결제대금예치업	본 법 제28조 제2항에 의하여 등록한 전자금융업자, 은행 및 금융회사
등록	전자고지결제업	본 법 제28조 제2항에 의하여 등록한 전자금융업자, 은행 및 금융회사
등록	전자채권 등록 및 관리업	본 법 제29조 제1항에 따라 등록한 전자채권 관리기관 (예 금융결제원)

전자금융보조업자 (법 제2조 제5호, 전자금융감독규정 제3조) : 금융회사 또는 전자금융업자를 위하여 전자금융거래를 보조하거나 그 일부를 대행하는 업무를 행하는자 또는 결제중계시스템의 운영자로서 금융위원회가 정하는 자

전자금융감독규정 제3조(전자금융보조업자의 범위) 법 제2조 제5호에서 "금융위원회가 정하는 자"라 함은 다음 각 호의 어느 하나에 해당하는 자를 말한다.

1. 정보처리시스템을 통하여 「여신전문금융업법」 상 신용카드업자의 신용카드 승인 및 결제 그 밖의 자금정산에 관한 업무를 지원하는 사업자
2. 정보처리시스템을 통하여 은행업을 영위하는 자의 자금인출업무, 환업무 및 그 밖의 업무를 지원하는 사업자
3. 전자금융업무와 관련된 정보처리시스템을 해당 금융회사 또는 전자금융업자를 위하여 운영하는 사업자
4. 제1호 부터 제3호의 사업자와 제휴, 위탁 또는 외부주문(이하 "외부주문등"이라

한다)에 관한 계약을 체결하고 정보처리시스템을 운영하는 사업자

전자문서(법 제2조 제9호) : 「전자문서 및 전자거래 기본법」 제2조 제1호에 따른 작성, 송신·수신 또는 저장된 정보

전자지급거래(법 제2조 제2호) : 자금을 주는 자(이하 "지급인"이라 한다)가 금융회사 또는 전자금융업자로 하여금 전자지급수단을 이용하여 자금을 받는 자(이하 "수취인"이라 한다)에게 자금을 이동하게 하는 전자금융거래

전자지급수단(법 제2조 제11호) : 전자자금이체, 직불전자지급수단, 선불전자지급수단, 전자화폐, 신용카드, 전자채권 그 밖에 전자적 방법에 따른 지급수단

전자자금이체(법 제2조 제12호) : 지급인과 수취인 사이에 자금을 지급할 목적으로 금융회사 또는 전자금융업자에 개설된 계좌(금융회사에 연결된 계좌에 한한다. 이하 같다)에서 다른 계좌로 전자적 장치에 의하여 다음 각 목의 어느 하나에 해당하는 방법으로 자금을 이체하는 것

가. 금융회사 또는 전자금융업자에 대한 지급인의 지급지시

나. 금융회사 또는 전자금융업자에 대한 수취인의 추심지시(이하 "추심이체"라 한다)

전자적 장치(법 제2조 제8호) : 전자금융거래정보를 전자적 방법으로 전송하거나 처리하는데 이용되는 장치로서 현금자동지급기, 자동입출금기, 지급용단말기, 컴퓨터, 전화기 그 밖에 전자적 방법으로 정보를 전송하거나 처리하는 장치

전자적 침해행위(법 제2조 제22호) : 해킹, 컴퓨터 바이러스, 논리폭탄, 메일폭탄, 서비스 거부 또는 고출력 전자기파 등의 방법으로 전자금융기반시설을 공격하는 행위

전자지급결제대행(법 제2조 제19호) : 전자적 방법으로 재화의 구입 또는 용역의 이용에 있어서 지급결제정보를 송신하거나 수신하는 것 또는 그 대가의 정산을 대행하거나 매개하는 것

전자채권(법 제2조 제16호) : 다음 각 목의 요건을 갖춘 전자문서에 기재된 채권자의 금전채권

가. 채무자가 채권자를 지정할 것

나. 전자채권에 채무의 내용이 기재되어 있을 것

다. 「전자서명법」 제2조 제2호에 따른 전자서명(서명자의 실지명의를 확인할 수 있는 것을 말한다)이 있을 것

라. 금융회사를 거쳐 전자채권관리기관에 등록될 것

마. 채무자가 채권자에게 가목 내지 다목의 요건을 모두 갖춘 전자문서를 「전자문서 및 전자거래 기본법」 제6조 제1항에 따라 송신하고 채권자가 이를 같은 법 제6조 제2항의 규정에 따라 수신할 것

전자화폐(법 제2조 제15호, 시행령 제4조) : 이전 가능한 금전적 가치가 전자적 방법으로

저장되어 발행된 증표 또는 그 증표에 관한 정보로서 다음 각 목의 요건을 모두 갖춘 것

가. 2개 이상의 광역지방자치단체 및 500개 이상의 가맹점에서 이용될 것

나. 발행인(특수관계인을 포함) 외의 제3자로부터 재화 또는 용역을 구입하고 그 대가를 지급하는데 사용될 것

다. 구입할 수 있는 재화 또는 용역의 범위가 5개 이상으로서 5개 업종 수 이상일 것

라. 현금 또는 예금과 동일한 가치로 교환되어 발행될 것

마. 발행자에 의하여 현금 또는 예금으로 교환이 보장될 것

접근매체 (법 제2조 제10호) : 전자금융거래에 있어서 거래지시를 하거나 이용자 및 거래내용의 진실성과 정확성을 확보하기 위하여 사용되는 다음 각 목의 어느 하나에 해당하는 수단 또는 정보

가. 전자식 카드 및 이에 준하는 전자적 정보

나. 「전자서명법」 제2조 제3호에 따른 전자서명생성정보 및 같은 조 제6호에 따른 인증서

다. 금융회사 또는 전자금융업자에 등록된 이용자번호

라. 이용자의 생체정보

마. 가목 또는 나목의 수단이나 정보를 사용하는데 필요한 비밀번호

직불전자지급수단 (법 제2조 제13호) : 이용자와 가맹점간에 전자적 방법에 따라 금융회사의 계좌에서 자금을 이체하는 등의 방법으로 재화 또는 용역의 제공과 그 대가의 지급을 동시에 이행할 수 있도록 금융회사 또는 전자금융업자가 발행한 증표(자금을 융통받을 수 있는 증표를 제외한다) 또는 그 증표에 관한 정보를 말한다.

5. 여신전문금융업법

가맹점모집인 (제2조 제5호의3) : 신용카드업자를 위하여 가맹점계약의 체결을 중개 또는 대리하고 부가통신업자를 위하여 신용카드 단말기를 설치하는 자로서 제16조의3에 따라 금융위원회에 등록을 한 자.

결제대행업체 (제2조 제5호 나목) : 신용카드업자와의 계약에 따라 신용카드회원등에게 물품의 판매 또는 용역의 제공 등을 하는자를 위하여 신용카드등에 의한 거래를 대행하는 자.

겸영여신업자 (제2조 제16호) : 여신전문금융업에 대하여 제3조 제3항 단서에 따라 금융위원회의 허가를 받거나 금융위원회에 등록을 한 자로서 여신전문금융회사가 아닌 자.

근 거	겸영여신업자	비 고
법 제3조 제3항 제1호(시행령 제3조 제1항)	「은행법」에 따라 인가를 받은 은행	
	「농협협동조합법」에 따른 농협은행	
	「수산업협동조합법」에 따른 수협은행	
	「한국산업은행법」에 따라 서립된 한국산업은행	
	「중소기업은행법」에 따라 설립된 중소기업은행	
	「한국수출입은행법」에 따라 설립된 한국수출입은행	
	「자본시장법과 금융투자업에 관한 법률」에 따른 종합금융회사	
	「상호저축은행법」에 따라 설립된 상호저축은행중앙회	
	「신용협동조합법」에 따라 설립된 신용협동조합중앙회	
	「새마을금고법」에 따라 설립된 새마을금고연합회	
법 제3조 제3항 제2호(시행령 제3조 제2항)	「유통산업발전법」 제2조 제3호에 따른 대규모점포를 운영하는 자	예 백화점카드
	계약에 따라 같은 업종의 여러 도매·소매점포에 대하여 계속적으로 경영을 지도하고 상품을 공급하는 것을 업으로 하는 자	

부가통신업자 (제2조 제8호의3) : 신용카드등부가통신업에 대하여 여신전문금융업법 제27조의2에 따라 금융위원회에 등록한 자

선불카드 (제2조 제8호) : 신용카드업자가 대금을 미리 받고 이에 해당하는 금액을 전자적 또는 자기적 방법에 따라 기록하여 발행한 증표로서 선불카드 소지자가 신용카드가맹점에 제시하여 그 카드에 기록된 금액의 범위에서 결제할 수 있게 한 증표

수납대행가맹점 (제2조 제5호의2) : 신용카드업자와의 별도의 계약에 따라 다른 신용카드가

맹점을 위하여 신용카드등에 의한 거래에 필요한 행위로서 대통령령으로 정하는 사항, 즉 i) 신용카드에 의한 거래 시 그 신용카드를 본인이 정당하게 사용하고 있는지를 확인하는 행위 및 ii) 신용카드에 의한 거래시 신용카드회원이 제시하는 신용카드의 전자금융거래 정보를 신용카드업자에게 전송하기 위하여 「전자금융거래법」제2조 제8호에 따른 전자적 장치를 이용하는 행위를 대행하는 신용카드가맹점

신용카드 (제2조 제3호) : 이를 제시함으로써 반복하여 신용카드가맹점에서 물품 또는 용역 제공의 대가를 결제할 수 있는 증표로 신용카드업자가 발행한 것

신용카드가맹점 (제2조 제5호) : 신용카드업자와의 계약에 따라 신용카드회원 · 직불카드회원 또는 선불카드소지자(이하 "신용카드회원등")에게 신용카드 · 직불카드 또는 선불카드(이하 "신용카드등")를 사용한 거래에 의하여 물품의 판매 또는 용역의 제공 등을 하는 자

신용카드등부가통신업 (제2조 제8호의2) : 신용카드업자 및 신용카드가맹점과의 계약에 따라 단말기 설치, 신용카드등의조회 · 승인 및 매출전표 매입 · 자금정산 등 신용카드등의 대금결제를 승인 · 중계하기 위한 전기통신서비스 제공업을 업으로 하는 것

신용카드업 (제2조 제2호) : "신용카드 이용과 관련된 대금의 결제" 업무를 하면서 "신용카드의 발행 및 관리" 또는 "신용카드가맹점의 모집 및 관리" 업무 중 하나 이상의 업무를 업으로 하는 것

신용카드업자 (제2조 제2호의2) : 신용카드업을 하기 위하여 금융위원회의 허가나 등록을 한 자를 의미. 다만, 은행 등 금융위원회의 인가 또는 허가를 받은 금융기관이 직불카드의 발행 및 대금의 결제 업무 또는 선불카드의 발행 · 판매 및 대금의 결제 업무를 하는 경우에는, 금융위원회에 허가를 받거나 등록을 하지 않더라도 직불카드, 선불카드에 관한 해당업무에 관하여는 그 금융기관도 신용카드업자로 봄

신용카드회원 (제2조 제4호) : 신용카드업자와의 계약에 따라 그로부터 신용카드를 발급받은 자

여신전문금융회사 (제2조 제15호) : 여신전문금융업에 대하여 제3조 제1항 또는 제2항에 따라 금융위원회의 허가를 받거나 금융위원회에 등록을 한 자로서 i)신용카드업 등 여신전문금융업, ii)매출채권의 양수 · 관리 · 회수업무, iii)어음할인을 포함한 대출업무 등 여신전문금융업법 제46조 제1항에 따른 업무를 전업(專業)으로 하는 자

직불카드 (제2조 제6호) : 직불카드회원과 신용카드가맹점 간에 전자적 또는 자기적 방법으로 금융거래 계좌에 이체하는 등의 방법으로 결제가 이루어질 수 있도록 신용카드업자가 발행한 증표(자금을 융통받을 수 있는 증표는 제외)

직불카드회원 (제2조 제7호) : 신용카드업자와의 계약에 따라 그로부터 직불카드를 발급받은 자

6. 온라인투자연계금융업법

대주주 (제2조 제10호) : 최대주주 또는 주요주주

연계대출 (제2조 제1호) : 연계투자한 투자자의 자금을 투자자가 지정한 해당 차입자에게 대출하는 것

연계투자 (제2조 제1호) : 온라인플랫폼을 통하여 특정 차입자에게 자금을 제공할 목적으로 투자하는 것

온라인투자연계금융 (제2조 제1호) : 온라인플랫폼을 통하여 특정 차입 특정 차입자에게 자금을 제공할 목적으로 투자한 투자자의 자금을 투자자가 지정한 해당 차입자에게 대출하고 그 연계대출에 따른 원리금수취권을 투자자에게 제공하는 것

온라인투자연계금융업 (제2조 제2호) : 온라인투자연계금융업을 업으로 하는 것

온라인투자연계금융업자 (제2조 제3호) : 온라인투자연계금융업법 제5조에 따라 온라인투자연계금융업의 등록을 한 자

온라인플랫폼 (제2조 제8호) : 온라인투자연계금융업자가 연계대출계약 및 연계투자계약의 체결, 연계대출채권 및 원리금수취권의 관리, 각종 정보 공시 등 온라인투자연계금융업법 제5조에 따라 등록한 온라인투자연계금융업의 제반 업무에 이용하는 인터넷 홈페이지, 모바일 응용프로그램 및 이에 준하는 전자적 시스템

원리금수취권 (제2조 제4호) : 온라인투자연계금융업자가 회수하는 연계대출 상환금을 해당 연계대출에 제공된 연계투자 금액에 비례하여 지급받기로 약정함으로써 투자자가 취득하는 권리

이용자 (제2조 제7호) : 투자자와 차입자를 통칭

임원 (제2조 제9호) : 이사 및 감사

자기자본 (제2조 제11호) : 납입자본금 · 자본잉여금 및 이익잉여금 등의 합계액으로서 대통령령으로 정하는 금액

주요주주 (제2조 제10호 나목, 시행령 제2조 제2항)

1) 누구의 명의 명의로 하든지 자기의 계산으로 온라인투자연계금융업자의 의결권 있는 발행주식 총수의 100분의 10 이상의 주식을 소유한 자

2) 임원의 임면 등의 방법으로 온라인투자연계금융업자의 중요한 경영사항에 대하여 사실상 영향력을 행사하는 주주로서, 혼자서 또는 다른 주주와의 합의 · 계약 등에 따라 대표이사 또는 이사의 과반수를 선임한 주주이거나 경영전략, 조직 변경 등 주요 의사결정이나 업무집행에 지배적인 영향력을 행사한다고 인정되는 자로서 금융위원회가 정하는 주주

차입자 (제2조 제6호) : 온라인투자연계금융업자를 통하여 연계대출을 받은 자

최대주주 (제2조 제10호 가목) : 온라인투자연계금융업자의 의결권 있는 발행주식(출자지분 포함, 이하 동일) 총수를 기준으로 본인 및 그와 대통령령으로 정하는 특수한 관계이 있는 자(이하 "특수관계인") 가 누구의 명의로 하든지 자기의 계산으로 소유하는 주식(그 주식과 관련된 증권예탁증권을 포함, 이하 동일)을 합하여 그 수가 가장 많은 경우의 그 본인

투자자 (제2조 제5호) : 온라인투자연계금융업자를 통하여 연계투자를 하는 자 또는 원리금수취권을 양수하는 자

특수관계인 (시행령 제2조 제1항) : 「금융회사의 지배구조에 관한 법률 시행령」 제3조 제1항 각 호의 어느 하나에 해당하는 관계가 있는 자

7. 특정 금융거래정보의 보고 및 이용 등에 관한 법률

가상자산 (제2조 제3호) : 경제적 가치를 지닌 것으로서 전자적으로 거래 또는 이전될 수 있는 전자적 증표(그에 관한 일체의 권리를 포함). 다만, 다음의 어느 하나에 해당하는 것은 제외

각 목	제외 대상
가목	화폐・재화・용역 등으로 교환될 수 없는 전자적 증표 또는 그 증표에 관한 정보로서 발행인이 사용처와 그 용도를 제한한 것
나목	「게임산업진흥에 관한 법률」 제32조 제1항 제7호에 따른 게임물의 이용을 통하여 획득한 유・무형의 결과물
다목	「전자금융거래법」 제2조 제14호에 따른 선불전자지급수단 및 같은 조 제15호에 따른 전자화폐
라목	「주식・사채 등의 전자등록에 관한 법률」 제2조 제4호에 따른 전자등록주식등
마목	「전자어음의 발행 및 유통에 관한 법률」 제2조 제2호에 따른 전자어음
바목	「상법」 제862조에 따른 전자선하증권
사목	거래의 형태와 특성을 고려하여 대통령령으로 정하는 것

가상자산거래 (제2조 제2호 라목) : 가상자산사업자가 수행하는 제2조 제1호 하목 1)부터 6)까지의 어느 하나에 해당하는 것

가상자산사업자 (제2조 제1호 하목) : 가상자산과 관련하여 다음의 어느 하나에 해당하는 행위를 영업으로 하는 자

	대상 행위
1)	가상자산을 매도, 매수하는 행위
2)	가상자산을 다른 가상자산과 교환하는 행위
3)	가상자산을 이전하는 행위 중 대통령령으로 정하는 행위
4)	가상자산을 보관 또는 관리하는 행위
5)	1) 및 2) 행위를 중개, 알선하거나 대행하는 행위
6)	그 밖에 가상자산과 관련하여 자금세탁행위와 공중협박자금조달행위에 이용될 가능성이 높은 것으로서 대통령령으로 정하는 행위

검찰총장등 (제10조 제4항) : 검찰총장, 경찰청장, 해양경찰청장, 국세청장, 관세청장, 중앙선거관리위원회, 금융위원회, 국가정보원장

공중협박자금조달행위 (제2조 제6호) : 「테러자금금지법」 제6조 제1항의 죄에 해당하는 행위

금융거래등 (제2조 제2호) : 다음 각 목의 것.

가목	금융회사등이 금융자산(「금융실명거래 및 비밀보장에 관한 법률」 제2조 제2호에 따른 금융자산을 말한다)을 수입·매매·환매·중개·할인·발행·상환·환급·수탁·등록·교환하거나 그 이자·할인액 또는 배당을 지급하는 것과 이를 대행하는 것, 그 밖에 금융자산을 대상으로 하는 거래로서 총리령으로 정하는 것
나목	「자본시장법」에 따른 파생상품시장에서의 거래, 그 밖에 대통령령으로 정하는 것
다목	카지노사업자의 영업장에서 현금 또는 수표를 대신하여 쓰이는 것으로서 대통령령으로 정하는 것과 현금 또는 수표를 교환하는 거래
라목	가상자산사업자가 수행하는 제1호 하목 1)부터 6)까지의 어느 하나에 해당하는 것("가상자산거래")

금융회사등 (제2조 제1호) : 다음의 각 목의 자

가목	「한국산업은행법」에 따른 한국산업은행
나목	「한국수출입은행법」에 따른 한국수출입은행
다목	「중소기업은행법」에 따른 중소기업은행
라목	「은행법」에 따른 은행
마목	「자본시장법」에 따른 투자매매업자, 투자중개업자, 집합투자업자, 신탁업자, 증권금융회사, 종합금융회사 및 명의개서대행회사
바목	「상호저축은행법」에 따른 상호저축은행과 상호저축은행중앙회
사목	「농업협동조합법」에 따른 조합과 농협은행
아목	「수산업협동조합법」에 따른 조합과 수협은행
자목	「신용협동조합법」에 따른 신용협동조합과 신용협동조합중앙회
차목	「새마을금고법」에 따른 금고와 중앙회
카목	「보험업법」에 따른 보험회사
타목	「우체국예금·보험에 관한 법률」에 따른 체신관서
하목	특정금융정보법상 제2조 제2호에 따른 '금융거래'를 하는 자로서 대통령령으로 정하는 자

불법재산 (제2조 제4호) : 다음 각 목의 것

가목	「범죄수익은닉의 규제 및 처벌 등에 관한 법률」 제2조 제4호에 따른 범죄수익등
나목	「마약류 불법거래 방지에 관한 특례법」 제2조 제5항에 따른 불법수익등
다목	「테러자금금지법」 제2조 제1호에 따른 공중협박자금

외국금융정보분석기구 (제4조 제6항 제2호) : 제3조 제1항 각 호의 업무에 상당하는 업무를 수행하는 외국의 기관

자금세탁행위 (제2조 제5호) : 다음 각 목의 행위

각 목	자금세탁행위
가목	「범죄수익은닉의 규제 및 처벌 등에 관한 법률」 제3조에 따른 범죄행위: 범죄수익등의 은닉 및 가장
나목	「마약류 불법거래 방지에 관한 특례법」 제7조에 따른 범죄행위: 불법수익등(마약류 등 사용 또는 마약류 사용이나 취급을 위한 장소 등을 제공함으로써 얻은 수익 또는 그에서 유래한 재산)의 은닉 및 가장
다목	「조세범 처벌법」 제3조, 「관세법」 제270조 또는 「특정범죄 가중처벌 등에 관한 법률」 제8조의 죄를 범할 목적(조세 포탈 목적) 또는 세법에 따라 납부하여야 하는 조세를 탈루할 목적으로 재산의 취득·처분 또는 발생 원인에 관한 사실을 가장(假裝)하거나 그 재산을 은닉하는 행위

전신송금 (제5조의3 제1항) : 송금인의 계좌보유 여부를 불문하고 금융회사등을 이용하여 국내외의 다른 금융회사등으로 자금을 이체하는 서비스

정보보호 관리체계 인증 (제5조의2 제1항 제3호 마목 1)) : 「정보통신망법」 제47조 또는 「개인정보 보호법」 제32조의2에 따른 정보보호 관리체계 인증

중계기관 (제4조의2 제2항) : 고액 현금거래 보고에 관한 자료를 중계하는 기관

특정금융거래정보 (제10조 제1항) : 다음 각 호의 정보

제1호	제4조 제1항 또는 제4조의2에 따라 금융회사등이 보고한 정보 중 특정형사사건의 수사등과의 관련성을 고려하여 대통령령으로 정하는 정보
제2호	제11조 제1항에 따라 외국금융정보분석기구로부터 제공받은 정보 중 특정형사사건의 수사등과의 관련성을 고려하여 대통령령으로 정하는 정보
제3호	제1호 및 제2호의 정보 또는 제4조의2 및 제9조에 따라 보고·통보받은 정보를 정리하거나 분석한 정보

특정형사사건의 수사등 (제10조 제1항) : 불법재산·자금세탁행위 또는 공중협박자금조달행위와 관련된 형사사건의 수사, 조세탈루혐의 확인을 위한 조사업무, 조세체납자에 대한 징수업무, 관세 범칙사건 조사, 관세탈루혐의 확인을 위한 조사업무, 관세체납자에 대한 징수업무 및 「정치자금법」 위반사건의 조사, 금융감독업무 또는 테러위험인물에 대한 조사업무

현금등 (제4조의2 제1항) : 현금 (외국통화는 제외)이나 현금과 비슷한 기능의 지급수단으로서 대통령령으로 정하는 것

8. 지역사랑상품권 이용 활성화에 관한 법률

가맹점(법 제2조 제3호) : 지방자치단체의 조례에 정하는 바에 따라 지방자치단체의 장에게 등록한 자로서, 개별가맹점과 환전대행가맹점이 있음

개별가맹점(법 제2조 제3호 가목) : 지역사랑상품권을 사용한 거래에 의하여 물품을 판매하거나 용역을 제공하는 자

지역사랑상품권(법 제2조 제1호) : 지역상품권, 지역화폐 등 그 명칭 또는 형태와 관계없이 지방자치단체의 장이 일정한 금액이나 물품 또는 용역의 수량을 기재(전자적 또는 자기적 방법에 의한 기록을 포함한다. 이하 같다)하여 증표를 발행・판매하고, 그 소지자가 지방자치단체의 장 또는 가맹점(이하 "상품권발행자등"이라 한다)에 이를 제시 또는 교부하거나 그 밖의 방법으로 사용함으로써 그 증표에 기재된 내용에 따라 상품권발행자등으로부터 물품 또는 용역을 제공받을 수 있는 유가증권, 「전자금융거래법」 제2조 제14호에 따른 선불전자지급수단 및 「여신전문금융업법」 제2조 제8호에 따른 선불카드

판매대행점(법 제2조 제2호) : 지방자치단체의 장과 조례에 정하는 바에 따른 판매대행 협약을 체결하여 지역사랑상품권의 보관・판매・환전 등의 업무를 대행하는 금융회사와 전자금융거래법상 허가를 받거나 등록을 한 전자금융업자

환전대행가맹점(법 제2조 제3호 나목) : 개별가맹점을 위하여 지역사랑상품권의 환전을 대행하는 자

참고 문헌

개인정보보호위원회, “개인정보 보호법령 및 지침·고시 해설”, 2020년 10월.

국회입법조사처, “지역사랑상품권의 의의와 주요 쟁점”, 2020년 10월.

금융감독원 보도자료, “온라인정보연계대부업자 1차 전수조사 결과 및 온라인투자연계금융업 등록신청 관련 안내”, 2020년 9월 2일.

금융감독원 핀테크혁신실, “온라인투자연계금융업 등록 매뉴얼”, 2020년 9월 11일.

금융결제원, “유럽연합의 PSD 2 시행이 금융권에 미치는 영향 분석”

금융위원회 보도자료, “4차 산업혁명 시대의 디지털금융 종합혁신방안”, 2020년 7월.

금융위원회 보도자료, “P2P대출, 가이드라인 준수 여부를 먼저 확인하세요”, 2016년 11월 3일.

금융위원회 보도자료, “P2P대출에 대한 T/F팀을 구성하여 투자자 보호 방안 등을 검토해 보겠습니다”, 2016년 7월 12일.

금융위원회 보도자료, “안전한 P2P대출, 가이드라인 준수에서 시작합니다”, 2017년 2월 27일.

금융위원회 보도자료, “오픈뱅킹 고도화 방안”, 2020년 10월.

금융위원회 보도자료, “오픈뱅킹 전면 시행”, 2019년 12월.

금융위원회 보도자료, “자금세탁방지 의무의 신규적용 대상인 가상자산사업자의 신고 매뉴얼을 배포합니다.”, 2021년 2월.

보건복지부, “의료기간 개설 및 의료법인 설립운영 편람”, 2020년 7월 20일.

보건복지부, “생명윤리법 관련 기관 운영지침”, 2020년 8월 5일.

보건복지부, 개인정보보호위원회 “보건의료 데이터 활용 가이드라인”, 2020년 9월 25일.

삼정KPMG연구소, “Samjong Insight Vol.68. 2020.”

이수민, “개인정보이동권의 도입에 관한 연구”

정보통신정책 제13권 18호, 김이영, “전자고지 결제(EBPP)서비스의 현황 및 전망”, 2001년 10월.

한국블록체인협회, “디지털자산 동향 보고서”, 2021년 1월.
행정안전부, “개인정보 분쟁조정 사례집”, 2015년.
행정안전부, “GDPR리플렛”
KISA, “우리 기업을 위한 ‘EU 일반 개인정보 보호법(GDPR)’ 가이드북”

저자약력

■ 김보현

서울대학교 법과대학 졸업
나이스신용정보 / 나이스정보통신 근무
현 나이스정보통신 디지털사업2실장

■ 이종민

서울대학교 법과대학 졸업
사법시험 43회 / 사법연수원 33기
서울북부지검 / 부산지검 근무
법무법인 율촌 근무
현 법무법인 오른하늘 대표변호사

■ 곽환희

연세대학교 법학과 졸업
사법시험 50회 / 사법연수원 40기
법무법인 대륙아주 근무
현 법무법인 오른하늘 변호사

■ 공일규

고려대학교 법학과 졸업
사법시험 46회 / 사법연수원 36기
대전지검 / 부산지검 등 근무
현 법무법인 오른하늘 변호사

데이터경제와 디지털금융 – 주요 법률과 이슈 –

2021년 4월 1일 초판 인쇄
2021년 4월 10일 초판 1쇄 발행

저 자 김 보 현 · 곽 환 희
공 일 규 · 이 종 민

발행인 배 효 선

발행처 도서출판 法 文 社

주 소 10881 경기도 파주시 회동길 37-29
등 록 1957년 12월 12일/제2-76호(윤)
전 화 (031)955-6500~6 FAX (031)955-6525
E-mail (영업) bms@bobmunsa.co.kr
(편집) edit66@bobmunsa.co.kr
홈페이지 http://www.bobmunsa.co.kr
조 판 법 문 사 전 산 실

정가 29,000원 ISBN 978-89-18-91195-3